"十三五"国家重点出版物出版规划项目

经济科学译丛

行为经济学

（第三版）

尼克·威尔金森（Nick Wilkinson）

马赛厄斯·克勒斯（Matthias Klaes） 著

贺京同 译

AN INTRODUCTION TO

BEHAVIORAL ECONOMICS

(THIRD EDITION)

中国人民大学出版社
·北京·

自新中国成立尤其是改革开放 40 多年来，中国经济的发展创造了人类经济史上不曾有过的奇迹。中国由传统落后的农业国变成世界第一大工业国、第二大经济体，中华民族伟大复兴目标的实现将是人类文明史上由盛而衰再由衰而盛的旷世奇迹之一。新的理论来自新的社会经济现象，显然，中国的发展奇迹已经不能用现有理论很好地加以解释，这为创新中国经济学理论、构建具有中国特色的经济学创造了一次难得的机遇，为当代学人带来了从事哲学社会科学研究的丰沃土壤与最佳原料，为我们提供了观察和分析这一伟大"试验田"的难得机会，更为进一步繁荣我国哲学社会科学创造了绝佳的历史机遇，从而必将有助于我们建构中国特色哲学社会科学自主知识体系，彰显中国之路、中国之治、中国之理。

中国经济学理论的创新需要坚持兼容并蓄、开放包容、相互借鉴的原则。纵观人类历史的漫长进程，各民族创造了具有自身特点和标识的文明，这些文明共同构成了人类文明绚丽多彩的百花园。各种文明是各民族历史探索和开拓的丰厚积累，深入了解和把握各种文明的悠久历史和丰富内容，让一切文明的精华造福当今、造福人类，也是今天各民族生存和发展的深层指引。

"经济科学译丛"于 1995 年春由中国人民大学出版社发起筹备，其入选书目是国内较早引进的国外经济类教材。本套丛书一经推出就立即受到了国内经济学界和读者们的一致好评和普遍欢迎，并持续畅销多年。许多著名经济学家都对本套丛书给予了很高的评价，认为"经济科学译丛"的出版为国内关于经济理论和经济政策的讨论打下了共同研究的基础。近三十年来，"经济科学译丛"共出版了百余种全球范围内经典的经济学图书，为我国经济学教育事业的发展和学术研究的繁荣做出了积极的贡献。近年来，随着我国经济学教育事业的快速发展，国内经济学类引进版图书的品种越来越多，出版和更新的周期也在明显加快。为此，本套丛书也适时更新版本，增加新的内容，以顺应经济学教育发展的大趋势。

"经济科学译丛"的入选书目都是世界知名出版机构畅销全球的权威经济学教材，被世界各国和地区的著名大学普遍选用，很多都一版再版，盛行不衰，是紧扣时代脉搏、论述精辟、视野开阔、资料丰富的经典之作。本套丛书的作者皆为经济学界享有盛誉的著名教授，他们对西方经济学的前沿课题都有透彻的把握和理解，在各自的研究领域都做出了突出的贡献。本套丛书的译者大多是国内著名经济学者和优秀中青年学术骨干，他们不仅在长期的教学研究和社会实践中积累了丰富的经验，而且具有较高的翻译水平。

本套丛书从筹备至今，已经过去近三十年，在此，对曾经对本套丛书做出贡献的单位和个人表示衷心感谢：中国留美经济学会的许多学者参与了原著的推荐工作；北京大学、中国人民大学、复旦大学以及中国社会科学院的许多专家教授参与了翻译工作；前任策划编辑梁晶女士为本套丛书的出版做出了重要贡献。

愿本套丛书为中国经济学教育事业的发展继续做出应有的贡献。

中国人民大学出版社

《行为经济学（第三版）》是对行为经济学领域主要议题全面、严谨的纵览。译者在十年前译介了该书的第一版。它在保留前两版精华的基础上，对该领域的最新文献、研究、发展和争鸣进行了全新的和批判性的审视与完善，使这部享誉学界的中级行为经济学教程更具科学性、严谨性、前沿性和现实性。

如果以丹尼尔·卡尼曼与阿默斯·特沃斯基的经典论文《前景理论：风险条件下的决策分析》（Prospect Theory: Decision Making under Risk）的发表算起，行为经济学在其快速发展的道路上已经前行了四十多年。在这些年里，行为经济学一直试图通过采用更广泛的方法研究经济现象，以回应对主流经济思想的许多批评，并对"所有经济学都是行为的"这一理念亦逐渐形成共识。一个具体体现是，行为经济学的相关内容已写入新近主流经济学教科书中（如，格里高利·曼昆：《经济学原理（微观经济学分册）》（第七版）、《宏观经济学》（第九版）；哈尔·R. 范里安：《微观经济学》；迪恩·卡尔兰等：《经济学（微观部分）》；R. 格伦·哈伯德等：《经济学（微观）》等等），但是，有关行为经济学在经济学中的地位和它的体系结构等，一直以来还都是开放性的议题，其中，行为经济学与新古典经济学的关系这一议题最具代表性，这也是少有系统、严谨地介绍行为经济学理论体系的中、高级行为经济学教科书的原因所在。相较于第一版，本版在这方面迈出了坚实的一步。

本书作者对上述议题秉持行为经济学与新古典经济学一脉相承的观点（译者亦认为"行为经济学是对主流经济学的继承和发展"，见贺京同，那艺. 经济行为的异质性与行为经济学对经济人假定的发展. 学术月刊，2009（6）：70－76；那艺，贺京同. 行为经济学的兴趣及其与新古典主义经济学关系的演变. 中国社会科学，2019（5）：60－77）。在本书中，首先，以新古典主义经济学模型为出发点，将行为经济学的原理和方法以合乎逻辑的方式推出，并与新古典主义经济学模型的原理和方法进行对比；使用大量来自观察和实验研究的经验例子，论证行为模型如何在解释和预测的能力方面代表了对新古典主义经济学模型的修正和改进。其次，提供了对快速增加的行为经济学文献的批判性审视；阐释了行为经济学的政策启示，特别是当它们与新古典主义经济学模型不同时。最后，也是本书的重要特色：为优化以往行为经济学教材体系的"支离破碎"状况，提供了一个纳入心理学、进化生物学和神经科学的、一致的、跨学科的分析框架与方法。

本书的主要亮点是：增加了对近些年来的大量相关研究所提出的对新的模

型的检验；补充了众多有关早期模型的研究和检验的新证据；对新的和重要的全球性问题，提供了许多行为经济学的启示。

为了体现特色与创新，本书主要分为五篇：第1篇"导论"，由第1章"行为经济学的本质"和第2章"方法论"构成；第2篇"基础"，包括第3章"价值、偏好和选择"，第4章"信念和期望"，第5章"基于风险和不确定性的决策"，第6章"心理核算"；第3篇"跨期选择"，包括第7章"贴现效用模型"和第8章"新的跨期选择模型"；第4篇"策略互动"，包括第9章"行为博弈论"和第10章"社会偏好"以及第5篇"结论"，即第11章"行为经济学：总结与展望"。

这本书会使开始学习行为经济学各个方面的学生获益良多，尤其适合于大学三四年级的学生，或学习研究生课程的学生，他们已熟悉了主流经济学的课程、假设和方法，以及某种程度上的局限性。特别是对于研究生来说，本书可作为相关主题和材料的基础，为进一步阅读本书所基于的原始论文提供一个起点。

在本书的翻译过程中，我的博士、硕士研究生参与了其中部分章节的翻译和研讨，包括高山、张斌、汪震、魏哲博士和谢健健、俞志强、辛朝昀、马昕钰硕士。虽然我们付出了艰辛的努力，但因才识有限，翻译中难免存在一些不当甚至错误之处，还请读者谅解并指正。

在翻译出版过程中，我们得到了中国人民大学出版社的大力支持与帮助，在此特别要由衷地感谢朱含蓄、王晗霞编辑的信任、理解和襄助。

本书还得到了国家社科基金重大项目（批准号：21ZDA037）、教育部人文社会科学研究规划基金项目（批准号：19YJA790025）的支持，在此致以谢忱。

英文原书后附有参考文献和关键词，读者可通过人大出版社官网（http://www.crup.com.cn）获取。

贺京同

2023 年 8 月 15 日于南开八里台园

这本书的前两个版本一开始就说其实完全不需要一本叫"行为经济学"的书。十年后仍然如此。从考察人们在不同情况下如何选择行为和分配资源的意义上说，所有经济学都是行为的。然而，在过去的三十年里，主要基于预期效用最大化的假设的经济理性的标准经济模型（standard economic model，SEM），受到了来自经济学专业内外越来越多的批评。2008—2010 年的全球金融危机加剧了这种情况。它明显地提请人们注意标准经济模型无法解释的大量经验异象；第二版出版时，正是这些异象可以被检验的时候，第三版继续对这些异象进行更详细的检验。然而，2016 年的政治事件，特别是特朗普赢得美国大选和英国脱欧，可能给我们提供了一个比金融危机更大的异象来源。确实，大多数专家发现自己被这两个政治事件搞得措手不及，这表明他们对选民在价值观和信仰方面的行为存在严重误解。

正如我们所理解的那样，行为经济学试图通过采用更广泛的方法研究经济现象，以回答对主流经济思想的许多批评。这个方法是行为的，因为它结合了所有行为科学的方法，特别是经济学、心理学、社会学和生物学。这在目前并不容易做到，因为这些学科传统上采用了不同的、在许多方面相互冲突的方法。我们这本书的基本哲学是：当经济学采取跨学科的方法时，它就是"处于最佳状态"。

然而，行为经济学和主流经济学在过去十年里都在不断发展。在以前的版本中，书中反复出现的主题是：比较行为经济学的理论和预测与"标准经济模型"的理论和预测。这一主题现在已经成为具有误导性和不切实际的了，因为后者的模型也是不断变化的，现在已经包含了一些以前被认为是"行为的"概念。因此，与其将行为经济学的现状与一个模糊和移动的目标进行比较，不如从与我们所介绍的新古典主义经济学模型（neoclassical model，NM）的比较中找到一种更好的办法。尽管在许多方面 NM 已经落伍了，但它具有作为静态基准的优点。这不仅为我们的讨论添加了方法论的一致性，同时，通过为学习行为经济学的学生提供现在可以在经济主流和各种行为方法中找到的一套坐标，来定位不断增加的模型和框架的范围，还实现了更加清晰化的教学。

我们将在第 1 章详细讨论这些不断变化的参照范围。展望未来，也许在不远的将来，所有行为方面都将被纳入一个新的"标准模型"，在这种情况下，正如塞勒（Thaler，2015）在他的《不当行为》（*Misbehaving*）一书的最后一段中所说的那样，"行为经济学领域将不复存在"。

许多本科生现在开始学习行为经济学的各个方面。这本书特别适合于大学三四年级的学生或研究生课程的学生，因为他们已经熟悉了标准经济学的课程、假设和方法，以及某种程度上的局限性。尤其是对于研究生来说，本书应该能够作为相关主题和材料的基础，为进一步阅读本书所基于的原始论文提供一个起点。

本书的目标基本上与前两个版本相同，但在用我们已经提到的"新古典主义经济学模型"替换"标准经济模型"方面有所修改：

（1）将行为经济学的原理和方法以合乎逻辑的方式呈现出来，并与新古典主义经济学模型（NM）的原理和方法进行比较和对照。

（2）使用大量来自观察和实验研究的经验例子，说明行为模型如何在解释和预测的能力方面代表了对 NM 的修正和改进。

（3）提供了对快速增加的行为经济学文献的批判性审视。

（4）解释了行为经济学的政策启示，特别是当它们与 NM 不同时。

（5）为支持行为经济学的探索结果提供了一个一致的心理学框架。

（6）在未来的挑战和值得进一步研究的领域方面，指明了该主题的前进方向。

然而，不应该由此推断有一个单一的行为模型会得到普遍接受。在特定领域，如跨期选择和社会偏好方面，通常有大量的模型。事实上，对行为经济学的一个主要批评是：有太多不同的模型了，其中许多可能只适用于特定的情况。然而，这个问题也以不同的形式出现在主流方法中，特别是在博弈论的解概念的背景下，或更一般地，在应用领域（如产业组织或企业理论）对"特别的"模型设定的响应。经济学有一种共同的分析语言，但它肯定已经偏离了大统一的分析框架，比如曾经承诺提供这一分析框架的一般均衡理论。

如上所述，这本书的核心主题是它在本质上是高度跨学科的。任何关于行为方面的书籍当然都必须涉及心理学，但考虑其他领域也很重要，特别是进化心理学、神经科学、社会心理学和社会学。

许多经济学家和心理学家拒绝接受进化心理学的理论，认为这在很大程度上是一种推测。在社会科学中，它们经常被认为是"只是如此"的故事，这意味着它们在提出可验证的假设方面不是真正的科学理论。这种观点是由两个主要因素造成的：（1）从定义上讲，对过去进行实验是不可能的；（2）过去对事实的记载非常不完整。但是，仔细一看，有相当多的证据支持进化心理学的关键原则。此外，许多经济学家倾向于限制对经济现象的解释，就"只是如此"的故事而言，这种倾向甚至更令人不满意。例如，许多读者不会满足于这样的解释：人们容易屈服于诱惑，是因为他们在做决策时目光短浅，他们在生气时会做出糟糕的决定。这些故事也可以被看作"只是如此"的故事，因为它们都回避了这样的问题：为什么人们会短视？为什么我们会有愤怒等看似有害的情绪反应？

快速发展的神经科学领域对经济学也大有裨益。这两门学科的结合导致了神经经济学的诞生。传统上，经济学家依靠市场行为中的"显示性偏好"（即选择）来发展他们的理论，但这种方法有很大的局限性。我们将研究选择和偏好不一致的情况，以及跨期选择和框定效应导致偏好反转的情形。这些异象具有重要的福利启示。认知神经科学为个体行为的神经学基础提供了新的见解。例如，我们现在知道，不同类型的成本和收益是在大脑的不同区域进行处理的，而且，不管行为人如何解释他们的动机，无论是利他行为还是恶意行为，即使是以惩罚的形式，也都会给人们带来快乐。目前神经科学的研究与经济决策的联系比过去更紧密了，尽管神经经济学像进化心理学一样，吸引了一些来自经济学专业内部的强烈批评，但它是一个快速扩展的领域。我们认为，学习行为经济学的学生将受益于研究潜在的争论，以增强他们对行为分析框架的证据基础和方法论基础的理解。

这一版本大大扩展了第二版的内容，增加了约 35 000 字的新内容。虽然正文部分的结构和章节的标题基本没有变化，但是大部分章节都经过了详细的修改。唯一改变的章节标题是第 4 章，它的原标题是"信念、直觉推断和偏好"，现在改为"信念和期望"。做这种改变的原因是：在价值、偏好和选择的背景下，直觉推断和偏好在第 3 章中已被涵盖。正文部分的扩展是由几个因素促成的：（1）在过去的五年里有大量的相关研究提出了新的模型，需要对这些新的模型进行检验；（2）也出现了很多有关早期模型的研究和检验的新证据；（3）新的重大全球性问题不断出现，对此行为经济学可以提供很多启示。

总之，本书的目的是提供一本全面、严谨和最新的著作，以回顾行为经济学领域的最新发展、跨学科的方法，并以界面友好的表述方式，讨论大量的一般读者都能理解的例证和案例研究。通常在每一章的末尾包括三个案例研究，且附带回顾相关内容的问题。

在这里也做一个道歉的说明：读者可能会在各个章节的内容中发现一些重复。我们给出以下理由：有些读者或教师可能会希望跳过某些章节，比如关于博弈论的更具技术性的章节。此外，不同章节中的许多主题是相互关联的，特别是前景理论和心理核算在许多不同领域的应用。最后一点，强调行为分析的某些观点似乎是合适的，特别是当这些观点与其他普遍持有的理论或信念不一致时。

最后，我们要对帮助改进这本书的一些人表示感谢。来自布鲁内尔大学的马修·拉伯伦（Matthew Rablen）邀请第一作者分享了行为经济学课程的教学，与他的讨论对各个方面都有帮助，尤其是书中的数学阐述。布鲁内尔大学以及其他机构的学生也提出了各种建议并做出了诸多贡献。第三版也从在课堂上使用过这本书的同事们的反馈中受益匪浅。我们特别要感谢伯蒂·杜·普莱西斯（Bertie du Plessis），他邀请第一作者出席了 2015 年 10 月在南非开普敦召开的以"人类是什么动物？"为主题的多场研讨会。这使得作者将与偏好和对风险的态度有关的各种想法进行了深化和精炼。最后，我们要感谢匿名审稿人提出的意见和建议，这些意见和建议使我们能够在许多方面改进本书。当然，书中任何不准确和疏忽都是作者的责任。

第1篇　导　论

第2篇　基　础

第3篇 跨期选择

第 4 篇　策略互动

第 5 篇　结　论

导　论

第1章 行为经济学的本质

对于专家和他们的观点来说，2016 年是灾难性的一年。两件与这些观点背道而驰的事情发生了，并在世界各地的各个市场造成了混乱和波动。今年 6 月[*]，英国的脱欧公投令包括经济学家在内的大多数专家颇感意外。他们中的许多人在对迹象的评估中公开表达了支持留欧立场的观点。在预测脱欧对英国经济的影响方面，英国央行（Bank of England）主席马克·卡尼（Mark Carney）是许多持该立场的人之一。包括国际货币基金组织（International Monetary Fund，IMF）和欧洲央行（European Central Bank）在内的其他多个机构也发表了类似声明，从而支持了英国首相和财政大臣的立场。著名的英国脱欧支持者迈克尔·戈夫（Michael Gove）回应说："对于专家，我们已经受够了"。

唐纳德·特朗普（Donald Trump）在 11 月的美国大选中获胜，令许多人感到更加意外。今年年初，人们甚至都不指望他能在初选中表现出色，更不用说成为总统候选人了。在选举前的准备阶段和选举前的辩论中，他一再磕磕绊绊，不断地犯事实性的错误和失态。重要的是，他对女性的态度和行为被非常不利地大肆宣传。选举之日，他和他的商业公司仍有 75 项诉讼尚未了结。然而，特朗普赢得了很多移民、某些少数族裔、妇女和工会工人的选票，尽管在过去几个月里，他的行为或主张的政策都不利于他们的利益。一位评论员将这种情况比作火鸡投票支持圣诞节。

在这两起改变历史的事件之后，欧洲的政治气候正在发生重大变化。一些潜在的苗头在 2016 年之前就已经很明显了，如仇外的极右翼（alt-right）政党的崛起，但这一趋势自那以后积聚了相当大的势头。多年来，欧洲一体化的问题似乎都集中在经济问题上：贸易自由化、统一标准和货币联盟，这只是其中一些比较突出的问题。然而，2016 年以来，我们看到的是对欧盟的基本政治关切的回归，许多人预计，未来几年欧洲的政治和经济版图将发生重大变化。

英国脱欧和特朗普赢得美国大选所引发的问题超出了传统的经济学领域，如果从主流经济学的角度来看，这一点是肯定的。然而，人们投票关注的许多问题本质上都是经济问题：贸易、就业和社会政策，尤其是日益加剧的收入不平等。这一切的核心是一个主流经济学难以回答的基本问题：

---

[*] 即 2016 年 6 月；另外，本节所说的"今年"都指 2016 年。——译者注

为什么美国和英国的选民会表现出似乎投票反对自己的利益呢？

我们认为，这个问题只能通过运用行为经济学的原理来回答，这涉及跨学科的方法。经济学家花了太多时间关注人们做了什么，并试图通过分析来理解行为的经验模式，使其隐含与理性相关的假设，这些分析从本质上缺乏一种行为途径。在这样做的时候，他们避免研究人们为什么要做这些事。只有考虑"为什么"这个问题，也就是把心理学和相关学科结合起来，我们才能对那些乍一看是非理性的、超出经济分析范围的经济行为有更深层次的理解。正如我们将会看到的，我们日常的许多行为都与公认的**经济人**（*homo oeconomicus*）截然不同。只有通过对经济行为这一更宽广视角的鉴别，我们才能希望得出更好的预测。

■ 1.1 行为经济学与标准经济学模型

□ 什么是行为经济学？

经济现象与任何配置稀缺资源的人类行为都有关，因此它所涉及的领域非常之广。以下所列的事件均可被描述为经济现象，虽然它们或许也属于其他学科的研究范畴，比如，在网上相亲，在电视上看纪录片，进行慈善捐款，让邻居搭便车以便日后求助，决定去小憩而不是除草，教孩子打网球，去教堂，等等。

与其他社会科学一样，经济学关注的是发展理论，其最终目的是帮助我们更好地理解我们所生活的世界。经济学理论试图描述和解释经济现象之间的关系。为此，这些理论必须以若干假设和前提作为出发点。有时这些假设是明确的，但在很多情况下它们是隐含的，而且梳理这些隐含的假设通常很重要：如果一个理论被证明在其经验含义上是不准确的，这就告诉我们，如果我们已经从该理论的基本假设中正确地推导出这些含义，我们应该质疑这些理论本身。

这就是行为经济学的用武之地。正如凯莫勒和罗文斯坦（Camerer and Loewenstein，2004，p.3）所作的精辟论断：

> 行为经济学为经济学提供了更为现实的心理学基础，从而增强了经济学的解释力。

因此，行为经济学并未寻求取代标准的分析框架，而是寻求添加进此框架：

> 必须强调的是，行为经济学的方法**扩展**了理性选择与均衡模型，而并不提倡完全抛弃这些模型。（Ho，Lim and Camerer，2006，p.308）

为了理解上述观点，以及对行为经济学的各种批评，我们必须考察那些支撑上述引文中何（Ho）、利姆（Lim）和凯莫勒（Camerer）提到的标准经济学模型的主要假设，再思考那些不能被标准模型解释的重要且普遍的现象——它们通常被称为异象。

我们还将看到，这种不切实际的假设仍可能产生有用的实证结果。很难想象，经济理论不是建立在对经济现象的复杂程度的某种抽象上。这意味着在高度抽象但笼统的

1

（例如在标准模型中的）行为假设，和更切合实际但通常针对特定背景的（例如在行为经济学中的）假设之间，总会存在权衡取舍。这个问题可以追溯到1991年：

是经济异象的本质违背了标准理论。

下一个问题是：该如何处理？在很多情况下，没有明显的方法可以修改理论以适应事实，这可能是因为所知甚少，或是因为更改会大大增加理论的复杂性并降低其预测效果。（Kahneman et al.，1991，p.205）

□ 标准模型与经济学

前两段中使用了"标准模型"一词来表示行为经济学与所谓的"主流"经济学之间的对比。然而，正如前言所述，这种区别近年来已经失去其有效性，尤其是自2007年金融危机开始。为了理解这种动态，有必要考虑其他科学领域中的"标准模型"。至少在还原论意义上，最基本的也许是粒子物理学的标准模型，该模型试图描述和解释宇宙中的基本粒子和力。该理论在20世纪70年代形成，并在预测新粒子的存在方面取得了巨大成功，特别是2012年的希格斯玻色子。然而，该理论被认为是不完整的，因为它没有考虑重力，也没有考虑暗物质或暗能量，宇宙学家估计二者构成宇宙中质能总量的96％。于是有人可能会说这意味着"标准"理论是高度不完整的。宇宙学家在20世纪90年代进一步开发了该模型，并参考了lambda-CDM模型，后者确实考虑了暗物质和暗能量，但也是不完整的，且更具投机性。

上述两种模型在某些方面都与所谓的标准经济模型有共同点，但也略有不同。二者都已在最近合并为一个公认的标准模型，因此可以说有更少的异象。所以科学家期望通过进一步的观察对模型进行细微的调整，而不是彻底的大修。但在此需要谨慎，因为物理学家在19世纪末具有相同的态度，他们认为经典物理学或多或少是完整的，然后就出现了量子力学和广义相对论的革命，极大地改变了之前的"标准模型"。

也许最接近经济学的"标准模型"是进化生物学中的新达尔文主义综合理论。与经济学一样，该模型的主要基础源于19世纪，但在20世纪模型进行了基本修改，以包括遗传学以及分子生物学的发现。直到1953年DNA发现之后，这个模型才逐渐接近完整。可以说，"现代综合"的异象少于大多数其他科学中的标准模型，而且生物学家同样希望未来的观测结果只会（对模型）产生微小的改动。尽管如此，例如最近在进化生物学的所谓进化发育生物学文献中出现的替代模型，由于试图更好地解释生物体形态发展而建立在不同的假设之上，并且潜在的争论还远未解决。理论发展的这一方面将在下一章进一步讨论。

就经济学中的任何标准模型而言，我们将何去何从？正如下一节中所看到的，经济学中的标准模型的思想源于新古典主义经济思想，因此称之为新古典主义经济学模型（NM）更为恰当。到20世纪70年代末，该模型中明显存在很多根本性的异象，这促使行为经济学出现。几十年来，经济学学科中一直存在着不安的对立局势，行为经济学被认为是主流经济学中不守规矩的分支，包含许多经常相互冲突且特殊的假设，没有连贯的理论体系。自千禧年以来，这种情况已逐渐改变，更多的行为方面已被纳入学科主流。如前言所述，就其作为一组单独方法的现状而言，这可能最终导致行为经济学的消亡：如果其主要认知全部吸收进了被广泛接受的修订版标准模型中，那么对二者的区分将不再有意义。因此，我们认为现在最好是将行为经济学与静态的"新古典主义经济学模型"进行对比，而不是与动态的、不断变化的"标准模型"进行对比。

在许多方面，经济学中对于标准模型优缺点的争论，是对于从具体现象中抽象出经济概念和理论时，哪种方法更有用的争论。因此，方法论上的考虑是行为经济学中许多争论的核心，而理解这些争论的最佳起点是考虑经济理性的一些方法论基础，以及在新古典主义经济学模型中经济理性如何表达。

□ 经济理性

新古典主义经济学传统中的标准理性模型本质上是一种决策模型，要求具有**描述性**（descriptive）和**规范性**（normative）。这意味着该模型既可以准确地描述人们的行为方式，又可以规定在某种既定目标下人们应该如何行事。

经济学家主要以两种不同的含义来使用"规范性"一词，从而不幸地引起了含义上的混淆。有时它可用作实证性的反义词。**实证性陈述**（positive statement）是指对实际信息的描述。对于这样的陈述，我们可在一定的误差范围内根据实证观察来判断它是否正确。而这里的**规范性陈述**（normative statement）则与价值判断有关，这必然带有主观色彩，因而无法从实证上判断它是否正确。陈述 1 是一个例子：

陈述 1：A 公司付给员工如此低的薪金是不公平的。

这种陈述经常含有"应该"或"应当"的字眼，比如我们可将上面的陈述改写成以下形式：

陈述 2：A 公司应该付给员工更高的薪金。

然而这里必须加以留意，因为从涉及价值判断的意义上讲，带有这些字眼的陈述并不总是规范性的。陈述 3 是一个例子：

陈述 3：如果 A 公司想最大化它的利润，那么它应该付给员工更高的薪金。

陈述 3 并不涉及价值判断，并且可在实证上进行评估。当然，人们可以质疑 A 公司的利润会有怎样的社会价值，但那是另外一个问题。

由于陈述 3 经常会被当成是规范性的，因此会引起含义上的混淆。相对于描述**实际**行为的描述性陈述，这里的"规范性"一词是指如果以最优的方式实现目标，那么行为**应该**是怎样的。

最好将这种陈述称为规定性陈述，以与描述性陈述相对。**规定性陈述**（prescriptive statement）可以视为对个人、厂商或政府的对策建议，即在假设一个特定目标或一组价值取向下的行为指引。因此这种陈述（常被称为"规范性陈述"）往往涉及某种形式的最优化。一个基本的例子是期望效用最大化理论。而从逻辑上讲，上述含义下的规定性陈述总是服从描述性陈述，比如陈述 3 可以改写如下：

陈述 4：在公司 A 所处的情况下，更高的工资将使利润最大化。

一个更为精确的规定将决定使利润最大化的具体工资水平。因此，这种规定性陈述总能在实证上进行评估。

就规定性而言，规范性陈述对于社会科学家具有各种来源的吸引力（Niv and Montague，2008）：

- 在整个进化史中，动物行为因其对适应性的影响而受到塑造和约束，因此，理论或模型开发的合理的起点是：将特定行为视为对某些问题的最佳或接近最佳的适应（Kacelnik，1997）。
- 观察到的行为与规范性模型的预测之间的差异通常具有启发性。它们可以揭示动物决策中的神经和信息约束，这些约束与西蒙的有限理性概念有关，从而导致了直觉推断和偏向。或者它们可能表示动物实际上正在优化的与模型所假设的不同。
- 将行为视为最优行为可以产生可直接检验的显式计算假设。一个简单的例子是利润最大化中边际成本等于边际收益规则。

一般来说，各种科学，包括像经济学这样的社会科学，并不享有任何特权来进行涉及价值判断的规范性陈述。但却有一项可让科学家乐在其中的特权，即他们有能力更好地理解价值判断的实际意义。因此，虽然一位经济学家可能不具备任何"道德权威"来判断 A 公司的行为是否公正，但是，她也许能指出现存的低工资会引发劳工的不安情绪、频繁的劳工转移和高昂的招聘与培训成本。

就本书所关注的内容而言，我们不考虑规范性陈述作为价值判断是否正确，我们关心的是**为何**人们会作出某种价值判断。这是一个心理学问题，并且在规定性陈述的意义下，具有重要的政策启示。我们还将发现，在规定性陈述的意义下，标准经济学模型本质上是一个规范性的模型，而行为方法主要是基于描述性模型。实际上，特沃斯基和卡尼曼（Tversky and Kahneman，1986）曾指出，任何有关选择的理论都无法做到兼具规范上的适当性和描述上的准确性。

以井字游戏（"圈叉游戏"）为例，在 3×3 格网中，两个玩家中最先将自己的三个标记连成直线者获胜。众所周知，在该游戏中，若每个玩家都用最优玩法，则会出现平局。换句话说，每个玩家都有一个策略，可以确保无论对方如何打，他们都不会输（并且如果对手犯了错，他们会获胜）。我们称之为理性策略。显然，如果他们想获胜，就应采取这种策略。同样，假设他们知道这一点并依此行事，则此策略将准确地解释他们在游戏中的举动。

经济的参与者所面临的大多数情况都比井字游戏复杂得多。纯粹理性的决策模型无法解释大多数人在各种情况下的反应。如果我们仍然想了解和解释他们的选择，我们所需要的不是能够解释沿最佳应对策略路径行动的模型，而是能够解释那些在很多情况下能够优化的沿实际应对策略路径行动的模型。从这个意义上说，个体表现出非理性行为的程度是其偏离最佳应对策略路径的程度。

但是这里的"理性"有什么含义？"理性"一词及其反义词"非理性"在经济学中被广泛使用，尤其与行为经济学有关。在很多方面，它是支撑整个学科的基本假设。的确，很多人认为行为经济学是理解人们为什么采取非理性行为的一种方法。例如，丹·艾瑞里（Dan Ariely）在他的畅销书《怪诞行为学》（*Predictably Irrational*，2008）和

《怪诞行为学2：非理性的积极力量》（*The Upside of Irrationality*，2010）中，就以这个方式对主题做了很多扩展。在我们的井字游戏中，故意不采用最佳应对策略的玩家采取了非理性行为，因为他们没有选择最有助于自己赢得游戏的方法。但是这种经济行为的方法仍然具有局限性，因为它将在严格的经济理性范围内无法识别的行为排除在理性选择标准下的异常现象之外，而不是将其视为自身逻辑下的有效现象。

重要的是要理解"理性"一词有多种不同含义，具体取决于使用者的学科。即使在经济学学科内，这个词也有不同的含义。当我们提到人们在日常意义上采取理性行动时，我们通常是指他们在运用理性。这种行为通常与情绪因素或无意识的本能的刺激形成对比。然而，经济学家们往往认为这种对理性的解释过于笼统和粗略。

他们却是从理性决策的一个严格特定的手段-目的框架出发，将其作为工具理性的一种特殊解释。在这种框架下，假定个体对一组可选的行动方案具有偏好，并如此行动以实现其最偏好的结果。新古典主义经济学模型的这一版本的核心是关于这些偏好的性质的几个基本假设：

完备性：个体对其面临的所有可选的行动方案都具有偏好顺序。

传递性：个体做出的选择是一致的，即如果 A 优于 B，B 优于 C，则理性人偏好 A 多于 C。

这两个公理共同确保了个体能够从其面临的各种选择中，至少选择一种最为偏好的行动方案。两个公理都可以以某种方式放宽，对描述工具理性的选择仍然有效。但大多数情况下，经济学家在这些理性公理之上还增加了更强的假设，以简化技术处理，而有时只是为了脱离传统。在上述两个公理之上增加的两个重要的附加假设（有时也称为"经济"假设）是：对同一种经济商品而言，数量更多的选项优于数量少的选项（"单调性"）；以及平均值优于极值（"凸性"）。

但是，这种简单的经济理性模型只适用于确定性下的决策，即结果明确地与行动挂钩。一旦可能出现不确定的结果，就需要基于概率论等不确定性的数学理论，建立更复杂的分析框架。在这些情况下，标准的新古典主义经济学模型通常通过预期效用最大化和贝叶斯概率估计的双重假设来扩张。为了使模型适应于未来一段时间内的决策，还需要进一步假设，尤其是关于时间偏好和未来视野贴现的假设。

然而对于经济学家研究的所有决策情境，这个框架仍然不够通用。如果不确定性独立于所做的决策，那么它可能不仅是外生因素。例如，当天气预报预测晴天的概率是90％时，你可能决定将雨伞放在家里。除非你迷信，否则你并不会认为这个决定会影响最终是否下雨。

在很多经济问题所处的情况中，不确定性是内生的。这是行为不确定性，由两个或多个个体在策略互动中的相互依赖而产生。假设你正走在一条狭窄的小路上，发现对面有另一个人向你走来。你是否会与此人擦肩不仅取决于你自己的行为，也取决于另一方如何行事。经济学家使用了一个被称为常识性假设的强假设，作为标准模型的进一步扩充。这是一个更严格的假设，其中不仅所有局中人都是理性的，所有局中人还必须知道所有其他局中人都是理性的，且所有局中人都知道所有其他局中人知道所有其他局中人都是理性的……永无止境。

最后，一些经济学家认为，个体行为的理性不应该根据个体水平来判断，而应根据系统性结果的水平来判断。这偏向于弗农·史密斯（Vernon Smith）的观点，他特别关注用长期市场均衡来检验经济合理性的预测。史密斯不接受个体行为层面的标准模型规范，他认为个体可以违反这些规范，并根据其对理性的观点仍然采取理性的行动。就市场效率而言，这种观点认为理性等同于决策过程的最终结果。史密斯认为，市场有效就是个体理性的证据，例如在市场出清方面。

另外，根据理性的其他定义，人们可能会理性地行动，且标准模型的预测可能会被证实是错误的。这偏向于卡尼曼（Kahneman）和特沃斯基（Tversky）的观点，他们的方法将在第 5 章中详细讨论。与史密斯不同，卡尼曼和特沃斯基确实接受新古典主义经济学模型的规范作为判断理性的基准。根据这些标准，他们认为个体经常会非理性地行事。然而他们也认为，他们在经验研究中发现的系统性错误和偏向并不一定构成非理性行为。我们在此看到的主题将贯穿本书的其他各章，通过这个主题，经济理性的新古典主义经济学模型将被取代，很多常见的被归为非理性的可观测行为将由理性的替代概念更恰当地说明。

有一个极端的观点，也许是路德维希·冯·米塞斯（Ludwig von Mises，1949）首先提出的，即任何行动按定义都必须是理性的。这种方法本质上是根据显示性偏好来定义理性。如果我们执行某种行为，那一定是因为我们偏好该行为；如果我们没有这样的偏好，那我们就不会执行该行为。与这种方法相关的观点是："宣称一个选择是非理性选择似乎只是意味着我们对另一个人愉悦优先级的无知……个人品位不是一个可以争辩的问题，也不能被认为是理性或非理性的"（Berridge，2001，p. 17）。这种方法的问题在于它掩盖了确定显示性偏好的重要因素。因此，尽管这是一种合乎逻辑的观点，但在分析和理解方面却不太有用，因为它的一致性是由赘述产生的。

与上述观点相似的论点是：进化必然产生了能形成真正的信念并理性推理的生物（Fodor，1975；Dennett，1984）。但是，这种论点被广泛批评为误解了自然选择在进化过程中的作用。大多数进化生物学家认为，自然选择并不能保证理性的生物会进化，甚至不能保证聪明的生物会进化。的确，在许多动物研究中颇具讽刺意味的是，按照新古典主义经济学模型的标准，动物们的行为通常比人类的行为更为"理性"。因此，啄木鸟、鸭子、鸽子和老鼠通常以期望效用理论预测的方式行事，而黑猩猩在最后通牒博弈中的行为比人类行为更理性（Jensen，Call and Tomasello，2007）。

□ 经济理性的行为视角

心理学家对于理性往往持有不同的态度。例如，根据鲍迈斯特（Baumeister，2001）的说法："理性人应该追求开明的自我利益。"这个定义引起人们对三个关键概念的关注："追求"、"开明"和"自我利益"。然而这只是一个开端，因为这些概念需要进一步研究。

首先，"开明"意味着一个人拥有完善的知识，这显然是不现实的。有时会用到"长期的自我利益"一词，这个词肯定更为实用，因为我们会观察到许多短期和长期考量之间冲突的情况。然而在这一背景下，更实用的限定词是"感知到的自我利益"。许多行为经济学家认为，如果我们错误地判断了我们的自我利益，那么这并不算是理性的失败，甚至可能不是"有限理性"的失败，正如我们将在下一节中解释的那样。很多原因都可能导致我们无法判断什么符合我们的"自身利益"（稍后再讨论应该如何解释这个词）。在给定的时间限制内，我们可能掌握不完备的知识，或是在信息处理方面存在认知失败。这些失败通常归因于"有限理性"，根据这一原则，由有限理性导致的无法实现自身利益的行为并不是非理性的。

现在我们需要关注第二个概念：追求与最大化相同吗？新古典主义经济学模型是规定意义上实现最优的规范性模型，因为它相当于通过最大化预期效用来追求感知到的自我利益。同样，有限理性的约束也是有意义的。卡尼曼和特沃斯基的工作特别断定，人们倾向于采用**直觉推断**（heuristic）的方法进行决策。"直觉推断"一词是指，在涉及大量信息、不确定性和实际时间限制的情况下，人们往往无意识地使用简单的"经验法则"做出决策。因此，我们可能总是有一条低于 100 美元的商品用现金支付的个人规定，即使我们手边有信用卡。有时这可能导致不一致或不合逻辑的行为，并且至少在短期内可能无法最大化预期效用，因为这样做会浪费更多时间到自动柜员机上提现。目前可以说的是，有限理性与最优，甚至次优无关；有限理性的决策过程中涉及的直觉推断更多地与**"满意"**（satisficing）有关。

如果即便以更宽容的有限理性的标准，我们仍然会误判自身利益呢？这种情况往往与第 4 章中所述的"自我助益"偏向的影响有关。一个常被引用的**自我助益偏向**（self-serving bias）的例子是"优于平均"效应：超过一半的调查对象通常认为自己的驾驶员水平（Svenson，1981）、道德规范水准（Baumhart，1968）、管理能力（Larwood and Whittaker，1977）、生产效率（Cross，1997）和健康水平（Weinstein，1980）都处于前 50%。一些经济学家和心理学家则认为这种行为是非理性的。

现在我们可以继续讲第三个概念："自我利益"一词也有不同的解释。传统上，经济学家用效用来衡量这一概念，而效用是主观价值的量度。随着经济学中理性选择理论的形式化，它假设了遵循理性公理的基本偏好排序来作为技术上的表述。自我利益的概念容易引起混乱，因为它通常被认为排除了对他人利益或效用的考虑。然而，一个人即便不是利他的（可以用多种方式定义另一个术语），也可能意识到在需要合作的社会环境中，完全不考虑他人不太可能增进自己的利益。因此，行为经济学经常将"自视"偏好与"涉他"偏好区分开；为自我利益行事时这两种偏好都要考虑，且个体参与者可将二者并入一个效用函数。

在理性的背景下还有另一个方面值得讨论。可以说，未经深思的、有时被称为本能的行动，既不是理性的，也不是非理性的。这些行动往往是当即发生的，就像躲避可能造成伤害的飞行物体一样。此类行动有时被称为**无理性的**（arational）。有人认为，也许我们 90% 的日常活动（例如，开车上下班、做家务、看电视，或者散步）都是由大脑中潜意识的过程控制的。即使我们确实感觉到我们"愿意"这样做，这也可能是错误的判定。与这里的讨论特别相关的是利贝特等（Libet et al.，1983，1985，1993）所做的实验。这些实验结果表明，脑电活动发生在有意识的手指运动意愿之前，且有明显的时间间隔（大约 300 毫秒）。人们对利贝特等的研究发现及解释产生了很多猜测和批评，特别是对于我们将自觉意志的感觉视为行动的原因是错误的这一看法（Wegner，2002）。韦格纳（Wegner）等认为，意志的感觉不是我们行动的真正原因，而仅仅是一种伴随或跟随的现象，或者用哲学术语来讲叫作**附带现象**（epiphenomenon）。

这意味着我们的许多或所有行动确实可能都是无理性的，而不是由任何有意识的深思引发的。这并不是说在许多情况下有意识的深思不会发生，而是提出了一种与我们直觉相反的可能，即这种深思只是伴随着事件而不是引发了事件。威尔逊、林赛和斯库勒（Wilson，Lindsay and Schooler，2000）提出，我们对生活中的许多事物可能抱有双重态度，一种是快速反应，另一种则是更加刻意的反应，其中考虑了来龙去脉以及我们应该做何感受的个人理论。韦格纳（Wegner，2002，p.58）补充道："只有当我们有时间考虑情况并经过了自动反应阶段时，有意识的态度才会支配我们的反应。"

之前的讨论将另一个因素引入了关于理性的讨论：理性是只与涉及选择和行动决策有关，还是与态度和信念有关？总的来说，经济学家往往专注于决策和行动，而心理学家则通常认为，尽管决策涉及深思熟虑的选择，但态度和信念的形成可能超出了我们意识能控制的范围，因此也超出了理性的讨论范围。如果像利贝特等的实验所表明的那样，如果我们涉及行动的决策也超出了意识能控制的范围，那么态度和信念的形成就可以说是无理性的。

这带领我们走向此时可以考虑的另一种理性的观点。森（Sen，1990，p.200）可能是这种观点最著名的支持者，他指出：

> 除了在不同子集之间有选择的一致性之外，理性可被视为要求一些东西。这至少要求一个人怀有的目标和目的与此人做出的选择之间必须有可信的联系。

看来将重点放在目标和选择之间的相关性上有一个优点，即不再对目标的本质做出任何假设；按照给定的那样即可。因此，森认为，我们目标的本质超出了理性的范围，因为人们关心的不仅是幸福和快乐。这种观点的缺点在于，它对幸福的看法过于狭隘。我们的幸福不仅包括物质因素，还包括与我们的情感相关的心理方面。此外，使用神经成像能够更容易地识别和测量这些方面。神经科学现在经常能比心理内省告诉我们更多"让我们打钩"的原因。特别是它表明了我们行动的许多动机对我们自己来讲永远是隐藏的，因为我们大脑中负责意识处理的部分无法接触到相关的神经处理过程。

□ 新古典主义经济学模型的本质

经济学家一般试图使用（扩张的）新古典主义经济学模型中描述的更精确和形式化的理性行为模型来消除围绕"追求开明的自我利益"这一概念的许多歧义。尽管乍一看这似乎令人望而生畏，但是，如果我们现在考虑经由拉宾（Rabin，2002a）模型修改的标准模型的程式化版本，将有助于整本书的阐述。该模型从心理学上定义的理性的三个组成部分出发，并将在本书的其余部分进行介绍。

读者不应被该模型的数学语言所吓倒；它旨在使模型更易理解，而不是更难理解。新古典主义经济学模型的数学表达使我们能够实现三个重要目标：

（1）对影响决策的相关因素的简要描述。

（2）将会在接下来的章节中检验的模型中各个组成部分的例证。

（3）关于模型基础假设如何与各个组成部分相关的一般考虑。

该模型可用以下术语表示：

个体 i 在时间 $t=0$ 时最大化期望效用，服从于域 $s \in S$ 状态的概率分布 $p(s)$：

$$\max_{x_i^t \in X_i} \sum_{t=0}^{\infty} \delta^t \sum_{s_t \in S_t} p(s_t) U(x_i^t \mid s_t) \tag{1.1}$$

效用函数 $U(x \mid s)$ 被定义在个体 i 的收益 x_i^t 上，未来效用用（时间一致的）贴现因子 δ 进行贴现。

现在，我们可以将方程（1.1）分解为如下四个主要部分：

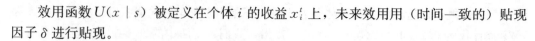

$$(1)\ \max \qquad (2)\ \sum_{t=0}^{\infty} \delta^t \qquad (3)\ \sum_{s_t \in S_t} p(s_t) \qquad (4)\ (x_i^t \mid s_t)$$
$$x_i^t \in X_i$$

现在，新古典主义经济学模型的主要假设可以根据它们和这些部分之间的关系来陈述：

- 经济当事人是理性的（1），（2），（3）和（4）。
- 经济当事人受到预期效用最大化的激励（1），（3）和（4）。
- 当事人的效用出于纯粹利己主义的考虑，狭义地讲，不考虑其他人的效用（4）。
- 当事人是贝叶斯概率执行者（3）。
- 根据贴现效用模型，当事人具有一致的时间偏好（2）。
- 所有收入和资产都是完全可替代的（4）。

我们将在相关章节中详细研究这些假设的含义和作用，因为这在某些情况下值得充分讨论。以下概述了新古典主义经济学模型的各个部分以及详述它们的章节：

（1）值的形成（4）和选择（1）：第 3 章和第 10 章。

（2）信念的形成（3）：第 4 章。

（3）期望效用理论（EUT）（1），（3）和（4）：第 5 章。

（4）贴现（2）：第 7 章和第 8 章。

在这里，鉴于上述新古典主义经济学模型的抽象性质，有必要提供一个简单的示例来说明上述几点，特别是模型的第（1）、（3）和（4）部分。你是行为经济学的一名新学生，并且正在考虑上课前要喝些什么。食堂只提供咖啡和啤酒。课程本身也有两个"世俗状态"：它可能很有趣，也可能很无聊。你从听说的信息中认为，该课程有趣的可能性为 0.8，而无聊的可能性为 0.2（这些是主观的"贝叶斯先验"）。表 1.1 显示了在每个世俗状态中，每种饮品所产生的收益。

表 1.1　新古典主义经济学模型中的决策

决策	世俗状态	概率	收益
咖啡	有趣	0.8	10
	无聊	0.2	2
啤酒	有趣	0.8	6
	无聊	0.2	4

如果课程很有趣，那么最好事先喝咖啡以获得最大的收益。但如果课程很无聊，那么喝啤酒比喝咖啡要好（这里假设如此），因为这样学生就可以迷糊地睡过去，这比保持清醒并无法从听课中获得任何收益要好。因此，最大化预期效用的最优决策取决于对世俗状态的概率估计。学生应判定喝咖啡的预期收益或效用为 8.4，而喝啤酒的预期效

用为 5.6。因此，在这种情况下最好的决定是喝咖啡。但如果概率反转，即课程有趣的概率预计仅为 0.2，那么最佳决策就是喝啤酒。从该示例可以看出，贝叶斯先验概率的估计对决策有重要影响。理性人会根据新的信息更新这些概率，如果课程被证明是无聊的，就会降低下一堂课有趣的估计概率，并影响学生下一轮的饮品决策。

□ 新古典主义经济学模型的适用性

从 20 世纪 80 年代起，行为经济学家将更多注意力聚焦于新古典主义经济学模型中的局限性上。请考虑如下问题：

- 为什么平均来看，股票收益率要远高于债券收益率？
- 为什么卖家对其商品或资产的估价要远高于买家的估价？
- 为什么在购买一款 15 美元的计算器时，人们愿意为了节省 5 美元而驾车跑遍全城，却不会在购买一件价值 125 美元的夹克时也这么做？
- 为什么在购物车中容易损伤的新鲜果蔬经常放在超市的入口处？
- 为什么当人们听说自己的薪水将提高 10％时会欣喜不已，而当发现某位同事的薪水将提高 15％时会变得狂怒？
- 为什么人们总是信誓旦旦地宣称坚持减肥或戒烟计划，但之后却放弃了？
- 为什么有时人们去自动柜员机取款，却只会取出 50 美元？
- 为什么人们总愿意推迟诸如豪华晚宴这样的消遣而不是尽早享用它？
- 为什么有些人不愿花 500 美元购买某种商品，可是当他的伴侣花同样多的钱为他购得该种商品，并且使用的还是他们的共同账户时，他却会十分高兴？
- 为什么当人们在购买了球票后，即使刮风下雨也会驱车前往观看，而如果是免费赠票的话，他们却不会这么去做？
- 为什么人们会对一天中最后一次赛马下大赔率的赌注，而在较早的赛马中不会如此？

上述局限都无法用新古典主义经济学模型予以回答，因为它所基于的前提假设过于苛刻。其中有些情形属于异象，意味着新古典主义经济学模型所作的预测与事实不符；而对另一些情形来说，新古典主义经济学模型却不够全面或者说是束手无策的，亦即它根本无法作出预测。这两个方面共同推动了行为经济学这一新兴的经济学分支学科的快速发展。在这里应该注意的是，新古典主义经济学模型的局限性导致了经济学理论的扩展，更广泛地分析了一旦摆脱新古典主义经济学模型的狭隘限制而出现的"缺陷"的范围（例如，Klaes，2015a）；因此，应将行为经济学的兴起视为过去 30 年来经济学更广泛的发展趋势中的一部分。

根据那些限制，新古典主义经济学模型和行为经济学之间的关系可以如下描述。每个模型都有一个**应用域**（domain of application），包括了该模型试图解释的现象。还有一个**有效域**（domain of validity），即模型能有效说明或解释的现象范围。新古典主义经济学模型传统的域非常广泛，包含了所有经济决策。这里列出的局限表明它的有效域可能比其传统的应用域小得多，并且通过概念创新来扩展这个域的作用方式是经济学科学进步的重要推动力（Klaes，2003）。行为经济学的替代模型是否以及在何种程度上能对决策提供补充甚至竞争，取决于它们的有效域与新古典主义经济学模型最初的域是重叠还是扩展，这是现今经济学中争论最激烈的问题之一，而且正如我们将看到的那样，它在这个学科的历史上有着悠久而独特的轨迹。

1.2 行为经济学的历史与演进

正如我们即将看到的那样，行为经济学起源于 20 世纪对经济决策的标准新古典主义经济学模型的各种经验批判。随着经济学逐渐切断其与心理学、社会学和历史学研究的传统联系，该模型本身才成为经济学的主导。这种转变的重要因素就是二战后期经济学中所谓的形式主义革命（Blaug，2001）。但是，为了理解行为经济学在经济思想发展的更广阔背景下的兴起和地位，需要牢记的是，在 20 世纪之前，许多经济思想的发展都已经与心理推理密切相关（Drakopoulos and Katselidis，2017）。

□ 古典主义与新古典主义经济学观点

一个流传甚广的看法是：18—19 世纪的经济学家作为这一学科的开拓者，对心理学兴味索然。尤其是新古典主义经济学家，经常被描绘为系统化者，他们通过加入对动机的几个简化假定来使所研究的问题具有某些数学上的严格性。一个合适的例子是丹尼尔·伯努利（Daniel Bernoulli，[1738] 1954）的研究，他用货币效用的边际递减律解释了风险规避问题，可被视为风险选择理论的鼻祖。

然而，把古典主义者和新古典主义者描绘为数学上的系统化者，在某种程度上却会给人以错觉，并掩盖了一些重要的事实。亚当·斯密（Adam Smith）作为经济学之父，虽然以他的《国富论》（*Wealth of Nations*）而声名远播，但他同时还有一本不太出名的著作，即出版于 1759 年的《道德情操论》（*The Theory of Moral Sentiments*）。这本书包含了大量重要的心理学见解，并且预示了许多行为经济学的最新发展，尤其是有关情感在决策中的角色问题。

与此类似，杰里米·边沁（Jeremy Bentham）由于提出了效用概念而广为人知，但是，他在有关消费者心理学方面也著述颇丰（Quinn，2016）。弗朗西斯·埃奇沃斯（Francis Edgeworth）于 1881 年撰写了《数理心理学理论》（*The Theory of Mathematical Psychics*）一书，书名显示出他对心理学的关注；这在以他的名字命名的著名的"埃奇沃斯盒状图"中也有所体现，其中涉及两人讨价还价情形，并且还包括一个简单的社会效用模型。但是，此时的心理学作为一门学科，尚处于其发展过程的幼儿期，而许多经济学家却希望同样是新兴学科的经济学（它在很大程度上还被称作政治经济学）能像自然科学那样拥有一个较为可靠和严格的理论基础。这样，新古典革命终于得以爆发，并诞生了理性人的概念，经济理性体现为自利的效用最大化（Coats，1976）。

□ 战后的经济学观点

在 20 世纪前半叶，仍然有许多经济学家在其研究中思考和探讨心理因素的作用，如欧文·费雪（Irving Fisher）、维尔弗雷多·帕累托（Vilfredo Pareto）和约翰·梅纳德·凯恩斯（John Maynard Keynes）。其中，凯恩斯在股票市场中的著名操作，无论在何种意义上都获得了显著的成功。然而，这段时期内的基本潮流却是主张放弃心理学，以至于到第二次世界大战时，心理学家在经济学家的社交圈内已成为不受欢迎的人士。心理推理最多只能维持在经济学的边缘（Earl，1990）。

这个趋势在战后继续存在，并由于出现了更好的计算技术而在很多方面得到强化。随着计算机功能的不断强大，人们建立并估算一个把市场和经济系统作为整体的数理模型已成为可能。计量经济学作为一个学科分支，已成为经济学家构建和检验理论的重要工具。经济学家开始沉迷于计量检验，即对变量进行测度，以及利用数学公式和计量方法对经济参数进行估计。理论上的发展有了很大的进步，而对数学方法的强调导致更为严格和明确（但未必准确）的结论出现。

此外，一些经济学家虽然意识到他们的模型所基于的行为假定并不真实，但米尔顿·弗里德曼（Milton Friedman）提出的一种方法论观点认为，经济理论与这些行为假定的准确性无关，或者说与理解个体为何会如此行事无关。这个观点将在下一章中详述。

□ 行为主义在经济学中的再现

一些"异端分子"，比如赫伯特·西蒙（Herbert Simon），认为上述观点有些狭隘。当模型的预测失真时，他不打算接受那些事先就安排好的理由，诸如暂时性的"波动"、无法预测的新因素的介入、度量上的分歧等。他坚信，要想改进现有的理论并使其预测更为正确，那么，理解经济当事人行为背后的隐含动机就十分重要。西蒙（Simon，1955）提出了"有限理性"的概念，意指决策者在获取和处理信息时所面临的认知局限。

在 20 世纪 50—60 年代，有许多原创性的文章对西蒙的研究作了补充（Klaes and Sent，2005）。这些文章全部指向新古典主义经济学模型视角下个体决策的各种异象，并提议在理论上进行改进。其中，作出重要贡献的包括马科维茨（Markowitz，1952）、阿莱（Allais，1953）、斯特罗茨（Strotz，1955）、谢林（Schelling，1960）和埃尔斯伯格（Ellsberg，1961）。

在 20 世纪 70 年代期间，心理学领域的重要发展后来成为行为经济学的重要基础。其中最重要的要数丹尼尔·卡尼曼（Daniel Kahneman）和阿默斯·特沃斯基（Amos Tversky）的"直觉推断和偏向"项目。然而直到 20 世纪 70 年代末，行为经济学才真正建立。其主要标志是两篇文献的发表。第一篇是 1979 年的《前景理论：风险条件下的决策分析》，由卡尼曼和特沃斯基撰写，并刊登在权威的技术性经济学期刊《计量经济学杂志》（Econometrica）上。前景理论建立在他们之前的直觉推断和偏向的研究之上，但也提出了很多关于参考点、损失厌恶、效用度量与主观概率判断的新的基本概念（有关这些发展的完整概述，参见 Heukelom，2014）。

第二篇文献是由经济学家理查德·塞勒（Richard Thaler）发表于 1980 年的《迈向消费者选择的实证理论》（Toward a Theory of Consumer Choice）。他在文中特别提出了"心理核算"的概念，这与卡尼曼和特沃斯基的相关概念非常接近，将在第 6 章中详述。

从 1980 年开始，行为经济学已逐渐成为一个蓬勃发展的领域，经济学家与心理学家共同对上述先驱者的研究进行了扩充与发展。随着在解释新古典主义经济学模型的异象以及构建更为完整的理论体系上取得了更多的成功，行为经济学已经成为一个备受尊敬的学术领域，并有大量杂志刊行它的研究成果。

然而需要保持清醒的是，行为经济学家并没有在思想层面上达成一致。虽然他们都与经济行为的心理学基础有关，但是，他们的观点在一些基本方面却分歧甚大。比如，我们可以发现，卡尼曼和特沃斯基、弗农·史密斯以及吉格伦泽（Gigerenzer）在某些问题上持有完全不同的观点，包括假定应具有怎样的作用和特征、什么样的调查方法是恰当的、不同种类的经验证据有何价值，以及对理性、效率和最优化的看法等。

1.3　行为经济学与其他学科的关系

自从行为经济学问世以来，对它的主要批评之一在于，它本质上是关于行为偏向的观察的**专设**集合，缺乏统一的理论基础。乍一看，这种批评似乎有一定道理，因为在过去的 30 年中，很多行为偏向作为新古典主义经济学模型范围内的异象而呈现，有些行为偏向彼此矛盾，且很多研究人员满足于在狭义的行为背景下对其进行记录和建模。然而，本书的基本目标在于不仅要研究人们如何以"特异"的方式行事，还要研究人们为什么如此行事。在下一章中将更详细地阐述这种概念，但是在这里，提出一个想法即可，即我们的行为是由生物和环境因素共同决定的，有时二者不可分割地融合在了一起。这一概念吸收了关联学科的研究发现，在经济学中具有悠久的传统，尽管由于形式主义者将经济学的核心范围缩小到新古典主义经济学模型周围，但这一概念亦已经有所缩减（Arena，Dow and Klaes，2009）。因此，有必要对与生物学、心理学和社会学有关的一些核心概念作基本的了解。

☐ 进化生物学

野外博物学家和进化生物学家狄奥多西·多布赞科斯基（Theodosius Dobzhanksy）曾说过一句著名的话："如果不从进化的角度来看，生物学没有任何意义"（Dobzhansky，1973）。该领域的科学家数十年来就进化论达成了普遍共识，进化论有时也被称为"现代综合"或"新达尔文主义综合"。该综合有四个主要特征：

（1）遗传——基因是遗传的单位，并从亲代传给子代。

（2）变异——任何群体中的基因都有多样性，有时也称为"基因库"。

（3）变化——来自亲代的基因混合（重组），以及一代到另一代的突变，导致子代具有与亲代不同的基因。

（4）自然选择——随着时间的流逝，那些最能生存和繁殖的种群成员的基因会传播并占主导地位，从而能适应环境。

最后一个特征在生物学家中往往争议最大，也正是这个特征将一般进化论与更具体的"达尔文主义"理论区分开来，尽管这两个词经常互换使用。虽然没有严肃的科学家怀疑进化过程，但有些人质疑自然选择与引起代际变化的其他因素（例如"遗传漂移"）孰轻孰重。

□ 进化心理学

与进化生物学密切相关的是进化心理学。进化心理学是一个相对较新的学科，从根本上讲，它是进化生物学的一个分支。虽然试图将所有来自心理学的解释浓缩在一个统一的框架下可能是危险的，但是，我们相信进化心理学能够为理解和联结多种经验研究成果提供显著的帮助。该学科领域的理论基础是，正像我们身体的解剖和生理结构在数百万年严酷的自然选择中进化一样，我们大脑的解剖和生理结构也经历了这一过程，并且得到进化的心理机制（evolved psychological mechanism，EPM），这在本质上属于一种心理适应过程。因此，我们的偏好和决策方式在很大程度上是由过去的进化过程决定的。由此所暗示的一个重要之处是，在当前发生深刻变化的社会及自然环境下，我们过去进化出的一些心理机制可能不再适用，甚至是有害的，对此我们将在本书的多处地方进行探讨。一个经常被使用的例子是我们对糖类与脂肪食品的普遍喜好。对于处在更新世（Pleistocene）* 的人类祖先而言，这一点确实有助于他们的生存，但当食物不再匮乏时，这种喜好将导致肥胖和疾病。想要深入学习进化心理学的读者应该选读一本这方面的优秀教材，比如巴斯（Buss，2008）的著作。只想作泛泛了解的读者可阅读《都是基因惹的祸》（*Mean Genes*），这是一本不错的床头书，由伯恩汉姆和费兰（Burnham and Phelan，2001）撰写，他们在书中把经济学和生物学的观点结合了起来。

现在应当首先明确的一点是，我们并不认为每个能影响行为的心理机制都是由自然选择形成的遗传基因所决定的。然而，对进化心理学的歪曲，在附以"基因决定论"的错误标签之后，不幸在许多社会科学中蔓延开来且为害不浅。在很多个体、群体和社会之间所出现的差异，明显是由文化上的原因导致的，没有哪位进化心理学家会否认这一点。但是，在很多经验研究中还有一点也是十分明显的，对此我们将在全书中进行考察，亦即在人类甚至是灵长类动物之间，存在着某些共有的心理特征，这为心理机制存在进化提供了一个说明。我们在此处并不想以争论的方式来作这种说明；我们只会给出若干建议，至于心理机制到底是进化出来的还是由文化原因决定的，我们认为没有必要对此过于深究。然而，这里可以提到一个行为的特殊领域，作为这种观点的一个例子，这就是时间偏好的演变。《美国经济评论》（*American Economic Review*）上有几篇关于这一主题的论文（Robson and Szentes，2008；Netzer，2009；Robson and Samuelson，2009）。这些论文详述了财富代际转移的作用、存活率的不确定性，以及短期和长期利益之间的冲突。这项研究的意义将在第8章中详述。

许多经济学家和心理学家都因为进化心理学的理论太偏重主观推测而弃之不用。他们总是将其驳斥为社会科学中"恰好如此的"故事，即认为它们不能提供可供检验的假说，因此，不是真正的科学理论。这种看法由两个因素导致：（1）根据定义，人们无法对过去的事实进行实验；（2）对过去事实的记录非常不完整。我们将说明，这种驳斥是非常有失公正的，进化心理学实际上能够提供可检验的假说，并且很多假说已被可靠的

---

* 地质年代名称，距今约 260 万年至 1 万年，该时期冰川作用活跃。——译者注

经验证据所证实。此外，许多经济学家在解释经济现象时所表现出来的思维倾向，甚至比那些"就事论事"的理论更难令人信服。比如，把人们难以摆脱眼前诱惑的现象归结为他们的决策时限过短，或者认为人们在愤怒时容易举措失当，这些论点并不能令读者满意。这些本质上也是"就事论事"的理论，因为它们引出了这样的问题：为什么人们的决策时限是短暂的？以及为什么我们会有诸如愤怒这样看似有害的情绪反应？

如上所述，进化心理学一直被一些人所歪曲，他们声称这种新学科可以解释人类所有的认知、情感和道德能力。但大多数进化心理学家支持**基因-文化协同进化**（gene-culture coevolution）的模型。该模型认为这些能力是包含了基因和文化相互作用的进化动力学的产物（Cavalli-Sforza and Feldman，1982）。在大部分生命物种的进化史中，信息纯粹是通过遗传手段从一种生物传递到另一种生物的。遗传代码包含了建立新生物以及根据感觉输入做出决策的指令。由于学习成本高昂且容易出错，因此，基因组对恒定或缓慢变化的环境的所有方面进行编码是高效的，进而决策可以在熟悉的情况下轻松地自动完成。当环境条件有很大或很快的变化时，生物需要有更灵活的反应，这意味着基因需要将它们设定得能够学习，以应对不太熟悉的环境。在最近几次的进化中，也就是在过去的 700 万年左右的时间里，一种不同的信息传输方法已经变得越来越重要——表观遗传。这种传递代际信息的非遗传机制本质上是文化的。它可以是垂直的（从父母到孩子）、水平的（同代之间）、倾斜的（从老到小），或其他方向的，如从较高的状态到较低的状态。道金斯（Dawkins，1976）提出文化信息的传播方式与遗传信息的传递方式大体相似，并引入了"模因"（meme）一词作为信息单元。因此，模因可以由一个人复制到另一个人，但并不是完美复制，因为它们会发生变异，就像在"口传失真"或"电话"游戏中一样。而且会有一个选择过程，使得那些更适合携带者的模因更容易生存并更频繁、更如实地传播。模因可以像贝多芬第五交响曲的开头四个音符一样简单，也可以像宗教教条那样高度复杂。自然界的巨大差异导致了对基因-模因类比的批评，但正如金迪斯（Gintis，2009）指出的那样，现代研究表明，基因也常常具有模糊和重叠的边界。

基因和文化的相互作用为人类特征的快速发展奠定了重要基础，例如，语音和语言的发展，道德的发展以及嫉妒、羞耻、骄傲、羡慕、同情和内疚等复杂的社会情感的发展。这些特性的能力最终由基因决定，因为它们取决于神经系统的发育，但是，其生存价值取决于相关环境中的文化。

在下一章中我们将更详细地探讨基因-文化协同进化这一概念的重要性，因为它代表了一种不包含于各种行为科学的世界观。于是它被认为是统一这些科学框架的基本组成部分（Gintis，2009），这种方式有时被称为**契合性**（consilience）。

□ 进化经济学

就像进化心理学是进化生物学的分支一样，如今进化经济学也经常被理解为进化心理学的分支。以这种方式阅读就会提出，鉴于我们的大脑进化的方式，它们无法很好地适应对经济学中某些关键概念的掌握，因为我们祖先所处的环境与我们所处的环境根本不同。在我们过去的大部分时间里，经济活动不涉及贸易、劳动分工，特别是资本设备的使用。因此有人争辩说，这使现代人类很难理解自由贸易的好处。而且这可能也会使他们容易陷入"劳动模块"(lump of labour)的谬误,从而只能以牺牲旧工作为代价来创造新工作。也许更具争议性的是,我们可能在进化过程中倾向于相信劳动价值论且支持最低工资,并可能低估技术进步的优势,或者认为收入和财富不平等是由剥削而不是由生产力的差异引起的。当我们根据英国脱欧和特朗普当选来考虑这些因素时,也许它们并非毫无道理。基于这一点推导和检验具体的假设则是一项更加困难的任务。

一般来讲,进化经济学在过去 100 年左右的时间里已经发展成为一种较为独立的经济思想流派(参见 Klaes,2004)。使它广为人知的则是凡勃仑(Veblen,1898)在《经济学季刊》(*Quarterly Journal of Economics*)上发表的一篇文章,该文章向他的经济学家同行发问道:为什么经济学要固守理性选择范式一成不变的逻辑而落后于现代科学,而不寻求用个体如何参与经济决策,以及他们在团体和机构内如何互动的因果调查来解决经济现象?新古典主义学派的一些开创性思想家,例如阿尔弗雷德·马歇尔(Alfred Marshall),在他们的研究中展现了这种替代方法的重要特征(Raffaelli,2003)。然而,新古典主义经济学模型只是将理性选择模型的形式化作为经济学的典型,而不是将其开放给更多以经验为导向的方法来理解经济行为。

狭义的进化经济学作为一种基于进化心理学的行为经济学,为我们如何在给定的选项中做出选择提供了内在的边界和约束。但是,一旦偏好不再给定,这种方法在开放的经济行为的动机维度上就没有什么话可说了(Witt,2011)。在群体层面,关于偏好是如何通过强化模式学习的问题让位于怎样的制度,甚至更重要的是,经济创新形态的进程,这种制度是由后天需求所塑造,而后天需求不能完全归结为生理需求。因此,进化经济学通常被理解为一种制度经济学,于是进化经济学的很多关注点都放在这种创新在经济中的作用,及其对经济发展和增长的影响上(Hodgson,1998)。

□ **认知神经学**[*]

这是另一门相对较新的学科,始于 20 世纪 80 年代,它从本质上构成了进化生物学和进化心理学的联系。认知神经科学试图将大脑中的神经状态与精神状态以及研究对象之外的世界中的事件联系起来。因此,认知神经科学从许多方面研究行为,尤其是决策,这些方面与经济学家试图理解决策的物质基础有关。这导致了神经经济学这个新领域的形成,神经经济学指的是使用与大脑活动有关的经验证据来得出与经济行为有关的结论。

认知神经学有了巨大的经验进展,这要归功于最近几项技术的发展,尤其是一些涉及脑部扫描和成像的技术,比如 PET(positron emission tomography,正电子发射断层扫描)、fMRI(functional magnetic resonance imaging,功能性核磁共振成像)、EEG(electroencephalography,脑电图)、rCBF(regional cerebral blood flow,局部脑血流灌注显像),以及 TMS(transcranial magnetic stimulation,经颅磁刺激)。这些方法通过探测(在 TMS 的情况中为阻止)电活动或血流的增加,来监测特定区域的脑部活动,从而透彻地解答了许多行为经济学感兴趣的问题。这些成果尤其有助于解答决

---

[*] "认知神经学"(cognitive neuroscience)也可译为"认知神经科学",在本书中,这两个词为同一词义。同样,神经学与神经科学亦如此。——译者注

策制定的直觉推断、学习过程、情感的作用等方面的问题。

也许神经科学中最重大的发现就是**脑模块**（brain modularity）的概念。这意味着不同类型的思考或心理过程在大脑的不同区域进行，这表明了大脑结构或解剖结构的重要性，而且这归因于进化过程，其中大脑新的部分已被相继添加到更旧的更原始的部分，并且随着时间的推移变得越来越发达。就行为经济学而言，模块最深远的结果之一是，人类在不同情况下拥有不同的决策系统。最明显的实例是，我们有一个"冷"的理性系统来进行问题推理，例如做填字游戏，还有一个"热"的系统来影响情绪，往往作用于，例如交通堵塞且有人在我们前面插队时。我们还发现，我们倾向于自动执行某些过程，例如熟练的音乐家弹奏钢琴时，并不需要有意识地思考要弹哪个琴键，而其他动作则需要有意识的决定，例如初学者尝试弹奏相同的乐曲。脑模块的这一方面对于行为经济学很重要的原因是，不同系统之间经常存在冲突，并且这些冲突可能导致诸如偏好反转和时间不一致偏好等现象，这也是新古典主义经济学模型中经常发现的异象。这些不同的系统由执行控制系统来协调，以便在发生内部冲突时采取一些行动。但重要的是，我们并不将这些控制系统视为是"自己"或"我"在做决策。这相当于笛卡儿二元论，或者是哲学家吉尔伯特·赖尔（Gilbert Ryle）所说的"机器中的幽灵"的信仰（Ryle，1949）。执行控制系统的确也可以在潜意识下运行，例如我们躲避迎面飞来的黄蜂。

神经经济学的另一个重要发现是，不同的化学物质、神经递质和激素如多巴胺、血清素、肾上腺素、皮质醇、睾酮和催产素，都会对行为产生重大影响。考虑到这些物质对我们大脑以及情感的影响，这不足为奇。下一章将在还原论的背景下详述这个问题。鉴于这些发展，神经经济学研究的各种例子将在整本书的范围内给出。然而要认识到，神经经济学的意义和应用仍然是该学科中一个有争议的问题。许多主流经济学家认为，这个学科与理解经济学或应用经济原理无关。这一论点及其反论点将在下一章中进一步详述。

1.4　本书的目标、范围与结构

□ 目标

根据后文将要阐述的内容，本书的主要研究目标如下：

（1）用一种符合逻辑且可行的方式来介绍行为经济学的原理与方法，并将其与新古典主义经济学模型相对照。

（2）运用来自观察与实验的大量实例来阐明行为模型为何要比新古典主义经济学模型更具有解释力与预测力。

（3）为现有的与行为经济学相关的文献提供一个评论性的审视。

（4）对行为经济学的政策启示进行解释，尤其是那些与新古典主义经济学模型不同的地方。

（5）给出一个支撑行为经济学成果的清晰的心理学框架。

（6）指出本学科的发展方向，包括未来面临的挑战与值得深入探索的领域。

□ 结构

为了能实现本节开始时描述的那些目标，我们将全书分为五篇。在前言之后，是行为经济学的理论基础部分，我们在其中对有关偏好的基本概念、风险和不确定性条件下的决策制定以及心理核算进行了描述。这与方程（1.1）中模型的第（1）、（3）、（4）个组成部分有关。本书的第 3 篇考察了跨期选择问题，其中，选择的成本和收益在不同时期发生。这与方程（1.1）中模型的第（2）个组成部分有关。第 4 篇考察了策略互动以及对博弈论的应用，这与之前未详述的第（3）、（4）部分有关。本书的最后一篇是结论。我们在此总结了行为经济学的各个方面，并呈现了对理性的综合观点；这一篇也与上文提出的第六个目标有关，展望了本学科的未来。从总体结构上讲，本书与安格纳（Angner，2016）的引导性书籍相吻合，后者将重点放在对新古典主义经济学模型更加技术性的论述上，因此，如果想将我们的论述和方法更紧密地融入核心经济学课程，可将该书作为补充阅读。

在每章内往往都有一个典型结构。首先是考察新古典主义经济学模型相关方面的原理和假设，并描述其缺点和异象。接着引入各种行为模型，并通过可得的经验证据进行评估，同时还在新古典主义经济学模型和行为模型之间进行对比，也阐述了规范性或政策性启示。最后，在每章结尾的案例分析中考察了行为经济学的一些重要应用。

小 结

- 行为经济学关注的是通过为经济理论提供更健全的心理基础来提高其解释能力。
- 行为经济学放松了新古典主义经济学模型的关键假设，以便解释新古典主义经济学模型中的大量异象。
- 行为经济学是一门相对较新的学科，在 1980 年左右才得到承认；在那之前，经济学家对心理学的忽视持续了几十年。
- 行为经济学家使用的研究方法或手段十分丰富，既有基于传统经济学和心理学的方法，还有从其他学科借用的一些常用方法。因此，行为经济学不但用到了观察研究和实验研究，而且有时连计算机模拟和人脑扫描也被用于其中。这涉及契合性的概念。
- 有许多与行为方法相关的方法论问题，特别是那些与进化心理学和认知神经学等相关学科在经济学中的应用相关的问题。
- 看待进化生物学和心理学，最好从更广义的基因-文化协同进化的概念出发。
- 进化经济学可以帮助我们理解为什么某些经济原理难以掌握，因为它们并未应用于我们祖先的环境。更笼统地说，它将我们引向经济学中的制度分析，以及动机问题和创新作用的重要性。
- 理性可以用多种方式定义。经济学中使用的是经济理性的标准模型，但会根据背景和学科的分支发生巨大变化。

思考题

1. 什么是行为经济学？

2. 总结新古典主义经济学模型的假设。

3. 举出新古典主义经济学模型无法解释的现象的四个例子。

4. 解释进化心理学的含义以及为什么它与行为经济学有关。

5. 解释描述性理论与规范性理论之间的区别。

应　用

现在介绍可以有效地应用行为经济学模型（BEM）的两种情况。但是，在每个案例中，暂时不宜对所涉及的问题作详细讨论，因为这些问题将在本书的剩余部分中进行研究；而相关的重要行为问题的概要只是以大纲的形式给出。尽管如此，这些应用还是有助于读者大致了解行为经济学的含义。

❖案例 1.1　　　　　　　　　　猴子的损失厌恶

当人类的行为偏离了新古典主义经济学模型定义的理性时，通常会出现这样一个问题：这种偏离是由文化决定的还是由更根本的进化原因导致的？经常用来区分这两种假设的一种方法是对灵长类和猴子进行实验，以查看它们是否显示出与人类相似的偏离。卷尾猴常用于此类实验，因为它们有相对较大的大脑，生活在社会群体中，并且可以轻松地学习用代币交换食物。在这方面进行的最有趣的实验之一是陈及其同事（Chen and colleagues，2006）进行的，包括如下三个主要阶段。

第一阶段包含标准理性测试，调查猴子是否会通过将预算重新分配给"更便宜"的商品来应对"价格变化"。当给猴子分配一定代币的预算用于购买果冻或苹果片时，他们发现，如果将苹果片的价格减半，即为每个代币提供两片苹果片而不是一片，并将预算相应地减少至保持相同的购买力，会导致猴子对苹果片的消费增加。在这方面，猴子表现得像新古典主义经济学模型中的理性消费者。

然后，实验者想检查猴子是否会表现出两种常见的行为特征，也就是新古典主义经济学模型中的异象。这包括测试参考依赖，即查看猴子是否会依据先前的参考点来看待结果。在该方案中，一个实验者总是举起一片苹果片来表示愿意交易，但是，当猴子用代币交换时，实验者一半时间提供一片、一半时间提供两片，平均结果为 1.5 片。第二个实验者最初总是举起两片苹果片，但同样有可能提供一片或两片苹果片，期望结果也为 1.5 片。新古典主义经济学模型中的期望效用理论预测，对相同的结果会有相同的偏好，但最终发现 71% 的猴子与第一个实验者进行了交易，这表明了参考依赖的重要性。与第一个实验者交易的猴子与一片苹果片的参考点相比将获得收益，而与第二个实验者交易的猴子与两片苹果片的参考点相比将遭受损失。

为了证实这一发现表明了损失厌恶，实验者实施了第二种方案。第一位实验者最初的出价总是两片苹果片，但在收到代币后只给一片苹果片；第二个实验者最初总是出价一片苹果片，也总是给一片苹果片。因此，对于两个实验者，交易的结果还是一样的，并且新古典主义经济学模型预测他们之间无差异。实际上，将近80%的猴子表现出对第二个实验者的偏好。

因此，这些实验不仅为前景理论的两个关键要素（行为经济学的基础）提供了证据，而且还表明这些要素具有进化的起源。卷尾猴在大约3 500万年前就偏离了通向人类的进化路线。

然而，上述两个结论都受到后来的希尔博伯格及其同事（Silberberg and colleagues，2008）的研究的质疑。批评的第一个理由是，陈及其同事的研究没有适当地考虑逆偶然效应，即反复向受试者显示较大的奖励，但给予较小的奖励，反之亦然。经过反复试验，人类可以掌握这一过程，但希尔博伯格及其同事（Silberberg and colleagues，2008）的研究表明，卷尾猴在500多次试验中都无法做到这一点。批评的第二个理由是，与支付最初提供的奖励相比，减少奖励所涉及的延迟引入了贴现因素，因此，如果奖励的金额相同，则与延迟的奖励相比，受试者应该更偏好即时的奖励。

要注意的是，希尔博伯格及其同事（Silberberg and colleagues，2008）并没有声称这一新证据与原始研究的结论相矛盾，它只是意味着原始证据具有另一种解释。因此，研究包含了一个困惑。陈及其同事的方法论消除了任何其他解释，因此，为了证实其研究结论，需要进行进一步的实验研究。

讨论点

上面这个富有创造性的实验研究体现了行为经济学的四个重要方面：

1. 方法

此处所运用的实验分析法在传统上是从心理学家那里继承而来的，其目的是为了进行某种程度的控制，而这种控制在单纯的观察研究中是无法做到的。此处使用了不同的交易规则，目的是对各种反应进行比较，并且对损失厌恶的基本假说进行检验。虽然在实验中使用欺骗手段不太可能使这些作为受试者的卷尾猴愈加玩世不恭，但我们还是应该对此种情形多加留意。

2. 进化心理学

实验的目的不仅是为了检验在卷尾猴中间是否存在损失厌恶，更重要的是为了检验在人类行为中，普遍存在的损失厌恶是否具有一个进化论上的解释。在很多国家和社会中所观察到的损失厌恶的事实，构成了进化观点的基本证据，但是，我们从最具亲缘关系的物种中所观察到的相同现象是更为有力的证据。这是由进化心理学家用来检验其假说的一个典型的实验。还需注意的是，为什么损失厌恶应该是一种心理机制或适应性过程，也被提了出来。我们在第5章讲述前景理论时，将对该问题进行详细论述。

3. 理性

我们已经看到，理性的概念是一个非常容易引起混淆的术语，可用于很多不同的含义。然而在这个例子中，一个按照新古典主义经济学模型行事的"理性"个体对两种交易制度下的两个实验者应该没有偏好，因为从每种交易制度下每个实验者处获得的结果最终都是相同的。在猴子身上所观察到的"非理性"可以用参考点和损失厌恶来解释，这是前景理论的重要组成部分。因此，行为经济学模型能够比新古典主义经济学模型更好地解释在实验中观察到的行为。

4. 困惑

当一个结果有多个可能的解释时，就会令人困惑，但是事实的确如此，很难或者说不可能确定哪种解释才恰当。这在经济学的所有领域中都是一个非常普遍的问题，下一章将对其进行详细论述，因为谨慎的方法通常可以解除困惑。

 案例 1.2　　　　　　　　　货币幻觉

自从欧文·费雪（Irving Fisher，1928）以来，货币幻觉就成了一个被经济学家广为讨论的问题。人们对货币幻觉进行了多种定义，这导致出现了含义上的混淆，但是沙菲尔、戴蒙德和特沃斯基（Shafir，Diamond and Tversky，1997）在其经典文章中所给出的定义却十分简明而实用：

人们倾向于从外在的名义值来评价各种交易的实际价值。

应该注意的是，这种定义使得货币幻觉不再局限于通货膨胀效应，我们将马上看到这一点。

经济学家对货币幻觉的假定颇有看法，霍威特（Howitt）在《新帕尔格雷夫经济学大词典》（*New Palgrave Dictionary of Economics*，1987，p. 3）中用"意义不明确"来加以形容。托宾（Tobin，1972）甚至给出一条诅咒式的评语："一位经济理论家绝不会比提出货币幻觉这样的假定更加罪孽深重。"导致出现这种看法的原因是，货币幻觉在本质上与标准经济学模型的理性假定不相调和。因而一个理性的个体对下述两个选项的态度是无差异的：

选项 A　在一年中发生了 4% 的通货膨胀，且薪水提高了 2%。
选项 B　在一年中没有任何通货膨胀，且薪水降低了 2%。

在每个情形下，个体都实际蒙受了 2% 的收入损失。然而，一些经验研究却表明，人们所表现出来的偏好并不与传统的理性假定相一致，货币幻觉广泛存在。

也许对此类问题最著名的研究就是由前文提到的沙菲尔、戴蒙德和特沃斯基作出的。他们通过调查问卷来对人们进行提问，所涉及的问题包括收入、交易、签订合同、投资、心理核算、公平和道德。根据我们的需要，此处只涉及对收入和签订合同的考察，因为它们能显示最主要的发现。

一个与收入有关的情景被描述如下：

考虑两个个体——安和芭芭拉，她们相隔一年毕业于同一所院校。毕业后，她们都在出版社中谋到了类似的职位。安最初工作时年薪为 30 000 美元。在她工作的第一年没有发生通货膨胀，并且在第二年提薪 2%（600 美元）。芭芭拉刚开始工作时的年薪也为 30 000 美元。但在她工作的第一年出现了 4% 的通货膨胀，而她在第二年提薪 5%（1 500 美元）。

接下来，调查对象被要求回答三个问题，分别与经济条件、幸福感和工作吸引力有关：

（1）当她们进入工作的第二年时，谁的经济条件更好？

（2）当她们进入工作的第二年时，你认为谁的幸福感会更高？

（3）当她们进入工作的第二年时，每个人都收到了来自另一家公司的聘书。你认为谁会为了另一份工作而离开现有的职位？

71% 的调查对象认为安的经济条件更好，29% 的调查对象认为芭芭拉的经济条件更好。然而，只有 36% 的人认为安的幸福感更高，而 64% 的人认为芭芭拉的幸福感更高。类似地，65% 的人认为安更可能辞职，而只有 35% 的人认为芭芭拉更可能辞职。

此外，一个与签订合同有关的问题被用来检验人们是否愿意根据未来的通货膨胀来订立有关付款的合同。从卖家的角度来看，如果他是一个厌恶实际风险的决策制定者，那么他就会倾向于根据未来通胀来订立合同，而如果他厌恶的是名义风险，那么他就会倾向于在当前把价格固定下来。假设当前流行的电脑价格是 1 000 美元。卖家可以选择在两年之内把价格固定为 1 200 美元，也可以选择根据通货膨胀来定价，假设未来两年内预期通胀率总计为 20%。首先，我们在实际值的层面上来描述选项（以 1991 年为当前年份），表述如下：

合同 A　无论在 1993 年电脑的价格是多少，你都同意到那时按 1 200 美元/台的价格售卖电脑。这样，如果通货膨胀率低于 20%，那么你在 1993 年的卖价将高于时价；而如果通货膨胀率超过 20%，那么你在 1993 年的卖价将低于时价。因为你同意按固定价格售卖电脑，所以，你的利润水平将依赖于通胀率的高低。

合同 B　你同意在 1993 年按当年价格售卖电脑。因此，如果通货膨胀率超过 20%，那么你收到的款项将比 1 200 美元多；而如果通货膨胀率不到 20%，那么你收到的款项将低于 1 200 美元。但是，由于生产成本和价格都与通胀率有关，因而无论通胀率有多少，你的"真实"利润水平在本质上都是不变的。

上述两个选项分别是指要么按固定的名义价格售卖，要么根据价格指数来调整售卖价格。如果像上面那样在实际值的层面上来描述选项，则可发现绝大多数调查对象（81%）都会选择与价格指数挂钩的方式，这表明人们厌恶实际风险。然而，当我们在名义值的层面上描述同样的选项时，就会得到一个不同的结果，表述如下：

合同 C　不管在 1993 年电脑的价格是多少，你都同意按照 1 200 美元/台的价格出售。

合同 D　你同意在 1993 年按当年价格售卖电脑。因此，与按照 1 200 美元/台售卖不同的是，如果通胀率超出 20%，你会获得更多的款项，反之亦然。

在这种情形下，选择按价格指数调整售卖价格的人要少得多（51%），现在人们似乎不那么厌恶实际风险了。

当签订合同的情形反转过来，亦即当调查对象处在买家的位置上时，我们也发现了对选项的描述方式能够影响人们的反应。所得到的结果仍然是，当在名义值层面上描述选项时，人们就表现出对名义风险的厌恶；当在实际值层面上描述选项时，人们就表现出对实际风险的厌恶。

讨论点

对货币幻觉的讨论在行为经济学中形成了若干重要的争论之处。其中有一些和上一个案例是类似的：

1. 方法

经济学家主要从两个基本方面对沙菲尔、戴蒙德和特沃斯基的成果真实性进行了批评。首先，他们对调查问卷法提出怀疑，认为人们对在假设条件下会如何行为的回答，与在真实世界中受经济因素引导的行为可能相去甚远。其次，他们指出，仅在个体层面上证明货币幻觉的存在是不够的，还必须在总体层面上也证明它存在，才具有真实的经济意义。个体行为的差异有可能彼此抵消，从而导致对经济总体无任何影响。

2. 理性

人们通常主张，货币幻觉在个体层面上是非理性行为。然而，从沙菲尔、戴蒙德和特沃斯基的研究中却可以明显地看到，虽然大多数调查对象认为芭芭拉的幸福感更高，但是，意识到安的经济条件更好的人也占大多数。这种将绝对经济福利与幸福感相分离的现象并不必然是非理性的，我们将在第 3 章作深入讨论。此外，还有一个极为可能的事实是，绝大多数的人自身并不会有个体层面上的货币幻觉，但是，他们可能会相信其他人有。因此，为了能够理解总体层面上所存在的货币幻觉，就必须对经济中个体之间的策略互动进行考察。

3. 心理核算

显而易见的是，沙菲尔、戴蒙德和特沃斯基的研究不仅是在一个描述性的层面上检验货币幻觉，他们还试图从心理学的角度对货币幻觉的存在性作一些尝试性的解释。这通常涉及心理核算的若干理论，尤其是多重心理表征理论。我们将在第 6 章中进行详细讨论，但是，在此处可对该理论作一个大体描述，亦即它认为信息不会使人们只产生一个单独的心理或认知表征，而是会同时产生若干个。因此，不同的选项可能会使我们同时产生一个名义心理表征和实际心理表征，但是，根据这些选项被描述的方式，其中一个或另一个表征会尤其显著。因此，有关框架效应和显著性的概念就十分重要。沙菲尔、戴蒙德和特沃斯基的研究认为，在通常情况下，名义心理表征更易于显著，因为人们对名义值的认知较为容易，所需要的信息也不多。这自然易于导致货币幻觉的产生。在第 5 章中讨论参考点时，我们将看到各种视力幻觉与此类似。

4. 策略互动

正如前文所述，要想理解总体层面上的货币幻觉，则对策略互动问题进行考虑就十分重要。如果有些经济当事人做出非理性的行为，比如在没有任何通胀诱因的条件下抬高价格，那么对另一些理性的当事人来说，最优的反应就是也按这种方式行事，并"随大流"。这个效应在股票市场中至关重要，许多行为金融学家对此都有提及，且它与始于 2007 年的金融危机尤其有关。正如费尔和泰兰（Fehr and Tyran，2003）所述，策略互动还必须考虑可能存在"超级理性"。我们将在第 9 章中对所有这些问题进行考察。

第2章 方法论

想象一下你被包裹在一台嘈杂的大机器里，仰卧在幽闭恐怖的环境中。一连串与经济有关的问题正向你袭来，而你的回答由机器监控。这种情况下的反应与特定大脑区域的血流量增加有关。这就是功能性核磁共振成像（fMRI）的工作方式，它是神经科学及其在行为经济学的应用中最常见的技术之一。

是否有研究"无意识的"经济学的案例？就是说，在我们发展和检验经济理论时，它能否帮助我们了解个体的大脑中发生了什么？这是当前行为经济学中一个备受争议的话题。到目前为止，实验的争议较少，且仍然是经济学家使用的相对较新的方法论工具。实验中的发现对人们在现实生活中的行为是否有用？

诸如此类的问题将经济学家带入了方法论的思考和争论。采取和应用特定的研究方法是一回事，与替代方法对比并反思是另一回事。从表面上看，经济学家似乎应该采用能产生最佳结果的任何方法。但是，这并不像看起来那样简单。例如，在这种情况下什么才算是结果？对于这个问题我们应采用什么标准？范围较广但仅能得出相对较弱结论的理论，与范围高度特定但在其领域内能得出非常详细且强有力结论的理论，二者谁更可取？

2.1 理论

□ 理论与假设

所有科学的目的都是发展理论。理论由抽象的陈述组成，这些抽象的陈述将一套基本概念或本质与应用领域相关联，从而使我们能够识别在该领域中观察到的现象之间的系统关系。理论的重要组成部分是一般性陈述，使我们能够将这些经验关系的假设公式化。以需求定律为例，或者以假定经济当事人在可实现的结果中最大化其效用的命题为例。初始条件以及这种一般性命题可以形成一个假设或预测：关于价格或个体与这些条件及其任何后续变化有何关系？

在现代经济学中，理论通常以模型的集合来表达。下面以博弈论、委托-代理理论，或者厂商理论为例。在每种情况下都有一组标准模型，共同致力于描述其应用领域的关键特征。厂商理论结合了公司治理和内部组织的各方面的模型。博弈论结合了一系列研究战略互动的模型。委托-代理理论试图解释两方之间的基本合同关系。从这些示例中可以注意到，理论可能在一定程度上是嵌套的。例如，委托-代理理论和非合作博弈理论均可视为现代企业理论的基石。

如果设定得很好，模型允许形成可检验的假说；例如，在最一般的情况下，需求理论中的一个简单模型可以预测，如果商品价格上涨，则在其他条件不变的情况下，需求量将下降。任何假说都基于某些假设或前提，尽管这些假设在模型或理论的表述中有时是隐含而非明确的。这些假设的性质、作用和解释经常引起争议，特别是在可以想到一个以上的表面上看起来合理的模型时。此时，方法论上的考虑发挥了作用，并且可能使天平偏向于其中一种选择。在经济学中，这个问题传统上是作为关于假设在经济理论化中的作用的一般性辩论的一部分来讨论的。

在一篇极具影响力的文章中，弗里德曼（Friedman，1953）声称，一个理论的科学价值纯粹是由出自理论的假说的预测能力决定的。因此，根据弗里德曼的观点，主要的问题不是识别作为理论的主要组成部分的逼真的假设，仅仅根据该理论有多好，或者以该理论构建的一个特定模型来判断所选择的假设的价值；而是要能够解释研究中的现象，以及它们是如何变化的。孤立地仅仅质疑假设描述的准确性将是

> 彻底错误的，并且会带来很多害处……这么做只会混淆问题，使得经验证据对经济模型的意义受到更多误解，并导致大量研究精力被用于错误的方向……对于理论的"假设"，我们所关心的问题不应当是它们能否进行"逼真的"描述，因为它们永远不可能完全真实，而应当关心对于手头的目标来说，它们能否做出有效而良好的近似。（Friedman，1953，pp. 14 - 15）

根据这一观点，即使能够做出准确预测的理论所基于的假设在描述上是不准确的，它依然是有价值的。在这种理论下，个人可能会被视为"似乎"遵循（不准确的）行为假设。尽管弗里德曼的论点已经争议多年（Mäki，2009），但包括新古典主义经济学模型的批评者在内的大多数经济学家都同意关于这方面假设的作用。为了实现任何程度的通用性，假设在某种程度上的抽象只能是不准确的。这意味着无论假设看上去多么不切实际，经济学理论也不能仅凭其假设而被否定。另外还需要考虑其他因素，比如他们无法做出准确的预测，就像弗里德曼所说的那样。

但是，使这个问题感到困惑的一个因素是，行为经济学经常提出**"过程"模型**（'process' model），而不是**"似乎"模型**（'as-if' model）。"似乎"模型旨在预测明显的选择，而基于心理学的"过程"模型则旨在预测选择，同时还要对产生这些选择的过程进行建模和预测。一些研究人员认为，建模的进步只能通过使用"过程"模型来实现（有关这种方法的最新示例，请参见 Glimcher，2009；Johnson，Schulte-Mecklenbeck and Willemsen，2008；Brandstätter，Gigerenzer and Hertwig，2008）。模型属于哪个类别并不总是清楚的（参见 Brandstätter，Gigerenzer and Hertwig，2008）。使用"过程"模型可以断言，如果它不能预测某个特定过程，那么这个过程实际上是被证伪的。由于此过程可能是另一个模型中的假设，因此，对"过程"模型的研究可能会促使另一个理论的假

设被拒绝。然而，有人可能会说，经济学的"似乎"模型可以避免此问题，因为，即使一个过程被证伪了，潜在的假设只是人们的行为似乎是以该过程在运作。这个试金石与模型的解释和预测能力有关。

一些经济学家，尤其是古尔和佩森多夫（Gul and Pesendorfer，2008），认为上文所描述的假定不能被视为**公理**（axiom）或"不证自明"的基本假定。他们转而指出，就拿行为人的理性来说，不能将其称为经济学中的一个假设，而只能视为**一种方法论的立场**（methodological stance）。他们的文章还表明，至少还有其他一些"假设"也需要以类似方式来对待。为了扩展其观点，他们指出：

> 这种立场反映了经济学家决定把个体作为当事人的基本单位，并在不同经济制度下对各种有目的的个体行为的互动进行研究。人们可以通过挑战个体经济模型或是挑战经济学的各种结论来质疑这种方法论的立场的有用性，但人们却无法证明它是错的。（Gul and Pesendorfer，2008，p. 38）

然而，当古尔和佩森多夫对理性假定的批评者与实验经济学的批评者进行对比时，我们必须提出异议。在这种情况下，他们声称："一个批评家不能期望证明实验方法对于理解选择行为的有效性"（Gul and Pesendorfer，2008，p. 38）。

原则上，证明实验方法具备或缺乏有用性是可能的。如果各种类型的实验均无法预测真实世界的行为，那么就可以说这种方法是无用的。而此处的重要论点是：虽然不能仅以假设来证伪一个理论，但这些假设，或者说是方法论的立场，至少在某些环境下可被表明是无用的。我们在后文中可看到很多这样的例子，但在此处仅用一个简单的例子就足以说明我们的论点。在标准经济学模型中，通常假定人们在评价未来效用时使用指数贴现法，这意味着具有稳定时间偏好的行为是合乎情理的。然而，经验证据显示，人们总是会表现出不一致的偏好，比如会高估未来的效用等。因此，健身房的会员在刚加入一个俱乐部时，经常会高估未来的使用效用；而健身房意识到了这一点，就会相应地调整会员费，使初始成本或首次付费较高，而后续每次使用费很低。在这种情形下，标准经济学模型中的指数贴现假设是不适用的，因为它无法解释消费者与厂商双方的行为，对于这一点，我们将在第 8 章中详述。

在继续讨论和比较经济学与心理学等邻近学科所用的方法之前，有必要对关于理论评价以及不同学科理论之间的关系的问题进行考察，以便更好地了解不同方法和模型的优缺点。

□ 对理论的评价

什么是"好的"理论？在如何对理论进行评价方面，科学家们提出了很多准则。比如，斯蒂格勒（Stigler，1950，pp. 392 - 396）提出了评价经济理论的三条准则：符实性、一般性以及易处理性。进化生物学家威尔逊（E. O. Wilson）又加入了一条准则：简约性，具有讽刺意味的是，这恰好是经济理性的标准模型所具有的特征。下面对这些准则进行详述。

1. 符实性

对于任何科学理论，这条准则通常都被视为是最重要的。好的理论应当能够解释或拟合所观察到的事实，并且能够作出可供检验和证实的预测。在这方面，牛顿的运动定律可视为优秀的理论，但它却比爱因斯坦的相对论稍逊一筹，因为在原子层面，牛顿定律并不符合现实。值得注意的是，这些理论有时被称作"定律"，因为从某种意义上讲它们描述的是客观规律。当这些"定律"在广泛的应用中被视为一般性原则时，将其称为"定律"也就再合适不过了，这也正是第二条准则的主题。

在继续讨论之前，这里有一个复杂的问题，将在后面的章节中详细讨论：解释，即拟合现有数据，和预测不是一回事。通过增加更多可调参数，可以使模型更好地拟合数据，但如果解释得更多，模型就失去了预测能力。例如，在天文学中，托勒密的地心系统提出，所有行星和太阳都以复杂的轨道绕地球运行，比哥白尼后来的日心说更符合现有的观测结果。然而，后一种理论，特别是经开普勒修正后，允许更精确的预测，用宾默尔和谢克德（Binmore and Shaked，2010a）的话说，这是一种理论的"科学黄金标准"。

拟合与预测的关系在实验经济学中引起了相当大的争议。尤其是，将参数拟合到想要解释的同一数据上，是对模型的不充分检验（Brandstätter, Gigerenzer and Hertwig, 2008）。此外，一个模型的预测应该总是用新的数据来测试，而这些数据并不是最初用来估计模型的（Binmore and Shaked，2010a）。

近年来，另一个与现实相符的问题引起了相当大的争议，那就是实证研究的可复制性。这一问题实际上在其他科学领域更为棘手。凯莫勒及其同事（Camerer and colleagues，2016）的一份综合分析报告称，在关于经济研究的 16 项样本中，有 61% 的研究结果是可重复的。在行为经济学中，可复制性一直是一个问题，一个很好的例子就是所谓的锚定效应，将在下一章中讨论。曼尼亚迪思、图法诺和里斯特（Maniadis, Tufano and List，2014）指出，导致这个问题的因素有以下几个，即所用统计分析的性质、在先的研究和研究中调查者的数量。这个问题的结果是，许多研究的结果在现实生活中的应用可能非常有限，下一节将进一步讨论这个问题。

然而，斯马尔迪诺和迈克尔里斯（Smaldino and McElreath，2016）最近发表的另一篇论文表明，这个问题比简单的复制更为严重和根本。作者说："许多著名的研究人员认为，多达一半的科学文献——不仅是医学，心理学和其他领域——可能是错误的。"据称，问题的核心在于激励，这意味着对研究人员和实验室的评判更多的是基于发表的研究数量而不是质量，因此，他们倾向于走捷径，这导致了 10% 的人报告假阳性。斯马尔迪诺和迈克尔里斯实施了一个基于自然选择的进化模型，以检验他们关于这种系统性倾向产生不准确性和扭曲结果的假设，并发现，即使对未能复制模型中构建的结果进行惩罚，那些可能幸存下来并被发表的研究也是那些走捷径的研究。在这种情况下，复制结果的压力将无法消除随之而来的出版偏好。在许多科学领域，不报告不利结果，加上精心挑选有利的证据，可能是很常见的。

在此，为了提醒读者注意这个问题的严重性和本质，不妨举一个例子。一个典型的例子是安塞尔·凯斯（Ancel Keys，1957）的一项研究，这项研究被称为"七国研究"。它建立了医学上被称为膳食-心脏假说（diet-heart hypothesis，DHH）的理论，DHH在几十年后成为主流，至今仍被许多医学权威所广泛接受，原因见第 4 章。许多现有的研究人员（Weinberg，2004；Kendrick，2007；Colpo，2008；Ramsden et al.，2016）发现了相互矛盾的证据，一些人认为，DHH 由于其不明智的饮食建议而造成了巨大的危害，增加了心脏病、肥胖和糖尿病的发病率，而不是减少了其发病率。这项研究有很多缺陷，但最重要的一点是，其挑选了支持饱和脂肪摄入和心脏病之间存在正相关关系的七个国家。这七个国家是：意大利、希腊、前南斯拉夫、荷兰、芬兰、美国和日本。因为可以获得与其他国家有关的可靠数据，这项研究从未证明使用这些特定国家是合理的。肯德里克（Kendrick，2007）表明，如果使用不同的样本，即芬兰、以色列、荷兰、德国、瑞士、法国和瑞典，则会出现完全相反的结果，显示负相关。不仅最初的研究有缺陷，而且一旦 DHH 被接受，其他结果相互矛盾的研究就会被忽略或不能发表。这方面的主要例子是明尼苏达州冠状动脉实验（MCE），这是一项双盲随机对照试验，是实验研究的金标准。它还涉及一个超过 9 000 名受试者的长期（1968—1973 年）大样本。MCE 显示，每天摄入 9 克饱和脂肪的干预组和每天摄入两倍饱和脂肪的对照组在心血管事件、心血管死亡或总死亡率方面没有差异。本研究将在第 4 章以信念的形成和维持为背景进行进一步讨论。

2. 一般性

好的理论适用于广泛选择的现象。在这方面牛顿和爱因斯坦的理论仍备受赞誉。就应用于更大范围的情况而言，爱因斯坦可能更可取，但这是以放弃经典力学的相对简单性为代价的，对于许多涉及远低于光速的宏观物体的情况，经典力学仍然是足够的。量子力学理论和自然选择进化论是一般理论的进一步的例子。经济学中的例子有标准消费者理论和需求定律、比较优势理论、一般均衡理论或委托-代理理论。

3. 易处理性

本条准则衡量的是在各种情形下，用理论模型作出可检验的预测是否容易。实际上，这与理论的复杂性极其相关。理论越复杂，所涉及的参数也越多（通常是依据较少的假设），因此更难以表示为模型。对于许多学科来说，包括经济学，我们经常能够用数学方法对模型给出最好的阐释。这是由于两点原因：其一，数学可以对理论及其所涉及的假定进行简单明了的描述；其二，数学使得对模型的运用成为可能，亦即给定模型的参数值时，可以作出精确的预测。然而，如果理论由于过于复杂而导致无法对其进行数学分析，那么在某种程度上会使该理论失去可处理性。在现实中，人们经常需要在易处理性与简约性（亦即最后一条准则）之间进行权衡。

4. 简约性

本条准则所指的是奥卡姆（Occam）的剃刀原理，该原理以哲学家"奥卡姆的威廉"（Willian of Occam）* 命名，首次出现于 14 世纪 20 年代。他指出："若以较少的假设即可达到目的，则增加其他假设就是徒劳。"E. O. 威尔逊（E. O. Wilson，1998，p. 57）对此的论述是：

> 科学家们试图将信息抽象成一种最为简单而令人愉悦的优美方式——这种简单与美的结合被称为典雅——并且能以最小量的努力提供最大量的信息。

前面提到的天文例子也与节俭的特点有关。哥白尼理论比本轮理论更简单或更节

---

* 奥卡姆的威廉（约 1285—1349 年）是英国历史上的逻辑学家和圣方济各会修士。奥卡姆位于英格兰的萨里郡，是威廉的出生地。——译者注

省。然而，这里可能存在另一种权衡：如果一个理论太过节俭，它可能不能很好地满足第一个标准，因为它可能会做出太多假设，无法应用到实际情况中。最初的哥白尼理论在预测方面不比托勒密的本轮理论好多少。直到开普勒进行了两项修改（椭圆轨道代替圆形轨道，并且偏离中心的轨道与太阳在一个焦点上），使该理论变得不那么简单，更准确的预测才成为可能。

就标准经济学模型而言，这条准则得到了很好的满足，因为简约性正是它最重要的优点之一。通过假定经济当事人是利己的效用最大化者，标准经济学模型能够获得大量有关个体与厂商行为的预测。然而，行为经济学家指责标准经济学模型过于节俭，因为它无法解释之前描述的异象，或者实际上的许多其他异象。

行为经济学家何、利姆和凯莫勒（Ho, Lim and Camerer，2006）对理论所需的特性开列了一份稍有不同的清单。在他们的清单里，也包括一般性和符实性（他们将其称为"经验上的准确性"），但是，他们却添加了**精确性**（precision）与**心理上的合宜性**（psychological plausibility）这两个新特征。精确性是指能够对行为做出准确的数值预测。他们所给出的例子是博弈论中的纳什均衡分析，我们将在第 9 章进行讨论。何、利姆和凯莫勒还认为，一般性和精确性对于经济学模型尤其重要，而经验上的精确性与心理上的合宜性则在心理学中得到了更多强调。于是他们主张，行为经济学的目标应当是包含所有这四个特点。正如我们已讨论过的，坚持心理上的合宜性虽然会导致模型稍显复杂，但是却能使模型更为准确、有用。在后文中，我们将给出大量有关此种模型的例子。

☐ 理论发展

一般而言，科学中的一个重要问题，尤其对行为经济学特别重要的，是关于理论被接受、拒绝或修改的基础。

在经济学中，波普尔派方法在这一背景下被广泛提及。它有时也被称为"批判理性主义"，它有两个主要方面：理论必须能够产生可检验的预测（尽管不一定是像天体物理学中的最新技术那样），因此可以被证伪。尽管可以证明它们是错误的，但它们永远不能被经验证明是正确的。此处有时会以白天鹅为例。我们可以基于观察一千只白天鹅发展出一种理论，即所有天鹅都是白色的天鹅，但是，无论我们观察多少只白天鹅都不能排除实际上可能存在一些黑天鹅的可能性。更重要的是，只需要观察一只黑天鹅就可以证明这个理论是错误的。

尽管上述方法原则上看似简单，但实际上它面临许多困难。首先，尚不完全清楚的是，批判理性主义是应该作为对科学如何运作的描述被乐观地理解，还是应该被规范地理解为构成好的科学的模型。无论如何，从经济学的角度来看，诸如布劳格（Blaug，1992，p. 241）之类的评论家经常指出，经济学家非常善于口头上支持波普尔所描述的科学方法，但实际上他们在自己的工作中表现得却非常不同，因为它们仅限于显示现实世界如何符合其模型的含义，而不是持续地试图证伪从这些模型中得出的预测。

从概念上讲，证伪也存在问题。我们在这里只限于讨论一个特别令人烦恼的问题，那就是永远不能孤立地检验一个假说，因为它总是涉及一堆假设，包括基本假设和辅助假设，这些假设可能是隐含的。这个问题被称为杜赫姆·奎恩（Duhem-Quine）命题

（DQT）。因此，如果假说做出了不正确的预测，则可能是中心假说不正确，该假说所依据的某些辅助假设是不正确的，或者该假说所依据的检验方法是错误的。我们可以使用前面描述的 DHH 作为示例。当其无法预测冠心病时，可能是因为其摄入的饱和脂肪与胆固醇之间没有联系，或者血液胆固醇与心脏病之间没有联系，或者任何联系都取决于在使用的经验证据中所包括的国家。

DQT 给行为经济学带来了特殊的问题，因为许多拒绝主流理论的研究都因其方法论上的缺陷而受到批评，因此基础理论仍然可以站得住脚。这些批评尤其与实验研究有关，其中一些问题将在本章后面的部分进行描述。这种对有缺陷的方法的指责的极端例子是，伽利略关于太阳系结构的望远镜观测所提出的假说。哲学家克雷莫尼尼（Cremonini）拒绝使用伽利略的望远镜，指责该仪器提供了错误的证据。

这个例子也说明了关于理论发展的另一种现象。随着时间的流逝，理论有时会变得"神圣"，尤其是在它们的提出人的脑海中，要么由于诸如认知失调、契合性偏向和证实性偏向等行为因素（在第 4 章中进行讨论），要挑战它们变得困难了，要么由于就实现出版的难度而言，这在专业上是不明智的。因此，正如库恩（Kuhn，1970）所观察到的那样，通常需要由多个权威机构施加的相当大的知识力量才能"改变范式"。

□ 还原论

传统上，还原论被认为是支持科学统一的方法论策略。一个激进的还原主义者会接受关于物质世界的所有理论，包括其有机体及其相互作用的理论，最终可以被简化到物理学的水平。即使在科学领域，这一主张也极具争议性，更不用说社会科学了。为了理解不同学科理论之间的关系，研究还原论的本质是很重要的，因为行为经济学不仅涉及经济学和心理学的方法和概念，还涉及其他社会科学、生物学和神经科学的方法和概念。

欧内斯特·卢瑟福（Ernest Rutherford）曾有一句名言："所有的科学要么是物理学，要么是集邮"（引自 Birks，1962，p. 108）。这句话是对还原论者如何看待科学的有力总结。然而，多年以来，"还原论"一词却被赋予了多重解释，因此，我们有诸如本体还原论、解释性还原论、排除式还原论、古典还原论、衍生还原论、层级还原论、绝境还原论以及"贪婪"还原论等类型。

在本书中所支持的还原论的类型，以及在第一个讲授例子中，可以被视为解释性的和分层的。该类型的还原论认为，较为复杂的实体和概念可被低一层级的实体和概念进行最优解释，继而该层级又可被更低一层级所解释，依此类推。这种方法包括区分**近因**（proximate）或直接原因和**根本**（ultimate）原因。我们通过举一个经济学中的例子来帮助理解这个观点，特别是在这个背景中的术语层级意味着什么。比如，我们想对某国的低水平经济状况寻求一个解释，那么最直接的原因可能是该国的生产率太低。于是我们接着问：为什么生产率会这么低？也许是因为投资不足。而导致投资不足的主要原因（此处或许存在多个因素）可能是缺乏管理经验。

到此为止，所有的解释都与经济学层面上的层级现象有关。当我们继续探询为何缺乏管理经验时，用来进行解释的原因可能会涉及社会的、政治的或制度上的因素，它们处于更低的层级之上。这些因素产生的原因又可通过社会心理学进行解释，进而又通过生物学进行解释，接着是化学，最后我们到达作为层级底部的物理学。然而，每次降低一个层级，就可使我们在恰当的层级上得到对现象的解释。类似地，如果一个人想弄清内燃机的工作原理，那么正常情况下他只需在机械学层级寻找解释就可以了，不必下降到化学或粒子物理学的层级上。

在物理学上，这种层级方法被证明是极为成功的。比如，现在我们可用电磁辐射来解释光现象，而麦克斯韦（Maxwell）的杰出成就正是为可见光、热辐射、X 射线、紫外线和无线电波提供了一个统一的解释。

一些社会或行为科学家欢迎这种分层方法，例如，博学的贾里德·戴蒙德（Jared Diamond），他是地理学和生理学教授。戴蒙德在他的工作中强调了区分近因和最终原因的重要性（Diamond，1991，1997，2005）。然而，总的来说，行为科学家比自然科学家更不愿意接受还原论，也许是担心外来者对这个主题的正式形式表现出傲慢的不尊重，从而侵犯他们的专业领域。就神经经济学、进化生物学和心理学的作用而言，这一问题在行为经济学学科中变得尤为重要；许多经济学家和心理学家出于不同的原因反对认知神经科学，但往往声称神经经济研究与其学科无关。下面讨论的是行为经济学中还原论程式备受争议的两个领域。

1. "假想的故事"

人们常说，进化心理学不是一门"真正的"科学，它不能产生可检验的假说，而是一系列"假想的故事"。行为经济学也引来了一些主流经济学家的批评。然而，对其他人来说，例如，如果不去问为什么拖延症会是一个如此普遍的现象，就说拖延症只是人类的一种心理失败，这是不能令人满意的。考虑到这个问题，行为经济学家有时被指责忽视了他们研究结果的心理基础，把他们对人们的行为描述成"假想的故事"。在其他情况下，当他们对经济行为的不同方面进行风险心理解释时，这些解释似乎都是临时性的，没有一致的通用框架来涵盖不同的心理现象。

2. 理论上的限制

还原树中"越低"层学科的科学家倾向于声称，他们的发现对更高层学科的理论起到了约束作用。因此，实际上是社会科学家的兰格尔（Rangel，2009）认为，"神经经济学的核心目标是构建以神经生物学为基础的理论或基于值的决策"。神经科学家格莱姆齐（Glimcher，2009）进一步阐述了这一论点："与神经生物学数据的明确联系将揭示，只有很小一部分经济理论可以被视为与人类神经结构兼容。"这一立场的温和版本可以在加利斯泰尔（Gallistel，2009，p. 421）中找到：

> 我相信，对成功的物理还原论进行的任何研究（即对假说的建立的任何研究，例如动作电位，是神经冲动的物理实现，或者 DNA 中的碱基对序列，都是基因的物理实现）都将会表明，只有当寻求物理同一性的变量，已经在以该水平的观测为基础的理论框架内，在其自身的分析水平上，以其自己的术语，在其自身的分析水平上得到了很好的定义和理解时，还原主义程式才会成功。

虽然这种说法显然减少了还原论的主张，但它对科学的意义仍然是深远的。这里一个突出的例子是哲学上关于自由意志的概念，它依赖于心理因果关系。尽管哲学家传统上声称这个概念不受任何科学理论的束缚，并假设心灵可以引起物理现象，但许多物理学家声称，心理因果的概念与以太的概念一样过时了，因为其与物理学中的一个基本理论相矛盾，在本例中，是与能量守恒有关的公认的热力学第一定律矛盾。

哲学家和社会科学家经常通过支持**涌现论**（emergentism）的学说来捍卫他们的学科，以反对还原论。该思想流派提出：（1）复杂系统具有组成复杂系统的较简单系统所不具有的属性，并且（2）这些属性不能从简单系统的属性中解析地推导出来，即使在原则上也是如此。我们经常以意识和自由意志为例。该主张的第一部分是无争议的：活细胞具有复制特性，而组成其的原子和分子则没有。人类的大脑可以"思考"，但组成它们的神经元却不能。社会制度具有孤立的个体无法拥有的特征，例如，文化和社会规范。该主张的第二部分极具争议性，很难从经验上得到支持。然而，在具有更高水平的复杂性上不同属性的涌现，使得不同的科学分支成为必然；否则，我们只需要粒子物理学就够了。因此，心理学家会从动机理论的角度来考虑"为什么要读这本书"这个问题，通常不是在神经元方面，更不是在原子和夸克方面。一般而言，行为经济学家认为行为的神经科学原因是近因的或机械的，而行为的最终原因则与进化生物学和自然选择的影响有关。因此，在因果关系的观点中，任何与物理学相关的基础科学都被忽略了。

在哲学层面上，还原论一直是精神哲学中争论最激烈的问题。这是一个开放的问题，例如在神经科学中，大脑中的生物过程如何与任何一般意义上的精神实体相关？神经科学家们不得不推断，心智结构是大脑内神经层和个体显性行为之间的中介。这是一个高度相关的问题，当涉及因果关系和意志自由的问题时，这超出了本书的范围。基本上，这个问题是：作为一种心理现象的意识是如何与神经层面相联系的？在神经学层面上，原则上人类有机体的行为应该是完全确定的。然而，我们经历的是，我们的行为并没有在足够的意义上是由心理上的因果条件来决定的。换句话说，在哲学和神经科学中，自由意志的体验是否在神经生物学上是真实的，仍然是一个悬而未决的问题。

2.2 证据

传统上，经济学家使用的经验方法和心理学家使用的经验方法是有区别的而且对于行为经济学的学生来说，如果他们想要理解不同阵营有时表达的批评态度，熟悉这两个学科之间的历史差异以及它们的影响是很重要的。这种差异在很大程度上源于两个学科在调查中倾向于使用不同类型的经验研究。最近，我们在大多数经济学领域都经历了应用分析和经验主义的显著转变（Backhouse and Klaes，2009），经济学家使用的经验主义方法的范围也有了显著的扩展。

□ 经验研究的类型

一般来说，可以进行两种主要类型的研究。一种是**实地研究**（field study），另一种是**实验研究**（experimental study）。在详细讨论每一种类型之前，还应该提到，这两种类型的研究可以是被试者之间的，也可以是被试者之内的。一项**被试者之间**（between-subjects）的研究考察两组或两组以上的人之间的差异，每个人被赋予不同的任务或一系列任务。例如，一个小组可能被要求陈述一周后与奖励有关的偏好，而另一个小组被要求陈述一个月后与奖励有关的偏好。一项**被试者之内**（within-subject）的研究考察了来自同一被试者的不同反应，这就要求每个被试者至少完成两项任务。例如，被试者可能被要求陈述一周后和一个月后与奖励相关的偏好。从下面的讨论中可以明显看出，在某些情况下，第一种类型的研究是可取的，或者是唯一可行的，而在其他情况下，第二种类型的研究是更可取的。

虽然社会科学的两个分支都利用经验研究来检验他们的理论，但经济学家倾向于更多地依赖于实地研究，而心理学家则主要依赖于实验研究。这主要有三个原因。

（1）经济学家主要关注的是对行为的研究，亦即人们做了什么，这通过当事人的显示性偏好（即他所购买的商品）表现出来。而心理学家主要关注对动机的研究，亦即人们为什么会做他们做的事。

（2）长期以来，经济学中流行的观点是，在经济环境中进行实验是不可能的或不切实际的，因为研究者可能无法对实验进行相关的控制。即使这种控制是可行的，比如当经济顾问能够影响和决定政府的决策时，这样的实验也很可能会导致灾难性的或是缺乏道义的后果。政府部门可能并不愿意对不同的税收水平进行实验（比如，依据声名狼藉的拉弗曲线来作决策），也不会同意对不同的群体试行有差别的政策（比如，对某个群体提供免费的教育券，而对其他群体只提供一般的补贴）。尽管观察研究不像实验研究那样可以对相关变量进行操纵，但经济学家常常能够通过使用复杂的统计或计量经济技术（使他们能够分离出特定变量的影响）来克服由此产生的问题。

（3）经济学家不仅关注个体行为的研究，他们更关注对参与者群体（在特定市场中）行为的研究。

□ 实地研究

这些研究包括观察人们在生活中做出的真实的决定。以下是涉及此类研究的示例：

- 选择购买不同的电器，其中一些电器更贵，但在其使用寿命内可节省电力和降低成本
- 生命周期储蓄行为
- 赛马投注的选择
- 投资选择，包括买卖股票和债券
- 吸烟者和吸毒者在当前利益和长期成本之间权衡的选择
- 消费者对不同促销优惠作出反应的购物选择

与实验研究相比，实地研究的优势在于它们具有较高的**生态有效性**（ecological validity）。这意味着不必担心结果在现实中不适用，原因很简单，因为结果必然是真实的。然而，这并不意味着结果**在概念上是有效的**（conceptually valid），这仅预示着它们实际上成功地测量了它们应该测量的东西。这是因为实地研究（以及在较小程度上的实验研究）可能会产生一些**混淆**（confound）。当一个结果或报告的值是两个或两个以上效果的合成时，这些效果不是，或不可能彼此孤立，就会产生混淆。混淆问题在经济学中非常普遍，这使得人们很难在不同的相互竞争的理论或解释之间做出选择，因为它们

都得到了相同事实的支持。

在接下来的章节中，我们将遇到许多混淆的例子，但在这个阶段，给出一个关于跨时间选择的例子就足够了。当人们购买效率低但更便宜的电器时，这可能并不是因为他们对未来节省的成本贴现过高。其他各种因素可能也有关系：（1）人们可能不知道未来的成本节约；（2）人们可能知道未来的成本节约，但不相信它们或认为它们具有很大的不确定性；（3）人们可能有现金限制，不允许更高的经常性支出；（4）购买更高效的电器可能会有隐藏的成本，比如需要更多的维护，否则会降低可靠性；以及（5）人们可能无法将相关的货币信息转化为决策的依据，而只是简单地进行随机选择，或者是出于习惯或当前的方便而做出选择。

由于他们喜欢使用实地研究，经济学家试图摆脱心理学家的责难，后者认为他们的实验表明，个体并不像标准经济学模型所假定的那样行为。而经济学家有各种不同的反驳观点：

（1）这些假设仅仅是一种方法论的立场；标准模型并没有声称对行为人潜在的心理过程做任何说明。这个论点在前面已经讨论过了。

（2）市场平均了个体的行为偏差；偏离目标的个体往往会被类似自然选择的竞争力量从市场中淘汰。

（3）心理学家的实验往往是有缺陷的。最后一项指责将在下一节中讨论。

正如前文所述，这些方法上的差异导致了经济学与心理学在 20 世纪的大部分时间里都形同陌路。只有在过去 25 年左右的时间里，双方才实现了某种程度的和解。

在很大程度上，这是心理学家的工作影响的结果，他们的工作重心转向了新的经济心理学领域中的经济决策，而与此同时，跟随卡尼曼（Kahneman）和特沃斯基（Tversky）的脚步，经济学家对实验产生了兴趣。到 1982 年，使用实验经济学方法进行同行评审的文章仅达到每年 50 篇，但是到 1998 年，发表的实验论文的数量已超过 200 篇（Holt，2006）。事实上，**实验经济学**（experimental economics）现在已经被认为是经济学内部的一个分支学科。实验经济学领域在很大程度上是由弗农·史密斯所开创的。弗农·史密斯认为，可以通过实验方法来丰富经济学，这些方法不仅可以洞悉心理过程，而且可以对相关变量进行更严格的控制，从而得出比传统观察性研究更具体、更可靠的结论。这种实验方法对研究设计和结果解释具有重要意义。

☐ 实验研究

这些研究要求被试者对研究者操纵的真实或假想的前景进行评估。心理学家一直使用的实验法，比观察法更易于实现对相关变量的控制，这使得研究者通过对变量的操纵就可决定它们发挥影响的方式。例如，一组被试者可能与一个穿着破旧、故意表现胆怯的玩家玩一个碰运气游戏，而另一组可能与一个穿着讲究、自信的对手玩同样的游戏。证据表明，尽管游戏的结果完全是由运气决定的，但被试者在与第一类对手对局时却敢于下更大的赌注。

在实验研究中，可以使用真实的或假设的奖励和费用。这些并不一定是货币性质的，但可能与健康或舒适和不舒适的程度有关。使用真实奖励的明显优势在于，被试者更有动力按照与现实生活中的行为相对应的方式行事，因此，这样的研究更有可能得出准确的预测。但是，就灵活性而言，使用假设结果也是一个优势；在这种情况下，既可以使用较大的奖励，也可以使用损失，还可以在跨期研究中使用更长的时间延迟。例如，柯比和马瑞科维克（Kirby and Marakovic，1995）的一项研究比较了两种情况下的贴现率，使用了五种不同奖励的 30 种排列（介于 14.75 美元和 28.50 美元之间）和六种不同的延迟（介于 3 天和 29 天之间）。结论是：对于假定的奖励，贴现率较低。这也是科勒和威廉姆斯（Coller and Williams，1999）在另一种不同类型的研究中得出的结论，尽管在这种情况下，结果更加模糊。

因此，可以设计实验并将受试者分成不同的组，从而揭示大量不同因素的影响，而这些信息在观察性研究中是不可能或不现实的。然而，由于各种原因，这些实验的设计和解释，包括那些在行为经济学的框架下进行的实验，常常被经济学家认为是有缺陷的。我们现在需要讨论一般意义上与行为经济学相关的方法论问题。

有三个主要的问题已经被提出，特别是在行为经济学中使用的实验方法，然而与神经经济学有关的其他问题也将在下一节中讨论。从上面的讨论可以得出第一个问题，即主流经济学家经常认为行为实验的设计是有缺陷的。第二个相关问题涉及对结果的解释，第三个问题涉及对假设的处理。

1. 实验的设计

这部分内容包括三个主要的问题，它们分别与运用货币激励、利用假象和缺乏控制有关。

（a）运用货币激励

使用这些激励措施是为了激励参与者。这种方法被广泛用于各种经济学实验，但在心理学实验中却未使用。经济学家倾向于认为，为了确保实验对象能像在现实世界中那样行事，并确保他们对实验的需求投入适当的认知注意力，货币激励是至关重要的。心理学家经常反驳说，这样的激励可能会扭曲实验结果，因为它会损害实验对象参与实验的内在兴趣。这里的证据五花八门，让我们举一个例子来说明这个问题的重要性。霍夫曼及其同事（Hoffman and colleagues，1996）在一项研究中，采取无偿赐予被试者赏金的办法，发现在独裁者博弈中，人们的行为要比标准经济学模型所预测的更为慷慨：在完全匿名的情形下，人们平均会将手头金额的 40％分与对方。然而，后来由切利及其同事（Cherry and colleagues，2002）所作的研究却发现，当被试者的赏金不再是无偿的时，亦即他们不再享有任何"天上掉下的馅饼"时，他们中的大多数以一种截然不同的方式表现，就像标准经济学模型所预测的那样，充当着纯粹的自利参与人的角色。在这种情况下，95％的人在完全匿名的情况下不与对方分享自己的财富。这些实验，以及独裁者博弈的本质，将在第 10 章中更详细地讨论，这涉及它们对公平概念的含义。

（b）利用假象

另一个对心理学实验的批评是，在对实验进行一些必要的操控时，至少需给若干被试者施以假象。很多研究中，尤其是在赫特威格和奥特曼（Hertwig and Ortmann，2001）的研究中，假象在实验研究中被广泛使用，有 30％～50％的研究发表在如《人格与社会心理学杂志》（*Journal of Personality and Social Psychology*）和《实验社会心理学杂志》（*Journal of Experimental Social Psychology*）等顶级期刊上。

实施者经常依据两点来阐释构造假象的合理性。其一，它使得研究者能够构造出在正常环境下无法进行观察的情形，比如，人们在危机时如何反应。其二，也是更为重要的一点，它使得研究者能够隐藏对被试者进行实验的真实目的，从而防止被试者进行策略性的回应并导致错误的结果。在研究人们对社会敏感问题的行为和态度时，这一点尤其重要。比如，在一个涉及种族歧视的研究中，可能需要进行伪装来使人们无法意识到实验的目的，于是他们会做出符合其真实政治态度的选择，否则这一点将难以观察。

大量使用构造假象法的主要问题是，被试者会逐渐认知到实验者在故意构造假象，这会影响到被试者的行为，当他们知晓自己处于一种可能被欺骗的境地时，就会以略带愤世嫉俗的方式做出回应。于是，为了从实验中得到可靠的结果，心理学家被迫不断地寻找新的和幼稚的对象。赫特威格和奥特曼的研究表明，越来越多的大一学生参与到此类实验中。

（c）缺乏控制

与实验设计有关的最后一个问题是，经济学家经常批评行为主义者进行的实验，由于他们缺乏控制，从而导致误解或影响的混淆。当实验的目的是为了观察被试者的偏好时，这一点就尤显重要。禀赋效应是有关这方面的一个很好的例证，这将在第 5 章中阐述。我们将发现，一些研究揭示了很强的禀赋效应，其中卖者的要价是买者愿意出价的两倍，而另一些实验由于采取了不同的实验方案，却没有显示出任何禀赋效应。另外一个例子与贴现问题有关，我们将在第 7 章和第 8 章讨论。许多研究表明，人们对短期的贴现要强于长期，但这个效应的起因可能是，延迟的支付要比即时的支付具有更高的交易成本。因此，短期贴现率较高可能是由两个不同的效应综合所致，即"纯粹"的时间偏好和交易成本。我们将会看到，通过对涉及的两种延迟支付进行更强的实验控制，是可以解决这个问题的。

2. 对实验结果的解读

这里的一个问题与前面提到的生态有效性的概念有关。可以将在实验室中获得的见解推广到更广阔的世界吗？如果结果不能以这种方式进行推广，那么就构成良好理论的基础而言，它们的价值将非常有限，正如我们在理论评估部分所看到的那样。在自然科学中，外推通常不是一个问题，因为自然界的自然法则在任何地方都是一样的，但是对人类（和动物）的研究却存在问题。除了上述货币因素外，莱维特和里斯特（Levitt and List，2007）还研究了在实验室中系统地影响行为的 5 个因素，使其有别于该领域的行为。这些因素包括：（1）道德和伦理考虑的存在；（2）通过他人监视某人行为的性质和程度；（3）嵌入决策的背景；（4）做出决策的个体的自我选择；（5）博弈的赌注。莱维特和里斯特并没有将这些偏见视为对实验方法的不可克服的打击，而是提出了各种建议，以允许在实验设计和解释方面考虑到这些偏见。在接下来的章节中，我们将研究这些偏见的影响以及在个别情况下允许它们存在的方法。

对实验经济学的另一种批评是，人们倾向于过分热衷于"从非常细微的数据推断中做出意义深远的论断……"（Binmore and Shaked，2010a，p. 87）。该领域的这一主张遭到了该学科一些主要研究人员的强烈反对，特别值得注意的是费尔和施密特（Fehr and Schmidt，2010）以及埃克尔斯和金迪斯（Eckels and Gintis，2010）。宾默尔（Binmore）和谢克德（Shaked）还针对费尔（Fehr）和施密特（Schmidt）的不平等厌恶模型提出了更具体的批评，这些批评在第 10 章中进行讨论。在本书的其余部分，我们将通过实验学家来检验各种主张以及相关的证据，这样读者就可以自己决定宾默尔和谢克德的主张是否得到了充分的支持。

宾默尔和谢克德提出的另一个批评是对结果的"挑剔"。他们认为实验经济学家有一种倾向：（1）使用支持他们理论的数据集，而忽略其他数据；（2）报告数据支持他们的理论预测的结论，而不报告数据与他们的理论不一致的结论；（3）不能把这些预测与其他理论的预测进行比较，因为那些理论的预测即使不比这些预测更好，也是一样好。其中一些批评再次针对费尔和施密特的工作，这些将在第 10 章进行更详细的讨论。

3. 一组假设需要作为一个整体来评估

这个问题是由弗登伯格（Fudenberg，2006）在《超越〈行为经济学的新进展〉》（Advancing beyond 'Advances in Behavioral Economics'）一文中提出的。他发现，行为经济学在改进理论时所使用的常规方法，就是在标准经济学模型中修改一到两处假设，以使之更为符合心理学上的真实性。弗登伯格指出，这种步步为营的方法存在一定的危险，尤其在均衡分析、策略互动和自我控制理论中更是如此。对某个假设的放松可能会对其他假设产生间接影响，使得这些假设彼此冲突，这一点必须予以考虑。因此，构建模型的人需要将所有假设视为一个整体，并考察其中有多少假设需要修正，从而使这些假设在重设后不会彼此冲突。

综上所述，重要的是要注意研究的目的与选择进行实地研究还是实验研究有关（Plott and Zeiler，2007）。通常可能有两个主要目的：一方面，如果参数估计和理论测试的目的是进行参数估计，例如估计一种商品的需求价格弹性，那么实地研究可能更合适，其主要优点是获得了生态有效性。另一方面，如果研究的目的是检验一个特定的理论，则就有必要清楚地区分不同理论的预测，以可靠地确定最能解释观察结果的理论。实验研究最适合这项任务，因为它们允许利用控制、回答和操纵来促进不同理论的比较。

☐ 实验室之外的实验

虽然上面的讨论把实地研究和实验研究看成是二分的，但最近有人提出，应将经验研究重新分类，以引入第三类研究，即实验室外实验（Charness, Gneezy and Kuhn，2013）。这些实质上是实地研究与实验研究的混合，其目的是获得每种研究的一些优势。这样的研究将在实地进行，而无须让被试者意识到他们正在被观察，从而实现了生态有效性，但与此同时，影响被试者的各种因素将被控制，允许调查研究单一变量的影响。这些研究也可以作为实验室实验的后续研究，因为它们允许更大的被试者池和地点变化。例如，埃克尔、艾尔贾马尔和威尔森（Eckel, El-Gamal and Wilson，2009）能够使用这种方法调查研究卡特里娜飓风之后的冒险行为，以及这种行为如何随着时间的推移而下降。查尼斯、格尼茨和库恩（Charness, Gneezy and Kuhn，2013）认为，当需要测试政策干预的有效性时，实验室外实验特别有用。这项研究的最新例子涉及 2005 年在佛罗里达州实施的"自卫"枪支法，有证据显示，这导致了年轻男性的凶杀案犯罪量和持枪杀人数都有所增加（Humphreys, Gasparrini and Wiebe，2017），表明这种干预产生了与预期相反的效果。

2

□ 神经经济学

除了实地研究和实验，还有第三种证据来源已开始为行为经济学家提供信息。神经经济学被定义为"一种综合了神经科学、神经生物学和经济学的跨学科研究领域"（Brocas and Carillo，2008a）。克利瑟罗、坦克斯利和休特尔（Clithero，Tankersley and Huettel，2008）将神经经济学定义为"神经科学和社会科学的融合，应用于对奖励决策的理解和预测"。一个对这两个陈述最重要的稍微狭窄的定义，以及其他类似的定义，涉及诸如"跨学科"或"融合"这类术语。在过去的十年里，随着技术的进步，越来越多的经济学家相信了神经经济学的价值，神经经济学的研究数量大大增加。

神经经济研究尤其依赖于大脑扫描和成像技术，例如正电子发射断层扫描（PET）、功能性核磁共振成像（fMRI）和局部脑血流灌注显像（rCBF）。这些方法通过增加血流量来检测大脑特定区域的活动。其他相关技术涉及电生理学，该技术可测量中枢神经系统（脑电图或 EEG，经颅磁刺激或 TMS）、周围体神经系统（肌电图或 EMG）和外围自主神经系统（皮肤电活动或 EDA）的电活动。最后一种方法涉及由各种情绪刺激引起的皮肤电导变化，且是测谎通常的（但并非完全可靠的）基础。

fMRI 的应用尤其流行；这需要使用核磁共振（MRI）扫描来检测大脑特定区域的血流量增加（为了进行比较，必须在中性环境中建立一个血流量基线水平），同时询问与经济学相关的主题问题（功能成分）。这样就可以看到大脑的哪个区域会对各种刺激做出"变亮"反应。不过，这种方法并非没有问题：因为分辨率很低，它是一种粗糙的技术，因此，只能大致确定大脑的反应区域，而许多大脑交互作用发生在神经元水平的很短距离内，需要很高的分辨率才能精确定位。

神经科学家可以获得更高的分辨率，甚至可以识别单个激活的神经元，但这涉及使用侵入性技术，比如在大脑中插入针头，然而，到目前为止，这些技术仅用于猴子。神经科学家希望在不断改进的技术的帮助下，在未来几年内能够开发出新的技术，使得能在不危及实验对象安全的情况下提高分辨率。

除了上述技术外，神经科学家还研究了刺激如何影响各种神经递质和激素，包括多巴胺、血清素、催产素、肾上腺素、睾丸激素和皮质醇。关于这些化学物质的影响，现在人们已经了解甚多，包括刺激它们增加或减少的事件，以及这些变化对大脑和行为的影响。

然而，尽管在神经经济学的性质方面，从它所使用的数据和变量的角度存在着普遍的共识，但关于它的目标、范围、解释以及它在报告和检验经济假设方面的一般作用，仍存在着许多争议。其中有许多问题与还原论的概念有关，在本章的第一节中已对这些问题进行了一般性的讨论。

似乎有五个主要问题与将神经经济学纳入经济学学科有关，所有这些对行为经济学都有影响：（1）神经经济学研究与经济学无关；（2）神经经济学与经济福利的讨论无关；（3）神经经济学本质上是关注相关性而不是因果关系，这会导致无效的结论；（4）与生态有效性有关的"涌现现象论"论点；（5）使用不适当的统计分析。

详细讨论这些异议超出了本书的范围，但对行为经济学的学生来说，了解其中涉及的问题是很重要的，读者可以查阅下面讨论中提到的研究，以获得进一步的细节。

1. 神经经济学研究与经济学无关

神经经济学的支持者有时会声称，该学科打开了决策思维的"黑匣子"，就像企业理论打开了企业决策的"黑匣子"一样。伯恩海姆（Bernheim，2009）从两个方面反驳了这种说法。首先，企业理论可能打开了企业的"黑匣子"，但它仍然在个人层面上考察决策。对于神经经济学来说，情况并非如此。其次，神经经济学可能会打开一个黑匣子，但实际上这里有一系列黑匣子，就像俄罗斯套娃一样。正如伯恩海姆所说："我们真的相信良好的经济学需要掌握弦理论吗？"这是一个还原论的问题，它源于之前在这个背景下所说的，只有在某些情况下才值得打开决策思维的"黑匣子"。我们将在本章最后一节关于契合性的讨论中，再回到这个问题。

古尔和佩森多夫（Gul and Pesendorfer，2008）或许是神经经济学无关性论点最有力的倡导者，这一论点有时被称为"行为充足"论（Clithero，Tankersley and Huettel，2008）。他们尤其对凯莫勒、罗文斯坦和普利莱克（Camerer，Loewenstein and Prelec，2005）的方法有异议，并有如下表达：

> 首先，我们指出，神经科学的发现提出了一些经济学家普遍使用的最常见的概念的有用性问题，比如风险规避、时间偏好和利他性等。（Gul and Pesendorfer，2008，pp. 31 - 32）

然而，古尔和佩森多夫继续指出，"认为得自脑科学的证据能够证伪经济学理论是……荒唐的"。他们所持观点的基础是，经济学并不考虑在决策制定中所涉及的心理和神经活动。他们通过考虑相反的情形来做了一个类比，认为经济学的研究不能证伪与神经科学相关的理论，同样地，神经科学也无法取代像显示性偏好这样的经济学公理。

古尔和佩森多夫提出的第二个相关论点是，如果两种不同的经济模型对决策做出不同的预测，那么可以通过检查标准选择数据来评估它们；如果这两个模型做出了相同的预测，那么经济学家就不会对区分它们感兴趣。

对行为科学家的观点，此处存在着若干误解。古尔和佩森多夫的观点是正确的，即经济学对心理过程没有任何要求，来自脑科学的证据也不能证伪经济理论。标准经济学模型经常被表述为一种"近似"的陈述，亦即当事人是近似按照某种特定的心理计算结果来行为。古尔和佩森多夫解释道，这是"不按字面意思理解的一种表达方式"。为此他们用一个有关消费者选择的例子来进行说明，即消费者对某种商品的购买量能使花在该商品上最后一美元的边际效用等于花在其他商品上最后一美元的边际效用。这并不意味着消费者实际上执行了相关的心理过程，但它确实隐含了一个假设，即消费者的目标是最大化他们的总效用。同样，我们将在有关契合性的最后一节中回到这个问题。

值得注意的是，与经济学相比，心理学上对神经科学的抵制更弱。这并不奇怪，因为神经活动与心理状态之间的关系比神经活动与决策之间的关系更直接、更紧密。在许多情况下，神经科学研究有助于心理学理论的发展。安慰剂镇痛现象就是一个例子，仅仅相信自己正在接受有效的治疗，就能减少痛苦的情感体验。长期以来，这被归因于反应偏差，而疼痛并未真正减轻。瓦格尔及其同事（Wager and colleagues，2004）则反驳该理论，他们从对神经活动变化的观察中获得的证据表明，安慰剂确实可以减轻疼痛的实际体验。

2. 神经经济学与经济福利的讨论无关

古尔和佩森多夫认为，行为科学家在讨论神经科学的研究价值时不仅对它的实证特点持有错误的看法，而且还提出了很多错误的规范观点，尤其是他们认为人们所做出的经济选择并未最大化自身的幸福感。他们尤其与卡尼曼（Kahneman，1994）的观点不一致，后者认为，"我们可以把'效用'一词与人们对行为结果的快感联系在一起，或者与人们对行为结果的偏好和渴望联系在一起。"他们还对凯莫勒、罗文斯坦和普利莱克（Camerer，Loewenstein and Prelec，2005，p. 36）的下述观点也提出了质疑：

> 如果在偏好与需要之间存在分歧，那么这将对福利经济学构成根本挑战。

因此，行为主义者倾向于在这种分歧的基础上得出关于理性的结论，这些将在接下来的两章中详细讨论。

古尔和佩森多夫回应道：

> 在经济学中，福利是一个**定义**，而非（有关幸福的）一种**理论**。因此，在"偏好与需要"之间所存在的分歧，无论被怎样定义，都不会对福利的标准定义形成威胁。

这可能是对的，但这也是造成混乱的一个根源，因为在另一篇文章中，古尔和佩森多夫（Gul and Pesendorfer，2007，p. 471）在谈到幸福是道德哲学问题时指出：

> 对经济学家解决任何道德哲学问题的能力（行为或其他方式）的信念不能建立在过去的福利经济学成就的基础上，理解福利经济学的最佳方法就是将其视为实证经济学的一部分。

在这种情况下，"福利经济学"一词被称为理论体系，而不是定义。古尔和佩森多夫还质疑神经科学的发展能否解决"道德哲学中关于什么构成真正幸福的古老问题"。

根据古尔和佩森多夫的说法，行为主义者倾向于在福利政策上采取家长式的做法，因为人们需要"激励"才能采取行动，使他们更快乐。塞勒和桑斯坦（Thaler and Sunstein，2009）在其出版的名为《助推》（*Nudge*）的书中，描述并支持了这种家长式的方法；读者可能会注意到，塞勒和桑斯坦没有使用《激励》（*Prod*）这个书名。在本书的政策含义中，将在不同的地方讨论刺激和推动之间的差异以及与这种方法相关的各种问题。

3. 神经经济学本质上关注的是相关性而不是因果关系，这会导致无效的结论

神经经济学的标准方法是从行为到大脑进行推论，观察行为的不同方面是如何与特定大脑区域的活动相关联的。例如，相对于背外侧前额叶皮质（dlPFC），最后通牒博弈排斥与前岛叶的高激活相关（Sanfey et al.，2003）。但是，正如任何科学家都会提醒我们的那样，这并不是因果关系。但是，可以通过各种实验方案确定神经经济学中的因果关系。在以上示例中，已显示重复经颅磁刺激（rTMS）破坏 dlPFC 功能会导致对低报价的接受度增加，表明 dlPFC 活性与低报价的拒绝率之间存在因果关系。同样，学者也发现服用杏仁核抑制剂苯二氮卓也可降低低报价的拒绝率，这表明了杏仁核活化在拒绝中的重要性。

因果关系问题上的一个主要争议领域是所谓的"逆向推理"，它被认为是无效的，从而使得对它的研究没有定论。逆向推理包括观察神经状态，并对情绪或认知状态或可能的行为得出结论。一些经济学家，包括神经经济学家，已就这一做法提出警告。波德拉克（Poldrack，2006）表明，已就这一做法提出警告。这意味着，如果一个特定的大脑区域只在特定的情感/认知状态下激活，那么逆向推理可能是有效和有用的。但是，福克斯和波德拉克（Fox and Poldrack，2009）声称，在目前的神经影像学研究中，几乎没有证据表明有很强的选择性，因此在使用逆向推理时要谨慎。他们举了腹侧纹状体活动的例子；这可能意味着实验对象正在经历奖励，但这个区域的活动也可能与厌恶刺激或新的非奖励刺激有关。费尔（Fehr，2009）建议，在可能导致多种原因的这些情况下，在得出有关精神状态的结论之前，应寻求其他数据，例如其他生理反应或自述的测量。

尽管技术水平不断提高，但在应用和解释脑部扫描时仍存在许多问题。与上述问题有关的另一个问题由弗登伯格（Fudenberg，2006）描述，涉及行为和神经关联之间关系的另一个复杂问题。由于不同脑区域之间存在高度的交互性，因此很难从神经过程和功能的角度来阐明原因。相关并不表示因果关系。因此，仅仅因为大脑的某个部分存在活动，并不意味着大脑的这一部分正在开始活动；可能还有其他潜在的原因，涉及"上游"神经元。因此，很难得出有关行为的神经原因的结论。有时可以通过对病变患者的研究来克服这个问题；在这些情况下，已知大脑的某个区域受到了损害，所以任何被观察到的异常行为都可以被归结为神经缺陷的影响。

4. "涌现现象论"论点

这一论点本质上与先前在行为经济学中关于使用实验研究及其生态有效性的问题中所描述的观点相同。它对神经经济学的应用更为广泛，因为这门学科的本质是仅限于使用实验研究，通常样本非常小。因此，将实验室中的发现推断为现实世界中的行为，乃至神经状态，可能是无效或具有误导性的。神经科学实验可以在高度人工的条件下进行，因此，可能无法很好地转化为样本外的情况。

5. 使用不适当的统计分析

最近的一项重要研究对许多涉及功能性核磁共振成像的神经经济学研究的发现提出了严重质疑（Eklund et al.，2016）。这项研究使用了通常用于分析功能性核磁共振成像扫描的各种标准软件包，并将它们应用于与静止状态控制对象有关的大量数据，比较不同的随机样本。根据标准假设，参数分析将预测这些随机样本之间没有差异，发现假阳性的错误率为 5%。相反，研究人员发现假阳性率高达 70%，这使人们对过去使用功能性核磁共振成像分析进行的多达 40 000 项神经经济学研究的有效性产生了怀疑。

就适用于所有经济学的方法论而言，从这项研究中可以获得更广泛的教训，这适用于所有的经济学，而不仅仅是神经经济学。分析和预测的好坏取决于它们所基于的假设。参数统计分析是基于潜在的分布具有"正态"或高斯曲线的假设。许多变量的分布不符合这种形状，特别是在金融市场中，这导致了所谓的"黑天鹅"（Taleb，2007）。就错误的预测而言，这可能会带来灾难性的后果。本书在稍后的案例研究中将讨论这方面的问题，其涉及 2007 年的全球金融危机。

▌ 2.3 契合性

一般而言，行为科学包括经济学、心理学、社会学、政治学、人类学以及生物学中有关人类和动物行为的各个方面。但是，在 20 世纪，这些学科高度分散且彼此隔离。金迪斯（Gintis，2009）声称，目前在这些学科中使用了四种不同且不相容的决策和策略互动模型：经济的、心理学的、社会学的和生物学的。他呼吁将行为科学统一起来，这样每个学科都能从其他学科那里学到最好的做法。本节稍后将对金迪斯的建议进行进一步的讨论，但在开始讨论之前，有必要考虑一下行为经济学的具体位置。从许多方面来看，行为经济学可被视为迈向统一的最前沿。

自从行为经济学诞生以来，该领域的研究者就倾向于把经济学家使用的传统方法与心理学家的常用方法结合起来。特别是实验变得更加流行，这导致了前面讨论的实验经济学领域的发展。与观察性研究经常产生的模糊性相比，控制的优势是明显的。对此我们可举一个令人信服的例子，即针对讨价还价的研究。讨价还价经常会导致对峙和僵持，比如案件在审理前无法达成妥协，或是罢工的持续等等，这与人们的公平观有关。对现实中的这些情形如果仅作观察研究的话，往往无法得到确定性的结论。双方不能达成协议，有可能是由代理问题所致，也有可能是受在反复谈判中建立声誉的影响，或者干脆就是由于当事人双方存在认知上的误解。然而，通过在最后通牒博弈实验中嵌入一个谈判过程（在本书第 3 篇详述），就能够规避上述三个可能的问题，从而可专门对人们的公平观进行考察。

那么，契合性到底指的是什么？它为何是相关的？首先，有必要解答一下这个术语的来源。它最为人知的出处可能是进化生物学家 E. O. 威尔逊写的一部著作的书名，尽管他又是引自科学史家胡威立（Whewell）在 1840 年的论述，威尔逊对契合性是这样定义的：

> 当从一组事实得到的归纳结果与从另一组事实得到的结果相一致时，我们就称这些归纳结果是彼此契合的。契合性是对理论真实性的一个检验。（引自 Wilson，1998，pp. 6 - 7）

因此，契合性涉及各学科之间横向和纵向的整合，它不仅涉及自然科学和行为科学，还涉及一般的哲学和人文学科。让我们举两个例子来帮助理解它在实际中的应用。

威尔逊本人举的一个例子涉及森林保护区的管理问题。许多学科均可对如何解决这个问题提供思路，生态学、经济学、生物学、地理学、历史学、伦理学和社会学都可对此提出明智的环境对策。如果忽视这些学科中的任何一个，那么所得到的对策将被证明不是最优的。当然，给定一个像这样的全球性问题，人们可以对"最优"这个术语的用法提出质疑，它的含义必须在这个语境下被明晰化。

另外一个例子来自对人类决策制定中情绪作用的研究，它与胡威立的定义更为接近，并且与经济学和心理学的传统冲突更为相关。在过去，绝大多数哲学家，特别是坎特（Kant），认为情绪应当被作为一个有害的因素而排除于决策制定之外。然而，近年来得自不同学科的经验证据却对这种主张提出了质疑。弗兰克（Frank，1988）作为一位经济学家，运用一个基本的博弈论分析框架得出结论认为，在人们进行最优选择时，情绪能起到有益的作用，因为它们给出的信息具有可信性。经济学家谢林（Schelling，1960）和赫什莱佛（Hirshleifer，1987）独立得出了类似的结论。进化生物学家特里弗斯（Trivers，1971，1985）、进化心理学家戴利和威尔逊（Daly and Wilson，1988），以及平克（Pinker，1997）也得出了类似的结论，认为情绪已经进化为具有适应性的心理机制。达马希欧（Damasio，1994，2009）作为一位神经科学家，通过研究脑部有损伤的病人并发展出一个"躯体标记"（somatic marker）假说，也对情绪在决策制定中的价值得出了相同结论。这些不同种类的方法，通过运用相互独立的事实和方法论，为抵制传统的坎特理论提供了有力的证据。

契合性的另一个例子是进化生物学领域，这是行为经济学在还原论方法中的基础。20 世纪末的发展把不同领域的许多研究成果综合并融合在一起，这些研究成果之间没有联系，甚至看起来是相互矛盾的。这些领域包括遗传学、细胞学、系统学、形态学、生态学、植物学和古生物学。

上述例子首先表明的是，经济学与心理学可彼此互补，这被卡尼曼、特沃斯基和塞勒的开创性研究以及近年来许多行为经济学的研究所证明。此外，上述例子还表明，无论是经济学还是心理学，均可从其他新兴学科的研究中获益，尤其是进化心理学与神经科学。值得强调的是，它们之间的关系是**互补性**的，而不是**替代性**的。金迪斯（Gintis，2009）有说服力地指出，行为科学的统一不仅需要借鉴研究成果，还需要借鉴方法论，因为目前这些在不同的科学领域存在冲突。他提出，在五个概念单元中，更统一的方法将有益于所有的科学：（1）基因-文化协同进化；（2）规范的社会心理学理论；（3）博弈论；（4）理性行为者模型；（5）复杂性理论。所有这些元素都将在本书中的其他地方进行详细说明和讨论：第 1 章讨论了基因-文化协同进化；社会规范将在第 10 章中讨论；博弈论将在本节的后面讨论，并且在第 9 章中也会更详细地讨论。理性行为者模型是期望效用理论的基础，将在第 5 章中进行讨论。而复杂性理论与涉及多种人类互动的社会系统的复杂性有关，涉及书中所有话题的行为方面。因此，在这里，对行为科学中的不同方法做出下述大致概括就足够了：

- 经济学关注理性行为者模型和经典博弈论。
- 心理学专注于规范和复杂性理论，有时也包括基因-文化协同进化。
- 社会学关注规范和复杂性理论，但倾向于强调以牺牲遗传成分为代价的文化进化。
- 生物学关注进化的遗传成分，以牺牲文化成分为代价，也关注理性行为者模型和进化博弈论的各个方面。

金迪斯本质上是在暗示，只有当不同的科学借鉴其他科学使用的方法并采取不那么狭隘的方法时，契合性才有可能在任何显著的程度上实现。这就是我们需要回到之前所描述的与神经经济学相关的一些问题的地方。

□ 行为上的充分性

古尔和佩森多夫（Gul and Pesendorfer，2008）指出，"不同的目标需要不同的抽象"。他们声称，经济学和心理学有不同的目标，而不是类似的目标，因此他们使用不同的概念和方法。我们同意这一点，因为我们不认为这会损害不同学科的互补性。古尔和佩森多夫的说法是正确的，脑部扫描不能替代涉及显示性偏好或实际行为的研究，但就所揭示的信息而言，后者不能替代脑部扫描。这并不是说脑部扫描是理解人类行为的灵丹妙药，因为我们已经看到，对脑部扫描的解释存在问题。

大多数行为主义者都认为，**倘若**经济学家做出了准确的预测，他们就可以继续采用"似乎"模型。然而，行为主义者通常不会声称来自脑科学的证据可以证伪经济理论。相反，行为主义者声称，经济理论经常被与揭示的偏好相关的经济数据的实证研究所证伪；换句话说，它们根据自己的条件被证伪了。从潜在的心理或神经过程的角度来看，脑科学的研究有助于理解**为什么**这些理论被证伪。这些研究可能会表明，标准模型中的"好像"陈述中的某些隐含假设可能是造成错误的假设，因为它们会导致错误的预测。

信用卡消费是这个问题的一个很好的例子。人们用信用卡消费要比他们付现金消费的多，这与新古典主义经济学模型背道而驰。证伪该模型的证据来自经济数据。但是，像克努森及其同事（Knutson and colleagues，2007）所做的那样，大脑研究可以帮助我们理解人们为什么以这种方式行事。来自神经经济学的证据还表明，神经影像数据可用于预测未来行为。例如，克努森及其同事的研究表明，大脑不同区域的活动可以预测超出自我报告变量的购买行为。消费者偏好、价格、支出和大脑激活之间的关系将在第 6 章中更详细地讨论，这些与心理核算相关。

迪奎凡及其同事（de Quervain and colleagues，2004）的一项研究进一步证明了神经影像预测经济行为的能力。这表明，在一项博弈中某个特定神经元的激活与在另一项博弈中的惩罚是相关的。迪奎凡及其同事的研究在第 10 章关于公平的讨论中进行了详述。这里的发现可能对经济学有很大的影响，因为它表明与神经状态相关的数据可以比被试者行为的其他方面更好地预测行为。

因此，尽管古尔和佩森多夫（Gul and Pesendorfer，2008）认为脑部扫描不是经济现象，因此与经济理论不相关，但是，公平地说，如果它们能比现有的经济模型更好地用于预测经济现象的话，那么，它们可能对如何构建更好的经济模型有启发。

如前所述，古尔和佩森多夫还提出，如果相同的经济或行为数据可以用两种不同的经济理论来解释，那么经济学家并不关心这两种理论的区别。一个例子是关于人们的健康保险覆盖水平，人们普遍认为这个水平太低，但这可以用两种不同的理论来解释：（1）人们仔细权衡了健康保险的成本和收益，认为购买保险太贵了；或（2）人们未留意保险覆盖的问题，因而未采取任何行动以取得保险覆盖。尽管两种理论做出的预测相同，即人们不会购买足够的健康保险，但其政策含义却大不相同。在第一种情况下，政府可能希望检查保险的成本，以查看这些成本是否过高，以及可以采取哪些措施来降低这种成本，但在第二种情况下，为了鼓励人们按照自己的最佳利益行事，某种"助推"政策可能是合适的。正如我们将在第 8 章的 8.7 节中看到的那样，这就像更改人们劳动合同中的默认选项一样简单。因此，从决策角度出发，区分这两种理论很重要。这样一来，经济研究者的任务就是进行进一步的实地研究或实验，以消除混淆。

一个与此相关的问题同样涉及行为上的充分性的主张，其回到了还原论的概念。让我们来看看伯恩海姆对于经济学家理解弦理论的评论。这将是一个"绝境还原论"的例子，即我们通过将解释降低到可能的最低水平，即粒子物理学，来寻求对某些现象的理解。许多行为经济学家推荐的方法是层级还原主义的，即寻求的解释只低一个层次。当然，这并不能消除对更低链的进一步解释的需要，伯恩海姆对俄罗斯套娃的类比是相当正确的，但是这样的解释被认为超出了经济学的范围，并且也无助于理解经济关系。

□ 幸福

古尔和佩森多夫的观点是正确的：新古典主义经济学模型与幸福没有任何关系，也没有在帮助决策者做出能让他们更幸福的选择方面提出任何规范性的或是"治疗性"的主张。然而，与新古典主义经济学的主张相反，神经经济学并不试图改善个人的目标。神经经济学可以阐明追求不同目标的不同含义，例如幸福和福利，但作为一门科学，它并没有提出任何关于人们"应该"做什么的道德哲学。当然，个体行为主义者可能会像其他经济学家一样进行一些规范性表述，但这不是神经经济学本身的一个元素。

此外，将福利单纯地以显示性偏好的形式进行定义，确实限制了经济学的分析范围。在后面的章节中，我们会看到喜欢和想要之间的差异很大，以及偏好和选择并不相同的例子。这具有重要的政策含义。不能将这些问题简单地视为人们在"犯错误"，即由于有限理性而做出错误的判断，比如在陌生国家横穿马路时看错方向。还有其他的原因导致人们采取了一些事后后悔的行为来最大化他们的福利。涉及跨期选择的决策往往就属于此类情形，比如尝试吸毒却导致上瘾，或选择一次付清的退休金而不是按年领取。如果我们能分析出这些非最优化选择的原因，那么无论对当事人还是对政策制定者都大有帮助。也许有人仍会认为，这些问题超出了经济学的研究范围，但是，如果我们关注一下已有的对最优配置资源所作的研究及其成果，就会发现，不对标准经济学模型进行更有益于我们目的的扩展，就是更令人费解的。

□ 经济理论的局限

在这一领域，契合性是最难实现的。正如我们之前关于还原论所说的那样，当其他学科的专家开始告诉科学家，他们只能在他们学科之外确定的某些限制条件下发展理论时，科学家往往会采取防御态度。这些"外部"约束尤其适用于进化生物学和神经经济学的理论。显然，这是一个极具争议的领域。我们相信，这里最好的方法是回顾基本的神经科学前提，然后举一些例子说明克利瑟罗、坦克斯利和休特尔（Clithero, Tankersley and Huettel，2008）所倡导的生物合理性原则。

神经经济学最基本的前提也许是，存在多个涉及模块化的大脑系统（Brocas and Carrillo，2008a）；进化生物学的证据支持了这一点，这表明，当一种适应服务于一种功能，且由于它的特殊化而不能服务于其他功能时，多系统是进化过程的结果。但是，系统与功能之间没有严格的一对一映射，这就是为什么反向推理会出现问题。此外，有证据表明，不同系统之间存在"策略互动"，不同的大脑系统执行不同的、有时不相容的功能。因此，大脑可能不得不在相互竞争的选项中做出选择。

现在我们可以考虑一些例子来说明决策过程是如何被这些基本前提塑造的，以及为什么生物学上的合理性是一个相关的原则。所有的例子都涉及标准经济模型无法解释的行为。心理学家，尤其是进化心理学家，经常提到大脑在做决定时具有双重系统。一个系统是快速的、自动的，有时被称为"热的"，因为它可以依赖于情绪反应；当这个系统被使用时，我们有时指的是"凭直觉行事"，就像当一个物体飞到我们头上时，我们就要躲避一样。另一个系统是最近发展起来的"冷的"分析系统，它需要更长的时间才能实现；当我们决定是否接受一份工作时，或者决定投资哪种储蓄政策时，我们倾向于使用这个方法。虽然与第一个系统不同，第二个系统涉及有意识的思考，但其不一定会导致更好的决策（Damasio，1994）；然而，这两个系统的存在可能会导致诸如偏好逆转和决策偏差之类的冲突，这些将在下面的章节中讨论。从方法上讲，重要的是要注意到，基于神经生物学数据的双系统模型可以在发展关于不同大脑系统之间相互作用的性质和时间的假设方面得到实证检验。如果这些模型有来自其自身学科的证据支持，它们就能在指导经济模型方面发挥作用，从而更好地解释行为现象。

一个类似的例子适用于跨期决策，我们将看到，指数贴现的标准经济模型在许多情况下解释行为不如双曲线或拟双曲线模型好。神经科学证据表明，人们对即时奖励和未来奖励使用不同的奖励评估系统（Bechara，2005），而且这可以解释为什么标准模型经常不适合行为数据——在生物学上是不合理的。像第 8 章中讨论的"计划者-行动者"模型这样的双系统模型可能更可信。

在这一阶段，我们将再举一个例子。有大量的神经科学证据表明，存在多巴胺介导的奖励预测误差，其中神经递质多巴胺记录了一件事情的好坏和预期好坏之间的差异（Caplin and Dean，2008；Bernheim and Rangel，2004）。这一效应会转化为决策行为，而决策行为与期望效用最大化理论（EUT）相悖。此外，它还可以用来发展与新古典主义经济学模型相比较的竞争性行为预测。由于在许多情况下，行为的经验证据不支持新古典主义经济学模型，这再次表明最大化理论在生物学上是不合理的。

博弈论

有许多不同且令人困惑的术语用来描述博弈论的不同方面或方法：标准博弈论、经典博弈论、解析博弈论、认知博弈论、行为博弈论、心理博弈论和进化博弈理论。

在这一点上，弄清这些术语并观察博弈论的不同方面之间的相互关系是很有用的。从本质上讲，区分博弈论的三个主要分支是可能的：（1）标准博弈论；（2）行为博弈论；（3）进化博弈论。由于不同的学科对这三个不同的博弈论分支的运用各不相同，而且各分支之间至少表面上出现了一定的冲突，因此各分支之间也必然存在一定的契合性。

标准博弈论也被称为经典博弈论和解析博弈论（这是令人困惑的，因为所有博弈论都是解析的）。这种博弈论在经济学上可以称为"主流"。行为博弈论包含了更多的元素，还包括认知博弈论和心理博弈论。这两种方法都涉及分析人们是如何对他人的行为进行推理的，以及他们是如何形成信念的，包括对他人信念的信念。

新古典主义经济学模型结合了经典博弈论，但是做出了比行为博弈论通常涉及的更基本的假设。然而，关于这两种方法之间差异的讨论可以推迟到第 9 章，因为这两种方法都将参与者视为彼此互动的有思维的主体（不一定是理性的）。参与者可以考虑他们未来行动的结果，即使这些结果由于信息不完全而不确定。在考虑第 10 章中的社会偏好和公平之前，需要先审查这些相互作用。

进化博弈论不同于其他任何一个分支，因为它不将主体视为有"思维"的。进化过程通常被认为是委托-代理情形："自然"是委托人，个体是代理人（尽管作为例子，个体可能是一棵树）。在这样的背景下，我们可以研究我们的进化史是如何塑造我们的偏好、信念和对风险的态度的，所有这些在第 3～8 章都有讨论；因此，现阶段需要对该理论的性质作一个简要的解释。

在这里观察到的最基本的一点是，对进化博弈论做最好理解的是拟人化的委托人和代理人，也就是说，把他们看作有思想的生物。因此，说大自然"希望"个体最大化他们的生物适应性似乎有些奇怪，但这确实是一种简写方式，即最大化适应性的个体将最终通过自然选择的过程来支配种群。同样地，我们可以说丛林中的树木会努力变得越来越高，这意味着较高的树木将获得更多的阳光，比较矮的树木更有可能生存和繁殖，这又导致了较高的树木统治了树木种群。以人类人口为例，偏好咸、甜、高脂肪食物的人会比其他人存活率更大，且繁殖得更好，从而成为人口的主导，*而这些人却从未有意识地做出相关判断，并有意识采取寻找这些食物的策略*。这段斜体字很重要，因为它强调了一个事实，即进化博弈论可以应用于"无思考"的情况。

小　结

- 理论是描述或解释我们观察到的现象之间关系的陈述。
- 理论不应该在其假设的基础上进行评价。
- 评价和比较理论有四个主要标准：符实性、一般性、易处理性和简约性。
- 尽管存在负面舆论，但还原论是科学发展成功的关键。它是一种将不同科学层次的解释相互联系起来，并将它们整合成一个整体的方法。
- 经济学传统上依靠实地研究来对理论进行实证检验，而行为经济学在很大程度上遵循心理学使用实验研究。
- 行为经济学中提出的问题包括实验的设计、对实验结果的解读以及将假设作为一个整体来评估的需要。
- 神经经济学理论可以定义为一种跨学科的研究路线，它将神经科学、神经生物学和经济学的研究相结合。
- 神经经济学提出的问题是它与经济理论的相关性，它与经济福利的相关性，它倾向于使用逆向推理和它的生态有效性。
- 契合性是指学科在横向和纵向上的整合，以互补的方式综合他们的理论和经验发现。
- 契合性还可能涉及方法论的统一，因为目前各种行为科学倾向于使用不同的和不相容的方法来发展理论。
- 神经经济学最具争议性的方面是它声称要约束经济理论，这引起了一个重大的契合性问题；在此，生物学的似真性概念作为理论发展的指导原则是有意义的。

思考题

1. 解释为什么理论不应该在其假设的基础上进行评估。

2. 解释还原论在本章中的含义，并举例说明。

3. 描述被试者之内的研究和被试者之间的研究的区别，并举例说明。

4. 描述实验研究与实地研究的优势和劣势。

5. 解释用行为经济学的方法提出的三个问题。

6. 解释神经经济学的含义，并描述因其使用而引起的四个问题。

7. 解释"逆向推理"的含义和为什么它在分析方面有问题。

8. 解释"契合性"的含义，并举例说明。

9. 解释"行为充分性"论点。

10. 解释神经经济学对经济理论施加约束的含义，并举例说明这是如何发生的。

应　用

❖案例 2.1　　　　　　利他与大脑

经济学家经常被指责为"物理嫉妒"。这是因为这门学科传统上被认为是一门"软科学"，缺乏"硬科学"严谨的方法论、客观性和解释精确性。然而，随着神经科学在经济学中的应用日益广泛，近 15 年来，神经经济学这门新兴学科得到了长足的发展，这使得经济学学科作为一门硬科学的资格得到了提高。在神经经济学的早期，研究集中在使用功能性核磁共振成像扫描来识别大脑的不同部位，这些部位在不同类型的刺激下增加了血流，似乎"亮"了起来。这些研究虽然肯定有用，但在范围和解释力上都是有限的。最近，人们进行了第二代更复杂的研究，通常使用多种技术的结合，这些研究产生了更精确和可靠的结果，以及一些有趣的、可验证的预测。这种进步的一个很好的例子就是利他行为。在这方面，自我报告是出了名的不可靠的，人们不愿意透露他们的真实动机，为了维持他们的形象，或者确实不知道他们的真实动机，因为这些都是潜意识的。因此，对大脑活动的研究在这里有特别的启示。

利他主义通常被定义为对自身有成本但没有相应物质利益的行为。这方面的行为总是给经济行为的新古典主义经济学模型提出问题，经济行为的新古典主义经济学模型认为所有的行为都是自私的，对许多人来说，这是对经济学作为一门科学的基本批评。神经经济学的研究已经表明，至少在原则上，将利他主义行为考虑在内，修改新古典主义经济学模型是相对容易的。这一点的关键在于"物质"这个词；神经经济学已经表明，这种好处是心理上的。因此，人们既可以是利他的，也可以是自私的，因为他们的行为表面上看来是有益于他人的，实际上是为了让我们感觉更好。摩尔及其同事（Moll and colleagues，2006）使用功能性核磁共振成像扫描来调查慈善捐赠，并报告说这种行为激活了中脑边缘奖励系统，就像我们获得金钱利益时一样。

后来的研究增加了我们对利他主义的理解，以及它背后的同理心。马什及其同事（Marsh and colleagues，2008）通过功能性核磁共振成像扫描发现，具有较低同理心和更多反社会特质的被试者，其杏仁核的活动较少。马什及其同事（Marsh and colleagues，2014）进一步发现，当实验对象看到显示恐惧的面部表情时，亲社会的个体更有可能表现出利他主义，他们的右杏仁核更活跃。他们的右杏仁核也更大，这可能表明这方面的同理心是遗传的。

海恩及其同事（Hein and colleagues，2016）对利他主义背后的神经过程进行了一项最先进的研究。这项研究考察了利他主义背后的不同动机，不仅考察了大脑中参与的部分，还考察了它们之间相互作用的方式。通过这样做，他们可以检查一个特定的行为，并确定它是出于执着还是互惠。这种行为与独裁者博弈中的捐赠行为有关，在独裁者博弈中，一个参与者必须决定在没有义务的情况下如何与一个伙伴分享一笔给定的钱。在他们的实验中，他们通过让一些被试者观察同伴（与研究者合作）遭受电击的痛苦，来诱导他们产生同理心；他们还通过要求其他被试者观察同伴捐钱来防止被试者遭受电击来诱导互惠，从而使被试者感到对伴侣有义务。通过fMRI和动态因果模型的结合，他们发现对于相同的利他行为，不同的动机会激活不同的神经通路。对于共情诱导的利他行为，在前扣带皮层和前岛叶之间存在着正向连接，而在互惠性的利他行为中，前脑岛和腹侧纹状体之间存在着正连接。本研究在独裁者博弈的基础上，建立了一种自私/亲社会程度的衡量标准，之后又进行了进一步的实验，发现自私和亲社会的人在动机上存在差异：诱导同理心会增加自私的人的利他主义，但亲社会的人的利他主义却没有增加，而诱导互惠则会增加亲社会人群的利他行为，但对自私人群却没有影响。

这些研究又提出了许多有趣的问题：

1. 经济行为的本质

经济行为不仅仅是货币交易。"利他"行为和恶意行为也是相关的。我们需要了解这些行为的根源，以便解释和预测人类在各种不同情况下的行为，比如为慈善事业捐款、罢工、把车借给邻居，以及对在街道上乱扔垃圾的人提出抗议。

2. 公平和社会偏好

这个问题与第一个问题密切相关。如果在某些社会情形中策略互动十分重要，而我们又需要对这些社会情形中的行为进行预测，那么我们就必须理解厌恶不平等、感知他人的善意、互惠以及他人的意图等的重要性。这一领域的内容将在第10章中介绍。

3. 神经科学的作用

上述研究清楚地表明，神经科学在解释那些无法用标准经济模型轻易解释的行为方面是多么有用。尤其是，它意味着我们必须在更广泛的背景下理解"利己"的概念。因此，慈善行为是利己的行为，因为它们让我们感觉良好，与通常对狭隘的利己行为的理解相反。重要的一点是，我们必须明白，只有当我们使用功能性核磁共振成像这样的技术来从事神经科学方面的研究时，我们才能对"利他"行为和恶意行为背后的真实动机得到可靠的证据，由于人们经常否认这些动机，即使是"诚实"的自省也不能揭示它们。在这里，我们还可以看到契合性概念的重要性，经济学、心理学和神经科学等学科互为补充。

4. 政策含义

新古典主义经济学模型只关心行为，而不关心行为背后的动机。如果他们的模型能够正确地预测人们的行为，经济学家可能会为此辩护，但如果同一种行为在不同的人身上具有不同的潜在动机，那么就可能产生重要的政策含义。例如，一个慈善机构可能需要知道它的目标受众的心理属性，才能成功地说服他们捐赠金钱、食物或其他物品，而政府也可能需要知道这些属性，才能说服人们献血或不要在大街上乱扔垃圾。

❖案例 2.2　　　　　　　　　英国骚乱

2011 年 8 月 6 日以及随后的四天内，骚乱席卷了英国多个城市。它们从伦敦的托特纳姆地区开始，由警察射杀一名嫌疑人引发，然后蔓延到伦敦的其他地区，以及伯明翰、利物浦和曼彻斯特等其他主要城市。汽车、商铺和房屋被点燃，商店被洗劫一空，警察和其他紧急服务部门遭到了砖块、汽油炸弹甚至枪支的袭击。就像过去几年发生在不同国家的其他骚乱一样，骚乱者普遍使用 BlackBerries 和 Facebook 作为沟通手段，以协调快速的群众运动，运用策略击败警方。然而，这些骚乱与最近几次不同，原因有几个。首先，与"阿拉伯之春"不同，它们主要不是出于政治或意识形态的动机。对于大多数参与者而言，不涉及广泛的问题，例如反全球化或人头税。第二，骚乱不是种族骚乱。尽管最初的事件涉及一名黑人被警察枪杀，但骚乱的参与者有黑人，也有白人。其共同特点是：骚乱者多为年轻人、穷人，经常是帮派成员或参与帮派活动。

那么，为什么就行为经济学的方法论而言，这些事件具有特殊的相关性呢？因为就他们的暴力和新奇感而言，他们对大多数英国公众来说是一个巨大的冲击，所以骚乱引发了各种各样的理论，试图解释其原因。这里无意对这些理论进行评判或评价；然而，如果我们研究三个主要问题，它将阐明本章的许多概念和问题：(1) 各种理论之间的关系；(2) 与理论评估相关的证据类型；(3) 政策含义。

理论之间的差异很大程度上与持有理论者的政治信念有关。左翼人士将其归咎于年轻人的沮丧情绪，而这些年轻人通常都是低技能人群，他们由于失业或从事没有前途的工作，在社会中日益被边缘化。公共服务削减的增加，例如青年中心的关闭，进一步恶化了他们的处境，而且当这些削减被归咎于最近的金融危机，而金融危机又被归咎于贪婪的银行家，一般认为这些银行家们以牺牲普通工人的利益为代价获取巨额利润时，人们的失望情绪也随之增加。法国媒体尤其指责盎格鲁-撒克逊资本主义将不平等扩大到无法容忍的程度。

　　右翼评论员经常在维持秩序方面指责警察的策略。他们声称，由于担心人权活动分子，警察控制局势的意愿和能力受到阻碍，这些人权活动分子认为警察的任何行动都是对人权的侵犯，特别是在少数族裔参与的情况下。因此，在暴乱和抢劫期间，警察采取了自卫的立场，在许多地方甚至没有试图维持公共秩序，更不用说阻止犯罪行为了。这些评论人士声称，这种"无所作为"策略鼓励人们参与暴乱，既包括针对个人和财产的暴力行动，也包括简单的机会主义盗窃。英国前首相戴维·卡梅伦（David Cameron）提出的其他政治右翼理论则直接将罪责归咎于犯罪和社会中的"病态"因素。

　　这是迄今为止理论的两个主要阵营。英国和国外的某些评论家也使这种扭曲更严重，他们指责不受监管和未经审查的社交媒体。关于理论之间的关系，要说明的主要观点是，不同的理论不一定是相互排斥的。不同的理论涉及不同的解释水平。社会上的犯罪和"弊病"是肤浅的解释，因为它们提出了关于是什么造成了这些已经被目击的非常宽泛的问题。也许，更积极或更"强有力"的警察会更有效地控制骚乱，但这样的行动不会减少参与者的挫折感，而正是这种挫折感导致了他们最初的暴乱。这种挫折感可以被认为是心理和社会学层面的根本原因。文化因素也与此有关，一些评论家指责贫困青年中普遍存在的帮派文化，将暴力元素引入脆弱的社会环境中。然而，即使是这些因素，通常也可以从较低的层次加以解释：经济学家普遍认为，发达国家的收入不平等日益加剧是由技术变化和全球化引起的。发达国家的低技能工人缺乏利用技术进步的能力，也无法与发展中国家的低工资工人竞争。至于不受管制的媒体，这些只有在潜在的社会和经济因素存在的情况下才有意义。

　　因此，我们首先必须认识到，理论不一定是相互排斥的，即使它们一开始看起来非常不同，来自政治分歧中相反的阵营。然后，我们必须考虑证据。最后，正如我们所见，好的理论应该根据它们做出准确预测的能力来判断，但评估的第一步涉及它们解释现有证据的能力。相关证据的性质取决于理论的性质。我们在上面已经看到，一些评论家从贫困和不平等的角度解释了骚乱。在这种情况下，骚乱者的人口统计特征是相关的。第一，骚乱者总是来自收入、就业和社会地位较低的社会阶层吗？即使事实证明确实如此（当然也有一些明显的例外），也不能说明贫穷和不平等是骚乱的原因：相关性不能证明因果关系。贫穷和不平等可能与某些文化因素有关，而这些文化因素是骚乱背后的诱因。对这类关系的清理常常使评价这类理论变得困难。

　　当涉及不同的执法方法或方法的有效性时，采用完全不同种类的证据是合适的。这里有必要审视不同国家和社区的横截面研究，其使用了不同的方法。这里的主要问题是存在混淆：当我们比较不同的国家时，其他因素，如社会、法律和制度因素，几乎肯定会有所不同，这使得进行有效的比较非常困难。例如，我们必须考虑"社区治安制度"是否已经在不同地区实行，以及它是否沿着类似的轨迹运转。

　　在评估所有不同的因果理论时，必须认识到最不可能有一个单一的潜在原因。可能有多种成因，所有这些都是必要的，但没有一个单独的原因足以造成所发生的所有事件。

　　为什么识别和证实这些成因及其相对重要性是重要的？不同的原因具有不同的政

策含义。就英国最近发生的骚乱而言，这些政策含义既深远又广泛。在骚乱发生后立即引起最大争议的方面是适当惩罚的问题。法院最初做出的处罚常常被一些社会评论人士批评为过于严厉，也与之前的做法不一致。这类言论尤其来自前政府内部的自由民主党，他们反对前首相采取"强硬"手段。然而，对公众的调查显示，更多的人认为判决太软弱，而不是太强硬。一些犯罪学家，例如罗杰·格雷夫（Roger Graef）评论说，严厉的刑罚只会进一步疏远罪犯，且让暴力犯罪者回归社会的唯一方法就是强迫他们与社区中被他们伤害的人互动，从而灌输同理心和懊悔，而不是增加敌意。其他评论人士指出，在普遍混乱的情况下，对犯罪行为的判刑往往会更加严厉，因为在这种情况下犯罪行为更具威胁性。因此，我们可以看到，对于适当的惩罚存在着广泛的分歧。

然而，尽管在短期惩罚可能是最重要的，但它绝不是唯一涉及的政策问题。从长远来看，有关福利、教育和培训的政策也很重要。在某些情况下，这些政策的影响是重叠的。例如，通过剥夺违规者享受福利（包括政府住房补贴）的权利来惩罚违规者，得到了大量支持。这样做的后果是加剧了贫穷和不平等，同时也惩罚了那些本身可能没有犯罪行为的罪犯的家庭。但是，那些支持旨在通过收入再分配减少不平等的政策的人必须认识到，在包括英国和美国在内的许多发达国家，最近的研究表明，这些政策似乎没有得到一般公众的支持（Kuziemko et al.，2014）。这一可能令人惊讶的发现与参考点现象有关，将在下一章详细讨论：低收入者可能不希望还有更低收入的人，且愿意处于收入阶梯底层的人们将变得更好，因为这将缩小他们之间的差距。

青年的教育和培训在这里也是一个至关重要的问题，特别是因为它影响到整个国家的长期经济前景。取得适当的技能和经验是具有前途的职业潜力所必不可少的，实现这些的动机也至关重要。这涉及一个巨大的社会互动网络，其中包括养育子女、教育、青年俱乐部的可用性和有效性、培训计划的可用性和有效性、福利和住房系统、大学系统和相关的融资，这是最重要的一些。在每一个广泛的领域中都有许多组成部分。例如，在学校教育中，有可供选择的学校类型和种类、课程的性质、考试制度的类型、离校年龄、教师培训、对个别学校的评估等等。所有这些因素都可能决定一个人是成为社会的忠诚成员，做出重大经济贡献，还是成为辍学者，注定成为社会的寄生虫，对他人和其财产实施暴力犯罪。

问题

1. 解释互斥和互补理论的含义。

2. 在评估贫困和不平等引发骚乱的论点时，什么样的证据是相关的？评估这些证据存在什么问题。

3. 解释骚乱的政策含义如何依赖于对理论的评估，并举例说明。

第 2 篇

基　础

第 3 章 ▶ 价值、偏好和选择

　　网球明星在经济学方面能教给我们什么？是的，顶级球员赚了很多钱，但成为顶级球员并不是属于我们绝大多数人的选项。然而，多年来，一些著名的多次大满贯得主发表的一些言论，给了我们一些重要的见解，让我们了解了是什么使得他们成功，以及其他人可能也会成功。让我们思考一下以下引述的言论：

> 随着年龄的增长，我变得越来越留恋过往。
>
> ——约翰·麦肯罗（John McEnroe）
>
> 我对失败的愤恨要甚于我对取胜的喜爱。
>
> ——吉米·康纳斯（Jimmy Connors）
>
> 我不记得我赢了的比赛，我只记得我输掉的比赛。
>
> ——鲍里斯·贝克尔（Boris Becker）
>
> 胜利转瞬即逝，失败却是永恒的。
>
> ——比利·简·金（Billie Jean King）
>
> 使某件事情与众不同的不只是你要获得什么，而是你感觉失去了什么。
>
> ——安德烈·阿加西（Andre Agassi）

　　在这些言论中涉及的关键概念是参考依赖和损失厌恶。这些是幸福感的"三幕悲剧"的决定性组成部分，幸福感的"三幕悲剧"是本章将要介绍的一个基本知识领域，标准模型在这一基本领域没有发言权。

3.1　新古典主义经济学模型

☐ 决策过程

　　我们需要从研究大多数决策所涉及的过程来开始我们对决策的分析。当然，有些"决策"看起来根本不是真正的决策，因为我们在这些决策过程中是凭直觉行事的，没有进行有意识的思考。这往往是因为我们没有时间使用上一章中描述的、作为我们双系统的一个组成部分的"冷"分析认知系统；相反，我们依赖于"热"情感系统，它通常依赖于对一种情况的即时情感或本能反应。因此，我们会躲避一个飞向我们头部的物体，或者，对冒犯我们的人，我们在身体上或者口头上愤怒地予以回击。然而，即使在使用这种"热"情感系统的情况下，我们也没有意识到要做出有意识的决策，仍然存在着某种刺激导致行动的情况。无论这种情况在何时发生，我们都认为这涉及一个决策过程。因此，需要一个一般化的决策过程模型，该模型适用于在超市自动购买奥利奥饼干，决定在哪里购买彩票，投资于特定的股票，或选择特定的医疗，等等。显然，这些决策在本质上是非常不同的，涉及不同的因素甚至决策系统，但它们也有一些共同的元素。

一般来说，决策有如下所述的三个基本特征。在此结合由方程（1.1）所示的新古典主义经济学模型中的对应元素来描述这三个特征。为了便于参考，这里重复描述方程（1.1）：

$$\text{(1)} \max_{x_i^t \in X_i} \quad \text{(2)} \sum_{t=0}^{\infty} \delta^t \quad \text{(3)} \sum_{s_t \in S_t} p(s_t) \quad \text{(4)} U(x_i^t \mid s_t) \qquad \text{(1.1)重复}$$

1. 偏好

这是人们对一组选项或投机（gambles）的排序，人们基于与这些选项的结果相关的态度和值（4）来排序。

2. 信念

这与在可用信息条件下人们认为各种结果会发生的概率有关（3）。

3. 理性

这涉及标准模型的所有四个组成部分，指的是人们：

- 根据态度和价值决定偏好（4）
- 根据新的信息适当地修正他们的信念（3）
- 未来结果的贴现值（2）
- 根据他们的偏好和信念成功地选择最佳行动（1）

在一项针对行为经济学相关领域的经验研究结果的综合调查中，德拉·维格纳（Della Vigna，2009）根据上述分类考查了这些研究结果与新古典主义经济学模型的差异；他将这些差异称为非标准偏好、非标准信念和非标准决策。他给出的许多例子将在本章和下面的章节中讨论。本章考查这些差异中的第一个，第二个差异在下一章中考查。应该指出的是，这三个类别之间存在着显著的相互依存和重叠：信念影响偏好，这两者都影响决策中反映的选择。此外，理性既包含信念，也包含偏好；因此，理性的各方面在这两章中都有讨论，并在本书的后面章节中也会有讨论。在讨论了风险和不确定性、跨期偏好和社会偏好等主题之后，在最后一章中还对理性进行了最后的讨论。然而，我们将看到按信念—偏好—理性进行分类是有用的，因为每个类别中的因素都涉及决策过程的不同阶段。

□ 消费者行为

我们已经看到了如何用数学表达式（1.1）来描述新古典主义经济学模型。这可以很简单地转化为一个消费者行为的新古典主义经济学模型。正如范里安（Varian，2006，p.33）所述："人们选择他们能负担得起的最好的东西。"这本质上是一个约束优化问题。消费者选择的对象被称为消费束，这些消费束与被考虑的特定选择问题所涉及的商品和服务的完整清单相关。在一般情况下，我们还需要说明这些商品何时、何地以及在何种情况下才可获得。人们不仅关心现在能获得什么商品，而且关心以后能获得什么商品；如果他们身处沙漠中，那么他们比身处南极时更关心一瓶水。任何商品组合（消费束）都可以用最简单的术语描述为 (x_1, x_2) 或 X，其中 x_1 表示一种商品的数量；x_2 表示另一种商品的数量，或所有其他商品的数量。通过将参数的数量限制为两个，就可以使用图形方法来表示和分析。

偏好

新古典主义经济学模型假设消费者可以根据他们的欲求对消费束进行排序，如果消费者确定地想要 x 束而不是 y 束，那么，就称他相对于 y 束**严格地偏好于**（strictly prefer）x 束。这可以写为：$(x_1, x_2) > (y_1, y_2)$。或者，如果消费者在这两个束之间感到**无差异**（indifferent），这意味着他们在这两个束之间没有偏好。这个关系通常描述为表达式：$(x_1, x_2) \sim (y_1, y_2)$。最后，如果一个消费者偏好于 x 束或者在这两个束之间无差异，我们称他对 (x_1, x_2) **弱偏好于**（weakly prefer）(y_1, y_2)，可写为：$(x_1, x_2) \geq (y_1, y_2)$。

偏好关系是一种操作概念。因此，在新古典主义经济学模型中还假定选择是由偏好决定的；这一点很重要，因为可直接观察的是选择，而不是偏好。如果消费者选择了一个特定的束，另一个束既可获得又负担得起，则消费者对该束的偏好胜于另一个束。这就是**显示性偏好**（revealed preference）概念的含义。

无差异曲线

通常用一种包含无差异曲线的图形方法来说明消费者选择理论。无差异曲线表示消费者对两种商品的不同组合是无差异的，也就是说，每组商品的总效用是相同的。图3.1 是一个无差异曲线图，图中给出了一些无差异曲线，离原点越远的曲线代表包含商品数越多的消费束；故这些消费束比那些较低的无差异曲线上的消费束更受到偏好。因此，相对于曲线 I_1 上的商品组合，消费者更偏好曲线 I_2 上的商品组合，但是，并没有具体说明这个相对偏好的程度有多大。因此，我们无法确定 I_2 与 I_1 之间的差异和 I_2 与 I_3 之间的差异的相对大小。无差异曲线通常绘制为向下倾斜且凸向原点的；这是由下一节中将描述的特定假定决定的。

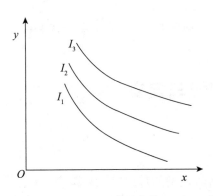

图 3.1　无差异曲线

□ 均衡

无差异曲线图可用来说明消费者均衡的概念。我们假定消费者有一个**预算约束**（budget constraint），由他们可用来购买相关消费束的金钱额度所决定。预算约束可用下面的不等式来表示：

$$p_x x + p_y y \leqslant m$$

其中 m 是可负担的预算。在图 3.2 中，预算约束被表示为穿过点 A、C 和 B 的一条直线。虽然在这个预算下足以购买组合 A 和组合 B，但它们却不是最优的组合，因为它们并不位于可达到的最高的无差异曲线上。组合 C 是最优的组合，在此处消费者购买消费束（x_1，y_1）。上述情形可被一般化为：任何最优的消费点都会发生在无差异曲线与预算约束线的相切之处。令这两条线的斜率相等，就可得到使消费者应该在此处消费的条件，于是花费在任何商品上的最后一美元的边际效用都相等。这个条件可被进一步一般化，以用于对任意多种商品的消费束的分析。

在新古典主义经济学模型中，对消费者均衡的阐述经常会用到"边际效用"的概念，但实际上这并不是必需的。无差异曲线的斜率还可被表达为一种商品对另一种商品的**边际替代率**（marginal rate of substitution，MRS）。MRS_{xy} 代表的是消费者为了多换取一单位 x 而打算放弃的商品 y 的数量。因此，均衡条件就是能使边际替代率等于价格之比的消费组合：$\text{MRS}_{xy} = p_x / p_y$。用这种方式来阐述均衡的好处是：它可以绕过令人棘手的效用概念。我们将在 3.7 节中对效用进行详细的探讨。安格纳（Angner，2016，ch. 3）讨论了与行为异象相关的无差异曲线分析的应用。

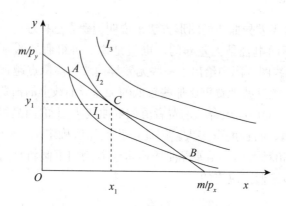

图 3.2 无差异曲线与消费者均衡

3.2 公理、假设与定义

□ 公理

在讨论新古典主义经济学模型的基础时，尤其是对于怎样将它与消费者偏好联系起来，我们有必要把模型的基本公理与其他常见的重要假设作一区分。前者是模型的基础，而后者则具有一定的灵活性并随环境的改变而改变。这种区分与在下一节中讨论的新古典主义经济学模型的缺点有关，并与前一章讨论的杜赫姆·奎恩命题有关。我们还可以看到，在描述性与规范性的公理之间也存在区别。第 5 章将在风险和不确定性的背景下讨论这一方面。

有四个关于消费者偏好的主要公理：

1. 完备性（completeness）

每个人都能够对任意两个消费束 X 和 Y 做出比较。这种比较必然会导致三个可能的互斥结果中的一个：

(a) X 篮子优于 Y 篮子；我们已经知道这可以写成：$(x_1, x_2) > (y_1, y_2)$。

(b) Y 篮子优于 X 篮子；我们已经知道这可以写成：$(y_1, y_2) > (x_1, x_2)$。

(c) 消费者认为这两个篮子是无差异的；我们已经知道这可以写成：$(x_1, x_2) \sim (y_1, y_2)$。

上述情形被称为完备性原则，因为这些偏好关系涵盖了所有可能的结果。

2. 传递性（transitivity）

如果所考虑的是三个不同的篮子 X、Y 和 Z，一名消费者偏好篮子 X 甚于篮子 Y，并且偏好篮子 Y 又甚于篮子 Z，则他必然偏好篮子 X 甚于篮子 Z。这可被表示如下：

如果 $(x_1, x_2) > (y_1, y_2)$ 且 $(y_1, y_2) > (z_1, z_2)$，则有 $(x_1, x_2) > (z_1, z_2)$。

类似地，如果消费者认为篮子 X 与篮子 Y 是无差异的，并且认为篮子 Y 与篮子 Z 也是无差异的，那么他必然认为篮子 X 与篮子 Z 也是无差异的。

3. 自反性（reflexivity）

任何消费束都至少和它自身一样好：$(x_1, x_2) \geq (x_1, x_2)$。这条公理一般被认为是不太重要的。

4. 显示性偏好（revealed preference）

这条公理有弱和强两种形式：如果 (x_1, x_2) 被直接/间接显示偏好于 (y_1, y_2)，并且这两个消费束是不一样的，那么 (y_1, y_2) 就不能被直接/间接显示偏好于 (x_1, x_2)。

□ 假设

除了上述公理之外，另有四条主要的假设，通常也被视为原则，并经常伴随着新古典主义经济学模型。这些假设尤其与不确定情形有关，因此我们将在第 5 章里把它们与期望效用理论结合起来作更详细的讨论，而期望效用理论是新古典主义经济学模型在不确定情形下的表现形式。我们还会看到，除了下面将要谈到的这些假设，期望效用理论还涉及其他若干假设。特沃斯基和卡尼曼（Tversky and Kahneman，1986）主张，下述各项基本假设就其所表现出的规范性而言，可以按其重要性与日俱增的等级顺序排列。因此，删减性条件（cancellation condition）受到了来自多个理论的挑战，而不变性条件（invariance condition）却是任何规范性理论所不可或缺的。

1. 删减性（cancellation）

此条原则讲述的是，如果某一个体在某一状态下不管作何种选择都会导致相同的结果，那么这一状态就会被个体删减或忽视。有时候，这是指对决策理论的一种最低限度的研究法（minimal approach），并与总论式或综合式研究法（topical or comprehensive approach）相对照。于是，如果人们偏好 X 胜于 Y，那么，若明天下雨就赢得 X（否则一无所获）的前景也就比明天下雨就赢得 Y 的前景更被人偏好，因为在这两种前景下，明天不下雨会导致相同的结果（一无所获）。这种假设一般来说也与新古典主义经济学的边际主义观点相一致。

2. 占优性（dominance）

这条假设是比上一条更简单、也更强的假设，因此，对标准模型来说也就更为基本。它所阐述的是，如果在一种状态下选项 X 优于选项 Y，并且在所有其他的状态下选项 X 与选项 Y 至少一样好，那么选项 X 就占优于选项 Y，并且将被选择。这与前面谈到过的自反性公理有关，但不是一个强条件。

3. 外延性（extensionality）

新古典主义经济学模型一般假设，给定了关于一个特定对象的某种程度的信息，无论该对象是怎样被描述的，人们对该对象都有相同的态度，并赋予它相同的值。因此，对于某种袋装肉来说，无论它被描述成只含 5％ 的脂肪还是被描述成 95％ 不含脂肪，人们都应对其具有相同的态度。这条假设仍然与自反性公理有关。

4. 不变性（invariance）

这条假设对任何规范理论都是必不可少的。它所阐述的是，对同一选择问题的不同表述应该产生相同的偏好。因此，这就排除了"框定效应"，框定效应将在接下来的几章中详细讨论。本条假设认为，偏好关系不应依赖于对各种选项的描述［**描述不变性**（description invariance）］，也不应依赖于偏好的引出方式［**过程不变性**（procedure invariance）］。如果没有等价描述和等价引出过程的稳定性，那么在标准的期望效用理论中，个人的偏好就不能用效用最大化来表示。

标准模型还假设消费者是最大化其效用的。这通常被看作是兼具描述性和规范性的一种陈述：人们确实以这种方式行事，并且应该以这种方式行事，从而实现福利的最大化。这其中的规范性特点与理性的概念有关。

在特定情况下会援引某些其他假设；我们将在后文的相关章节中进行讨论。然而，我们需要意识到这些假设的不同状态；有些确实不是新古典主义经济学模型的必要组成部分，可以很容易地放松而不会影响模型。例如，新古典主义经济学模型有时被认为涉及关于无差异曲线的三个特征的假设。其中，第一个已经作为一个公理陈述了，涉及偏好的传递性。第二个特征是指曲线是向下倾斜的，这暗示商品总是多多益善。这条原理被称为偏好的**单调性**（monotonicity），并且可用技术性的语言表述为：(x_1, x_2) 是一个商品束，(y_1, y_2) 也是一个包含同种商品的商品束，如果 (y_1, y_2) 所包含的两种商品的量至少与 (x_1, x_2) 一样多，并且其中一种商品的量还多些，那么有 $(y_1, y_2) \succ (x_1, x_2)$。这条假设直接可从**正常品**（good）的定义推出，即它是一种多多益善的商品。而诸如污染物或垃圾这样的商品，则被称为**"坏物品"**（bads）。单调性假设对于标准模型来说不是基础性的，比如，当人们达到一定的满足感后，这条原则就失效了。无差异曲线的第三个特征是指曲线是凸向原点的。有时这被称为偏好的**凸性**（convexity）假定，但它也同样不是一条基础性的假设，其实它是由**边际效用递减率**（law of diminishing marginal utility）推导而来。这条定律阐述的是，在一个特定的时期内，当一种商品被消费得越多时，增加的消费单位最终会带来较少的边际效用。这条定律与其说是为了分析问题而作的假设，还不如说是一条得自经验的规律。正是这种凸性特征，决定了在传统需求曲线上价格与需求量具有反向关系，尽管这种关系还可通过其他方式推导出来（Becker，1976）。

□ 定义

在讨论标准模型在消费者偏好方面的弱点之前，如果先给出决策过程中涉及的四个术语的定义："态度""价值""偏好"和"选择"，将会有助于我们辨明一些情形。首先要说明的是，下面的定义并没有得到经济学家或心理学家的普遍认同或遵循，但却被广泛分享。

1. 态度（attitude）

这个术语曾被方便地定义为"一种心理倾向，它通过对某一存在的某种程度的好感或厌恶来表达"（Eagly and Chaiken，1996）。这个概念要比偏好概念具有更为广泛的用途，我们将很快看到这一点。态度与人们可以喜好或厌恶的任何存在都有关。存在包括物体、生物体以及抽象的概念，涉及任何能够引发有效反应的东西。必须注意的是，态度的产生物属于**心理表征**（mental representation）的范畴，而不是事件的客观状态。这有助于我们理解上文中不变性和外延性原则受到违背的情形。人们对含 5% 脂肪的肉和不含 95% 脂肪的肉有不同的心理表征。

态度的另一个相关特征是，它的形成可能和**原型判断**（judgment by prototype）有关。这是指如下一种现象，即对某一类别物品的整体判断主要由某一原型物品的相关特点决定，它的形成依据是一个叫作**代表性直觉推断**（representativeness heuristic）的较老的概念（Kahneman and Tversky，1972，1973；Tversky and Kahneman，1971，1983）。这种判断会导致各种形式的外延性偏差（extension bias），正如我们将要看到的那样。在下一节，我们将详细讨论一个称作**过程忽视**（duration neglect）的例子：人们倾向于根据一个特定的时间点而不是整个时间段来追忆过去的经历。因此，人们也许会忽视肠镜检查的痛苦过程，而仅记住剧烈疼痛的那一刻。

2. 价值（value）

这是一个容易引发问题的术语，因为它有两种被广泛使用的含义。在某种意义上，我们的价值观决定我们的态度，而在另一种意义上，我们的态度决定我们的价值观。在第一种含义下，价值是指口味或偏好。我们可能喜欢花椰菜，喜欢过山车，或者喜欢慈善捐款。因此，在这个意义上的价值包括道德价值。当然，人们可以根据还原论的观点，将问题往回推一步，亦即探讨是什么决定了一个人的价值。然而，尽管这个问题很重要，但这个问题超出了本书的讨论范围，进入了进化心理学的具体范畴。

"价值"一词的第二种含义是指一种态度所产生的定量评价。而这种评价是由态度得出的。价值的决定涉及判断。这种价值概念是经济学家通常所说的效用，无论是指体验效用还是决策效用。这些术语将在接下来的章节中进行更详细的讨论。

3. 偏好（preference）

正如我们已讨论的那样，经济学家在传统上较为关注偏好，尤其是所谓的"显示性偏好"，而心理学家可能更关注态度。在新古典主义经济学模型中，假设态度决定偏好，但这并不一定是真的。

4. 选择（choice）

这涉及主体/消费者的行为，包括某些形式的选择。新古典主义经济学模型一般假设，选择就是显示性偏好。然而，我们将发现，选择与偏好并不一定是等价的，并且选择也并不一定是对态度与判断的反映（Tversky, Sattath and Slovic, 1988; Tversky and Griffin, 2000）。

还有一些与这些相关的术语也需要澄清，比如快乐、幸福和福利。但为了能够加深对它们和上述四个术语的理解，我们需要考察进化生物学中效用的基础。只有这样，我们才能理解为什么我们消费的商品会给我们带来效用。

3.3 效用的进化生物学

□ 效用的本质与效用函数

如前所述，有必要采取一种还原论的方法来理解人类行为的终极动因。大脑并不是为了最大化效用、福利或享乐而进化。自然选择的力量使大脑被设计成一个最大限度地提高**生物适宜性**（biological fitness）的系统。这个术语可以理解为我们生存和繁殖的能力。进化生物学家还使用了包容适宜性（inclusive fitness）术语，这种能力可以延伸到我们的亲属身上，因为这增加了"传播我们基因"的总体可能性。应该意识到，进化背后的这种驱动力严格地说是在遗传层面上运作的，而不是在个人层面上。神经经济学分析的一个主要优势是，它认识到行为的生物学基础不仅是对于人类的行为，更是对于所有动物的行为。

从历史上讲，生物适宜性与后代的数量因此密切相关，这使得经济行为的可测试模型得以建立，我们将在后面的章节中看到这一点。特别是这些模型涉及进化博弈论的应用，涉及自然为委托人、个人为代理人的委托-代理情形。委托人的目标是最大限度地提高生物适宜性，这需要最大化有生育力的后代的数量，意味着后代更有可能成功地繁殖。这是通过自然选择的竞争力量实现的。然而，就经济学而言，罗布森（Robson, 2002）提出了两个基本的相关问题：（1）为什么会有效用？（2）为何将其定义在**中间产物**（intermediate goods）而不是后代上？

第一个问题相对容易回答。效用作为人类和其他动物存在的标准，在选择行动以应对他们遇到的各种环境情况时使用。正如罗布森（Robson, 2002）所说："拥有最佳本能和学习程序来做出这些选择的动物将受到进化的青睐。"因此，恐惧和疼痛会产生负效用，促使动物避免引起这些厌恶感觉的行为；具有有效的恐惧和疼痛的负效用信号的动物可能具有更大的生物适宜性。同样，营养食品会产生高效用信号，因此，具有有效食物信号的动物将再次具有更大的生物适宜性。

第二个问题涉及一个更复杂的答案。自然将排名或偏好置于消费品之上，而就生育后代的最终目标而言，消费品实际上是中间产品。为什么呢？罗布森（Robson, 2002）认为，一种根据个人经验或直接观察他人后代数量来决定其消费习惯的策略是无效的，主要是因为涉及的样本太少。人们只能观察几个亲戚或朋友，也许其中一个或多个有不健康饮食的人有很多后代，而另一个或其他人可能有一个健康的饮食却没有后代。观察者可能会根据这个小样本得出结论：不健康的饮食是最好的。对自然界来说，实现生物适宜性的一个更有效的策略是向动物灌输对消费束的偏好，以避免这一小样本误差。此外，对于个人来说，有一个适用于所有消费束的效用函数比通过比较每一对可能的消费束来确定消费更有效率。当有大量可能的配对进行比较时，需要一个更大的大脑来处理和分析相关信息，因此需要更多的代谢能量资源来建立和维持这个器官。这反过来又会减少其他生产用途的资源，如身体发育，而身体发育可能会更有效地改善生物适宜性。效用函数允许一个更有效率的过程，即简洁地选择效用最高的消费束，而不是进行无数的比较。

因此，我们可以说，作为达到最大化生物适应性的最终目的的一种手段，个体被促使最大化享乐快感。导致享乐的行为在过去通常会改善生物适宜性，而引起不快或疼痛的行为则表明我们的生物适宜性受到威胁。此外，重要的是要理解，这种享乐不仅与传统商品有关，而且与我们可以称之为的"道德情操"有关，道德情操是第一个探究其本质的经济学家亚当·斯密（Adam Smith，[1759] 2000）提出的术语。因此，我们倾向于采取让我们感到自豪或增强自尊的行动，同时避免那些让我们感到内疚或羞耻的行动。如果我们认识不到道德情操也包括享乐或痛苦，我们将陷入二元论的问题，正如我们将在第 11 章中看到的，这仍然困扰着一些神经科学家以及经济学家和哲学家。

☐ 选择过程的类型

自然选择的机制负责随着时间的推移对身体和大脑产生适应，这确保了一个物种在特定环境中保持生物适应性。然而，环境的各个方面都是相关的。我们不仅在物质环境中工作，而且在社会环境中工作。因此，在理解效用的本质时，选择过程的其他方面也很重要。其中，一个方面被称为**性别选择**（sexual selection），这涉及在一个物种中进行的个体选择，将选择在寻找和保留能够产生最有活力和健康后代的配偶方面最为成功的个体。就养育后代而言，在人类和许多其他动物物种中都存在着性别的专门化，因此，不同性别具有不同的特征，而每个性别拥有的特征对异性又是尤其需要的。人类中的男性倾向于被那些生育能力强、外表健康的女性所吸引，而女性则倾向于被那些承诺会成为优秀的养家糊口者的男性所吸引。**信号发出**（signaling）在这个选择过程中非常重要。女性往往希望传递青春和美丽的信号，因此，化妆品行业的巨大需求主要来自女性（当然也不完全是女性）。对于男性来说，炫耀性消费是一个重要的信号，这可以通过购买名牌服装、手表和珠宝等饰品、豪华轿车等来表现。

选择过程的一个更深入的方面称为**组群选择**（group selection）。组群选择不是在基因或个体的水平上进行，而是在一群个体的水平上进行。这三种不同层次的选择在进化中的相对重要性，在生物学和社会学中仍是一个极具争议的问题；本书无意介入这场辩论，仅仅是为了描述已经提出的组群选择的过程，以及它在理解效用方面的相关性。组群选择理论实质上提出，如果一个族群中的某个组群具有某些特征，使该组群比其他组群繁殖得更快，并且组群在相当长的一段时间内与其他组群生殖隔离，然后，这些特征可能会在一个族群内传播，即使拥有这些特征的个体在一个特定组群内处于不利地位。这里经常给出的主要例子涉及同情和合作的特点，它们可以以许多不同的方式运转。这些特征与社会偏好有关；例如，一个组群内的收益分配不平等可能会给一个人带来负效用。这一方面将在第 10 章中进行更详细的讨论。这并不意味着社会偏好的存在依赖于组群选择的过程，仅仅意味着组群选择可能在我们进化的历程中塑造了我们的社会偏好。

□ 进化与优化

关于新达尔文主义综合（NDS）的一个常见误解是"适者生存"，通常被称为自然选择，就物种而言，这最终导致设计的优化。这与事实相去甚远。正如理查德·道金斯（Richard Dawkins，1986）所解释的，进化过程类似于一个"盲目钟表匠"，没有最终的目的或目标。在哲学上，它是一个机械的而不是目的论的过程。此外，该过程只能建立在已经存在的生物结构的基础上。因此，我们的身体，甚至我们的大脑，通常都以被拼凑在一起的组件的形式出现，类似于计算机科学和工程学中的笨拙方式。

就效用的本质而言，进化过程的机械论本质导致了两个基本问题，使得我们的享乐系统容易被劫持：

1. 时间滞后

优化设计和当前环境的需求之间存在滞后。一个很好的例子是我们喜欢含糖和高脂肪的食物，这在过去改善了我们的生物适宜性，但现在却是一个严重的威胁，因为它们很容易获得，而且我们生活中很多人都是久坐不动的。

2. 直觉推断的使用

这些规则是简化决策过程的有益捷径，特别是在给定时间限制和有限理性的情况下。但它们亦容易出错。例如，我们可能正试图选择购买一辆车。可以在这里使用的直觉推断方法可能是：只购买以前购买过的品牌；购买国产品牌；在一定价格区间内购买最安全的车型；购买燃油经济性最好的车型。这些直觉推断方法再次被进化过程所塑造，作为适应，在上述例子中与风险规避的不同方面相关。然而，它们不太可能最大化效用，因为它们中的每一个都忽略了许多相关因素。

在对效用的潜在进化方面进行了总结之后，我们现在可以将注意力转向其神经科学基础，然后进一步讨论理性以及它是如何与标准模型的预测相联系的。这反过来又使我们能够识别效用的各种不同类型。

3.4　效用的神经科学基础

□ 技术与比较

在过去的 25 年里，尤其是在最近的 15 年，就效用与神经活动之间的关系而言，已经进行了许多与效用有关的神经经济学研究。这些研究对经济理论有重要的启示。正电子发射断层扫描（PET）可以检测神经递质释放的变化，尽管这里存在一些技术问题，但这些研究可以检测到大脑的哪些区域被激活。PET 研究的主要优势在于，它们可用于检测与多巴胺等神经递质相关的神经化学变化。另一种主要的分析技术——功能性核磁共振成像（fMRI）无法做到这一点，但是在提供更大的时间和空间分辨率方面，fMRI 优于 PET。这意味着 fMRI 可以更精确地指出神经变化的发生时间以及在大脑中的发生位置。以互补的方式使用这两种技术有助于证实神经经济假设。

其他神经系统研究使用经颅磁刺激（TMS）检查病变或神经活动中断的影响。这些研究有助于确定特定心理效应或经济行为发生的必要（但不充分）条件。与其他研究相比，这些研究的主要优点是其结论具有更高的确定性，但主要缺点是其结论的有限性。

与效用概念相关的另一种主要研究类型涉及单神经元研究。这些方法可以非常精确地定位出参与不同功能的大脑区域，但它们具有极强的侵入性，目前限定它们在非人灵长类动物中使用。

在这一阶段需要讨论的与效用有关的主要神经科学发现涉及：（1）效用的本质和参考依赖；（2）损失厌恶；（3）效用的测量；（4）深思式和反射式大脑模式的区别。然后，得出有关神经经济学证据的一些结论。

□ 效用的本质与参考依赖

长期以来对动物的研究表明，奖励与多巴胺的释放有关，多巴胺的释放会产生"高的"享乐。其主要发展是舒尔茨、阿皮塞拉和永贝格（Schultz, Apicella and Ljungberg, 1993）的一项研究，该研究后来得到了许多其他研究的支持，即刺激多巴胺释放的不是消费本身，而是对消费的预期。例如，当猴子知道铃声可能会伴随着果汁的奖励时，多巴胺会在铃声响起时释放，但不会在以后的消费点释放。因此，只有未预期到的消费才会导致多巴胺的释放。这些研究导致了有关大脑效用编码的**"多巴胺能的奖励预测误差"**（dopaminergic reward prediction error，DRPE 或 RPE）假说的发展。这一假说提出，决定多巴胺释放和因此获得的（在享乐意义上的）效用的，是一个事件的"奖励"程度和预期的奖励程度之间的差异。如果完全可以预料到消费带来的效用，那么就不会有预测误差，也不会释放多巴胺。这里的关键在于效用是参考依赖的。

虽然 RPE 假说在神经科学界并不是被普遍接受的，但关于多巴胺的其他理论在参考依赖方面是非常相似的，例如津克、帕格洛尼和马丁（Zink, Pagnoni and Martin，2003）。参考依赖理论的另一个例子提出多巴胺会对"激励显著性"编码，它区分了对某物想要与喜欢的程度（Berridge and Robinson，1998）。卡普林和迪恩（Caplin and Dean，2009）声称，与竞争对手相比，最近的各种实验都支持基本 RPE 模型，但他们也指出了进一步发展和扩展该模型的领域。

虽然 fMRI 研究不能直接检验 RPE 模型，但它们能够提供至少与之一致的间接证据。各类研究现已表明，预期的收益引起伏隔核（nucleus accumbens，NAcc）血流增加，而实际的收益结果引起尾状内侧、内侧前额叶皮质（medial prefrontal cortex，mPFC）和后扣带回皮质区域血流增加（Knutson et al.，2001a，2001b，2003）。这个研究的结论是：如果效用是参考依赖的，即效用取决于预期的结果与实际获得的结果之间的差异，那么重要的是什么可以被预期到。

这些研究还有另一个重要意义。实际收益激活了与预期收益不同的大脑区域这一事实表明，由实际收益激活的那些区域，如内侧前额叶皮质（mPFC），充当了控制中心，来检查结果是否如预期的那样。有证据表明，如果 mPFC 受损，人们将无法从错误中学习，例如，在艾奥瓦博彩活动（Iowa gambling task）中。

结果和参考点的另一个方面涉及机会成本和后悔。后悔意味着认识到存在一种替代行为或反事实行为，能产生比已经取得的结果更有价值的结果。在人类中，眶额皮质（orbitofrontal cortex，OFC）在表达后悔时是活跃的，而 OFC 受到损害的人则不会后悔。在大鼠和非人灵长类动物中，OFC 和腹侧纹状体都参与了奖励计算，斯坦纳和雷迪斯（Steiner and Redish，2014）进行了实验，以诱导大鼠出现后悔的感觉。

一些功能性核磁共振研究还考查了选择的预测。克努森、里克和威默（Knutson，Rick and Wimmer，2007）声称，腹侧纹状体激活不仅与查看商品时的偏好相关，而且比自我报告的偏好更能预测受试者的选择。当然，传统的经济学家可能不会对这一发现印象深刻，他们认为无论如何自我报告都是不可靠的，经济学家应该只关心显示性偏好或实际的购买决策和行为。

单神经元的研究也支持了参考依赖原则，表明在灵长类大脑中存在价值的多重表征（Platt and Padoa-Schioppa，2009）。更具体地说，OFC 中的价值表示是绝对的（来自特定商品的奖励而不取决于可用的替代品），而顶叶皮质中的价值表示是相对的。

□ 损失厌恶

此处的主要发现是，收益和损失似乎会激活或停用大脑中的不同区域。例如，奥多尔蒂及其同事（O'Doherty and colleagues，2001）报告，收益和损失会激活腹正中前额皮质（ventromedial prefrontal cortex，vmPFC）的不同区域。PET 研究的另一个重要发现是，在意外损失后，至少在腹侧纹状体中，多巴胺释放似乎没有可检测到的变化，而腹侧纹状体是受意外收益影响最大的大脑区域。这表明，损失是利用不同的神经通路在不同的大脑区域被编码的。即使在纹状体中，腹侧纹状体对损失做出反应的证据也比背侧纹状体弱（Knutson，Delgado and Phillips，2009）。一些使用 fMRI 的研究暗示，脑岛参与编码丢失，尽管其他区域如杏仁核也可能参与。PET 和 fMRI 研究的意义在于，他们的发现为损失厌恶的经济现象提供了神经学基础。

□ 效用的测量

迄今为止，讨论的研究主要涉及效用的本质以及效用在大脑中编码的方式和位置。其他的一些研究考察了效用的测量。其中许多研究已经表明，OFC 和背外侧前额叶皮质（dorso-lateral prefrontal cortex，DLPFC）在这里是重要的。普拉斯曼、奥多尔蒂和兰格尔（Plassman，O'Doherty and Rangel，2007）做了一个实验，让饥饿的被试者查看零食，然后为其出价。他们发现这些出价与 OFC 的激活呈正相关。其他研究表明，OFC 或 Dlpfc 的损伤或破坏干扰了计算值与做出一致选择的能力。

格莱姆齐（Glimcher，2009）有一个特别雄心勃勃的神经经济计划。在他的分析方法中，关键概念是"主观价值"（subjective value），它是用神经学的术语而不是用心理学的术语定义的，就像效用一样。这是一个至关重要的区别，因为主观价值遵从与预期效用不同的公理。格莱姆齐提出，现有的研究支持这样的假设，即主观价值"等于（或更好地将其定义为）特定神经元群的平均放电率"和"主观价值在这些相同的人群中，与 fMRI 测量的血氧水平依赖（blood oxygen level dependent，BOLD）信号成线性比例"。他还提出，以这种方式定义的主观价值具有一个参考依赖的锚定点，称为基线放电率（baseline firing rate）。RPE 是根据预测值和经验主观价值之间的差异定义的。这种方法的主要含义是：主观价值可以用基数方式来衡量（不只是像某些效用方法那样，按偏好的顺序排列），而且主观价值总是与随机基础之上的选择一致，这又与预期效用不同。随机基础是必要的，因为在主观价值的格莱姆齐模型中，就我们如何测量价值而言，存在一个噪声项或随机元素。这与巴特勒和卢姆斯（Butler and Loomes，2007）的经济学理论方法一致，他们强调不精确性在导致偏好反转中的作用。

需要注意的是，格莱姆齐并没有完全拒绝传统经济理论的预期效用模型。他同意，在许多情况下，它可能是一个非常有用的选择预测工具。相反，他的方法声称神经经济学的洞察力可以指导关于选择的经济模型的发展，这些模型在期望效用理论产生异常的情况下是更好的预测工具。格莱姆齐也意识到他的主观价值模型的局限性。它本质上是一种选择的模型，而不是幸福的模型。尽管主观价值与幸福有关，但这两个概念并不相同。因此，最大化幸福不仅是最大化主观价值的问题。例如，吸毒者可能声称在任何时间点都能使主观价值最大化，但幸福的概念涉及一个更长期的状态。与选择相比，神经科学家对与幸福相关的神经系统的了解要少得多，但似乎主观价值是由这些其他系统来调节的，以决定幸福。

□ 深思式与反射式大脑模式的区别

大量的神经科学研究表明，人脑有两种主要的操作模式：一种是用来做出冷静、理性的决定的深思模式（reflective mode），比如接受工作机会或买房子；另一种是基于本能的、情绪的或发自内心的冲动来做出快速决策的反射模式（reflexive mode），如"战斗或逃跑"本能反应。卡尼曼在《思考：快与慢》（*Thinking：Fast and Slow*，2012）一书中，详细讨论了这种二分法。压力在使大脑从深思模式转换为反射模式中起着重要作用。它会导致神经递质儿茶酚胺释放，从而降低前额叶皮质中神经元的放电速度，前额叶皮质是最新进化的大脑区域，负责更高的认知功能。同时，主要的感觉皮质——杏仁核和纹状体受到刺激，导致反射活动。从进化的角度来看，这样的转换作为生存辅助手段无疑是有价值的，但事实表明，长时间的过度压力可能会导致前额叶皮质的功能受损，进而导致决策质量下降（Arnsten，2015）。

□ 结论

关于评估的神经过程，可以得出各种结论，尤其是从 2000 年以来进行的研究中：

（1）有多个大脑组件和系统参与，它们以复杂且动态的方式相互作用。

（2）在此过程中的不同阶段会募集不同的纹状体成分。

（3）大脑在预期激励期间的反应不同于对激励结果的反应，这是参考依赖的一种迹象。

（4）对收益的处理似乎不是对损失的处理的反面。

然而，即使是最雄心勃勃的研究人员也普遍认为，尽管最近取得了实质性的进展，但要弄清价值测量函数所涉及的神经解剖学和生理学，还需要做更多的工作。

关于效用的神经经济学研究的其他方面，与风险和不确定性、跨期偏好和社会偏好有关，将在后面的章节中进行研究。在后面的章节中还将看到，理解神经经济过程的一个重要方面涉及以下事实：它们已经进化了数百万年，因此在很大程度上受到了自然选择的力量的塑造，因为它们所处的环境与现在大多数人类所处的环境截然不同。

3.5　拓展理性

☐ 理性的准则

既然我们已经描述了标准模型的基本参量，并讨论了进化和神经科学因素，下面就可以考虑理性的准则了。根据第 1 章和本章一开始时对理性的讨论，关于理性的一个特别有用的观点包括以下四个准则：

（1）态度和偏好应遵循**逻辑和概率论**（logic and probability theory）的基本规则。

（2）态度和偏好应该是**一致的**（coherent）。

（3）态度和偏好不应基于**不重要的或无关的因素**（immaterial or irrelevant factor）而形成或改变。

（4）态度和信念不应与个人所知的**经验观察不相容**（incompatible with empirical observation），包括他们自己的意识行为。

这些准则中的前三个已经被沙菲尔和勒伯夫（Shafir and LeBoeuf，2002）概述并使用，并且与第四个准则一起，它们对讨论随后描述的不同类型的非理性行为很有用。然而，在继续进行讨论前，有必要注意这些准则与本章前面所述的消费者偏好公理之间的各种相似之处。特别是上述前三个准则与完备性、传递性、独立性、单调性（或占优）和不变性密切相关。

唯一的例外是，理性的最后一个准则与经验观察的相容性有关。这一点无论是期望效用理论（EUT）还是特沃斯基和卡尼曼（Tversky and Kahneman，1986）关于删减、传递性、占优和不变性的组合都没有明确涵盖。例如，它不符合鲍迈斯特（Baumeister）将非理性行为描述为自我挫败（being self-defeating）的观点。人们可能会违反第四个准则，但仍然没有必要做出自我挫败的行为。这一方面与认知失调有关，将在下一章的非理性行为的起因中进一步讨论。

然而，通过将第四个准则与第二个准则进行比较，可以证明包含第四个准则是合理的。判断态度和信念的第二个准则是它们是不是一致的，即彼此之间是否相互一致。该准则可以被认为与内部一致性有关。判断信念理性的最后一个准则与外部一致性有关，也就是说，信念是否得到个人所知的经验证据的支持。一个人可能持有一组相互一致但与已知的经验证据相反的信念；在这种情况下，可以声称该人坚持这种信念是不理性的行为。理性的这一方面是"理性预期"（rational expectations）这一常用的经济概念涉及的方面，艾伦·格林斯潘（Alan Greenspan）在提到 1996 年股市繁荣时经常引用的"非理性繁荣"一词中也隐含了这一点。重要的是，个人必须知道经验证据，否则错误就是无知而不是非理性。然而，一个人在选择相信什么时可能没有任何"自由意志"，这一点是无关紧要的；这样的选择仍然可以被视为一种决策活动。当然，这种可能十分普遍的现象提出了一个问题：为什么人们会在相反的经验证据面前坚持自己的信念？这一方面将在下一章中再次讨论。

我们现在可以讨论态度、价值、选择和偏好中偏离这些准则的方面。这就需要考虑标准模型中的异象和不完备性。正如第 1 章所解释的，区分这两个问题是很重要的。第一个问题与偏差有关，或称为标准模型做出不准确预测的情况，而第二个问题与标准模型无言以对，与根本无法做出预测的情况有关。就第一个领域而言，德拉·维格纳（Della Vigna，2009）描述了与此相关的三种主要的偏差类型：自我控制、参考依赖和社会偏好。然而，这些偏差中有许多涉及后面章节中讨论的因素。第 7 章和第 8 章主要从跨期选择的角度讨论了自我控制方面；参考依赖的许多方面涉及风险和不确定性，这一点在第 5 章和第 6 章中进行了讨论；第 10 章讨论了社会偏好。

第二个所谓的弱点领域更有争议，因为一些经济学家认为，这些"沉默"领域根本不代表弱点；正如我们在上一章中看到的，有人声称经济学对这些领域没有兴趣。这个问题不是通过经验证据来检验一个理论的问题；它涉及关于经济学应该关心什么这一主观价值判断。下面讨论的第一个领域就涉及这一方面。

□ 幸福感是三幕悲剧

也许最显著的由忽视导致的缺陷就是有关幸福感的本质这个问题。我们可以直观地推测，期望效用最大化的目标会涉及幸福的概念，虽然，正如我们在本章后面将看到的那样，这里有一些复杂的原因可以解释为什么幸福可能不符合效用（Clark，Frijters and Shields，2008）。进化心理学家兼心理语言学家史蒂文·平克（Steven Pinker）曾将幸福描述为三幕悲剧。这种观点由下述几部分构成：

（1）幸福涉及一个人际比较。这个比较是，一个人将自己感知到的福利或主观福利（subjective well-being，SWB）与他人的福利相比较。虽然在任何时间点上，人们自我报告的幸福感都会随收入上升而显著上升（Easterlin，2001），但来自美国（Myers and Diener，1995）、日本（Easterlin，1995）和东欧（Easterlin，2009）的研究表明，尽管在几十年内这些经济体的收入呈数倍增长，但人们自我报告的幸福感却在总体上没有提升。此外，物质财富和生活满意度之间的类似关系似乎也发生在年轻人身上，但仅限于年轻男性，而非女性（Hudson，2013）；年轻男性报告对拥有更多财富具有更高的生活满意度，但当财富更多时的满意度下降。德国最近的一项研究考察了家庭消费是如何受到被认为比该家庭更富有的家庭消费影响的（Drechsel-Grau and Schmid，2014）。研究发现，被认为更富有的家庭消费每增加 1%，其消费就会增加 0.3%。因此，这种观察引用了**参考点**（reference point）的概念，这是将在第 5 章中详细讨论的前景理论中的一个关键要素。为此，平克引述了戈尔·维达尔（Gore Vidal）的一段话："自我成功还不够，其他人必须失败。"

（2）幸福感还涉及人们对当前福利与过去福利的自我比较。这再次涉及参考依赖，但在这种情况下，参考点与先前的自我状态相关，而不是与当前的其他（人的）状态相关，比如前文的情况中就是与当前的其他人的状态相关。有关此问题的一个经常被引用的研究是由布里克曼、科茨和杰诺弗-巴尔曼（Brickman，Coates and Janoff-Bulman，

1978）作出的，该研究显示，在经过一段时间的调整后，彩票赢家的幸福感就不再比对照组高出很多了，而截瘫患者也不再觉得过于沮丧了。

（3）幸福与苦恼并不是对收益与损失的对称反映。损失要比等量收益具有更大的刺激。这种现象促发了**损失厌恶**（loss-aversion）的概念，它是前景理论的另一个核心要素。对此，平克引述了网球明星吉米·康纳斯（Jimmy Connors）的一段话："我对失败的愤恨要甚于我对取胜的喜爱。"

正如第 2 章所述，上述不足并不代表新古典主义模型中的一个异象，因为经济学家一般对幸福感的概念毫无兴趣，而只是将其视为对福利的某种特别定义。

在新古典主义经济学模型中，更受重视的是所谓的**帕累托效率**（Pareto efficiency）。这种对效率的衡量通常表述为：任何人都不可能在不让其他人的境况变得更糟的情况下使自己的境况变得更好。然而，在新古典主义经济学模型中，通常都假定帕累托效率是一种理想的目标。正如范里安（Varian，2006）所述：

> 如果有某种办法，可以在无损他人利益的前提下改善一些群体的境况，那为什么不这样做呢？（p. 613）

幸福悲剧的第一幕表明了为什么我们可能不想这样做。如果不是从狭义上的福利出发，那么，提高一部分人的幸福感会自动地导致其他人的幸福感降低。就政府政策而言，这具有非常重要的政治意义。在美国，老板和工人之间日益扩大的工资差距就是一个很好的例子。一般来说，总的来说，过去 20 年来，工人的经济福利并没有受到影响，但当他们知道老板比他们富裕得多时，他们会感觉自己的境况变糟了。虽然这种不平等在美国最为严重，但嫉恨 CEO 的高薪这种情况在其他许多国家都有表现。

□ 稳定的、构造良好的偏好

根据前面描述的与一致性相关的第二个准则，人们有稳定的、构造良好的偏好，这是新古典主义经济学模型和日常理性概念的基本原则。没有这样的偏好，就不可能在经济学中做出规范性的表述，因为就没有可供人们优化的有意义的概念。然而，回到 20世纪 70 年代，一些研究人员发现，在这方面出现了显著的异象。这些研究的大部分都集中在实验上，包括称作 P-bets 和 $-bets 的赌注实验。一个 P-bet 提供了一种几乎肯定的事，意味着以一个相对较大的概率获得一笔适当的钱。一个 $-bet 是一种风险较大的赌博，提供了以一个较小的概率获得一个相当大的奖品，以及以较大的可能性什么也得不到的选择。受访者首先被要求陈述在两种赌注之间的偏好，大多数人会选择 P-bet，因为他们更喜欢一种几乎肯定的事。然而，当受访者被告知他们拥有赌注（bet），并被要求陈述他们愿意出售拥有的赌注的最低价格时，大多数人对 $-bet 的估价高于 P-bet赌注（Lichtenstein and Slovic，1973；Grether and Plott，1979）。格雷瑟（Grether）和普洛特（Plott）最初把这个异象归因于这样一个事实：这些研究是实验室实验，缺乏实际应用，主要是因为没有利害关系而缺乏激励。这是对与标准理论相矛盾的行为研究的一种常见批评。上面提到的两项研究都用真实的金钱复现了他们的研究发现，利希滕斯坦（Lichtenstein）和斯洛维克（Slovic）的研究是利用拉斯维加斯的赌场进行的，所以这种异象不能用缺乏激励来解释。

伊索尼及其同事（Isoni and colleagues，2016）最近的一项研究试图通过设计一个实验来"关闭"市场约束的影响，将内生的和外生的价格因素对塑造偏好（shaping preferences）的影响与市场约束对显示性偏好的影响分离开来。他们发现，市场约束确实会导致塑造减少，但是仍然存在实质性的塑造效应，这表明市场约束不会像新古典主义经济学模型所预测的那样使偏好以无偏见的方式展现出来。

□ 对一致性的渴望

最近对稳定偏好的研究揭示了一些更令人吃惊的发现。约翰逊及其同事（Johansson and colleagues，2013）的一项研究发现，人们不仅常常没有注意到他们的决定和他们选择的结果之间的不匹配，而且，他们还赞同与他们选择的方案相反的方案。在该研究中，实验对象被要求从两张脸中选出他们认为最吸引人的一张。在他们不知道的情况下，实验者有时会使用纸牌戏法来交换一张脸。标准模型（实际上也是我们的直觉）预测，大多数人会很容易地注意到选择结果中如此巨大的变化。但是事实并非如此：参与者发现的替换不超过三分之一。这项研究还包括使用同样的一对面孔的第二轮选择，和两个阶段后的吸引力评级的选择。这使得研究能够通过观察被选择的选项和被拒绝的选项之间的评级差异来测量偏好强度。研究发现，最初被拒绝的面孔在第二次选择中被选择的频率更高，而且在实验结束时，这些面孔的吸引力在只针对单个面孔的评价中甚至会增加。这一发现揭示了消费者偏好背后的另一个重要因素：对一致性的渴望。

这种对一致性的渴望意味着，尽管第一个选择是任意的、不是那么重要的或非最优的，但在以后的情况下，先前的选择常常导致随后相同或相似的选择。这种现象可以在许多不同的情况下表现出来。恰尔迪尼（Cialdini，1984）讨论了一些案例，这些案例在背景上有很大差异。例子包括：令人痛苦的侮辱性的启动仪式增加了群体成员的忠诚度；加州的房主签署了一份请愿书，以保持加州的美丽，然后允许在他们的草坪上竖起又大又丑的"小心驾驶"标志。

对一致性的渴望的另一个方面涉及认知松懈，这是行为经济学中反复出现的一个心理学主题。重复先前的决定只需要较少的认知努力，比如像以前一样从餐馆的菜单上点同样的菜。这导致了**现状偏向**（status quo bias）。然而，有一些与这种效应相混淆的地方：重复先前的选择可能会赋予更多的效用，但也可能是估计先前的选择是一个好选择的概率高于选择先前未经试验的选择的结果。现状偏向的存在对销售战略和政府干预有重要的政策含义，正如后面的章节所讨论的。对一致性的渴望的其他例子包括证实偏向、认知失调的解决、对未来行动的承诺或社会地位的确立，这些方面将在后面的章节中讨论。

□ 锚定效应

一方面，锚定效应与上述两种现象都有一个共同的因素，它们与导致不稳定偏好的先前事件的效应有关。然而，在这种情况下，这些事件不一定与参与人采取的行动有关，因为它们可能涉及任何环境因素。更具体地说，当人们的反应被"锚定"到他们意识中的其他现象时，锚定效应就会发生，不管这些现象看起来多么不相关。塞勒和桑斯坦（Thaler and Sunstein，2009）的书《助推》中给出了一个有趣的例子：阿姆斯特丹机场的小便器上刻有家蝇。这种"锚定"明显地取得了使尿液溅出减少了 80％的效果。关于此，有一些研究也发现了一些看起来非常奇怪的结果，特别是艾瑞里、罗文斯坦和普利莱克（Ariely, Loewenstein and Prelec, ALP）在 2003 年和 2006 年的两篇论文。例如，在一个实验中，作为一个初步问题，一群学生被要求写下他们的社会保险号码的最后两位数（本质上是一个介于 00 到 99 之间的随机数）。然后，他们被要求对六种不同的产品进行估价，包括一盒巧克力、两瓶不同的葡萄酒、一个无绳轨迹球、一个无线键盘和一本设计说明书。结果显示出显著的一致性：社会保险号码数字越大的学生对所有产品的评价越高。那些在前 20％（从 80 到 99）的学生出价最高，他们的出价和最低20％（从 00 到 19）的学生之间的差额在 216％到 346％之间！

艾瑞里、罗文斯坦和普利莱克（Ariely, Loewenstein and Prelec, 2003）用**任意的一致性**（arbitrary coherence）理论解释了这一现象。这被描述如下："对商品和经验的估值有一个很大的任意的组成部分，然而，在进行了一次估值之后，人们提供的后续估值是一致的，因为它们相对于第一次估值进行了适当的调整。"一致性方面可以用同一研究中进行的另一个实验来解释。在这个实验中，学生被分为两组，其中一组最初被问到是否愿意付 2 美元听诗歌朗诵，而另一组被问到是否愿意接受 2 美元听诗歌朗诵。只有 3％的人愿意支付 2 美元，而 59％的人愿意接受 2 美元。然而，当两组学生被问及是否愿意免费聆听时，第一组的比例上升到 35％，而第二组的比例下降到 8％。这证明了第一个问题的锚定效应。它还说明了另外两个因素。第一，它展示了一种期望效应，即当人们被一个涉及支付意愿的问题暗示时，他们期望更多的价值或效用，而如果他们被一个涉及接受意愿的问题提示时，他们期望负效用（对参与该项活动）。第二，它表明，这两个群体都显示出一个正常的向下倾斜的需求曲线，正如标准经济理论所预期的那样。在实验中，对另一个问题的回答进一步证明了一致性，这个问题询问：对一分钟、三分钟和六分钟时长的音乐，每组愿意支付/被支付多少钱来聆听？这些回答再次与经济学理论相一致，因为它们表明，支付组愿意支付更多的钱来聆听更长的时间，而被支付组则希望被支付更多的钱来聆听更长的时间。关于一致性的研究的结论是：尽管初始锚定具有任意性，但需求曲线仍然是正常的向下倾斜形状而且是稳定的。

其他一些实证研究也发现了在不同情境中锚定效应存在的证据。例如，吉恭和雅各布（GuéGuen and Jacob, 2013）的一项研究发现，在自动取款机上取款会使人在取款后立即变得减少对他人的帮助，无论是在参与调查方面，还是在促使他们捡起别人似乎意外掉落的物品方面。另一项研究发现，锚定效应是情境依赖的（Dogerlioglu-Demir and Kocas, 2014）。这适用于可以根据情境以不同的单位来解释的锚定数字。例如，在汉堡包价格的情境下（便宜），"99"可以被视为 0.99 美元，在一顿饭价格的情境下（昂贵），"99"可以被视为 99 美元。因此，不同的锚定可能根据情境或多或少地成功地增加销量。

关于锚定效应在期望效用理论标准模型中作为一种异象的重要性，许多研究者认可了上述研究的结论（Kahneman and Sugden, 2005; Bernheim and Rangel, 2007, 2009; Beshears et al., 2008; Fehr and Hoff, 2011），他们建议对模型进行必要的修改。然而，正如前一章所讨论的，关于锚定效应的重要性，有人对锚定研究的结论提出了一些批评。曼尼亚迪斯、图法诺和里斯特（Maniadis, Tufano and List, 2014）无法在他们的一些使用相同方案的实验中复制 ALP 的发现。这些作者提出了一些可能的原因，并警示，锚定效应虽然真实存在，但可能不像一些研究人员所建议的那样突出或普遍存在。

□ 框定效应

框定效应是行为经济学中最重要的现象之一，其违反了不变性原则，在接下来的两章中将进一步讨论。许多研究发现，人们在价值、态度和偏好方面的反应取决于引发这些反应的情境和程序。例如，当被试者被要求评价他们的整体幸福水平时，他们的回答就会受到一个先前的问题的影响，这个问题是关于他们最近一段时间内约会的次数。虽然这可以看作是锚定效应的一个例子，但可以认为在这种情况下，先前的问题与第二个问题有关；然而，如果第一个问题影响了第二个问题的答案，则这是程序化不变性（procedural invariance）的一个示例，因此违反了期望效用理论的标准模型。

框定效应尤其重要，因为它们解释了**偏好反转**（preference reversal）的高发生率（Slovic and Lichtenstein，1983；Tversky，Slovic and Kahneman，1990）。这一现象涉及这种情形：当一个议题或问题以一种方式被提出或框定时，人们倾向于选择 A，而当同一问题以另一种方式被提出或框定时，人们倾向于选择 B。来自现实和实验的证据都表明，框定效应是广泛存在的，在许多不同的情境中都有发生。例如，有证据表明，当周围环境包含更多的与产品在感性上或概念上相关的信号时，产品受到的评价更为友好，被选择的频率也更高（Berger and Fitzsimons，2008）。有很多证据表明，人们的饮食习惯，特别是消费数量，会受到盘子、包装或碗的大小的影响（Wansink，Just and Payne，2009），尽管人们否认这一点（Wansink and Cheney，2005）。即使信号与产品没有内在联系，这一原则也似乎起作用。一个有趣的例子是，当美国宇航局在 1997 年将火星探路者号探测器在火星表面成功着陆时，火星酒吧的销量有所增加，尽管火星酒吧的名字来自其公司创始人，而不是火星星球。还有证据表明，框定效应甚至延伸到实验经济学家本身，至少在初级水平上（Gächter et al.，2009）。框定效应在许多情况下也与选择的社会和制度背景有关，但社会框定理论在行为经济学中仍处于相对早期的发展阶段，并与主导该领域的个人主义心理学焦点格格不入（参见 Klaes，2002，2008）。

□ 菜单效应

还有另一种类型的框定效应，有时被称为"菜单效应"，因为它指的是人们如何从菜单上的几个选项中选择，而不是如何描述每个选项。有很多不同类型的菜单效应，所有这些类型都涉及不同的有关选择的直觉推断；这里讨论了七个，另外两个将在关于心理核算的第 6 章中讨论，因为它们涉及风险和不确定性或模糊性方面。

1. "吸引力效应"

这是菜单效应的一个突出例子，涉及前面提到的参考依赖原则（Huber and Puto，1983）。艾瑞里（Ariely，2008）将这种效应称为**"诱饵效应"**（decoy effect），因为它已经成为一种广泛使用的营销手段。他以订阅《经济学人》（*Economist*）杂志为例，开始了其著作的第一章"可预见的非理性"。菜单上有三个选项：

（1）1 年期在线版订阅费 59 美元；

（2）1 年期印刷版订阅费 125 美元；

（3）1年期在线版和印刷版订阅费125美元。

艾瑞里认为选项（2）仅仅是诱饵而已。潜在的心理是：当只提供选项（1）和选项（3）时，消费者不确定选择哪一个，因为价格和质量之间存在权衡，他们可能更喜欢更便宜、利润较低的选项（1）。在艾瑞里对麻省理工学院 MBA 学生的调查中，68％的学生选择了这个选项。然而，当所有三个选项都呈现出来时，选项（2）和（3）更容易比较，因为它们价格相同，只在质量上有所不同。由于选项（3）提供了更多的质量，可以说它占优于选项（2）；因此，毫无疑问，大多数人在选项（2）和（3）之间会选择选项（3）。这种比较也会使他们更喜欢这个选项而不是第一个选项。因此，他发现当所有三个选项都出现时，84％的学生选择了选项（3），这是偏好反转的另一个例子。

这些效应具有重要的营销意义。"诱饵效应"或吸引效应是市场营销策略中的一种普遍做法，为消费者提供公司并不真正希望他们购买的诱饵。我们可以将这种做法概括如下：即如果一家公司的菜单上有两种主要产品——A 和 B，但 A 更有利可图，该公司可以通过包含诱饵扩展其产品范围，我们可以将其标记为 A-，来鼓励消费者购买 A（Ariely，2008）。A-显然比 A 差，A-是一个被占优的选择。

赫德科克和拉奥（Hedgcock and Rao，2009）提出，吸引效应的潜在心理解释涉及权衡厌恶，他们进行了一项神经经济学研究来验证这一理论。在使用功能性核磁共振成像技术（fMRI）时，当被试者面对带有诱饵的三项菜单时，与面对两项菜单时相比，检测到了其大脑激活方面的一些差异。特别地，这些差异包括与负面情绪相关的大脑区域杏仁核的激活减弱，以及与使用决策规则相关的大脑区域 DLPFC 的激活增强。考虑到第 2 章中讨论的逆向推理问题，该研究的作者在解释这些结果时非常谨慎。但建议在三项菜单中引入占优选项可以使人们避免对权衡取舍进行一个艰难的评估，同时应采用选择占优选项的简单直觉推断方法。

有证据表明，企业在其营销实践中越来越关注各种类型的菜单效应。毫不奇怪，快餐连锁店是对其最感兴趣的。达美乐比萨（Domino's Pizza）宣布，它已要求其媒体机构 Arena Media 将行为经济学纳入其规划过程中（*Marketing Magazine*，2011）。这实际上涉及营销中比简单的菜单效应更广泛的方面，这将在后面看到。许多快餐连锁店正面临来自政府机构的压力，要求它们变得更具社会责任感，并努力鼓励人们，特别是儿童，吃更健康的食品。这是一项非常具有挑战性的任务，因为人们喜欢淀粉、脂肪和含糖的食物。简单地在菜单中添加更健康的选项并不一定是有效的，特别是考虑到本小节后面将讨论的替代消费效应。最近的一些研究表明，吸引力效应并不像早期研究中所声称的那样重要或广泛（Frederick，Lee and Baskin，2014；Yang and Lynn，2014），特别地仅适用于所有相关变量都可以定量描述的情况。这些研究表明，大多数对比涉及非定量因素，如酒店卧室或餐厅食品的质量。杨（Yang）和林恩（Lynn）的研究在 91 次尝试中，无法检测到超过 11 例的吸引力效应。另外，休伯及其同事（Huber and colleagues，2014）认为吸引力效应仍然很强，因为它可以在类似的实验条件下得到重复。

2. 偏好的凸显性

有证据表明，人们通过选择一个具有突出性的选项来简化复杂的决策。这可以应用于去超市购物的人，例如，当购物者面对装满不同品牌的大货架时，尽管注意力因素（在下一节中讨论）有限，对此也很重要。在金融市场中，巴伯和奥登（Barber and

Odean，2008）表明，投资者更愿意购买目前新闻播报的公司的股票，即使新闻是不利于该公司的。在一系列选择中排在第一位通常是一个相当大的优势。1981 年，美国航空公司发现，旅行社预订出现在它们电脑屏幕上的第一个航班的概率为 53%，而预订出现在第一个屏幕上的航班的概率为 92%。这导致航空公司操纵航班在预订系统中出现的顺序以增加利润，最终导致了其他航空公司的投诉和联邦政府的干预。这种"排列在第一位"的直觉推断方法也适用于政治领域的投票。霍和伊迈（Ho and Imai，2008）在加利福尼亚进行了一项研究，对候选人在选票上的顺序进行了随机安排，发现在候选人名单上排第一位对于候选人来说具有明显的优势。与来自多数党的候选人相比，少数党派候选人的优势更大，这表明选民在缺乏其他信息线索时使用了不相关的信息。

项目在列表中的顺序可能以更复杂的方式相关。例如，苏克、李和利希滕斯坦（Suk，Lee and Lichtenstein，2012）报告说，当不同的品牌选项按价格下降顺序列出时，人们倾向于选择价格较高的商品，而当选项按价格上升顺序列出时，人们倾向于选择价格较低的商品。作者认为造成这一现象的原因在于品牌产品的价格与感知质量之间的联系，感知质量是结合参考依赖形成的，即消费者将商品与列表上排在前面的其他商品进行比较。

3. 折中效应

这种效应是指人们经常选择价格处于中间的选项。这一发现在许多不同的选择设置中都有报道，比如它有助于储蓄计划。平格、鲁米尔-克莱尔和舒马赫（Pinger，Ruhmer-Krell and Schumacher，2016）的最新研究表明，在餐厅环境中，这种现象似乎非常明显，并且在存在许多其他影响因素的情况下仍然存在，例如，选择集的大小和选择熟悉选项的机会等其他因素。

4. 选择回避

这是另一个违反直觉的发现，有时被称为**选择悖论**（paradox of choice）。营销经理可能会觉得，他们可以通过为消费者提供更大范围的选择来最大化利润和取悦消费者，但最终的结果可能是消费者完全回避了做出选择，这往往意味着不购买范围内的任何商品。例如，伊扬格和莱珀（Iyengar and Lepper，2000）将有机会品尝 6 种果酱的消费者的行为（简单选择处理组）与有机会品尝 24 种果酱的消费者的行为（复杂选择处理组）进行了比较。他们发现，在有更多选择时，尽管更多的消费者会停下来品尝果酱，但实际购买果酱的消费者却大大减少（4 个顾客相比 31 个顾客）。崔、莱布森和马德里安（Choi，Laibson and Madrian，2009b）在财务决策中也提出了同样的悖论，即较少的投资选项提高了 401（k）计划的参与率。贝希尔斯及其同事（Beshears and colleagues，2013）发现，提供二元选择，即一个预先设定的取款水平和资产分配选项，以及一个保持现状选项，将使退休储蓄计划的注册率增加 10%～20%。基达、莫雷诺和史密斯（Kida，Moreno and Smith，2010）发现，对于缺乏经验的投资者来说，也有类似的效果，但对于经验丰富的投资者则相反，他们在面对有限的选择集时，实际上不太可能投资。

什么能解释选择悖论背后的心理特征？有证据表明，做复杂的决定是有压力的，人们可能会尽量避免这种压力。萨吉和弗里德兰（Sagi and Friedland，2007）提出了一种理论，认为决策后的后悔与一个对比有关，这个对比是：被选择的方案与所有被拒绝的方案的积极属性的集合之间的对比。这当然与标准模型关于机会成本的观点相矛盾，后者只考虑被拒绝的次优方案的积极属性。然而，萨吉-弗里德兰（Sagi-Friedland）理论确实解释了选择的悖论，因为更多的选择会增加决策后的后悔，作者发现，他们的理论得到了四个实验的支持。

以上情况的另一面是，人们不喜欢仅提供单一的选项。这又是一个悖论。莫雄（Mochon，2013）发现，当一个有吸引力的竞争选项被添加到菜单中时，原来选项的选择份额会增加（相比于推迟购买）。当只有一种选择时，在本研究中为选择 DVD 播放机，人们更倾向于推迟购买。这可能是因为当只提供一个选项时，人们更可能考虑具有更积极属性的更大的替代方案集，而添加一个单一的竞争性选项，可能会限制所考虑的替代方案和属性。

5. 动量效应

当一个初始的购买提供了一种心理冲动，增加了对第二个不相关产品的购买时，就会产生这种效应（Dhar，Huber and Khan，2007）。这些作者报告了实验证据，对第二个"目标"项目（一个钥匙链）的购买可能性随着初始的、不相关的"驱动"项目（一张教育 CD）的购买发生率而增加。这种增加的可能性既不是由这两个项目之间的互补性引起的，也不是由交易成本的降低引起的。有人建议用戈尔维策（Gollwitzer，1990）的实施和考虑心态（implementation and deliberation mindsets）理论来解释这种影响，在这种理论中，最初的购买将消费者从考虑的思维方式转变为实施的思维方式，从而推动了随后的购买。这种效应的存在具有重要的营销意义，例如与使用亏本商品来吸引顾客进入商店有关。

6. 替代消费效应

一项与食物选择相关的研究表明，在可供选择的食物列表中添加一个健康的食物具有反常的效果，会导致人们比没添加前选择较少的健康食品（Wilcox et al.，2009）。显然，"仅仅是健康食品的存在就能替代地实现与营养相关的目标，并为消费者提供满足的特许"。跟踪这项研究并观察那些在入口处展示水果和蔬菜的超市，是否真的销售了更多的这些水果和蔬菜，是很有意思的。

7. 混淆

德拉·维格纳（Della Vigna，2009）指出的最后一个行为偏向涉及混淆。这并不反映一种偏好，实际上是认知失败的结果。例子包括拉舍斯（Rashes，2001）报告的股票错误交易（混淆 MCI 和 MCIC），以及舒和鲁特默（Shue and Luttmer，2009）报告的选举中的错误投票，投票给了与意向候选人名字相邻的其他候选人。

☐ 客观原因与主观效应之间的差异

对舒适/不适的来源的客观测量与报告的对主观感觉的测量之间似乎存在着差异。同样，许多新古典主义经济学模型的捍卫者会争辩说，报告的对主观感觉的测量不是经济现象，因此，经济学家不关心它们（Gul and Pesendorfer，2007）。然而，当这种感觉确实或可能会影响到随后的决策时，这就与经济学有关了。雷德梅尔和卡尼曼（Redelmeier and Kahneman，1996）对肠镜检查患者的研究很好地说明了这一现象。这些患者被要求在 69 分钟的时间内，以 0 到 10 分钟的时间间隔报告当前疼痛的强度。然而，那些在较长时期遭受更多痛苦的患者不一定对整个经历有更糟糕的回忆。相反，看起来对于在事后进行的经历评估最重要的决定因素是，在所有时间点的最大疼痛和在最后三分钟的平均疼痛的组合。这一发现被称为**峰-终规则**（peak-end rule）。后来的研究根据不同领域的证据证实了，这一规则不仅在消极和积极经历的背景下都成立，还扩展到了物质产品的经历（Do，Rupert and Wolford，2008）。

最近的研究表明，峰-终规则不仅仅局限于人类。伊根·布拉德及其同事（Egan Brad and colleagues，2016）进行了包括卷尾猴和人类的实验，被试者可以选择食物摄入顺序，实验发现，卷尾猴也会经历峰-终效应。这项研究的作者从他们的实验中得出了两个重要的结论。首先，在 3 500 万年前与人类分离的物种中发现了峰-终效应。这一事实表明，这种效应以及行为经济学中讨论的许多其他决策偏差，"不一定是由于特定的文化经历和人类特定的选择压力而产生的，相反，我们的人类偏向可能是进化认知策略的结果，也可能是共同认知局限的结果，这些认知局限存在于我们的灵长类谱系中，有相当长的系统发育时间。"

该研究的第二个主要结论与政策启示相关，并涉及关于理性的标准经济模式的另一个异象：卷尾猴和人类似乎都无法学习如何执行峰-终规则以最大化享乐收益。这一问题将在关于政策启示的一节中进一步讨论，即把最好的留到最后。

□ 期望效应

新古典主义经济学模型的另一个问题关心的是期望效应。有证据表明，对幸福的高期望会导致失望。这在斯库勒、艾瑞里和罗文斯坦（Schooler，Ariely and Loewenstein，2003）关于 2000 年千禧年庆祝计划的研究中特别明显。那些花费大量时间、精力和金钱的人往往是最不满意的。参考点现象在这个例子里好像又是相关的。当然，在这种情况下，可以说，事件发生后的失望或较低的效用可能被与事件预期有关的较高的效用所抵消。这导致了对新古典主义经济学模型中与**期待效用**（anticipatory utility）相关的进一步遗漏的考虑。下一节将进一步讨论这个问题，但关键点是，对快乐的期待本身就是令人愉快的，因而人们可能会为了延长期待效用而推迟愉快的经历。里奇思（Richins，2013）的一项题为"当想要比拥有更好时"的研究发现，物欲横流的人在购买前会经历一个快乐的高潮，这是因为他们期望某个特定的产品会以某种显著的方式改变他们的生活，而购买后会出现一个快乐的下降。这种效用模式并没有被发现出现在对该物兴趣不大的人身上。正是这种期待因素至少可以部分地解释，复仇是一道越冷越好的菜的说法（正如稍后将解释的那样，最好是有计划地进行，而不是在情绪状态下仓促地去兑现）。

期望效应还有另一个方面，这在艾瑞里的书《可预见的非理性》（*Predictably Irrational*，2008）的第 9 章中有很好的描述，该书的第 9 章的副标题是"为什么心灵会得到它所期望的"。他所报告的例子都表明，我们从活动或消费中获得的效用取决于我们的期望，就像我们的日常行为一样。这里有三个例子值得考虑来说明所涉及的现象。巴格、陈和伯罗斯（Bargh，Chen and Burrows，1996）进行的一项实验表明，在给一组被试者一个涉及老年人概念的单词解读任务后，如"佛罗里达"（Florida）、"宾果"

（bingo）和"古代"（ancient），他们的行走速度比没有被这些词干预的对照组慢得多。因此，这个实验表明了潜意识信息在激发期望中的重要性，以及期望对行为的影响作用。我们将在本章最后讨论政策启示时回顾这一点。

期望效应的第二个例子也有重要的政策启示意义，其与定价有关。沃贝尔及其同事（Waber and colleagues，2008）的一项研究涉及使用安慰剂来减轻疼痛。被试者在连续两次治疗中都接受电击治疗，但在第二次治疗前给予一种称为止痛药的"药物"。果然，被试者报告的第二次治疗的疼痛程度比第一次低，尽管"药物"实际上是一种维生素 C 胶囊。有趣的一点是，在接下来的一次测试中，被试者根据药物的广告价格报告了一种非常不同的反应；在 2.50 美元的价格下，几乎所有的受试者都感到疼痛减轻，但在 10 美分的折扣价格下，只有一半的受试者感到疼痛减轻。

上述研究涉及了对疼痛的自我报告，这是一种主观测量，而希夫、卡蒙和艾瑞里（Shiv，Carmon and Ariely，2005）的另一项研究则用客观的方法考察了不同价格的行为效应。这项研究使用了一种能量饮料 SoBe Adrenaline Rush，来观察所付的价格是否对实际表现有影响。这个表现是根据解决字谜的能力来衡量的。结果发现，与喝了价格为正常价格的三分之一左右的同样饮料的学生受试者组相比，喝了正常价格饮料的学生受试者组不仅报告了在主观上更低的疲劳感，还在字谜游戏中明显表现得更好（尽管并不比不喝这种饮料的对照组好）。同样，这些发现的政策含义将在后面讨论。

期望效应的另一个重要方面是品牌产品的表现。这里有相互矛盾的发现。加维、格尔曼和博尔顿（Garvey，Germann and Bolton，2015）的一项研究得出的结论是：使用凸显地位档次的名牌可以提高消费者的表现，正如上述研究结果所预期的那样。这一结果有一个转折：消费者自己因表现的提高而感到光荣；这是一个过度自信的有趣例子，下一章将更详细地讨论这一现象。作者推测，这种效应背后的心理特征是，名牌的地位提高了自尊，进而降低了由任务引起的压力，从而使许多消费者的表现得到改善。然而，这项研究的结果与高斯林、班克和李（Gosline，Banker and Lee，2013）的另一项研究的结果相冲突。这项研究发现，尽管消费者对名牌产品的评价可能更高，也愿意支付更高的价格，但他们的表现可能更低。在本例中，作者推测，消费者对他们相对于其他用户的表现进行评分，并且使用具有较高地位的品牌消费者的能力作为参考点，会导致对自己能力的期望较低。因此，名牌对表现的影响还没有定论，而且似乎涉及许多缓解因素，特别是消费者在相关领域对自我效能感的已有信念。

□ 成瘾与节制

在传统模型中，假定商品的更多消费会带来更多的总效用。新古典主义经济学模型确实考虑了"坏物品"，比如垃圾或污染等，对于这些坏物品，更多的消费会降低总效用，但这些现象中，不断增加的消费是单调厌恶的，这意味着在整个厌恶品的消费范围内，消费越多，情况越差。但是，对于某些人来说，有些商品会给人带来太多的愉悦感，而过度消费会带来健康、时间和金钱等被过度消耗等各种问题。成瘾就是这方面的一个主要因素。成瘾现象可以涵盖广泛的商品：酒精、烟草和其他娱乐药物是最常见的例子，但也可以包括一般的食物（或特定类型的食物，如垃圾食品）、赌博、性、电脑游戏，以及任何涉及高度兴奋的活动。

与享受这些商品有关的心理和生理机制是复杂的，具有两面性。然而，在这一点上值得一提的一个因素是**诊断效用**（diagnostic utility）的概念。许多研究发现，人们以**自身信号**（self-signaling）的方式从自己的行为中推断出自己的幸福（Campbell and Sawden，1985；Elster，1985a，1989；Bodner and Prelec，1997，2001）。最后一项研究引用了一个例子，那就是那些每天不顾雨天慢跑的人，他们可能会把这种活动视为意志力、奉献精神或未来福祉的可喜信号。伯德纳（Bodner）和普利莱克（Prelec）还认为："对于那些不确定自己在这些倾向上的立场的人来说，每一个新的选择都会带来一些好消息或坏消息。"这个概念的一个含义是，那些担心自己可能沉迷于一种商品的人，如果完全放弃消费这种商品，他可能会变得更好，并且感觉自己变得更好。稍微纵容一点也可能会暴露出自己确实会成瘾，这个弱点可能使得一旦进行尝试就很难戒掉成瘾。诊断效用和自我信号的这些概念会非常有助于解释"从马车上掉下来"这种不幸却很普遍的现象，这种现象伴随着缺乏自尊和补偿性放纵的恶性循环。案例 3.2 中将更详细地讨论该问题。

□ 禀赋效应

这个效应将在第 5 章中进行更详细的讨论，这种现象的本质是，效用不会独立于所有权。那些通过购买或获赠等方式占有商品的人往往比其他人更看重这个商品。一些研究者，特别是普洛特和蔡勒（Plott and Zeiler，2007），反对使用"禀赋效应"一词，因为它提出了一个特定的理论来解释这一现象，并倾向于使用**"交换非对称"**（exchange asymmetry）一词来解释这一现象本身；这是一个重要的区别，因为我们将看到，关于这种效应的理论存在一些争议。

这个效应是尼奇（Knetsch，1989）在一项研究中首次发现的。他进行了一项实验，将受试者随机分为三组：一组被赋予杯子，另一组被赋予糖果，最后一组没有被赋予杯子或糖果。前两组被允许与另一组相互交换他们的商品，而第三组则可以选择其中一种商品。如果偏好与禀赋无关，那么对于每一组来说，偏好某一种商品的比例应该是相同的。然而，在没有被赋予禀赋的第三组中，56％的人喜欢杯子胜过糖果，但在被赋予杯子禀赋的组中，89％的人更喜欢杯子，不愿意交易，同样，在被赋予糖果禀赋的组中只有 10％的人喜欢杯子，希望交易。

禀赋效应背后的主要心理因素最初被认为是**损失厌恶**（loss-aversion），损失厌恶将在第 5 章的前景理论背景下进行讨论。最近的解释考察了占有自我链（possession-self link）的作用（Dommer and Swaminathan，2013）以及与销售有关的自我威胁（self-threat）（Chatterjee，Irmak and Rose，2013）。我们还将看到，关于禀赋效应的证据是混合的（List，2004；Plott and Zeiler，2005，2007；Knetsch and Wong，2009）。

□ 注意力

在上一章中，我们已经遇到过有限理性的概念，我们看到人们倾向于使用直觉推断方法来简化复杂的决策；其中一个含义是，他们只处理了可用信息的子集。此子集的大小和类型取决于决策的重要性、与决策相关的信号的显著性以及竞争信号的数量。在不同情况下的一些实地研究中存在"注意力不足"（inattention）的证据。德拉·维格纳（Della Vigna，2009）指出，有限的注意力有助于解释对以下内容的忽视：（1）eBay 拍卖中的运费；（2）不透明的税收，如不包括在价格中的间接国家税收；（3）排名中的复杂信息，如医院和大学排名；以及（4）盈利新闻，特别是周末前，竞争新闻较多的日子，与关联公司相关的新闻，或与未来几年事件相关的新闻。与有限的注意力相关的证据是，弗雷德里克及其同事（Frederick and colleagues，2009）发现，消费者通常不考虑替代性购买和购买所涉及的机会成本。马尔门迪尔和李（Malmendier and Lee，2011）在网上拍卖中发现了这方面的戏剧性证据，在网上拍卖某一特定物品（一种棋盘游戏）的拍卖价格在超过40%的时间内，超过了同一网页上同样物品的固定价格。

自相矛盾的是，似乎有另一个与注意力相关的效应，其作用与上面描述的相反。有证据表明，在仔细考虑一个选择的时候，过度的关注会导致较差的决策；例如，偏好的一致性被发现降低了（Nordgren and Dijksterhuis，2009）。这可能是由上文提到的混淆因素引起的。

3.6 本能因素

☐ 本性

行为科学家普遍认为，情感（emotions）是应对人类生活挑战的进化工具。术语"情感"是指"主观体验，自主反应（例如心率、呼吸、皮肤电活动），身体动作（或增加的执行一个动作的可能性，例如面部肌肉运动、骨骼肌运动）的某些变化，以及对周围世界的某种感知、思考或判断"（Lindquist et al.，2013）。因此，情感既涉及心理维度，又涉及潜在的生理状态。有很多证据表明，诸如愤怒、恐惧、喜悦、惊奇、焦虑、嫉妒和怜悯之类的情绪会以明显的方式影响我们的行为。我们已经看到，"驱动力"（drives），如饥饿、口渴和性，以及渴望和痛苦，会影响行为。心理学家倾向于使用"本能因素"（visceral factors）一词来指所有这些感觉的组合。在足够强烈的程度上，这些感觉往往会导致人们的行为方式违背他们的长期自我利益，虽然人们往往充分意识到他们正在这样做的结果。这种行为违反了标准模型的几个方面：（1）人们没有最大化任何函数；（2）人们误判了概率；（3）人们不用一个恒定的比率以指数贴现；（4）人们对效用的衡量并不一致。在这一章中，我们主要关注第一和第四个方面，而其他方面将在后面的章节中讨论。

☐ 显著性

诸如驱动力之类的本能因素往往是反复出现的状态，它们的强度会不断增加，直到它们得到缓解，在再次上升之前，它们会暂时降到一个低水平。这种不可避免的过山车式的活动对决策制定具有重要意义。首先，当它们的强度增加时，它们会把我们的注意力集中在对驱动力的满足上，使驱动力变得突出。饥饿的人对食物着迷，监狱里的犯人对性着迷，吸毒成瘾者变得沉迷于"毒品治疗"；所有其他的欲望都接近于消失了。从经济学的角度来说，期望目标和其他商品之间的 MRS 接近于零。

此外，强度的增加也会以牺牲未来为代价，将注意力集中在当下，会导致自我调节的失误，至少就这一特定的本能因素而言。短视的决定往往发生在未来后果被忽视的情况下。这些方面在第 8 章中进行了研究，这涉及双曲线贴现和修正瞬时效用。

一方面，在经历了强烈的本能因素的个体变得更加自私的时候，另一种注意力狭窄（narrowing of attention）会发生。即他们不太可能与其他人合作，除非他们看到这种合作有可能满足他们的需要。我们已经在锚定效应的背景下讨论了一个相对温和的例子：简单地处理钱的行为，如在自动取款机进行取钱操作，有减少合作的直接效果，比如不愿意参加一个简短的调查，或者没有提醒其他人捡起一件他们似乎不小心掉下来的东西。另一方面，从博弈论的角度来看，人们也更容易"叛变"。例如，在像审讯这样的胁迫下，他们更可能背叛朋友和家人。

正如罗文斯坦（Loewenstein，1996）所指出的，在适度的情况下，本能因素往往会促使我们采取明智的行动，但随着它们强度的增加和注意力的过度集中，它们往往会导致我们做出自我挫败的选择。因此，极端恐惧可能会产生恐慌，导致人们被"吓呆"了，而不是采取更健康的"战斗或逃跑"反应（Janis，1967）。同样，极端的愤怒会导致冲动和破坏性的行为，这使得他们在事后很快就会后悔。

有时，即使是适度的焦虑也会使我们做出不合理的决定，因为我们过分关注某些因素。例如，有人观察到，地震后的地震保险购买量上升，但此时地震发生的客观概率可能处于低点（Palm et al.，1990）。同样，一个人购买洪水和地震保险的决策更多地受到其朋友是否经历过这一事件的影响，而不是他身边邻居的经历，即使邻居的经历应该能为遭受洪水或地震的概率提供更好的指导（Kunreuther et al.，1978）。我们倾向于给予朋友比邻居更多的关注。因此，与显著性相关的问题既涉及对效用或负效用的估计，也涉及对主观概率的计算。在接下来的两章中将讨论这个问题。

□ 意识

本能因素，特别是当它们处于强烈状态时，往往直接影响行为，没有任何**有意识的**（conscious）深思熟虑的过程（Bolles，1975）。脑中枢通过化学或电子方式被激活，经常绕过意识或认知的调停，产生行动。这种机械的表达能力再次表明，至少在某些行为方面，意志是不相关的。一个极端的例子是，人们抱着方向盘睡着了；没有人会有意识地做出这样的决定，但强烈的睡眠欲望可以压倒这种情况下的生存本能。大脑愉悦中心对刺激的极度敏感是理解药物成瘾的一个重要因素。我们早就知道，实验动物会继续对快感中枢实施电刺激，而不是食物、水和性，直到它们崩溃甚至死亡（Olds and Milner，1954）。

这并不意味着我们没有意识到本能因素的作用，也不意味着我们不能从其影响的角度来调控它们。当本能因素的强度逐渐变化时，如饥饿开始时，调控就显得尤为重要，这对本章后面将要讨论的福祉有着重要的政策含义。

□ 冲动性

本能因素在影响**冲动性**（impulsivity）方面也起着重要作用。一般来说，我们倾向于认为冲动与人们偏离先前决策计划的情况有关。通常，这个偏离是由一些触发因素引起的，而且这会立即产生影响。冲动性通常是用第 8 章中的非固定贴现来解释，但有些方面是很难用这样的术语来解释的。这些方面尤其与本能或情感状态的影响有关，如饥饿、性欲、愤怒或恐惧，这些都是冲动行为的常见原因。我们将看到，为了考虑这些因素，可能需要修改瞬时效用函数。

我们也可以根据罗文斯坦（Loewenstein，1996）提出的**实际值**（actual value）和**渴望值**（desired value）之间的区别来考虑冲动性，这与在下一节讨论的卡尼曼、瓦克和萨林（Kahneman, Wakker and Sarin, 1997）提出的预测效用和决策效用之间的区别类似。随着相关本能因素强度的增加，这会增加渴望值（或决策效用），从而增大实际值和渴望值之间的差异，增加冲动行为的概率。描述这种情况的另一种方式是，我们对某物的想要程度高于我们预期对该物的喜欢程度。在许多不同的情境下，想要（wanting）和喜欢（liking）之间的区别很重要。例如，吸烟者可能想戒烟，这意味着他有戒烟的动机，但不喜欢戒烟，因为他不会从戒烟中获得享乐。我们已经发现，抑郁的人想要自尊，但不喜欢追求自尊；同样，他们也被发现想要但不喜欢酒精和友谊（Bushman et al.，2012）。下一节将进一步讨论这一点在不同类型效用中的含义。

□ 环境因素的效应

本能因素的强度，以及由此产生的冲动，也受到情境因素的强烈影响。暂时性或物理性接近，或感官接触（视觉、声音、触摸或气味），可以引起本能的渴望。在米舍尔（Mischel，1974）与米舍尔、肖达和罗德里格斯（Mischel, Shoda and Rodriguez，1992）进行的一系列实验中，孩子们被单独安置在一个房间里，并教会他们可以通过敲钟来呼唤实验人员。然后，实验人员向他们展示一个优等奖和一个劣等奖，并被告知如果他们能够成功地等待实验人员返回，他们将获得优等奖。一个主要发现是，如果让孩子们在立即的奖励或延迟的奖励面前等待时，他们发现等待延迟的奖励更难。这一发现尤其重要，因为它为本能因素理论而不是常数贴现理论*提供了证据。根据后者的观点，孩子们应该更愿意在延迟的优等奖励面前等待。

本能的渴望甚至可能与做决定的情况有关，在这种情况下，相关的驱动力或情感可能与做决定没有直接关系。例如，人们向潜在的购房者展示自己的房子时，事先烤些面包或蛋糕可能会更好，以创造一个更"家庭的"环境，即使购房通常不被认为是冲动性购买。有大量证据表明，上述环境因素可以产生显著影响，从而影响行为，代表另一种类型的锚定效应。天气就是一个很好的例子。在阳光明媚的日子里，人们在餐馆愿意多给小费（Rind，1996）。云的覆盖率与股票总回报率之间往往呈负相关（Saunders，1993；Hirshleifer and Shumway，2003）。国际足球比赛也会对输球国家的每日股票回报产生不利影响（Edmans, Garcia and Norli，2007）。西蒙松（Simonsohn，2010）发现，当学生在阴天而不是晴天参观时，他们更有可能选择以学术严谨著称的大学。作者认为，这是因为在晴天，由于更有可能考虑其他户外活动，所以学习的机会成本更突出。同样，温度对情感的反应也有显著影响。布鲁诺、马尔尼克和沃尔尼克（Bruno, Melnyk and Völckner，2017）进行了一项实验，发现身体寒冷会增强消费者对情感温暖广告的态度，而身体温暖会降低消费者对情感温暖广告的反应，反而会增强对情感寒

---

* 此处原文有误，把 constant discounting theory 误写为 non-constant discounting theory。——译者注

冷广告的态度。这一发现对与季节和地理因素相联系的广告主题具有政策意义。

在某些情况下，影响行为的环境因素是非常普遍的。例如，有研究表明，投资者的情绪反映在 Facebook 的状态更新中，因此，每日股票回报与 Facebook 国民幸福总值指数（Facebook Gross National Happiness Index，FGNHI）相关联。利用国际上数百万次此类状态更新的数据，西加诺斯、瓦格纳斯纳诺斯和弗韦吉麦伦（Siganos, Vage-nas-Nanos and Verwijmeren，2014）能够得出一种正向的因果关系：短期内市场情绪上升后会出现回报，但长期内会逆转并恢复正常。这一趋势基本上与德隆及其同事（De Long and colleagues，1991）预测的一样，当时金融市场上有大量"噪音"交易者。同样值得注意的是，当人们的注意力被吸引时，这些环境因素的影响往往会减少。

☐ 情感预测

我们往往非常不善于预测本能的状态。例如，我们往往高估我们目前的情绪状态持续的时间，无论是快乐还是悲伤、愤怒还是恐惧。这也适用于饥饿，因此建议：当你感到饥饿的时候不要去超市。而且，当本能的驱动力得到满足时，我们往往低估了它在未来的力量；例如，我们往往自认为能够控制我们的饥饿感，而不会吃掉我们大肆购买的所有垃圾食品。梅韦斯、拉特纳和勒瓦夫（Meyvis, Ratner and Levav，2010）报告了五项研究，这些研究表明，我们往往会错误地预测我们的情绪状态，然后错误地记住它们；这些错误和有偏见的回忆涉及诸如超级碗赛事（Superbowl）失利、总统选举和重要购买等事件。研究人员认为，偏见是由与被试者当前情绪状态有关的锚定效应引起的。然而，这种情况的后果是：我们无法从过去的错误预测中吸取教训，而且随着时间的推移，错误会增加。

☐ 理论基础

一些心理学家提出了有关情感与决策之间关系的一般理论。最近的一个突出例子是哈恩、勒纳和凯尔特纳（Han, Lerner and Keltner，2007）提出的评估-趋势框架（ap-praisal-tendency framework，ATF）。这一理论阐述了特定的情感是如何以及为什么会从过去的情境中延续下来，从而影响未来的判断和选择。它不同于以前使用基于效价方法（valence-based approach）的理论，该理论假设积极情绪对判断和决策有典型的影响，且消极情绪具有相反的作用。继勒纳和凯尔特纳（Lerner and Keltner，2001）之后，哈恩、勒纳和凯尔特纳证明了恐惧和愤怒这两种情绪状态可以导致不同的判断效应，尽管它们都有负的效价（negative valence）。他们还发现，其他负面情绪对决策的影响并不相同。厌恶会降低购买价格或支付意愿（willingness to pay，WTP），而悲伤会增加购买价格或支付意愿。对于销售价格或接受意愿（willingness to accept，WTA），这个效果是相反的。

解释水平理论（construal level theory，CLT）也经常被用来解释不同的情感反应。CLT 提出，人们根据心理距离，在具体或抽象的维度上思考事物和事件。这种距离可以是时间、空间或社会距离。例如，愤怒倾向于指向特定的目标，因此，与羞耻相比，愤怒涉及更具体的解释水平；羞耻是一种更普遍的态度，因此更抽象。这种区别的意义在于，虽然愤怒和羞耻都是负面情绪，但愤怒的人更可能坚持先前的偏好，而羞耻的人更容易接受新信息并易于改变（Han，Duhachek and Agrawal，2014）。同样，悲伤的人有更具体的解释水平，倾向于选择高风险/高回报的选择，而焦虑的人有更抽象的解释水平，倾向于选择低风险/低回报的选择。

前面已经在不同的反应背景下提到过一种强烈的负面情绪——恐惧。由于恐惧的强度，人们通常试图用它来说服他人采取具体行动。然而，这种策略可能会适得其反。例如，反吸烟运动经常使用癌症统计数据，甚至是令人震惊的图片和照片来吓唬人们不要吸烟，就像澳大利亚所做的一样。关于政府政策是否有效的争论很多，但研究表明，当人们看到令人不安和厌恶的信息和图像时，往往会建立起强大的心理防御。由于所谓进化的原因，厌恶情绪倾向于导致回避。下一章将在认知失调理论的背景下进一步讨论这个问题。然而，还有一项进一步的研究发现与此相关。人们发现，幽默和恐惧混合在一起可以有效地做广告，因为幽默可以减少恐惧的紧张，防止消费者对广告信息建立防御能力（Mukherjee and Dubé，2012）。

后悔也可以看作是一个本能因素，后悔理论在消费者的选择中有着重要的作用。这在第5章中有更详细的讨论，但在这里可以谈到一个方面：关于选择和反事实的机会成本。一方面，如果我们决定买一件商品，我们以后可能会以买主懊悔的形式感到遗憾。另一方面，如果我们决定不买，我们也可能会后悔，这次是以错过机会的形式。一项研究表明，当人们购买物质商品时，第一种类型的后悔（来自做出行动）更为重要；而当人们购买体验时，第二种类型的后悔（来自不做出行动）更为相关（Rosenzweig and Gilovic，2012）。作者认为，人们在购买体验而非物质商品时，不仅倾向于获得更持久的满足感，而且也较少遭受遗憾。这是因为物质商品有更明显的替代品，而体验往往更独特，使比较更加困难，机会成本也不那么突出。

矛盾也会导致负面情感，如抑郁和焦虑。过去的一些研究表明，这些情绪会导致更糟糕的决策（Shah and Kruglanski，2002）或选择推迟（Iyengar and Lepper，2000）。焦虑可能导致我们忽视某些新的信息，或者不去寻求新信息；例如，当我们有明显的医学症状时，我们可能选择不去看医生。这可能会增加我们的短期效用，但会导致我们误判概率。然而，最近的一项研究表明，矛盾有助于决策，因为矛盾心态可以导致使用更多可用信息来进行更系统的处理（Savary et al.，2015）。

上述情况的另一面是，幸福的状态可能导致决策变得更加困难。当人们在各种选项之间进行选择时，倾向于关注差异或独特的品质。积极的情绪往往会增加这种关注，使选择变得更加困难（Pocheptsova et al.，2015）。

当涉及从众效应（bandwagon effects）时，积极的情绪，如自豪感和同情心，也会对消费产生不同的影响。这是有政策意义的，因为像青少年酗酒这样的不良社会倾向可以通过吸引人们的自豪感或与众不同的愿望来减少。

3.7　效用的类型

为了加深对新古典主义经济学模型的缺陷的理解，我们现在需要考察效用的概念。

这涉及对该概念的历史演进过程的讨论，以及如何对其进行测量的问题，还包括对与决策制定有关的各类效用的考察。

□ 历史演进

效用概念是构筑经济学理论的最为重要的基石之一。尤其是，它是消费者选择理论的基础。然而，在本章我们主要考虑无风险的选择问题；有关风险效应以及不确定性的问题将在下一章讨论。

消费者的目标是为了最大化期望效用这一假定，是标准经济学最为基本的要素之一，它最早可追溯至杰里米·边沁（Jeremy Bentham，[1789] 1948）。在此应该指出的是，"期望"一词严格而言是暗指有风险或不确定性的因素存在，我们将在下一章对其加以讨论。边沁对"效用"一词的最初使用，意指有关快乐和痛苦的体验，它"指出我们应当做什么，以及我们将要做什么"。因此，效用具有某种**享乐**（hedonic）的特性，这被后来的研究者尤其是卡尼曼（Kahneman，2000）称作**体验效用**（experienced utility）。我们在本节的后文中将看到，"效用"一词的含义自从边沁时代以来已经发生了变化，很多经济学家都认为这是一个过时的含义，他们更加偏爱**决策效用**（decision utility）的概念。正如下文将要描述的那样，效用的这种含义是指对一项选择结果所赋予的权重，而这由人们的选择行为显示出来。新古典主义经济学模型所采用的正是这种显示性偏好式的效用含义。

效用的这种现代含义看起来与边沁的含义相比具有两个明显的益处。首先，它容易被测度，因为决策效用可从人们的选择和行为中推导得出。其次，我们不必再拘泥于一个享乐主义哲学了。森（Sen，1987）曾不厌其烦地（请原谅我对享乐主义使用了俏皮话！*）指出，对体验效用的最大化不是人们总希望做到的事情。他的这一观点得到了许多经济学家和心理学家的认同。确实，一些经济学家会进一步说，对人类的目标的研究超出了经济学的范畴而进入了心理学甚至哲学的范畴。如前所述，这不是我们共同的观点，因为这与我们提倡不同学科之间一致性的还原论方法不一致。

因此，当我们关注效用的概念时，我们会得到什么呢？最主要的一点是，边沁享乐式的效用概念也许在决定我们的选择和行为时仍然是合理的，并且可为构建一个更简约的行为模型带来额外的便利。当我们在本节的后面部分开始探讨不同类别的效用时，这个观点将愈加清晰起来。

□ 基数和序数效用

早期的经济学家认为，效用可被定量地测度，方法是借助一个主观制定的效用单位"尤特尔"（utils），并从零开始按比例标度计数。于是，如果对商品组合 A 的消费带来 10 尤特尔的效用，而对商品组合 B 的消费带来 20 尤特尔的效用，则可认为，商品组合 B 能够带来的效用是商品组合 A 的两倍。一些经济学家甚至认为，效用可在人与人之间进行加总，这意味着约翰所拥有的 10 尤特尔效用可与简的 20 尤特尔效用相加，并得到 30 尤特尔的总效用。

---

* "不厌其烦"的原文为"at pains"，这似乎是有违享乐主义的。——译者注

一些经济学家倾向于不赞成对效用按照等距量表法进行任何**基数**（cardinal）测量。相反，他们赞成**序数**（ordinal）测量法，其中，各种商品组合只是按照偏好进行排序。这种观点暗示，诸如"商品组合 A 带来的效用是商品组合 B 的两倍"这样的陈述就是毫无意义的，而人与人之间的效用加总当然也就是错误的。使用序数测量法而不是基数测量法的好处是，它所涉及的有关效用性质的假定要少一些。我们已经看到，有关消费者效用最大化行为的均衡条件，可借助边际替代率的概念并以序数效用的方式表达出来。边际效用递减律也同样可由序数效用法予以表达。然而，正如本章中所述，新古典主义经济学模型确实使用了效用的基数测量法，因为它的优点是，在数学上比任何用序数表示的模型都容易处理得多。此外，我们将看到，神经经济学证据支持一个基数效用函数的存在。

我们现在将看到的是，效用是一个具有多样化含义和多重决定因素的复杂概念。通过考察这一点，我们就可更深入地理解所观察到的行为，尤其是前一节所述的判断和选择的类型。

□ 决策效用

这就是经济学家们通常所讨论的效用类型，因为通过观察显示性偏好就可轻易对其进行衡量。需要重点注意的是，决策效用并不一定就能反映态度或判断。由特沃斯基和格里芬（Tversky and Griffin，2000）所做的一项研究显示了这一点。他们向 66 名大学生提供了如下信息：

想象一下，你刚刚完成了传媒学的硕士学业，现在正在考虑选择在两个不同的杂志社的一年期工作。

（1）在杂志社 A，你将获得年薪为 35 000 美元的工作。但是，与你所受培训和工作经验相同的其他员工却可获得 38 000 美元。

（2）在杂志社 B，你将获得年薪为 33 000 美元的工作。但是，与你所受培训和工作经验相同的其他员工却只能获得 30 000 美元。

大概有一半的学生被问及，他们会选择哪份工作，而另一半的学生被问及，他们觉得哪份工作更愉快。第一个问题与决策效用有关，而第二个问题则与享乐主义或体验效用有关。在这个案例中，人们对未来的体验效用进行预期，并且试图想象在那些状态下的感受会是什么，这涉及态度的形成问题。然而，当要求人们作选择或决策时，他们倾向于搜寻能够证明其选择正当的原因或理由。这个差异可从统计数字中看出来：84％的受试者选择了工作（A），其绝对工资较高但相对地位较低，而 62％的受试者认为工作（B）更愉快，其绝对工资较低但相对地位较高。于是，在这个意义上我们可以说，人们更偏好（B），这样一来，就在选择行为或显示性偏好这一方面与源自快乐感的实际偏好那一方面出现了分歧。科默福德和乌贝尔（Comerford and Ubel，2013）最近的一项研究表明，当涉及需要努力的工作时，偏好和选择之间也存在类似的差异。他们发现，人们倾向于需要更多努力的工作，但会选择需要更少努力的工作。在一项实验室实验中，根据被试者给自己设定的工资，给被试者分配不同的工作。他们还发现，那些因工资要求而被分配给轻松工作的人，比那些被分配给需要努力工作的人感到的快乐更少。因此，我们观察到偏好和选择之间的差异，以及决策效用和体验效用之间的差异。人们为何会挑中一个令他们不太愉快的选项？对此有若干可能的原因，我们必须一一探究。

当选择或态度的目标具有多个属性时，就会在选择（决策效用）与态度（体验效用）之间产生另一种分歧。比如，对汽车的考虑会涉及安全、耗油量、大小、耐用度和使用性能等方面（仅仅举几个方面而已）。有关决策制定的标准方法分为两步：（1）按某种尺度对每种属性的价值进行评估；（2）对每种属性赋予一定的权重，以便对它们进行比较。比如，在节能方面每加仑汽油少运行一英里也许和增加两立方英尺的后备箱空间是等价的。此外，对每种属性也许还有某种最低要求。然而，诸如特沃斯基、萨塔斯和斯洛维克（Tversky，Sattath and Slovic，1988）的研究已表明，这种机制与态度和判断的决定过程更为相关；而当形成具体的偏好时，最重要的属性往往被赋予了过高的权重，大概是因为这是更方便的选择依据（Tversky and Kahneman，1973）。这种倾向有时被称为**突出效应**（prominence effect）。

这种效应还可用所谓的**躯体标记假说**（somatic-marker hypothesis）予以解释，这是由神经科学家达马希欧（Damasio，1994）所提出的。他根据特沃斯基和卡尼曼对决策时间和其他一些认知困难的描述，指出了传统效用最大化模型中的相关问题，并总结认为人们仍然能够基于"直觉"来又快又好地做出选择。从本质上说，达马希欧所指的是上一节中讨论的本能因素的存在，但在这种情况下，其提议本能因素可以导致更好而不是更坏的决定。他的躯体标记假说认为，这些本能因素会促发一个"躯体标记"，亦即当一个与给定的反应选项相关的坏结果出现在脑海中时，所产生的不愉快的直觉。躯体标记会

> 促使人们去关注由给定的行为所可能导致的负面结果，并像一个自动的预警信号那样显示：如果你挑中了能导致这个结果的选项，那么请注意危险。这个信号也许会导致你**立刻**拒绝不良的行动路径，继而促使你在其他的选项中进行挑选。这种自动信号可使你不需花费更大力气就能规避未来的损失，进而使你**可从更少的选项中进行选择**。（Damasio，1994，p.173）

这样一来，这种机制就成为决策制定过程的第一步，达马希欧认为它能够提高整个决策过程的准确性和效率。他发现，大脑前额皮质（此处与决策过程的发生有关）受损的病人无法完成现实生活中的许多决策，比如，应该与谁交往、结婚或做生意，或者应该追求怎样的事业等。由于只使用了"纯粹理性"（pure reason）而非"实践理性"（practical reason），他们对很多选择都耗时过长而无法做出决策，从而出现很多失误，这最终会降低他们的福祉。

总之，可以说，有时决策效用，如显示性偏好所揭示的，会导致我们在幸福方面做出错误的决定。然而，在另一些环境下，当考虑到躯体标记假说以及任何与决策制定有关的潜意识因素时，人们即使在效用最大化不是真实心理过程的情况下，仍然能够做出合理的选择。当然，这种特殊的现象并不与新古典主义经济学模型相冲突，因为人们也许可按一种"近似理性"的方式行事。

□ 体验效用

迄今为止，体验效用被描述为一个统一的概念。然而，卡尼曼（Kahneman，2000）

却做了一种很有用的区分，亦即事件结束后的**记忆效用**（remembered utility）和事件过程中的**实时效用**（real-time utility）。这两种概念的测量方法不同，其用途也不同。

（1）记忆效用是用一种**基于记忆的方法**（memory-based approach）进行测量的，这涉及对过去体验的回顾性评价。因此，这个概念很容易出现偏差，尤其是在运用峰-终定律时。正如我们在雷德梅尔和卡尼曼（Redelmeier and Kahneman，1996）的肠镜检查研究中看到的那样，在一个痛感较轻的级别上延长患者的疼痛时间，反而会导致患者对整个经历做出更积极的评价，这违背了占优原理。如果人们的决策是基于对过去效用或负效用的记忆，那么上述情形就会对决策制定产生很大的影响。考利（Cowley，2008）将此过程称为**回顾性享乐编辑**（retrospective hedonic editing），并注意到其在决策方面的危险性。特别是，它可以导致对过去放纵的行为找到借口，如赌博或过度饮食，从而导致自我伤害行为的继续进行。这种现象与下一章将讨论的认知失调有关，人们会调整自己的态度，以使其与自己的行为一致。

（2）实时效用是用一种**基于时刻的方法**（moment-based approach）进行测量的，这是一个更难以操作的过程，因为必须对被试者进行持续的监测。比如，在肠镜检查的研究中，被试者被要求每隔 60 秒对其疼痛强度按 0（毫无感觉）到 10（不可忍受的疼痛）的范围打分。图 3.3 给出了两位患者的评分实例。这种基于时刻的方法还可用于测量卡尼曼所称的**总计效用**（total utility），在一定的假设条件下，这个所谓的总计效用还可被作为对"客观幸福"的测量，这将在下一节作详细讨论。

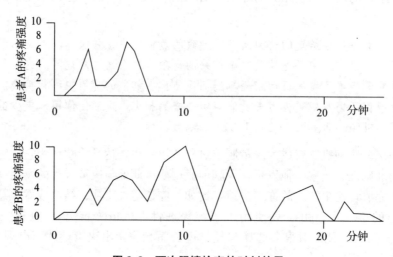

图 3.3　两次肠镜检查的时刻效用

就体验效用的概念而言，缺乏统一还有另一个方面，这涉及"想要"和"喜欢"之间的区别（Berridge，2007）。"想要"与奖励的动机方面相关，奖励的动机方面可以与"喜欢"分离，"喜欢"与奖励的享乐方面有关。所以我们会想要一些我们不喜欢的东西，比如抽烟。神经经济学为这一区别提供了证据，因为它们所涉及的神经系统不同：多巴胺似乎与奖励的动机方面有关，而多巴胺系统的破坏并不损害享乐方面，享乐方面似乎由腹侧纹状体和钯中的阿片系统（opioid systems）介导（Fox and Poldrack，2008）。我们将在下一节更详细地研究效用的神经经济方面。

□ 禀赋效应和对比效应

一个与幸福和福祉有关的重要理论（我们将看到的不一定是同样的事情）是，人们基于**禀赋效应**（endowment effects）与**对比效应**（contrast effects）来评价其幸福和福祉水平（Tversky and Griffin，2000）。需要注意的是，此处所指的禀赋效应与前文所述的并不相同，在那里指的是，货物的取得会使取得者对货物的估价高于预期价。而此处特沃斯基和格里芬指的却是：

> 一次事件的禀赋效应是指，它对一个人幸福程度或满意度的直接贡献。好消息和积极的经历能够充实我们的生活并增强我们的幸福感，而坏消息与艰辛的时日却会降低我们的福祉。(p.709)

而对比效应是一种在相反的方向上起作用的间接效应：

> 积极的经历使我们快乐，但也使类似的经历不那么令人兴奋。消极的经历会让我们不快乐，但也有助于我们欣赏随后不那么糟糕的经历。(p.709)

对比效应尤其对于一个逐渐步入富裕的社会具有特殊意义，在此情形中，它经常被称为**乏味效应**（treadmill effect）。这些效应与前文中平克的三幕悲剧的第二幕有关。

主要有两个理论可说明乏味效应的存在。最初的理论是从**适应性**（adaptation）的角度来进行解释的（Helson，1964；Brickman and Campbell，1971）。从心理学的层面很容易看出，这属于一种感觉反应。当被试者将一只手浸入冷水而另一只手浸入热水并保持一段时间后，再将双手放入同一个盛满温水的容器，他们的双手会有十分不同的感觉，其中一只手会感觉很热（这只手前面浸入的是冷水），而另一只手会感觉很凉（这只手前面浸入的是热水）。这个理论可用来解释为什么彩票中奖者和截瘫患者会很快适应生活的巨变。

然而，并不是所有人都信服适应性理论的解释。弗雷德里克和罗文斯坦（Frederick and Loewenstein，1999）提出了若干原因以说明为何自我报告的幸福感无法用这种评分机制作有效的测量。卡尼曼（Kahneman，2000）提出了一个新的机制并使用"**满意度乏味**"（satisfaction treadmill）来解释乏味效应。他把这种现象解释为一种**欲望效应**（aspiration effect）。卡尼曼用一名毕业生的例子来说明这个效应，她由于受收入所限，只好在就餐时吃很普通的饭菜。而当她获得一份收入颇丰的工作后，她便可以为更高品质的食物买单，而她的总效用也会提高一段时间。然而，当这种过渡期结束后，我们发现她的满意度又回到从前的水平。她的欲望水平提高了，而她的效用也受欲望水平的影响。当其他条件相同时，欲望的水平越高，效用则越低。换句话说，我们可以断言，在她的收入提高之后，她现在所享受的饭菜与她以前所食用的饭菜之间已无差别可言。

对于这种欲望效应，有两点需要特别留意。首先，卡尼曼所指的满意度乏味与享乐感乏味是两回事。然而，虽然所涉及的机制不同，但我们也可以说欲望效应在性质上仍与享乐有关。其次，欲望效应可能还含有**棘轮效应**（ratchet effect）的成分。对于这个领域还需更多深入的研究，但是或许可以认为，人们发现调高他们的欲望水平要比降低它更为容易。此处与损失厌恶的概念有关。

禀赋与对比理论（endowment and contrast theory，ECT）具有一些很有趣的应用。

比如，有人发现，居住环境对人的生活满意度是有影响的，而他们对当前居住条件的满意度无法用传统理论很好地解释，但却与禀赋效应及对比效应有关（Schwarz et al.，1987）。被试者被安排在一个十分舒适的房间内（居室宽敞、家具精美并装饰有壁纸与鲜花）或一个十分不适的房间内（狭小、肮脏、有异味、嘈杂且闷热）度过一个小时。那些被安排在舒适房间的被试者所报告的总体生活满意度要高于被安排在不适房间的被试者，这表明在考虑生活满意度或福祉时，禀赋效应的作用更为突出。然而，被安排在不适房间的被试者所报告的对自身居所的满意度却要高于被安排在舒适房间的被试者，这表明在考虑比较的标准时，对比效应的作用将更为突出。对此，特沃斯基和格里芬总结道：

> 因此，某一特别事件相对于它的同类事件容易表现出显著的对比效应，但相对于其他事件却几乎或完全没有对比效应。

☐ 期待效用

正如前文所述，人们从对未来事件的期待中获得享乐效用，比如对假期的盼望或对看牙医的恐惧。这种期待效用（anticipatory utility）来源于一个人的期望或**预测效用**（predicted utility），意指他们对于从未来某次事件中得到效用的信念。禀赋效应与对比效应也与此大有关联。购买彩票是一个有趣的实例，因为此类行为不能被期望效用理论很好地解释，接下来两章将对此作深入讨论。未实现的希望或恐惧会为期待效用带来正面或负面的禀赋效应。赢得彩票的概率很低，这意味着一无所获并不会带来太多的失望。因此，正如特沃斯基和格里芬（Tversky and Griffin, 2000）所说："对一夜暴富的梦想能够带来足够的欢愉，以抵消没有中彩票的轻微失望。"当正面的禀赋效应超出负面的对比效应时，人们就会对购买彩票乐此不疲，即使一无所获也是如此。关于这一期待效用的证据来自科克、克拉齐克和范温登（Kocher, Krawczyk and van Winden, 2014）的一项研究，他们利用真实的彩票购买进行了一项实验，发现相当一部分被试者更喜欢延迟解决风险的方法，这意味着他们在发现结果之前愿意等待更长的时间。他们还倾向于分散结果，因为他们愿意选择两张分开抽奖的彩票，而不是选择两张在一起开奖的彩票，这延长了期待的时间。

需要注意的是，对比效应对是否获胜的概率高度敏感。当获胜的概率上升时，由失败的失望所带来的成本（对比效应）就要比由获胜的希望所带来的收益（禀赋效应）上升得更快。这暗示着，对于一个给定的期望价值，人们似乎更偏爱赢少输多的局面而不是输赢对半的机会——这样的话，他们就能保持美好的梦想，并且不必承担太多的失望。第 5 章从概率和决策权的角度，对人们买彩票的行为给出了另一种可能的解释。

☐ 剩余效用

期待效用与未来事件有关，而剩余效用则与后续不同时段内所感受到的快乐或痛苦有关。这种现象的起因是，效用可以被接续，或者是可分的。比如，一个人打算去夏威夷度假，那么他在出发前的一个月内可能都会体验到期待效用，而在欢度一周的假期后，当他返回工作岗位时，可能会受到对比效应的影响。但在一个月之后，当他向友人追述这次度假的经历时，他也许会从中感受到又一次的"效用提升"。这种现象从他最初感受到这个经历算起，在后续的若干个时段内会重复出现。如果有人沉溺于过去的糟糕经历，剩余效用也可能是负的，例如，网球运动员想起他们在网球锦标赛中获得赛点，但随后却输掉了比赛的情景。

□ 诊断效用

这种形式的效用已被作为新古典主义经济学模型中的异象。诊断效用是指人们从其行为中推断效用的情形。我们已了解到，此处涉及一种自发信号的现象，这对于那些不确定自己在某些个人特质方面的能力水平的人来说尤其重要，比如不确定自己是否拥有坚强的意志力。因此，当我们考虑某人是否决定享用酒精饮料时，我们不能只考察他消费此商品能得到多少体验效用或享乐效用，还要考察他推断这次行为本身能带来多少效用，这要看他从这次行为中得到了怎样的信号：是揭示自己存在无法自控的缺点还是具备自我克制的优点。一个可能的情形是，由某种行为所导致的负的诊断效用会超出由此次消费所带来的正的期望的体验效用。在这种情形下，该个体可能会拒绝此次消费。这一点的意义在于，诱惑不应仅仅被视为一种成本；它还可以带来好处（Dhar and Wertenbroch，2012）。因此，节食的人可能会因饥饿感到负效用，但同时，如果他们避免进食，则会通过提升自尊而获得积极的诊断效用带来的益处。如果节食者感受不到饥饿的感觉，例如他们做过胃束带手术，那么他们就不会获得这样的诊断效用。在本章末尾的第一个案例研究中，我们可以看到这种概念具有广泛的应用空间。

□ 交易效用

新古典主义经济学模型用收益减去成本来表示购买的净值。事实上，损失厌恶现象使得这种对购买进行编码在享乐意义上效率低下。因此，卡尼曼和特沃斯基（Kahneman and Tversky，1984）以及塞勒（Thaler，1985）都反对必须将成本视为损失的观点。相反，塞勒提出，消费者从交易中可获得两种类型的效用：

1. **获得效用**（acquisition utility）

这表示获得的商品相对于其价格的价值，相当于消费者剩余的概念。

2. **交易效用**（transaction utility）

这对应于"交易"的感知价值，即参考价格与已付价格之间的差额。

参考价格通常是消费者期望为商品支付的价格。塞勒指出了交易效用的两个重要含义。首先，人们往往倾向于购买"交易"，此时交易效用占优于获得效用；那么，我们常常发现，这些概念很少被人使用。营销策略使用参考价格并强调节省［"银边"（silver linings）］来巧妙地操纵报价的设计框架。这类商品的例子包括服装、家用电器和健康俱乐部会员（Wilkinson，1996，2003）。在最后一种情况下，自我控制因素也是相关的，这些因素将在下一节中讨论。另一个含义涉及相反的情况，在这种情况下，人们放弃了可能使消费者在获得效用上受益的商品，但拒绝这个商品的原因是由于一个较高的感知到的交易负效用。塞勒举了一个口渴的啤酒饮用者的例子，他愿意在一个昂贵的度假胜地为啤酒支付 4 美元，但拒绝从杂货店为同样的啤酒支付 2.50 美元，原因是他在后一种情况下的参考价格仅为 2 美元。我们将在第 10 章中看到，在这些决定中也可能涉及一个额外的层面：我们的公平观念可能会被违背。

最近的研究给交易效用的概念增加了一些细微差别。例如，据研究报道，如果消费者认为报价比营销人员预期的更有价值，他们就会认为这笔交易更好（Sela, Simonson and Kivetz, 2013）。这种现象的另一面是，为特定消费者量身定制的产品可能会被认为不那么有价值。这项研究的作者得出结论：如果有竞争力的消费者认为他们比市场聪明，他们就会获得效用。这对营销人员在针对性促销方面具有重要的反直觉政策含义，这通常被认为是一种可取的策略。

3.8 政策启示

正如我们已经看到的，本章讨论的因素对管理和公共政策有一些启示，这些启示可能并不直观，而且往往与许多国家的现行做法和政府政策相抵触。前面已经提到了一些例子，例如菜单效应和节俭悖论；下面讨论通过经验研究调查过的其他例子，其中的一些例子在案例研究中进行了更详细的讨论。前四种情况适用于管理启示，接下来的两种适用于个人启示，最后三种适用于政府政策。

□ 渴望一致性与承诺

有一种销售策略被称为"虚报低价"，即销售人员以特别低的价格向客户提供交易，但交易并是不真的，因为交易商从没有打算完成这个交易。它通常被汽车经销商使用，目的是让客户对某一辆车做出购买决定。一旦做出决定，各种活动就接踵而至，设计这些活动来巩固消费者会购买该物品的承诺感。例如，可以填写表格，检查客户的凭证，安排财务条款，并可以鼓励客户在一定时间内（最好在公共场合）试用该产品。在此期间，经销商知道客户会发现一些购买该产品的新理由。一旦这些措施就位，开始阶段诱使消费者购买产品的原始触发因素（优惠）便会被经销商移除。这通常是通过检查某种"错误"来实现的；也许销售人员忽略了汽车上某个选项的定价，或者，借口像财务公司这样的外部代理机构可能已经发现了这个"错误"，从而把责任转移给外部代理机构。然后，客户面对的是本来的价格，或者是一个不比之前的虚报低价高太多的新价格，而这时，客户倾向于接受新的报价。有时虚报低价会以折扣的价格提供，在这种情况下，报价过于慷慨。在发现"错误"之后，该报价再次被撤回。这两种虚报低价交易中的心理都涉及建立购买者的承诺感，因此，即使取消了最初的触发因素，购买者随后为追求一致性而建立的购买产品的其他原因也会推动购买（Cialdini, 1984）。

公司也可以利用顾客的忠诚和现状偏向。尽管许多公司奖励老客户的忠诚，例如航空公司和咖啡店，但是，还有一些公司则采取相反的策略，如提高费率，并指望客户续签现有合同。这尤其适用于公用事业公司和保险公司。2016 年，英国反垄断机构竞争与市场管理局（Competition and Markets Authority，CMA）得出结论：六大能源供应商森特理克（Centrica）、南方能源公司（SSE）、苏格兰电力公司（Scottish Power）、英国国家电网公司（Npower）、德国意昂电力公司（E. ON）和法国电力集团（EDF）

的 70％的客户未能从最高的标准可变费用表（SVTs）转换为较低的收费标准。平均而言，在 2011—2015 财年，它们的电费比其他费率表高出 11％。从本质上讲，供应商通过利用不活跃的客户来提高盈利能力，这些客户往往是穷人、受教育程度低的人和老年人。英国竞争与市场管理局没有发现六大巨头之间串通的证据，并得出结论认为：价格操纵不会带来好处，因为它会抑制竞争，降低消费者更换供应商的动机。然而，2017年 4 月，保守党政府无视这一建议，决定在为 6 月份的选举准备的选举宣言中，纳入对六大巨头实行限价的政策，而此前工党承诺也会这样做。一个旨在提高相关信息可利用性的助推政策实际上对于供应商和客户来说都可能更为有益。

另一种策略也旨在建立一致性和创建承诺，但从道德的角度来看，问题更少，这种策略有时被用于那些希望减少洗衣费用且同时具有环保意识的酒店。特别是针对毛巾的使用，要求客人悬挂毛巾以备再次使用。巴卡-莫茨及其同事（Baca-Motes and colleagues，2013）报告的一项实验涉及一家酒店要求客人佩戴翻领别针，以表明他们承诺通过减少更换毛巾来实现环保。作者发现，这样做带来的效果是，毛巾悬挂的数量增加了 40％以上。在这个实验中还有另一个有趣的发现与从众的愿望（desire for conformity）有关，这将在下一章中描述。

☐ 阻止不健康的行为

政府经常想遏制不健康的行为，无论是对自己本身不健康还是对其他人不健康，例如，吸烟、吃垃圾食品和毒驾。通常使用多种方法结合来遏制。在遏制吸烟方面，澳大利亚也许是一个领先的例子。政府已经设定了一个目标，到 2018 年将每天吸烟的成年人比例降至 10％。为了实现这一目标，澳大利亚政府采取了以下措施：

- 一项每年大幅增税 12.5％的制度，到 2020 年达到 40 澳元的价格。
- 简朴包装规则，自 2012 年起实施，不带有品牌或标识。要求烟盒正面的 75％被健康警告覆盖，背面的 90％被健康警告覆盖。
- 使人感到强烈不适的图形式的健康警告，显示喉癌和其他生理损害的图像。罗苏及其同事（Rousu and colleagues，2014）发现，在减少购买行为方面，该政策比只有文本的健康警告更有效。虽然有些吸烟者使用了回避策略，但研究发现，这类吸烟者更容易在以后戒烟。
- 限制允许吸烟的地点。公共场所，如酒吧和餐馆，人们容易聚集的地方，如公共汽车站、出租车站和火车站台，这类地点严禁吸烟。在游乐场 10 米范围内以及在有儿童的车辆内也禁止吸烟。高额罚款最多可征收 2 000 澳元。

澳大利亚政府报告说，自 2012 年以来，吸烟率下降了 0.55％。受到这个下降的激励，英国政府也采取了上述一些政策，例如，要求所有香烟以普通包装出售，并附有大号的图形式的健康警告。这些政策的一个重要方面是一种社会规范正在形成，即吸烟者正在被边缘化。这尤其是由于对吸烟地点的限制而造成的，因此，吸烟者必须寻找通常不受欢迎、不方便或不舒服的吸烟场所。关于政府政策与管制的进一步的例子在第 10 章关于肥胖的案例研究中会继续说明，因为这也涉及社会规范。

□ 药品的定价

对药品的需求从表面上看似乎符合需求的一般规律，即药品的价格越低，对该药品的购买越多。然而，对大多数药品的这一表面发现掩盖了一种有趣的社会心理现象。桑佩尔和施瓦茨（Samper and Schwartz，2013）发现，药品价格会影响消费者对自身疾病风险的看法。这是因为他们认为，政府的政策通常支持必需品的获得；因此，他们认为低价是一种信号，表明该药品肯定是一种极其重要的救生产品。这反过来又导致消费者认为，如果他们不购买该药品，他们的健康就会受到更大的威胁，从而导致更多的消费。较高的价格则会导致相反的效应。然而，这种现象似乎只适用于认为健康威胁与个人有关的情况，并表明消费者对风险和需要的假设不一致。结论是：提高药品价格透明度未必会带来更好的选择；较低的价格可能会鼓励不必要的消费，比如抗生素的过度使用就是一个严重问题，而较高的价格也可能会阻碍高效益产品的使用。

□ 利用框定效应来提高销量

许多经验研究探讨了框定效应在不同情境下的政策含义。例如，许多公司在定价时使用非整数，特别是奇数，例如 19.95 美元，而不是 20 美元，而且许多证据表明，这种策略在增加销售额方面是成功的。然而，瓦德瓦和张（Wadhwa and Zhang，2015）的研究表明，这种策略的成功取决于购买决策的性质。他们提供的证据表明，非整数价格对受认知驱动的购买者可能更有吸引力，因为他们需要更多的心理处理过程；然而，对于受情感或本能因素驱动的购买者，整数价格可能更具吸引力，因为它们涉及较少的心理处理过程。

另一种与直觉相反的政策含义是，当消费者认为必须要食用健康食品时，挑选一种包装为健康食品的消费者，与选择同一种食品却被包装为美味食品的人或根本不吃该食品的人相比，表现得更加饥饿，会消费更多的食品（Finkelstein and Fishbach，2010）。这项研究的作者认为，这里的心理是：吃健康的食物意味着健康目标已经得到充分满足，从而增加了满足食欲这个与健康冲突的动机的强度。该信号甚至可以通过替代性消费来实现，这已经被发现出现在其他有关健康物品消费的情况下，如案例 3.3 所示。

与销量增长有关的另一个框定效应涉及头韵（alliteration）的使用。戴维斯、巴格奇和布洛克（Davis，Bagchi and Block，2012）的一项研究认为，头韵可以增加销量，因为头韵价格中发音单元的重复"听起来"更好，这反过来影响了人们对交易的看法。作者提供了来自几项研究的证据来支持这一论点。

有时消费者是通过不作为而不是行动来做出决定的。在效用差异很大或很小的选择方案中，这种区别可能很重要。伊万格里迪斯和勒瓦夫（Evangelidis and Levav，2013）的一项研究表明，当选择涉及效用的巨大差异时，消费者更愿意做出积极的选择。然而，如果效用差异很小，这意味着在最优结果方面存在相当大的不确定性，消费者可能更喜欢使用不作为框架，因而选择某种默认机制。

框定效应在案例 3.3 中进行了更详细的研究，该案例考虑了超市购物者的心理。

□ 使用默认选项

公司也可以使用默认选项作为操纵消费者选择的手段。默认选项的选择可能有多种原因，包括认知放松、暗示这个选项是规范的或是被推荐的。有时候，公司实际上可能把消费者的最大利益放在心上，例如，餐馆在菜单上将健康的食品设为默认选项，以鼓励顾客吃得更健康，比如以沙拉而不是薯条作为配菜。科尔比、李和查普曼（Colby，Li and Chapman，2014）的研究表明，这可能并不总是能达到预期的效果。尽管顾客更可能选择默认的健康菜，但他们下次回到该餐馆就餐的可能性会较小。后一种效应可能是由于人们在将健康的菜作为默认选项时选择健康的菜，感觉不如在它不是默认选项时选择那么有善意。这是框定效应的一个很好的例子，再次违反了期望效用理论的不变性原则。

□ 附加赠送与折扣

附加赠送与折扣是营销中常见的促销技巧。许多公司面临的问题是：确定哪种方法在特定情况下最有效。米什拉和米什拉（Mishra and Mishra，2011）提出，这里的相关因素是产品被认为是"**良性物品**"（virtuous good）还是"**劣性物品**"（vice good）。大多数商品都是良性物品，这些商品从长远来看对我们有好处，在这种情况下，米什拉和米什拉得出结论：附加赠送是促进额外销售的更有效的方法。原因是，价格折扣如果经常使用会损害品牌形象。然而，对于劣性物品，结论是：价格折扣可能是更好的方法。这里的原因与购买后的悔恨感有关。消费者可能会发现很难向他们自己证明，购买额外数量的在长期不利于他们的商品是应当的，因此，在这种情况下，附加赠送可能不是一种有效的促销工具。有了价格折扣，消费者在一段特定的时间内可能会购买更多的商品。但这一点的显著性并没有他们购买附加赠送时的显著性强。正如我们将在后面几章中看到的那样，在这一背景下还有其他相关的行为因素，例如消费者对产品捆绑的反应，以及消费者是天真的还是精于世故的。

□ 把最好的留到最后

如前所述，不仅在人类身上，而且在卷尾猴身上也可观察到峰-终效应（Egan Brad et al.，2016），这表明它们不仅仅是一种人类文化的产物，而是代表一种进化的心理适应性。然而，这项研究也发现，人类和卷尾猴都无法构建出峰-终规则所要求的最优消费序列。这个最优消费序列包括把最好的留到最后。这是一个谜，因为在食物消费的背景下，成年人类和卷尾猴能够延迟满足，以获得更大的未来奖励，至少人类能够选择在实验室实验中实现峰-终规则的奖励序列，例如收入状况。作者认为，人类（和卷尾猴）未能将峰-终规则成功应用于现实生活中的原因是，当涉及构建序列，而不是在预选序列中进行选择时，本能因素的显著性导致人们冲动行事，并首先消费最好的序列。再一次，尽管前额叶皮质经历了数百万年的进化发展，但我们似乎缺乏洞察力去理解和应用一个最大化享乐幸福感的规则。然而，这可能有一个进化的原因：在现实生活中，动物往往面临着快速进食的压力，要么是因为来自自己物种的其他成员的竞争，要么是为了避免捕食者。在这种情况下，首先吃最好的部分可能是最好的选择。

□ 情感的调节

与上述其他现象一样，情感的调节涉及一个行为领域，在这个领域中，个人往往没有以最佳方式行动。在这种情况下，人们也经常在事后意识到这一点。当相关的行为一次又一次地被重复，个体又无法从经验中学习时，情况就变得更加麻烦。这方面的一个例子是，一个人在饮酒后会变得具有攻击性和虐待性，虽然他自己能意识到这一点，但无论是在攻击性还是在饮酒方面，他都无法改变自己的行为。

研究表明，情感唤起的调节取决于一个人的先天品质以及个人所使用的有意识或无意识的策略。格罗斯和约翰（Gross and John，2003）已经识别出两种与此相关的主要策略：重新评估和抑制。这两种策略在最优性方面往往有非常不同的结果。重新评估策略需要一定的自我意识，这样当情感开始发展时，人们就可以实施它。重新评估是指以认知方式改变情境的含义，从而改变该情境的情感影响。使用重新评估策略可以有效地改变随后的整个情感轨迹，特别是当消极情感被下调时（Hariharan et al.，2015）。这很可能涉及思考消极事件的积极方面或将其置于更广泛的背景中。例如，如果我们在一场竞争性的比赛中被击败，我们安慰自己说，胜利者是一个受到很高评价的对手，而这场比赛对自己是一次有益的学习经历。通过这样做，与丧失自尊和失望相关的负面情感可能会得到缓和。因此，重新评估可能是一种适应性策略。

相反，抑制在情感的发展过程中出现得相对较晚，并且抑制能够修正情感反应倾向的行为方面，这被称为反应集中策略（Gross，1998）。抑制是指尽可能直接地影响生理、体验或行为反应，可能包括努力隐藏自己的感受，或试图抑制自己的感受（Hariharan et al.，2015）。在前一个例子中，我们在一场竞争性的比赛中被击败，它可能涉及纠结于失败，但试图通过外表上的虚张声势来隐藏自尊的损失。抑制的使用已被证明与负面情绪的增加、负面情绪变化的恢复较差，以及管理未来情绪的自我效能感的降低有关（Gross，2002）。

□ 陪审团对惩罚性赔偿的裁定

卡尼曼、施卡德和桑斯坦（Kahneman，Schkade and Sunstein，1998）对陪审团裁定背后的心理学原因进行了研究。就产品责任案件中与补偿性赔偿有关的情形提出了三个主要问题：

（1）被告的行为有多么可恶？

（2）被告应当被施以多么严厉的惩罚？

（3）被告应支付多少惩罚性赔偿金？

前两个问题要求被试者从1到7进行评分，第三个问题要求被试者给出一个具体的金额数字。一个显著的结果是：在这些评分或估计的赔偿金额之间存在着很高的相关性，经常不低于0.80。由于对可恶程度的评分是对个人伤害所致的心理感觉的直接反映，因此这意味着，惩罚性赔偿的多少在很大程度上由陪审团感觉到的可恶程度来决定，亦即由看法而非经济学上的偏好来决定。

除了这个一般性的结论，上述研究者还发现，被试者对被告的可恶行为的感觉在一定程度上与被告的实际伤害程度无关。这意味着我们似乎是从感受到的可恶程度来对行为加以判断，而不是从行为的结果来进行判断。但是，正如上述第二和第三个问题所涉及的那样，当人们对惩罚的目的进行判断并对伤害的程度加以评估时，行为的实际结果就是相当重要的了。这一研究结果似乎有些太表面化了，因为惩罚还带有一定的按伤害程度进行报复的色彩。另一个研究结论是：当人们考虑上述第三个问题时，被告的偿付能力就成为一个相关的因素了。财大气粗的公司会被判以更重的赔偿金额，尽管公司的规模并不会影响到人们对可恶程度和惩罚目的的判断。这一结论看上去也是合理的，因为 1 000 万美元的赔款对于一家小公司而言无异于天文数字，但对于大公司却是小菜一碟。

还有一项研究结论是：**情境依赖**（context-dependence）是一个十分重要的因素，因为这会导致偏好的反转现象。人们通常会观察到，一方面，在惩罚性赔偿和补偿性赔偿之间存在很强的相关性。当案件涉及的是严重的金融损失时，补偿性赔偿一般会很高，并导致惩罚性赔偿也很高。这也许是由较高的补偿性惩罚的锚定效应引起的。但另一方面，在涉及个人伤害的案件中，惩罚性赔偿一般会较低，原因是补偿性赔偿也较低。值得注意的是，在现实生活中，这些案件是分别审判并由不同的陪审团参加的。然而，一个极有可能的情形是，在涉及个人伤害的案件中，人们对被告的可恶程度（比如儿童被劣质商品灼伤）的判断要高于涉及商业欺诈的案件。这一点对如下理论提供了一个可能的检验，即陪审团对可恶程度的判断与要求多少惩罚性赔偿有关。卡尼曼、施卡德和桑斯坦（Kahneman，Schkade and Sunstein，1998）进行了一项实验，其中他们让被试者同时对两起案件做出审判，或者对其中一起案件做出审判。在这两种情形下，补偿性赔偿的决定都已做出，其中个人伤害案件中的赔偿金是 50 万美元，金融性案件中的赔偿金是 1 000 万美元。一方面，正如所预期的那样，那些只审判一起案件的被试者对金融性案件做出的惩罚性赔偿决定（中位数为 500 万美元）要高于对个人伤害案件做出的决定（中位数为 200 万美元）。而另一方面，在那些同时对两起案件进行审判的被试者中，大部分人（75％）对个人伤害案件做出了更高的惩罚性赔偿决定，这意味着出现了一个显著的偏好反转现象（个人伤害案件的惩罚性赔偿的中位数是 250 万美元，而金融性案件中为 50 万美元）。这一研究结果为行为经济学的两个重要理论提供了支持：其一是情景依赖与锚定效应，其二是个体对事件的态度与评估会受到其他效应的影响。

针对上述现象，桑斯坦、卡尼曼和施卡德（Sunstein，Kahneman and Schkade，1998，p. 2079）提出了一些改革意见，"以使陪审团成员能够尽量作出好的而不是差的判断"。他们总结认为，陪审团成员很善于将规范性的评估与经验事实结合起来，亦即他们对什么是合理的惩罚力度有很强的直觉。但是，他们却不善于将这种直觉转化为具体的罚金数目。因此，卡尼曼等人提出的解决办法是：陪审团用评分的方式向法官提出有关惩罚力度的建议，然后，由法官将这些评分建议转化为具体的罚金数额。

□ 条件评估法与公共品

条件评估法（contingent valuation method，CVM）经常被用来获取人们对公共品的估价，其中包括一些非使用性公共品，比如延续珍稀物种的存在性等。这些获取到的估价可被用于公共政策制定的依据。条件评估法有时需要让人们报告为了达到不同目的而**声明的支付意愿**（stated willingness to pay，SWTP），然而近年来人们采用了一些更为高级的可间接获取估价的方法，这使得下文中将要讨论的一些问题得到了解决。虽然从表面上看，让人们对某一公共品（比如净化湖泊）进行估价与让陪审团成员做出惩罚性赔偿建议是截然不同的行为，但是在这二者之间仍然存在许多重要的相似之处及问题。

研究表明，当涉及对保护环境的态度时，各种评估方法之间的高度相关性也有类似的结果（Kahneman and Ritov，1994；Payne et al.，2000）。比如，卡尼曼和雷托夫（Kahneman and Ritov，1994）采用四种不同的措施来评估保护游隼免受污染的干预措施：

（1）对保护游隼进行干预的声明的支付意愿（SWTP）是多少？

（2）对保护游隼的政策支持程度是多少？

（3）个人从这样一个志愿行动中能够获得多少预期的满足感？

（4）作为一个公共议题，它具有怎样的重要性？

其中，后三种措施都是以评分方式为基础。与前文中决定惩罚性赔偿的例子一样，在不同措施下得到了高度相关的估值结果，这意味着这些估值结果都可视为对基本态度或效应的一个反映。但是，在使用声明的支付意愿（SWTP）这一措施时，却遇到了两个重要的问题，亦即会得到有偏差的或不可信的结果。

1. 锚定效应（anchoring effect）

正如我们所见，这种效应在很多情形下都十分突出，比如对惩罚性赔偿的估计就是一例。另一个例子将在案例 3.3 中给出，所涉及的是环境保护问题。

2. 对范围的迟钝（insensitivity to scope）

这是外延性偏差的一种形式。卡尼曼（Kahneman，1986）发现，多伦多的居民在决定该花多少钱来净化安大略省的所有湖泊时，他们只肯比净化安大略省某一特定区域的湖泊多掏一点点钱。琼斯-李、卢姆斯和菲利普斯（Jones-Lee，Loomes and Philips，1995）针对英国被试者的一项研究显示，当一项旨在降低非致命头部损害的计划使得免遭损害的人增加了 200%时，这些被试者的声明的支付意愿仅仅上升了 29%。与环境保护有关的其他的例子也将在案例 3.3 中给出。

由上述偏差所引发的一个重要结果是：当条件价值评估法要求人们报告他们声明的支付意愿（SWTP）时，这会严重地误导人们采取所谓的**加总原则**（add-up principle），从而把对不同结果的估价简单地加总起来。比如，人们不能草率地认为，同时救助两个物种 A 和 B 免于灭绝的价值与分别救助物种 A 和物种 B 的价值之和是相等的，哪怕这两次救助事件彼此是独立的（亦即这两个物种并不相关），也无法得出那样的结论。

对于条件评估法中涉及的声明的支付意愿，人们已经给出了一些改进意见，比较知名的是**公投协议**（referendum protocol）。在这种方法下，人们只需对某一问题进行投票，这样，在某一被试者所面对的问题陈述中，只需给出一个报价就可以了，例如，"你是否愿意为如下议案投票，即你需要缴纳 20 美元作为净化安大略湖的资金？"不同组的被试者所面对的报价也不同，而被试者所做的回答足以描绘出声明的支付意愿的分布情况。然而，尽管这种调查表式的方法能够降低锚定效应的影响，但是诸如框定效应、外延性偏向以及对范围的迟钝等问题却依旧存在。当价值的估计是以态度为基础时，经济理论中有关偏好的标准规则就不再适用了。卡尼曼、雷托夫和施卡德（Kahneman，Ritov and Schadke，2000）给出了一个与解决陪审团问题类似的方法来解决条件评估法所面临的问题，亦即用心理计量学手段来获取和测度被试者对公共品的判断，此判断是依据其对相关问题的态度做出的，然后，再由专业人士将这种判断转化为具体的金额数目。

□ 安慰剂效应

我们已经看到了很多"大脑得到了它所期望的东西"的例子，例如阿司匹林和能量饮料。艾瑞里（Ariely，2008）指出，这还有一些深远的政策启示。这些特别涉及政府关于卫生的政策。许多政府一直在努力改革其卫生政策，因为这些措施往往被视为不充分、低效和成本过高。美国目前在医疗保健方面的支出占 GDP 的比例高于其他西方国家，尽管其中的大部分是由私营部门承担的，而在欧洲，医疗往往更"社会化"，政府供应的医疗保健更多。自 2008 年以来，政府供应尤其受到经济衰退和政府削减赤字需求的威胁（巨额赤字本身主要是由经济衰退和金融救助造成的）。治疗癌症和艾滋病等疾病的昂贵药物必须限量供应，而且往往无法通过政府系统获得。许多人对此感到愤慨，特别是因为涉及公平问题；有些区域或地区可以提供药物，而另一些地区却不能提供相同的药物。

艾瑞里提出了一个问题："我们如何处理这样一个事实：昂贵的药物（50 美分的阿司匹林）可能会让人们感觉比便宜的药物（1 美分的阿司匹林）更好？"鉴于所涉及的心理影响，这不是一个容易解决的问题。我们可以利用人们的非理性提高医疗成本，或者坚持让人们得到最便宜的仿制药，这些仿制药在客观上看起来与更昂贵的药相同，但在实际使用中效果较差。当然，这两种方案明显是互相替代的，在不同的情况下，这两种方案中的任一种都有可能被认为更可取。

还有其他与安慰剂效应有关的伦理问题。在许多国家，使用虚假的标签或广告宣传产品是违法的。已经发现这些虚假宣传实际上可以提高产品的感知质量，甚至在客观上提高了产品的有效性。例如，当一项声明声称有 50 项科学研究的证据表明 SoBe 能量饮料增加了精神功能时（虚假的信息），被告知这一声明的被试者在字谜测试中的得分与未被告知这一声明的被试者相比有明显提高。那么，虚假信息仅仅只是在炒作吗？

小 结

- 决策包含三个特征：偏好形成、信念形成和理性。
- 与消费者偏好相关的标准模型使用无差异曲线和预算约束的分析框架。
- 标准模型基于与完备性、传递性、自反性和显示性偏好相关的公理。
- 除了上述公理外，还经常按照重要性的层次顺序，给出删减性、占优性、外延性和不变性的假设。
- 标准模型的预测有很多偏差，因为其与消费者偏好有关，这表明效用的本质比模型假设的要复杂得多。
- 标准模型对幸福的概念只字不提，只是专注于福利。
- 标准模型中的异象包括对这些现象的忽视：参考依赖，损失厌恶，缺乏稳定、构造良好的偏好，对一致性的渴望，客观原因与主观效应之间的差异，期望效应，成瘾与节制，禀赋效应，框定效应，菜单效应和注意力。

- 本能因素意味着驱动力和情感，在影响态度、偏好和选择方面起着重要作用。
- 效用有许多不同的概念，它们都是从边沁最初的享乐概念发展而来的。
- 效用可以区分为六种类型：决策效用、体验效用、期待效用、剩余效用、交易效用和诊断效用。
- 禀赋效应和对比效应在决定效用方面很重要。
- 客观幸福感可以用总效用来衡量，这涉及一种基于瞬间的测量方法。
- 效用有不同的维度：与其相关的不仅是唤醒的效价，还有唤醒的水平。因此，体验可以在一个情感网格中表示。
- 神经经济学研究在指导效用理论方面具有重要意义。特别是它们支持参考依赖和损失厌恶的原则。
- 本章讨论了一些行为方面的政策启示。例如：陪审团裁定惩罚性赔偿、CVM 评估方法、阻止不健康行为、诱导性效应和安慰剂效应。

思考题

1. 举一个实验的例子，在这个实验中神经经济学有助于解释人们的行为。

2. 解释损失厌恶的神经经济学基础。

3. 解释术语 RPE 及其对效用理论的启示。

4. 解释峰-终规则的含义及其作为标准模型中的异象的启示。

5. 举例说明偏好和选择之间的区别，造成这种差异的原因是什么？

6. 解释决策效用和体验效用之间差异的意义。

7. 为什么想要和喜欢不同？

8. 解释什么是框定效应，并给出一个例子。

9. 解释什么是任意的一致性，并给出一个例子。

10. 解释什么是选择悖论。

11. 举出一个诱导性效应的例子，并说明如何将其用于市场营销。

12. 解释在标准模型的异象背景下，显著性是什么意思。

13. 什么时候炒作不仅是炒作？

应　用

❖案例3.1　　　　　　　　**毒品成瘾**

毒品有多种形式。提到毒品可能会立即让人想起可卡因、海洛因、大麻和摇头丸等物质，但毒品也包括酒精、烟草、咖啡因产品；合成代谢类固醇、生长激素、促红细胞生成素和苯丙胺等兴奋剂物质；以及 β 受体阻滞剂、镇痛剂、皮质类固醇、抗生素和他莫昔芬等药物。并非所有这些物质都会成瘾，其中，有些物质比其他物质更容易成瘾；同样，也可能有其他未归类为毒品的产品，这些产品可能也具有成瘾性，如巧克力。我们在这里关注的是成瘾的概念，而不是产品。

成瘾涉及渴望，可能是心理上的、生理上的或者两者兼有。但是，最近的医学研究表明，各种渴望本质上都是生理性的，是通过对神经过程的一些影响形成的。这些渴望是发自内心的，对于经常使用的人来说是可以预测的。从这个意义上说，渴望的强度在每次"享用"后都会稳步增加，直到下一次。这种渴望也会随着使用时间的延长而增加，很大程度上是因为使用者会随着时间的推移而增加剂量。

所罗门（Solomon，1980）用**对立过程理论**（opponent process theory）解释了剂量增加的现象。这本质上涉及一种转移机制，即引起极端情感反应的物理事件触发了产生相反情感反应的对立过程，以避免长期的极端反应。例如，当人们服用可卡因时，引起的极端情绪高涨会反过来引致一个对立过程来中和这种反应，因为生理过程会从大脑中清除化学物质。这个过程最初很弱，但是随着重复使用而增强，因此，可以解释习惯性和对更高剂量的需求。合成代谢类固醇也会产生类似的作用，因为肌肉细胞受体位点变得饱和，降低了给定剂量的有效性。此外，人体的内源性睾丸激素生产被关闭，从而抵消了外源性睾丸激素的作用。

此外，在停止使用毒品后，对立过程继续。这解释了戒断症状（withdrawal symptoms），因为可卡因成瘾者不再获得愉悦的反应，但仍然遭受对立的降低愉悦感的困扰。停止合成代谢的类固醇使用者也面临着类似的命运：不再有任何外源性睾酮，但身体的内源性生产需要时间才能恢复。与此同时，它们的体型和力量都在萎缩，失去了本能冲动。

戒断的困难使成瘾者很难节制毒瘾。本能因素强烈，使毒瘾很容易复发，尤其是在环境因素不利的情况下。即使成瘾者确实戒了一段时间，但有两个因素阻碍他们戒毒。首先，他们戒得越久，对成瘾的负面后果的记忆就越弱。其次，如果未来复发，他们无法预测随之发生的本能状态的强度。"匿名戒酒者协会"（Alcoholics Anonymous）组织对这两种影响进行了巧妙的总结："离最后一杯酒越远，就离下一杯酒越近。"当成瘾者戒掉一段时间后，他们可能会恢复到一个低消费水平，并相信他们可以保持这种状态。然而，他们往往低估了即使是很小的消费水平所产生的渴望的强度，并经常迅速恢复以前的成瘾性消费模式（Stewart and Wise，1992）。

问题

1. 对于像"匿名戒酒者协会"这样的组织来说，它们可以采取什么策略来对抗成瘾呢？

2. 上述分析对其他"成瘾"如食物、性和赌博有多大的适用性？

3. 对立过程理论在处理诸如中彩票或失去亲人等情感事件的心理反应方面有多适用？

❖案例3.2　　　　　什么时候节制比适度的消费更好？

任何研究效用的人对成瘾行为都很有兴趣。与此案例特别相关的是自发信号和诊断效用的概念。其所涉及的心理学可以追溯到詹姆斯-兰格的情感理论，即人们根据自己的行为推断自己的状态。

根据伯德纳和普利莱克（Bodner and Prelec，1997）的说法，在许多情况下，考虑决策的结果效用和诊断效用是有用的，总效用是这两种类型的组合。例如，一个人可能有一种不会沉迷于某一特定"恶习"的倾向（性情）；这类恶习的种类可能很广：饮酒、吸烟、消遣性毒品、不健康食品、赌博、召妓等都是比较明显的例子。人们对自己的这种倾向的了解是有限的；它在很大程度上是未知的，并且只能从行为中推断出来。因此，如果一个人在诊断效用（有更高的自尊）方面的回报超过了在即时快感方面的结果效用的损失，那么他就可以避免沉溺于这种恶习中。他们可能会将自己的放纵降低到"自然消费水平"以下，而"自然消费水平"与只考虑结果效用时的活动水平有关。

然而，伯德纳和普利莱克（Bodner and Prelec，1997）指出，以上结论只是"表面价值"的解释（'face-value' interpretation）。如果我们要实现对行为的更现实的解释和预测，就必须考虑对这些情况的"真正的"解释（'true' interpretation），在这些情况下，被试者更为复杂。用他们的话来说：

> 在真正的解释情况中，良好行为的信号价值因诊断动机而被低估，这就给行为的完美造成了越来越大的压力。一般的结果是：要么诊断效用获胜，不管这个人的性格如何都会做同样"完美"的事情；要么自然冲动获胜，且这个人就会忽略效用结构中的诊断部分。(p. 113)

我们将首先考虑表面价值解释的含义，举一个例子，假设某个人对某种恶习的喜好程度可能有三种不同的天生的倾向——"低"、"适当"和"高"，并且假设拥有每一种倾向的可能性相同。同时，还假设低倾向的人会有进行少量消费而不是完全节制的癖好。这种情况如图 3.4 所示。图中第一组箭头表示每个倾向的最佳行动，这可以从一些基本假设中通过数学方法推导出来；第二组箭头表示相应的表面价值解释。这里可以得出两个结论：

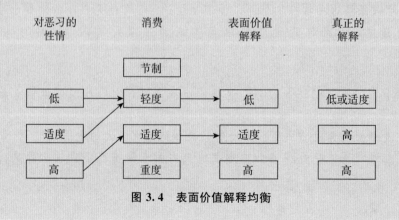

图 3.4　表面价值解释均衡

（1）在均衡状态下，一个人从天生水平上减少一个层次的恶习。

（2）表面价值解释诱导出，一个层次就能产生一种非常良好的自我形象。除了最好的倾向，这是正确的诊断。

表面价值解释忽略了减少消费的诊断动机。然而，真正的解释表明，如图 3.4 所示的消费水平不会是最优的，也不会是均衡的，因为真正的解释与实际性情（倾向）不匹配。因此，我们现在需要通过确定符合真正的解释的消费水平来使情况复杂化。

这里有三种可能性，取决于诊断效用的强度。当这个强度是零或较弱时，消费将在自然（天生）水平。对恶习拥有高倾向的人不会被说服将消费降低到适度水平，因为这不会让他们相信他们的倾向只是适度的。情况如图 3.5 所示。

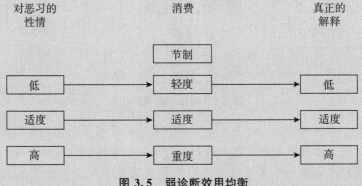

图 3.5　弱诊断效用均衡

随着诊断效用的增强，出现了一种不同的平衡，在这种平衡中，对于拥有两种较好的倾向的人，消费降至零（节制），但对于那些拥有高或不利倾向的人，消费仍然很高。这称为部分分离平衡，如图 3.6 所示。应该注意的是，节制并不能使任何一种倾向的结果效用最大化（在我们的假设下），但当诊断效用变得足够高时，节制会成为一个最佳结果。这是"过度克己"的一个例子，即使是对轻度消费的苛刻解读也会招致这种过度克己。伯德纳和普利莱克（Bodner and Prelec, 1997）表述了如下关于赌博的推理：

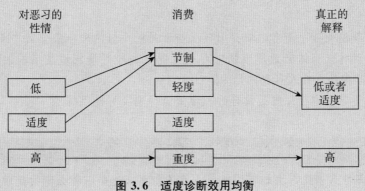

图 3.6　适度诊断效用均衡

　　一个关心他的赌博倾向的人，结果是，他从来没有冒险进入赌场，他甚至会把一次行为失检都当作强烈赌博欲望的证据。这个人可能会说："考虑到我是多么不想发现我有赌博的嗜好，那么如果我在这个场合屈服了，我一定对赌博有强烈的兴趣！"适度也不是一种选项。(p.115)

　　最后，当诊断效用足够强时，即使是倾向高的人也会节制。结果是混合均衡，如图3.7所示。

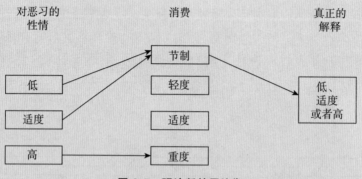

图3.7　强诊断效用均衡

　　有趣的是，在这种情况下，当每个人都节制时，节制不会提供有关一个人的潜在倾向的信息。这里的结论有点自相矛盾：节制规则不能提供信息的事实，实际上可以强制执行该规则。如果一个人可以确定自己的倾向是完美的，那么他就可以放松下来，并少量消费，比如偶尔赌博。

　　正如伯德纳和普利莱克煞费苦心地指出的那样，尽管真正的解释情境可能更"现实"，但这并不意味着它们提供了关于人们实际行为的最佳经验模型。正如我们在上一章所看到的，自欺欺人是很常见的，尤其是很多人对自己的能力有一种错误的信心。伯德纳和普利莱克就夸特隆和特沃斯基（Quattrone and Tversky，1984）使用冷加压试验诊断心脏功能的研究发表了以下评论：

　　　　被试群体明显分为自我满足的、表面价值解释的大多数和悲观的、真正的解释的少数。(Bodner and Prelec，1997，p.114)

问题

1. 就"强迫无知"而言，解释为什么还有另一个好的理由来节制"恶习"。

2. 解释为什么当诊断效用很强时，不可能有一个轻度或适度消费的均衡。尤其要考虑那些倾向最好的人可能的行为。

3. 解释为什么遵循规则是最好的，即使该规则没有提供信息。

❖**案例3.3　　　　　　　　超市销售中的心理学**

　　对于大多数人来说，去超市购物是一件苦差事，这是一种必需的耗时，但通常不是非常有益的体验。实际上，随着越来越多的人在网上购物，对于许多人来说，这已不再是必需的了。2000 年创立的 Ocado 于 2009 年开发了一款网上售卖的手机 App，现在其在 45 000 种不同商品上的销售收入超过 10 亿英镑。网上购物可以显著减少认知和体力劳动，以及出行成本和时间。

然而，对于许多购物者来说，仍然没有完全的替代品可以替代去连锁超市购物。这些商店的布局和设计非常相似，这绝非偶然。运营公司已经研究了消费者心理的各个方面，以促进和触发销售。

入口通常被视为"减压区"，旨在减缓人们的活动速度，并适应新环境。沃尔玛传统上在商店的这个区域设置"迎宾员"系统。该系统曾经做过短暂的更改，将此类人员转移到商店的其他部分，但于 2016 年又重新引入，此类人员现在被称为"客户托管员"（customer hosts）。他们的任务多种多样，不仅包括问候购物者，还包括处理客户问题和一般公关，以及检查收据。"缩水"指的是由于失误、商店行窃和员工盗窃造成的损失，属于沃尔玛的一个特殊问题，其每年的损失高达 3 亿美元。通过改善工人的工资和其他条件可以阻止员工盗窃，而"迎宾员"的目的是阻止商店行窃。这可以通过核对收据和依靠心理学来实现，即从友善的人那里偷东西的诱惑力降低了。

一旦过了入口，购物者通常进入新鲜水果和蔬菜区。对于购物者来说，这似乎有些反常。水果和蔬菜很容易损坏，所以最好在结账之前再把它们放在购物车里。心理学在这里再次发挥了作用：选择有益健康的新鲜食物可以改善购物者的情绪，发出一种具有诊断效用的令人鼓舞的信号；这也给了他们以后购买垃圾食品的许可，否则他们可能因为内疚、厌恶而不会购买垃圾食品。

牛奶、鸡蛋和面包等日常用品通常放在超市的最里面，所以购物者必须走过长长的过道才能拿到这些东西。但是，由于超市知道购物者知道这一点，所以它们故意将一些日常用品放置在过道的中间，以使购物者在寻找时放慢速度。人们在超市里待的时间越长，他们通常消费就越多。

通常，包括鱼类、肉类和熟食在内的预制食品也在靠近超市最内部的位置。超市内的面包房也是如此布置的，消费者在看到面包房之前就能闻到面包的香味。现在，即使是小型超市也使用店内面包房。这些面包房主要烘烤预先准备好的食品和冷冻面团，即使直接给商店提供成品面包的中央面包房效率更高，但是自己烘烤面包的店内面包房正在蓬勃发展。这里的原因与本能因素有关：新鲜出炉的面包的香味使人感到饥饿，从而不仅鼓励人们购买面包，而且鼓励他们购买其他食品，包括冷冻食品。气味对其他物品也很重要。例如，洗衣粉的气味会引发一种清洁感，因而一般将其放置在销售许多家庭用品的过道中。

其他本能因素也与购物者的情绪有关。声音和音乐无疑是很重要的，沙沙作响的声音可能会触发洗涤剂的销售。卖家经常使用浪漫的暗示来鼓励购买。杨及其同事（Yang and colleagues, 2014）的一项研究表明，根据消费者的浪漫状况，概念隐喻的使用（在这种情况下是浪漫）可能会产生不同的效果。他们发现，浪漫刺激会影响那些不浪漫的消费者，使他们更倾向于选择更甜的食物（一种同化效应），而导致那些浪漫的消费者更倾向于选择不那么甜的食物（一种对比效应）。

3

零售商早就知道，无论是在商店内还是在菜单上，产品的摆放位置都会对购买行为产生重大影响。例如，走道尽头的展示可能会有效地吸引人们的注意力，而在收银台附近放置杂志和口香糖等冲动性购买物品也很常见。利润率较高的产品，如名牌产品，通常放在与视线水平或略高的地方。视线水平选择的右侧位置通常被认为是最好的位置，因为大多数人都是惯用右手的，所以大多数消费者是从左到右扫描物品。因此，其中一些框定效应可能非常微妙：罗梅罗和比斯瓦斯（Romero and Biswas，2016）的最新研究表明，将健康食品放在健康程度较低的食物左侧而不是右侧*，往往会增加购买量。

购物者购买不同的产品会花费不同的时间。例如，人们通常购买啤酒时花很少的时间，这表明他们在进入商店之前已经决定了一个品牌。然而，在购买果汁时，他们会花更多的时间看标签，而且往往最后选择不买。这表明购物者有兴趣购买果汁作为碳酸饮料的健康替代品，但不确定买哪一种。由此带来的一个启示是：对产品进行更清晰的标记和分类可能会鼓励销售，同时减少选择。本章早些时候已结合伊扬格和莱珀（Iyengar and Lepper，2000）关于果酱的研究讨论过这一反直觉的方面了。

商店可以通过进行调查来试图找出顾客不购买的原因。许多顾客报告说，不能决定买什么比认为价格太高更重要。其他不买的原因可能是商品缺货，顾客在货架上找不到商品，或者服务不好。然而，新技术在这方面可能比调查更可靠。调查依赖于自我报告，有时购物者根本不知道自己不买的原因，因为这些因素都存在于潜意识中。这方面的一个例子可能是厌恶，当某些物品，如食用油或猫砂被放置在其他食品旁边时；这一方面将在下一章中在传染的背景下进一步讨论。涉及脑部扫描的新技术可能能够探测到这些隐藏的本能因素。目前，此类扫描仪是大型固定机器，但将来，根据不同大脑区域的血流量增加，VR型头戴式耳机可能能够记录本能因素。消费者必须愿意接受这种技术，因为这种程度的隐私侵犯可能会招致不满。不过，他们已经愿意接受公司跟踪他们的购买情况，并利用这些信息来建议进一步的购买，因此，消费者可能准备在未来接受扫描技术。即使在一个消费者样本上使用这个方法，也可能会得出一些重要的结果和政策启示，这可能对买卖双方都有好处。

问题

1. 解释"迎宾员"的意思，以及为什么使用他们。

2. 为什么牛奶经常放在超市的最里面？

3. 在使用大型中央面包房效率更高的情况下，为什么小型超市经常有店内面包房？

4. 为什么水果和蔬菜被摆放在超市的入口处？

5. 列举四个可能阻碍消费者购买商品的因素。

6. 为什么大脑扫描在超市购物的背景下是有用的？

---

* 摆放在左边应该就是视线的右侧。——译者注

第 4 章

信念和期望

为什么有人会支付 959 500 美元去买一把旧吉他？原因很简单，因为这把吉他曾经归属于埃里克·克拉普顿（Eric Clapton）。同样的道理也解释了为什么有人会花 48 875 美元买一根杰奎琳·肯尼迪（Jackie Kennedy）的卷尺，或花 3 300 美元买伯尼·麦道夫（Bernie Madoff）的脚凳。然而，行为经济学家很好奇，为什么名人物主身份会使价值膨胀得如此之高？这种现象被称为"正的传染"。

4.1 新古典主义经济学模型

□ 基本假设

在上一章中我们研究了人们如何从态度、价值观和偏好角度做出最终选择。根据方程（1.1）所描述的标准模型可以看出，当涉及效用时，上述方面与组成部分（4）密切相关，而当涉及选择时，就需要对（1.1）式中的组成部分（4）进行最大化。但是，在决策过程中，针对不同的选项和结果会做出不同的假设。在本章中，我们重点关注的就是这些结果的确定性问题。因此，我们需要对（1.1）中涉及概率和信念的组成部分（3）进行研究。就信念而言，新古典主义经济学模型的主要假设是：决策者是完全理性的而不是有限理性，并且他们的决策服从贝叶斯概率估计。下面我们依次对这些假设进行解释。

1. 完全理性

完全理性意味着人们不仅拥有与决策有关的所有相关信息，而且能够及时、准确和无成本地对相关认知信息进行处理。但是，在大多数现实生活中，完全理性是不存在的，我们可以说存在着**有限理性**（bounded rationality）。有限理性的概念是西蒙（Simon，1955）首次提出的，他也是第一个强调有限理性对于决策有重要影响的学者。有限理性最普遍的含义是：我们倾向于在许多决策情况下，使用直觉推断的方法，即"用适量的计算得到满意解的方法"（Simon，1990）。"直觉推断"一词最初是从心理学中引进的，指的是通过简单的过程来代替复杂的算法（Newell and Simon，1972），现在已经扩展为我们为了简化过程或者加快决策进程而实施的任何决策规则。一个很好的例子是：永远不要在餐厅里点价格最高或者价格最低的菜品，因为决策者的直觉推断会认为这两种菜品都不会有其相应的价值。我们可以在许多研究行为的文献中看到大量关于直觉推断方法的描述。莎和奥本海默（Shah and Oppenheimer，2008）认为在直觉推断方法领域有太多的冗余，即不同领域的许多相似和重叠概念的名称不同，而且对于由繁入简这个直觉推断领域最重要的原则关注不足。在以下各章中，我们都会适时地回顾这些问题。

使用直觉推断最大的问题是会导致**偏见**（biases）的存在，即存在着系统性错误。对于信念而言，这些错误是事实；偏见也可能出现在偏好方面，其中的误差可能导致非最优选择。

2. 贝叶斯概率估计

贝叶斯概率估计意味着人们在给定相关信息的情况下，能够正确地估计事件发生的概率，尤其是能够根据一系列先前的结果对相应的概率进行正确的更新。对于贝叶斯估计以及估计偏差的解释和意义将会在小数定律章节进行研究，在本章我们举一个简单的例子进行解释。当一枚硬币连续抛掷几次都出现正面时，对于下一次抛掷出现正面的贝叶斯概率估计仍然是 0.5，因为在这种情况下先前的结果并不会影响之后的结果。但是，许多人会错误地认为之前的抛掷结果会影响下一次抛掷的结果（因为其他情况下也是如此），并且估计下一次抛掷硬币结果为正面的概率小于 0.5。这就是导致"赌徒谬误"的"均值回归"效应的一个例子。在第三节*的小数定律部分会对这两个术语进行详尽的解释。

一般的贝叶斯公式如下：

$$P(A|B) = \frac{P(B|A)P(A)}{P(B)} \tag{4.1}$$

该公式可以用来估计非随机事件为真实事件或者非真实事件的概率，但其结果是未知的。比如我们往骰盅掷骰子时，虽然产生的是明确的结果，但是直到骰盅被拿开时，我们才能知道结果。

在给定新的信息的情况下，**贝叶斯定理**（Bayes' theorem）通过以下式子来更新或者修改概率：

$$P(H|E) = \frac{P(E|H)P(H)}{P(E)}$$

其中

- H 表示一个特定的假设，可能是某个**零假设**（null hypothesis），也可能不是。
- E 表示已经观察到的证据。
- $P(H)$ 是 H 的**先验概率**（prior probability），是在获得新证据之前推断出来的。
- $P(E|H)$是在假设 H 为真的情况下，观测到证据 E 的**条件概率**（conditional probability）。当它被认为是固定 E 的 H 的函数时，也称为**似然函数**（likelihood func-

---

* 疑似作者笔误，应为第二节。——译者注

tion)。

· $P(E)$ 称为 E 的**边际概率**（marginal probability）：是所有可能假设下观察到证据 E 的先验概率。它可以计算为任何互斥假设的完整集合的所有概率与相应条件概率的乘积的和：

$$P(E) = \sum P(E|H_i)P(H_i)$$

· $P(H|E)$ 是给定 E 的情况下 H 的**后验概率**（posterior probability），并且是在考虑到证据 E 的前提下假设 H 为真的概率估计。

其中，$P(E|H)/P(E)$ 表示证据对于信念假设的影响。在下面基率偏向的讨论中将会给出该因素的解释以及上述所有概念的应用示例。

4.2 概率估计

本节中描述的偏差类型与理性的贝叶斯估计相关，这里存在着引起偏向的各个方面的因素。在讨论这些问题之前，需要澄清一个一般性的观点。学者们通常认为偏向的存在意味着错误的推理，但这一观点不一定是正确的，因为随机噪声会干扰信息的处理，所以可能会使概率估计中出现系统性错误（Costello and Watts，2014）。也有许多学者支持由卡尼曼和弗雷德里克（Kahneman and Frederick，2002，2005）推广的双过程理论，即认知过程涉及两个独立的系统，通常称为系统 1 和系统 2（Evans，2011；Evans and Stanovich，2013）。系统 1 与直觉方面有关，以感知为主，其中，信念和判断能够在直觉推断方法的基础上迅速形成。通常把系统 1 视为根据经验法则做出的决策。系统 2 与推理有关，是一个缓慢、更有意识的计算过程。这种双重性的主要结果是：在多数情况下，系统 1 造成判断上的偏向，而系统 2 无法进行纠正。例如下面这个问题：球棒和球总共花费 11 英镑，球棒比球贵 10 英镑，请问球的价格是多少？大部分人很快回答：球的价格是 1 英镑。但这并不是一个正确的答案。在这种情况下，系统 2 无法迅速地进行纠正。现在，我们考虑一些常见的直觉推断的方法和其相对应产生的偏向。

☐ 易得性直觉推断

人们通常会错误地估计事件发生的概率，尤其是罕见事件发生的概率。他们通常会高估飞机失事、怀孕或者遭受暴力犯罪的可能性。买彩票就是一个被经常引用的例子。加州彩票是世界上最大的彩票之一，它的玩法是在 1 到 51 之间选择 6 个数字，只有完全匹配才能获得大奖。获奖的可能性低于 1/1 800 万。换句话说，如果一个人每个星期买两次这种彩票，则大约每 175 000 年才能中奖一次。卡尼曼、斯洛维克和特沃斯基（Kahneman，Slovic and Tversky，1982）发现人们对于这种彩票的中奖概率高估了 1 000%。

在卡尼曼和特沃斯基的许多论文中，都认为人们在估计事件的概率时，倾向于使用易得性直觉推断，即人们会高估比较容易记住的事情的概率。通常情况下，直觉推断方法是合理、有效的，因为更容易回忆起的事情发生的频率更高。当人们判断总体中某类别出现的可能性时，会产生易得性偏向。研究发现，类别的大小会引起偏向的存在，即总体中更多的分类会比少量的分类更容易产生偏向，即使这些分类的标准无关紧要，且每个分类结果的客观概率相同（Isaac and Brough，2014）。例如，一项研究的参与者非理性地预测，如果他们的彩票颜色与其他参与者的多张（或少张）彩票相匹配，则中奖的可能性更大，因此，他们下注的次数也会增加 25%。

易得性直觉推断方法主要的误差来源是**显著性**（salience），这个特征在其他偏向中也是如此，但是，显著性在这里主要的作用是使得那些被充分宣传或者人们印象深刻事件的概率被夸大。因此，尽管地震发生的概率极小，但是，当近期发生地震后，人们购买地震保险的数量明显增加。这个错误可能被福斯格劳（Vosgerau，2010）提出的效应所包容，这个效应与由于兴奋导致的错误归因有关，有时被称为情感直觉推断（Pachur，Hertwig and Steinmann，2012）。

当涉及高风险而不是低风险时，这两种直觉推断方法在决策过程中可能都是相关的。当风险较高时，人们会期望理性的决策者更多地使用系统 2 的过程，较少地依赖直觉推断。但是，弗雷林、塞尼和杨（Freling，Saini and Yang，2012）的研究发现了相反的证据。他们认为在高风险时，人们更多地依赖于轶事证据而不是客观的统计信息，因为轶事往往具有更大的情感影响和显著性，而且也倾向于在认知上更容易处理。

易得性直觉推断和情感直觉推断的结合对于政府的政策会产生明显的影响，以至政府可能会把太多的资源用于大问题，而把太少的资源用于小问题（Sunstein，2002）。因此，政府可能对于公众比较关心的传染性疾病和恐怖主义威胁不假思索地做出反应，但是对于关键基础设施建设和疾病预防则投入不足。

☐ 代表性直觉推断

通常，代表性直觉推断是指对一个范畴的整体判断主要由原型的相关属性所决定的现象（Kahneman and Tversky，1972，1973；Tversky and Kahneman，1971，1983）。这意味着人们倾向于根据一个主体与这个类别中典型物品的相似程度来评估该主体属于某个类别的可能性。尽管这种策略在某些情况下可能有效，但是，人们在做出代表性直觉推断时往往会忽视概率论和集合论的基本法则。这种现象典型的例子是给受访者描述具有典型女权主义特征的琳达的性格。于是，大部分被调查者都相信"琳达既是一位银行出纳员，也是女权主义的积极分子"这样的陈述，而不是"琳达仅仅是一名银行出纳员"这样的陈述（Tversky and Kahneman，1983）。在这种情况下，对于女权主义印象深刻的描述，会使人们忽视了 $P(A$ 且 $B)$ 永远不会大于 $P(A)$ 这个基本的概率法则。在许多研究中都发现，人们对于结合式和条件式陈述存在着推理困难（Johnson-Laird et al.，1992，2000）。

代表性直觉推断的另一个例子是金融市场上投资者行为和对于新信息的反应。根据金莱奥里、施莱弗和维什尼（Gennaioli，Shleifer and Vishny，2015）建立的模型，投资者会对于利好消息反应过度，因为这样的消息代表了一种良好的状态。而一些坏的消息则不会改变投资者的想法，因为好的状态仍具有代表性。但是，足够多的坏消息会导致信念从根本上发生改变，并引发金融危机。同样的，当不良状态成为常态时，一些利好消息也会被投资者忽略。作者声称，该模型会产生"债务超额发行"，这是一种不同的信念，会产生对于尾部风险的忽视和对信息反应不足以及过度反应、繁荣和萧条周期以及价格的波动。本质上，该模型在明斯基假说（Minsky hypothesis）中增加了关于债务与金融危机之间关系的行为因素。

我们再举一个例子来加深理解，这个例子不仅说明了代表性直觉推断的方法，而且还说明了下面将讨论的基率偏向。一名叫做简的女人具有以下特征：她喜欢芳香疗法和新世纪音乐，会定期阅读星座运势，并且是灵性群体中的一员。当人们被问到他们认为简更可能是一个整体治疗师还是一个学校老师时，他们经常回答说，她更有可能成为一个整体治疗师，因为她的个人特征描述更加符合一个整体治疗师的特征。

□ 基率偏向

上面那个例子回答错误的原因是因为忽略了一个事实，即整体治疗师的数量要远远少于学校教师的数量。这是一个基率偏向典型的例子，同时这也是由于显著性所引起的常见现象。一般而言，基率偏向意味着，只专注于更加突出的特定信息，而忽略了与整体有关的一般信息。

卡斯塞尔斯、肖恩伯格和格拉博伊斯（Casscells, Schoenberger and Graboys, 1978）给出了一个更为复杂的且涉及条件概率的例子，该例子涉及"误诊"的问题。该例子是关于对人们进行医学检查，比如对艾滋病这样的疾病进行检查。在大多数情况下，患这种病的概率非常低，大约是千分之一。但是，有可能出现误诊的情况，进行医学检查的准确率只有 95％。在这种情况下，人们往往忽略了这种疾病的罕见性（称为基率），而高估了实际生病的可能性。即使大多数哈佛医学院的医生也没能找到正确的答案。每 1 000 名患者接受诊断，实际上只有 1 个是真正患艾滋病的，其余 50 个人呈假阳性。因此，被确诊的病人只有 1/51 的概率患艾滋病。

我们可以用贝叶斯定理更加详细地说明该例子。为简单起见，我们假设患艾滋病的人会 100％被检测出来

令 A 表示患者患病的情况，B 表示检测结果呈阳性的事件。然后，如果检验结果为阳性，则患者实际患有艾滋病的概率为：

$$P(A|B) = \frac{P(B|A)P(A)}{P(B|A)P(A) + P(B|非A)P(非A)}$$
$$= \frac{1 \times 0.001}{1 \times 0.001 + 0.05 \times 0.999} = 0.019\ 6$$

这意味着阳性结果中为假阳性的可能性为 $1 - 0.019\ 6 \approx 0.98$。更现实地讲，如果患者进行检验时可能有假阴性的结果，这就意味着 $P(B|A) < 1$，这种情况会使结果有细微的改变。如果我们假设假阴性的可能性很小，则结果差别不大。例如，如果某人患有该疾病但结果为阴性的可能性为 0.99，则 $P(A|B) = 0.019\ 4$。

一般而言，如果考虑假设是真实的（检查的人患有艾滋病），则有可能观测到证据 E（结果为阳性）。但是不做任何假设时，从本质上讲，E 是不可观测的，因为 $P(E|H)/P(E)$ 将会很大。在给定假设的基础之上，用先验概率 $P(H)$ 乘以该因子，将使

后验概率更大。但是如果基率 $P(H)$ 非常低，后验概率也会倾向于比较低。因此，基率偏向（即无视基率）的结果是：我们往往高估了在测试为阳性的情况下生病的概率。

相反，如果考虑假设为真的情况，则不大可能观测到证据 E，但是如果先验地观测到证据 E，则该因子将会降低 H 的后验概率。因此，在贝叶斯推论下，贝叶斯定理衡量了新证据下应该如何修改假设的信念。

□ "小数定律"

这里主要的错误是：人们将适用于大样本的原理应用于小样本中。我们将研究拉宾（Rabin，2002b）所描述的模型。该模型将研究人们观察来自独立同分布（iid）的随机变量过程中的一系列信号的情况。**独立同分布**（identically distribution）意味着每个随机变量都有相同的分布，并且相互之间是**独立的**（independent）。一个简单的例子就是抛硬币问题，其中，每次抛掷正面和反面的概率都是 0.5，并且每次抛掷的结果不会影响其他抛掷的结果。假设人们错误地认为硬币是有限的且无放回地取出，而正确的假设应该是有放回地取出。我们下面研究错误假设的后果。

1. "赌徒谬误"效应

"赌徒谬误"效应的名字来源于赌徒对于赌注的观察，即认为一个事件发生的概率与之前发生的事件有关，其发生的概率会随着之前没有发生该事件的次数而上升。我们发现，当信号的分布已知时，就会出现这种效应。如果一个容器中包含 10 个球，5 个球代表上，另外 5 个球代表下，都是进行有放回地取出，这个实验等同于硬币抛掷实验。如果连续三次取出的球都是代表上的球，理性的人此时会预测，下一次抽到代表上的球的概率应该仍为 0.5。但是，如果人们认为取出的球是无放回的，在这种情况下意味着容器中只剩下 2 个代表上的球。因此，他们会估计下一次取出的球为上的概率为 2/7 或者 0.286，取出的球为下的概率为 0.714。这是代表性直觉推断的例子，即认为在前三次取出的球都是上的前提下，第四次取出的球为下的概率要大于取出的球为上的概率。在下面的章节中，我们还会遇到很多这种直觉推断的例子，"赌徒谬误"有时也称为**"常规律"**（law of averages），即认为每个事件发生的概率均为 50%，所以说取出的球为上的数量应该与取出的球为下的数量一样。

有各种各样的实证证据支持"赌徒谬误"效应的存在，例如，新泽西州的三选三游戏，该游戏是一个同等投注系统，即意味着某个数字下注的人越少，预期奖金就会越高。已有研究发现，当某个数字被开出时，再买这个数字的金额会急剧下降，而通常过几个月后才会恢复正常（Clotfelter and Cook，1993；Terrell，1994）。

对于这种非理性的现象，从进化心理学的角度有一个有趣的解释（Pinker，1997）。在我们过去的进化环境中，往往有充分的理由相信，一系列常见的结果可能会在某个时候被打破。对于降雨或日照等气象事件尤其如此。当然，这一系列事件的预期长度将取决于具体情况。就像一朵云最终会吹过太阳一样，在某一时刻，太阳再次出现的可能性会变得更高。我们将看到，人们的许多偏见都是基于进化适应性或与个人经历有关。

在上面的例子中，人们从一系列相同的信号（比如抽出三个代表上的球）中错误地推断出下一次抽取结果的概率。但是，在许多情况下，人们会做出与之相反的推断。下面我们将描述并解释这个矛盾的问题。

2. "热手"效应

这个效应的名字来源于篮球运动员和球迷之间的错误信念，即前面刚刚投进一球的运动员再进一球的概率要大于刚刚投篮不进的运动员（Gilovich，Vallone and Tversky，1985）。尽管这种"过度推断"似乎与"赌徒谬误"相反，但实际上两者之间是一种互补效应，这再次涉及对不可替代假设的错误应用。

当信号分配存在不确定性时（例如，股价在任何特定时间段会上涨还是下跌），就会产生这种效应。德拉·维格纳（Della Vigna，2009）给出的例子就很有启发性。该例子存在着两种由不同能力经理所管理的基金。每个基金相当于一个装有 10 个球的容器，管理良好的基金容器里有 7 个上升球和 3 个下降球，意味着基金价值上涨的概率为 7/10。管理不当的基金容器里有 3 个上升球和 7 个下降球，意味着该基金价值上涨的概率为 3/10。管理得当和管理不当的先验概率都是 0.5，所以当我们观察到球从容器中取出前，我们认为基金管理良好和管理不当的概率都是相同的。然后依次从容器中取出球，但是投资者不知道是从哪个容器中取出的球。在观测到连续取出 3 个上升球时，投资者会认为该基金是管理良好的基金的概率比较大。

理性的投资者会运用贝叶斯定理来解决这个问题，假设每次都是有放回地取出，按照（4.1）的贝叶斯公式：

$$P(A|B) = \frac{P(B|A)P(A)}{P(B)}$$

因此，理性的投资者计算出这种情况下该基金为管理良好的概率为：

$$P(管理良好 \mid UUU) = \frac{P(UUU \mid 管理良好) \times 0.5}{[P(UUU \mid 管理良好) \times 0.5 + P(UUU \mid 管理不当) \times 0.5]}$$

$$= (0.7)^3 / [(0.7)^3 + (0.3)^3] \approx 0.927$$

如果投资者认为遵循"小数定律"时，即每次都是无放回地取出，则贝叶斯表达式为：

$$P(管理良好 \mid UUU) = (7/10 \times 6/9 \times 5/8)/[(7/10 \times 6/9 \times 5/8) + (3/10 \times 2/9 \times 1/8)]$$

$$\approx 0.972$$

由此可见，这类投资者在经历了三次管理良好的表现后，会过度推断基金经理的能力。一方面，当理性的投资者预测下一轮基金的表现时，他们计算下次取出上升球的概率为 $0.927 \times 0.7 + (1 - 0.927) \times 0.3 = 0.670\,8$。另一方面，遵循"小数定律"的投资者计算出下一轮取出上升球的概率为 $0.972 \times 0.7 + (1 - 0.972) \times 0.3 = 0.688\,8$，他们认为，下次取出上升球的概率更大。

有大量的研究为金融市场的"热手"效应提供了证据。贝纳茨（Benartzi，2001）发现，员工对自己公司股票的投资程度在很大程度上取决于公司股票过去的表现。在过去 10 年中，业绩最差的 20% 的公司中，员工投资于自家公司资金的比重只占自身储蓄的 10.4%，而在业绩前 20% 的公司中，这一比例达到了 39.7%。正如德·邦德和塞勒（De Bondt and Thaler，1985）所说，投资者会倾向于过度投资那些过去具有较高回报的个股，从而使他们的股价被高估，进而影响其以后的回报率。

3. 综合

在这一点上，"赌徒谬误"效应和"热手"效应之间的矛盾似乎是很难调节的。但实际上，在某些情况下，不同的人可能会同时遇到两种效应。买彩票就是这样的例子，大多数玩家在选择数字时会表现出"赌徒谬误"效应，例如，避开最近开奖的数字。但是，最近一项研究发现的情况恰恰相反，即玩家会跟随获胜者进行投注，甚至会为此付出一定的代价（Yuan，Sun and Siu，2014）。

施莱弗和维什尼（Shleifer and Vishny，1998）的一项研究在不同的环境下说明了这种现象，并再次证明了小数定律可能导致上述两种效应，即对市场信号反应不足和反应过度。在短期内，投资者遵循"赌徒谬误"，认为一系列相同信号出现后，比如股价连续上涨，之后会出现下跌的情况［**均值回归法则**（'mean-reverting' regime）］。因此，他们不会对该股票进行投资（反应不足），导致该股票被低估，从而在短期内该股的收益率会保持在一个较高的水平，表现出一种正相关或者正动量。然而，在长期内，投资者进行了过度推断，认为股票遵循一个**"趋势"法则**（'trending' regime），从而预期该股票的股价会持续上涨。这种"热手"效应会引起反应过度。该股票由于投资者的过度投资从而被高估，在长期内收益率会保持一个较低的水平。

小数定律在其他方面也有助于解决"赌徒谬误"和"热手"效应之间的明显矛盾。买彩票就是一个很好的例子，正如前面所说，人们会避免买入最近开奖的数字，这表明了"赌徒谬误"效应。但是也有证据表明，在某个彩票店出现大奖后，该彩票店之后一周的销售额会增加 $12\%\sim38\%$。古里安和卡尼（Guryan and Kearney，2008）研究了"热手"效应，并且对于彩票中出现的两种相互矛盾的效应做了解释。他们认为：

> "热手"效应的信念并不是根据数据生成过程中产生的信号（正如大部分解释所说的那样），而是根据数据生成过程中本身的特性，即数据生成过程是否被认为是有意义的。

心理学的相关研究为这一假设提供了支持（Ayton and Fischer，2004；Caruso，Waytz and Epley，2010）。"热手"效应在某些情况下是真实存在的。例如，拉布、古拉和吉格伦泽（Raab，Gula and Gigerenzer，2012）发现在排球比赛中，一半的球员都会存在"热手"效应。此外，该效应对于球权的分配有相应的影响，将球更多地传给手热的选手会增加球队获胜的机会。最近还有两项关于职业运动的研究证实了"热手"效应的存在。在对网球比赛的结果进行分析后，杰特和沃克（Jetter and Walker，2015）发现，该效应会使网球选手在最近十场比赛中获胜的概率提高 $3.2\sim3.4$ 个百分点。罗森奎斯特和斯堪思（Rosenqvist and Skans，2015）对职业高尔夫选手的研究发现，在顶级赛事中晋级的选手其成绩记录要比未晋级的选手好得多。

就彩票情况而言，古里安（Guryan）和卡尼（Kearney）认为数字的选择似乎是一个随机过程，不包含任何刻意因素，因此，小数定律使人们表现出"赌徒谬误"效应，即他们认为近期中奖的号码再次中奖的概率极低。然而，对于商店来说，在选择获胜商店的过程中可能存在人为因素，从而导致了"热手"效应。对于这种人为因素，有以下猜测：可能是购买中奖彩票的人有意选择了这家商店；或中奖彩票的地点可能归因于彩票专员的腐败，因为中奖商店老板可以获得 1% 的奖金，从而他有行贿的动机。

古里安和卡尼还指出，在辍学率更高、老年人更多和更加贫困的地区，这种"幸运商店"的影响更大。他们认为，这可能是由认知偏向引起的。

☐ 一致性偏向

当人们倾向于"随大流"来进行决策时，就会出现这种现象。因此，他们对于概率的判断取决于其他人用非贝叶斯方式进行的决策。与此相关的第一项研究是，阿什（Asch，1951）在 20 世纪 50 年代做了一系列实验。在最初的研究中，阿什给每组八名学生展示了两张卡片，如图 4.1 所示，第一张卡片上有一条直线，第二张卡片上有三条直线，其中一条与第一张卡片上的线的长度相匹配，而另外两条线则明显比第一张卡片上的线短或长。然后，依次要求学生大声地说出第二张卡片上哪条线与第一张卡片上的线长度是相同的。在八名学生中，有七名学生是故意安排的内部人员，并要求他们回答相同的答案，有时是不正确的答案，并且总是安排非内部人员最后一个回答问题。在控制组中，在没有干扰的情况下，回答错误的概率非常低，不到 1%。但是在实验组中，在有干扰的情况下，回答的平均错误率会上升到 37%。在 12 轮实验中，只有 5% 的被试者保持了决策的一致性，有 75% 的被试者至少犯了一次错误。在方法论角度受到各种批评后，阿什改进了该实验，但是一致性偏向仍然存在。臭名昭著的米尔格拉姆和斯坦福监狱实验（Milgram，1963；Zimbardo，1972）也提供了一致性偏向存在的证据，在服从权威的前提下，被试者愿意将痛苦强加于他人。

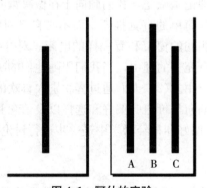

图 4.1　阿什的实验

资料来源：Asch，S. E.，1955，p. 3. 经许可使用。Copyright © 1955 Scientific American，A Division of Nature America，Inc. 版权所有。

自阿什的研究之后，无论是实验室实验还是实地实验，都有很多证据表明，人们存在着"随大流"的行为。一致性偏向对于个人、企业和政府都有很大的影响，我们将介绍一个与上一章所述的实验相关的例子，该例子涉及减少酒店毛巾的使用（Baca-Motes et al.，2013）。除了发现戴上翻领别针可确保客人保持一致，并增加承诺外，他们还发现，当房间中有一条告示时，即使这个告示是不正确的，都会使增加毛巾的数量与重复使用毛巾的效果相同。

在对于一致性的理性分析以及如何根据他人的信念确定自己的信念和概率时，理性的贝叶斯概率更新在一定程度上会模仿别人，但也应该意识到，这将导致信念的相关性。与之相反的是采取反模仿策略，即采取一种与别人对立的行为。艾斯特和拉宾

（Eyster and Rabin，2014）指出，经常去模仿别人而自己没有主见的人，都将会增加人们趋向于长期错误信念的可能性。

一致性偏向尽管看起来是非理性的，但还是有两个理论基础。首先是从进化心理学的角度分析，"随大流"是一种适应性行为，因为其有助于个体在许多情况下生存下来。比如，在许多动物种群中比较常见的逃离火灾。当涉及人类的行为时，金融市场上投资者的行为就是一个很好的例子。不管是在金融资产上涨还是下跌过程中，都能观察到羊群效应。而一致性偏向就是该效应的主要原因，我们可以从两个方面进行分析。首先，我们可以简单地假设别人知道我们所不了解的消息，所以跟随他们的行为是一个好的策略。其次，大部分投资者都是把资金交给职业经纪人进行打理，而职业经纪人需要对他们的客户负责，以获得良好的回报，因此职业经纪人宁愿跟随大流进行错误的投资，也不愿意冒险去进行只有少数人认同的冒险投资。即随大流是职业经纪人为了让客户满意，并保住工作的安全策略。另一个例子涉及学术界，在所有的学科中，都存在着所谓的主流模型，该模型会被认为是当前研究的范式并受到主流研究者的青睐（Kuhn，1970）。由于科学家的地位取决于其所发表的文章，所以说为了能够发表文章，使用主流模型和方法是比较安全的策略。随着时间的流逝，这种安全策略会使得现有的主流模型难以解释新的异象。但在某个时候，一些勇于创新的研究人员会提出与之前的主流模型不同的新模型，在得到很多研究人员和数据支持后，这个新模型就会成为新的研究范式。在20世纪初期的物理学研究中，量子力学和相对论推翻了"经典物理学"的统治地位。

一致性偏向的第二个理论基础是，我们倾向于在做决策时不需要费力地去认知，即我们只需要跟随别人做一些简单的直觉推断，而不必自己对整个事件进行完整的评估。例如，去同一家餐厅、买相同的窗帘和看一样的电影。对这种行为有两个可能的解释：（1）相信大众做出的决策有充分的理由，当我们跟随他们的决策时，我们可以最大化自身效用或者至少增加自身效用。（2）人们通过喜欢别人喜欢的东西来获得一种"别人授予"效用。因此，一致性偏向与价值、偏好和选择以及信念和期望都密切相关。对于该问题将会在第10章的社会偏好和神经科学中进一步进行讨论。

□ 圆度

一些研究表明，在某些情况下消费者更偏爱奇数和整数。偏爱整数可能与简单有关，但是在购买彩票时，人们认为奇数中奖的概率大，因为消费者认为奇数更加具体和现实（Dehaene and Mehler，1992；Sevilla and Bagchi，2014）。

4.3　自我评估偏向

自我评估偏向有时会在过度自信章节进行描述，但是，我们会发现，过度自信只是自我评估偏向的一个重要方面，还有与其相反的另一面——过度自谦。此外还有自我助益偏向，尽管这种偏向经常会涉及过度自信，但它与信念的其他方面有关。因此，我们用自我评估偏向作为这几个方面的通用术语，涉及对于自我情况评估的所有信念方面。

□ 过度自信

普劳斯（Plous，1993）认为，在判断和决策中没有任何问题比过度自信更加普遍和更具灾难性。对于过度自信进行细分，有助于解释在实证研究中存在的明显不一致问题。我们将遵循摩尔和希利（Moore and Healy，2008）提出的分类方法，将过度自信分为三类，即过高估计、过高定位和过度精准。

1. 过高估计

过高估计与人们高估自己的实际能力、表现、控制水平和成功机会有关。实证证据表明，这是一种普遍存在的现象。人们会高估他们完成各种任务的能力、高估他们完成项目的速度（写本书时似乎就出现了这种情况！）和高估未来的自我控制能力（在第 8 章中将会研究）。研究表明，在许多不同的专业领域都存在着过高估计：球队经理在 NFL* 选秀中选择球员（Thaler，2016）、政治专家（Tetlock，1999，2005）、金融顾问（Hoelzl and Rustichini，2005）、投资者（Kadous et al.，2014）和首席执行官（Malmendier and Tate，2005，2008）。人们有可能在观看了某个领域的大师表演后，对自己的能力过度自信，比如在运动中（Scopelliti，Botti and Donato，2013），并且对于自己的未来前景表现出不切实际的乐观（Buehler，Griffn and Ross，1994；MacDonald and Ross，1999）。

大多数研究者认为，过度自信受到潜在心理因素的影响，但也有一些研究者试图通过其他方式来解释过度自信，特别是认为过度自信是由于均值回归引起的统计伪像（参见 Kahneman，2012）。我们也会看到，在某些情况下，人们会过于悲观，从而低估了自己的能力。我们将在过度自谦部分进行解释。过度自谦和过度自信同时存在令人感到困惑，因为从生物学角度来看，个人能够准确地评估自己的能力对于生存和繁殖来说都是有益的。该问题将在本章的后面进一步进行讨论。

2. 过高定位

过高定位有时被称为"优于均值"（BTA）效应，因为它是相对于他人而不是绝对地评估一个人的能力。同样，这种现象已经被不同行为领域的大量研究记录在案。比如受访者通常认为自己的驾驶能力优于平均水平（Svenson，1981）、伦理学（Baumhart，1968）、管理能力（Larwood and Whittaker，1977）、生产率（Cross，1997）、健康状况（Weinstein，1980）、解决难题的能力（Camerer and Lovallo，1999）、社会能力（Swann and Gill，1997）和身体机能（Dunning，Meyerowitz and Holzberg，1989）等等。还有研究发现了过高定位的另一个不同例子：人们会高估他人愿意为自己东西支付的金额，例如巧克力小矮人、书籍、泰迪熊、烟熏三文鱼、运动器材、苹果手机、艺术品、礼品券、赌注、登月之旅和可以说法语的神奇药丸等各种物品（Frederick，2012）。

与过高估计一样，一些研究人员试图用均值回归、缺乏经济激励或人们不关心自己的报告来解释这些发现，但总的来说，这些发现似乎相当稳健，呈现出了上面提到的同样的困惑。

---

* 指美国国家橄榄球联盟（National Football League）。——译者注

3. 过度精准

过度精准是指对于个人信念正确性的过度肯定。研究者经常向参与者提出带有数字答案的问题（例如，"尼罗河有多长？"），然后，让参与者估计自己答案的置信区间。结果显示，参与者估计的置信区间都很窄，表明参与者确信自己知道正确答案。例如，阿尔伯特和雷法（Alpert and Raiffa，1982）研究发现，一组要求98％置信区间的MBA学生的答案正确率只有57％，而不是预期的98％。克莱曼（Klayman，1999）和他的同事索尔（Soll，2004）的实验研究发现了类似的结果。在个人投资者进行交易的情况下，该研究结果得到了重复验证（Odean，1999；Barber and Odean，2001）。在他们最后一种实验情况下，投资者由于高估了有关个体公司信息的准确性，从而导致交易变多。巴伯（Barber）和奥登（Odean）的研究进一步发现，男人比女人在这方面表现得更加明显。

在选民的"政治信仰"领域也发现了过度精准的现象。有研究表明，许多选民都表现出过度精准的特征，尤其是在意识形态极端性、投票率和党派认同方面（Ortoleva and Snowberg，2015）。

卡尼曼（Kahneman，2011）研究表明，各个领域的专家更容易出现过度精准的情况。一个例子是让大型公司的首席财务官预测标准普尔指数的回报率，并要求给出80％的置信区间作为预测。但只有1/4的结果是正确的，介于−10％与+30％之间。另一个研究与医生有关，尸检结果表明，在医生"完全确认"死亡诊断的情况下，有40％是错误的。我们会再次感到困惑：从事件的表面来看，各领域的专家不应该出现如此高的错误率。其中的原因我们将在本章的末尾进行解释。

□ 过度自谦

实证研究中也发现了与上述相反的结果，即人们有时会低估自己的能力、控制力，并且相对于其他人而言，会对自己的表现定位过低（Kirchler and Maciejovsky，2002；Burson，Larrick and Klayman，2005；Fu et al.，2005）。一些研究表明，当任务比较容易（如开车）或者成功的概率比较大时，人们会表现得过度自信；而当任务比较困难（如弹钢琴）或者成功的概率较低时，人们会表现得过度自谦。这种现象被称为**"难易"效应**（'hard-easy' effect）（Lichtenstein and Fischoff，1977）。

也有一些研究与上面的研究结果相冲突。这些研究报告称，对简单任务和可能成功的任务缺乏自信。摩尔和希利（Moore and Healy，2008）认为这种冲突是由于混淆了过度自信和过高定位引起的。他们就此提出了可以解决实证研究中存在的异象并解决彼此之间明显冲突的理论。其描述如下：

> 人们通常对于自己的表现、能力和成功机会等信息了解不完全，对于别人的信息则了解得更加不完全。结果就会导致人们对于自己的估计是累退的，对于别人的估计更是累退的。因此，当表现出色时，人们倾向于低估自己的表现，并且会更加低估别人的表现，从而认为自己比别人表现得更出色。同理，当表现不好时，人们倾向于高估自己的表现，并且会更加高估别人的表现，从而认为自己比别人表现得更加糟糕。（p.503）

通过该理论，人们确实可能把过高估计和过高定位结合在一起，反之亦然。摩尔和希利通过一项让学生做些小测验的实验证实了他们的理论。

就过度乐观和过度悲观而言，还有一种因素发挥着重要的作用，这就是唤醒，有时也被称为本能影响。因此，如前所述，这种现象有时也称为情感直觉推断。福斯格劳（Vosgerau，2010）提出，相对于情绪上中立的事件，人们会高估期望发生和不期望发生事件的概率，因为他们错误地将唤醒这些事件归因于其更大的感知可能性。因此，我们会高估恐怖袭击和得癌症的可能性；同样，我们可能高估自己国家球队赢得世界杯的可能性。福斯格劳在四项研究中都发现了这种错误归因现象的证据。

上面提到的错误归因效应能够解释另一个行为方面的奇怪现象，即人们不愿意交换手中的彩票（Risen and Gilovich，2007）。米勒和泰勒（Miller and Taylor，1995）指出，在采取行动后导致的不良后果，比不采取行动导致相同的不良后果会更加令人痛苦。因为在人们的记忆中，采取行动后被惩罚的例子会被放大。这种由预期遗憾所引起的厌恶会错误地增加该事件发生的可能性。因此，我们不愿意去交换手中的彩票；同样，在超市结账排队中，我们也不愿换到旁边看起来似乎会更快的队伍中。我们将会在"诱人的宿命"一节讨论这种行为的另一个方面。

□ 自我助益偏向

自我助益（自利）偏向是指为了维持和增强自尊的需要而扭曲的认知过程，并且被用来描述在本质上不同的信念偏向。比如，人们通常将成功归因于自己的能力，而将失败归因于环境因素、别人的问题或者运气不好，这种不对称的行为是自我助益偏向的一种表现（Zuckerman，1979）。人们也往往会高估他们对于团队项目的贡献（Ross and Sicoly，1979）。这些都是过度自信的表现，并与许多社会认知研究的发现相吻合。这些表明，人们通过塑造他们对于社会世界的信念和判断，来维持他们作为一个有能力、有善心和有道德个人的神圣信念（最近的一项研究，参见 Dunning，2007）。这种自我助益偏向与格莱塞（Glaeser，2004）的发现一致：

> 当偏差增加了当前的效用时，错误的信念将会更加普遍。因此，如果人们喜欢预测美好的未来，他们会坚信那些使他们变得乐观的故事，尤其是他们会欣然接受关于死后生活的故事。（p.4）

这种普遍现象的另一个方面是：自我助益偏向不仅与自我评价有关，而且与所隶属的群体有关。观察不同球队之间的比赛时，不同球队的球迷会对比赛做出不同的解释，尤其是涉及比赛中的犯规和罚球时。对于投资者行为的研究表明了自我助益偏向与他人信念之间的关系（Egan，Merkle and Weber，2014）。人们研究发现，投资者在进行股票投资时很容易受到其他投资者乐观信念的积极影响，这是一致性偏向中的一个例子。他们同时也发现了两个关于自私的偏向：（1）投资者倾向于认为他们自己的观点在人群中相对更普遍（错误的共识）；（2）投资者认为持有不同信念的其他投资者是有偏向的（偏向的盲点）。

有大量关于过度乐观的心理学和神经学方面的证据。有研究表明，压抑的被试者做出的评估会更加准确，因此，他们比正常的被试者更加现实。这种现象被称为**压抑的现**

实主义（Abramson，Metalsky and Alloy，1979）。也有研究表明，与消极后果预测有关的**巴甫洛夫戒断**（Pavlovion withdrawal）现象是导致正常被试者过度乐观的重要原因。并且与抑郁症相关的潜在神经功能障碍与这种戒断能力减弱有关，从而导致被试者会做出更加悲观但是准确的评估（Huys and Dayan，2008）。这意味着，当普通人思考未来时，任何会导致消极结果的想法都会引起巴甫洛夫戒断反应，从而导致该想法被终止。该现象与达马希欧（Damasio）的体细胞市场假说有相似之处。研究表明，这种戒断是由与多巴胺相反的神经递质 5 - HT 引起的（Daw et al.，2002），而抑郁症患者体内 5 - HT 含量较低（Graeff et al.，1996），从而导致他们的戒断机制受损。

另一个与自我助益偏向有关的证据涉及对自主无意识的渴望。人们通常认为自己相对于别人而言是一个更好的决策者，并通过贬低别人的想法和情感来做决策（Pronin and Kugler，2007；Pronin，2008）。结果会导致他们拒绝与具有说服力的人进行交流，并更加强烈地认可他们的初始信念（Brehm，1966；Stein，Ackerman and Bargh，2012）。在 2016 年的英国脱欧公投中，就发现了这种因素的影响。应当注意的是，自我助益偏向的作用与前面描述的一致性偏向的作用相反。稍后将在第 10 章中对该问题进行进一步讨论。

□ 证实性偏向

证实性偏向是自我助益偏向的一个主要类型，是指通过搜索、处理、解释和回忆信息来证实先验信念的一种趋势，同时，对和自己先验信念不一致的信息打一个折扣（Della Vigna，2009）。因此，它与上文描述的自主性需求有许多相似的因素。比如，在金融市场中，随着交易者获得更多的私人信息，在短期内交易者会更加确认自己的先验信念，并拒绝对该信息进行验证，这会使交易者变得过度自信和过度交易。正如我们前面所说的，这种现象也可能由代表性直觉推断引起，因为最新的信息通常被认为是规范的。这种现象会导致**动量效应**（momentum），意味着短期内对收益有正向影响。因此，股票的价格在几天内都有可能持续上涨。从长期来看，先验信念会根据得到的更多信息进行调整，股票的估值会回到其基本面。这些效应的作用与小数定律的作用相反，然而，如果这些效应的作用足够强，则会导致资本市场出现泡沫。如果人们对于自己所在公司的业绩很有信心，证实性偏向能够解释为什么人们倾向于投资自己公司的股票。此外，证实性偏向也能够帮助解释为什么投资者倾向于投资自己所熟悉的本国公司而不是外国公司。

在科学界和学术界还存在着证实性偏向的另一种类型。当研究者提出某些理论后，并且通过发表论文使得该理论与研究者的声誉相关联时，研究者就会在情感和专业上依附于该理论。这样就会导致出现第 2 章中的"膳食-心脏假说"中的情况，即研究者可能会有偏向地选择数据，忽略与理论有冲突的数据，从而导致所做的研究是有偏的。在这种情况下所做的研究可能会导致失真、不平衡和有误导性的结论。在第 2 章中描述的明尼苏达州冠状动脉实验（MCE）也验证了这种情况的存在。该实验的研究结果直到1989 年，也就是实验结束后 16 年才公布。结论表明，如果实验持续的时间足够长，则"膳食-心脏假说"能够得到证实，对于年轻患者来说，这是一个有利的趋势。考虑到实验的平均时长超过一年，并且结果表明血胆固醇水平与冠状动脉死亡之间存在相反的关系，而不是假设的正相关关系，因此，这是对结果的一种非常善意的看法，尤其是对于老年患者。在弗雷明翰的后续研究中（Dawber，Moore and Mann，1957，2015）也发现了类似的失真结论，这一结论通常会被"膳食-心脏假说"的支持者所引用。在后续对于超过 50 岁的被试者的研究发现，胆固醇下降的人在患冠心病和整体死亡率方面都有所上升，这个发现与 MCE 结论类似。作者认为，50 岁以上的被试者可能会产生混淆的影响，因为低胆固醇的被试者可能患有其他致命的疾病。

在心理学领域有大量关于证实性偏向的文献，最近的是洛德和泰勒（Lord and Taylor，2009）以及梅西尔和斯珀伯（Mercier and Sperber，2011）所做的研究。拉宾和施拉格（Rabin and Schrag，1999）对于证实性偏向进行了建模研究，他建议人们使用修正的贝叶斯概率估计，即包括错误感知信号的非零概率。因此，当假设 B 是正确的时候，他们可能错误地认为信号与假设 A 一致。

□ 认知失调

证实性偏向的例子表明，存在着一种与自我助益偏向有关的重要心理现象，即**认知失调**（cognitive dissonance）（Festinger，1957）。该理论认为，当人们同时持有相互冲突的态度、信念或者观念时，他们会在心理上感到不舒服，从而会试图通过调和来实现一致性。正如我们在上一章所看到的，对信念和行为上的**一致性渴望**（desire for consistency）是一种基本的心理现象。因此，人们容易自我欺骗；人们可能会"**虚构**"（confabulate）他们的意图，意思是他们在采取行动后才会虚构意图。"伊索寓言"中狐狸和酸葡萄的寓言就证明了这种情况：狐狸开始时想要吃树上的葡萄，但是当它发现它够不到葡萄时，狐狸会说葡萄是酸的，并且改变自己最初的意图，认为一开始自己就没有想吃葡萄的想法。在英国脱欧公投和美国特朗普竞选事件中，认知失调都被认为起到了重要的作用。这些政治方面的例子将会在案例 4.3 中进一步讨论。

在金融市场上也存在认知失调的证据。张及其同事（Chang and colleagues，2016）的研究表明，认知失调是影响意向效应的重要因素，第 6 章将对该问题进行详细的讨论。股票投资者更倾向于卖出价格上涨的股票，而不是那些价格下跌的股票，因为如果卖出下跌的股票则意味着承认之前自己所作的决策是错误的。有研究证据表明，如果投资者将资金决策权委托给货币基金经理，这种意向效应就会消失，取而代之的是相反的效应。此外，如果增加这种委托的显著性，则会提高反向意向效应的程度。因此，认知失调理论可以解释投资者行为中相反的行为，即个人投资者会表现出意向效应，而基金经理则表现出相反的效应。数百年来，认知失调最极端的情况应该是发生在千禧年的大规模宗教运动，这通常预示着世界末日。但是，当这些预言失败时，"信徒们不会因为幻想的破灭而动摇他们的信念"（Cialdini，1984）。恰尔迪尼（Cialdini）随后发现了发生这种情况的几个邪教：如第二世纪土耳其的蒙大纳主义者、16 世纪荷兰的洗礼主义者、17 世纪伊兹密尔的安息日主义者和 19 世纪美国的米勒派。费斯廷格、里肯和沙克特（Festinger，Riecken and Schacter，1956）也描述了相同的现象，他们通过伪装成内部人员来详细地观察类似邪教内部的行为。他们见证了预言失败后惊人的现象："一小群人整夜整夜地坐在那里，祈祷上帝散发出足够的光芒来拯救世界免遭破坏。"再也没有比这个更加清楚的认知失调的例子了。

在很多情况下都已经证实了，人们倾向于在出现反驳证据后更加坚信自己的信念，这种现象被奈恩和瑞佛莱（Nyhan and Reifler，2010）称为"适得其反效应"。作者在研究美国两党派对于2003年伊拉克战争的政治信念的实验中发现了类似的效果。

这一现象再次让人困惑，因为乍一看，自欺欺人的行为在生物适应性方面并不能起到什么作用。

□ 本能适宜

认知失调现象出自本能因素的影响，因为我们倾向于在情感上依附于我们的信念。最近的研究也指出了类似的现象，即当前的本能状态与我们判断结果相应的本能状态相匹配时，我们倾向于高估该结果发生的可能性（Risen and Critcher，2011）。例如，当我们处于一种本能的温暖状态时，这会增加我们对于全球变暖的信念。当然，如果这个实验是实地实验，比如我们在炎热的天气中问人们对于全球变暖的看法，由此产生的实验偏差可以用小数定律来解释。在这种情况下，人们可能以当前的温度作为估计未来全球变暖的依据。但是，里森（Risen）和克里彻（Critcher）发现，即使是在一个温暖的房间里进行实验，他们的实验对象也对全球变暖表达了更强烈的信念。他们因此排除了当前温度是被试者做决策的依据，并提出了一个**模拟的流畅**（simulational fluency）解释。这意味着，与正常温度的房间相比，人们在炎热的房间中更容易勾勒出室外炎热的景象。这表明在温暖的环境中，参与者对于热的相关刺激反应更加流畅和清晰。

上述研究主要集中在热量作为本能因素的影响效应。但是，本能适宜的概念可能更广泛地适用于其他本能状态。例如，政府政策的改变；更高的税收会使我们感到生气；如果我们目前处于一种愤怒的状态，这会让我们相信这样的政策变化更有可能发生吗？在这一领域需要更进一步的研究，以阐明本能适宜效应在不同情况下的影响。

□ 推测偏向

推测偏向是另一种系统性的错误信念的偏向：人们期望自己未来的偏好和当前的偏好是相似的。这种对概率的错误估计也可以被视为是一种自我评估偏向，因为我们倾向于对自己的未来做出错误的判断。例如，在饥饿的时候去超市购物并不是一个好的主意，因为我们会购买我们平时不吃的垃圾食品，这样做的结果不仅使我们的账单金额比平时高，而且我们得到了平时我们不想购买的东西。发生这种情况是因为当我们在饥饿状态下购物时，我们错误地认为未来的饥饿感会与现在一样严重。罗文斯坦、奥多诺霍和拉宾（Loewenstein，O'Donoghue and Rabin，2003）引入"推测偏向"一词来描述这种现象。他们提出了如下的简单模型：假设效用 u 是消费水平 c 和状态变量 s（其中包含了口味和偏好）的函数，因此，

$$u = u(c, s)$$

当前的状态变量为 s'，未来的状态变量（未知）为 s。当预测未来效用 $\hat{u}(c, s)$ 时，有推测偏向的人的期望效用为：

$$\hat{u}(c, s) = (1-\alpha)u(c, s) + \alpha u(c, s') \tag{4.2}$$

而没有推测偏向的人（即完全了解未来状态 s 的人）的期望效用 $\hat{u}(c, s) = u(c, s)$。

参数 α（介于 0 和 1 之间）用于衡量推测偏向的程度，所以，如果 $\alpha=0$，表示没有推测偏向；如果 $\alpha=1$，表示有完整的推测偏向。

雷德和范勒文（Read and van Leeuwen，1998）在对办公室员工的研究中也发现了这种效应。这些员工被要求在一周后（在下午的晚些时候）选择一份健康的零食或一份不健康的零食。一组员工在下午犯饿的时间被问及这个问题，78% 的人选择了不健康的零食。另一组员工在午餐后被问及同样的问题，此时他们可能刚刚吃饱了，因此只有 42% 的人选择了不健康的零食。

康林、奥多诺霍和沃格尔桑（Conlin，O'Donoghue and Vogelsang，2007）的研究也提供了推测偏向的例子。他们研究了天气对订购冬天服装退货的影响。新古典主义经济学模型预测两者之间应该没有关系，或者如果在购买时的天气变冷与后来的天气变冷相关，那么这里应该是负相关的，这使得人们不太可能退货。推测偏向假设预测了相反的效果：人们高估了他们以后的使用，更有可能退货。研究者们确实发现了相反的效果，他们估计订单日期温度降低 30°F（17℃）会使得寒冷天气物品的平均退货率增加近 4%。在这种情况下，（4.2）式的模型估计 α 的值约为 0.5，表明消费者预测未来偏好是现在偏好的一半。

该领域关于推测偏向的进一步证据同样与天气有关，也与购车有关。巴斯及其同事（Busse and colleagues，2015）调查了 4 000 万辆汽车的交易，发现购买敞篷车或四轮驱动的车的选择在很大程度上取决于购车时的天气，这与新古典效用理论是不一致的。

与之相关的一种偏向是**后见之明偏向**（hindsight bias），可以认为这是一种回顾性推测偏向。这意味着事件在回顾时似乎比在展望时更容易预测，就像"我们自始至终都知道"一样。这一现象在实验和实地中都有证据。例如，比亚斯和韦伯（Biais and Weber，2009）对伦敦和法兰克福的 85 名投资银行家进行了一项实验，不仅发现有证据表明某些研究对象存在后见之明偏向，而且发现有偏向的参与人表现得更差。

□ 综合

在本节前面的讨论中我们可以看到，在解释各种类型的过度自信时，存在着各种困惑，这些困惑都与生物的适应性概念有关。所描述的过度自信的各种类型都无法改善生物的适应性，因此，人们可能期望达尔文的自然选择理论能够消除上述心理特征。例如，正如安德森及其同事（Anderson and colleagues，2012）所论证的那样，人们在知道自身局限性的情况下，能够帮助自己设定更加切合实际的目标（Ehrlinger and Dunning，2003），避免人们因此而输掉比赛（Camerer and Lovallo，1999），帮助人们选择成功的策略（Neale and Bazerman，1985）。

因此，通过讨论一些心理学上的解释来综合各种类型的过度自信是很有用的。学术界已经确认了能够解释上述困惑的三种原因（Kahneman，2011；Anderson et al.，2012），所有这些原因都能够赋予过度自信一定的生理优势。这三种原因分别是情感因素、认知因素和社会因素。情感因素与自尊和自我强化有关。通过提升自尊心，过度自信可能会改善心理健康，并减轻压力和减少抑郁症发生的可能性。它还可能鼓励人们坚持自己本来已经想放弃的任务。

认知因素包括卡尼曼所说的 WYSIATI 综合征，即"你看到的就是一切"。这是一个狭隘的观点，在极端情况下，我们只能看到自己的努力，却忽略了其他人的努力。因此，这种现象也被称为竞争忽视偏向，它对于个人和群体都会有一定的影响。卡尼曼认为，这种偏向可能会导致过高定位偏向，因为我们倾向于低估别人的表现。在这种情况下并不是因为自我强化，而是因为我们并没有察觉到他人的行为。另一个与此相关的认知因素是：有些人可能不承认自己在某些事情上的无能为力（Kruger and Dunning，1999）。威廉姆斯、邓宁和克鲁格（Williams, Dunning and Kruger，2013，p. 2）认为，"无能的表演者对于自己表现有多差几乎一无所知。平均而言，在某些任务中（比如逻辑推理、语法测试或者参加随堂考试）表现最差的 25% 的人，认为他们的表现能够达到及格线，并把他们的原始分数高估了 50%"。作者接着指出，这里的认知问题可能是由于在解决问题时，持续使用了不当的算法。

社会因素在解释不同类型的过度自信中也十分重要，尤其是过度精准、自我助益偏向和自欺欺人行为。卡尼曼（Kahneman，2011）认为，一方面，能做出准确预测的专家会显得更有见识，因此更有市场价值；另一方面，做出模糊但是更加现实预测的专家可能会显得毫无头绪，并招致诋毁。自欺欺人行为的解释更加复杂。进化心理学家史蒂文·平克（Steven Pinker）曾推测，自欺欺人的行为已经发展成为一种承诺形式（Pinker，1997）。这种承诺的性质和目的将会在第 8 章跨期决策中详细讨论。但是，现阶段我们可以简单地认为，平克的理论涉及心理学上关于进化军备竞赛的概念。我们的情绪也是承诺的一种形式，比如，人们如果知道他们的行为会令我们愤怒并且报复，则他们可能不愿意伤害我们。然而，愤怒可以通过假装来达到同样的效果。要想可信，像"愤怒的表现"这样的承诺必须很难作假。众所周知，微笑是不容易被伪造的，因为与由边缘系统控制的假笑相比，真诚的微笑涉及大脑不同的部位和肌肉（大脑皮层）。为了掩饰难以掩饰的情绪，把军备竞赛再向前推进一步，平克提出，最好的解决办法是真正地感受到愤怒、恐惧、羞耻、内疚、同情和感激等情绪，也就是说，相信一个人并不真正拥有虚假情感和意图。特里弗斯（Trivers，2013）对这一解释进行了进一步的解释，认为看似真实的过度自信的表现更有可能说服他人，从而提高那些更善于欺骗自己的人的社会地位。这尤其适用于所谓的专家。既然高的社会地位在控制资源和生物适应性方面具有重要的意义，自欺欺人的行为可能毕竟自相矛盾地具有适应性。

4.4　神奇的信念

此标题是某些非理性信念的总称，这些信念违反了新古典主义经济学模型的假设，也不适合以上三种类别中的任何一种。在大众心理学中，神奇的信念通常被称为"迷信"。存在着这样一种情况，即根据双过程模型，系统 1 主导了我们的思维，由此产生的错误并没有被系统 2 所纠正，而迷信就是这种情况下的一个例子。下面将会讨论两个很重要的类型。

□ 诱人的宿命

这一现象在前面已经被提及，与唤醒和概率的错误归因有关。例如，我们前面所提及的在超市结账排队时，人们不愿意随意变更队列或者交换手中的彩票。这种现象有很多例子或者应用：如果你不带雨伞去上班，那么肯定会下雨；如果你没有完成家庭阅读作业，那么老师在课堂上会让你来回答问题。这种现象涉及很多因素：错误归因效应表明，采取行动后产生的不良后果，要比放弃行动所产生的相同的不良后果更加令人痛苦。从而由于这种预期的后悔所引起的厌恶情绪，会被误认为增加事件发生的概率。在下一章中，我们将会看到，损失厌恶是在风险和不确定情况下决策的重要因素。

有趣的是，这种迷信现象是一种普遍的文化现象。在一些文化中，人们明确地相信命运或者超自然力量的存在，在这样的环境中人们将会谨慎行事。即使在没有类似信仰存在的文化中，迷信也会在直觉层面上存在，并使人们不敢冒险地挑战宿命。即使我们知道迷信是错误的，我们还是会相信迷信的存在（Risen，2016）。这就意味着这种错误的认知过程和纠正过程是分开的。因此，即使系统 2 能使我们认知到这种错误，但是仍然无法纠正它。尽管在这一领域还需要进一步进行研究，但就目前的认知而言，认知失调理论可能与此相关，这就意味着纠正这类错误可能会涉及人们避免情绪的损失和威胁。

我们也应该意识到，迷信尽管看起来十分不合理，但是，迷信会对人们产生重大的生理影响。一个明显的例子就是在中国和日本等地区，对于数字 4 的迷信。其原因是，在普通话、广东话和日本话中，数字"4"的发音与"死"的发音相近，因而导致很多中国人和日本人不喜欢这个数字，并尽量在各种情况下都避免使用这个数字，例如，在楼层和房间号以及电话号码中。菲利普斯及其同事（Phillips and colleagues，2001）进行了一项大规模研究，调查了 1973—1998 年美国超过 4 700 万件死亡案例，发现华裔和日裔美国人在每个月的第四天，因心脏原因死亡的概率达到峰值，但是，在白人中没有发现类似的现象。

□ 传染

厌恶是一种强烈的情绪或者本能因素。它被描述为"对摄入（口服）令人讨厌东西的一种反感"（Rozin and Fallon，1987）。厌恶感可能是由于触摸或者靠近而引起的，而不仅仅是摄入。厌恶会引起某些特殊的情感反应：鼻孔紧闭的独特面部表情，试图摆脱恶心物体的尝试，恶心的生理反应以及情绪低落的状态。这些反应与愤怒和恐惧的反应不同，尽管有一些相似之处。

尽管一开始人们认为厌恶对于行为的频繁和显著性影响并不是那么重要，但是，随后有大量的证据表明，情况并非如此。原因有以下两个方面：

（1）莫拉莱斯和菲西蒙斯（Morales and Fitsimons，2007）的一项调查研究发现，大量的日常物品会引起厌恶，比如在超市最畅销的非食品类商品中，有六种会引起人们的厌恶，其中包括垃圾袋、猫砂和纸尿裤等。许多人们摄入的食物也会引起厌恶感，比如香烟、蛋黄酱和猪油。因此，消费者在购物时可能会经常感到某种程度的厌恶感。

（2）传染性意味着与这些令人厌恶的物品接触过的其他物品也会被污染，这一过程被人类学家描述为"交感魔咒"。这不仅仅是在原始文化中发现的一种信仰体系，而且存在于所有的文化中。尽管在发达国家，人们由于害怕显得愚蠢而不愿意接受这样的信念。交感魔咒的基本定律之一就是"传染定律"。这个定律意味着物品和人仅仅通过接触就能够相互影响。令人厌恶的物品或者人的某些甚至是全部的属性都能通过接触来转移，而且这种转移是永久性的。因此，这个定律有时被称为"一旦接触，总是接触"。

就消费者的行为而言，上述两个因素的影响是广泛的，但是在谈论这些因素之前，有必要对"传染定律"为何是一种普遍的现象做出一些解释，因为它有时会产生奇怪的效果。例如，罗津、米尔曼和尼梅罗夫（Rozin，Millman and Nemeroff，1986）发现，被消过毒的蟑螂短暂接触过的饮料和被不喜欢的人穿过的衬衫一样都不受人欢迎，尽管被试者通常无法用语言来表达或者认可其传染的信念。有时候人们并没有意识到自己的厌恶情绪，但是会反映在对产品的较低评价上。我们需要考虑其所涉及的进化心理学机制：物品的传染性在直觉推断上是在一般的"接触引起"推理的基础之上发展起来的。例如，人们如果吃了含脂肪过多的食物，他们就会变胖；吃了大量的大蒜会使呼吸和身上散发出大蒜味。此外，从生物角度上讲，人类在进化过程中避免传染情况的发生是一种有益的适应过程。蟑螂在与生肉、污垢和粪便接触后，会通过微生物引起食物污染。因此，从历史上来讲，传染问题一直是人类生存的重大威胁。作为一个物种，我们似乎会犯谨慎的错误，在科学告诉我们这个概念无关紧要的情况下误用它。

在这一点上，应该指出传染现象从经济学的角度来看涉及两个方面：首先，它会通过本能因素影响价值、偏好和选择；其次，它会影响信念和概率估计，这一方面将会在本章中进行讨论。另外，从行为经济学的角度来看，传染性和厌恶性可以激活我们双重感觉系统中的不同部分，即卡尼曼（Kahneman，2011）所说的快思考和慢思考系统。舒尔茨、梅尔滕斯和万辛克（Schulze，Maertens and Wansink，2013）对这种双重过程的方式进行了研究，消费者被要求同时考虑含有热狗（健康的）和脱脂冰激凌的两种三明治。这个实验涉及对认知负荷的控制，因此，在没有认知负荷的情况下，消费者能够通过慢思考的认知过程来评估热狗的健康益处，否则，会引起快思考的厌恶情绪。

这些发现对于消费者行为的影响是什么？莫拉莱斯和菲西蒙斯（Morales and Fitsimons，2007）发现，直接的身体接触本身并不是产生传染效应的必要条件，仅仅对接触的感知就足够了。因此，生肉和饮料装在透明的容器中比装在不透明的容器中更容易产生传染效应。在超市里，货架上的商品或者购物车里的商品都会引发传染。因此，当其他商品，比如烘焙食品、平底锅和器皿与猪油放在一起时，这些商品就会得到消费者较低的评价。

这种效应对于管理政策方面有一定的启示：管理人员在确认商品在货架上的位置时需要谨慎，以尽量减少传染效应的负面影响。即使管理人员无法控制购物车的运动轨迹，但是，他们可以对消费者采取规避措施。比如，不透明和坚固的包装对于某些商品可能很重要，一些超市还会对生肉采取双层包装的措施。政府还需要意识到，消费者十分重视食品安全问题，并可能由于本能因素而引起过度反应。在这种情况下，保证质量是必要的。

关于厌恶情绪，还有最后一点值得注意。前面所提到的都是关于生理上的厌恶，人们也可能会感到道德上的厌恶。英国石油公司在墨西哥湾的漏油事件就是一个明显的例子。这个例子结合了生理上的厌恶和道德上的厌恶。人们不喜欢看到被石油污染的鸟类，因此，英国石油公司由于管理的疏忽大意而让人们感到厌恶，英国石油公司也为此付出了巨大的代价。英国石油公司不仅在国际上被媒体和公众唾弃，而且也连累了其他石油公司。有证据表明，由于这次疏忽，美国的反英情绪有所增强。英国石油公司的股价也出现了暴跌，对大量投资于英国石油公司股票的英国养老基金（最终是养老金投资者）产生了重要影响。这种现象的另一个例子发生在 2017 年 4 月美国联合航空公司的一架航班上，当时一名乘客被机上的安检人员强行拖下飞机。这个事情发生后，已经危机重重的航空公司受到了媒体舆论的大量批评，而该事情的后续处理也十分糟糕。

到目前为止，我们讨论的都是传染效应的负面影响。正如本章引言所指出的，传染效应也有积极的影响，即该效应可以极大地提升物品的价值。例如，曾经由埃里克·克莱普顿（Eric Clapton）拥有和演奏过的吉他 Blackie 在 2004 年以 959 500 美元的价格售出。耶鲁大学团队的心理学家保罗·布鲁姆（Paul Bloom）在接受《纽约时报》（*New York Times*）采访时，更为详尽地描述了这一现象（Tierney，2011，p. A16）：

> 我们的研究表明，与名人有过身体接触会提升一件物品的价值，所以有人会为埃里克·克莱普顿弹奏过的吉他多付钱，甚至是他曾经拿过的吉他。

这和人们不愿意穿杀人犯曾经穿过的毛衣是一样的想法。布鲁姆及其同事发现，人们即使鄙视这些名人，也会非常重视他们的财产。因为他们希望那些声名狼藉的名人，甚至像萨达姆·侯赛因这样的人的财产也会被其他人所重视（Newman，Diesendruck and Bloom，2011）。此外，如果这些财产进行过清洗或者某种形式的消毒，其价值会大打折扣。

类似的心理也适用于名人拥有物品的复制品。在这种情况下，这种现象被称为"模仿魅力"，意思是看起来很像的东西就是一样的。因此，在 2011 年 3 月的拍卖会上，完美复制了香烟烧痕和皮带扣划痕的"Blackie"（吉他）复制品以 30 500 美元成交。而不够完美的复制品将会以较低的价格出售，但仍然很有价值。对复制品的迷恋在音乐界很常见，不仅延伸到吉他和弦乐器，还延伸到扩音器、麦克风和其他乐器。

费尔南德斯和拉斯托维卡（Fernandez and Lastovicka，2011）在现代大众消费文化中，广泛研究了消费迷恋现象和神奇的信念的联系。最终，他们从进化生物学里找到了这些神奇信念的理论基础。正如约翰·拉斯托维卡（John Lastovicka）在《纽约时报》的一篇文章中所解释的：

> 我们祖先对传染，尤其是生物传染的信念是我们今天站在这里的原因之一。那些在黑暗时代没有远离死于瘟疫的人最终也死于瘟疫；那些在黑暗时代死于鼠疫的人，今天也可能很难找到其后代。所以在我们的现代科学世界中，这些神奇的思维方式仍然存在。

案例 4.2 更详尽地探讨了神奇的信念和传染性。

4.5 非理性的原因

在上面的讨论中，我们已经研究了各种各样的情况，在这些情况下，人们表现出或持有与标准经济学中的理性相违背的信念。因此，现阶段有必要讨论一下这些潜在现象的原因。

鲍迈斯特（Baumeister，2001）指出了非理性行为的五种不同原因，他称之为自我挫败。我们真的可以把自我挫败的行为等同于不符合个人长期自利的行为。读者可能会质疑把自我挫败的行为与非理性行为等同起来是否合理，这一点将在最后的小节中进行讨论。然而，这里讨论的是鲍迈斯特提出的分类对于分析的作用。这些分类包括：情感抑郁、自尊心受到威胁、自我调节失败、人际排斥和归属感以及决策疲劳。第一个类别涉及多种因素，将记忆和认知失调作为单独的类别来讨论是有帮助的。

☐ 情感抑郁

在上一节中我们已经讨论了情感因素对于偏好和选择的一般影响。我们现在需要解释这些影响发生的方式和原因，并认识到这仍然是心理学界极富争议的领域。

关于情感对于决策影响的研究有很多。经济学和康德学派的哲学家所持的传统观点认为，情感往往会掩盖良好的判断力，从而导致"非理性"决策和弄巧成拙的行为。然而，这就涉及前面章节提到的与进化心理学相关的问题：情感如何作为一种适应性进化心理机制？如果该机制并不适应人类的生存，那么具有情感行为基因的人就不会把它们遗传给后代，我们现在就应该生活在一个没有情感的世界里，就像《星际迷航》里的斯波克博士一样；但是事实并非如此。在20世纪80年代后期，经济学家罗伯特·弗兰克（Robert Frank）提出了一种理论，该理论认为情感是一种承诺机制，因此，是一种有用的适应机制。杰克·赫什莱佛（Jack Hirshleifer）的独立研究支持了弗兰克的理论。神经科学家达马希欧（Damasio，1994）通过检查脑损伤患者来研究情感在决策中的作用，他得出结论认为，情感对于决策既是一种帮助，也是一种阻碍。这些理论将在本节稍后部分进行详细讨论。在这个阶段，我们可以总结一下：情绪会导致更好或更坏的决策，这取决于环境。

虽然这种影响可能令人不快、具有破坏性，但这种行为变化的进化优势是显而易见的。感到满足或者减少基本的需求欲望，对于生存和繁殖至关重要。这个逻辑也适用于疼痛感。疼痛感是一个不好的信号，说明生物系统出现了问题，我们应该采取一些措施来纠正这些问题（例如，摆脱炎热/寒冷，让受伤的肢体休息，保护自己不受攻击）。

弗兰克（Frank，1988）在其开创性的著作《激情在理性之内》（*Passions within Reason*）中，描述了作为进化心理机制或心理适应机制的情感理论。据弗兰克所说，我们的情感是一种**承诺**（commitment）机制，也就是说，如果其他人以某些方式行事，我们就会承诺在以后采取相应的行动。关于承诺机制的具体性质，我们将在第8章跨期决策中详细介绍，并在博弈理论中也会有所涉及。弗兰克的理论认为，情感在促使我们做出某些行为时起到了重要的作用，但是，如果我们的行为是基于"理性"，则不会作出相应的行为。一个简单的例子可以说明这种情况，想象一下我们与其他人达成协议，我们现在为他们做一定的工作来换取之后的报酬。在人类历史中，无论是正式的还是非正式的，这种"延迟交换"的合同都极为常见。但是，人们在完成工作后都会遇到"**拖延**"（'hold up'）问题（除非在书面合同中正式规定了细节），因为在这种情况下，另一方是可以反悔的。在没有正式合同的情况下，被骗一方是没有反击的办法的，理性的人会接受这个损失，并把它当作是一种经验教训。另外，"情绪化"的人会对于欺骗行为感到愤怒，并采取相应的报复措施。这些报复措施对于自己来说是有风险和代价的，因此"理性"的人是不愿意这么做的。然而，了解到一个情绪化的人可能会以这种方式做出反应，可能就足以在一开始就防止对方出轨。这就是所谓"**声誉效应**"（reputation effect）的一个例子；感情用事的人可能会由于在交易中不能容忍任何欺骗和妥协而获得名誉，从而鼓励别人对他们坦诚相待。

这个例子说明了我们的情绪是如何服务于我们的长期自利的，但是，平克（Pinker，1997）进一步研究发现，情感因素也会对我们产生适得其反的效果。在电影《奇异博士》（*Doctor Strangelove*）之后，该效果被称为"世界末日装置"。世界末日装置的问题在于，即使被错误地激活，它们也无法解除引信，从而会不顾后果地爆炸。因此，它们会导致徒劳和自我毁灭的反应。一个人尽皆知的例子是，宗教和团伙之间由于争执而进行的连续报复行为。对社会排斥反应可能就是这种类型，后面将会对这一类问题展开详细讨论。因此，情绪的确是一把双刃剑。

研究表明，情感抑郁会对决策产生不良的影响，其中，一个方面是愤怒对于冒险行为的影响。莱思和鲍迈斯特（Leith and Baumeister，1996）发现，心情沮丧的人更倾向于冒险，比如，在彩票中下大赌注。对此有多种可能的解释：例如，那些已经很沮丧的人在冒险时失去的更少、获得的更多，而那些心情好的或中性的人在冒险时失去的更多。但是，莱思和鲍迈斯特通过进一步的实验否认了这个解释，这个实验要求被实验者在选择之前用一分钟来反思自己的决定。尽管决策者在做出决策的时候仍然会感到愤怒，但是，他们会表现得更加规避风险。因此，情绪低落的确会掩盖对于风险的判断，但当情绪低落的人被迫去思考时，他们会做出更好的决策。

恐惧是另外一种负面情感，它会导致负面的或者弄巧成拙的后果。传统的回答是战斗或逃跑反应，这通常是一种有用的适应过程。然而，正如一些政府组织发现的那样，试图引起民众过多的恐惧可能会适得其反。这些结果在某些反吸烟运动中得到了验证。有时，人们面对一些会产生不利后果的信息时，倾向于将其过滤而忽略。但是，这里的研究发现了与其相矛盾的结果。有研究表明，将恐惧和厌恶相结合的信息更令人信服（Morales，Wu and Fitzsimons，2012），但是，如前所述，厌恶的信息可能令人反感，导致人们忽略了该信息。

焦虑也是一种负面情感，它不那么极端，但会持续更长的时间。焦虑也会导致弄巧成拙的反应。在这种情况下，焦虑会影响人们处理新信息的能力，从而使人们在决策上无法实施贝叶斯更新，进而导致决策不利（Browning et al.，2015）。

□ 记忆

就我们长期的情感状态而言，有两个重要的因素需要讨论，包括它们的原因和影响：

（1）人们在经历了任何一种情感状态后，无论是愉快的还是不愉快的，都倾向于恢复到"正常的情感状态"。

（2）人们会高估自身恢复到正常情感状态所需的时间。

人类本性的第一个方面已经被人们所熟知，记录在亚当·斯密1759年的《道德情操论》中：

> 每个人的心灵，在或长或短的时间内都会回复到其自然和安宁的状态。在顺境中，经过一段特定时间，它就会回到自然的状态；在逆境中，经过一段时间，也会回归到自然的状态。(p. 172)

一般来说，这个"特定时间"通常较短。现有的大量研究表明，对于生命中重大事件的情感反应的持续时间比想象中要短（Suh, Diener and Fujita, 1996; Frederick and Loewenstein, 1999）。当人们在彩票中赢得大量的钱时，他们的幸福状态不会长时间地保持（Brickman, Coates and Janoff-Bulman, 1978; Kaplan, 1978）。相反，大多数失去亲人的配偶在亲人死亡两年后都表示自己的健康状况良好（Lund et al., 1989; Wortman, Silver and Kessler, 1993）。同样，那些因遭受严重伤害而坐上轮椅的人，会在一年的时间里恢复平静。

人类本性的第二个方面却鲜为人知。然而，已有实验测量了人们对情感事件的预测，并将其与实际持续时间进行了比较。有证据表明，人们在这两个方向上都存在**持久性偏差**（durability bias）。因此，人们往往高估自己对积极和消极情绪事件反应的持续时间（Gilbert et al., 1998; Wilson et al., 2000）。

关于以上两个因素，还有很多理论对其进行了解释，我们将在最后一章有关幸福的内容中进一步讨论。

□ 认知失调

正如前面所说，自欺欺人是非理性行为的一个重要范畴。它也可能是我们前面讨论过的情感抑制的一种结果。而与其相关的最重要的心理学理论是**认知失调**（cognitive dissonance）理论。该理论由费斯廷格（Festinger, 1957）提出，并在前面的部分进行过讨论。该理论认为，人们避免在不和谐或者冲突的关系中持有自己的态度和信念，当失调发生时，人们会感到不舒服。这种不舒服会导致人们做出许多不理性的事情。因此，认知失调通常涉及人们通过改变信念来证明自己的行为是合理的，因为改变一个人的信念往往比采取行动更加容易。然而，认知失调也会存在这样一种情况，即尽管有相反的证据，但人们还是会坚定自己错误的信念。这种情况与理性的第四个准则有关。即当改变一个人根深蒂固的信念比改变一个人对于经验证据的了解更困难时，一些非理性的行为就会发生。正如许多吸烟者可以证明的那样，可能有许多方式用来解释这些感到不舒服的经验发现。

那么，我们就要问一个问题了：为什么这样的行为或者导致这些行为的心理进程能够进化为适应性反应？乍一看，这些心理进程可能是不适应的，从而掩盖了现实情况，并导致了错误的决策。虽然自欺欺人的行为会导致错误的决策，但是，正如我们在一些案例研究中所发现的那样，它在其他方面可能是有利的。特别是，它可以增强人们的自信和自尊，提高一个人的幸福感，并且如果社会上存在欺骗行为时，它可能会达到提高一个人的社会地位的效果。进化心理学家平克（Pinker，1997）甚至宣称自欺欺人具有适应性，因为它可以更容易欺骗他人。如果我们真的相信自己是做某项工作的最佳人选，尽管我们缺乏能力，但是我们更有可能说服别人并得到这份工作。

□ 自尊心受到威胁

有相当多的证据表明，对自尊的关注会影响决策的质量。特别是自尊心低落和自暴自弃的行为（自残、暴饮暴食和酗酒）之间存在着某种联系。这些将在本章后面进行讨论。也有研究表明，两者之间的关系并不是简单的正向影响。自尊心强大的人也有可能沉溺于酗酒和吸毒，他们认为自己足够强大，从而可以承受有害的身体影响和成瘾的倾向。根据进化生物学家扎哈维（Zahavi，1975）的理论，这种行为可以被称为 **"孔雀的尾巴"**（'peacock's tail'）综合征，孔雀的尾巴看似无用且浪费，但它却成为主人健康的象征，因为它的主人只有足够强壮才可以承受这样的资源浪费。

鲍迈斯特、希瑟顿和蒂斯（Baumeister，Heatherton and Tice，1993）发现了自尊心与决策质量之间更为复杂关系的证据。总的来说，他们发现，自尊心强的人在冒险实验中做出了更好的决定，在判断自己的表现方面，他们比自尊心弱的人做得更好，并且以一种合适的方式赌博。然而，当自尊心强的人的自尊心受到打击时，他们开始做出错误的决定，甚至比那些自尊心弱的人还要糟糕，他们会下与自己的表现不符的大赌注。他们似乎急于消除由此带来的面子损失。

□ 自我调节失败

自我调节（self-regulation）在这里是指，个体在做出决策之前需要反思自身的利弊，而不是冲动行事。其中一个方面在与情感抑郁有关的部分已经描述过。自我调节的另一个方面涉及权衡决策的长期成本和短期收益。这方面通常被称为跨期决策，将在第7章和第8章中进行讨论。这种情况下的自我调节涉及满足的延迟性，该能力显然是一种有用的适应能力，能够使我们的祖先们承受那些可能会导致早逝的诱惑，并鼓励他们为自己和家人的健康做长期投资。

正如我们在各种情况下所看到的那样，自我调节失灵可能有不同的原因。在这个阶段可以重复的一个原因是，自我调节能力是一种可耗尽资源，就像体力一样（Muraven and Baumeister，2000；Muraven，Tice and Baumeister，1998）。当这种能力被削弱时，这种现象有时被称为**自我耗竭**（ego depletion），将在第8章中进一步进行讨论。例如，希夫和费多里钦（Shiv and Fedorikhin，1999）的一项研究表明，认知负荷会降低自我控制能力，因为需要记住更长数字的人更可能去吃巧克力蛋糕而不是水果沙拉。其他研究表明，可以通过补充自我调节资源来消除该效应，例如，通过补充葡萄糖（Muraven and Baumeister，2000；Muraven，Tice and Baumeister，1998），这表明脑血糖是其相关的消耗资源。

然而，后来关于自我调节和自我耗竭的研究有了一些相互矛盾的发现。该研究发现，安慰剂同样可以消除耗竭效应（Molden et al.，2012；Sanders et al.，2012）。此外，激励因素也可以抵消这种效应，包括积极的情绪诱导（Tice et al.，2007）、任务绩效的明确反馈（Wan and Sternthal，2008）、动机激励（Muraven and Slessareva，2003；Muraven，Shmueli and Burkley，2006）、相信意志力是无限的（Job，Dweck and Walton，2010）、个人祷告（Friese and Wänke，2014）以及自主支持的感觉（Muraven，2008）。

另一个复杂的问题是，自我调节能力和体力之间的相似性是双重的。首先，正如我们看到的那样，该能力在短期内很容易被耗尽，所以人们无法持续地抵抗诱惑；而且，当人们不得不在一种情况下面对多种压力时，他们往往会在其他情况下失去控制，比如吸烟、喝酒或吃得更多。两者之间的另一个相似之处是，从长期角度来看，自我调节能力似乎可以被增强，就像肌肉经过长期的体育锻炼能够变强壮一样。例如，穆拉文、鲍迈斯特和蒂斯（Muraven，Baumeister and Tice，1999）发现，对被试者在两周的时间内反复进行自我控制的练习，如尝试改善姿势，与那些不锻炼的人相比，该练习可以明显改善被试者在实验任务中的自我控制能力。同样，当被试者被分配两个需要类似控制能力的连续任务时，先前的自我控制锻炼可以增强随后的自我控制的表现（Dewitte，Bruyneel and Geyskens，2009）。

决策疲劳

人们似乎不仅在自我控制方面感到厌倦，而且也对做决定感到厌倦。这可能是人类是习惯生物的主要原因；有规律的生活可以避免需要花费稀缺的资源做出选择。沃斯及其同事（Vohs and colleagues，2008）的研究为这一现象提供了一个很好的例证。他们发现，与对照组相比，实验组中必须做出一系列产品选择的受访者的自我调节能力较弱。其中，自我调节的能力的测试是通过让受访者尽可能多地喝一种不好喝且味道苦涩的饮料来衡量的。这一发现表明，人们已经厌倦了做决定，当他们这样做的时候，任何在他们恢复之前强加给他们的进一步决定都有可能导致决策质量下降。军事心理学家发现，作战中的指挥官也有类似的倾向（Dixon，1976）。

人际排斥

人类有一种强烈的天生欲望——想要归属于一个几乎普遍存在的社会群体。这种欲望在进化上的优势是显而易见的，这也是这种欲望比自尊的欲望更加基本和强烈的原因。然而，如果人们感到社会排斥，这似乎是一个心理打击，使他们在许多方面终止了有效的功能。实验研究表明，他们会因此做出糟糕的决定、做出不健康的选择、进行更愚蠢的赌博，还会变得好斗和不合作，甚至连智力测试都会受到不利的影响。造成这一普遍有效功能丧失的原因目前尚不清楚，可能是神经科学领域的原因，因此，在这一领域还需要进行进一步的研究。排斥反应很可能导致人体激素和神经递质的输出发生变化。例如，已有研究证实，获胜的球队和他们的支持者在获胜后睾丸激素分泌都会增加，而失败者和他们的支持者则会减少睾丸激素的分泌。

□ 进化神经生物学基础

我们现在需要对上述所有非理性行为的原因做一些概括性说明。我们的出发点是采取还原论的方法。如果我们要真正了解人类的行为，就必须研究人类有机体，尤其是大脑是如何进化的。人类有机体的进化不是为了成为一个理性的决策系统，也不是为了最大化效用、福祉或享乐。自然选择的力量使我们被设计成一个最大化生物适应性的系统。**生物适应性**（biological fitness）不仅关系我们个人的生存和繁衍，而且从更广泛的角度来看，也会影响拥有相同基因的亲属的生存。我们的祖先中，那些在生物适应性方面最成功的人遗传了他们的基因，从而确保更多拥有相同基因的人生存下来。然而，为了达到这个目的，大脑和其他身体机制必须有一个信号系统来引导大脑做出正确的决定。这就是疼痛和快乐存在的意义。就生物适应性而言，疼痛通常可以告诉我们，做了一个错误的决定，而快乐则可以告诉我们，做了一个正确的决定。因此，我们可以说，个人将享乐性快乐最大化，也是作为达到生物适应性最大化的一种手段。而主要是这种机制的间接性质导致了前面所述的反对意见，即使用不适当的规范来判断理性。

此外，我们应该认识到这种享乐性快乐不仅与传统的商品有关，也与我们所说的道德情操有关。这一点在前面的第 3 章已经提到了，但重要的是要认识到，谈论"生活不仅仅是有关幸福"，误解了这一关键的见解。尽管道德在过去几千年里深受文化因素的影响，但是，它最初的进化原因与我们身体器官进化的原因是一样的，都是为了最大限度地提高生物适应性。因此，道德情操也涉及相同的疼痛和快乐的信号系统。如果我们感到内疚的痛苦，这可能是一个信号，提醒我们做了一个错误的决定：别人发现我们的行为后可能会惩罚我们。同样地，在做一件善事或感到"履行了我们的职责"时的喜悦（用"温暖的光辉"或"自豪感"来表示），可能意味着我们做了一个好的决定，别人可能会奖励我们。

这个机制的主要问题是，我们的享乐系统很容易被劫持。造成这种情况的一个主要原因是，在最佳设计和当前环境的需求之间总是有一个时间差。正如军队经常被指责为准备打最后一场战争一样，我们的大脑和生理系统也准备好应对过去环境的需求。因此，为了生存所需的营养，我们渴望盐和糖。但是，现在过量地摄入盐和糖引起了各种各样的健康问题。我们大脑中的内啡肽受体会被欺骗，从而把鸦片作为快乐的来源，让我们对毒品上瘾。同样地，在道德情操方面，我们的享乐系统也可能会被劫持；例如，一个恶劣或残酷的环境可能会消除人们对做出反社会行为的负罪感。

我们的享乐系统可能被劫持的另一个原因是，该系统使用**直觉推断**（heuristic devices）来达到它们的目的。正如道金斯（Dawkins，1986）所优雅地描述的那样，自然选择是一个"盲眼钟表匠"，它是一个**机械的**（mechanistic）过程，而不是一个**有目的**（teleological）的过程。这意味着该过程没有"目的"；它是建立在过去的基础之上，而不是通过展望未来设定目标。即使是受过教育和聪明的评论者，也常常误解这种机械过程的含义，因此，需要在这方面进行解释。即最大化生物适应性有时会被简单地描述为**"自私的基因"理论**（'selfish gene' theory）（Dawkins，1976），从而有时会被人们拒绝承认其正确性，因为它不能解释为什么人们会使用避孕设施和其他非生殖性行为。对于该问题的解释是：我们的大脑并不是为了进行直接繁殖而设计的，而是涉及极其复杂的神经机制，它很可能无法很好地适应环境的变化，而且会消耗大量宝贵的能源。相反，我们的大脑使用基本的直觉推断的过程，因此，无论是否会导致生殖活动，性活动通常能带来快乐。一般来说，性活动与快感的联系足以促进生殖，这种联系贯穿了整个进化史，直到最近。

在神经生物学理论的基础上，扎克认为人既不是理性的，也不是非理性的；相反，人们是"理性合理的"（Zak，2011）：

> 理性合理性模型预测，只有当预期收益足够大时，人们才会投入稀缺的认知资源来解决决策问题。否则，人们将花费最少的资源来达到一个"足够好的"结果。"足够好"意味着有一个宽的可接受的选择。理性合理性类似于赫伯特·西蒙的"满足"概念（Simon，1991），但是，它清楚地标识出人们什么时候会满足，什么时候不会满足。理性之所以存在，是因为认知资源受到限制，而大脑进化是为了保存能量，所以，只有在需要时才会使用这些认知资源。理性合理性背后的神经科学要求，任何经济模型都能够确定为什么人们在做决策时会消耗稀缺的大脑资源，而不是依赖于先前学到的直觉推断。（p.55）

因此，正如我们已经看到的，制定推理和判断的**双处理模型**（dual-process model）可能是有意义的，它涉及不同情况下，不同决策系统的运作（Epstein，1994；Osherson，1995；Evans and Over，1996；Sloman，1996；Stanovich，1999）。这种模型的本质是在某些情况下，人们使用具有较高计算负担的分析、逻辑、基于规则的系统，而在其他情况下，人们使用各种类型的直觉推断的过程。直觉推断的使用可以被看作是一种捷径；通常情况下它会有效地利用个人资源，即使不能最优化，但至少也会让人满意。但是，与许多捷径一样，在需要认知和分析方法的情况下，直觉推断方法可能导致许多错误的决定。因此，根据不同情况，直觉推断既是一种好的决策方法，也是一种坏的决策方法。

如果我们接受进化的机械性，以及其无目的构建结构方式的大量证据，那么，使用直觉推断意味着，它们为特定情况下的适当行为提供了简单的规则，但是，它们往往容易出错。在许多标准模型中观察到的异象都是这个因素造成的。因此，一方面，由于我们的大脑和思维的进化方式，可能我们使用直觉推断不能很好地执行看似简单抽象的任务，这些任务是我们祖先从未完成的任务。另一方面，我们又非常擅长执行我们认为理所当然的复杂任务，比如，视觉上跟随一个物体，随着物体移动改变焦点和颜色，感知速度和距离，以及捕捉物体时进行必要的生物力学调整，在这些操作上，即使是最先进的人工智能系统也无法与之媲美。这个寓意似乎是，我们擅长我们需要擅长的东西，或者，更准确地说，我们擅长我们在进化过程中需要擅长的东西。这样一来，这种行为或许就不会那么"非理性"了；这就引出了适当规范的问题，最后一章将进一步讨论这个问题。

在心理学层面上，尽管出现了最初的现象，但是，我们在人类信念体系中观察到的那种"非理性"，从进化的角度来看，可能并非真的是非理性的。胡德（Hood，2010）曾宣称，人类的思维已经直观地适应了理性，以便在机制无法看到或容易推断的情况下，发展出关于世界如何运行的理论。这种适应性在发展有关重力和电磁学等无形力量的科学理论方面产生了巨大的好处。然而，根据胡德的说法，也容易导致人们犯非理性的错误，特别是在迷信和宗教方面。这是因为在人类的进化过程中，从生存的角度来看，相信不存在的因果关系（比如，老天爷通过恶劣天气来惩罚人类）比不相信存在的因果关系（比如，灌木丛后面的咆哮声是由潜伏的捕食动物发出的）更为有利。因此，即使没有因果关系，人们也往往过分认可。胡德声称：因此我们不太可能进化出一个理性的头脑，而宗教和迷信将会继续存在。

小　结

- 新古典主义经济学模型假设人们是完全理性的，并且他们能进行贝叶斯概率估计。
- 与标准模型之间存在偏差的三个主要原因为：不正确的概率估计、自我评估偏向和神奇的信念。
- 不正确的概率估计有许多原因：显著性、代表性直觉推断、基率偏向、小数定律和一致性偏向。
- 一致性偏向是指遵循他人的信念和行为的愿望，并且会影响自己的偏好选择和对概率的估计。
- 自我评估偏向包括过度自信、过度自谦、自我助益偏向、证实性偏向和认知失调。
- 证实性偏向是指对与自己先前信念不一致的信息不予重视的倾向。
- 认知失调指的是一个人内部的信念冲突导致不舒服的感觉，这通常会导致虚构症。
- 虚构症涉及自欺欺人的行为，即人们会编造一个能够说服自己的故事。
- 过度自信包含三个方面：过高估计、过高定位和过度精准。
- "赌徒谬误"效应是指由于均值回归，人们期望一个特定的相同信号序列会被反转。
- "热手"效应是指，人们期望一个特定的相同的信号序列继续下去，产生一种"趋势效应"。
- 推测偏向意味着人们期望自己未来的偏向与现在的偏向接近。
- 后见之明偏向意味着，事件在回顾时似乎比在展望时更容易预测。
- 神奇的信念是一种普遍存在的非理性的迷信，尽管在许多发达国家，人们往往因为担心自己看起来很愚蠢而不愿承认，其中包括"诱人的宿命"和"传染"。
- 非理性的信念和行为有很多原因：情感抑郁、记忆、认知失调、自尊心受到威胁、自我调节失败、决策疲劳和人际排斥。

思考题

1. 解释过高估计和过高定位的区别，　　以及为什么这种区别很重要。

2. 解释"难易"现象，以及它为什么会发生。

3. 解释什么是代表性直觉推断，并给出具体的例子。

4. 解释什么是基率偏向，并给出具体的例子。

5. 解释什么是"小数定律"。

6. 解释为什么人们倾向于避免对最近中奖的彩票数字下注，以及为什么人们想要从最近卖出了大奖的彩票商店中购买彩票。

7. 举例说明推测偏向可能导致错误决策的情况。

8. 解释为什么人们不愿去"玩命"。

9. 解释为什么传染和超市购物有关；并举例说明传染如何影响人们的购物习惯。

10. 举两个例子说明管理者如何减少传染的影响。

练习题

1. 赌徒谬误

一枚硬币被抛掷 12 次；前 3 次抛掷都是正面。

（a）假设硬币是无偏的，理性赌徒对第四次掷硬币出现反面的概率的估计是多少？

（b）如果赌徒相信赌徒谬论，他对第四次掷硬币得到反面的概率的估计是多少？

2. "热手"效应

一位能力不明的经理正在管理一只投资基金。管理良好的基金有 60% 的时间会增值，而管理糟糕的基金只有 40% 的时间会增值。可以观察到，某只基金的价值连续 4 次上涨。假设基金管理良好的先验概率为 0.5：

（a）在观察到基金连续 4 次上涨后，理性投资者对基金得到良好管理的可能性的估计是多少？

（b）如果投资者相信"热手"效应，那么，她对基金得到良好管理的可能性的估计是多少？

应 用

❖案例4.1　　　　　　　　　　　睾丸素的交易

金融交易员冒很大风险，但往往能获得高回报。直到最近，人们才对内分泌系统在交易员成功或失败中的作用进行了研究。我们现在知道，高水平的睾酮是每日交易盈利能力的良好预测，而高水平的皮质醇与交易员利润的高差异和市场波动有关。科茨和赫伯特（Coates and Herbert，2008）的一项研究证实了这一点。他们对伦敦金融界的 17 名男性交易员进行了为期 8 天的研究，记录了他们在上午 11 点和下午 4 点的睾丸激素和皮质醇水平，这通常是当天主要交易的开始和结束时间。这些发现不仅对理解金融市场泡沫和崩盘背后的潜在心理很重要，而且对生理学也很重要。高水平的睾酮能够增加高自信和冒险的行为（Apicella et al.，2008；Garbarino，Slonim and Sydnor，2011）。在股票牛市或上涨的市场中，这往往会导致更大的利润，并可能会在未来产生更多的信心和冒险行为。皮质醇是一种压力荷尔蒙。当市场下跌或高度波动时，其增加了压力，这反过来不仅会引起谨慎，而且会导致不愿进行交易。市场心理是由一种潜在的生理机能驱动的。此外，该系统是一个循环系统。高水平的睾丸激素与更大程度的冒险有关，而成功的结果则反过来提高了睾丸激素的水平。不成功的结果则会降低睾丸激素的水平、提高皮质醇的水平。但是，在实验室实验以及对真实交易者的分析也表明，金融交易的得失导致男性荷尔蒙水平和风险偏好的差异比女性更大（Dreber and Hoffman，2010）。自这些影响为人所知以来，决策者一直面临着提高金融市场女性交易员比例的压力，以降低波动性以及泡沫和崩盘的可能性。

博斯、莱德利和李（Bose，Ladley and Li，2016）最近的一项研究调查了这一政策含义的有效性。他们基本上按照德隆及其同事（De Long and colleagues，1991）的思路对交易情况进行了建模，在知情投资者和积极反馈投资者之间存在着不同的信念。然而，它们也包含了两个额外的因素：随时间变化的内生风险偏好，以考虑激素的影响；男性和女性投资者在这些风险偏好上的异质性。他们的主要发现如下：

（1）女性交易员比例上升，加剧了资产价格的波动。

（2）女性交易员比例的增加降低了极端事件发生的可能性。

（3）女性交易员的平均收入高于男性，但是，表现最好和最差的交易员往往是男性。

鉴于这些发现，作者报告称，尽管女性交易员的平均收入更高，但是，鉴于激素和奖励制度，金融市场由男性主导并不奇怪。他们建议，如果政策制定者希望提高金融市场中的女性比例，那么，有必要"从根本上改变投资的奖金文化"。

问题：

1. 解释过度自信和过度自谦是如何与激素相关的。

2. 就金融市场的趋势而言，解释本研究的一个主要含义。

3. 上述情况与上一章所述的还原论概念有何关系？

4. 解释博斯、莱德利和李（Bose，Ladley and Li，2016）的研究对政策制定者的影响。

❖**案例 4. 2**　　　　　　　　**名人效应和模仿魅力**

2004 年，埃里克·克莱普顿的 Fender 品牌的吉他 Blackie 以 959 500 美元的价格售出，创下了吉他拍卖的新纪录。在 2011 年 3 月的拍卖会上，一件 Blackie 的仿品以 30 500 美元的价格拍出，该仿品复制了 Blackie 上的每一个烧痕和划痕，包括来自克莱普顿先生皮带扣上的划痕和香烟烧伤的痕迹。一些心理学家认为，他们已经发展出一种理论来解释这些巨大的价值。在进行了实验并采访了吉他手和收藏家之后，他们发表了分析"名人效应"和"模仿魅力"的论文。他们的结论之一是：对克莱普顿所属物品（甚至是其所属物品的仿制品）看似非理性的渴望源自一种本能，这种本能对黑死病等灾难的幸存者至关重要：相信某些特性是会传染的，不管传染的方式是好是坏。另一个结论是：原始部落中记载的神奇思维影响了拍卖中纪念品的竞拍。

一些竞标者可能会将他们的购买合理化，并认为这是一项好的投资，或者是一件值得拥有的物品。因为被拍卖品能给竞标者带来愉快的回忆，并能让竞标者联想到他们所仰慕的人。但是，根据纽曼、迪森德鲁克和布鲁姆（Newman, Diesendruck and Bloom，2011）的说法，这些似乎并不是购买名人纪念品的主要原因。研究人员询问人们有多想购买不同名人拥有的物品，这些名人包括乔治·克鲁尼（George Clooney）和萨达姆·侯赛因（Saddam Hussein）。人们对名人的喜爱程度并不能预测他们对这些纪念品的重视程度——显然，他们购买这些纪念品主要不是为了愉快的联想。研究人员在测试人们获取无法转售的名人财产的渴望时发现，他们的动机主要也不是为了赚钱。这一限制使得人们对坏人的物品不是那么感兴趣，但却没有严重抑制他们对偶像所属物品的热情。

该研究发现最重要的因素似乎是"名人效应"的程度。如果粉丝知道自己的偶像穿过某件毛衣，那么该毛衣的价值就会提升。但是，如果毛衣后来经过清洗和消毒，对粉丝来说价值就会下降，这或许是因为名人的气息等已消失。

保罗·布鲁姆（Paul Bloom）认为："我们的研究结果表明，与名人的身体接触会提升一件物品的价值，所以人们会为埃里克·克莱普顿弹过的吉他，甚至是接触过的吉他支付更多的费用。"（*New York Times*，March 8，2011）。这种直接的身体接触有助于解释为什么吉他 Blackie 卖了近 100 万美元。因为克莱普顿曾经用这把吉他演奏了十多年。但是为什么要做一个完全一样的吉他的仿品并复刻它所有的烧痕和划痕呢？

乔治·纽曼（George Newman）表示，仿品的吸引力与另一种被称为相似定律的思维方式有关。这就是所谓"模仿魅力"的信仰；该理论认为，相似的事物具有相似的能力：

> 焚烧伏都人偶以伤害敌人等文化习俗与对相似法则的信念是一致的。一个有全部的凹痕和划痕的克莱普顿吉他仿品，在某种程度上能混淆真实的东西。当然，这把仿品吉他的价值远远低于真正的那把吉他，但是，由于其相似性，仿品似乎仍能获得可观的价值。

根据费尔南德斯和拉斯托维卡（Fernandez and Lastovicka，2011）的另一项研究，即使是量产的没有烧痕和划痕的吉他仿品的价格也可能变得不可思议。研究人员对 16 名拥有一把以上吉他，且居住在新西兰或美国的男性进行了深入采访，其中一人曾花费数十万美元购买甲壳虫乐队（Beatles）吉他的仿品。他们发现，许多参与者相信"传染性魅力"的概念（即两个相互接触的实体可以相互影响）。例如，许多歌迷想让摇滚明星在他们的乐器上签名，一位成名的表演者解释了他为何会使用另一位摇滚明星丢弃的吉他弦。研究还发现，仿品吉他能吸引那些相信模仿魅力的参与者：

> 他们经常购买他们能买到的最好的仿品，在需要的时候再做些改动，使它更像他们想要的东西。

作者继续解释说，例如，一些消费者会拿下吉他的弦钮，从而使他们的乐器看起来更接近他们所欣赏的艺术家的乐器。这些消费者不符合现有学术文献中描述的理论，即大规模生产的物品永远不可能拥有恋物癖的光环。人类学术语中，恋物癖指的是被认为具有超自然力量的物品。吉他收藏者坚持认为，即使是工厂制造的著名音乐家吉他的复制品，也有某种力量能让他们演奏出更好的音乐。根据费尔南德斯和拉斯托维卡的说法：

> 消费者用具有传染性和模仿魅力来赋予仿品以力量。符号学意义上的神奇的思维使仿品散发出光环，从而把它们变成神物。

当然，收藏家们更喜欢明星用过的破旧吉他，而不是全新的吉他仿品。他们其中一人告诉研究人员，他如何通过使用杜安·欧曼（Duane Allman）丢弃的旧吉他弦来改进自己的吉他演奏。这种相信传染魅力的想法听起来可能不合理，但它在某种程度上是有进化意义的。

问题：

1. 解释为什么神奇的信念与概率以及效用有关。
2. 解释为什么对传染魅力的信念具有一定的进化意义。
3. 为什么对物体进行消毒会影响其价值？
4. 这个案例和伏都人偶有什么联系？
5. 说明该案例中描述的理论是否适用于杰基·肯尼迪的卷尺和伯尼·麦道夫的脚凳之类的物品。

❖ 案例 4.3　　　　特朗普、英国脱欧与后真相政治

政客们从来没有把真相看得那么重要。他们的职业本质是撒谎、回避不受欢迎的问题，或者就像令人愉快的委婉语一样，"对事实避而不谈"。那么，后真相政治与早期政治有什么不同呢？

"后真相政治"（post-truth politics，PTP）一词最初是由戴维·罗伯茨（David Roberts，2010）在一篇有关环境问题的博客中创造出来的，意思是"一种政治文化，在这种文化中，政治（公众舆论和媒体报道）几乎与政策（立法的实质）完全脱节"。后真相政治的定义的特征是：即使被媒体或独立专家发现是不真实的，倡导者也会重复他们的主张。

尽管"后真相政治"是一个相对较新的术语，但它所描述的现象可以说有着悠久的历史。它可以追溯到 17 世纪的小册子写作，当时用夸张和情绪化的语言写的小册子广为流传，常常用来支持某些政治思想或者诽谤对手。这在 20 世纪上半叶也很常见，当时像纳粹主义这样的极端政治运动十分流行。然而，在 20 世纪下半叶，民主国家普遍淡化了政治言论，当然也有例外，如 20 世纪 50 年代美国的麦卡锡"政治迫害"。当政治领导人发表言论时，他们通常会小心地在受到质疑时用事实或统计数字来支持这些言论。这种"支持"可能涉及扭曲事实和挑三拣四，但通常在投票公众中

有一种普遍的期望，即政治家、新闻媒介和专家所作的事实陈述至少值得考虑，即使他们基于这些事实的论点最终被驳回。

据称早期政治与后真相政治的关键区别在于，事实现在被忽略了。"事实是负面的。事实是悲观。事实是不爱国的"，英国《每日电讯报》（*Daily Telegraph*）（Deacon，2016）的一篇短文指出。后真相政治并没有强调事实，而是把重点放在情感上。这个梗概还提及了非官方的 Leave 创始人阿龙·班克斯（Arron Banks）。欧盟运动总结了该运动成功的秘诀："事实行不通（……）你们必须在情感上与人沟通。这使得特朗普成功了"。这似乎也是卡梅伦的失败。具有讽刺意味的是，英国首相戴维·卡梅伦成立了一个行为研究小组，为英国政府在行为问题上提供建议，却没有在英国脱欧公投中考虑一些重要的行为因素。他依靠选民是理性的，并且能够在获得有关事实信息的情况下，判断自己的最大利益。但是，他们低估了情感因素，许多选民对欧盟感到不满，这与财政捐款的规模有关，尤其是移民和主权的丧失（"被告知该做些什么"）。脱欧运动正是利用了这些因素，并对一个特定的"事实"进行了大肆宣传，宣称英国每周花费 3.5 亿英镑用于留在欧盟，而这笔钱本可以用在国民健康保险制度上。这一"事实"的显著性（在海报和公交车两侧随处可见）似乎对选民产生了影响，特别是其提及的另一种选择，因为英国国民健康保险制度在英国经常被视为近乎神圣的荣耀。而对 3.5 亿英镑这个数字的质疑表明，它充其量只是一个扭曲和误导性的统计数字，似乎对选民没有什么影响。

尽管近年来出现了许多后真相政治的例子，但是，特朗普现象更加引人注目，不仅体现在虚假声明的频率上，还体现在它们的厚颜无耻程度上。因此，在 2016 年，我们听到的虚假宣传不仅仅是奥巴马是伊斯兰国的创始人，而且他还不是美国人；希拉里·克林顿（Hillary Clinton）也要对伊斯兰国负责，因为她杀害了许多人，她想通过征税让小公司倒闭；美国退伍军人的待遇往往比移民还差；墨西哥人将毒品、犯罪和强奸犯带入美国；美国城市的犯罪率达到创纪录的水平；年轻人的失业率也在"飙升"。

在这一点上，最大的问题是与后真相政治有关的可感知变化的原因。一些出版物声称，这里有两个主要因素：对机构的不信任和媒体的变化（*Economist*，2016b；Drezner，2016）。英国脱欧公投显然无视国际货币基金组织（IMF）、经济合作与发展组织（OECD）、欧盟（EU）和英国国央行（Bank of England）等机构的意见，这些机构都曾预言英国将面临严重的经济后果。脱欧阵营的一位重要领导人迈克尔·戈夫（Michael Gove）曾说过一句著名的话，那就是英国人民已经"受够了专家"。然而，采取简化的方法，人们不得不问为什么会出现这种对机构和专家的不信任。对此的直接反应是不满，这种不满不一定是针对机构和专家的，但许多美国人和英国人都觉得，由于生活水平的下降，近年来他们的生活状况恶化了，当然是相对于那些富裕的人而言。移民的增加常常被归咎于此。然而，在过去 20 年左右出现的日益严重的不平等现象，主要应归因于两个因素：全球化的加剧和技术的进步。全球化的加剧使得国家和个人在世界范围内的竞争更加激烈，美国的非技术工人不得不与发展中国家的非技术工人竞争工作，从而压低了他们的工资。技术的进步使许多没有技能的工人落伍了，因此，他们所拥有的技能不再被需要，而那些拥有新技术，尤其是 IT 产业的工人则能够获得高收入。

媒体的变化也被认为导致了后真相政治，但它们也是上述不信任讨论背后的一个潜在因素。近年来，由于越来越多地使用互联网，人们可以全天候获得的信息量呈指数级增长。面对这一大堆信息，人们倾向于提高他们的过滤能力，其结果是一种被称为"同质分类"的现象。这意味着人们只看那些吸引他们的信息，通常是博客和谈话类节目，并自动分成志趣相投的群体，但他们可能几乎没有共同点（Sunstein，2002；Farrell，2012）。虽然有很多事实核查网站，但人们往往不会使用它们，因为那里有太多的信息，而且分类的过程也导致人们不信任来自不熟悉来源的信息，这可能会被指责有偏见。这种不信任既涉及国家和超国家的政治和经济机构，也涉及像福克斯新闻这样的主流媒体。当然，有些媒体的行为方式的确助长了这类偏见的谴责。

因为利用志同道合的群体共享信息的沟通或交易成本变得微不足道，社交媒体加剧了这一趋势。其结果是通信过程的分散化，不再是等级制度，而是分裂成独立的信息流，以满足团体内相互分享信息的党派派系的需要。这可能有好处，比如帮助推翻阿拉伯之春的独裁者，但它也导致或至少加剧了危险的两极分化。另一个强化这一点的现象与搜索技术有关。算法帮助人们根据过去的点击历史找到他们可能更喜欢的网站，这导致了"过滤泡沫"，使人们与不同意的信息分离开来，并将他们隔离在特定的意识形态群体中。Twitter 的转发和主题标签可以进一步推动这个过程。桑斯坦（Sunstein，2002）认为这些不同的因素导致了越来越严重的两极分化，因为志趣相投的群体只在他们之间共享信息，从而强化了他们最初的信仰。这可能会导致阴谋论越来越流行，例如"9·11"事件、美国中央情报局（CIA）策划了最近土耳其的一场未遂的政变，以及进化论是一场科学骗局等。

尽管面临种种挑战，但民主党和共和党阵营的对手都不相信，竞选活动经常混乱而非正统，出现了各种破坏性的个人爆料，以及总统在辩论中表现得出言不逊、磕磕绊绊，但特朗普最终还是在选举中获胜。具有讽刺意味的是，他获得了本应被他的政策疏远的各种团体的支持，例如，工会工人和许多少数族裔。特朗普在总统竞选中还有一个获胜的阴谋论：选举很可能被操纵。如果他在选举中失败，他会说："我告诉过你。"

然而，对于特朗普的支持者来说，2016 年 9 月公布的他的医疗记录也有些讽刺意味：据他的医生说，他的健康状况"无可挑剔"，没有心脏病史，可是，他正在服用他汀类药物。相当多的证据，例如 IDEAL、EXCEL、PROSPER 和 ALLHAT 的研究，表明他汀类药物对没有心脏病病史的男性起不到改善死亡率的作用，同时可能产生各种不良副作用，包括肌肉疼痛和无力、肾脏和肝脏问题、增加患糖尿病和认知障碍的风险。也许这一次特朗普是一个由后真相医学引发的阴谋的受害者。

问题：

1. 解释为什么信息重复在后真相政治中很重要。

2. 特朗普政治成功的行为经济学基础是什么？

3. 讨论"戴维·卡梅伦为他在英国脱欧公投上的过度自信付出的代价"。

4. 解释认知失调在后真相政治中的作用。

第5章 基于风险和不确定性的决策

对于 2008 年的信贷紧缩，大多数人认为它最重要的特征是什么呢？虽然利率处于历史低位，但是银行却不愿意放贷。这对于普通人来说并不是很明显，但特别的是，甚至银行之间都不愿意相互借贷。虽然美联储将联邦基金基准利率（银行同业拆借利率）降低到 0～0.5％，但是，3 个月期贷款的银行间市场实际上已经枯竭，当银行相互拆借时，实际利率远高于美联储的目标利率。除此之外，银行再也不愿意交易金融工具，尤其是臭名昭著的担保债务凭证（collateralized debt obligation，CDOs）（它是一种复杂的金融衍生工具）。银行的这些行为给整个金融体系带来了巨大压力。由于银行资产负债表中的资产价值暴跌，在许多情况下甚至跌为零，导致流动性问题（意味着现金短缺）变成了偿付能力问题。许多银行（包括大型银行）都濒临破产边缘。在美国五大投资银行中，贝尔斯登和美林分别被摩根大通和美国银行收购，雷曼兄弟破产，摩根士丹利和高盛都改变了公司章程。两家最大的商业银行——花旗集团和美国银行都面临着数十亿美元的巨额损失。

金融危机和与之相关的信贷紧缩的原因非常复杂，也确实存在争议，但是毫无疑问，其中一个重要原因是模糊厌恶。人们和机构都不喜欢结果不确定的情况，而且他们也无法估计这些结果的概率。金融系统和信贷紧缩的状况是近年来史无前例的事件，人们没有过去的历史可以用来估计贝叶斯概率。他们的反应是拒绝向还债能力不确定的借款人放贷，并拒绝购买价值不确定的证券。

5.1 背景

□ 期望效用理论

基于风险决策的新古典主义经济学模型就是期望效用理论。这个模型一直以来被普遍接受，并应用于对经济行为的描述性模型和理性选择的规范模型；这意味着：假设理性人应该遵循该理论的公理，并且在一般情况下，理性人实际上也是遵循这些公理的。第 1 章中的表达式（1.1）用数学语言描述了期望效用理论基本模型。下面是它的分解形式：

$$(1)\max_{x_i^t\in Xi}\qquad(2)\sum_{t=0}^{\infty}\delta^t\qquad(3)\sum_{s_t\in S_t}p(s_t)\qquad(4)U(x_i^t\mid s_t)$$

现在，我们要研究的是（1）、（3）和（4），在第 7 章之前省略对（2）的讨论。

在第 3 章中，效用的概念已经被讨论过，我们可以从主观价值的角度来考虑它。在这种情况下，我们是在心理学的意义上使用这个术语，尽管我们也看到，它可以在更专业的神经学意义上使用。基于风险的决策可以被认为是在不同前景或赌博下的选择过程。一个前景由许多可能的结果组成，这些结果都有与其联系的概率相伴。因此，任何基于风险的决策理论都要涉及选择的后果和与之相联系的概率。为了本书前后的协调一致，在避免使用歧义的情况下，通常会先使用文字或例子对情况进行解释，然后再使用数学符号来表示，尽管后者通常更简洁、更精确。正如在前言中阐释的，这样的顺序应该能够帮助读者更容易地把抽象的术语与实际概念联系起来。直到读者变得熟悉数学符号以前，对于初始分析阶段，这样的安排是特别重要的。下面是一个涉及风险决策的简单示例，在这里一个人需要在两个可供选择的行为过程中做出选择，这些选择导致了如下两种前景：

　　　前景 A：50％的机会赢得 100，50％的机会一无所获。
　　　前景 B：一定能赢得 45。

在这里前景将方便地用粗体字表示。一般来说，一个前景在数学上可以表示如下：

$$q=(x_1,\ p_1;\ \cdots;\ x_n,\ p_n)$$

这里 x_i 表示结果，p_i 表示相关的概率。可产生特定结果 x 的无风险前景可被表示为 (x)。这样，上面的前景 A 就可以用表达式表示为 $q=(100,\ 0.5;\ 0,\ 0.5)$，但是，为了简化，零值的结果可以被删减。这样，简化后的前景 A 为 $(100,\ 0.5)$。前景 B 可被表示为 $r=(45)$。

隐含于期望效用理论的公理最初由冯·诺依曼和摩根斯坦（von Neumann and Morgenstern，1947）提出，并且其与第 3 章中描述的偏好公理相关：

1. 完备性

对于所有的 q 和 r 需要满足：

$q\geq r$ 或者 $r\geq q$ 或者两个都满足。

2. 传递性

当我们把任意三个前景 q，r 和 s 放在一起时，

如果 $q\geq r$ 而且 $r\geq s$，那么 $q\geq s$。

有时将上述两个公理结合在一起称为**排序**（ordering）公理。

3. 连续性

这个规则保证偏好可用某些函数表示，这些函数把每个赋予实际值的前景联系起来。用规范的术语可表示如下：

对所有的前景 q、r 和 s，在这里 $q\geq r$ 并且 $r\geq s$，存在某一概率 p，在此情况下，

中序前景 r 和前景 $(q, p; s, 1-p)$ 是无差异的。后者被称为**复合前景**（compound prospect），这是因为后者的组分结果 q 和 s 本身也是前景。由于这样的前景经常导致对于期望效用理论的背离，我们在实验中将会发现它们是如此举足轻重。

大多数经济学家一直都认为，某些包含上述公理的偏好函数的存在，是构造任何满意的在风险下决策模型的出发点。从本质上说，假设消费者拥有定义良好的偏好，同时对这些偏好的精确形式施加最小的限制。

期望效用理论的一个更进一步的公理是独立性公理；在偏好的精确形式上，这是一个强制得相当强的约束，这将在下面予以描述。同时，下一段也将给出有关期望效用理论悖论的例子。

4. 独立性

这个公理与第 3 章叙述的删减原理有关。即无论一个人的选择如何，任何导致同样结果的世界状态都可以被剔除或忽略。卡尼曼和特沃斯基（Kahneman and Tversky, 1979）在他们 1979 年的论文中称这个公理为**替代公理**（substitution axiom）。在给出正式表达式之前，首先让我们用一个数字例子来说明独立性公理。如果前景 $q = （3\ 000$ 美元）被认为优于前景 $r = (4\ 000$ 美元, $0.8)$，那么，前景 $q' = (3\ 000$ 美元, $0.25)$ 将优于前景 $r' = (4\ 000$ 美元, $0.2)$。读者应该注意到，后两个前景是前两个前景概率的 25%。独立性公理可以被归纳为下述规范表达形式：

对于所有的前景 q、r 和 s：

对于所有的 p，如果 $q \geq r$，那么 $(q, p; s, 1-p) \geq (r, p; s, 1-p)$ (5.1)

它们被认为有一个共同的复合前景 $(s, 1-p)$ 成分；根据删减原理，这个复合前景在比较时可以被忽略。在上面的例子中，$s = 0$ 且 $p = 0.25$。

期望效用理论将概率与结果结合成单一量值，以给出简单的模型。这个量值具有多种引人入胜的性质。一个特别重要的性质通常被称作**单调性**（monotoncity）原理。尽管前面章节中在无差异曲线背景下讨论过单调性，但是，在期望效用理论中，这个术语意味着一个前景的客观改进，即在保持其他条件不变的情况下，增加它的一些效用，即使不比以前多，也应该是具有吸引力的。因此，其是与最后一章描述的占优原理相联系的。然而，由于我们正在比较的不仅是结果，而且有概率，故在这种情况下我们说这个占优是**随机的**（stochastic）。再举一个来自特沃斯基和卡尼曼（Tversky and Kahneman, 1986）的例子，这个例子有助我们在给出一个正规的表达式之前对问题的理解。

让我们来看看下面的两组抽彩规则：用每个盒子里不同颜色的弹珠的百分比来描述，以及用随机抽取的弹珠颜色来决定你赢或输的钱的数量来描述。你更偏爱哪一种抽彩规则？

选项 A

白色 90%	红色 6%	绿色 1%	蓝色 1%	黄色 2%
0 美元	赢 45 美元	赢 30 美元	输 15 美元	输 15 美元

选项 B				
白色 90％	红色 6％	绿色 1％	蓝色 1％	黄色 2％
0 美元	赢 45 美元	赢 45 美元	输 10 美元	输 15 美元

资料来源：Tversky, A. , Kahneman, D. (1989). "Rational Choice and the Framing of Decisions", p. 102. In: Karpak, B. , Zionts, S. (eds). *Multiple Criteria Decision Making and Risk Analysis Using Microcomputers*. NATO ASI Series (Series F: Computer and Systems Sciences), vol. 56. Springer, Berlin, Heidelberg.

　　读者可以证实选项 B 是**随机占优**（stochastically dominate）的，故选项 B 比选项 A 更受偏爱。这是因为白色弹珠、红色弹珠和黄色弹珠的情况是相同的，但是，具有相同概率的绿色弹珠、蓝色弹珠的结果却是选项 B 优于选项 A。

　　对于任何符合要求的消费者偏好理论，单调性原理都是基本原则，这是经济学家普遍坚持的，不论是描述性的还是规范性的消费者偏好理论都是这样。因此，作为公理的单调性就需要一个正规的表达形式。

5. 单调性

　　令 x_1, x_2, …, x_n 是从最差（x_1）到最好（x_n）结果的排序。如果对于所有的结果 $i=1$, …, n，一个前景 $q=(p_{q1}, …, p_{qn})$ 随机地占优于另一个前景 $r=(p_{r1}, …, p_{rn})$：

$$\sum_{j=i}^{n} p_{qj} \geqslant \sum_{j=i}^{n} p_{rj} \qquad (5.2)$$

在上式中至少有一个 i 满足严格不等式。

　　期望效用理论也是以**期望理论**（expectation principle）为基础的，即一个前景的总效用是它结果的期望效用。用数学符号表示为：

$$U(x_1, p_1; …; x_n, p_n) = p_1 u(x_1) + … + p_n u(x_n)$$

　　基于上面五个公理和期望理论，期望效用理论指出，消费者将以这样一种方式表现行为，即他们将最大化下面的偏好函数：

$$V(q) = \sum p_i \cdot u(x_i) \qquad (5.3)$$

式中，q 是任意前景，u(·) 是结果集合（x_1, x_2, …, x_n）的一个效用函数。在第 1 章中，我们看见过这样一个简单的例子：一个学生在上课前要决定是喝咖啡还是啤酒。然而，在那个例子中，我们忽略了两个现在需要讨论的因素。这涉及资产整合（因为我们只考虑收益）和效用函数的性质（我们以效用而非金钱来衡量所有收益，所以不需要转换）。因此，在期望效用理论中，除了上述五个公理外，通常还会做两个进一步的假设：

　　(i) 资产整合（asset integration）：当且仅当整合一个人资产的前景所产生的效用超过该资产单独的效用时，这个前景是可以被接受的。因此，无论得与失，这是决定性的状态。数学上可表示为：

如果 $U(w+x_1, p_1; \cdots; w+x_n, p_n) > u(w)$，站在资产 w 的立场上，$(x_1, p_1; \cdots; x_n, p_n)$ 是可以接受的。

(ii) 风险厌恶（risk-aversion）：如果一个人更偏爱确定性的前景（x），而不是任何具有期望值 x 的风险前景，他就是风险厌恶的。在期望效用理论中，风险厌恶源于效用函数的凹性。这个特性相应地能被边际效用递减定律所解释。图形例子是解释凹性和风险厌恶的最好方法。图 5.1 是一个期望效用函数的图形。

一个人从任意财富点 x_1 开始，如果任意的财富增加带来的效用收益（$u_2 - u_1$）要比相同的财富损失带来的效用损失（$u_1 - u_3$）小，那么，将没有人愿意进行公平下注，即前景的期望效用为零。例如，在掷硬币时下注。

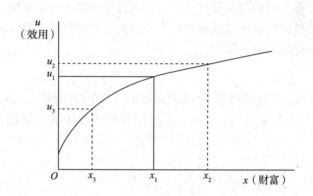

图 5.1 期望效用理论的效用函数

从图 5.1 可以看出，这个效用函数是单调递增的，即 u 在 x 的取值范围内单调递增。用数学符号表示就是：$\dfrac{du}{dx}$ 或者 $u' > 0$。然而，效用函数的斜率在减小，即 u 关于 x 的二阶导是负的，用数学符号表示就是：$u'' < 0$。符合这些风险厌恶特征的最常见的数学函数是幂函数 $u = x^b$，其中 $b < 1$。对于幂函数而言，如果 $b > 1$，则表示风险追逐，而且效用函数是凸的；如果 $b = 1$，幂函数就会变成线性函数，表示风险中性。

□ 进化基础

从期望效用理论的生物进化基础来看，我们能对期望效用理论说些什么呢？乍一看，期望效用理论似乎有良好的生物进化基础。**假设经济和生物风险在所有个体中是独立的**，如果个体必须在众多与预期后代相关的人选中做出选择，通过自然选择的进化会倾向于导致最高期望后代的前景选择。如果如上一章所讨论的，预期后代解释为预期效用，那么，进化理论将支持期望效用理论。

然而，正如罗布森（Robson, 2002）所言，这种基础在很大程度上取决于所有风险都是独立的这个隐含假设，而这种假设在进化的环境中是不合理的。在这种情况下，**个体风险**（idiosyncratic risk）和**总体风险**（aggregate risk）之间存在重要差异。个体风险是指那些决策纯粹出于利己的情况，例如，患心脏病或开车的风险。总体风险指的是结果由其他人共同承担的情况，例如，患"疯牛病"或发生空难的风险。在其他条件相同的情况下，从进化的角度来看，涉及个体风险的冒险比涉及总体风险的冒险更为可取。这也许可以解释为什么人们倾向于规避总体风险，例如，人们往往认为航空旅行比汽车旅行更危险。

在第 3 章中已经提到个体风险和总体风险之间的进化差异，在本章中将会进一步研究进化差异，它的重要意义在于：生物学上重要的不是繁衍后代的**绝对**成功，而是**相对于其他种群的成功**（Robson，2002）。翻译成经济学语言，这意味着效用与参考点有关。因此，通过放松所有风险都是独立的假设，我们就会明白为什么进化论可以解释期望效用理论中的异象。现在，我们需要更详细地检验这些异象的性质。

□ 期望效用理论中的异象

涉及这些公理和假设的若干异常现象（简称"异象"）已经被观察到。这些异象不仅发生在实验室的实验中，而且也反映在实地数据上。在这些被观察到的异象中，有些先于卡尼曼和特沃斯基在 1979 年发表的关于前景理论的这篇经典论文，其中，一些论文特别涉及该主题，另外一些则是从那时起才公之于众的。在此，我们首先把讨论转向后一部分，即实地观察到的异象上来。由于所有看到的都来自实地数据，这就给了读者一个有关期望效用理论的大体感受。其后，我们将考察先于前景理论的两个例子，尽管这两个例子也在 1979 年的前景理论中讨论过，但是，这两组数据还是使我们追溯到了阿莱的文章（Allais，1953）。最后，在结束部分我们将更详细地讨论来自卡尼曼和特沃斯基以及其他人的研究，以检验前景理论的部分命题，并引进更严格的分析方法。

在这些异象中，许多已经被凯莫勒（Camerer，2000）所描述、分类和分析过。一个很有用的概要在表 5.1 中给出，这个表改编自凯莫勒的论文。该表对所涉及的异象进行了命名和定义，按领域对这些异象进行了分类，并说明了前景理论中的哪些要素与这些异象相关联。在前景理论中的要素被解释以后，这些异象将在本章的后面部分以及关于心理核算的下一章进行更详细的讨论。

表 5.1　与期望效用理论相矛盾的现象

现象	领域	描述	前景理论中的成分
净资产溢价	股票市场	股票的回报远高于相关的债券的回报	损失厌恶
意向效应	股票市场	更长时间持有正在亏损的股票，过早出售盈利股票	损失厌恶 参考标度（点）
向下倾斜的劳动供给	劳动经济学	一旦接近每天的收入目标，纽约出租车司机就收工	损失厌恶
非对称的价格弹性	消费品	购买者对涨价比降价更敏感	损失厌恶
面对不利收益消息反应迟钝	宏观经济学	当收到坏的收益信息后，消费者并不削减消费	损失厌恶 参考标度（点）
维持现状偏好默认偏好	消费者选择	消费者不改变健康计划；选择默认的保险品种	损失厌恶
倾向投高风险注偏好	赌马	最有希望获胜的马下注不足，高风险的投注过大	决策加权（低概率过高加权）
日终效应	赌马	在终局时改投高风险大赌注	参考标度（点）边际敏感度递减

续表

现象	领域	描述	前景理论中的成分
购买电话（线）保险	保险	消费者购买定价过高的保险	决策加权（低概率过高加权）
彩票需求	博彩	彩票头奖增大，销量大增	决策加权（低概率过高加权）

资料来源：Camerer, C. F. (2000). Copyright © Cambridge University Press. Prospect theory in the wild: Evidence from the field. In D. Kahneman and A. Tversky (Eds), *Choices, Values, and Frames*, Table 16.1, p. 289.

应当注意的是，表 5.1 并不意味着期望效用理论中的所有异象都能用前景理论来解释。艾瑞里（Ariely，2013）在他的著作《不诚实的诚实真相》［*The (Honest) Truth about Dishonesty*］中给出了一个很好的例子，他将其称为理性犯罪的简单模型（simple model of rational crime，SMORC）。根据期望效用理论，影响我们犯罪倾向的因素只有三个：（1）感知的收益，（2）感知的被抓住的风险，以及（3）被抓住的代价。在现实中，艾瑞里认为存在一些情感或本能的因素非常重要，不管我们是否被抓住，它们都会影响我们感知的被抓住的风险和我们因内疚或自尊而付出的代价。此外，艾瑞里认为，利用欺骗获得钱财的内疚感取决于钱财的收益与获取收益所采取的行动中分离步骤的多少。分离行为中涉及的步骤越多，对犯罪的内疚感就越小，欺骗的倾向就越大。因此，在 LIBOR 丑闻中，银行家们可能通过操纵基准利率来影响交易中的价格，进而增加利润，最终影响他们的奖金。如此长的关系链可能意味着这种行为根本不被视为欺骗。在第 10 章关于社会偏好的背景下，将会更加详细地讨论内疚和奖励的分离这些因素。

现在让我们来更仔细地考察一个期望效用理论（EUT）中异象的例子，该例子来自实验数据。这个例子有时涉及可追溯到 1953 年的**阿莱悖论**（Allais Paradox）。支付矩阵在表 5.2 中说明。每一行表示一个涉及前景的行为，而每一列表示一种"现实状态"，相关的概率位于每一列的顶部。矩阵中的值表示在给定的一个现实状态下对每个行动的支付（以美元为例）。实验对象首先面临的是在选项 A 和选项 B 之间的抉择。因为这两个选项的行动在第三个现实状态上有相同的结果（500 美元的支付），根据独立性公理，这意味着第三个现实状态与选择无关。同样，当实验对象在此后面临选项 C 和选项 D 的选择时，同样的论点也是适用的（通常的结果是支付为零）。这时应该注意到，当第三个现实状态被忽略时，在选项 A 与 B 之间的选择等同于在选项 C 与 D 之间的选择，也就是在（500，0.11）和（2 500，0.1）之间的选择。因此，根据独立性公理，如果 B 优于 A，D 就应该优于 C，反之亦然。然而，众多研究证明，当大多数人面对相似的一对选择时，人们选择 A 超过 B，而选择 D 超过 C，这就违背了独立性公理。这一现象就是被称为**共同结果效应**（common consequence effect）的一个例子。

表 5.2 阿莱悖论

	选项	0.1	0.01	0.89
选择 1	A	500	500	500
	B	2 500	0	500

续表

	选项	0.1	0.01	0.89
选择 2	C	500	500	0
	D	2 500	0	0

在卡尼曼和特沃斯基的论文中提到的关于期望效用理论的另一个异象再次涉及独立性或者替代性公理。这一情形显示在表 5.3 中。从表中可以看到，在 A 和 B 与 C 和 D 之间的选择具有相同的支付，同时也具有相同关系的概率，即低支付概率是高支付概率的两倍。在此，独立性公理再次暗示，如果 A 优于 B，那么，C 就应该优于 D，反之亦然。在卡尼曼和特沃斯基的论文中，公布了一个差异极大的结果，即只有 14％的实验对象偏好 A 而不是 B，而 73％的实验对象则更偏好 C 而不是 D。这就是被称为**同比率效应**（common ratio effect）现象的一个例子。之所以这样称呼，就是因为在这两个选择中，概率的比率是相同的。

表 5.3　具有相同支付但不同的赢得概率

	选项	
选择 1	A	(6 000，0.45)
	B	(3 000，0.90)
选择 2	C	(6 000，0.001)
	D	(3 000，0.002)

这些初步的例子应该给读者留下了有关期望效用理论的异象的印象了吧？更进一步说，从理论的角度看，这些被观察到的背离是**系统性的**（systematic）。这就意味着这些背离是有一个可预见的方向的，而不是随意的差错。为了提出更令人满意的理论，以阐明关于期望效用理论的这些背离的原因，现在让我们将注意力转移到几种尝试上，自从 20 世纪 70 年代以来，人们已经做了这些尝试。

在这里使用斯塔默（Starmer，2000）提出的广义分类法是非常有用的。斯塔默对**传统**（conventional）理论和**非传统**（non-conventional）理论作了区分。前者接受完备性、传递性和连续性等前三个公理，但是，允许对独立性公理的背离，因为这些背离自阿莱的著作问世后才被广泛关注。然而，这些传统理论指出，偏好还应该是**行为良好的**（well-behaved）；尤其应该具有维持单调性或占优性特征，以及第 3 章中叙述的不变性原理。在这些方面，非传统理论并不坚持偏好一定要是行为良好的。我们首先将考察传统理论，这是因为传统理论对于期望效用理论不仅偏差较小，而且所需的修正亦最少。

5.2　修正期望效用理论的传统方法

关于这类方法，已有大量不同的理论被提出，并且在这里我们也不打算对所有这些理论进行评述，而是要阐述其中最具竞争力的理论的特征、优势和不足。由于许多理论是由不同的作者跨阶段发展起来的，所以，按时间顺序给出评述是不可能的。然而，这里我们在大多数情况下是以该理论与期望效用理论背离的程度为顺序，背离最小的最先介绍。

□ 加权效用理论

对期望效用理论最早的拓展之一，就是加权效应理论（Chew and MacCrimmon，1979）。它的偏好函数被表示如下：

$$V(\boldsymbol{q}) = \left[\sum p_i \cdot g(x_i) \cdot u(x_i)\right] \Big/ \left[\sum p_i \cdot g(x_i)\right] \tag{5.4}$$

式中，$u(\cdot)$ 和 $g(\cdot)$ 是两个不同的函数，它们对于所有的结果都赋予非零权重。当被赋予的权重 $g(\cdot)$ 对于每个结果都相同时，这个模型就将期望效用理论作为一个特例包含于其中。这个模型已被不同的经济学者公理化了，这些学者包括丘和麦克瑞门（Chew and MacCrimmon，1979）、丘（Chew，1983）和菲什伯恩（Fishburn，1983）。所有这些都涉及独立性公理的一个弱化形式，例如，

> 对于任意 s，如果 $\boldsymbol{q} > \boldsymbol{r}$，那么，对于每一个 p_q 都存在一个相应的 p_r，以至 $(\boldsymbol{q}, p_q; s, 1-p_q) > (\boldsymbol{r}, p_r; s, 1-p_r)$。

满足这一条件的一个相似模型是由马契尼（Machine，1982）提出的。在行为层面上，这些理论揭示出当人们面临的前景改善时，人们将变得更为厌恶风险。这些理论的主要优点是解释了通常结果和通常比率下对独立性的违背。然而，由于这些理论没有心理学基础，所以缺乏直观上的魅力。这些理论与其说在理论上倒不如说在经验上更有基础。

□ 沮丧理论

随后的理论有了更好的心理学基础，沮丧理论就是一个很好的例子。该理论由贝尔（Bell，1985）、卢姆斯和萨格登（Loomes and Sugden，1986）提出。用后者的表述，偏好函数可被表示如下：

$$V(\boldsymbol{q}) = \sum p_i \cdot \{u(x_i) + D[u(x_i) - \underline{U}]\} \tag{5.5}$$

式中，$u(x_i)$ 涉及"基本"效用的度量，也就是说，要独立于 $\boldsymbol{q}$ 的其他结果来考虑 x_i 的效用，$\underline{U}$ 是对前景的在先期望效用的一个度量。在模型中，它被假设一个前景的结果是否比期望的更糟。也就是说，如果 $u(x_i) < \underline{U}$，将经历沮丧的感觉；如果结果比期望的更好，那将是洋洋得意的感觉。当 $D(\cdot) = 0$ 时，该模型蜕化为期望效用理论。然而，期望效用理论模型的拓展是企图捕捉到心理学的直觉，即人们是厌恶沮丧的，这就必须使得该沮丧函数在负区间为凹的、在正区间为凸的。沮丧理论与懊悔理论密切相关；在这种情况下，决策者试图最小化懊悔函数的值，该函数表示给定选择所产生的结果与自然状态下所能实现的最佳结果之间的差异。

□ 中介模型

这类典型的理论是由古尔（Gul，1991）和尼尔森（Neilson，1992）提出的，他们

再次关注独立性的一个弱化形式。中介可以被描述如下：

对于任意 $p<1$，如果 $q>r$，那么，$q>(q, p; r, 1-p)>r$

在行为层面上，这意味着任何两个抽彩混合概率将在所涉及的偏好之间排序，并且，在给定的连续性条件下，在等值前景之间，个体将不关注随机性。

□ 非中介模型

另外一些模型并不被强加像中介这样的强约束。由丘、爱泼斯坦和斯戈尔（Chew、Epstein and Segal，1991）提出的**二次效用理论**（quadratic utility theory），是基于被称为**混合对称**（mixture symmetry）的被弱化了的中介形式。其可以被表示成如下形式：

如果 $q\sim r$，那么，$(q, p; r, 1-p)\sim(q, 1-p; r, p)$

贝克尔和萨林（Becker and Sarin，1987）的关联抽彩效用模型甚至更加弱化了约束，其无视独立性（尽管还是假设要满足完备性、传递性、连续性和单调性）。

□ 加权决策理论

到目前为止，所介绍的理论对于效用或结果都是被赋予主观权重。然后，任何前景的值都由一个函数决定，该函数将这些主观权重与客观概率结合起来。加权决策理论涉及概率转换函数的使用，该函数将客观概率转变为主观决策权重。在这种场合下，中介通常并不被要求。

因为有许多证据证明，在某些情况下人们倾向于系统地低估概率，而在另外一些情况下人们却高估概率，所以这些理论是有经验基础的。例如，皮杰恩及其同事（Pidgeon and colleagues，1992）发现，人们低估了如心脏病、癌症等常见原因的死亡的概率；而高估了像空难这样的罕见原因所造成的死亡的概率。在接下来的前景理论部分将展示更详细的例证。这一现象的效应可以通过合并偏好函数中的权重获得。这种模型的较早形式是由爱德华兹（Edwards，1954，1955，1961，1962）提出的，被称为**主观加权效用**（subjectively weighted utility，SWU）。这个模型使用主观概率，而非客观结果。这意味着结果将以一个具有 $u(x_i)=x_i$ 这样的"未处理的"形式引入模型中，其导致偏好函数具有以下形式：

$$V(q) = \sum w_i \cdot x_i \tag{5.6}$$

一个类似的、更广为人知的模型是**主观预期效用**（subjective expected utility，SEU）模型，1954 年萨维奇将主观预期效用模型作为一个公理。该模型提出了用贝叶斯方法估计主观概率。

后来这个模型由汉达（Handa，1977）发展成一种新型的模型，其使用了一个概率加权函数 $\pi(p_i)$，将个体结果的概率转变为权重。$\pi(\cdot)$ 被设为增函数，且具有条件 $\pi(0)=0$ 和 $\pi(1)=1$。该模型的这一变化引入了非线性概率变换；概率和结果两者都以主观形式度量。斯塔默（Starmer，2000）提出了一个模型，被称为**简单赋权决策效用**（simple decision-weighted utility）模型，有时又被称为**"赤裸裸的前景理论"**（stripped prospect theory）。因为它们实质上使用了前景理论的第二阶段，但是，忽略了第一阶段的编辑规则（将在下一节中解释）。下面是其相应的偏好函数：

$$V(\boldsymbol{q}) = \sum \pi(p_i) \cdot u(x_i) \tag{5.7}$$

由于非线性的概率变换不满足单调性原理，以至所涉及的模型的偏好一般不能真正被大多数经济学家所接受。例如，马契纳（Machina，1983）争辩道：任何这些理论都只是"少数作者的观点，不能被作为描述性的或分析性的行为模型来接受"（p. 97）。

□ 排序依赖的期望效用理论

排序依赖期望效用（RDU）模型首先由奎金（Quiggin，1982，1993）在回应前面提及的问题时创立。该模型给出了具有复杂概率变换的加权的决策，以确保偏好函数的单调性。在这类典型模型中，隶属于结果的权重不但依赖于结果的真实概率，而且依赖于相对于该前景的其他结果的排序。在数学表达上，其比以前的模型更复杂，并且，出发点是要从最坏的（x_1）到最好的（x_n）排序结果 x_1，x_2，…，x_n。因此，这个模型表示的偏好函数为：

$$V(\boldsymbol{q}) = \sum w_i \cdot u(x_i) \tag{5.8}$$

在这里权重由以下加权函数给出

$$w_i = \pi(p_i + \cdots + p_n) - \pi(p_{i+1} + \cdots + p_n)$$

该函数是这样解释的：$\pi(p_i + \cdots + p_n)$ 是主观权重，它隶属于得到一个结果 x_i 或比它更好的结果的概率，同样，$\pi(p_{i+1} + \cdots + p_n)$ 是隶属于获得一个比 x_i 更好的结果的概率的权重。因此，在该理论中，$\pi(\cdot)$ 是**累积概率**（cumulative probability）的变换。该模型的一个变形是卢斯和菲什伯恩（Luce and Fishburn，1991，1995）的排序和符号依赖效用（RSDU）模型，它涉及考虑损失厌恶时的非对称效用函数。

因为排序依赖模型既满足了经验上的要求，又满足了理论上的要求，所以该模型在经济学者中非常流行。在经验上，人们有对于特别好的结果高估或特别坏的结果低估的心理上的倾向。在理论上，单调性的保留也得到了满足。

在确定可用模型的形式时，$\pi(\cdot)$ 的形式是至关重要的，例如，$\pi(\cdot)$ 的凸性意味着悲观的观念，与排序更高的结果相比，悲观观念相应地隶属于相对于更低排序的结果下更高的权重。奎金（Quiggin，1982）提出了一个令人偏爱的形式，它涉及一个如图 5.2 所示的更为复杂的反 S 形。

该函数有当 $p = p^*$ 时，$\pi(p) = p$；当 $p < p^*$ 时，函数为凹的；当 $p > p^*$ 时，函数为凸的。这些加权函数可采用不同的数学形式，有些使用一个参数，有些使用两个参数。虽然详细讨论这些函数已经超出本书的范围，但是，对于特沃斯基和卡尼曼（Tversky and Kahneman，1992）的单参数模型，后面还是要再给予详细叙述的。

作为期望效用理论的另外一个常规拓展，排序依赖期望效用理论取决于一个被称为**共同单调独立性**（co-monotonic independence）的独立性公理的弱化形式。这就施加了一个约束，即只要对于任何前景，这些替换都不影响结果的排序，前景之间的偏好将不被共同结果的替换所影响。排序依赖模型的另外一些变化也引出了一些相似的公理，如

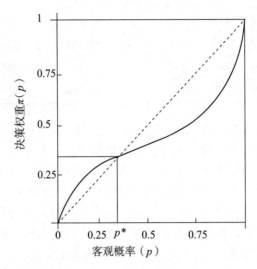

图 5.2　反 S 形排序依赖的概率加权函数

序独立性（ordinal independence）（Green and Jullien，1988）。

□ 结论

这些期望效用理论的更复杂的拓展，毫无疑问已经对所观察到的某些悖论进行了解释，尤其是那些与独立性相关的现象。在过去的 50 年中，一个庞大的研究群体搜集了众多的证据。这些证据能够就上面提及的涉及预测能力的那些理论做出区分。特别值得一提的是柯里斯克（Conlisk，1989）、凯莫勒（Camerer，1992）、哈里斯（Harless，1992）、吉利提和索菲尔（Gigliotti and Sopher，1993）以及吴和冈茨勒（Wu and Gonzalez，1996）等学者的研究，这些研究倾向于支持加权决策模型，以有利于其他常规模型。另外，那些涉及反 S 形加权函数的模型倾向于比使用其他功能上的加权函数形式在经验上有更好的适宜性（Lattimore，Baker and Witte，1992；Tversky and Kahneman，1992；Camerer and Ho，1994；Abdellaoui，1998；Gonzalez and Wu，1999）。这些更复杂的模型显示出超越期望效用理论的巨大预测改善。

然而，即使这些模型也仍然不能解释被广泛观察到的对单调性的背离，以及对传递性和不变性的违背。一个著名的例子就是埃尔斯伯格悖论，这个例子早在表 5.2 和表 5.3 中就给出了，它和阿莱悖论有关，指的是客观概率已知的情形，即有风险的情形。但是，人们经常面对的是客观概率无法计算的情形，即不确定或模糊的情形。埃尔斯伯格（Ellsberg，1961）最早开始研究这个著名的悖论。假设有两个罐子：1 号和 2 号，2 号罐子装了 100 个球，里面有 50 个红球和 50 个蓝球；1 号罐子同样装了 100 个球，也是红球和蓝球混在一起装，但是不知道两种颜色球的比例。因此，从 1 号罐子里抓球涉及的是模棱两可的情形，而从 2 号罐子里抓球涉及的是有风险的情形。实验要求被试者做两个连续的选择。这两个选择就是两次赌博，每一次赌博都有机会得到 100 美元的报酬，这取决于从罐子中随机抓取的球的颜色。选择如表 5.4 所示。

表 5.4　埃尔斯伯格悖论

选择 1	A1——从 1 号罐子里抓球	红球给 100 美元报酬，蓝球没有报酬
	A2——从 2 号罐子里抓球	红球给 100 美元报酬，蓝球没有报酬
选择 2	B1——从 1 号罐子里抓球	蓝球给 100 美元报酬，红球没有报酬
	B2——从 2 号罐子里抓球	蓝球给 100 美元报酬，红球没有报酬

埃尔斯伯格的实验表明，A2 比 A1 更受欢迎，B2 比 B1 更受欢迎。被试者的这些选择不仅和期望效用理论不一致，也和主观效用模型不一致。选择 A2 意味被试者主观上认为 1 号罐子里有红球的概率小于 50%，反之，选择 B2 则意味被试者主观上认为 1 号罐子里有红球的概率大于 50%。从实验中可以得出的结论是：人们不喜欢概率分布不确定或模糊的赌博，这种**模糊厌恶**（ambiguity aversion）的现象不仅在实验中普遍存在，在现实中也普遍存在，如本章引言中有关金融交易的内容。此外，神经经济学也为这一现象的基础提供了证据。许及其同事（Hsu and colleagues，2005）进行了一项研究，要求被试者在有风险情形和不确定情形下分别做出选择。相比而言，在不确定情形下，腹侧前额叶皮质（VMPFC）和杏仁核（与原始恐惧反应有关）的反应较多，而伏隔核（NAcc）（与期望报酬有关）的反应较少。因此，人们对不确定结果的重视程度似乎不如对有风险结果的重视程度，因为他们的大脑正在寻找丢失的信息。

这一发现在实验和实地研究中很常见，它适用于本章提到的所有异象，包括凯莫勒（Camerer，2000）描述的各种异象，如表 5.1 所示。下一节将描述这些异象的性质，这会涉及对前景理论的阐述。这一理论被斯塔默（Starmer，2000）归类为非传统理论。

5.3　前景理论

在这一节中，首要的问题是：什么导致了传统理论与非传统理论的不同？迄今为止，包括期望效用理论在内的所有已有的理论，本质上都是偏好最大化的模型，这些模型假设参与者的行为仿佛是优化了的某种潜在的偏好函数。正如我们在前两章已经看到的，这些函数并不断言其涉及隐含有关心理的机制和过程。也正如我们看到的，在另一方面，行为模型一直在设法构造导致选择的心理过程模型，斯塔默（Starmer，2000）称这些理论为**过程化的理论**（procedural theory）。这些模型的显著特征包括：**有限理性**（bounded rationality）的存在和决策直觉推断法的后续使用。有限理性蕴含着参与者不但在复杂和动态决策环境中处于不完全信息下，而且只具备有限计算能力，参与者的目标可能也不是十分清晰。在时间、可计算资源和通常相互冲突目标的约束下，最优的概念就变得更加复杂了。在这样的情况下，直觉推断法的应用就是必要的了，这样就产生了一个简化决策程序的可计算的捷径。自 20 世纪 70 年代末，多种这样的非传统理论已经成熟，但是毫无疑问，前景理论是迄今为止最具影响力的理论（参见 Klaes，2015c）。因此，这一节将专注于对这一特殊理论的详细讨论。在这一章的结论部分，一些其他的过程化的理论也将被讨论与比较。

前景理论最初出现在卡尼曼和特沃斯基 1979 年的文章中，后来又被两位作者在 1992 年的论文中加以拓展，并被重新定名为"累积前景理论"。然而，我们将会看到，这一理论的大多数成分都有影响重大的先例，特别值得一提的是马科维茨（Markowitz，1952）和阿莱（Allais，1953）的工作成果。前景理论将选择两阶段过程：第一阶段涉及编辑，而第二阶段涉及评估。编辑阶段是前景理论有别于前面章节讨论过的任何理论的最显著的特征。前景理论区别于那些理论的第二个特征是，结果是以相对于某一参考点的收益或损失来计量的。现在我们来讨论前景理论的这两个特征和其他特征。

□ 编辑

这一阶段构成对显现前景的初步分析，其目的是产生对这些前景的一个更简单的表示，进而便于评估。有些直觉推断式规则和操作方法可以被应用于组织、重新表示和缩减将在下一过程被关注的选择。然而，这未必是有意识的。这些特征包括编码、组合、分割、删除、化简和占优检测。

1. 编码

观察到的证据启示人们，通常应把相对某一参考点的结果视为收益或损失，而不是财富或福利的最后状况。这方面更为详细的讨论将在接下来的"评估"这一节进行。

2. 组合

前景有时能够通过组合相同结果的概率来简化。例如，前景（100，0.30；100，0.30）将被简化为（100，0.60），并以此来进行评估。组合的操作也称为**合并**（coalescing）。

3. 分割

某些前景包含可以从风险成分中分割出去的无风险成分。例如，前景（100，0.70；150，0.30）可以被分割成一个确定性收益 100 和风险前景（50，0.30）。同样，前景（−200，0.80；−300，0.20）可以被分割成一个确定性损失 200 和风险前景（−100，0.20）。

4. 删除

这一方面在前面与独立性公理的关系中已经叙述过了。当不同的前景共享某些共同的部分时，这些部分将被删除或忽略。例如，考虑一个两阶段博弈，在这个博弈中，有 0.75 的概率没有赢得任何东西而结束博弈，和 0.25 的概率转到第二阶段。在第二阶段存在一个在（4 000，0.80）和（3 000）之间的选择，参与者必须在博弈开始时就做出选择，即在第一阶段的结果已知之前。在这种情形下，卡尼曼和特沃斯基的研究发现存在**隔离效应**（isolation effect），即人们忽视第一阶段，这一阶段的结果被两个前景共享，并且认为选择存在于无风险收益 3 000 和有风险的前景（4 000，0.80）之间。就决策矛盾而言，这种效应的含义将在后面有关加权判断决策的章节中讨论。

5. 化简

前景可以通过凑整结果或凑整概率来化简。例如，前景（99，0.51）很可能被编辑为一个获得 100 的等可能机会。尤其是对一些非常不可能的结果，很可能要忽略，这意味着它发生的概率被取整为 0。这部分在编辑阶段要首先完成，而且编辑的操作顺序同样是重要的，因为这将影响到将要评估的最终清单。正如我们将要看到的，编辑的顺序和方法可能依赖问题的结构。

6. 占优检测

某些前景可能在其他前景中占首要地位，这意味着它们可以有共同的元素，但是包括结果或概率的其他元素总是更可取的。下面来看一下（200，0.3；99，0.51）和（200，0.4；101，0.49）这两个前景，假设每个前景的第二部分首先被凑整为（100，0.5），那么第二个前景就优于第一个前景，这是因为两个前景的第一部分的结果是相同的，但是后者的概率更高。

正如已经谈及的隔离效应存在于编辑过程的多个方面，这一过程能够导致如偏好矛盾这样的异象，这些将在后面讨论。因此，卡尼曼和特沃斯基的编辑直觉推断法在一些场合下遭到了批评。例如，奎金（Quiggin，1982）指出，如果偏好函数被确定得合适，编辑过程就是多余的了。他还指出，最后的检测占优阶段，也是引出单调性的阶段，存在纵容违背传递性的副作用。奎金称其为"不良后果"。斯塔默（Starmer，2005）指出，这个批评和其他对前景理论的指责是由"一个对在规则上满足如传递性和单调性这些诱人准则的偏好理论的预约束"所致（p.282）。他进一步指出，根据直观证据，这种预约束是不值得寄予厚望的。这方面的问题待更多的例子被考察后，将在后面做进一步讨论。

□ 评估

一旦编辑阶段完成，决策者必须评估每个编辑过的前景，并且假设人们会选择具有最高价值的前景。根据前景理论，被编辑的前景的总（价）值记为 V，用两个尺度 v 和 π 表示。第一个尺度 v 分配给每一个结果 x 一个数值 $v(x)$。这一数值表达那个结果的主观价值。第二个尺度 π 与每个概率 p 相联系，构成决策权重，在前景的总价值上体现 p 的影响。

第一个尺度给出一个对**参考点**（reference point）、**损失厌恶**（loss-aversion）和**边际敏感度递减**（diminishing marginal sensitivity）的解释，与此同时，第二个尺度给出一个对**决策加权**（decision-weighting）或加权概率函数的解释。前景理论的这四个方面将在下面的四节做充分的论述，因为它们是本章剩余部分反复涉及的核心概念。还有另一个属于前景理论的要素涉及决策的框定，但这部分内容将在有关心理核算的下一章讨论。

现在给出一个卡尼曼和特沃斯基（KT）模型基本原理的数学表达式，这个表达式实际上是出自其 1979 年的论文。就第一个尺度而言，期望效用理论函数 $u(x)=x^b$ 可以用以下的值函数代替：

$$v(x) = \begin{cases} (x-r)^\alpha & \text{当 } x \geqslant r \text{ 时} \\ -\lambda(r-x)^\beta & \text{当 } x < r \text{ 时} \end{cases} \tag{5.9}$$

上面的模型有四个参数：r 为参考点，α 为收益的递减的边际敏感度系数；β 为损失的递减的边际敏感度系数；λ 为损失厌恶的系数。

第二个尺度是决策权重，它是一个倒 S 形曲线，如图 5.2 所示，其形式如下：

$$\pi(p)=\frac{p^{\gamma}}{(p^{\gamma}+(1-p)^{\gamma})^{\frac{1}{\gamma}}} \tag{5.10}$$

现在有了第五个参数 γ，它决定了函数的曲率。所有这些参数将在本章接下来的内容中通过数值例子进行解释。

原始的 KT 模型涉及的是结构 $(x,p;y,q)$ 的简单前景，这类前景至多有两个非零结果。在这样的前景中，一个人依概率 p 获得 x，依概率 q 获得 y，并且依概率 $1-p-q$ 一无所获，这里 $p+q\leqslant1$。如果一个前景的所有结果都是正的，那么这个前景就是**严格正的**（strictly positive），即如果当 $x,y>0$ 和 $p+q=1$ 时；如果一个前景的结果都为负，那么它就是**严格负的**（strictly negative）；如果一个前景既非严格正也非严格负，那么该前景就是**常规的**（regular）。

理论的基本方程表述了一个方法，在这个方法中，v 和 π 被组合用于确定一个常规前景的总（价）值。

如果 $(x,p;y,q)$ 是一个常规前景（即，要么 $p+q<1$，要么 $x\geqslant0\geqslant y$，要么 $x\leqslant0\leqslant y$），那么

$$V(x,p;y,q)=\pi(p)v(x)+\pi(q)v(y) \tag{5.11}$$

这里 $v(0)=0$，$\pi(0)=0$，并且 $\pi(1)=1$。同效用理论一样，V 是定义在前景之上的，而这里 v 是定义在结果之上的。两个尺度叠加以确定前景，这里 $V(x,1,0)=V(x)=v(x)$。通过放松先前的期望原理，方程（5.11）推广了期望效用理论。

借用投掷硬币问题举一个简单的例子，在这里，当出现正面朝上时，赢得 20 美元；当出现背面朝上时，损失 10 美元。现在我们将这个常规前景的效用表示如下：

$$V(20,0.5;-10,0.5)=\pi(0.5)v(20)+\pi(0.5)v(-10)$$

严格正和严格负前景的评估遵循不同的规则。在编辑阶段，正如前面所见，这些前景被分割成两个组分：（i）零风险组分，即确定的获得或支出的最小收益或损失；（ii）风险组分，即实际上在风险中附加的收益或损失。对这些前景的评估将用下面的方程给出。

如果 $p+q=1$，并且要么 $x>y>0$，要么 $x<y<0$，那么

$$V(x,p;y,q)=v(y)+\pi(p)[v(x)-v(y)] \tag{5.12}$$

更确切地说，一个严格正的前景或严格负的前景的（价）值等于无风险组分的（价）值加上结果间的差异值，乘以与更大的最终结果相关联的权重。例如：

$$V(400,0.25;100,0.75)=v(100)+\pi(0.25)[v(400)-v(100)]$$

方程（5.12）的基本特征是：有一个决策权重施加于代表前景的风险组分的差异值 $v(x)-v(y)$，而不是施加于代表无风险组分的 $v(y)$。

接下来的四节将要论述前景理论的 KT 模型的主要成分，其中，也包括累积前景理

论的附加部分，其涉及成分的持久性。在每一个事例中，前景理论都要与其他理论相对比，并且来自各种实验室和实地研究中的有关经验证据将被检验。

5.4 参考点

□ 性质

在前景理论中，结果是相对于参考点来定义的，参考点是（价）值尺度的零点。因此，变量 v 度量的是与参考点的偏离值，即收益或损失。正如卡尼曼和特沃斯基所说：

> 这个假设与基本的感知和判断原理是相容的，我们的感知器官是与变化或差异的估值合拍的，而不是与绝对大小量的估值合拍。当我们对诸如亮度、响度或者温度这些属性做出反应时，以往和现在经历的环境确定出一个适应水平或参考点，而刺激因素被感觉是与这个参考点相关的。(p.277)

应当注意的是，前景理论的这一要素并不是 KT 模型的发明，它已经有了相当长的历史了。特别值得一提的是，马科维茨（Markowitz, 1952）和赫尔森（Helson, 1964）著作的某些方面对它已有所涉及，尽管我们在后面将会看到，马科维茨模型在其他重要方面是不同于 KT 模型的。参考点的概念在某些细节上的确是前人的部分贡献。例如，熟悉童话故事"小房子变大房子"的读者都认可劝告抱怨她的房子太小的妇人的那个老人的智慧。那个妇人先将她的所有动物都塞进这所房子里，然后，再将它们都清除出去，这时她发现她的房子仿佛变大了。

在分析时通常假设作为评价收益或损失的相关参考点是财富或福利被普遍接受的状况，但这并不需要实情。尤其值得一提的是，这个相关参考点与其说是现状，倒不如说是期望的状况。在关于异象的讨论中就给出过这样一个例子。以后我们还要回过头来讨论参考点决定方面的问题。

与前景理论的其他三个核心部分一样，现在有必要考虑这一概念的心理学和神经科学基础，然后通过一些例子解释其应用，讨论这一概念如何有助于解释期望效用理论中的某些异象。

□ 心理学基础

进化心理学家试图超越对心理特征的描述，并尝试从适应性角度去解释它们的根源和功能。我们可以看到，参考点的心理学概念涉及更宽泛的生物学的**自身稳态**（homeo-stasis）和**协同稳态**（allostastis）机制。这两个机制具有显示出适应性进化的基本功能。自身稳态是一个著名的生物学原理，据此在生物体中的各种系统形成一个最佳的稳定点，而且相对这一点的偏移将引起试图使其恢复到稳定点的负反馈过程。生物体的温度、血糖水平和电解质平衡就是例子。术语协同稳态是由斯特林和艾尔（Sterling and Eyer, 1988）定义的，指的是一种不同类型的反馈系统，借此一个变量可以被维持在一个健康的范围内，同时允许其随环境的要求而变化。心跳速度、血压以及荷尔蒙水平都是这类变量。因此，当我们运动时，为了达到最佳状况，心跳速度和血压都允许上升。威尔逊及其同事指出，幸福也是这种类别的一个变量，这一问题将在第 11 章中做进一步论述。

有一个关于参考点现象的身体或生物的简单实例，即以下实验：在这个实验中，一个人把一只手放在冷水中同时把另一只手放在热水中一段时间，之后他将两只手都放在同一只盛有温水的容器中。实验对象的一只手（在冷水中的那只手）感到热，与此同时，另一只手（在热水中的那只手）感到水温是凉的。这两只手本应该感觉相同，很显然这是我们眼前亲历的事实，然而，这并不能推翻在我们的大脑中先前温度的各自参考点。在标准经济学模型中，我们将会看到，这些基本的、已经进化了的适应性机制导致了许多异象。

其他感觉也涉及参考点的利用。我们的视觉系统很容易产生与上面的水温实验相同的错误。一个典型的例子是**德尔伯夫错觉**（Delboeuf illusion，1865），它与视觉感知有关。先来看看下面的图（见图 5.3）：

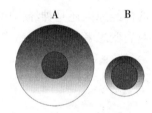

图 5.3 德尔伯夫错觉

右边的内圆看起来要比左边的内圆大。不管我们看了图表多长时间，甚至当我们意识到这是错觉时，它都是这样的。造成这种错觉的原因是，我们倾向于把外圆作为参考点，因此，影响我们感知的是内圆和外圆的相对大小，而不是绝对大小。

另一个类似于视觉错觉的例子是对颜色的感知。我们感知不到颜色的本来面目，而是会根据背景光进行自动调整。通常这能使我们更好地判断物体的真实颜色，在生物适应性方面这非常重要。然而，正如伍德福德（Woodford，2012）所说："人们感知的亮度取决于物体的亮度和眼睛适应的背景亮度之间的对比，而不是物体的绝对亮度。"如图 5.4 所示，也可以通过德尔伯夫错觉的变形看到这一点。

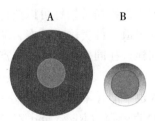

图 5.4 亮度错觉

在图 5.4 中，左边的内圆比右边的内圆显得更亮或更亮，因为它与较暗的背景形成了对比，尽管两个内圆的绝对亮度相同。

□ 神经学基础

我们在第 3 章中已经看到，多巴胺基于预期报酬和实际获得报酬之间的差异，奖励预测误差（DRPE 或 RPE）的现象是参考依赖存在的强有力证据。在神经科学实验研究中，风险通常是通过要求被试者执行一系列赌博任务和功能性核磁共振成像（fMRI）来引入决策情境的。在神经科学分析中，由于存在混淆的可能性，会出现一些并发症，这将在以后的决策加权内容中进行更详细的讨论。德马丁诺及其同事（De Martino and colleagues，2006）以及温德曼及其同事（Windmann and colleagues，2006）进行了两项研究，研究了赌博任务中被试者对惩罚和奖励的不同反应，这两项研究都证明了框定效应和参考依赖的存在，尤其是眶额皮质（OFC）活动的不同。卡普林和迪恩（Caplin and Dean，2010）使用了一种公理化的方法，消除了混淆的问题，并基于多巴胺释放介质的预期找到了参考依赖的证据。

然而，这里还有另外一个分析问题，就是在第 2 章中所描述的关于因果关系情境的分析问题。正如福克斯和波德拉克（Fox and Poldrack，2009）指出的，目前很难确定观察到的结果反映的是参考依赖的神经原因还是神经作用。因为通常可以得出结论：神经缺陷是导致行为差异的原因，对病变患者的进一步研究可能有助于澄清这种情况，正如在第 2 章中再次解释的那样。

□ 经验证据

现在将前景理论应用于各种现实环境中，我们可以来分析基于风险决策的参考点现象的效应。在这一节中，例子仅限于那些参考点能够被从前景理论的其他要素中隔离开来的情形。更多的例子，包括表 5.1 中给出的例子，涉及多种要素的组合，因此，这些情况的讨论被放在本章的后面。

参考点可能有多方面的来源，主要的来源是以前的经验、期望以及其他人的状态。下面依次考虑这些问题。

在期望效用理论中，一个著名的异象就是有时被称为"幸福乏味"（happiness treadmill）的现象，这个概念在第 3 章中提及过。美国的人均收入自 1972 年以来实际上有超过 40% 的增长，然而，尽管有更多的收入或财富，但美国人通常说他们没有以前幸福了。类似的情况也发生在其他国家。而且，这一现象显然不能说是由于自我报告资料的不可靠性所致，如果其他幸福或痛苦指标可以获得，例如，关于自杀率和抑郁率的指标数据，我们能看到同样的报道。像美国、日本、瑞典和芬兰这些富裕国家的自杀率至少也同贫穷国家一样高。同样，在同一个国家中，富裕群体与贫困群体一样，至少在自杀率上都是趋于同一水平。

有一些证据表明，参考收入也可能在不同性别的收入差距中发挥着重要作用，至少在某些职业中是这样。里佐和泽克豪泽（Rizzo and Zeckhauser，2007）从青年医师调查的数据发现，与女性相比，男性设定的参考收入更高，并且对参考收入的反应更强烈。这充分解释了收入和收入增长率方面的性别差异。

即使像在抽彩中了奖的情形下，至少根据期望效用理论，幸福感的大规模和持久增长本应是预料之中的事，然而，经验证据显示，在一年的短暂时间中，得奖者们报告的平均满足水平并不比普通百姓高（Brickman，Coates and Janoff-Bulman，1978）。

关于这种现象的报道还有令人高兴的一面，即这种现象在两个方向上都会存在。一个人如果遭遇了某种重大人生悲剧（如失去心爱的人或身体受到重创），就报告的幸福水平而言，其也趋向于快速地得到恢复。其报告的幸福水平通常会快速地得到恢复。正如前一章所指出的，这两种对正常满意度水平的回归往往是相关人员所意想不到的，的确就其快速程度而言是如此。值得一提的是，有一半的狱中自杀事件发生在入狱首日。尽管犯人有可怕的预期，但一般都能很快地适应新环境。

就像参考点现象引人关注一样，期望也扮演着一个重要角色。例如，当人们期望10％的工资增长，然而他们只得到5％时，他们常常感到失望。在这种情况下参考点不是他们现在的工资水平，而是他们期望的工资水平，因此，他们作为损失而不是收益来编码并评估该工资报酬。亚伯勒及其同事（Abeler and colleagues，2011）的一项研究表明，工作效果很大程度上受到期望报酬的影响。在一系列实验中，他们发现，当被试者的期望报酬越高时，被试者工作的时间越长、挣的钱也越多。贝尔（Bell，1985）、卢姆斯和萨格登（Loomes and Sugden，1986）、古尔（Gul，1991）、克塞吉和拉宾（Koszegi and Rabin，2006）等人之前的一些研究也证实了这一发现。

布朗及其同事（Brown and colleagues，2014）最近进行了一项关于期望的有趣研究，该研究具有重要的政策含义。这项研究使用了来自英国全国学生调查中的各种问题，以考查学生对反馈及时性和教师热情等方面的满意度。研究中最重要的发现是：学生的评价与他们的期望高度相关，而这些期望往往基于他们对其他大学实践的观念。这些观念往往差别很大，那些认为其他大学在这些领域表现良好的学生对自己的大学满意度较低。因此，作者建议，大学应该用实际反馈时间等客观指标和学生评价中的主观指标来分别评估质量和满意度。

参考点也受其他人状况的强有力的影响。我们可能对于5％的工资增长很满意，但是，当我们发现某个同僚已经得到了10％的工资奖金，这时我们做出的反应就只有暴怒了。在这种情况下，新的信息改变了参考点，把最初编码的收益转变为损失。期望效用理论再次解释不了这一现象。这方面的问题将在有关公平和社会效用函数的第10章中进行更详细的讨论。

参考点可能与现行的财富水平不一致的另一个情况是，个人还不适应当前的资产状况。卡尼曼和特沃斯基的论文给出了这样一个例子：

> 可以想象，一个专心于企业的人已经损失了2 000并且当前正面临在必定获得1 000与等可能获得2 000和一无所获之间的一个选择。假如他还没有适应他的损失，他很可能将这个问题编码为在（−2 000，0.50）与（−1 000）之间的一个选择，而不是（2 000，0.50）与（1 000）之间的一个选择。（Kahneman and Tversky，1979，p.286）

损失厌恶和边际敏感度递减现象导致还没有适应当前损失的人比已经适应了当前损失的人更倾向于冒风险。这些将在本章后面的部分做出解释。

当一个人按照期望效用理论中提出的最终资产，而不是按照收益或损失来制定他的决策问题时，参考点也会发生移动。这导致参考点被设置为零财富，并且我们稍后会看到，这倾向于阻止风险追逐，除非是在具有低概率的投机情形下，例如参与博彩。

鉴于参考点的来源可能不同，所以在某些情况下可能会有一个以上的参考点并不奇怪。陆及其同事（Lu and colleagues，2015）在报告中指出，被试对收益和损失有不同类型的风险规避，这取决于金融或社会参考点是否显著。博尔斯及其同事的各项研究也表明，人们在经历了一件事之后，会在事后形成备选的参考点，这些参考点会受到情绪因素的影响，从而产生最好的心情，而不管结果如何（Boles and Messick，1995；Larrick and Boles，1995；Johnson，Ilies and Boles，2012）。因此，情绪和自利的偏向再次与这种现象相关。

一个多参考点的例子涉及前面所描述的德尔伯夫错觉，同样具有重要的政策含义。几项研究表明，人们对食物分量的感知取决于盛食物的盘子的大小（Van Ittersum and Wansink，2012，2013；Wansink，Van Ittersum and Payne，2014）。作者认为，应该让人们使用更小的盘子，这一社会规范变化可以帮助人们减少食物的消耗，同时减少食物的浪费。此外，一些研究表明，食物分量还取决于之前其他人的食物分量。在这种情况下，似乎有两个参考点可以被用作锚点（McFerran et al.，2010）：其他人的食物分量和其他人的体型。如果其他消费者选择了一个大份的食物，那么，随后的消费者会选择一个更大份的食物，但是，如果其他消费者体型很胖，而随后的消费者体型很瘦，那么，随后的消费者选择的食物分量会明显小一点。在案例 5.3 中我们会讨论这些问题，在案例 10.4 中我们会讨论更广泛的问题。

5.5 损失厌恶

□ 性质

用卡尼曼和特沃斯基（Kahneman and Tversky，1979）的话说：

> 对待福利变化的态度的一个显著特点是：损失比收益更大。一个人在失去一笔钱财时所经历的痛苦似乎大于获得同样数额的钱财所带来的快乐。（p.279）

例如，大多数人不愿意以掷币方式赌钱，按照规则，出现正面得到特定的收益，同样，出现背面则损失相同的金额。用数学语言来说，人们感到对称形式（x，0.50；$-x$，0.50）的赌注缺乏吸引力。这一现象可以用更一般的数学形式作如下表达：

$$v(x) < -v(-x) \qquad \text{当 } x > 0 \text{ 时} \tag{5.13}$$

同样，前景理论的这一要素也并不是一个创新，作为例子，加兰特和普里纳（Galanter and Pliner，1974）已经论述过。

表达式（5.13）也可以用于测算损失厌恶，损失厌恶通常用系数 λ 表示，λ 等于 $-v(-x)/v(x)$。例如，1992 年特沃斯基和卡尼曼研究发现，大学生被试者的 λ 中值是 2.25。然而，当时对于损失厌恶并没有普遍认同的衡量标准。尽管在上一个例子中，λ 是在 x 的取值范围内测算的，但还是可以通过 $-v(-\$1)/v(\$1)$ 这种方法来测算。

另一种测算方法是在损益区域内取价值函数的斜率之比 $v'(-x)/v'(x)$；在阅读下一节有关（价）值函数的内容之后，λ 的含义将会变得更加清晰。

在作出更详细的实例分析，说明怎样解释这些期望效用理论的异象之前，同前景理论以前的要素一样，首先考虑这一现象的心理学基础是非常有益的。

□ 心理学基础

从这一现象有用的适应性，进化心理学家已经推测出该现象的来源。平克（Pinker，1997）指出，尽管收益能够改善我们生存和繁衍的前景，然而，重大的损失却能让我们彻底"出局"。例如，穿越沙漠时额外一加仑水能让我们感到更舒服，而损失一加仑水可能让我们面临灭顶之灾。虽然关于这种现象起源的这些猜想勉强是"纯粹"故事的本质，但在现实生活中，不对称的存在是毫无疑问的，这将在我们检验经验证据时得到证明。

最近一个与损失厌恶心理有关的理论涉及焦点调节的概念。该理论不是根据"热"和"冷"系统的差别来解释行为，而是考察行为的基本动机方面，以及与这些方面相关的策略。焦点调节理论提出了两个动机系统［**提升系统**（promotion system）和**预防系统**（prevention system）］的并存。这些动机系统分别满足了不同的重要需求。提升系统关注的是与进步、志向和成就相关的培养需求，其特征是对收益与无收益的敏感性。具备提升焦点的人对来自中立或现状（某个参考点）的积极变化比消极变化更敏感。相反，预防系统涉及的是职责、责任和安全，它对损失和无损失比较敏感。注重预防的人对来自现状的消极改变比积极改变更敏感（Higgins，2009）。因此，具备预防焦点的人，也就是注重预防的人比具备提升焦点的人，也就是注重提升的人更关心低于以前的现状或参考点（即消极变化或损失）。然而，这些人对风险的态度将取决于恢复现状的能力。如果通过谨慎行事更有可能恢复现状，那么他们就会规避风险。但是，如果恢复现状只能通过高风险的策略来实现，那么注重预防的人将是风险追逐者（Scholer et al.，2010）。第二种情况的一个例子是"日终效应"，这在经验证据部分讨论过。

□ 神经学基础

我们已经在前面的章节中看到来自研究的损失厌恶的主要神经证据，这些研究指出，收益和损失在大脑的不同区域以不同的方式编码。然而，这并不只是一个简单的双系统模型在运行。当涉及风险时，潜在收益和损失所引起的神经活动似乎只与实际收益和损失引起的神经活动部分地重叠。

汤姆及其同事（Tom and colleagues，2007）在一项研究中，通过测试被试者是否参与一系列收益和损失各占 50％ 的赌博实验，将风险引入决策中。在不同的实验中，收益和损失的大小不同：收益在 10 美元到 40 美元之间，损失在 5 美元到 20 美元之间。最后测量出的损失厌恶系数 λ 的中位数是 1.93。该研究表明，随着潜在收益增加，包括腹侧和背侧纹状体、腹内侧和腹外侧 PFC、ACC 和多巴胺中脑区域在内的一系列区域的活动也会增加。损失厌恶不对称的表现是：当面临潜在损失时，其中的许多区域不仅会减少活动，而且活动减少量比面临潜在收益时的活动增加量更多。最近，卡普林和迪恩（Caplin and Dean，2010）的一项研究发现了另外一种不对称现象，研究表明，即使是在被多巴胺激活的 NAcc 中，收益和损失的信号也是不同的。和损失相比，收益的信号延迟更短、信号强度更弱。

□ 经验证据

在过去的 30 年里，有大量关于损失厌恶的研究。与参考点的讨论一样，一开始就把损失厌恶这个现象与前景理论的其他要素隔离是十分有益的。对消费品非对称性需求价格弹性的考察就是一个例子。价格弹性表示价格的敏感度，即检测需求量的百分比变化除以价格的百分比变化。损失厌恶的消费者相对于来自降价的收益而言，更不喜欢价格的上涨。当价格上涨时，他们减少的购买量要比价格下降时他们增加的购买量多。因此，损失厌恶意指价格弹性是非对称的，也就是说，价格上涨时的需求价格弹性比价格下跌时的需求价格弹性更大。就鸡蛋（Putler，1992）和橙汁（Hardie，Johnson and Fader，1993）而言，这样的非对称心理反应确实已经被发现。在测量方面，哈迪（Hardie）、约翰逊（Johnson）和费德（Fader）研究发现，橙汁的损失厌恶系数大约是 2.4。麦克基维奇和法尔科夫斯基（Mackiewicz and Falkowski，2015）对六种不同物品（牙膏、面包、圆珠笔、鞋子、浴缸和冰箱）的价格弹性进行了研究，发现价格上涨时的需求价格弹性比价格下跌时的需求价格弹性平均高出 40%。

关于损失厌恶的最著名的现象之一是，潜在买家愿意为商品支付的价格（willing to pay，WTP）与潜在卖家愿意为相同商品接受的价格（willing to accept，WTA）之间的差异，通常被称为**禀赋效应**（endowment effect）。因为禀赋效应是前景理论备受争议的一个领域，故将在 5.8 节中讨论。

金融市场中存在着各种表明投资者厌恶损失的现象。其中，最著名的异象之一就是**"意向效应"**（disposition effect）（Shefrin and Statman，1985），在这一现象中，投资者倾向于过长时间持有那些已经损失了价值（相对于他们购买的价格）的股票，而急于出售那些已经升值的股票。在这种情况下，由于购买价格作为参考点，这既涉及损失厌恶又涉及参考点。因为根据这方面的标准经济学模型，人们应该根据对未来价格的预期来买卖股票，而不是根据过去的价格来买卖股票，所以，期望效用理论无疑是不能解释这一现象的。此外，为了减轻资本收益税的负担，税法也是鼓励亏损者而不是获利者出售。尽管有时投资者声称维持亏损是因为他们期待"反弹"，但是，由奥丁（Odean，2004）所做的一项研究显示，未售出的亏损者在次年得到的收益率仅为 5%，与此形成对比的是，不急于抛售的获利者的收益率可达 11.6%。基尼索夫和迈耶（Genesove and Meyer，2001）已经报道了一个关于住房市场的类似意向效应；当售价小于他们的购房价时，业主们显得很不情愿出售他们的房产，因此，当销售市场陷入低迷时，他们仍然倾向于过长时间地持有他们的房产。然而，巴贝里斯和熊（Barberis and Xiong，2009）的一项研究对前景理论解释股票市场中意向效应的能力提出了质疑。他们检验了股票价格变动与交易者收益之间的关系，发现了与前景理论预测相反的结果。这里的问题是：投资组合评估的频率（可能一年两次）与检查投资组合价值的频率（可能每月一次）之间存在差异，而前景理论的预测取决于投资者是否只在评估时或每次检查价值时才实现效用的假设。意向效应将在下一章的心理核算中进一步讨论。

金融市场的另一个异象是投资者在商业周期中的心情。加西亚（Garcia，2013）的研究基于《纽约时报》中的金融新闻，构建了从 1905 年至 2005 年的投资者情绪指标，并观察了经济衰退和经济扩张对投资者情绪的影响。他们发现：在经济扩张期间，一个标准差的情绪变化与 3.5％的经济增长相关；在经济衰退期间，一个标准差的情绪变化与 12％的经济下跌相关。库南（Kuhnen，2015）认为，这种不对称（或者说悲观偏向）是由于人们对消极域的低结果比对积极域的低结果做出更强烈的反应所造成的。

劳动力市场也出现了损失厌恶的现象。卡德及其同事（Card and colleagues，2012）的一项研究调查了在网站上公布南加州大学员工薪酬信息的影响。他们观察到人们对同行工资信息的不对称反应：工资低于平均工资水平的员工认为其工资极低，并且对工作满意度较低，而工资高于平均工资水平的员工却并没有对工作表现出更高的满意度。

前景理论能够解释的另一个期望效用理论的异象与赌马时能观察到的"日终效应"（end-of-the-day effect）有关。彩民们在赛马接近尾声时倾向于转投高风险赌注，而不是他们中意的马匹（McGlothlin，1956；Ali，1977）。在这种情况下，又都涉及损失厌恶与参考点。因为在利益的驱使下，彩民投注于这样的赛道会处于极不利的地位，所以在一天的最后一场赛事中，大多数彩民会损失惨重。看来，大多数彩民还是把零作为每天的利润，即参考点。因此，他们愿意在最后的比赛中投高风险的赌注，这样用小额押注就可能获得足够大的利润，从而使得当天不赔不赚。一些研究表明，这种效应非常大。一些研究发现，即使考虑到该赛道赔率偏颇，最后一场比赛时保守地投注于胜率最大的马匹（成绩是第一名、第二名或是第三名）反而获利最大，这足以说明日终效应的强大程度。注意，期望效用理论无法解释这种现象，根据期望效用理论，彩民将他的财富看作一个整体，即把最后一场比赛的所得与损失及再次参赌时的所得与损失归入同一个分类。

麦肯齐及其同事（McKenzie and colleagues，2016）最近做了一项关于"日终效应"的研究，发现了一些相互矛盾的结果，并给出了更加微妙的解释。这是一项实验研究，而不是实地研究，但研究发现，在最后一场比赛中，赌客们更喜欢把赌注压在外来者身上，不管他们当时是赢了还是输了，或者输了多少。研究人员认为，这可能是因为人们更喜欢"轰轰烈烈地离开"。尽管调查结果不同，但其解释可能与随着时间的推移，消费者的消费偏好不断上升相似。损失厌恶又一次成为关键因素。

从细节和方法论上来说，一项对损失厌恶的出色研究与职业高尔夫球运动有关（Pope and Schweitzer，2011）。这项研究之所以非常重要，原因有以下几点：（1）研究涉及经验丰富的球员，他们应该利用任何学习效应；（2）研究涉及竞争环境中的高风险、高收益，因此球员有动力去优化自己的行为；并且（3）研究涉及了这样一种情况，即对于每一个球洞，都有一个自然的参考点（标准杆数），因此，比标准杆多一杆或任何高于标准杆的杆数都被认为是损失。本研究在案例 5.2 中有更详细的讨论，但结论是：即使是最好的职业高尔夫球员也表现出了损失厌恶。

此外，在前两个案例的研究中，涉及与其他效应相结合的损失厌恶的异象，这将在本章结尾更详细地讨论，并且下一章也会继续讨论前两种情况的研究。这些包括禀赋效应、股权溢价之谜和向下倾斜的劳动供给曲线。

总的来说，我们可以得出这样的结论：在实验研究和实地研究中，对于不同类型的被试者和物品，都有强有力的证据支持损失厌恶的存在。其中，许多研究还测量了损失厌恶的系数，而且阿卜杜拉维、布莱希罗特和帕拉希夫（Abdellaoui，Bleichrodt and Parashiv，2007）还对结果进行了总结。损失厌恶系数的估计值在 1.43 和 4.8 之间波动，但是，应当注意的是，这些值并不是严格可比的，因为它们不仅使用了前面所描述的不同损失厌恶的衡量标准，而且，对于后面两节中描述的值函数和概率加权函数的形式或形状也做出了不同的假设。

最近也有一些研究调查了有哪些因素决定损失厌恶及其边界（Ariely，Huber and Wertenbroch，2005；Camerer，2005；Novemsky and Kahneman，2005a，2005b）。这些更适合在主题为心理核算的下一章进行更充分的讨论，但是，在现阶段也可以给出这样一个发现：在涉及时间约束的情况下，损失厌恶的情绪似乎会减弱（Chan and Saqib，2013）。他们认为，"在时间压力下，人们不再认为损失的享乐影响大于收益的享乐影响，而相对于那些没有时间压力的人来说，大致上是更加平等"。其基本原理是：由于人们认为时间是一种资源，所以，在时间压力下时间的损失是一种资源的损失，这种额外的损失使他们在损失函数上走得更远，从而经历对进一步损失的边际敏感度递减，减少了对损失的厌恶。

5.6 效用函数的形状

□ 性质

关于这一问题，文献中的争论一直不断。下面，我们将考虑四个主要的可行函数：（1）传统新古典主义经济学模型的效用函数；（2）弗里德曼-萨维奇（FS）效用函数；（3）马科维茨（M）效用函数；（4）前景理论（PT）的效用函数。

1. 新古典主义经济学模型的效用函数

正如已讨论过的，它是凹形的，以满足边际效用递减法则。它的含义是：在各级财富水平上都存在风险厌恶。

2. 弗里德曼-萨维奇效用函数

弗里德曼和萨维奇（Friedman and Savage，1948）注意到，传统的凹函数不能解释各种被广泛观察到的现象，例如投机。他们给出了一个在两个凹域之间有一个凸域的函数，以解释这些异象（见图 5.5）。

虽然弗里德曼-萨维奇效用函数确实解释了标准经济学模型函数的一些异常，但它仍然不能解释多方面的经验观察。例如，弗里德曼-萨维奇效用函数预测，处于财富中间区域的人愿意进行大额的对称押注，如以掷硬币形式押注 1 万美元。但是，在现实中，正如马科维茨（Markowitz，1952）指出的那样，人们并不喜欢这种押注。

3. 马科维茨效用函数

马科维茨提出了各种修正，以纠正其他函数在解释经验数据上的不足。在他的分析中，他早已预期到了包括参考点和损失厌恶在内的卡尼曼和特沃斯基的工作。无论是在收益还是损失域，他的效用函数的形状都呈 S 形。然而，从图 5.6 可以看出，在 A 点

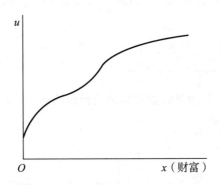

图 5.5　弗里德曼-萨维奇效用函数

和 B 点之间的小收益和小损失的中间区域，函数呈反转的 S 形。这种形状的函数的含义是：对于小的收益（可以解释大多数赌博），人们倾向于风险追逐，然而对于小的损失，人们倾向于风险规避（这解释了为什么很多人购买保险）。但是，人们对大的收益是风险厌恶的，对大的损失是风险追逐的。

应该指出，图 5.6 同样考虑到了马科维茨的另外两个要素，这同时也是前景理论的特征：参考点（根据收益和损失来测量结果）和损失厌恶（该函数在损失域比在收益域更陡）。

4. 前景理论的效用函数

在前景理论中，风险厌恶可以由两个因素引出。其中一个因素是决策加权因子（π）的性质，这将在下一节讨论，另一个因素是边际敏感度递减的特征，这决定了函数 $v(x)$ 的形状。卡尼曼和特沃斯基给出了一个效用函数，该函数在收益域和损失域都具有递减的边际敏感度。收益和损失的边际值通常随着它们的规模增加而减少（Galanter amd Pliner，1974）；这实质上是众所周知的新古典主义经济学模型特征的一个方面，即收益递减定律。

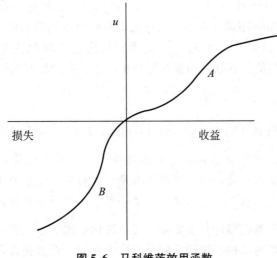

图 5.6　马科维茨效用函数

如前所述，卡尼曼和特沃斯基（Kahneman and Tversky，1992）将前景理论中的值函数参数化为幂函数：

$$v(x) = \begin{cases} (x-r)^{\alpha} & \text{当 } x \geqslant r \text{ 时} \\ -\lambda(r-x)^{\beta} & \text{当 } x < r \text{ 时} \end{cases} \qquad (5.9)\text{ 重写}$$

其中，α，$\beta > 0$，且分别测量的是收益和损失值函数的曲率，λ 是损失厌恶系数。

这种关系如图 5.7 所示。

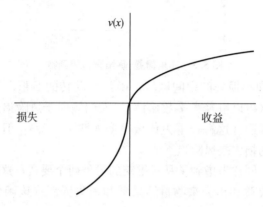

图 5.7 前景理论的效用函数

可以看出，在前景理论中，财富变化的值函数在参考点以上部分通常是凹的，而在参考点以下部分通常是凸的。在数学形式上可以表示如下：

$$v''(x) < 0, \text{ 当 } x > 0 \text{ 时}; v''(x) > 0, \text{ 当 } x < 0 \text{ 时} \qquad (5.14)$$

这种类型的函数意味着边际敏感度递减，通常在收益域导致风险厌恶，而在损失域导致风险追逐。例如，当面对前景（200，0.5）和（100）时，人们通常选择后者，这是因为 200 收益的效用通常不能等同于两倍的 100 收益的效用。在数学上，$v(200) < 2v(100)$。然而，如果我们把局面翻转一下，以考察人们对待损失的态度，我们发现，人们通常更偏好前景（-200，0.5）而不是（-100）。在这种情况下，他们愿意去冒险，因为损失 200 的负效用通常并不是与损失 100 的负效用的两倍一样多。在数学上表示为 $-v(200) < -2v(100)$。卡尼曼和特沃斯基称这个现象为**镜像效应**（reflection effect），也就是说，与负前景联系的偏好是与正前景联系的偏好的镜像。

□ 心理学基础

用卡尼曼和特沃斯基（Kaneman and Tversky，1979）的话来说，

> 许多感觉和感知方面都共有这样的特性，即心理反应是物质变化幅度的凹函数。例如，针对室内温度，区分 3 度与 6 度之间的变化比区分 13 度与 16 度之间的变化容易得多。我们认为这个原理尤其适合用于对货币变化的评价。（p. 278）

与卡尼曼和特沃斯基模型的其他要素一样，进化心理学家不想只停留在上述语言描述的水平上，而是要推测这种心理适应性是怎样进化的。看来在许多环境下，生存和繁衍的关键是相对变化，而不是绝对变化。例如，当一个人感到饥饿时，一公斤肉对他来

说是非常有用的（相对于零或非常少的数量）；十公斤肉对他来说就并不是十分有用了，除非有许多人也要吃，因为在我们祖先的生活环境下，多余的肉是无法贮藏的。

然而，在损失域，边际敏感度递减似乎确实有一个例外。正如在损失厌恶的讨论中提到的那样，一个很大的损失可能产生致命的后果。其隐含的意思是：当人们面对非常大的损失时，他们是风险厌恶的；当他们面对较小的损失时，他们是风险追逐的。这种情况的例子将在下面有关异象的讨论中给出。

□ 神经学基础

在试图为效用函数的边际敏感度递减建立一个神经学基础方面存在一些问题。首先，正如我们在前一章所了解到的，存在着不同类型的效用，并且从神经关联的角度来看，决策和体验效用之间的区别是很重要的。预期效用也是相关的。当被试者在做出决定后立即获得奖励时，不可能将不同的效用组合分开，因为目前功能性核磁共振成像技术缺乏足够的时间分辨率来做到这一点。因此，在设计实验时，一种方法是延迟奖金的发放，暂时将奖金从决策中分离出来，比如购买股票或彩票。

其次，还存在混淆的问题，因为在实践中很难将值函数形状的影响与决策加权函数形状的影响分开。举一个简单的例子，人们似乎对获得巨大的收益给予相对较低的值，但这可能是由于对收益的获得分配了较低的决策权重，而不是较低的效用。下一节将更详细地解释这一点。

这些问题和其他问题所造成的后果之一是，不同的研究得出了一些相互矛盾的结果。这里的一个例子是，杏仁核对不同频率的刺激的反应。最初认为，杏仁核只有在受到消极刺激时才会被激活，从而导致恐惧或焦虑反应。然而，随后的研究表明，在某些情况下，当给予某种奖励的积极刺激时，杏仁核也会被激活。因此，在这一点上，对于不同程度的奖励和惩罚的神经反应系统仍然有很多未知，并且，由此可以得出结论：神经活动与前景理论提出的 S 形值函数的关系尚不清楚。

□ 经验证据

我们首先将对比期望效用理论与前景理论的效用函数形状的相关程度。边际敏感度递减既是期望效用理论也是前景理论的特征，但是，当将参考点和损失厌恶结合起来比较前景理论与期望效用理论时，就会有不同的含义了。

让我们考虑镜像效应。作为这一效应的经验证明，卡尼曼和特沃斯基的论文考察了95 个由被调查者构成的样本对正和负前景的态度，并且发现了以下事实：当被调查者面临在前景（4 000，0.8）和（3 000）之间的选择时，80%的被调查者宁愿选择第二个前景（一个确定性的收益），但是，当他们面对前景（−4 000，0.8）和（−3 000）时，92%的被调查者宁愿选择第一个前景，而去冒一个产生更大损失的风险。在卡尼曼和特沃斯基的研究之前，其他研究者也注意到了镜像效应，代表性的人物有马科维茨（Markowitz，1952）和威廉姆斯（Williams，1966a）。

期望效用理论认为，边际效用递减和效用函数的凹性是风险厌恶的起因，它往往用期望值和方差来解释风险厌恶。然而，在前面的例子中，损失的前景（−4 000，0.8）与（−3 000）比较，第二个选择不仅期望值更高而且方差更低。因此，根据期望效用理论，第二个选择更应受到偏爱。正如前面看到的，卡尼曼和特沃斯基研究的经验证据与这个预言是矛盾的，他们样本中 92% 的被调查者更偏爱第一个前景。

期望效用理论在解释面对保险的各种态度时也存在问题。乍一看，购买保险意味着风险厌恶，这正像期望效用理论隐含的。但是，通过假设一个在整个资产水平域上的凹效用函数，期望效用理论意味着风险厌恶是普遍的。这实际上是与事实相矛盾的，事实是，许多人更偏爱那种在有限范围内具有低的或零免赔额的保单，而不是那种在更高的最大覆盖范围内具有更高的免赔额的保单。因此，相较于完全不购买任何保险的人，购买保险可能是风险厌恶的，但是，持有某些非常受欢迎的保单的人，与持有其他保单的人相比可能是风险追逐的。

有一个涉及保险的现象，对于前景理论和期望效用理论似乎都是异象，这涉及对于**概率保险**（probabilistic insurance）的态度。这种类型的保单涉及买方支付整个保险的部分保费，但是，如果出险，也只能按购买相同部分的比例赔付。看来，这样的保单涉及比标准保险更高的风险。来自卡尼曼和特沃斯基研究的经验证据表明，这样的保单将不受欢迎，这似乎违背了前景理论模型的预测。这种前景理论中的显著异象，与前面提到的在收益域中风险追逐的某些倾向一起，将只能在下一节决策加权的讨论之后加以解释。

到目前为止，我们用经验证据比较了期望效用理论和前景理论的效用函数。但是，我们也可以看到，前景理论函数和马科维茨（M）函数之间有重要的区别。马科维茨注意到了在正的以及负的前景之间的偏好上风险追逐的存在，而且，正如我们看到的，他提出了一个不但收益域而且损失域都有凸和凹的区域的效用函数。马科维茨函数已经得到了来自朱利安和萨拉尼（Jullien and Salanié，2000）研究的一些实证支持，这项研究是关于赛马场的投注的。研究发现，小额资金的效用函数为凸函数。另一项由利维和利维（Levy and Levy，2002）所做的研究也声称与前景理论函数相矛盾，并支持马科维茨的模型。

这些研究提出了一些重要的问题：

（1）前景理论如何解释赌博这类活动？这些普遍观察到的直观的现象似乎暗示在收益域是风险追逐的。

（2）前景理论的模型如何解释人们购买保险的原因？这是一项常见的行为，而且似乎暗含着在损失域的风险厌恶。

这可能要去讨论朱利安、萨拉尼以及利维和利维的研究了。而且，要研究前景理论中这些显著的异象，只能等到这个模型的剩余要素——决策加权被讨论之后再进行了。

5.7　决策加权

☐ 性质

正如前面提到过的前景理论要素一样，在其他理论中决策加权这一特征也要先于卡尼曼和特沃斯基最初的论文，其并不是前景理论独有的要素。各种传统理论都包含决策加权，特别值得一提的是排序依赖期望效用理论。在这个问题上，最初的 1979 年的论文［此后称为最初的前景理论（original prospect theory，OPT）］与修改后的 1992 年的论文存在一些实质性的差异，后者引出了**"累积前景理论"**（cumulative prospect theory，CPT）。虽然后来的修改版论文更复杂，但是在很多方面更令人满意。特别是，它更具有一般性，适用于涉及不确定性的情况以及涉及风险的情况。并且在经验上它也得到了更好的支持，在不同的国家不同的研究者进行了广泛的研究以对其进行拟合。然而，要更好地理解该理论的发展，我们应首先讨论该理论拓展之前的最初版本。

与卡尼曼和特沃斯基模型的其他要素一样，我们以来自 1979 年论文中的一段话作为开始：

> 在前景理论中，每个结果的值都与一个决策权重相乘。决策权重的推断来自前景之间的选择，类似于拉姆齐-萨维奇方法中对偏好的主观概率的推测。然而，决策权重不是概率：它们并不遵从概率公理；而且它们不应被解释为对程度或信念的度量。（Kahneman and Tversky，1979，p.280）

即使它们可能有相同的偏倚效应，我们将会看到，事实上，决策权重可能与客观概率不同有两个原因，区分它们是重要的。这些原因涉及**估计**（estimation）和**加权**（weighting）。第一种情况与客观概率未知有关，而第二种情况是这些概率已知，但并不一定反映根据期望效用理论的决策偏好。

1. 概率的估计

在估计将要发生事件的概率方面，人们通常表现得非常无知，特别是对于罕见的事件。人们往往高估飞机失事或者怀孕或者暴力犯罪的死亡概率。第 4 章给出了一个高估低概率的例子，就是买彩票。加州彩票是世界上规模最大的彩票之一，买彩票的人需要完全匹配上 1～51 之间的 6 个数才能赢得大奖。得到这样大奖的概率不足一千八百万分之一。换句话说，如果一个人每周抽奖两次，大约每 17.5 万年他才可能赢得一次大奖。卡尼曼、斯洛维奇和特沃斯基（Kahneman，Slovic and Tversky，1982）发现，人们高估获胜的概率超过百分之一千。

正如我们在第 4 章中所看到的，另一种情况的例子是，当涉及条件概率时，人们估计概率的能力不佳。一个简单的例子是，当连续几次掷硬币都得到正面后，人们倾向于认为接下来掷硬币时，背面更有可能出现（在这种情况下，客观概率应该是很清楚的，但这似乎被人们摈弃了）。一个有关条件概率的更复杂的例子由卡斯塞斯、舍恩伯格和格瑞伯伊斯（Casscells，Schoenberger and Graboys，1978）给出，涉及人们将像艾滋病这样的疾病作医学检测一样的情况。在大多数情况下，患这种病的概率非常小，大约只有千分之一。然而，存在虚报感染的可能性；检测可能只有 95％ 是准确的。在得到阳性检测结果的情况下，人们往往忽视了在人口中这种现象（疾病）的罕见性，并且极大地高估了实际生病的概率。甚至哈佛医学院的大多数医生也不能给出正确的答案。为每千名患者进行检验，当 50 个人被误诊报为阳性时，实际上只有 1 个人患病。因此，在 51 个阳性结论的可能性中，仅有 1 例意味着患者真的得了这种病。

2. 概率的加权

卡尼曼和特沃斯基在 1979 年的论文中，讨论了那些具有客观概率的决策问题，其

值被表示为 p，受访者知道并采用了它。在这种情况下，决策权重可以被表示成一个用概率表示的函数：$\pi(p) = f(p)$。这些决策权重用来衡量有关前景的可取性事件的影响，而不是这些事件被感知的可能性，这已在前面有关估计的内容中讨论过了。作为一个说明性的例子，考虑一下抛掷一枚硬币，有 0.5 的客观概率赢得 100，否则一无所获。在这种情况下，在实验上通常观察到的是 $\pi(0.50) < 0.50$，这意味存在风险厌恶。

卡尼曼和特沃斯基已经观察到许多加权函数的重要特性。最明显的是，π 是 p 的增函数，并且 $\pi(0) = 0$，$\pi(1) = 1$；这意味着不可能事件被忽略，并且尺度被标准化，即 $\pi(p)$ 是与概率 p 相关的权重同与某个事件相关的权重的比值。此外，π 有三个重要特征违背了期望效用理论中的标准概率公理：**次可加性**（subadditivity）、**次确定性**（sub-certainty）和**次比例性**（subproportionality）。接下来我们将依次讨论。

次可加性涉及的是小 p 的情况。例如，卡尼曼和特沃斯基的论文发现，73% 的受访者认为前景（6 000，0.001）要好于（3 000，0.002）。这违背了关于收益通常的风险厌恶和在最初前景理论要素中描述的边际敏感度递减，且只能由一个涉及次可加性的加权函数来解释。

在上面的例子中，$\pi(0.001)v(6\,000) > \pi(0.002)v(3\,000)$

由于 $v(3\,000) > 0.5v(6\,000)$，源于边际敏感度递减（凹状的 v）

$\pi(0.001)v(6\,000) > \pi(0.002)v(3\,000) > \pi(0.002)0.5v(6\,000)$

从第一项和最后一项两边同时消去 $v(6\,000)$，

$\pi(0.001) > 0.5\pi(0.002)$

$\pi(0.5 \times 0.002) > 0.5\pi(0.002)$

概括起来，次可加性原理可以表示如下：

$$\pi(rp) > r\pi(p), \quad 当\ 0 < r < 1\ 时 \tag{5.15}$$

卡尼曼和特沃斯基在损失域中也观察到了上面提到的概率权重函数高估。他们看到，70% 的被调查者喜欢前景（−3 000，0.002）胜过前景（−6 000，0.001），这显示了上面例子反映的偏好。但是，他们并没有发现这个原则适应于更大的概率，例如当 $p = 0.9$ 时。这些发现的意义将在与异象相关的章节进行讨论。

第二个原理——次确定性可以通过选自阿莱（Allais，1953）的一组例子来说明。阿莱指出，人们往往对于他们认为是确信无疑的结果高估权重，这是相对于可能的结果而言的。他发现他的调查对象中有 82% 更喜欢前景（2 400）而不是前景（2 500，0.33；2 400，0.66）。然而，他的调查对象中有 83% 偏爱前景（2 500，0.33）胜过前景（2 400，0.34）。

因此，在第一种情况下，$v(2\,400) > \pi(0.66)v(2\,400) + \pi(0.33)v(2\,500)$

而在第二种情况下，$\pi(0.33)v(2\,500) > \pi(0.34)v(2\,400)$

从而 $v(2\,400) > \pi(0.66)v(2\,400) + \pi(0.34)v(2\,400)$

除以 $v(2\,400)$，

可得 $1 > \pi(0.66) + \pi(0.34)$

在一般情况下，次确定性可以被表示为：

$$\pi(p)+\pi(1-p)<1 \tag{5.16}$$

次确定性的一个主要含义是：偏好通常对于概率的变化不如期望效用理论所说的那么敏感。这在图 5.8 中给出了说明。图中 $\pi(p)$ 的斜率小于 45°线。

在低概率和高概率处，函数的不连续反映了这样一种现象：即使事件都要被赋予某一决策权重，那么，对于一个给定的事件，附加多小的决策权重是有限制的。其含义是：具有非常低概率的事件可以忽略，或者给予零权重。然而，从一个离散的量跳到一个最低的决策权重，这个最低决策权重适用于足以可能被视为值得人们考虑的事件。一个类似的效应出现在概率谱的上端，这里在确定性和不确定性之间存在一个离散的跳跃。

决策加权函数的最后一个特征是：它们涉及次比例性。这意味着它们违背了期望效用理论中的独立性公理和替代性公理。例如，卡尼曼和特沃斯基的研究发现，80%的受访者相较于不确定性前景（4 000，0.8）更喜欢确定性前景（3 000）。但是这些结果由于一个四分之一的共同因素减小了它们的概率，从而形势发生了逆转。这样一来，他们的受访者中有 65%更偏爱前景（4 000，0.2），而不是前景（3 000，0.25）。

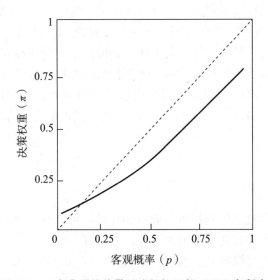

图 5.8 一个典型的前景理论加权函数（1979 年版本）

在本章的开始部分，独立性公理以正式的术语被提出。以更简单的术语来说，这个原理说的是，前景 A$(x，p)$ 较前景 B$(y，q)$ 被首选，那么，它遵循任意概率混合（A，r）必定先于混合（B，r）被首选。在上面的例子中 $r=1/4$。与此相反，前景理论的次比例性原理规定如下：

$$\frac{\pi(pq)}{\pi(p)}\leqslant\frac{\pi(pqr)}{\pi(pr)} \quad 0<p，q，r\leqslant1 \tag{5.17}$$

这意味着，对于一个固定的概率比率，在低概率时相应决策权重的比率，相比高概率时相应决策权重的比率更接近于单位 1。更简单地说，在比较概率是否相同时，相对而言（1 比 0.8 和 0.25 比 0.2），当概率小时，人们判断的概率更相似（相较于 1 比 0.8，0.25 被判定为更类似于 0.2）。

这样的结论在 1979 年论文有关决策加权的最初版本的描述中就已经完成了。然而，某些观察到的异象后来被发现，这将在最后部分叙述，并且，修改后的"累积前景理论"在 1992 年的论文中被提出。概括地说，本质的区别是，边际敏感度递减原理现在被应用于加权函数和效用函数。特沃斯基和卡尼曼（Tversky and Kahneman，1992）是这样说的：

敏感度递减意味着，给定的概率变化的影响随着它与边界的距离拉大而减小。例如，当中奖概率从 0.9 增加到 1.0 或从 0 增加到 0.1 时，中奖概率增加 0.1 的影响比中奖概率从 0.3 增加到 0.4 或从 0.6 增加到 0.7 时更大。因此，敏感度递减会产生一个权重函数：凹函数接近于 0，凸函数接近于 1。（p.303）

在累积前景理论，有时又称为第二代前景理论中，概率加权函数以与排序有关的方式使用。从最大的收益开始，然后到其他依次变小的收益，累计分配决策权重，这种相反的镜像方法也适用于分配损失的权重。这里有一个数值例子可以解释这一点。假设有这样一种彩票，它的货币收益分别是 0 美元、5 美元和 10 美元，其概率分别是 0.5、0.3 和 0.2。最大收益 10 美元的权重 $w(0.2)$ 是由相关概率的变化直接决定的。下一个最大收益 5 美元的决策权重被定义为 $w(0.2+0.3)-w(0.2)$。需要注意的是，5 美元和 10 美元收益的权重之和 $w(0.5)$ 是相应概率的变换之和。在第二代前景理论中，这种创新的优势在于它保持了随机占优，而不像最初的前景理论并没有保持随机占优。

因此，如图 5.7 所示，既包括收益又包括损失的加权函数具有反 S 形，这又类似于用于许多传统的依赖排序的期望效用理论模型的加权函数。不是用符号 p 表示决策权重，而改用符号 $w(p)$ 来表示，并且函数的一般形式用数学表示如下，与（5.10）式相同：

$$w(p)=\frac{p^{\gamma}}{\left[p^{\gamma}+(1-p)^{\gamma}\right]^{\frac{1}{\gamma}}} \tag{5.18}$$

决定函数曲率的参数 γ 根据损失与收益的比较，可以有不同的值。正如特沃斯基与卡尼曼指出的，这种形式有几个实用的特性：它只有一个参数 γ，从而保持简约；在适应既有凸域又有凹域的加权函数方面，它是通用的；并且它不需要 $w(0.5)=0.5$ 作为曲线的一个对称点。与此相关的最后一个特征是：这一形式的最重要优势就是它也适合经验数据。这些我们很快会看到。

不只是对待风险的简单双重性，即包括对于收益的风险厌恶和对于损失的风险追逐，而且，对加权函数的这些修正的实际含义具有更复杂的四重模式，即高概率时，对于收益的风险厌恶和对于损失的风险追逐；低概率时，对于收益的风险追逐和对于损失的风险厌恶。正如我们在本节最后部分将要看到的，这个经过改进的模型更好地契合现实的观测资料。

还有其他一些尝试试图将决策权重函数参数化，包括更复杂的双参数模型，例如拉蒂莫尔（Lattimore，1992）和普利莱克（Prelec，1998）。这些产生了与图 5.9 中所示的类似的反 S 形函数，并且在分析经验数据时很难与卡尼曼和特沃斯基的版本区分开来。

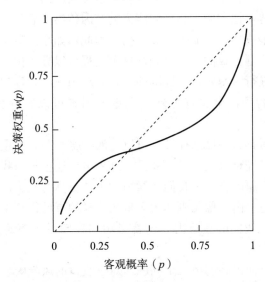

图 5.9　一个典型的前景理论加权函数（1992 年版本）

☐ 心理学基础

关于上述对待风险的态度，有各种各样的困惑。首先，问题是：为什么我们不善于评估概率，特别是对那些罕见事情的概率？其次，问题是：为什么当收益受到威胁时，我们通常是风险厌恶的，而当涉及损失时，我们又是风险追逐的？最后，是例外问题的存在：为什么对待收益我们有时是风险追逐的，特别是当概率很小时？进化心理学家已经大胆地提出了许多有关这些问题的理论，并且来自其他物种的神经科学的研究已经得到了一些有趣的证据。

就第一个问题而言，一方面，看来对于那些与过去的进化中已经出现的那些事件不相似的事件，我们不太擅长估计其概率。投注彩票显然属于此类。涉及条件概率的复杂问题通常也可属于这种不熟悉的类别。另一方面，在我们过去的进化中，具有高风险的事件，例如死于怀孕或死于暴力冲突，在我们当前的环境下，往往会高估其严重性（Slovic，Fischhoff and Linchtenstein，1982；Glassner，1999）。

同样一个有趣的必然的结果是：在直接影响到某些动物生存的前提下，有证据表明，它们是非常善于估计概率的。人们可能没有想到啄木鸟是非常好的数学家，然而，在这方面它们能解决那些难倒了许多受过训练的人们的难题（Lima，1984）。在实验室的实验中，啄木鸟被放在两种人造树中，这两种树各有 24 个洞。在一组中，除 6 个洞有食物外，其他都是空的。啄木鸟面临的问题与一个石油勘探人面临的问题类似：决定在离开之前有多少个洞要去试。如果它们离开得太快，它们可能会遗弃一棵可能还含有食物的树，但是如果它们停留的时间太长，它们可能错过了到别处寻找食物的机会。通过使用复杂的数学方法，才能算出啄木鸟在遇到 6 个空洞后离开一棵树将最大化它的食物摄入。在这项研究中，人们发现被啄木鸟试过的洞数平均值是 6.3，这非常接近于最优结果。此外，在实验中，当空洞的数量改变时，啄木鸟会相应地改变它们的行为。

这意味着什么？这并不是说啄木鸟是比人类更好的数学家。然而，自然选择过程已经磨练了啄木鸟的本能数百万年了。更善于解决这类问题的那些啄木鸟的祖先，更有可能通过神经系统的优势，把它们具有相同能力的基因传给了后代。久而久之，啄木鸟之间的竞争将确保只有最成功者才能生存和繁衍，因此，如今的啄木鸟已经能够非常好地解决它们每天面临的问题。我们将会看到，这个过程可以导致构建一个非常有效的解决问题的机制，尤其是在行为博弈论（behavioral game theory，BGT）领域。

然而，回到人的行为，至少有另外一个重要因素可以解释我们在概率估计上的低能。

尽管自然选择变得具有高度选择性，可以过滤"噪声"和不重要的事情，但是，我们具有感知力的感官已经难以适应了，并且，外界事件还会吸引我们的注意力。我们倾向于给那些不管是什么原因吸引了我们注意力的事件更高的权重。在现代，媒体在这里扮演了一个重要的角色。由于像飞机和火车事故这样的事件得到了媒体的广泛报道，并且比汽车事故更能吸引我们的注意力，这就影响到我们对概率的估计，导致我们高估它们。

现在让我们考虑上面提到的第二个问题：对于收益的风险厌恶的一般图形解释了什么？这再次得益于对动物的研究。一般来说，动物似乎经常是风险厌恶的，例如，在与同伴的竞争中。这种竞争几乎不会造成致命的伤害。动物经常以炫耀和显示实力作为开始；如果这样吓不倒对手，它们可能就会升级到某种形式的争斗。除非与竞争对手十分势均力敌，否则，这种初步"较量"的结果通常会使一个或其他对手退却。这种种群内的致命斗争的稀少，曾经被生物学家用于解释有关群体选择，这意味着这一现象在整体上有益于物种。然而，这种组群选择解释长期受到质疑，至少在这种情况下是这样（William，1966b），用道金斯（Dawkins，1976）的另一种说法来说，现在生物学家在"自私的基因"上更倾向于个人选择。简而言之，格言"能打则打，打不赢就走，活下来为了择日再战"是很合适的。

这就把我们带入第三个主题。很显然，存在这样的情况，即在收益域人们是风险追逐的。这可以说明什么？除了对人类进行研究外，还必须考虑对动物的研究和神经学的研究。普拉特和麦科伊（Platt and McCoy，2005）对猕猴的研究已经证明，像人类一样，它们也喜欢冒险。一项实验表明，它们宁愿要一个不可预知量的果汁奖赏，也不愿意要确定量的奖赏，在这里两个前景的预期值是相同的。研究也显示，即使在变幻莫测的一系列苛刻条件下，猴子们还是宁愿冒险。普拉特的结论是："……就好像这些猴子们得到了获得大奖励的快感，这个大奖励抹去了它们伴随该大奖励所亲历的所有损失的记忆"。同样值得注意的是，冒险行为被与处理奖励相关的大脑区域的神经元活动所反射。

简而言之，大部分种群都要承担风险，甚至危及生命。如果没有冒这种风险的倾向，人类决不会冒险将人口扩散到整个地球，而且人类可能还集中生活在大约十万年前就出现了智人的非洲。在今天还存在少数部落社会，他们的生活方式与过去非常相似。南美洲亚诺玛玛就是这样一个部落。他们以狩猎和小规模养殖为生。对这个部落来说，暴力是一种生活方式，这里的男人四分之一死于暴力。杀人者反过来又经常被受害者的亲属所杀。因此，问题是：为什么亚诺玛玛的男人们要冒相互残杀的风险？由人类学家夏侬（Chagnon，1988）进行的一项广泛且长期的研究显示，那些杀了人并活下来的人拥有更多的妻子和子女。这项研究比较了部落中 137 个杀死过至少一个人的男人和 243 个没有杀过人的男人。杀过人的男人平均有 1.63 个妻子和 4.91 个子女，而没有杀过人的男人平均有 0.63 个妻子和 1.59 个子女。

因此，承担风险显然会带来回报。然而，似乎没有一种特定的风险策略是在所有情况下对人群中的所有个体都是最优的。在"损失厌恶"一节中，肖勒及其同事（Scholer and colleagues，2010）发现，一些人表现出一种以预防为中心的激发性方法，而另一些人则表现出一种以晋升为中心的激发性方法。注重预防的人是风险厌恶的，但他们也能表现出既不是风险厌恶的也不是风险追逐的，这取决于他们恢复特定现状的潜力。因此，对风险的态度既取决于个人的动机，也取决于他们所面临的特定环境情况。

☐ 神经学基础

从上面的讨论中可以得出这样一个结论：在进化过程中，我们的大脑需要内在的机制来为冒险提供奖励。这些机制在本质上是生物化学的，而且最重要的一种化学成分含有神经传递质多巴胺。有证据表明，有些人有一个多巴胺 D4 受体基因变异，有时也被称为"新奇追逐"基因。这种变异可能导致在行为模式上的许多差异（Benjamin et al.，1996）。研究已经显示出这种差异是如何影响迁移（Chen et al.，1999）以及性行为的（Hamer，1998）。有关这个基因在整个人群中可以扩散到什么程度的讨论将被推后到行为博弈理论这一章中，这是因为它涉及一个进化稳定策略（ESS）的解释。在这个阶段需要注意的是，这种基因不但给了它的拥有者一定的优势（获得更多机会的趋势），而且也会使他处于劣势（当获得这样的机会后，终归失败的趋势）。

就概率加权而言，试图识别这一特征中的神经关联扭曲是最近才开始研究的。保卢斯和弗兰克（Paulus and Frank，2006）用赌博—确定性—等价范式去估计一个非线性概率加权函数。他们认为，前扣带回（ACC）的活动与非线性参数有关，不管是在高前景还是低前景中，被试者的 ACC 越活跃，线性或客观的概率加权就越大。

许及其同事（Hsu and colleagues，2009）的另一项研究也估计了概率加权中的非线性，得出赌博中行为的非线性与纹状体反应的非线性之间存在显著的相关性。伯恩斯等人（Berns et al.，2007）的一项研究考察了结果厌恶的概率加权扭曲，比如受到电击的可能性。这些研究人员的报告表明，在大脑的许多区域，包括背纹状体、PFC、脑岛和 ACC，记录了许多低概率厌恶事件。

这些研究再次提出了因果关系的问题，就像在识别行为的神经关联时经常出现的情况一样。然而，正如前面提到的，如果在某些区域有损伤的被试者倾向于线性概率加权，那么，未来涉及脑损伤被试者的研究可能会确定这个位置。

☐ 经验证据

期望效用理论中的有些异象在前面的章节中已经讨论过了。然而，对其中的一些现象做进一步解释还是必要的，并且许多其他问题也需要讨论。尤其现在，我们有能力证明，前景理论在解释各种现实生活中的现象时，通常要优于期望效用理论，以及拓展了期望效用理论的任何传统模型。正如凯莫勒（Camerer，2000）在对前景理论同其他理论进行回顾和比较后指出的，前景理论特别是累积前景理论，不仅能解释期望效用理论能够解释的某些观察，而且也能够解释期望效用理论所不能解释的各种异象。

让我们首先通过对经验证据的仔细观察以证实既包括收益又包括损失的倒 S 形加权函数。特沃斯基和卡尼曼（Tversky and Kahneman，1992）完成了一项对研究生的研究。该研究旨在揭示，当面对若干前景时，以确定性等值（certainty equivalent，CE）表示的研究生们的偏好。表 5.5 给出了一个观察到的结果样本，表中结出了期望值（expected value，EV）、CE 的中位数和面临每个前景时对待风险的态度。

表 5.5　关于加权函数的实验结果

前　景	对前景的描述	EV（美元）	CE 中位数（美元）	对待风险的态度
（0，0.05；100 美元，0.95）	收益；高概率	95	78	厌恶
（0，0.05；−100 美元，0.95）	损失；高概率	−95	−84	追逐
（0，0.5；100 美元，0.5）	收益；中等概率	50	36	厌恶
（0，0.5；−100 美元，0.5）	损失；中等概率	−50	−42	追逐
（0，0.95；100 美元，0.05）	收益；低概率	5	14	追逐
（0，0.95；−100 美元，0.05）	损失；低概率	−5	−8	厌恶

资料来源：Tversky and Kahneman(1992)，Table 3.

因此，对于第一个前景，被试者愿意支付平均值 78 美元来获得 95 美元的 EV，这显示出风险厌恶。一般来说，如果 CE＞EV，则表明对于收益和损失，都是风险追逐的，然而，如果 CE＜EV，则表明对于收益和损失，都是风险厌恶的。

在随机觅食环境下，条件随时间自相关的进化模型也得到了相似的结果（Mallpress et al.，2015）。研究使用基于生殖价值的严格进化方法，得出最优的风险偏好可能会受到现有选项的强烈影响，因为这些选项提供了关于未来可能情况的信息，所以需要承担风险。

这些经验结果可以用表 5.6 所示的**对待风险的四重态度**（four-fold attitude to risk）来表示。

表 5.6　对待风险的四重态度

	收益	损失
可能性很高（95% 的可能性）	害怕失望，厌恶风险："一鸟在手……"	希望避免损失，追逐风险是"人类生存的悲剧"
可能性很低（5% 的可能性）	希望大获成功，追逐风险彩票	害怕大额损失，风险厌恶，保险

将这些数据进行转换，以得出一个决策加权函数。在这个例子中，我们不需要考虑效用函数的边际敏感度递减，因为在这个例子中，所有涉及的金额都是一样的：100 美元。因此，在决策加权函数中，对待风险的态度只会受到边际敏感度递减的影响。绘制这个函数需要计算每个前景（c）与非零结果（x）的确定性等值的比率。因此，对于表 5.5 来说，第一个前景的这个比率 $\frac{c}{x}=0.78$。人们可以把这个比率解释为主观的或加权的概率，在这里被试者可能知道，得到 100 美元的客观概率是 0.95。但是，由于风险厌恶，就决策而言，他们真正感知的概率是 0.78。以收益为例，根据其小样本结果

将决策加权函数绘制在图 5.10 中。应注意的是图中的 45°线，即 $\frac{c}{x}=p$，代表风险中性。在这条线以上的点，$\frac{c}{x}>p$，意味着风险追逐，而在这条线以下的点，$\frac{c}{x}<p$，意味着风险厌恶。对于基于损失的决策加权函数，情况正好相反：在这条线以上的点代表风险厌恶，而在这条线以下的点代表风险追逐。由于 $w(0.5)=0.36$，还需要注意的是，这条曲线是非对称的。

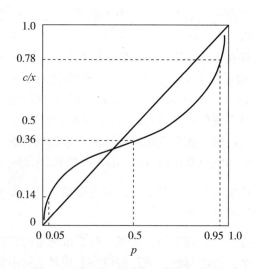

图 5.10　基于特沃斯基和卡尼曼数据的经验决策加权函数

为了简单起见，上面的曲线图仅涉及一个非常小的观察样本。然而，当应用于特沃斯基和卡尼曼观察的更大样本时，作为收益和损失的一般函数图形依然合适。这个曲线图证实了前景理论关于对低概率收益的风险追逐和对高概率收益的风险厌恶的预测。同样，对于损失，这个模式被反转。在特沃斯基和卡尼曼的整个样本中，87％的被试者对于低概率的收益是风险追逐的，而 88％的被试者对于高概率的收益是风险厌恶的；80％的被试者对于低概率的损失是风险厌恶的，而 87％的被试者对于高概率的损失是风险追逐的。

1992 年特沃斯基和卡尼曼研究中的实证观察，已经被许多其他一些研究所复现。一个特别值得注意的研究由卡其梅尔和什哈特（Kachelmeier and Shehata，1992）于 1992 年完成，这一研究也是导致原始版本前景理论被修订的一个因素。这个研究是在中国进行的，而且研究者能够提供高达通常月收入 3 倍的收入这样一个可观的报酬。主要调研结果是存在一个显著的低概率的过度加权；这导致了明显的对收益的风险追逐。在上述最高报酬条件下，在赢得概率为 0.05 的情况下，确定性等值平均要比期望值高 3 倍。

在各种不同领域的许多其他研究，在累积前景理论与期望效用理论的对比上，给出了对累积前景理论的普遍支持。保险就是一个很有代表性的领域。在这个领域中很方便进行适当的比较。根据期望效用理论，因为人们有一个贯穿始终的凹效用函数，所以他们在购买保险上的支出大于期望的货币损失，这使他们在损失域成为风险厌恶的。因此，相较于不成比例的购买保险支出的小损失，人们不喜欢巨大的损失。用于说明的问题是：在许多场合人们都不是自愿购买保险的。例如，汽车保险在许多国家或州（甚至那时很多人都开着未上保险的车）是依法强制的。这种不愿意购买保险的行为是与前景理论一致的。在这里对于损失来说，效用函数是凸的。而且，累积前景理论也能够解释为什么人们有时会依据低概率的过度加权或对低概率损失的风险厌恶来购买保险，而不像期望效用理论那样，考虑大损失的负效用。

一方面，保险就这两个理论的有效性提供了关键证据，并且这还涉及前面描述的概率性保险。根据期望效用理论，如果存在一个小概率 r，在此概率 r 下，保险单将不支付。那么对于概率性保险，人们应该准备支付大约 $(1-r)$ 倍的全额保费。例如，如果在发生事故的事件上，存在 1% 的偶然性索赔将不被支付，那么人们应该愿意支付全额保费的 99%。可是，经验证据显示，人们对概率性保险有一种强烈的反感。由瓦克、塞勒和特沃斯基（Wakker, Thaler and Tversky, 1997）进行的一项研究显示，在上述情况下，人们仅愿意支付全额保费的 80%。另一方面，累积前景理论可以用低概率的过度加权再次解释这一点；因为概率性保险并不能将损失的可能性降到零，因此这样的前景是没有吸引力的。正如凯莫勒所说（Camerer, 2000, p. 300）：

> 因此，前景理论能够解释为什么人们购买全额保险，而且为什么人们不买概率性保险。期望效用不能两者兼顾。

当涉及解释赌博的盛行和相较于债券市场，股票市场中的股权溢价时，关于期望效用理论，我们发现了一个类似的问题。通过假设一个相对于货币的凸效用函数，期望效用理论能够解释前者，即风险追逐的起因，但是，鉴于这样的假设，股票的回报应当少于债券。在这里，这显然是不真实的。在下一章的第一个案例中，股权溢价将被详细讨论。在低概率的过度加权方面，前景理论将再次解释赌博行为，这可以适用于从跑马到玩彩票等所有形式的赌博。

玩彩票的各种情况都已经讨论过了。这里有另一个现象，可进一步支持前景理论模型。人们喜欢不成比例的大奖。虽然期望效用理论可以通过额外的凸效用函数假设来解释这一点，但前景理论中低概率的超权重也可能是相关的。较大的州或国家往往会发现，它们的彩票更具吸引力、有更广泛的参与者。人们可能会认为，较大的奖金会被较低的中奖概率所抵消，但事实并非如此。

就曾经提到的赌马而言，有一个更有趣的证据。人们往往存在一个倾向于投高风险赌注，而不是投最有希望获胜马匹的赌注的相当大的偏好。这个偏好可以依据投在高风险赌注中的总资金的比例以及把这个比例与这些实际赢得比赛的马匹次数的比例进行比较来测度。塞勒和津巴（Thaler and Ziemba, 1988），以及豪施和津巴（Hausch and Ziemba, 1995）的研究指出：有 2% 的钱投注的高风险赛马仅赢得了大约 1% 的场次。在这里低概率的过度加权似乎是一个相关因素。然而，如果人们注意到朱利安和萨拉尼（Jullien and Salanié, 2000）前面提到的研究，对于一些收益来说，效用函数的凸性也可能是合适的。

以上情况还有另一方面，这就是对投注于最有希望获胜马匹的厌恶。在这种情况下，朱利安和萨拉尼（Jullien and Salanié, 2000）的研究发现，对于损失，存在一个高非线性加权函数，致使损失的概率被强有力地过度加权。例如，人们发现 $\pi(0.1)=$ 0.45，而 $\pi(0.3)=0.65$。如此来看，尽管人们喜欢赌博，但当他们投注于最有希望获胜的大热门时，他们似乎还是特别害怕输钱的小概率。

对于这种具有深刻含义的赛马场投注情况还有最后一个方面，这有时被称为"赌客的谬误"，或**"平均律"**（the law of averages），这在前一章中已经讨论过了。风险大的赌注经常是已经连续输掉了几场比赛的马匹。因此，赌客们往往认为在这种环境下"应该"获胜了。与这种情况相同，当在几次连续掷硬币中，一枚硬币都是正面朝上时，人们相信此时当再次抛掷这枚硬币时，反面朝上的可能性会更大。

就决策权重而言，有一些关于性别偏见的证据。费尔-杜达及其同事（Fehr-Duda and colleagues，2011）认为，心情好的女性比心情好的男性更容易高估低概率事件。从研究中可以看出，心情对男性估计概率没有这样的影响。然而，我们在前一章中已经看到，概率估计会受到本能的合意迹象的影响，这显然与心情有关。所以在这方面似乎需要更多的研究，不仅要研究不同的本能因素是如何影响概率估计的，还要研究这些不同的因素如何根据性别产生不同的影响。

虽然这部分回顾了在概率加权方面支持前景理论的一些证据，但是 5.8 节将在一般意义上给出对经验证据的一个更广泛的审视，以将前景理论与期望效用理论以及其他传统理论进行比较。

5.8　对前景理论的评述

前景理论到目前为止提出已经超过 30 年了。在此期间，考虑到它的非传统性质和激进的含义，它招致了无数批评，这并不奇怪。区分初始前景理论和累积前景理论也很重要，因为不同的批评可能适用于不同的情况。这些批评中，有些是理论性的，有些是经验性的。在第一种情况下，人们认为前景理论是矛盾的、不完整的，而且缺乏验证；而在第二种情况下，他们声称经验数据违反了理论的假设，并且理论做出了错误的预测。对于前景理论两种形式的所有批评，我们不可能都去检验，所以我们只关注在文献中最受关注的那些批评。

在理论方面，我们将讨论四个主要批评：缺乏规范情形；内部矛盾；不完整性；参考点的确定。经验性批评涉及：违反组合原则；违反随机占优；无法解释阿莱悖论；效用函数的性质；违反收益-损失分离性；禀赋效应；发现偏好假说和误解；以及框定效应的性质。出于经验的批评大多是来自伯恩鲍姆的各种研究；伯恩鲍姆（Birnbaum，2008）总结了 11 个悖论，其中，包括前景理论存在内部矛盾和系统性的预测错误。这里就不详细讨论所有的问题，只讨论最基本的问题。

一旦讨论了这些批评，就有可能考虑替代决策模型，并就决策理论的当前状态得出某些结论。

□ 缺乏规范情形

最基本的批评涉及理论的规范性方面。卡尼曼和特沃斯基提出了前景理论，将其作为描述性理论而不是规范性理论。作者将作为规范模型的期望效用理论模型当作基准，但是，除了拒绝其作为描述性模型的有效性，他们没有提出任何规范或替代它的规范。虽然在描述意义上，模型的编辑阶段增加了模型的解释能力，通过引入有限理性的成分和直觉推断式决策，不仅使模型繁杂，也使得它不明确了。因此，该模型失去了期望效用理论和一些传统的单变量最优化模型的简单性和易处理性。

现在我们来思考这个不明确性的性质。概括地讲，像其他程序化模型一样，不明确性产生于相对于理论模型的特征是不明确的，诸如编辑阶段执行某些操作的顺序、参考点的位置以及概率加权函数的形状等方面。参考点确定的问题会在以后的章节中讨论。就加权函数而言，图 5.9 中的累积函数在细节上是不准确的。凯莫勒 1992 年论文中的一段话是这样说的：

> 我们怀疑决策权重可能对前景的表达方式以及结果的数量、间隔和水平敏感。特别是一些证据表明：当结果间隔更宽时，加权函数的曲率就更为明显。（p. 317）

这里所说的证据来自凯莫勒（Camerer，1992）。

然而，涉及规范情形的主要问题是有关对单调性和传递性的违背。这些例子将在本节后面给出。许多经济学家甚至怀疑是否有存在违背传递性的"偏好"理论的可能。尽管我们将会看到这并不是不可能的，但是，讨论人们最大化任何偏好函数必定是一件更难的事。我们还将会看到，最近的大多数决策理论采用了相同的描述性方法，而不是规范性方法，用以解释观察到的违反单调性和传递性的普遍现象。

□ 内部矛盾

这些批评大多来自伯恩鲍姆（Birnbaum，2008）。他报告了许多研究，声称从经验上来看这些研究违背了前景理论，这将在后面讨论。伯恩鲍姆提醒大家注意编辑规则，他认为这些规则"不精确，相互矛盾，与前景理论的方程式相冲突"。这意味着，前景理论"常常会不幸（或享受）预测出相反的结果，这取决于所使用的原则或应用原则的顺序"。伯恩鲍姆之所以在上面使用了"享受"一词，是因为这一矛盾意味着，只要选择性地运用编辑规则，前景理论就可以解释大多数事后经验结果。不幸的是，这一特征的缺点是：前景理论很难用于事前的预测。就阿莱悖论的解释而言，我们可以看到其也产生了令人遗憾的结果。为了说明这个问题，请考虑表 5.7 中的示例。

表 5.7　组合与删除

选择	赌博	概率-结果	赌博	概率-结果
1	A	以 0.01 的概率获得 100 美元	B	以 0.01 的概率获得 100 美元
		以 0.01 的概率获得 100 美元		以 0.02 的概率获得 45 美元
		以 0.98 的概率获得 0 美元		以 0.97 的概率获得 0 美元

续表

选择	赌博	概率-结果	赌博	概率-结果
2	A′	以 0.02 的概率获得 100 美元 以 0.98 的概率获得 0 美元	B	以 0.01 的概率获得 100 美元 以 0.02 的概率获得 45 美元 以 0.97 的概率获得 0 美元
3	A″	以 0.01 的概率获得 100 美元 以 0.99 的概率获得 0 美元	B′	以 0.02 的概率获得 45 美元 以 0.98 的概率获得 0 美元

每一场赌博都有一个罐子，罐子里装有 100 颗除了颜色不同以外，其他方面完全相同的弹珠。在赌博 A 中，罐子里装有一颗红色弹珠和一颗蓝色弹珠，如果抓到了，每颗支付 100 美元，抓到其余 98 颗白色弹珠不支付。在赌博 B 中，罐子里装有一颗红色弹珠，如果抓到了支付 100 美元；两颗绿色弹珠，如果抓到了支付 45 美元；抓到其余 97 颗白色弹珠不支付。从参与者选择的罐子中随机抽取一颗弹珠，弹珠的颜色决定奖品。

在最初的赌博选择（选择 1）中，一个人必须在 A 和 B 之间做出选择，然后，每种情况都有三个**分支**（branch）或结果。一个分支对应一个概率—结果事件，但是，在赌博 A 中，可以看到前两个分支得到的概率和结果是相同的。由于这一特征（实际上，它们有相同的结果或回报就足够了），组合原则导致赌博 A 变成了 A′，然后，将其与 B 进行比较。因此，组合原则导致选择变成了选择 2。然而，也可以看出，A 和 B 的第一个分支是相同的，因此，根据删除原则，A 和 B 之间的选择可以简化为 A″ 和 B′ 之间的选择，如选择 3 所示。人们对选择 2 和选择 3 可能持有不同的态度，从而导致偏好反转和不一致的结果。

☐ 不完整性

最初的前景理论经常被批评是不完整的，因为它只适用于不超过两个非零结果的赌博。累积前景理论要比最初的前景理论应用更加广泛，原因如下：（1）它适用于两个以上非零结果的赌博；（2）它不再需要组合和占优检测的编辑规则，因为这些规则由累积前景理论的表示形式自动保证；（3）它允许对于积极的和消极的结果有不同的加权函数。前景理论的两种形式不完整的另一个可能方面是参考点，这将在下面讨论。

☐ 参考点的确定

一些经济学家把参考点不能内生确定看作是前景理论的弱点。为了评价损失厌恶的影响程度和效果，参考点的确定是必要的；有关这个问题的一个很好的例子与案例 5.1 中讨论的禀赋效应有关。如果被试者在实验中被提供免费物品，比起在同样情况下"挣得"它，他们很可能会对这个对象有不同的珍惜程度（Cherry et al.，2002）。然而，实际上，构建一个使被试者能够体验真实损失而又不影响参与动机的实验设计是十分困难的。切利及其同事的研究，通过让被试者参加测验并正确回答问题来"挣得"财富，克服了这方面的问题。这项研究在第 10 章有关公平博弈的背景下将做更详细的讨论。

卡尼曼和特沃斯基，以及前景理论的支持者们，通常要么利用现状作为参考点，要么利用某个预期的或者预料的状态作为参考点。然而，参考点的确定越精准，将越有助于构建更好的行为模型。当然，进一步研究不同的环境下参考点是如何决定的将是十分有价值的，这就需要一个关于人们如何形成和调整预期的详细理论。例如，知道不同类型的储蓄者或投资者是否有相同的参考点，将是十分有用的。而且，了解参考点随着时间的动态调整过程将有助于各种心理现象的分析；沉默成本的"核销"就是一个例子，更详细的讨论将在下一章进行。

□ 损失厌恶

损失厌恶是前景理论的一个关键组成部分，且意味着大多数决策者对于对称结果的赌博是没有兴趣的，如形式为 $(0.5, +X; 0.5, -X)$ 的彩票。然而，亚当和克罗尔（Adam and Kroll, 2012）的一项研究却表明，大多数风险厌恶的被试者更喜欢类似的对称彩票，而不是确定的事情。通过比较他们的确定性等值于形式 $(0.5, 50; 0.5, 0)$ 的彩票，确定了 50 名样本被试者都是风险厌恶者。然后，研究调查了被试者是否愿意接受彩票 $(0.5, Y+X; 0.5, Y-X)$，而不是固定不变的 Y。前景理论预测，这些受试者会因为厌恶损失而更喜欢有把握的事情，然而，结果表明，96％的被试者至少投了 25 只彩票中的一只，且平均投了 15.9 只。亚当和克罗尔认为，这些结果提供了证据，支持由情绪因素引起对可能性的吸引力理论（Albers, 2000）。

□ 违反组合原则

累积前景理论［以及许多其他决策理论，如排序依赖的效用（RDU）］满足合并和传递性，因此，无法解释"事件拆分"效应。斯塔莫和萨格登（Starmer and Sugden, 1993）发现，偏好取决于分支如何拆分或合并（组合）。伯恩鲍姆（Birnbaum, 1999, 2004, 2007）和汉弗莱（Humphrey, 1998, 2000, 2001a, 2001b）报告了关于事件拆分效应的广泛而强有力的发现。为了更好地理解这一现象以及它是如何与初始前景理论和累积前景理论相矛盾的，我们需要给出一个例子；表 5.8 的数据来自伯恩鲍姆（Birnbaum, 2004），其给被试者提供了两种选择：第一种选择是在 A 与 B 之间，第二种选择是在 A′ 和 B′ 之间。如表 5.8 所示，在每个选择中，从罐子中随机抓取一颗弹珠，由弹珠的颜色决定奖品。被试者必须选择从哪个罐子中抓取弹珠。

表 5.8　违反组合原则

A	85 颗红色弹珠，可以赢得 100 美元	B	85 颗黑色弹珠，可以赢得 100 美元
	10 颗白色弹珠，可以赢得 50 美元		10 颗黄色弹珠，可以赢得 100 美元
	5 颗蓝色弹珠，可以赢得 50 美元		5 颗紫色弹珠，可以赢得 7 美元
A′	85 颗黑色弹珠，可以赢得 100 美元	B′	95 颗红色弹珠，可以赢得 100 美元
	15 颗黄色弹珠，可以赢得 50 美元		5 颗红色弹珠，可以赢得 7 美元

资料来源：*Journal of Mathematical Psychology*, 48(L), Birnbaum, M. H., Causes of Allais Common Consequence Paradoxes: An Experimental Dissection, pp. 87-106, 2004, 版权归爱思唯尔（Elsevier）所有。

将 A 的后两个分支相加并结合在一起，就和 A′ 一样了。同样，将 B 的前两个分支相加并结合在一起，就和 B′ 一样了。因此，如果一个人遵守组合原则，那么他在 A 和

B 之间做出选择，和在 A′和 B′之间做出选择应该是一样的。然而，伯恩鲍姆（Birnbaum，2004）研究得出：63％的被试者选择了 B 而不是 A，80％的被试者选择了 A′而不是 B′，这是一个非常显著的结果。

□ 违反随机占优原则

如前所述，累积前景理论和类似的理论必须满足随机占优。从直觉上看，人们不会选择一个明显被另一个选项随机支配的选项。为了更好地解释这个问题，我将重复在本章前面给出过的来自特沃斯基和卡尼曼（Tversky and Kahneman，1986）的例子：

考虑下面两种抽彩法：通过罐子中不同颜色弹珠的比例来描述，并且输赢的钱数依赖于人们随机抓取的弹珠的颜色。你更偏好哪一种抽彩？

选项 A				
白色 90％	红色 6％	绿色 1％	蓝色 1％	黄色 2％
0 美元	赢 45 美元	赢 30 美元	输 15 美元	输 15 美元

选项 B				
白色 90％	红色 6％	绿色 1％	蓝色 1％	黄色 2％
0 美元	赢 45 美元	赢 45 美元	输 10 美元	输 15 美元

资料来源：Tversky A.，Kahneman D. (1989). "Rational Choice and the Framing of Decisions," p. 102. In：Karpak B.，Zionts S. (eds). *Multiple Criteria Decision Making and Risk Analysis Using Microcomputers*. NATO ASI Series (Series F：Computer and Systems Sciences)，vol. 56. Springer，Berlin，Heidelberg.

在这个例子中，正如我们前面所看到的，选项 B 优于选项 A 是显然的。但是，在有些情况下随机占优不是那么明显。看看下面的例子，它来自特沃斯基和卡尼曼的同一项研究，这是上述问题的一个略加修改的形式。

选项 C			
白色 90％	红色 6％	绿色 1％	黄色 3％
0 美元	赢 45 美元	赢 30 美元	输 15 美元

选项 D			
白色 90％	红色 7％	蓝色 1％	黄色 2％
0 美元	赢 45 美元	输 10 美元	输 15 美元

资料来源：Tversky A.，Kahneman D. (1989). "Rational Choice and the Framing of Decisions," p. 102. In：Karpak B.，Zionts S. (eds). *Multiple Criteria Decision Making and Risk Analysis Using Microcomputers*. NATO ASI Series (Series F：Computer and Systems Sciences)，vol. 56. Springer，Berlin，Heidelberg.

在这个版本中，选项 C 基本上与选项 A 相同，仅仅是因为蓝色和黄色的弹珠两者都可导致输 15 美元，才把它们联合为同类。同样，选项 D 基本上与选项 B 相同，只不过是把红色和绿色的弹珠结合起来，这是由于它们都为赢 45 美元。然而，选项的框架使得察觉到 D 优于 C 更困难，卡尼曼和特沃斯基的 85％的被试者倾向于支持选项 C。因此，尽管累积前景理论的作者意识到了这种矛盾，但累积前景理论本身并不能解释它。

通过让被试者在下面的赌博中做出选择，伯恩鲍姆和纳瓦雷特（Birnbaum and Na-varrete，1998）也检验了其是否违背随机占优原则：

A	90 颗红色弹珠，可以赢得 96 美元	B	85 颗黑色弹珠，可以赢得 96 美元
	5 颗白色弹珠，可以赢得 14 美元		5 颗黄色弹珠，可以赢得 90 美元
	5 颗蓝色弹珠，可以赢得 12 美元		10 颗紫色弹珠，可以赢得 12 美元

资料来源：根据伯恩鲍姆和纳瓦雷特（Birnbaum and Navarrete，1998，table 1）的数据汇编。

值得注意的是，赌博的表现形式与前景理论的表现形式不同，因为伯恩鲍姆推测的对象是有分支的树状选择，而不是前景。下一节将介绍结构权重模型。通过加入一个"根赌博"G，其中，有 90 颗红色弹珠和 10 颗白色弹珠，可以分别赢得 96 美元和 10 美元，我们更容易看出 A 和 B 中哪个更具有优势。我们现在可以使用组合、删除和传递性的原则来确定哪个更具有优势：A 比 G 具有优势，G 比 B 具有优势，因此，A 比 B 具有优势。然而，伯恩鲍姆和纳瓦雷特（Birnbaum and Navarrete，1998）研究发现，在本例中 73% 的学生被试者并没有选优势选项 A，而是选择了 B。研究中的其他类似的各种选择也证实了这一结果，伯恩鲍姆、巴顿和洛特（Birnbaum，Patton and Lott，1999）的研究又出现了这一现象，73% 的本科生被试者在各种类似问题上违反了占优原则。伯恩鲍姆（Birnbaum，2006）声称，截至 2006 年，他已经完成了 41 项研究，通过 11 405 名参与者检验了各种形式的随机占优原则，并报告说，违反随机占优原则是一个非常可靠的发现。

☐ 无法解释阿莱悖论

不同的理论用不同的方式来解释阿莱悖论。前景理论最初通过建立编辑原则来解释阿莱悖论。如表 5.6 所示，为了检验前景理论的含义，伯恩鲍姆（Birnbaum，2007）设计了一些实验，这些实验是不同形式的赌局，一些使用组合原则，一些使用删除原则，用于剖析阿莱悖论。基于 200 名参与者的观察数据，伯恩鲍姆得出结论："无论原始前景理论还是累积前景理论，无论它们是否有删除和组合的编辑原则，都不能解释对阿莱悖论的剖析"（Birnbaum，2008，p.483）。

☐ 效用函数的性质

由 M. 利维和 H. 利维（Levy，M. and Levy，H.，2002）所做的一项研究声称，在比较前景理论与马科维茨效用函数的一系列实验中，已经找到了反驳前景理论一方的证据。利维们的研究认为，卡尼曼和特沃斯基最初的数据不能给出效用函数形状的一个可以信赖的指标，因为它总是要求被试者来比较或正或负的前景。事实上，利维们的研究断言，大多数前景是混合的，涉及的情况或者是收益或者是损失的可能性，在股票市场的投资就是一个例子。他们的研究包括一些实验，要求参与者在这种混合前景之间做出选择。主要目的是打算检验这些数据是否支持前景理论模型，即具有 S 形效用函数，或者 M 模型，即在贯穿始终的大部分区域具有反 S 形函数。该研究使用了总计 260 名被试者，其中一些被试者是来自一些学校商学院的学生和教师，以及一些专业人员。实验的其中一项任务将作为方法论的一个例子。被试者被要求考虑到他们已经在股票市场中投资了 10 000 美元，并且正在评估可能的回报，要在以下两种混合前景之间做出选择：

前景 F：(−3 000, 0.5；4 500, 0.5)　　前景 G：(−6 000, 0.25；3 000, 0.75)

这两个前景都涉及收益或者损失的可能性，它们不仅是混合的，而且它们的期望值也是相同的，都等于 750，并且收益成分和损失成分亦是相同的，都是 2 250 和 −1 500。根据前景理论模型，在收益域人们是风险厌恶的；因此，人们应该更偏爱前景 G 中具有 0.75 可能性的收益 3 000，而不是前景 F 中具有 0.5 可能性的收益 4 500。同样，前景理论模型指出，在损失域，人们是风险追逐的，因此，他们应该更偏爱前景 G 中具有 0.25 可能性的损失 6 000，而不是前景 F 中具有 0.5 可能性的损失 3 000。因此，根据前景理论模型，前景 G 优于前景 F，而根据 M 模型，情况正好相反。利维们的研究发现，他们的被试者中有 71％偏爱 F，而仅有 27％偏爱 G。他们把这一发现解释为看到的违反前景理论模型的有力证据，并且，结合他们实验中其他任务的结果，他们得出的结论是：M 模型较好地得到了支持。

但是，利维们的研究在瓦克（Wakker, 2003）的论文中受到了批评。瓦克指出，利维们研究的数据仍然可以被用来支持前景理论模型，这是因为利维们的研究忽视了决策加权的成分。由于在利维们的试验中涉及的概率在数值上总是至少为 0.25，而且这个范围内的概率应该包含一个线性加权函数。故他们的研究恰好证明了这一点。瓦克是这样争辩的：他指出，在这个范围内非线性能产生一个显著的扭曲效应，足以使这个结果与前景理论兼容。当我们考虑到朱利安和萨拉尼的发现时，即具有涉及 $\pi(0.3) = 0.65$ 的损失时，瓦克的结论似乎有些道理。

☐ 违反收益-损失分离性

表 5.6 和表 5.7 中所说的赌局都是积极的赌博。混合赌局，在前景理论中称为常规前景，已经在前面描述过了，并根据表达式（5.9）进行了评估，这意味着收益和损失分别计算，然后相加。这假定了收益-损失可分的特点。简单来说（非数学），这意味着如果你喜欢 B 的好的部分胜过 A 的好的部分，并且你喜欢 B 的坏的部分胜过 A 的坏的部分，那么，你应该喜欢 B 而不是 A。吴和马克尔（Wu and Markle, 2008）、伯恩鲍姆和巴赫拉（Birnbaum and Bahra, 2007）的各种实证研究都反驳了这一特征。吴和马克尔的研究得出结论：混合赌局和相应的损益赌局偏好之间存在逆转，即混合赌局 A 比混合赌局 B 更受欢迎，但 B 相应的损益赌局比 A 相应的损益赌局更受欢迎。这意味着在前景理论中给出的扭结效用函数［如方程（5.12）和图 5.7 所示］的论证是错误的。这并不一定意味着效用函数没有扭结，但扭结的存在必须建立在与原始前景理论和累积前景理论中给出的前提不同的前提下。

☐ 发现偏好假说和误解

有一些综合了若干异议的研究。由普洛特（Plott, 1996）提出的**发现偏好假说**（discovered preference hypothesis, DPH）指出，人们在决策时不一定显示他们的偏好。它们只有通过信息收集、审议、试错和学习过程才能被揭示。因此，为了揭示它们，被试者必须得到充分的机会和激励机制，并指出缺乏这些因素的研究是不可靠的。普洛特指出，大多数支持禀赋效应的研究是在这样一个范畴，即缺乏确保可靠性的实验设计的必要基础。宾默尔（Binmore，1999）做过类似的表述。

普洛特和蔡勒（Plott and Zeiler，2005，2007）通过进一步实验来追踪这个问题，以检验被试者的误解，而不是前景理论的偏好，可用来解释被前景理论称作禀赋效应的支付意愿（WTP）和接受意愿（WTA）之间的差异。应当指出，这个研究的方法是不同于里斯特（List，2004）和许多其他的研究的。因为就其本身而论，它并没有把焦点放在交易的意愿上，而是放在接受意愿和支付意愿的概念上，其中涉及各种分析方面的问题。普洛特和蔡勒（PZ）特别提请注意"被试者误解"（subject misconception）的概念，并且指出，在操作上，这是不能界定和量化的。实际上，它是普洛特和蔡勒确认的一些效应的复合效应，这些效应包括：对最优反应的误解；学习效应；因为对最优反应激励不足，被试者注意力缺乏；以及做出策略反应。因为这些问题适用于实验经济学中的许多研究，因此，有必要依次做出解释，并且讨论普洛特和蔡勒的方法，以解决这些问题。这种方法具有以下四个要素：

1. 激励相容诱导机制的使用

当被试者被要求说出支付意愿或接受意愿时，他们基本上是在一种拍卖情景下，而且这不同于正常市场的买卖情景。这种不熟悉可能会导致被试者对如何给出最佳回答产生误解。所以，在普洛特和蔡勒的研究中，一个重要的原则是使用**激励相容诱导机制**（incentive compatible elicitation device）。在这种情况下要诱导出有效的反应，实验经济学使用的一个常见的方法是**贝克尔-德格鲁特-马契德**（Becker-DeGroot-Marschak，BDM）机制。这种机制让每个买家和卖家面对随机出价，随机出价决定了买家支付的价格和卖家收到的价格。所有出价低于随机出价的卖家卖出该商品，所有出价高于随机出价的买家买入该商品。卖家出价高于随机出价和买家出价低于随机出价则不能成交。这一机制的目的就是诱导出反映每一方真实估值的出价。最优反应就是要给出一个与被试者真实出价相等的出价。

2. 培训

由于说明他们的真实估价是最优反应对于被试者来说并不明白，特别是所给出的随机出价是通过抽签决定的，普洛特和蔡勒在他们的研究中花费了大量时间，试图用数值例子充分解释这个机制。下面这个例子将阐明这一情况。给出卖方的真实估价是 6 美元，但是，他们报价过高，为 7 美元，或许在这个误解下可能导致买方出价更高，这同现实生活中的许多情况一样。这是一个**策略反应**（strategic response）的例子，在这里，交易一方要考虑交易另一方的行为和反应。如果随机出价是 6.5 美元，他们不会交易，并且，因为他们放弃了一个能给他们 0.5 美元的消费者剩余，故存在一个 0.5 美元的机会成本。现在发生的情况是：买方的真实估价是 6 美元。他们可能出低价，报 5 美元，也许在这个误解下，也同现实生活中的许多情况一样，可能诱导卖方降低价格。如果随机出价是 5.5 美元，他们将不会交易，并会再次放弃 0.5 美元。培训要因此而设计，以确保被试者理解 BDM 机制的实质，从而给出表示他们真实估计的出价。

3. 实践环节

这个过程允许被试者"在使用该机制的同时还训练自己学习它的性质"。被试者也可以提问，而且实验者可以检查被试者对任务性质的理解。

4. 匿名

在决策和支付中，匿名性很重要，否则被试者可能会再次倾向于做出策略反应，要么是为了给其他被试者留下印象，要么是为了给实验者留下印象。

普洛特和蔡勒（PZ，2005）发现，尽管他们可以使用缺乏控制的实验步骤来重现卡尼曼、奈奇和塞勒（Kahnemen，Knetsch and Thaler，1990）研究中的接受意愿-支付意愿差距，但是，当他们实施上述全套控制时，却观察不到这个差距。普洛特和蔡勒的结论是："开启和关闭差距"的本能形成了对前景理论把这种差距解释为禀赋效应的否定，这也是他们赞同被试者误解理论的原因。

当然普洛特和蔡勒的研究在很多方面是富有价值和内容丰富的，但是，其结论有一个致命的弱点。这就是方法论上的"全部有或全部无"，在这个意义上，要么几乎没有实验控制，要么各种控制交织在一起，其结果是，在"被试者误解"类别方面，很多效应被混淆。普洛特和蔡勒承认，他们的结论给出了对这些误解（他们拒绝了其中的一些）五种可能的解释。特别是在 2007 年论文的总结中，他们明确指出，对禀赋效应理论的反对并不会在整体上挑战前景理论。然而，他们和伯恩鲍姆一样，认为效用函数中的扭结并不是解释接受意愿-支付意愿不对称这一观察发现所必需的。

进一步的研究是需要的，利用实验设计中不同程度的控制，以证实接受意愿-支付意愿的差距是否不复存在，其主要是由于误解了最优反应和学习效应，做出了某种策略反应，或者曲解了实验或者实验者的意图。可以说，经过实践环节后，学习效应可能是主要因素；这将支持里斯特（List，2004）早些时候的报告。

有人认为，能确保发现偏好假说（DPH）的必要条件被满足的最佳实验设计是**单一任务单一选择**（single-task individual-choice）设计（Cubitt，Starmer and Sugden，2001）。这样的设计能确保被试者有机会反复执行一个任务，以满足学习效应的需要；而且，它还可以确保简单与透明，在基于市场的研究中，这是很难实现的，这里的任务更复杂并且涉及与他人的相互作用。然而，当库比特（Cubitt）、斯塔默和萨格登审阅了涉及这样设计的九个不同实验的结果后，他们发现，这些结果还是违背了作为阿莱型情况下一致选择的独立性公理，这在前面已经讨论过。另一项由卢姆斯、斯塔默和萨格登（Loomes，Starmer and Sugden，2003）所做的研究也质疑在市场经验下，对接受意愿-支付意愿差距消失的解释。这些研究者指出：

> 即使在反复交易之后，个人对特定彩票的估值仍受高度随机变化的影响，可以说反映了许多被试者认为对他们来说，这些彩票真正价值的持续不确定性。（p.166）

在提到这些结果和结论之后，我们现在可以考虑与普洛特和蔡勒结论相关的一个问题。如果被试者对实验没有一个清晰的理解，他们可能会倾向于陈述一些不能反映他们真实价值的价值观，也许仍然会给出一个策略性的回应。尽管普洛特和蔡勒认为这不太可能，但这意味着他们的研究结果没有提供证据，否认禀赋效应在实验室之外的现实世界中发生。最近的实地研究证实了禀赋效应在大多数现实条件下的存在，尽管他们也报告说，经济环境确实在影响人们的感知参考状态，进而在影响他们的估值方面发挥了作用（Köszegi and Rabin，2006；Knetsch and Wong，2009）。

□ 框定效应的性质

关于前景理论解释框定效应的能力，已有一些不一致的结果报道。不同类型的框定效应已经被莱文及其同事（Levin and colleagues，1998）所证实：标准的风险选择、属性框定和目标框定。这项研究称，前景理论也许对第一种类型的效应解释得最好，但是不能解释其他两种类型的效应。前景理论能在不同背景下解释风险选择的经验证据也受到质疑。王和约翰斯顿（Wang and Johnston，1995）也得到了类似的结论，他们指出框定效应是环境依赖的，而不是一个普遍现象。其他证据表明，框定效应取决于任务、内容和选择问题固有的环境变量（Wang，1996；Fagley and Miller，1997）。

进一步的研究批评了特沃斯基和卡尼曼（Tversky and Kahneman，1981）的最初方法，以及他们在有时被称为"**亚洲病**"（Asian disease）问题的情况下对框定效应的阐释。人们被告知有一种疾病威胁着 600 名市民，并被要求在两种不情愿的选择中做出选择（Tversky and Kahneman，1981）。在一个"积极的框架"下，人们要在（A）200人将获救和（B）三分之一的概率 600 人将获救、三分之二的概率 0 人获救中做出选择。大多数人会选择 A 而不是 B。在一个"消极的框架"下，人们要在（C）400 人将死亡和（D）三分之二的概率 600 人将死亡、三分之一的概率没有人死亡中做出选择。在这种情况下，大多数人更喜欢 D 而不是 C，尽管 A 和 C 是相同的结果或"前景"，B 和 D 是相同的结果或"前景"。这个例子不仅说明了框定效应和偏好反转，还说明了损失厌恶（挽救生命被视为一种收益，而死亡被视为一种损失）。

一些研究认为这种方法实际上混淆了两种不同的效应：框定效应和镜像效应（Arkes，1991；Kühberger，1995；Levin et al.，1998；Chang，Yen and Duh，2002）。这种区别现在需要略为详细地解释，以便理解其含义。

框定效应取决于问题是被限定在积极的还是消极的框架内，消极的框架取决于否定即"非"的含义。镜像效应取决于问题的领域，即其涉及的是收益还是损失。下面举例说明这种差异：陈述 A——"200 人将获救"，这既表示一个积极的框架，又表示一个积极的领域；然而，陈述 C——"400 人将死亡"，这既涉及一个消极的框架，又涉及一个消极的领域。因此表明，由于框架和领域在特沃斯基和卡尼曼的"亚洲病"问题的处理方法上完全相关，因而无法把框定效应和镜像效应分离开来。另外，可以认为，陈述 B——"400 人将不能获救"虽然在意思上与陈述 A 相同，然而，其涉及一个消极的框架但是积极的领域。同样，陈述 D——"200 人将不会死亡"与陈述 C 的意思相同，但是，其涉及了消极领域下的积极框架。因此，通过重新表述 A 和 C，就解释框定效应而言，相对于其他理论来检验前景理论是可行的。下一节将讨论这一点。

5.9　最新理论与结论

从以上讨论中，我们不应该推断出这些是对前景理论唯一的批评；因为这些批评是文献中被讨论最多的，所以我们集中讨论这些评论。在过去的 20 年中，对于出现的各种理论和经验问题，人们提出了许多风险和不确定性下决策的新理论或模型，有些新理论甚至早于累积前景理论，它们声称已经解决了这些问题，并且能以一种更令人满意的方法来解释实验的研究结果。在这里不可能全面介绍所有这些模型，因此，将仅考虑六个主要的模型：（1）第三代前景理论（third-generation prospect theory，PT3）；（2）概率心智模型（probabilistic mental model，PMM）；（3）模糊痕迹理论（fuzzy-trace theory，FTT）；（4）优先直觉推断；（5）非严密理论；和（6）构形的权重模型。

☐ 第三代前景理论

讨论第三代前景理论是非常有意义的，因为它是建立在第一代前景理论（1979）和第二代前景理论（1992）的基础之上的。施密特、斯塔莫和萨格登（Schmidt，Starmer and Sugden，2008）提出了第三代前景理论模型，它将第一代前景理论的预测扩展到之前未曾涉及的领域，即参考点是不确定的情况。因此，第三代前景理论可以应用于决策者购买彩票，而且此后有机会出售和交换彩票的情况。例如，人们购买保险或者出售股票，这是原来的前景理论所不能适用的。此外，第三代前景理论是为了解释期望效用理论中所出现的两种常见的异象：（1）彩票的接受意愿（WTA）和支付意愿（WTP）估值的差异；（2）在涉及所谓的 P-bet 和 $-bet 赌博时出现的偏好反转。这些概念最初是由马凯克里蒙和史密斯（MacCrimmon and Smith，1986）提出的。

这里的一些详细解释将有助于理解这两种方法以及不确定性、偏好反转和传递性之间的关系。P-bet 表示有相对较大的概率赢得数量不是很多的钱，其余的概率获得的钱为零。$-bet 表示有较小的概率赢得数量很多的钱，其余较大的概率获得的钱为零。要求被试者确定两种赌博等价的货币价值，并选择其中的一种赌博。这里观察到的一种常见的偏好反转是：人们在 $-bet 上押更多的钱，但却选择了 P-bet。例如，考虑以下两个前景：

$-bet：A＝（0.1，140 美元）　　　　等价于 14 美元

P-bet：B＝（0.8，15 美元）　　　　等价于 12 美元

A 具有更高的确定性等值，但是人们通常更喜欢选择 B，即 P-bet。如果我们现在将前景 C 视为 13 美元（或 12 美元～14 美元之间的任何金额）的肯定赌注，这将导致以下偏好排序：

P≥$，$≥C，C≥P

这违背了传递性。

为了将前景理论推广到参考点不确定的情况，施密特、斯塔莫和萨格登（Schmidt，Starmer and Sugden，2008）提出了两点：（1）相对于随机参考点来定义"收益"或"损失"，称为参考行为；（2）相对于任何参考行为 h，给任何行为 f 分配决策权重的排序依赖方法。

在第三代前景理论的最一般形式中，第三代前景理论结合了萨格登（Sugden，2003）的参考依赖的主观期望效用（reference-dependent subjective expected utility，RDSEU）方法，并提出了这样一种值函数：

$$V(f,h) = \sum_i v(f[s_i], h[s_i]) W(s_i; f, h)$$

其中，当从 h 对 f 进行评估时，$W(s_i; f, h)$ 表示分配给状态 s_i 的决策权重。第三代前景理论还使用了与效用函数和概率加权函数有关的参数，这些函数的有效性在以前版本的前景理论中已经得到了验证。施密特、斯塔莫和萨格登认为这种建模方法主要有三个优点：

（1）普遍性——它比以前版本的前景理论更具有普遍性，适用于偏好的三个关键方面：对结果的态度、对概率的态度和对损益的态度。

（2）简洁性——考虑到上面的应用，模型应尽可能地简单；这三个方面都只涉及一个参数。

（3）与现实一致——当模型应用于现有的证据时，因为模型可以预测出彩票估值的接受意愿和支付意愿差异，以及 P-bet 和 \$-bet 的偏好反转，故它可以解释前面提到的两种异象。

关于最后一个优点，模型对于偏好反转的解释是非常重要的，因为偏好反转是基于"经验上的损失厌恶程度、敏感性递减和概率加权之间的相互作用"，而不是像许多心理学家所解释的那样，是由于违反程序不变性造成的。将这三个因素应用到上面的例子中，可以得出，人们更看重 \$-bet 而不是 P-bet，是因为低概率被高估了。由于损失厌恶，人们更加看重大赌注 \$-bet，而非 P-bet；由于边际敏感度递减，人们更喜欢 P-bet 而非 \$-bet。

施密特、斯塔莫和萨格登不建议用第三代前景理论来解释 P-bet 和 \$-bet 中所有的偏好反转；他们承认违反程序不变性很重要，因为获取信息的不同方法会影响决策，但是他们认为，考虑到第三代前景理论在心理学上的合理性以及它们的模型与证据的吻合方式，第三代前景理论在偏好反转的解释中起着重要的作用。

概率心智模型

根据概率心智模型（PMM）（Gigerenzer et al.，1991），人们首先试图对于给予他们的任务构建一个局部心智模型（local mental model，LMM），然后利用它解决用于长期记忆和基本逻辑运算的问题。在任何复杂问题中，如果这个过程是不可能的，那么就会利用产生长期记忆的概率信息，构建一个概率心智模型。因此，概率心智模型理论认为，决策者通过应用归纳推理解决问题，这意味着他们把这个具体的决策任务放到了一个更大的背景中。该理论通过人们在得到不完整信息时做出的推论来解释框定效应。

我们可以通过检查每个人如何看待"亚洲病"问题来比较概率心智模型和前景理论。前景理论通过利用不同的参考点来解释"亚洲病"问题。一方面，陈述 A 和 B 是从获救角度而言来措辞的，两者都涉及一个正的感知域（因为人们仍在不断地死亡，所以实际的域是负的）；因此，在该收益域中，人们是风险厌恶的，并且宁愿选择 A 而不是选择 B。另一方面，陈述 C 和 D 以措辞死亡来表述，这涉及负的感知域，或者损失。在这个域中，人们是风险追逐的，因此，人们更愿意选择 D 而不是 C。

相比之下，根据概率心智模型，一方面，当人们在编辑陈述"200 人将获救"时，他们可能推断也许随着时间的推移超过 200 人将获救。另一方面，陈述"400 人将死亡"可能被编辑为也许超过 400 人最终将死亡这一推断。因此，当陈述 A 和 C 被以不同的方式来表示时，即负的框架和正的域，且反之亦然，用前景理论来检验概率心智模型理论是可能的。例如，当被问到如何比较 A′——"400 人将不能获救"与 B——"三分之一的概率 600 人将获救、三分之二的概率 0 人将获救"时，前景理论预测 A′将受到青睐，而概率心智模型理论预测 B 将是首选，其解释 A′的意思或许是多于 400 人将不能获救。

这就是张及其同事（Chang and colleagues，2002）采取的方法，他们对比了两个竞争的模型来检测前景理论：概率心智模型和**模糊痕迹理论**（fuzzy-trace theory）（Reyna and Brainerd，1991），接下来将讨论模糊痕迹理论。

□ 模糊痕迹理论

模糊痕迹理论（FTT）提出，人们更愿意利用信息的简单化表示，也就是信息的要点来进行推理，而不是利用精确的细节。例如，数值结果和概率都以二分的方式表示，这意味着"亚洲病"问题的选项可被简化为如下形式：

> 陈述 A：有些人将获救。
> 陈述 B：有些人将获救或没有人将获救。
> 陈述 C：有些人将死亡。
> 陈述 D：没有人将死亡或有些人将死亡。

在 A 和 B 之间进行选择，对于两个选项而言，陈述的第一部分是共同的，因此，选择集中差异在"没有人将获救"上，那么，A 优于 B。类似地，在 C 和 D 之间进行选择，差异是"没有人将死亡"，那么，D 优于 C。所以，对于最初的四个选项，模糊痕迹理论做出了与前景理论相同的预测。然而，选项 A′现在变为"有些人将不能获救"，这样就不能与 B 直接进行比较了。同样，选项 C′变为"有些人将不会死亡"，这样就不能与 D 直接比较了。在这种情况下，根据模糊痕迹理论，人们被迫更详细地思考问题，计算预期值，而且会根据自己对待风险的态度进行选择。

张及其同事（Chang and colleagues，2002）所做的研究，试图通过两个实验来检验不同的理论。在这两种情况下，实验被表示成一个投资决策问题。但是，在第一种情况下，选项以与原来"亚洲病"问题相同的方式表述：用 A 与 B 相比较，C 与 D 相比较。结果肯定了所有三种理论，并且不能检验出它们之间的差异。然而，在第二个实验中，A′与 B 进行比较，C′与 D 进行比较。在这种情况下，所有三种理论都做出了不同的预测。张及其同事发现，模糊痕迹理论解释的结果最好，因为在按照框架是积极的还是消极的所区分的反应之间，并不存在显著的差异。因此，他们的结论是，在领域和框架不同的情况下，并不存在框定效应，并进一步证实了斯通（Stone，1994）的研究。他们在与情景相关的被试者评论中，发现了支持模糊痕迹理论的进一步证据。在第一个试验中，只有 18％的被试者（商学院的本科生）在他们的评论中提到了期望值的计算。相比之下，在第二个实验中，他们发现 35％的被试者谈到了期望值的计算。

然而，在张及其同事的研究中，存在一个主要的缺陷，这一点他们自己也承认。这就是并没有要求被试者表明他们察觉到的问题的领域或者问题的框架。例如，研究假设选项 A′（400 人将不能获救）涉及一个感觉到的收益问题领域。这个假设肯定是令人质疑的，因为它可以说，这里所用的参考点也许是所有的人都将获救，因此，A′涉及一个察觉到的损失。如果事实确实如此，那么前景理论的预测就被证实了。在这方面需要做更多的研究，以确定人们是怎样感知问题领域的。

框定效应具有重要的政策含义，特别是在张及其同事所描述的会计情况类型中。在过去的 20 年里，无论在美国还是欧洲，都发生了许多涉及给股东和稽核者的财务信息报告的会计丑闻。如果框定效应得到更好的理解，这可能会使政府立法者和标准制定者，如国际会计准则理事会，更好地确定信息的种类和信息的呈现，以防止欺诈和欺骗。.

□ 优先直觉推断

从哲学上来看，这个模型与上面的两个模型类似，是它们的后续发展。这个模型可以被视为"快速和简洁的直觉推断"研究计划的一部分（Gigerenzer and Goldstein，1996；Gigerenzer et al.，1999；Gigerenzer，2004）。优先直觉推断起源于布兰兹塔特、吉格伦泽和赫特维希（Brandstätter，Gigerenzer and Hertwig，2006），他们提出，优先直觉推断是一个简单的顺序认知过程，而不是更复杂的模型，包括在期望效用理论之上的效用和概率的非线性转换。优先直觉推断是一个由优先规则、停止规则和决策规则组成的三步过程，具体如下：

优先规则（priority rule）：按顺序分析原因：最小收益，最小收益的概率，最大收益，最大收益的概率。

停止规则（stopping rule）：如果最小收益与最大收益相差 1/10（或更多），则停止检测；另外，如果概率相差 1/10（或更多），则停止检测。

决策规则（decision rule）：选择收益（概率）更有吸引力的赌局。有吸引力指的是具有较高（极值）收益以及最低收益的概率较低的赌局。

布兰兹塔特、吉格伦泽和赫特维希（Brandstätter，Gigerenzer and Hertwig，2006）报告称，他们的经验发现表明，优先直觉推断可以解释阿莱悖论以及与累积前景理论相同的四重风险态度模式。此外，他们还声称，优先直觉推断可以解释累积前景理论无法解释的某些观察到的导致偏好反转的非传递性。由于优先直觉推断的简单性，奥卡姆剃刀原理也倾向于它的应用。

它的作者已经注意到，优先直觉推断被设计用来应用于权衡不可避免的困难决策。布兰兹塔特、吉格伦泽和赫特维希（Brandstätter，Gigerenzer and Hertwig，2008）通过提倡他们所说的风险选择的适应性工具箱模型来扩展他们的方法。这将优先直觉推断作为决策过程的第二阶段，其中，第一阶段涉及寻求无冲突的解决方案。这反过来意味着寻找优势，如果失败，就应用相似点直觉推断。决策过程的第一阶段类似于鲁宾斯坦（Rubinstein，1988，2003）的方法，这将在第 8 章跨期选择的背景下进行解释。只有在第一阶段无法检测到无冲突解决方案时，才会应用涉及优先直觉推断的第二阶段。

对于优先直觉推断及快速和简洁的直觉推断有各种各样的批评。在经验层面，伯恩鲍姆（Birnbaum，2008）认为，优先直觉推断不能解释各种观察到的结果。在理论层面也有一些批评。该模型是一个过程模型，而不是一个"as-if"模型，但有人声称，快速和简洁的直觉推断有很多组成部分都包含有可疑的假设，这使得这个过程通常在心理学上令人难以置信（Dougherty，Franco-Watkins and Thomas，2008）。

□ 优先直觉推断

这是另一个"快速和简洁的"直觉推断的例子，它适用于决策选项是开放式的情况，而不是向决策者提供一个已定义的集合，并且时间约束也很重要的情况。这两种情况在很多常见的决策场景中都是相关的，比如早上选择系哪条领带，或者在哪条车道上开车。决策者的第一个任务显然是生成一个可能的选项列表。优先直觉推断建议，在这种情况下，我们应该做出我们的头脑首先产生的决定（Johnson and Raab，2003；Raab and Johnson，2007）。这种直觉推断的基本原理是：我们的大脑倾向于先产生一个较好的选择，然后再产生不太合适或更好的选择，而时间限制可能会阻止我们对所有可能的选择进行长时间的思考。例如，医生在急诊室可能只有几分钟的时间去拯救病人的生命。赫普勒和费尔兹（Hepler and Felz，2012）认为，优先直觉推断可能适用于许多体育项目，并已经在篮球项目中检验了该理论。他们报告说：（1）被试者在大多数试验中会使用直觉推断（70%）；（2）较早生成的选项要优于较晚生成的选项；（3）最先生成的选择是有意义的；（4）最后生成的选择也是有意义的；（5）相对于不自信的被试者来说，更自信的被试者使用直觉推断的频率更高，生成的选项更少。

□ 显著性理论

也可以认为这种方法与"快速和简洁的"直觉推断有关，它是一种彩票选择理论，其中，决策者的注意力被吸引到彩票的显著收益上（Bordalo，Gennaioli and Shleifer，2012）。这表明，决策者认为彩票的决策权重扭曲有利于显著收益，其中，显著是收益之间对比的一个函数。对消费者行为的一个重要暗示是：人们会在对比最强烈的地方比较属性。该研究声称，该模型符合许多与风险追逐相关的观察现象，并对偏好反转做出了准确的预测。

□ 非严密理论

这个理论的基本前提是：人们所做的许多选择都包含一定程度的不确定性或非严密性。这一思想历史悠久，但是，直到 20 世纪 90 年代中期才出现非严密模型，因为它们涉及随机误差，通常被称为**随机决策模型**（stochastic decision model）。这些模型本质上采用某种形式的确定性模型（例如期望效用理论）作为基础，然后添加了随机成分。其主要目的是解释某些涉及偏好反转的异象，而这些异象不能用纯粹的确定性模型来解释。在经验研究中有一个普遍的发现：即使在同一实验中，当被试者两次面对同样的成对选择问题时，他也会产生偏好反转。斯塔默和萨格登（Starmer and Sugden，1989）、凯莫勒（Camerer，1989）、海和奥姆（Hey and Orme，1994）、巴林格和威尔科克斯（Ballinger and Wilcox，1997）指出，有四分之一至三分之一的被试者，当被重复提问时转变了偏好。

这些违背再次涉及选择过程和编辑阶段，包括框定效应。卢姆斯和萨格登

（Loomes and Sugden，1982，1987）提出了一个被称为**遗憾理论**（regret theory）的模型，该理论被明确要求在设计上既要考虑到单调性的违背，又要考虑到传递性的违背。这个理论具有更大的优势，它设置了一个能够最大化的偏好函数，使这个模型具有规范性地位。然而，斯塔默和萨格登（Starmer and Sugden，1998）的实验表明，遗憾理论并不能解释所有观察到的违背。卢姆斯和萨格登（Loomes and Sugden，1995，1998）还提出了一个**随机偏好**（random preference）模型，该模型指出，人们遵循基于一个核心理论的偏好来行动，但是在任何环境中，适用的参数都是随机变化的，例如，风险厌恶的程度。然而，这一随机模型和其他随机模型未能解释系统偏差的子集，即通常观察到的偏好反转。

巴特勒和卢姆斯（Butler and Loomes，2007）最近提出并检验了一个模型，该模型似乎可以解释观察到的大量偏好反转现象。它包含了最初由马凯克里蒙和史密斯（MacCrimmon and Smith，1986）提出的基于 P-bet 和 $-bet 的模型。正如我们在讨论第三代前景理论时所看到的，P-bet 表示有相对较大的概率赢得数量不是很多的钱，其余的概率获得的钱为零。$-bet 表示有较小的概率赢得数量很多的钱，其余的概率获得的钱为零。要求被试者在两种赌局下是确定性等值的，并选择其中的一种赌博。这里观察到的偏好反转是：人们认为 $-bet 更值钱，但选择了 P-bet，这一结果违反了传递性。

巴特勒和卢姆斯（Butler and Loomes，2007）改变了标准程序，允许参与者以四种方式（而不是两种）中的任何一种回答，从而允许非精确。因此，他们不只是提供简单的选择：（1）喜欢 A；（2）喜欢 B。而是提供了四个选择：（1）我肯定喜欢 A；（2）我认为我更喜欢 A，但不确定；（3）我认为我更喜欢 B，但不确定；（4）我肯定喜欢 B。研究的结论为：

> 被试者面对等价的任务时，在缺乏非常精确的"真实"偏好的情况下，可能会从一个不精确的区间中选择一个值。他们对这个区间的感知以及他们对特定值的选择都容易受到各种"线索"或"锚"的影响。（p.293）

一个重要的锚被证明是确定确定性等值的迭代过程的起点。这个过程以及涉及的问题将在第 7 章方法论部分更详细地讨论。

巴特勒和卢姆斯得出的另一个重要结论是："不论是否有动机，所有引起这些偏好的方法都容易受到这样或那样程序效应的影响。"他们反对在程序方面实行"金本位"的想法。

☐ 构形的权重模型

这代表一系列模型，而不是单个模型。近年来提出了三个主要版本：受排序影响的乘法权重（RAM）；注意力转移交换（TAX）和收益分解效用（GDU）。详细描述这些内容将超出本书的范围，因此，我们将专注于描述它们主要的共同特性，以及它们如何与前景理论相比较和对照。

存在三个共同因素：（1）两种类型的模型都是描述性的而非规范性的；（2）两者都使用参考依赖的效用和值函数；（3）两者都是心理学模型，因此，它们都使用了基于心理学理论的"心理物理"效用和决策加权函数。

最根本的区别在于，在构形的权重模型中，人们将赌局视为具有分支的树状结构，而不是概率分布的前景。由于风险厌恶，结果较低的分支结构所占的权重更高；因此，尽管它们没有排除非线性模型，但它们并不依赖非线性效用函数。权重取决于一个分支在总结果中的排序。构形的权重模型通常会违反前景理论中使用的组合原则和删除原则。

不同的模型使用不同的方法来分配权重。在受排序影响的乘法权重模型中，赌博的每个分支的权重是分支概率的函数与一个常数的乘积，该常数取决于分支结果的排序和增强符号（Birnbaum，1997）。增强符号对结果低的分支为正、对结果高的分支为负。在具有三个分支的赌局中，一个中等排序的分支的增强符号为零。最能说明决策情况的是一个简单的二元赌局，例如抛硬币，如图 5.11 中的树形图所示。较低结果的增强符号是正的，从而增加了它的重要性，而较高结果的增强符号是负的，从而减少了它的重要性。

注意力转移交换（TAX）模型还将赌局的效用表示为结果效用的加权平均值，其权重取决于分支的概率和排序。主要区别在于，在注意力转移交换模型中，分支权重是由分支之间转移注意力引起的。伯恩鲍姆（Birnbaum，2008）是这样描述注意力转移交换的：

> 直觉上，决策者通过考虑行动的可能后果来进行思考。那些可能性更大的分支应该受到更多关注，但是，如果一个人厌恶风险，那些导致价值较低的后果的分支也应该引起更多关注。在注意力转移交换模型中，注意力的转移是由分支之间转移的权重表示的。（p. 470）

同样，我们可以使用图 5.11 进行说明。

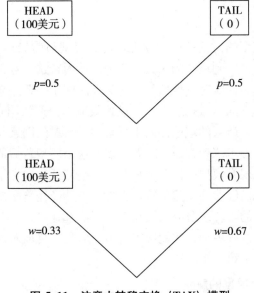

图 5.11　注意力转移交换（TAX）模型

为了简单起见，我们假设效用函数是线性的，并且与货币价值相同。在第一个图中可以看到，赌博的期望值是 50 美元。两个分支的概率相等，所以，在这个例子中这对注意力没有影响；然而，价值较低的结果"TAIL"会引起更多关注，并且在第二个图中假设权重从"HEAD"的概率转移到"TAIL"的概率为 1/6 或 0.17，因此得出的结果为："TAIL"决策的权重为 0.67，而"HEAD"决策的权重为 0.33，所以人们会认为这个赌局值 33 美元。这个例子还说明了注意力转移交换模型是如何在不使用非线性效用函数的情况下解释了风险厌恶的。

收益分解效用（GDU）模型采用了将多分支博弈分解为一系列两分支博弈的方法。因此，一个由三个分支组成的赌局分为两个阶段进行：首先，赢得最低结果的机会；否则，赢得二元赌局，从而赢得两个较高奖项中的一个。二元赌局由 5.2 节中描述的 RDU 模型表示。

伯恩鲍姆（Birnbaum，2008）提出的构形的权重模型的主要优点是：它们解释了两种前景理论都无法解释的 11 个悖论。他进一步声称，尤其是注意力转移交换模型，不仅能够解释所有 11 个悖论，而且能够使用从以前的数据估计的参数来预测它们，从而避免第 2 章讨论的方法问题之一。

□ 结论

也许在这个阶段，读者可能得出的主要结论是：在风险下做决策的理论太多了。这与第 2 章中提到的弗登伯格（Fudenberg，2006）的批评相呼应，即一般来说，行为经济学的理论太多了。从表面上看，我们同意这个结论；一个不幸的结果是：因为出现了很多矛盾和冲突，学生很容易感到困惑。然而，我们相信在这个背景下有两个重要的因素需要考虑，这将有助于指导行为经济学的学生，并指明未来的道路：（1）共同因素；（2）现象的区分和对现象的解释。

1. 共同因素

在对构形的权重模型的讨论中已经发现，这些模型与前景理论有许多共同的因素。共同点的这一方面可以推广到最新的决策模型中。然而，这一点很容易被忽视，因为当学者们想要在期刊上发表论文时，他们不可避免地倾向于强调差异而不是相似点。也许我们应该称之为"发表偏向"，这会产生"极化效应"，导致不同研究人员的立场看起来比实际情况更加不同。最近的理论倾向于分享的最重要的因素与拥有有关：描述性方法而不是规范性方法；参考依赖；损失厌恶；以及这个模型背后的心理学基础。可以公平地说，任何新模型或现有模型的扩展都将共享这些特征。参考依赖和损失厌恶似乎是基本的心理特征，我们已经看到，这些特征也得到了神经经济学研究的充分支持。正如我们在第 2 章中所看到的，许多研究人员认为，只有超越"as-if"模型，并充分利用包含心理和神经学特征的过程模型，才能取得进步。但是，目前对这些特征的性质还缺乏明确的认识，这就引出了第二个因素。

2. 现象的区分和对现象的解释

我们已经在禀赋效应的讨论中看到，区分现象和解释这些现象是很重要的。对于某一特定效应的发生，通常会有几种理论或解释。因此，如果对现象和解释使用不同的术语，将有助于避免混淆。一方面，这种区分对于其他基本概念也很重要，比如风险厌恶和损失厌恶（Schmidt and Zank，2005）。我们也看到有不同的方法来解释风险厌恶。前景理论和许多其他模型通过使用非线性效用函数来实现这一点。另一方面，伯恩鲍姆和斯泰格纳（Birnbaum and Stegner，1979）提出，由于价值被高估和低估的成本不对称，人们更重视价值较低的结果。图 5.9 对此进行了说明。类似的区别也适用于损失厌恶的概念。就像我们已经看到的那样，前景理论和其他理论通常以不同的方式来定义损失厌恶，但是，它们再次将损失厌恶归因于效用函数的性质，即在参考点上有一个扭曲或不对称。相比之下，构形的权重模型通过权重的转移解释了损失厌恶问题。

当然，不同的模型遵循或违背了不同的原则，因此，做出了不同的预测。正如现在已经多次说过的那样，最终的检验取决于与这些预测有关的经验证据，只要这些证据能够正确获得、分析和解释即可。在这一点上，这样的证据仍然是不确定的，这就是为什么有这么多模型仍在考虑。许多研究表明，需要进行进一步的研究，以便更确切地确定哪些模型在现实世界中更适用，哪些不适用。一些研究已经非常具体地指出了这里需要哪种类型的研究。例如，伯恩鲍姆（Birnbaum，2008）指出：

> 目前还没有做的是，通过大量的重复实验来评估个体的行为，这些重复实验打算在同一个人身上检验大量的属性。（p. 497）

这类研究的好处是：不仅可以确定总体上合适的模型，而且可以查看不同的模型是否适用于不同的人。与此同时，伯恩鲍姆同意且建议，最好假设每个人都可以用同一个模型来表示，而不同的人在这个模型中可能有不同的参数。在此阶段，我们还可以得出这样的结论：用于描述目的的模型通常不是期望效用理论，而是某种形式的过程模型。虽然目前还不清楚哪种模型或哪种模型最终会更优，但至少可以确定的是，前景理论和构形的权重模型等过程理论在解释和预测方面都优于期望效用理论。

最后，应该指出的是，期望效用理论以及其他大多数理论和模型中还存在其他异象，它们并不容易通过与新古典主义经济学模型一致的任何额外的假设来解释。其中，一些在第 3 章中已提及。例如，一个因素是人们似乎重视控制，即使这种控制没有传递出任何理性的优势。兰格（Langer，1975）所做的一项研究表明，那些在抽彩时被允许自己选择中奖号码的人们，比那些被简单随机分配中奖号码的人更珍惜他们的彩票。当研究人员从被试者那里回购彩票时，他们发现了一个巨大的差异：那些被分配彩票的被试者愿意以一个不到 2 美元的平均值出售他们的彩票，而那些选择了他们自己的中奖号码的被试者则需要至少 8 美元才肯出售他们手中的彩票。在兰格的研究中讨论的另一个异象涉及事件上相同因素的幻觉控制。当人们与对手进行机会博弈时，对手的外表会影响愿意投注的参加者的数量。这个博弈只不过就是抽一张扑克牌，抽得大牌者赢。一半参加者面对精心装扮和行事自信的对手，而另一半参加者面对的是看上去笨手笨脚和衣着不整的对手。当然，在任何一种情况下获胜的概率都是一半，但当面对表现较差的对手时，下注者愿意多下 47% 的赌注。

不管多么虚幻，控制因素很可能就是，为什么人们认为乘汽车旅行比乘火车或飞机旅行风险更小的一个因素。前景理论能够按照某种概率的过度加权来适应这种显而易见的不合理倾向，尽管应该注意到，在这种情况下概率并不一定很低。这些情况可能涉不同的加权函数。以同样的方式，朱利安和萨拉尼的研究也发现了损失和收益的不同加权函数。

更一般地说，强烈的控制欲似乎是大多数人仍然相信自由意志现象的一个重要原因（Wegner，2001）。而且，进化心理学对这种强调控制已经给出了一个解释。在过去，我们的祖先就进化出一种非常有效的归因心理适应性，它能使他们归咎和分析事件的原委。从生存的观点归咎于一个事件的错误起因，通常比认为事件是偶然发生的更有益。例如，如果一个人的货物在一夜之间消失了，对于这个人的未来前景来说，归咎于不道德的人偷盗了货物，比认为货物只是无因消失更有益。对问责的强烈渴望在各种不同的社会中，一直是大多数刑事司法系统的一个最突出的特征。这种有关社会的公平和惩罚方面的问题将在第 10 章详细讨论。

在结束这一讨论时，我们似乎应该评论一下前面讨论的对前景理论的主要批评，即其缺乏规范情形。在过去，人们过于依赖像单调性和传递性这样的公理，尽管有越来越多的经验证据证明它们经常被违背。由于像前景理论这样的模型允许这种违背，所以它们一直遭到排斥。例如，奎金（Quiggin，1982）评论道，前景理论中隐含的某些选择可能违反传递性是"一个不可取的结果"。

经济学作为一门科学，需要拒绝那些被证明是无效的假设，进而拒绝基于这些假设而无法准确预测的理论。否定这些假设，这样就能很好地预测，这样的理论不应该被拒绝。正如斯塔默（Stamer，2000）所说：

> 无论从规范的角度来看这些模型有多么吸引人，但都不应该预先假定最好的模型将是基于理性选择原则的模型。（p. 363）

因此，像许多经济学家所做的那样，使用规范性标准来评价描述性模型是不合适的。与期望效用理论和期望效用理论传统的扩展相比，前景理论和其他近期的理论可能不极度精炼，但毫无疑问，它们是更好的预测者，并解释了各种矛盾。随着时间的推移，一个前景理论的规范形式可以被建立起来。并且，一旦经济学家对学习过程和对激励的反应等现象有了更好的理解，近期理论的规范版本可能会得到发展，仅仅缺乏规范情形并不一定是任何决策理论的弱点。

小 结

- 期望效用理论依赖于三个主要的公理：传递性、连续性和独立性。此外，假设通常是关于期望、资产整合和风险厌恶的。
- 在期望效用理论中，风险厌恶是由效用函数为凹的所导致的。
- 期望效用理论的传统扩展在许多方面放松了独立性公理，但仍然保持单调性和传递性。
- 某些传统的模型引入了概率加权，因此，包含对结果和概率的主观评价。
- 一个前景包括许多可能的结果，每个结果都有相应的概率。

- 前景理论指出，在风险下的决策涉及两个阶段：编辑和评估。
- 编辑过程包括编码、组合、分割、删除、化简和占优检测。
- 在前景理论中，前景的评估包括四个主要原则：参考点、损失厌恶、边际敏感度递减和决策加权。
- 参考点是在价值尺度上记为零的点，使得结果有一个来自这个参考点的偏离测量值，也就是收益和损失。
- 参考点通常是目前的财产或福利水平，但也可能涉及对未来的期望。有时，人们还没有调整到现在的状况，所以，他们的参考点可以涉及一个过去的状况。
- 参考点的生物学基础涉及自身稳态和协同稳态过程。
- 参考点能够解释被称为"幸福乏味"的期望效用理论的异象。
- 损失厌恶意味着来自损失的负效用比来自同样大小的收益的效用更大。
- 损失厌恶能够解释像"意向效应"和"日终效应"这样一些异象。
- 参考依赖和损失厌恶的心理现象有神经科学证据。
- 边际敏感度递减意味着人们对更大的收益和损失变得越来越不敏感。因此，值函数是 S 形的，即在收益域是凹的、在损失域是凸的。这可以根据决策加权导致对收益的风险厌恶和对损失的风险追逐。
- 决策加权意味着不像期望效用理论那样根据客观概率对结果进行加权，而是根据决策权重进行加权。
- 因为两个原因，决策权重不同于客观概率：人们通常不善于估计概率；并且即使这样的概率是已知的或被陈述过，人们还是会在主观上对它们进行加权。
- 人们经常会对低概率过度加权。
- 在期望效用理论中，决策加权能解释许多异象，如赌博和保险，特别是概率型保险。
- 前景理论在理论和经验方面都受到了很多批评：缺乏规范情形；内部矛盾；不完整性；以及参考点的确定。经验性批评涉及：违反组合原则和随机占优原则；无法解释阿莱悖论；违反收益-损失分离性；效用函数的性质；禀赋效应；发现偏好假说和误解；以及框定效应的性质。
- 最近有各种各样的决策模型声称能比前景理论更好地用于解释和预测；其中，优先直觉推断、非严密理论和构形的权重模型最为突出。

思考题

1. 约翰·麦肯罗（John McEnroe）曾说过："随着年龄的增长，我越来越觉得以前更好"。解释这是前景理论的措辞。

2. 平克的三幕悲剧与新古典主义经济学模型和前景理论有什么关系？

3. 期望效用理论和前景理论在风险厌恶和风险追逐的观点上有何不同？

4. 用两个数值例子来解释风险厌恶和风险追逐之间的区别。

5. 用钢笔和马克杯的实验来解释禀

赋效应。前景理论的哪些原则与此相关？

6. 用前景理论解释赌博中的"日终效应"。

7. 请给出一个有助于解释人们行为的神经经济学实验例子。

8. 为什么加权决策函数在前景理论中很重要？

9. 从行为经济学的角度给出三点原因，说明为什么人们更喜欢乘汽车旅行而不是乘飞机旅行。

10. 解释描述性和规范性理论的区别。期望效用理论和前景理论在这些方面如何比较？

11. 用一个数值例子来解释删除原则和占优原则。

12. 解释优先直觉推断过程的步骤。

13. 解释非严密理论的性质和目的。

14. 描述前景理论和构形的权重模型的基本区别。

15. 用一个数值例子说明注意力转移交换模型是如何解释风险厌恶的。

练习题

1. 期望效用理论

一个学生正在考虑为明天的考试做复习准备，但又忍不住想出去和朋友聚会。他认为，考试可能是容易的，也可能是困难的，但困难和容易的概率是相等的。他估计，他将取得如下成绩：

	容易	困难
学习	90	75
不学习	75	55

该学生认为他的效用函数是 $u=\sqrt{x}$，其中，x 是他取得的分数。他还估计学习的成本是 2 个单位的效用。确定该学生最大化效用时的行动方案。

2. 前景理论

该学生现在改变了他对于效用函数的认识，因为他意识到他受到了相对于参考分数 75 的损失厌恶的影响。其价值函数为：

$$V(x)=\begin{cases}(x-r)^{0.5} & \text{当 } x \geqslant r \text{ 时} \\ -2(r-x)^{0.5} & \text{当 } x < r \text{ 时}\end{cases}$$

如果学习成本是 7 个单位的效用，确定学生的最佳行动方案。

3. 前景理论

在做出上述决定之前，学生查看一些先前的测试，并相应地更新该测试是容易或困难的估计概率。他的修改后的估算值为：P（简单测试）$=0.3$；P（困难测试）$=0.7$。这些修改后的概率估计会影响他的行动选择吗？

应 用

本章包括三个案例研究，这些案例都与期望效用理论中的异象有关。这些案例特别说明了参考点的重要性和在不同情况下如何确定参考点，以及损失厌恶的现象及其后果。

❖案例 5.1　　　　　　　　禀赋效应

按照新古典主义经济学模型，所有权或权利不应该影响商品的价值。这个假定与科斯定理有关，科斯定理指出，资源的配置将独立于产权。科斯定理有两个主要的例外：（1）收入效应可能会影响品味；并且（2）交易成本可能会阻碍交易。除了这些例外，还有一些经济学家提到的特定情况。在这些情况下，所有权可以影响价值：（3）所有权已经传达了经验效应，导致人们对他们拥有了一段时间的物品进行估价；以及（4）买方和卖方需要时间来适应和了解最近可能发生变化的市场环境。

除了上述例外，新古典主义经济学模型预言买家和卖家平均来讲不应该对同一物品给出不同的价格，就是说买家的支付意愿不应该与卖家的接受意愿有显著差异。用不同的术语来说，新古典主义经济学模型假设无差异曲线不受所有权影响。然而，多年来，已观察到许多异象。例如，一些假设性调查表明，在狩猎和捕鱼权的案例中，出售者的接受意愿一直以来都比购买者的支付意愿大 2.6 到 16.5 倍。在一个真实的交易实验中发现，鹿的狩猎权的比率是 6.9（Heberlein and Bishop，1986）。另一个这样的实验发现彩票的比率是 4.0（Knetsch and Sinden，1984）。

一个特别全面和细致的研究是由卡尼曼、奈奇和塞勒（Kahneman，Knetsch and Thaler，1990）在 1990 年完成的。这项研究的一个重要目标是将禀赋效应从上述可能导致支付意愿和接受意愿之间差异的任何其他情况中分离出来。这些环境就是上面提到的可能在其间引起差异的。例如，研究人员首先用代币券进行了多次实验，以使得被试者习惯于环境。正如所料，这些诱导值的实验显示，代币券在支付意愿和接受意愿之间无差异。然而，当实验被用杯子和钢笔这样的消费品重复时，显著的差异就显现出来了。为了消除由时间带来的任何学习效应，被试者（康奈尔大学的学生）进行了四次试验，但是发现在这些试验之间差异非常小。将 44 名被试者分成两个相同的组，一组对于他们出售的商品拥有产权，而另一组最初没有产权，但是能够给商品报价。同时向被试者强调，在问卷中说出他们的真实支付意愿和接受意愿是有益的。因为在四次试验后，有一次试验结果被随机抽取，从这些答复中可以计算出市场出清价格，然后将进行相关的交换。因此，如果具有产权的被试者表明的接受意愿位于或低于市场出清价格，其后，他们将以这个价格出售。然而，如果不具有产权的被试者给出的支付意愿位于或高于市场出清价格，那么其后，他们必须以这个价格来购买商品。

结果记录如下：

杯子——在第一次试验后，支付意愿的中位数很快就稳定在 2.25 美元上，而接受意愿的中位数在整个试验中都是 5.25 美元的常数。每次试验平均进行 2.25 笔交易，低于预期的 11 笔（在 22 对实验对象中，预期有 50% 的人对商品的潜在买家价值高于卖家）。

钢笔——支付意愿的中位数是一个 1.25 美元的常数，而接受意愿的中位数在 1.75 美元和 2.50 美元之间变动。每次试验平均进行 4.5 笔交易，而预期的是 11 笔。

这项研究的作者得出了以下结论：

存在与新古典主义经济学模型相矛盾的证据——人的偏好确实依赖于权利。

无差异曲线依赖于交易的方向——一条显示一个方向上可接受的交易的无差异曲线可能会越过另一条显示相反方向上可接受的交易的无差异曲线。

禀赋效应减少了来自交易的收益——成交量将低于新古典主义经济学的预测。这并不是因为交易成本之类的低效率，而是因为互惠互利的交易越来越少。

对于不同的商品，禀赋效应也将不同——对于代币券而言，或者那些明确为了转售目的而购买的商品，或者以更低价格可获得完全替代品的商品，禀赋效应是根本不大可能存在的。"当所有者面临出售一件为使用而购买的且不易被替换的物品时"，这个效应可能最强大。所给出的例子是已售罄的比赛门票、限量供给的狩猎许可证、艺术品和宜人的风景。

禀赋效应也可适用于企业和其他组织——例如，企业可能不愿剥离自己的部门、工厂或产品，而且它们可能承受比新竞争对手更高的工资水平。

多年来，许多研究都提供了大量的实验室证据，支持传统意义上禀赋效应的存在。一个物品的所有者或卖家较非所有者或买家对物品会寄予更高的价值。根据前景理论，这种现象源自参考点和损失厌恶的结合。所有者或卖家的参考点涉及占有该物品，而买家的参考点并不涉及占有；卖家在交易中的损失比买家在交易中的收益更大。

然而，普洛特和蔡勒（Plott and Zeiler，2005，2007）指出，这个术语现在用来指两种不同的现象，其中，只有一种是严格意义上的禀赋。此外，我们在第3章已经看到，"禀赋效应"这个词是有问题的，因为它现在用来指一个现象的理论或解释，而不是现象本身（Plott and Zeiler，2007）。因此，对"禀赋效应"的批评意见主要有两条：（1）如果在适当的控制条件下进行检验，这种效应并不真正存在；和（2）这种影响可能存在，但不是由前景理论提出的因素造成的。我们将依次审查每一条批评意见。

许多研究认为，支付意愿和接受意愿之间的差异是一种禀赋效应。但是，这并不一定涉及禀赋，因为卖方最初可能没有被赋予商品。普洛特和蔡勒（Plott and Zeiler，2005，2007）指出，卖方可能出于多种原因拥有某种商品，比如挣钱去买它，而不是像"天上的甘露"一样赠予他们。因此，这不是一个单一的现象发生。有证据表明，卖方的接受意愿可能在很大程度上取决于他们如何获得该商品。

卡尼曼、尼奇和塞勒（Kahneman，Knetsch and Thaler，1990）最初的研究表明，禀赋效应似乎根据商品的类型而有所不同，特别是对于交换商品似乎不会发生。例如，斯维尔斯基（Svirsky，2014）的一项研究发现，虽然币型巧克力似乎存在禀赋效应，但当这些硬币被描述为代币或货币时，就不存在这种效应。

其他可能性还会带来更复杂的情况。例如，实验者的影响是一个重要的因素。被试者可能会将实验者赋予的物品的选择解释为一种相对质量的指标。此外，如果被赠予者认为商品是实验者的礼物，不想因此而拒绝它，那么社会偏好可能是相关的。

另一个相关因素与学习效应有关。如果卖方有时间彻底检查商品以充分了解其价值，这将增加其接受意愿。一些经济学家认为，禀赋效应只不过是缺乏经验的消费者犯错误的后果，并且随着时间的推移，这些消费者将学到符合新古典主义经济学模型的"更好"的行为（Knez，Simth and Williams，1985；Coursey，Hovis and Schukze，1987；Brookshire and Coursey，1987；Shogren et al.，1994）。其中一些研究人员也报告了一些并不支持禀赋效应假说的经验研究结果。里斯特（List，2004）进行了一项涉及 375 个被试者的大规模研究，被试者积极参与一个运行良好的露天超市。这项研究的目的是要对比新古典主义经济学模型的预测来检验关于禀赋效应方面的前景理论的预测。在本案例中，该研究会被进一步评述，但值得注意的是，所有被试者都在积极交换运动卡和纪念品。在实验中，他们要么被赋予一根糖果棒，要么是一个具有类似市价的杯子，并且询问他们是否愿意进行交易。里斯特发现，无论是缺乏经验的消费者还是有经验的消费者，都没有像新古典主义经济学模型预测的那样尽可能多地交易。这就揭示了禀赋效应，因为人们相对于其他物品往往更重视他们所拥有的物品。然而，对于那些每月至少在他们惯常的市场上购买 12 次以上的"狂热"消费者以及经销商们来说，并不存在不情愿的交易，因此，也就没有禀赋效应的迹象。里斯特的结论是：市场经验的确倾向于消除禀赋效应，此外还存在经验的转移。也就是说，被试者在通常的运动卡和纪念品市场中的经验可以转变成对其他商品交易的影响。里斯特（List，2011）在一项研究中，使用了一个外源性诱导市场经验的实地实验，发现了市场经验可以消除禀赋效应的确凿证据。

现在让我们考虑对禀赋效应的第二条批评意见，即它是由其他因素引起的，而不是与参考点有关的损失厌恶的因素。伯恩鲍姆（Birnbaum，2008）用构形的权重模型解释了禀赋效应。伯恩鲍姆和斯特格纳（Birnbaum and Stegner，1979）认为，接受意愿和支付意愿之间的交换不对称，可以用买卖双方的不对称成本来解释。买方高估价值比低估价值造成的错误更为严重或代价更高昂，而对于卖方而言，代价更大的错误是低估了价值而不是高估了价值。结果是，在构形的权重模型中，买方将更大的权重分配给较低的价值估计，而卖方将更大的权重分配给较高的价值估计。伯恩鲍姆声称，涉及对不确定价值的"确定事物"（例如，二手车和股票）或标准风险赌局的买卖价格进行判断的各种经验研究都支持这种对禀赋效应的解释，并且与损失厌恶的解释不一致（Birnbaum and Stegner，1979；Birnbaum and Zimmermann，1998）。

结论是：至少在现有研究的基础上，禀赋效应不仅是一个模糊的术语，而且它的成因和影响的环境在行为经济学中仍然是有争议的问题。

问题

1. 解释为什么禀赋效应这个术语是模棱两可的。

2. 说明前景理论是怎样解释禀赋效应的。

3. 构形的权重理论如何解释禀赋效应？

4. 借助于图形，解释禀赋效应是如何导致无差异曲线相交，进而违背新古典主义经济学模型的。

5. 温布尔登网球公开赛的门票是通过抽签过程分配的。考虑到这类门票有一个二级市场，在这种情况下，禀赋效应又意味着什么呢？

6. 我们已经看到，里斯特（List，2004）和普洛特与蔡勒（Plott and Zeiler，2005）在研究中指出，在多种情况下禀赋效应不存在。什么情况可以消除禀赋效应？

❖ 案例 5.2　　　　　　　高尔夫球运动中的损失厌恶

我们已经看到，损失厌恶是一个异于新古典主义经济学模型的基本偏差。但是，许多经济学家认为，在风险高、竞争激烈、交易者经验丰富的市场环境下，这种偏差和其他类型的偏差往往会被消除。波普和施韦策（Pope and Schweitzer，2011）的研究在这方面具有开创性的重要意义，因为这是一个实地研究，而不是一个实验，他们研究了职业高尔夫球员在男子职业高尔夫球巡回赛中的行为，这项研究满足了高风险、竞争激烈和交易者经验丰富的市场环境。此外，该研究涉及的参考点非常清晰易见（每个洞的标准杆数），因此，可以精确检验损失厌恶的存在。由于比赛的结果和高尔夫球员获得的收益取决于球员在 72 洞（四轮比赛）中的总杆数，一方面，期望效用理论预测，无论推杆的杆数是标准杆，还是小鸟球（低于标准杆一杆）或老鹰球（低于标准杆两杆），球员对于每次推杆的动机应该是相同的。另一方面，前景理论预测，由于厌恶损失，球员更希望打平标准杆而不是低于标准杆的小鸟球和老鹰球。因此，我们有机会在市场环境下检验这两种理论。在现实中，还存在混淆的问题，这些问题也需要解决。因此，本研究的价值体现在以下两个方面：（1）这是对行为偏差是否存在的一个很好的检验；（2）这是一个很好的例子，说明了如何设计和实施实地研究来检验理论。

这项研究使用激光测量距离，总共分析了 250 万个推杆的样本。虽然这项研究考虑了所有的推杆，但大多数推杆不是标准杆就是小鸟球。如果球员的推杆超过了标准杆，则可以将其记为损失，低于标准杆则记为收益。还有另一种解释：在果岭上，第二次推杆更有可能是标准杆而不是小鸟球，因此球员可能会更加聚精会神地推球入洞，以避免"三杆球"。然而，只是将果岭上的推杆数作为参考点，而不是将标准杆作为参考点。这仍然是一种损失厌恶的解释。

检验这些理论的方法是估计一个回归函数，该回归函数将推杆的概率作为努力和一些相关推杆特征（例如，到球洞的距离）的函数。核心假设是：由于前景理论的值函数包含了损失厌恶，所以球员在打标准杆、柏忌球和双柏忌球上要比小鸟球或老鹰球投入更多的精力。这种方法允许将标准杆的比例与小鸟球的比例进行比较。得到的重要发现是：小鸟球比可比较的标准杆少 2%，这支持了损失厌恶理论。"可比较"一词很重要，因为存在许多可能的混淆因素。其中，最明显的因素是，小鸟球通常到球洞的距离更远，所以必须控制好距离，这可以通过精确测量到球洞的距离来实现。因此，在同一场比赛中，同一洞的推杆互相之间只有一英寸（2.5 厘米）的距离。此外，作者还考虑并控制了其他一些混淆因素以及与损失厌恶相关的对比解释：

（1）尝试标准杆推杆的球员可能已经了解了一些关于果岭的情况，因为他们已经尝试过一次小鸟球推杆，但失败了。球员也可以通过观看伙伴打高尔夫来了解果岭的情况。学者们通过在回归分析中使用虚拟变量来控制这些学习效应，而这些虚拟变量与球员已经在果岭上的推杆数有关。

（2）**尝试打小鸟球的球员可能会从果岭上一个更困难的位置出发，因为这样的击球距离更远。**通过将所有果岭分成不同的部分，并在不同的部分使用虚拟变量来控制这种效果。

（3）**与球员有关的特定因素可能是相关的。**有些运动员可能善于开球，但推杆很差。在这种情况下，他们更有可能尝试小鸟球，但也不太可能打进洞。这些固定效应在分析中得到了解释。

（4）**与球洞有关的特定因素可能是相关的。**有些球洞的球道可能容易，但果岭较难，或者是果岭简单，但球道较难。因此，如果球道简单，则可能更容易产生小鸟球，但在这种情况下，推杆可能更难。这些固定效应也被考虑在内。

（5）**锦标赛特定的固定因素可能是相关的。**如果在比赛中球员处于更好的位置，则球员更有可能去打小鸟球或老鹰球，也更有信心推球入洞。这种效果是通过使用虚拟变量来控制的，而虚拟变量会考虑到球员在比赛中的总杆数。

（6）**球员可能过于自信去打小鸟球。**一个良好的开球或近距离击球可能会增加小鸟球的可能性，并且还会增加球员的信心。正如我们所看到的，过度自信会降低成绩。然而，在观察高尔夫成绩时，研究发现，每个洞的得分之间存在正相关而非负相关，这意味着一个洞的低分数往往与下一个洞的低分数相关。作者从这个结果中推断：每个洞的击球质量之间也可能存在自相关，因此，一个好的开球或近距离击球之后很可能是一个好的推杆，而过度自信则会产生相反的结果。

（7）**球员在打小鸟球时可能会更紧张。**这可能与球员在比赛中的位置有关，但是，如第 5 点所示，这是被控制的变量。此外，在接下来的回合中，当有更多的压力需要表现出色时，紧张感应该更相关，但事实上，人们观察到，标准杆和小鸟推杆之间的成绩差距在随后的几轮中有所缩小。

因此，所有这些对标准杆和小鸟推杆成绩差异的解释都可以被消除。除了支持"损失厌恶"存在的普遍发现外，该研究还报告了两个更有趣的发现。第二个发现是，普通推杆和小鸟推杆的区别在四个比赛回合的第一轮最为明显，而在第四轮和最后一轮的效果还不到前者的一半。结合参考点的变化，这也符合损失厌恶理论。在第一轮比赛中，以标准杆数作为参考点的可能性最大。而到最后一轮时，其他球员的得分可能会成为更重要的参考点，尤其是领先者的得分。因此，第一轮比赛结束后，通常以领先选手的击球次数来衡量得分。

重要的最后发现与风险厌恶有关。前景理论认为，人们对相对高概率的收益倾向于是风险厌恶的，对相对高概率的损失倾向于是风险追逐的（职业球员打出小鸟球和标准杆的概率都在 80% 以上）。这意味着高尔夫球员在尝试小鸟球时应比尝试标准杆时更加谨慎。一个谨慎的推杆会因短球而出错，因为推杆过长通常会导致后续推杆更加困难，并且线和坡度无法预测。波普和施韦策发现，小鸟球的推杆确实比标准杆的推杆更容易出现失误，从而支持了前景理论的另一个方面。

关于"损失厌恶"的最后一句话或许应该留给过去 20 年里最著名的高尔夫球手泰格・伍兹（Tiger Woods）：

我认为，任何时候打标准杆都比打小鸟球更重要。你永远都不想失一球。失一球和小鸟球在心理上不同，我只是觉得用标准杆推杆更重要。（Pope and Schweitzer，2011，pp. 144 - 145）

问题

1. 就推杆而言，将期望效用理论的预测与前景理论的预测进行比较。
2. 在有四轮比赛的男子职业高尔夫球巡回赛中，说明参考点的性质。
3. 说明本研究中混淆和对比解释的性质。
4. 说明研究是怎样检验风险厌恶的。

❖案例5.3　　　　　　食物分量与饮食习惯

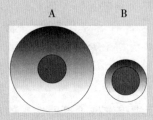

上面的图说明了1865年首次描述的德尔伯夫错觉。

问题

1. 图中哪个内圈更大？
2. 行为经济学中的哪些概念与德尔伯夫错觉有关？
3. 如果作为个人我们试图减少我们的食物消费，你认为这种错觉有什么意义？
4. 我们周围人的食物分量如何影响我们自己的食物分量？
5. 你认为理解这种错觉对餐馆老板有什么帮助？

第6章

心理核算

有时候我们很幸运。在赌场赌了一段时间后，我们发现我们的钱比进来的时候还多。我们甚至可能把这些赢来的钱放在不同的口袋里，以区别于"我们自己的"钱。我们还发现，我们更倾向于用这笔钱赌博，而不是用我们原来的钱。行为经济学家将这种现象称为"私房钱效应"。这是由于我们对收益的风险厌恶程度要小于我们对现状的厌恶程度。

人们可能认为这种现象的重要性有限。然而，一些经济学家认为，这种与风险厌恶相关的行为现象在房地产泡沫催生中发挥了重要作用，并引发了 2007—2008 年的金融危机。从 2000 年到 2006 年，美国房价上涨了一倍多，为许多人创造了巨大的财富。至少在一开始，这些收获是出乎意料的，也被视为是不劳而获。这两个因素都导致了消费支出的大幅增长，以及房地产投资的进一步增长，因为消费者在支出这些收益时的风险厌恶程度较低。一旦预计房价将继续以每年超过 10％ 的速度快速上涨，这种在住房上的支出就会被视为一种低风险投资。住房支出的增加进一步推高了房价，加剧了恶性循环。这种循环最初被视为对那些获利的人有利，但是一个不可持续的泡沫也由此产生，这使得大量购房者容易受到市场下行的影响。当这种情况发生时，许多人发现自己陷入了负资产的境地——他们所欠的抵押贷款超过了房屋的价值。

■ 6.1 心理核算的性质和内容

"心理核算"一词由塞勒在其具有里程碑意义的文章《心理核算与消费者选择》(Mental Accounting and Consumer Choice) (1985) 中提出；正如上一章大量利用了卡尼曼和特沃斯基关于前景理论的两篇论文，本章也大量使用了塞勒的论文——写于 1985 年的创始性论文以及写于 1999 年的《心理核算的作用》(Mental Accounting Matters)。塞勒将公司使用的核算过程与个人使用的心理核算过程进行了对应，将心理核算定义如下：

> 心理核算即个人和家庭用来编码、分类和评估金融活动的一套认知运作。(Thaler，1999，p. 183)

因此，心理核算包含了广泛的人类行为，正如我们将看到的，其不仅仅局限于金融活动。与前景理论相似，心理核算理论（mental accounting theory，MAT）的出现是为了克服标准经济学模型中的描述性异象，其在公式化过程中吸收了前景理论的基本要素。心理核算理论有助于我们改善对选择和决策背后的心理过程的理解。

塞勒的论文提到了心理核算过程的三个组成部分：

- 对结果的感知，以及决策的制定和评估。
- 将活动分配至特定账户。
- 对不同心理账户所涉及的时间段的确定。

下面依次讨论这三个部分，总结塞勒论文中的材料，并重新组织内容，使第一个领域中涉及的一些原始材料，如开户和结账，现在在第三个领域中讨论。此外，本章还讨论了另外两个方面：（1）与心理核算有关的经验证据的更新，其涵盖行为和神经经济学的研究；（2）与市场和机构行为有关的政策含义。还有一节是关于政策影响的，其目的是研究个人心理核算对市场和机构行为的影响。然而，在实践中，这是不可能从与经验证据相关的材料中完全分离出来的；例如，如果不考虑不同的营销策略，我们就无法理解消费者对不同类型产品的反应。

6.2　框定和编辑

□ 前景理论的启示

心理核算是指当有两种或两种以上可能的财务结果时，人们如何看待和评估这些局面，特别是人们如何结合这些结果。例如，购买决策，即使只涉及一件物品，也常常涉及成本和收益两方面。如果有打折、抽奖或买二送一等优惠活动，此类决策会更为复杂。在多重购买情况下，如果物品是互补的，例如假期期间乘坐飞机、住酒店、租用汽车、就餐等等花费，同样更加复杂。连续结果也需要评估。例如，人们更偏好两次中彩票，一次 50 美元，一次 25 美元，还是更愿意只中一次 75 美元的彩票？期望效用理论会根据不变性原理指出，人们对待两种结果应当是无差别的。然而，塞勒在一项调查中发现，64％的被试者预言两次中奖会令人更高兴。

前景理论对理解关联结果的评估过程具有一些重要的启示。塞勒在其 1985 年的论文中对此是这样总结的：

(1) 分开评价收益（因为收益函数因边际敏感度递减而呈凹性）。
(2) 合并评价损失（因为损失函数是凸的，同样是边际敏感度递减的缘故）。
(3) 将较小的损失与较大的收益合并（以消除损失厌恶）。
(4) 将较小的收益与较大的损失分离（一个小收益的效用可能超过稍微减少的一个大损失的效用，这也是由于边际敏感度递减）。

因此，第一个原则可以解释有关彩票偏好的发现。类似的因素可以解释人们喜欢多次折扣而不是一次折扣的发现，即使它们最终的折扣一样。例如，对于同样 40% 的折扣，人们更喜欢在 20% 的折扣基础上，额外再获得 25% 的折扣（Chen and Rao，2007；Chen et al.，2012）。但是，正如我们将在 6.5 节中看到的，这个偏好可能还受其他因素影响。

这些原则对市场策略也具有一些重要启示，这体现在塞勒所说的"享乐框定"上。例如，与其将价格从 20 美元降至 18 美元，并将此降为"新低价"或"现在仅售 18 美元"，不如使用 20 美元的**"参考价格"**（reference price），并强调 2 美元的折扣。这是基于上述第四条原则，有时它被称为"一线希望"原则。以这种方式框定折扣还有一个更深层次的原因，正如我们在下一节关于交易效用方面的讨论中将看到的。塞勒（Thaler，2016）也将第四条原则应用于汽车经销商试图出售旧车型的情况，他认为在将小额收益与大额损失区分开的基础上，提供返利比折价更有效。

当然，我们在上一章中已经看到了前景理论的某些原则受到了质疑，例如，收益-损失分离性。经验证据，尤其是与产品捆绑销售有关的经验证据，这里可能会做一些解释，并且将在本节的其余部分中考虑。

☐ 享乐编辑

框定与对发生在某一主体身上的事件的外在表述有关，而编辑则关系到个人在编码或"解析"信息时的内部过程。前面的彩票例子就可作为一个例证。人们倾向于将结果分开评估，即以下结论成立：

$$v(\$50) + v(\$25) > v(\$50 + \$25)$$

或者更一般地，

$$v(x) + v(y) > v(x + y)$$

这显然是一种积极的举措，而不是一场好坏参半的赌博。享乐编辑原理也可以应用于期望效用理论的另一知名异象，即第 1 章开头提及的"夹克-计算器节省"情况。如果一件商品的正常成本是 15 美元，那么人们乐意为了省 5 美元而驱车 20 分钟，但如果成本是 125 美元，人们就不会这么做——这看起来有些反常。如果人们使用期望效用理论中与删减原理有关的"最小"账户框架，那么上述问题就变成了简单地为省 5 美元而驱车 20 分钟值不值的问题，而与商品的正常价格无关。类似地，如果使用"综合账户"框架，此时诸如现有财富和预期未来收入等所有其他因素都要考虑进来，降价商品的价格就无关紧要了。这是不变性原理的另一应用。

但是心理核算理论的编辑过程可以解释选择差异。期望效用理论忽略降价的具体商品的价格，将 $v(\$5)$ 看作节省值；心理核算理论根据两个价值的差别确定对每款商品的节省程度。这样，购买 15 美元商品的节省值就被编码为 $v(-\$15) - v(-\$10)$，而购买 125 美元商品的节省值被编码为 $v(-\$125) - v(-\$120)$。由于对损失函数的边际敏感度递减，第一个节省值比第二个具有更大的效用。在下一节，我们将看到，与折扣框定一样，利用交易效用可以对此现象给出另外一种可能的解释。

当我们研究消费者是如何编辑信用概念时，类似的过程似乎也在起作用。克莱德和肖（Cryder and Xiao，2014）发现，消费者将"信用"编码为一种收益，并与定期"贷款"相比较，拥有信用心态的消费者往往对以收益为导向的词语反应更快，将信用视为更大的意外之财，并增加了幸福感和对消费的额外兴趣。因此，使用"信用"这个术语改变了消费的心理物理表征。虽然典型的消费被编码为一种损失，但克莱德和肖（Cryder and Xiao，2014）假设消费信贷在心理上被表示为一种收益的减少，如同前景理论预测的那样，一个享乐的前景比遭受同等规模的损失痛苦更少。

享乐编辑这一概念应用的另一重要领域在保险业。一般来说，人们因损失厌恶而反感免赔条款。消费者偏爱折扣或无索偿奖励条款，因为折扣表现为一种收益或一线希望，而额外支付的保费则由于边际敏感度递减可能被认为没有那么高的价值。约翰逊及其同事（Johnson and colleagues，1993）在一项研究中，邀请被试者比较两种汽车保费报价，一种以免赔框架表述，另一种以返还框架表述。实验结果如下：

1. 免赔框架——保费 1 000 美元，保期一年

这款保单具有 600 美元的免赔额，这 600 美元将从对保单提出的全部索赔款中扣除。换句话说，如果你基于保单提出了任何索赔，公司赔付的数额会从全部索赔额中扣除免赔额。如果一年中你的索赔额少于 600 美元，公司不会给予任何赔付；如果你的索赔额高于 600 美元，公司将赔付超过 600 美元的所有部分。

2. 返还框架——保费 1 600 美元，保期一年

在这款保单下，公司会在年底把这 600 美元扣除赔付款后返给你。换句话说，如果你没有根据保单提出索赔，公司会在年底返给你 600 美元；如果你提出了一次或多次索赔，你会拿回 600 美元减去公司赔付款之后的余额；如果总的赔付款超过 600 美元，公司不会返还任何金额，但仍赔付索赔。

读者可以验证这两款保单在财务上是一致的，即无论被试者是否提出索赔或索赔金额多少，最后的财富状态都相同。实际上，如果考虑到未来值贴现，第一种方案应该更受偏爱，因为第二种方案实质上意味着给予公司一年 600 美元的无息贷款。然而，研究发现，只有 44％的被试者会接受第一种方案，68％的被试者接受了第二种方案。

享乐编辑与前一章描述的禀赋效应现象也有关系。这里的关键问题在于合适的参考点的位置；比之参考点以上的收益，人们更加看重参考点以下的损失。保险业再次给出了有启发意义的例子。这里，我们无须仅仅依赖调查或实验证据，而是可以利用对自然发生的情况的经验观察。约翰逊及其同事（Johnson and colleagues，1992）比较了新泽西和宾夕法尼亚的情况，这两个州保险法的变动使我们能够研究现实中的选择。两个州都引入了一项选择权，规定人们可以用在患病及受伤害时有限的请求权换取更低的保费。然而，两个州的法律在默认选择上不同。新泽西州的默认选择是有限请求权，因此机动车主要为完整的权利额外付费。在宾夕法尼亚，默认选择是完整权利，因此机动车主若要获得折扣，需选择退出。结果就是在新泽西州只有 20％的机动车主选择拥有完整权利，而在宾夕法尼亚州约 75％的机动车主保留了完整的请求权（Insurance Information Institute，1992）。尽管影响决定的其他因素在两个州会有不同，但结果表现出的巨大差异似乎提供了支持心理核算理论的重要证据。

总的来说，经验证据支持享乐编辑假说（Thaler and Johnson，1990），该假说认为，人们以一种最优方式编辑多重结果，换句话说，他们的行为方式以前面概括的四个原则为根据。唯一的意外出现在第二个原则上：人们似乎倾向于分开而不是合并损失。塞勒和约翰逊证实了这种观点，他们向人们询问关于对损失的跨期偏好的问题，假定偏好同一天发生两个结果的视作倾向合并损失，偏好两个结果将间隔一周或两周的视作倾向分开损失。他们据此推论：两起损失中间相隔较短，会增加而不是降低人们对第二起损失的感受度，损失恢复期较长则会降低人们对第二起损失的感受度。应当指出，这一例外并不意味着人们没有按照最大化享乐效用的最优方式行事，而是若要解释观察到的行为，应进一步改善前景理论中的损失厌恶因子。

享乐编辑对营销实践有重要的影响，特别是在促销和产品捆绑销售方面；下面将讨论其中的一些问题，在 6.5 节还将进行更广泛的讨论。

□ 评价结果和决策

前面讲过，即便最简单的购买决定——只涉及一件商品并且没有任何特别优惠，也包含多重结果：来自消费的收益或价值与支付的成本。标准经济学模型以收益减去成本描述购买行为的净价值。实际上，损失厌恶现象使得对购买的这种编码不能有效满足人们的享乐要求。卡尼曼和特沃斯基（Kahneman and Tversky, 1984）与塞勒（Thaler, 1985）因此都不认同人们必定将花费看作损失的观点。

塞勒提出，正如我们在第 3 章中看到的，消费者从某项交易中取得了两类效用：

1. 获得效用

这指的是得到的物品相对于其价格的价值，与消费者剩余的概念相同。

2. 交易效用

这是指人们对"买卖"感受到的价值，即参考价格和支付价格间的差别。

我们在前几章已经看到，消费者经常在认知负荷的条件下行动，所以认知舒适度是做出选择时的一个重要考虑因素。刘（Liu, 2014）的一项研究表明，这可能会导致"效用盲目性"，因此，消费者可能会更多甚至完全关注他们的交易效用，因为这比获得效用更容易计算。只有当消费者拥有可用的智力资源和时间，并结合一定程度的投入时，他们才能进行更复杂的获得效用的计算。在"政策启示"一节将进一步讨论价格促销的影响。

如果各种产品组合在一起，以一个**产品包**（product bundle）的形式捆绑销售，评估过程将进一步复杂化。有时，这发生得很自然；例如，买电脑时买显示器，或买轿车时买音响系统。另外的时候，销售者会特意捆绑产品，这些产品之间既可能互补，也可能替代（如果商家意图向消费者提供更多选择）。塞勒（Thaler, 1999）指出，在这种情况下，捆绑产品**合并计价**（consolidated price）比**分开计价**（partitioned price）更有利于消费者对商品的评估。他指出，这种框定形式具有两点优势：首先，将消费者的损失（表现为价钱）进行了整合；其次，避免了突出单件商品的高价。他举了奢侈品打包的例子——地中海俱乐部度假或套餐宴来阐明。关于这个问题的进一步讨论将在"政策启示"一节的最后一个小节进行。

多项神经成像研究给出的证据支持消费者偏好编辑的心理核算方法（Bechara et al., 1999；Kuhnen and Knutson, 2005；Knutson et al., 2007）。这些研究显示，与先前影响相关的特定神经回路，提供了关键的输出给后续的购买决策，这表明在获得的潜在满足和花钱的痛苦之间是有一个权衡的。克努森等（Knutson et al.，2007）利用事件相关功能性核磁共振成像技术，探究了消费者在一个三阶段动态过程中，是如何对偏好和价格进行权衡的：消费者首先看到产品，之后是价格，然后需要决定是否购买。他们的结果显示，第一个阶段涉及伏隔核（NAcc），大脑中的这一区域与被试者对产品的反应有关。被试者随后对价格信息的反应由内侧前额叶皮质（MPFC）与脑岛的活动所反映。进一步说，研究发现，价格过高，MPFC 活跃度降低，而脑岛更活跃。作者写道：

> 价格不能独自解释 MPFC 活跃度和价格差异之间的关系……这些发现与以下观点是一致的，即对于某一给定产品，人们对绝对价格的反应度不及对该价格与人们认可的价格之间的差异的反应度（Thaler，1985）（如果对相关产品不了解，就难以判定价格是高还是低）。（p. 152）

然而，在购买决策过程中，不存在一般性的激发感，大脑的不同部分对不同的刺激在不同时间表现不同——或趋于活跃或趋于平静。作者总结道：

> 实验结果与假说一致，即大脑框架中，把偏好作为潜在收益，把价格作为潜在成本。（p. 153）

第 1 章中提到，这项研究同时说明，可以用大脑活跃度预测购买决策，获得的信息远多于自我报告的内容。作者进一步总结道："在人们的行为和自我报告的偏好不一致的情形中，功能性核磁共振成像技术预测方法最终将被证明是非常有用的"。（p. 155）

6.3 预算和可替代性

企业为各类开支设定预算或目标，并且按类别分配费用，个人也是如此。但是，对个人来说，预算不仅与开支有关，而且与收入和财富等其他货币范畴有关。研究也显示，人们似乎在一段时间内会维持不同的账户（Leclerc，Schmidt and Dube，1995；Rha and Rajagopal，2001；Saini and Monga，2008）。**可替代性**（fungibility）这一特征是指不同预算类别之间的相互替代性；如果预算可以替代，那么一个类别中的消费过度可以由另一类别中的消费不足来弥补，反之亦然。根据新古典主义经济学模型，如果一种商品或服务的边际效用大于其边际成本，那么它应该值得购买，因此完全的可替代性应该存在，不需要预算。现在我们讨论这一点的影响，以及其对两种经济模型（行为经济学模型和新古典主义经济学模型）之间的比较所具有的意义。

□ 消费预算

塞勒（Thaler，1999）指出，开支在不同类别间的分配服从两个目的。第一，便利资金在不同使用用途间的比较或权衡；比如，我该用最近三个月储蓄的钱度假还是买一台新电脑？第二，将预算作为一种自我控制手段，例如，如果本周外出就餐的预算已经花费掉，那么我就不得不等到下周再外出就餐。

有证据显示，不同的人和家庭制定消费预算的方法也不同。有时，分配会很严格和正式；例如，定期将一定数目的钱放入特定标记的信封。其他情形下，分配更为随意，既不太正式，也不太频繁。总体而言，收入较低的个人和家庭往往按较短的期间制定预算，像几个星期或几个月；收入较高者可能按年设定预算。例如，希斯和索尔（Heath and Soll，1996）发现，大多数 MBA 学生被试者都有伙食和娱乐的周预算。

各种研究表明，不同的支出类别之间缺乏可替代性。例如，哈斯廷斯和夏皮罗（Hastings and Shapiro，2013）发现，当汽油价格上涨时，消费者有转向较低辛烷值汽油的倾向，其程度比单靠收入效应预测的要大。这表明消费者在他们的消费预算中设置了一个汽油钱的分类。他们似乎也设置了礼品卡消费分类。海利恩和吉洛维奇（Helion and Gilovich，2014）发现，当消费者使用礼品卡而不是用现金或信用卡支付时，他们倾向于购买享乐而不是实用的东西，并且当他们使用特定零售商的礼品卡时，他们倾向于购买特定零售商的特定商品（Reinholtz，Bartels and Parker，2015）。

有研究通过观察消费者对未预期到的价格变动和店内优惠券的反应来探究消费类别的可替代性。标准经济学模型预计这两种反应存在财富效应，但观察到的行为表明，这些效应通过消费者感受到的流动性起作用，该作用远远超过标准经济学模型的预测。扎那吉拉曼、迈耶和莫拉莱斯（Janakiraman，Meyer and Morales，2002）发现，预期外的价格上涨降低了消费者对非必需品的购买倾向，而预期外的价格下降提高了这一倾向。除此之外，他们还发现，两种情形的运作机制不同。未预期到的价格上涨提升了小额交易的敏感度，从而消费者不愿以常规价购买，而倾向于购买有点儿折扣的商品。然而，未预期到的价格下降似乎产生了更简单的虚幻财富效应，人们增加了购买，但小额交易的敏感度并未发生变化。

未预期到的优惠券似乎也具有增加计划外购买的作用。希尔曼、中本和拉奥（Heilman，Nakamoto and Rao，2002）发现，意料之外的优惠券使消费者多购买（种类上）或多花费（金钱上）了约 12%。此外，多购买的物品或是认知上与促销品有关的"优惠"品，或者仅仅是在货架上摆放得靠近促销品的邻近品。米尔克曼和贝希尔斯（Milkman and Beshears，2009）得到了与这些结果相似的结果。他们发现，在线购物的人在兑换 10 美元的优惠券时平均多花了 1.59 美元，而这些额外的支出往往是花在购物者通常不买的商品上，也就是说，这些额外支出可能被当成是"款待"。

关于消费预算的一个悖论——至少根据标准经济学模型是悖论：人们收到自己决不会买的物品这样的礼物时，常常特别高兴。根据标准经济学模型，如果一种产品或服务的边际效用超过了它的边际成本，它就值得购买。因而，送礼物的标准化建议是：现金礼物最好，因为实物礼物充其量只是和现金一样好，并且这还只发生在这件礼物无论如何接受者自己也会购买的情况下。然而，人们在收到像 iPod、度假、衣服或名贵酒时却非常高兴。当然，对人们乐意接受礼物，有很多种解释：

(1) 对接受者来说，礼物的边际成本是零（不考虑第 8 章将讨论的互惠义务感等复杂情况）。因此，只要边际效用为正，这件礼物就将改善接受者的福利。可是，许多人在接受礼物时似乎体验到欣喜的感觉，即使接受者需要为礼物付款，礼物的边际效用也会超过边际成本。

（2）第二种解释将边际效用和感激联系起来。礼物的接受者认为送给他礼物的人非常看重他，这让他非常感激。这种观点假定接受者不相信赠送人是在以一种策略的方式——例如期待回报——行事。

（3）接受者或许具有"流动性约束"。因此，接受者即使借钱也没有能力负担得起这项产品或服务。但是，很显然很多情况下并不是这样。

授收礼物相应的心理学考虑到了缺乏预算的替代性和自我控制因素。人们往往对上面提到的那些物品——昂贵的耐用消费品、度假、衣服和酒——具有特定预算。如果在某一时期超出了预算，消费者对在随后的时间还能恪守预算就不够自信了。例如，某人一周下馆子的预算是100美元，这大概是一周一顿大餐。如果消费者打破了这项预算，将会是危险的，因为这将把新的参考点设定在一个较高的消费水平上。新的参考点一旦建立起来，不仅会导致预算超支，而且由于损失厌恶的作用而难以回到原有的消费水平。然而，免费餐或代金券却不用建立新的参考点，因为人们会把它当作一个例外。这种心理学的应用有很多。销售竞赛和抽奖等都是这方面的例子，在这些情形下，相对于大多数人的预算，奖品往往有较高的价值。

一些研究表明，心理核算过程并不是严格或绝对的，而是易受影响、易变且自我助益的（Soman and Gourville，2001；Cheema and Soman，2002；Cheema and Soman，2006）。特别地，很多小的常规性的花费或者不被编码，或者被归入等同于"零头资金"的杂项。这说明，这些支出并不受核算控制；以上就是一个例子，人们更喜欢用小面额而不是大面额的钞票来支付。奇玛和索曼（Cheema and Soman，2006）发现，某些开支并不明确，以至在消费者看来可归入多个开支分类，这种情况下，人们更可能增加这些开支。然而，这里存在相互冲突的效果。奇玛和索曼（Cheema and Soman，2008）还提到，将一种资源（如食物或货币）的总数量划分为更小的单元会减少该资源的数量或消耗率。这里的理由是：在这种情况下需要更多的购买决策，这增加了交易成本，也增加了购买决策的注意因素和显著性。这在自我控制的情况下（例如过度饮食的趋势）尤其重要。例如，奇玛和索曼（Cheema and Soman，2008）发现了交易被分割时巧克力和赌博消耗量减少的证据。然而，就自我控制而言，他们也强调了明确划分的重要性。在上面提到的两个例子中，分区是清楚的。如果存在模糊性，那么就将资源分配到特定类别而言，消费者有更多的自我服务空间。

也有证据表明，消费者的预算受到所涉及的时间范围的影响。艾克门、托马斯和莫维兹（Ülkümen，Thomas and Morwitz，2008）研究并比较了消费者每月和每年的预算过程。他们发现，年度预算比同等的月度预算要高，而且更接近记录的支出。他们提出了两个原因：第一，较窄的月度框架导致消费者忽略了他们在较长的年度框架中包含的各种支出类别；第二，与较长时期相关的不确定性和低信心导致了向上调整。

□ 收入预算

人们经常发现，难以根据收入或财富对事务进行分类。例如，人们应该把意外之财看作收入来源或认为它增加了财富吗？在其他情形中或许对此有清晰的区分；所退税款或收入的增加显然应该进入收入账户。然而，似乎在两种情况下存在某些共同的"规则"。有证据显示，人们按照认真和随意两种方式对资金来源和用途进行分类（O'Curry，

1997；O'Curry and Strahilevitz，2001)。人们或许随意对待意外之财，但对加薪却会认真看待。去看电影或许算不了什么，但房租却要引起足够的重视。欧加利（O'Curry）发现，人们对所得来源的重视程度与其用途相对应，这再次说明了可替代性的缺乏。库瑞曼（Kooreman，2000）的研究同样支持上述发现，库瑞曼报告称，花在孩子衣着上的开支相对于指定的子女免税额上的变动，比其他收入来源上的变动敏感得多。

另一项关系收入类别之间相互替代性的发现与企业对红利的支付有关。原则上，企业向股东返还利润有两种方式：或是支付红利，或是回购股份。如果红利比资本所得课税更高——美国即是如此，需要缴税的持股人应当更加偏好其股份被回购而不是接受红利。标准经济学模型因而预测，在上述课税条件下，企业决不会发放红利。谢夫林和斯塔特曼（Shefrin and Statman，1984）利用心理核算解释了红利发放行为。这种解释与自我控制因素有关，涉及由塞勒和谢夫林（Thaler and Shefrin，1981）提出的自我控制的委托-代理模型（第 8 章将会详细介绍）。红利发放使人们更容易遵守规则：可以花费红利，但是触及不到本金。如果股份被回购，股东就难以决定在不侵蚀本金的前提下，回购带来的现金流中有多少可以用来消费。

谢夫林和塞勒（Shefrin and Thaler，1992）还解释了标准经济学模型的另外一个异象：很多人在借债的同时，为了获得美国国税局（IRS）的大额税收返还而很少争取收入的税收豁免。这也是一个防止过度消费的自我控制机制，尤其使储蓄成为可能。根据欧加利提出的人们对待资金的态度，退税应当归入"严肃点"资金来源，从而使将资金用于储蓄变得更加容易。有足够的证据证明这一点。2001 年通过的《经济增长与税收减免协调法案》（Economic Growth and Tax Relief Reconciliation Act）为纳税人带来了380 亿美元的创纪录回报。一项调查显示，只有 22％的家庭计划使用这笔退税，绝大多数家庭计划将其存起来（Shapiro and Slemrod，2003）。关于人们如何看待退税的问题，将在财富预算和政府政策方面进一步讨论。

□ 财富预算

新古典主义经济学模型中关于支出和储蓄的两个主要假说是**生命周期**（life cycle）和**永久收入假说**（permanent income hypothesis）（Modigliani and Brumberg，1954；Friedman，1957）。根据这两个假说，人们试图在一生中平滑他们的消费模式，以保持一致的生活水平。这意味着，在中年时期，人们的收入通常是最高的，他们应该储蓄最多，而收入较低的年轻人和老年人应该减少储蓄。此外，财富被视为完全可替代的，因此，任何财富的变化都应该对消费产生相同的影响，无论导致财富变化的来源是什么。加薪、彩票中奖、股市资本增值和预期的遗产继承都将产生同样的效果，假设它们的贴现净值都相同（有关贴现的更多细节，请参见第 7 章）。

然而，有相当多的证据表明，人们的行为并不符合上述预测，而且他们的时间观要短得多。他们的消费往往对当前的收入过于敏感，因此，年轻人和老年人花得太多，中年人花得太少。索曼和吉玛（Soman and Cheema，2002）声称，他们的研究强化了其他发现：消费者缺乏正确估值未来收入的能力，不具备生命周期所要求的解决跨期优化问题的认知能力。当然，标准经济学模型的传统观点并不认为人们必须有意识地解决这一问题；也许在市场力量的约束下，他们可能还是表现得仿佛已经解决了问题。不过，索曼和吉玛继续指出，消费者，尤其是经验不足的消费者，将信用额度等信息作为自己未来收入潜力的信号；而信用额度并不是能够引致消费者最优化行为的那种市场约束，之所以如此，其中有一个原因关系到随后两章将介绍的自我控制难题。

此外，有证据表明，财富是不可替代的，人们按两种主要方法划分财富类别。最明显的分类是根据流动性。现金是流动性最强的，其次是支票账户和货币市场账户。储蓄和定期存款的流动性较差，其次是股票和债券。下一个是房屋净值。近年来，随着房屋净值贷款的盛行，这类贷款变得更具流动性，但大多数人仍打算在退休前还清抵押贷款。房屋净值的这一方面将在案例 6.3 中进行更详细的讨论。在天平的另一端是"未来收入"账户，它与未来预期收入和长期储蓄（如退休账户或终身寿险）相关。不同分类的边际消费倾向（MPC）差异巨大：对于流动资产，边际消费倾向几乎接近于 1，而对于未来收入，它接近于 0。这表明明显缺乏可替代性，这与标准模型的生命周期和永久收入假说完全相反。

财富的第二种分类方法关注财富收益及损失的"实现值"与"纸面值"之间的差异。"纸面"收益和损失主要由股票或房地产价值变动引起，但也可能是由存货价值重估导致的。一般来说，"纸面"收益的边际消费倾向往往偏低，特别是如果收益可逆时更是如此——股票市场的收益就是这样（Cheema and Soman，2002）。

目前已有大量研究证实存在多种异象违背了标准经济学模型中财富之间可替代的假定。这些异象包括信用卡的使用、对股票收益的态度、对作为投资的资产类型的分离以及社会互动的影响。下面逐一讨论。

1. 信用卡的使用

一些研究显示，人们使用信用卡的方式违反了标准经济学模型中对资产完全替代性和效用最大化的假设。普利莱克和西门斯特（Prelec and Simester，2001）称，在真实大额交易中，要求使用信用卡时的支付意愿比要求使用现金时要高得多。更具体地说，他们观察到，在对波士顿凯尔特人队篮球赛门票的密封投标拍卖中，要求使用信用卡时的支付意愿比要求使用现金交易时高出近 100%。这种现象与支付隔离有关，后面将会讨论到。

也有证据表明，同时使用信用卡和储蓄账户违反了标准经济学模型。比和蒙塔托（Bi and Montalto，2005）发现，2004 年美国家庭信用卡平均债务超过 8 000 美元，而大多数拥有信用卡的家庭也持有金融资产，其中有近 40% 的家庭持有的正向流动资产超过了其月收入。人们在以 10% 的利率借贷资金的同时，在积累收益率不足 2% 的流动资金，为什么会这样？似乎使用循环贷款就意味着人们将流动资产看作特殊或紧急资金，但人们并不同样看待信用贷款。盖瑟古德和韦伯（Gathergood and Weber，2014）在英国进行的一项类似研究中进一步揭示了这个"同时持有之谜"。他们发现，在他们的样本中，大约 12% 的人平均持有 3 800 份循环消费信贷，这些贷款的利息相对较高，他们可以立即用流动资产来偿还。然而，他们也报告称，这些同时持有人具有财务知识，并且收入和受教育水平也高于平均水平。因此，这种可替代性的缺乏似乎可以用自我控制因素来解释，其中包括防止冲动消费的愿望。塞勒和谢夫林（Thaler and Shefrin，1981）声称，人们可能具有一个准则，那就是每月至少将收入的一个固定比例储存起来——或许是为孩子教育做准备——并且决不会从中提取资金。这个准则阻止了具有标准经济学模型特征的通常典型的内部套利。此外，正如谢夫林和斯塔特曼（Shefrin and Statman，1984）所说，"背后的逻辑很简单。禁止从'大学基金'支取资金的做法，避免了由于意志薄弱而难以补充资金的可能性。"

然而，就流动性而言，信用卡似乎不是最后的选择。有证据表明，即使信用卡有充足的流动资金，一些人可能也不使用信用卡作为资金来源，而宁愿采取发薪日贷款（Agarwal，Skiba and Tobacman，2009）。就像一些人喜欢用信用卡而不是储蓄一样，这是不理性的，事实上更是如此：典型的发薪日贷款的年化利率有好几个百分点。这种偏好可能是基于想使用信用卡的流动性作为紧急储备，或者可能是由于这样的事实：在发薪日贷款前的 12 个月内，这些家庭的信用卡流动资金大幅减少，或者它可能仅仅是由于不了解年度发薪日贷款利率而造成的。

2. 对股票收益的态度

有研究将损失厌恶和窄框定结合起来，解释了股票收益和波动性行为（Barberis and Huang，2001）。该研究发现，用"单只股票核算"比用"组合核算"能更好地解释上述行为。这意味着投资者对单只股票的波动而不是组合整体的波动是损失厌恶的。下面对此进行解释。

3. 对作为投资的资产类型的分离

根据标准经济学模型，投资者依据投资选择对总财富或投资组合的影响来评估每个投资选择。然而，投资者似乎倾向于认为每个决定都是独一无二的，将当前的选择与其他选择隔离开来。这种现象被称为**窄框定**（narrow framing）（Kahneman and Lovallo，1993；Kahneman，2003）。因此，他们倾向于在不同的投资组合资产中分配资金，就好像单个资产是投资组合中独立的部分一样。

罗肯巴赫（Rockenbach，2004）在实验室中进行了一项研究，控制了有关条件后，检验投资者是否会将其资金在安全资产和风险资产间分散，这两种资产类型代表了不同的组合层次或心理账户。实验被试者包括学生和投资从业人员，在实验中他们重复性地在股票、期权和无风险债券间分配资金。主要发现包括：期权的定价预示着，被试者将股票和期权看作替代品，而它们和无风险债券属于不同的类别。根据这些发现，崔、莱布森和马德里安（Choi，Laibson and Madrian，2009a）报告提出，投资者在为 401(k)账户选择资产配置时，有时会忽略雇主提供匹配供款的其他账户的资产配置。报告同时提到，就窄框定而言，交易的时机也很重要。库玛和利姆（Kumar and Lim，2008）的一项研究发现，在时间上更集中的股票交易相比在时间上更分散的股票交易，表现出更少的窄框定效应，这将导致投资组合更加多样化。

早期讨论的研究显示，考虑风险和波动性时，人们往往对组合中的单项资产进行评估，而不是对组合进行整体评估。不过，也有一些相反的证据。在对博彩组合估值时，人们常常倾向于针对总体而不是分开评估每一个。有一个最初由雷德梅尔和特沃斯基（Redelmeier and Tversky，1992）构思的例子很好地证实了这一点。现有一份结果为（2 000 美元，0.5；−500 美元，0.5）的彩票，如果进行了两次，结果就可以表示为（4 000 美元，0.25；1 500 美元，0.5；−1 000 美元，0.25）。这里的框定效应是：如果合并表述结果而非分开表述，人们更喜欢这种重复的博彩。但是，合并效应似乎也是情境特定的。兰格和韦伯（Langer and Weber，2001）报告称，一方面，如果结果是合并的，人们同样倾向于"风险"博彩；这种博彩涉及的损失概率高，但有一个高收益的机会。另一方面，对于抽签有奖的"公债"，遭受巨大损失的概率适度地低，当结果被分割时，人们对其评估往往更好。至于组合中的"彩票"异质（而非相同）的情况，目前还没有结论性的研究。结果的表述和评估对投资基金和对冲基金的策略具有重要启示——因为他们需要知道其委托投资者如何看待同一组合结果的不同表述方式。

4. 情感核算

勒瓦夫和麦格劳（Levav and McGraw，2009）提出用术语 **"情感核算"**（emotional accounting）来解释人们在不愉快的环境下获得财富增加的情形，例如，人们从一个有争议的人寿保险案件或者从儿童意外死亡的诉讼中获得金钱。他们提出，这样的收益有一个负面的情感标签，这对支出来说有重要的影响。作者认为，人们倾向于采取两种策略：享乐规避和洗钱。第一种策略意味着人们避免在提供享受的产品上花钱，因为这会引起内疚感。与此相辅相成的第二种策略是，人们倾向于把钱花在"良性"或实用商品上，比如投资于教育，或向慈善机构捐款。当人们对不愉快的环境感到有责任时，这一点尤其重要，这也与泰特洛克（Tetlock，2002）的道德净化概念有关。拉马纳坦和威廉姆斯（Ramanathan and Williams，2007）提供了进一步的证据，证明洗钱或将钱花在实用商品上是为了解决情感冲突。

人们也经常通过某种形式的社会交往获得资产。一些研究人员调查了在不同的社会环境下，被要求评价具有某种社会意义的物品的购买或销售时被试者的反应。在这些情况下，人们的反应似乎再次充满了感情色彩，一些权衡被视为禁忌（Fiske and Tetlock，1997；Tetlock et al.，2000）。例如，人们不喜欢以改善生活条件来衡量友谊。这些社会相互作用的影响将在第 10 章中详细讨论，但是，目前足以说明，它们似乎诱使人们对物品假定一种社会或情感价值，这种价值完全独立于物品的货币价值。例如，一个人可能非常不愿意卖掉父母遗留给他的戒指。这种现象强化了禀赋效应，降低了资产的可替代性。

5. "面额效应"

可替代性的另一个有趣的应用涉及 **"面额效应"**（denomination effect）（Raghubir and Srivastava，2009）。这样的效应是，相对于许多较小的面额（例如，20 张 1 美元的钞票），当用一个大面额（例如，一张 20 美元的钞票）表示等值的金额时，支出的可能性就会降低。人们在购买物品时往往不喜欢"破解"大票，因为他们认为这是他们财富的显著减少，而使用小票支付没有同样的心理效应。此外，报告指出，人们更喜欢从购买中获得大面额的钞票，这可被作为自我控制的手段。人们在付款时，似乎更喜欢使用旧的或磨损的纸币，而不是崭新的纸币（Di Muro and Noseworthy，2013）。在这种情况下，可替代性的缺乏不是来自自我控制因素，而是来自嫌恶和对传染的恐惧，这在第 4 章中已讨论过。

☐ 时间预算

在时间预算问题上，研究结果似乎是相互冲突的。拉和拉贾格帕勒（Rha and Rajagopal，2001）研究了人们是否会对时间进行心理核算；他们发现，人们会根据情境为时间设置不同的账户。比如，人们看待驾车时间或等候时间的态度随情境改变而改变；对工作时间和非工作时间的理解具有显著的区别。另外，他们发现，"人们试图使花费在不同活动中的时间与时间的获取来源保持一致。"因而人们尝试将把从某个特定类别获得的时间用在这个类别中。这项发现与前面介绍的库瑞曼（Kooreman，1997）的发现类似。库瑞曼的研究指出，就孩子生活福利费来说，人们试图将支出类别与收入类别保持一致。与消费核算更加类似，人们似乎有一个可以用作"缓冲区"的性质混杂的类别。因此，睡眠时间可以用来完成相对更有时间压力的活动。

然而，一些研究表明，在很多情况下，人们对待时间和金钱的态度是不同的。例如，亏钱时人们倾向于风险偏好，而对于时间损失则相对是风险厌恶的（Leclerc，Schmitt and Dube，1995）。同样，奥卡达和霍奇（Okada and Hoch，2004）发现，当人们用时间支付而不是花钱时，他们对风险较大的选择表现出更高的支付意愿。我们还将在第 7 章中看到，人们对时间的重视程度不同于对金钱的重视，这对拖延症的产生有着重要的影响。

另一项研究（Duxbury et al.，2005）似乎显示了与之前描述的经典夹克-计算器情况下的时间和金钱相反的结果。作者报告的结果与前面讨论的在花费时间（20 分钟）和节省金钱（5 美元）之间的权衡类似，但是，当这种效应的方向相反时，在花费金钱和节省时间之间进行权衡时，被试者的反应就不同了。作者报告了这种情况下心理核算效应的缺失。他们的结论是："心理核算的影响可能是情境特定的，缺乏普遍性"。

这一结论似乎与塞尼和蒙加（Saini and Monga，2008）的发现一致，他们从实验中得出结论：人们倾向于在涉及时间支出而不是金钱支出的决策中更多地使用直觉推断。他们认为，造成这种情况的原因是，时间开支较难解释。一个例子是，父母试图决定为她的孩子参观多少所大学，这里估计所涉及的费用比估计时间要容易得多。作为有限理性的案例的这一结果，父母可能会使用一种直觉推断的方法，例如，一个人应该总是评估三种选择，或者像朋友一样做同样的事情。

索斯特、梦加和比尔登（Soster，Monga and Bearden，2010）也发现，消费者对金钱和时间的看法有所不同。在一项针对电影主顾的研究中，有 400 位主顾在夏季花费了时间（填写 7 分钟的调查问卷）或花费了钱（3 美元）。作为回报，他们收到了一张电影票，可以在夏季晚些时候（相同的核算时期）或秋季（不同的核算时期）使用。作者写道："当人们花费了一段时间后，当他们有夏季电影票而不是秋季电影票时，他们更有可能回去看一部电影，季节很重要。""人们在哪个季节花钱并不重要，两个季节的电影上座率是相似的。"在消费者的心目中，作者解释道："今天过期的时间不能被明天的时间弥补，今天的空闲时间不能被添加到明天的时间中。"

另外，如果一个人今天花了太多的钱，她可以通过第二天少花钱来保持想要的财富状态。"因此，人们很可能对货币成本进行记录，不仅在货币成本发生的核算期间，而且在以后的核算期间。"对时间预算的讨论将我们引向心理核算的下一个方面。在这个方面，我们将更详细地讨论不同时间段之间的关系。

6.4 选择归集与动态

到目前为止讨论的评估和决策情况主要考虑单项事务或产品捆绑，我们可以认为，这种方法本质上是横截面的，研究同一期间某一交易的不同内容。然而，我们已经看到，评估也可以是在不同的时间框架上，尤其是在自我控制环境中进行。因此，现在需要用时间序列方法来评估和决策。"选择归集"就是研究人们如何在不同期间分散或合计选择的。

□ 账户的设立和结算

在任何一个核算系统中，都需要决定何时设立和结算账户。下面讨论多个相异决策情况中的例子：买卖股票，报告收益，折旧沉没成本和支付隔离。

1. 买卖股票

如果某人资产组合中的某只股票市值下挫，但其仍持有，即仍保持账户开启，这样损失就是"账面"的。这种损失比结算账户、卖出股票时发生的"实现损失"给人的痛感要小，不足为奇。当投资者需要筹资（或许是为了购买新的股票），不得不在市值下跌和市值上扬的股票间做出卖出选择时，这方面的决策问题特别引人入胜。标准经济学模型预计，理性投资人应该卖出市值下跌的股票，因为损失免于缴税而收益要被课以资本所得税。不过，奥丁（Odean，1998）发现，投资者更可能卖出市值上升而不是下降的股票；这种现象被称为"意向效应"。另外，他发现卖出的股票随后表现优于购入的股票，这进一步凸显了策略的非理性（以传统观点来看）。这样看来，未实现的损失没有以与实现的损失同样的方式编码为损失，且没有引起相同程度的损失厌恶。在过去15年里，人们对这种效应进行了详细的研究。

欧勒及其同事（Oehler and colleagues，2003）在实验中同样发现了人们卖出价格上涨的而非价格下跌的股票的一般倾向。他们发现，意向效应只在交易商市场等强机制压力下才会减弱，此时投资者会把最近价而不是买入时的价格作为参考点。在这类情形中，市场力量能够消除心理核算偏向。作者风趣地评论道，投资者一旦将购买价作为参考点，"他们在所有市场环境中都会壮烈牺牲"。不过，作者也提到实验中由于投资者不愿交易的意向，市场并不会崩溃。他们的解释是：同时存在两类或更多投资者，包括意向投资者和动量交易者。弗里德曼和兰热尔（Frydman and Rangel，2014）对意向效应的另一项研究在一定程度上证明了上述结论。他们发现，通过降低购买价格信息的显著性，可以在一定程度上消除意向效应的偏倚。在一项股票交易实验中，他们报告说，当购买价格信息不存在时，这种效应比显著显示在屏幕上时降低了25%。库宾斯卡、马基维奇和蒂斯卡（Kubinska，Markiewicz and Tyszka，2012）也发现，与动量交易者相比，逆向交易者的意向效应更明显，这意味着那些交易者是以一种与主流市场情绪相反的模式进行买卖。

其他研究表明，信念和概率偏差在解释意向效应中起着重要作用，其中包括"赌徒谬论"和自我评价因素。卡杜斯及其同事（Kadous and colleagues，2014）还提出，有必要区分他们所谓的"自我关注"（self-regard）和"自信"（self-confidence），前者是全球性的，后者是特定领域的，因为"自尊"一词既与这两者相关，也会造成混淆。这样做的原因是，他们发现自尊和自信的作用是相反的。意向效应与低自我关注有关，因为这类投资者如果卖出价格下跌的股票，将会面临认知失调，并对自我形象构成威胁。然而，意向效应也与高度自信有关，因为这类投资者有足够的信心持有价格下跌的股票，并倾向于持有更长时间。

张、所罗门和韦斯特菲尔德（Chang，Solomon and Westerfield，2016）的一项研究进一步阐明了认知失调在意向效应中的作用。投资者可能更愿意出售自购买以来一直上涨的股票，而不是下跌的股票，因为后者可能被视为投资者承认自己做出了错误的判断。表明这一点的证据来自这样一个事实：当投资者将决策委托给货币基金经理时，意向效应消失，取而代之的是相反的效应。此外，研究发现，增加委托的显著性会提高反向意向效应的程度。因此，认知失调理论可以解释投资者行为的相反方面，即单个股票的投资者表现出意向效应，而投资共同基金的经理表现出相反的效应。

布里登和豪布尔（Brigden and Häubl，2012）报告了关于股票价格的另一个有趣的发现：股票价格下跌的影响在股票缓慢下跌时比快速下跌时更大，其中也存在意向效应的影响。他们将其归因于显著性，因此，迅速下跌是显而易见的，并且更有可能引起抛售，而缓慢下跌则可能在一段时间内不被关注，当下跌变得明显时，与先前放弃的最佳抛售机会进行比较，抛售可能会显得相对没有吸引力。

2. 报告收益

公司和个人在正式公布收益时都使用了自由裁量权。这种自由裁量可以以多种方式进行，尤其涉及收入和费用的记录时间。如果一家企业想加速其报告收益，它可以"预订"还没有发生的利润，并且延迟记录成本或将成本分摊在多个期间。博格斯泰勒和第契夫（Burgstahler and Dichev，1997）表明，企业不愿宣布损失或盈利的下降。小笔的报告收益和增长比小笔的报告损失和下降要常见得多，这证实了前景理论中损失厌恶的预测。

上述研究并不是只证实了前景理论中的一个方面。为了给下一个核算期间创造更大的提升空间，企业倾向于少报告巨额利润，证实了对收益边际敏感度递减的预测以及对参考点的使用。另外，轻微损失倾向于适度夸大，边际敏感度递减的特性再次预测到了这一点。

3. 折旧沉没成本

当购买决策和消费在时间上分离时，消费者频繁地作出决策：何时开启和关闭心理账户。有多种原因导致其发生：一些商品需要提前订购，比如剧院门票或机票；一些商品和服务是耐用品，收益的产生会跨越相当长的时期，比如汽车和家用电器；一些商品是可以储藏的，比如冷冻食品，可以在以后的日子里食用。在所有这些情况下，付款都发生在消费之前。在其他情况下，消费发生在付款之前，这些情况将在下一小节讨论。

如果支付发生在消费之前，并且如果消费者后来改变主意也不存在任何退款——上面讨论的前两种情况即是如此，此时消费者就面临沉没成本。经济学家将这种成本定义为不随具体决定变化而变动的成本；在做出决定之前，它们不一定要发生。按照标准经济学模型，沉没成本不应该影响消费决策。比如，是否冒暴风雪观看比赛的决定不应受到门票是否已经购买的影响。类似地，是否购买剧院门票的决定不应受到是否已经丢失一张门票而需要再购买一张的影响。不过，大量事实说明，沉没成本确实对决策产生影响（Kahneman and Tversky，1984；Arkes and Blumer，1985；Gourville and Soman，1998；Prelec and Loewenstein，1998）。

卡尼曼和特沃斯基（Kahneman and Tversky，1984）发现，消费者在丢失一张门票后，与丢失和门票同等金额的现金相比，更不愿意再买一张门票。这与前面介绍的可替代性研究是一致的：重新买一张丢失的门票意味着在同一类别中进一步消费，而丢失现金则不是这样。阿克斯和布鲁默（Arkes and Blumer，1985）发现，购买全价剧院季票的人最初比那些获得折扣票的人更经常去观看演出，但在后半季两组人的上座率就没什么差别了。高维亚和索曼（Gourville and Soman，1998）发现，健身俱乐部中一年付两次会费的会员，在缴纳会费的那几个月，在俱乐部出现得更为频繁。

如此看来，沉没成本确实影响着消费者行为，但这种影响最终会趋于消失。心理核算对此是如何解释的？同样，与产品捆绑一样，显著性似乎也是相关因素。如果刚刚付过价钱，价钱在意识中的存在是显著的，如果付款人不消费相关产品或服务，这项价钱就被编辑为一项损失。从而损失厌恶将引导消费。当人们的时间视野受到限制时，类似的现象也会出现。斯特劳斯及其同事（Strough and colleagues，2013）的一项研究报告称，一些学生的注意力被吸引到自己的死亡，或者被要求想象自己作为学生的时间即将结束，他们就不太可能关注沉没成本。

沉没成本在更换耐用品的决策中也将起作用。希斯和芬尼玛（Heath and Fennema，1996）指出，消费者倾向于在时间上以线性原则折旧耐用品，但心理上的折旧不仅依赖于时间，而且依赖于过去使用的频率和质量（Okada，2001）。冈田（Okada）发现，人们更乐意使用现有物品折价交换，而不接受购买同样折扣的新物品。在冈田的实验研究中，消费者在面对定价 200 美元的相机时，有两种选择：将现有相机折价为 80 美元交换；80 美元的折扣。标准经济学模型预测人们更偏爱第二种选择，因为这样可继续保有旧相机。然而，实验却显示 56% 的被试者更偏爱第一种选择，而偏爱第二种的只有 44%。或许可以认为，结果由一般的"以旧换新效应"引起，在这种效应下，人们比起折扣更偏爱折价交换。不过，研究显示，如果旧相机是抽彩赢得的，对第一种选择的偏向就消失了，上述解释不再成立。这样看来，这里需要心理核算做出解释。根据心理核算，这使得消费者能够基于其禀赋价值对所购买的商品进行折价，并在以旧换新交易中获得交易价值，这将超过第二种选择中折扣的交易价值。这一解释得到了最新事例的支持，即在以旧换新情况下，消费者更重视旧产品的价值，而不是新产品的价格，尤其是在汽车市场上（Zhu，Chen and Dasgupta，2008）。这里的一些政策启示将在后面讨论。

4. 支付隔离

前面提到过付款先于消费的情形。在另一些情形下，消费也可能先于付款发生。这种情况发生在赊购商品的时候，也发生在人们在完成一项工作或任务之前预先收到付款的时候。

隔离现象在信用卡使用上尤为明显。前面已经提到，使用信用卡而非现金，能显著提升支付意愿（Prelec and Simester，2001）。如果信用卡对增加消费没有作用，商店也不会愿意将其利润的 3％或更多支付给信用卡公司。信用卡使用的最明显的作用在于，使受到流动性约束的个体能够购买若不用信用卡就无法购买的商品。此外，新古典主义经济学模型还预言，在打折的基础上，如果信用卡已全额支付，且得不到利息，那么应该优先选择以后支付，而不是现在支付。然而，正如我们已经注意到的那样，实际上，拥有信用卡的普通家庭都有一笔未偿还的债务。另外，普利莱克和罗文斯坦（Prelec and Loewenstein，1998）提出，在其他条件相同的情况下，消费者更愿意提前而不是延后支付。因此，一定有一些心理核算因素与隔离相关，这与信用卡的偏好有关。有两个相异的影响得到确认：

（1）信用卡的使用淡化了购买花费的成本。因而，索曼（Soman，1997）发现，在校园书店中，学生如果使用现金而不是信用卡支付价款，当走出店门时，他能更为精确地记住花费的购买金额。

（2）信用卡账单将多种商品加总在一起，从而每件单个物品就失去了显著性。正如塞勒（Thaler，1999）所说，单买 50 美元的影响要大于在 843 美元账单基础上再买 50 美元的东西。* 这种显著性的淡化与前景理论中的原则以及心理核算中因边际敏感度递减而发生的损失合并有关。

从神经学的角度来看，这种显著性的减少可能与脑岛的失活有关。前面我们从克努森等（Knutson et al.，2007）的研究中看到，脑岛活跃度似乎与痛感预期或支付过高价格的不愉快有关。信用卡支付而非现金支付方面的进一步神经经济学研究将具有启发性，尽管现在存在一些方法论难题。这方面的研究可能最终提出某些解决自我控制问题的政策启示。信用卡使用的其他政策启示将在 6.5 节讨论。

当人们在做一份工作前就得到预付报酬（如同付款先于消费的情形），而不是像通常那样在工作之后才能得到报酬，那么这时人们的态度、偏好和选择也会受到重要影响。西门子（Siemens，2007）发现，从收到钱到执行相关任务之间的时间越长，人们对工作的满意度就会越低，越不愿意去完成这项工作，更有可能认为支付是不公平的。从本质上讲，这与前面所描述的沉没成本相关的心理现象是一样的：人们倾向于忘记较早的支付/消费，因为它随着时间的推移变得不那么显著了。因此，当以后需要执行某个任务时，这个任务会显得更加繁重。

另外，我们还会看到，支付和消费即使在时间上基本是同时存在的，但产品是一个产品束，以至当消费者不能对特定组合直接定价时，支付和消费也可以是分离或"隔离"的。塞勒（Thaler，1999）评论道，一般来说，消费者不喜欢"保持计价器运行"，因为这令捆绑产品中特定商品的价格凸显，令人不悦。这种**"固定费率偏向"**（flat rate bias）在电信行业尤为突出。相对于按通话量交费，大多数电话使用者都更偏爱包月费用，即便两种情况下费用相同（Train，1991），甚至按照使用量计价花费更少（Prelec and Loewenstein，1998）。美国在线（AOL）发现，它们在 1996 年引入包月互联网服务后，难以应付巨量需求，导致用户登录出现困难，损害了公司的公众形象。然而，尽

---

* 原书为"The impact of an individual purchase of ＄50 is less than the impact of an additional ＄50 item in a bill for ＄843"，根据上下文，疑有误，故修正。——译者注

管消费者倾向于包月费用，但企业往往使用更复杂的定价策略来最大化利润，这利用了消费者的过度自信，在下一节我们将讨论其政策影响。

支付隔离对耐用品和服务的使用也有影响。索曼和高维亚（Soman and Gourville，2001）在一项实验中发现，拥有四天滑雪通行证的滑雪者比每天购买通行证的人更容易最后一天不去滑雪。另外，在一项实地研究中他们发现，拥有多场剧院门票的人比每次单独购票的人更容易错过演出。在健身俱乐部行业，隔离尤其重要，在这个行业自我控制难题很明显。如果人们付年费，首先对消费者产生了心理约束。从那一刻开始，在这一年的其余时间里，每次健身的边际成本是零，因此，与按次计费的情况相比，消费者更容易做出锻炼的决定。

□ 先期结果效应

我们已经看到，在某些赌博环境中，比如，赛马，先期结果可以影响人们对风险的态度。比如，人们更可能在当日最后一轮赛事中下高风险赌注（"日终效应"）。心理核算对此的解释是：人们在当天结束时倾向于关闭其打赌账户，并且他们还是损失厌恶的。由于大多数赌客在最后一轮比赛时都处于损失的境地，在当天结束时他们为能够填平当天损失通常准备好承担更大风险。一般来说，这种在先前损失后增加的风险偏好，有时也被称为"盈亏平衡效应"。

塞勒和约翰逊（Thaler and Johnson，1990）在 MBA 学生中进行了真实小赌注的赌博实验，发现了相似的结果。我们常常发现，赌场赌客把当天赢的钱放在与"自己"的钱不同的口袋（或心理账户）中；塞勒和约翰逊将这种现象称作**"私房钱效应"**（house money effect），赌客往往在使用这些钱时是风险追逐的。另外，如果他们处于亏损的境地，概率和可能的收益都很一般，他们往往是风险厌恶的；只有当有机会保本时（通常是以较低的概率获得相对较高的收益），他们才会追求风险。这种行为往往适用于有经验的赌徒，如扑克玩家，而不是休闲赌徒（Smith，Levere and Kurtzman，2009）。

实验往往局限于相对于整体财富较小的赌注，但是格特纳（Gertner，1993）通过观察名为"玩牌老手"的电视博彩秀中参赛者的行为，发现了支持每天关闭账户的证据。电视节目中某一天的胜者，需要猜出从一副纸牌中随机抽取的一张纸牌是大于还是小于展示的纸牌。赢得的可能性从确定的 100％到几乎输赢对半。预测之后，参赛者可以拿出当天从节目中赢得的钱（平均约 3 000 美元）的一半或全部对猜测结果下注。格特纳发现，当天收益对赌注大小有着强烈的影响；相比之下，之前赢的钱几乎没有影响。这说明人们将当天赢的钱和之前赢的钱放在了不同的账户，考虑到节目之间实际上可能只间隔几个小时，之前的收益还没有整理，上述发现就更为引人注目。

神经经济学研究也证实了这一被广泛观察到的路径依赖，即风险态度取决于先前的收益和损失。海顿（Hytönen，2014）在一项研究中使用功能性核磁共振成像（fMRI）扫描来确定这些行为涉及情感大脑过程的使用，而不是深思熟虑的过程，这再次表明了决策双系统理论的重要性。

□ 短视的损失厌恶

我们已经看到，赌博和买彩票时，人们的评价在结果合并与结果单列时是不同的。

一般地，如果人们把多次赌局放在一起评价而不是每次单独考虑一次赌局，人们更乐意冒风险。短视的损失厌恶（MLA）是更一般的窄框定现象的一个特例。窄框定是指，在评估投资前景时，人们往往将前景单独评价，而不是将其看作全部组合的一部分。有时用**"窄归并"**（narrow bracketing）来表示人们做决策时，决策的评估期间较短的现象。这种现象在生活中很常见，本章最后的两个案例研究都涉及窄框定现象的这些方面。

为了解释短视的损失厌恶机制，研究重复过程如何影响赌局的评价是有用的。有一个很好的例子可以阐明重复行为对赌局的影响，塞勒（Thaler，1999）介绍的这个例子最初是萨缪尔森（Samuelson，1963）研究的。单次赌局的结果可以表示为（200 美元，0.5；−100 美元，0.5）。如果个人的损失厌恶系数是 2.5，那么人们不会参与这次赌局，因为经损失厌恶调整后的期望值是−25 美元。但是，如果赌局一共玩两次，总结果变为（400 美元，0.25；100 美元，0.5；−200 美元，0.25）。此时，损失厌恶调整后的期望值是＋25 美元，将结果合并，赌局就变得可以接受了。因此，为了解释很多人拒绝参与有吸引力的小赌局的原因，需要同时考虑损失厌恶和分离心理核算过程。

贝纳茨和塞勒（Benartzi and Thaler，1995）曾使用这一方法来分析所谓的**股权溢价之谜**（equity premium puzzle，EPP）（Mehra and Prescott，1985）。股权溢价指的是股权（股票）回报率和无风险资产如国库券回报率之间的差别。之所以称其为一个谜，是由于从历史数据来看，这一差距巨大，过去 80 年股权溢价每年平均为 6%。后来的研究拓展了短视的损失厌恶方法来解释这一难题（Barberis，Huang and Santos，2001），股权溢价之谜将在最后一节和案例 6.1 中讨论。

▢ 多样化直觉推断

当消费者选择商品时，同时选择与序贯选择相比，消费者行为表现出了另外的异象。西蒙森（Simonson，1990）首次观察到多样化直觉推断。他让学生在以下两种情况下从六种点心中做出选择：（1）序贯选择：被试者在隔周召开的三次班会上，每次选择其中的一种点心；（2）同时选择：在第一次班会，被试者要选择整个接下来三周所要消费的三种点心。西蒙森发现，被试者在同时选择的情况下，比在序贯选择的情况下表现出更大的对多样性的追求。在前一种情况下，64% 的学生选择三种不同的点心，而在后一种情况下，只有 9% 的学生做出这种选择。西蒙森认为这一异象可以由追求多样性这种选择上的直觉推断来解释。当在近期消费时，这可能在许多场合是一项实用的进化心理学的机制。然而，在另外的情况下，如消费是在一个更长的期间内发生，直觉推断就可能被误用。该错误表明了欲准确地预测未来感受效用的预测效用的失灵。

里德和罗文斯坦（Read and Loewenstein，1995）将这种效应称作**"多样化偏好"**（diversification bias）。他们在万圣节夜里玩不给糖就捣乱游戏的小孩身上，发现了类似的现象。在他们的实验中，孩子们被允许进入两间彼此临近的房间，在一间房间里孩子们可以选择两次（序贯选择），在另一间房间里他们被要求在一次游戏中选择他们喜欢的两种（同时选择）。结果表明，在同时选择的情况下存在着明显的多样化偏好：孩子们的选择都是一样拿一个。相比之下，在序贯选择情况下，只有 48% 的孩子选择了不同的糖果。考虑到两种情况下糖果都是放入同一个袋子或组合中，随后被吃掉，上述差别就尤其令人瞩目了。

多样化偏好不仅仅出现在孩子和学生身上。一些研究也在投资者身上发现了相近的多样化偏好（例如，Samuelson and Zeckhauser，1988；Benartzi and Thaler，1998；Benartzi and Thaler，2001；Hedesström，Svedsäter and Gärlin，2004）：似乎存在将退休资金在多种资产间相当平均分配的一般倾向。这有时被称为 **1/n 直觉推断**（1/n heuristic），因为当有 n 种资产投资选择时，投资于每项选择的资金是总资金的 1/n。该规则显然起源于古代，根据大约 4 世纪塔木德语中的一句名言，它建议一个人应该将自己资产的"三分之一分配到土地上，三分之一分配到商品上，并把剩余的三分之一放在手边"（Benartzi and Thaler，2001，p.79）。然而，不幸的结果是，人们资产组合的构成很容易通过操控所提供的资产的范围而扭曲。例如，如果只有两只基金，一只基金投资股票，一只基金投资债券，那么配置比例往往是 50/50；但如果在可能的资产范围中加入另一只股票基金，资产组合中投资于股票的比例会跃升至 2/3。海德斯洛姆、施威德斯塔和加林（Hedesström，Svedsäter and Gärlin，2004）的研究调查了关于瑞典人养老保险项目中，市民的大样本行为；作者发现了支持多样化偏好以及使用 1/n 直觉推断的证据。莫林及其同事（Morrin and colleagues，2012）的一项实验研究表明，在投资退休基金时，人们实际上可能会使用两种不同的直觉推断。一种直觉推断是将投资分成所有可用的类别，标记为 1/n♯；另一种直觉推断是将总资金平均分配给所有选定的基金，标记为 1/n＄。作者发现，从较大的基金类别中选择似乎会占用认知资源，导致投资于所有可用基金的倾向降低（1/n♯），但使所投资的美元平均分配到所选择的替代基金的倾向增加（1/n＄）。贝特曼及其同事（Bateman and colleagues，2016）的另一项研究检验了退休计划的投资决策，发现预混合投资选项（通常以饼图或表格形式呈现）的资产配置信息对选择的影响最大。实验对象偏爱资产类别配置中权重更大、更均衡的投资选项，这与标准的 1/n 直觉推断有显著差异。

这种行为在退休储蓄计划和私有化的社会保障制度的设计方面，对公共政策有重要的启示。现在我们可以开始研究其中的一些含义了。

6.5 政策启示

到目前为止，在本章中，我们主要集中研究了个人，特别是消费者的非新古典主义经济学模型行为。这种行为对企业和政府等机构以及市场的行为都具有重要启示。这里一般假定这些机构对个人的非新古典主义经济学模型行为做出理性反应，但也有一些例外。在这一点上，显而易见的问题是：为什么要做出这种非对称的假设？正如德拉·维格纳（Della Vigna，2009）指出的那样，关键的区别在于经验。公司趋向于专业化，可以获取大量数据，并具有更有效地分析数据的能力。它们也会受到竞争的影响，因此，没有做出适当回应的公司往往会被赶出市场。即使企业确实存在导致非标准行为的偏向，尤其是委托-代理问题，它们仍然有动力去回应消费者的非标准行为。当雇主、金融机构和政客对工人、储蓄者和投资者以及选民的非新古典主义经济学模型行为做出回应时，情况也是如此。就福利而言，我们同样看到了一种重要的模式：当参与人具有非新古典主义经济学模型偏好（例如，损失厌恶或自我控制问题），但同时也具有理性的期望时，企业很可能会以福利最大化来响应。但是，当参与人也有非理性的期望时，企业会通过放大偏向来理性地回应这些期望，从而使参与人的境况恶化。

在本节中，我们将研究五个主要类别的回应：（1）个体参与者；（2）市场营销者；（3）劳动市场；（4）金融市场；（5）政府政策。第一类需要解释一下。参与者通常意识到或至少部分意识到自己的偏向，并能采取措施克服或弥补它们，特别是在自我控制方面。这种情况和所涉及的策略将在第 8 章中就跨期决策再次进行讨论。

□ 个体参与者

主要的启示在于：人们应当明确对开支进行分类以防止过度消费。奇玛和索曼（Cheema and Soman，2006）的研究表明，一旦使用的类别不明确，人们消费的可能性更大。将现金放入标记的信封以作特定用途，是自我控制手段的一个极端例子。这对赠送礼物也有启示意义；我们看到人们收到自己决不会给自己买的礼物时会非常高兴，因为礼物在此开支类别的预算之外。

消费的另一种自我控制手段是，将从银行或自动取款机提取的现金限制在较小的额度。如果在不久的将来没有机会提取更多的现金，这可能是一个有效的承诺。类似地，消费者可能会限制他们的购买量，就像奇马和索曼（Cheema and Soman，2008）的研究所建议的那样。比如，烟民能够买到十支装的香烟，如果稍后没有机会或不方便买更多香烟，这又是一种有效的约束。最后一个例子很有趣，它违反了两条经济学原理。第一，大量买商品通常更为便宜。第二，这违反了之前介绍的前景理论的一个原则：由于边际敏感度递减，应当合并损失。人们在现实中违反这两条原理的事实，证明了自我控制问题的重要性，以及人们为了克服它们会走多远。沃藤布洛赫（Wertenbroch，1999）这样简洁地总结这种倾向：为了限制消费，"消费者花更多的钱购买他们喜欢的东西"（Wertenbroch，1998）。根据普利莱克和西门斯特（Prelec and Simester，2001）的说法，我们出门时不应随身携带信用卡；信用卡的使用导致我们过度消费并且储蓄不足。信用卡的使用的另一个问题是，它们会怂恿人们过度消费。一些证据表明，幼稚的消费者使用他们的信用限额和最低支付作为锚，作为他们可以支付的金额和他们每个月应该支付的金额。这种行为会导致债务迅速增加。

另一个可能对消费者有利的行为领域是预付商品或服务的费用。霍赫曼、阿亚尔和艾瑞里（Hochman，Ayal and Ariely，2014）提供的实验证据表明，预付可以增加对提前支付选项的承诺，也可以提高任何相关任务的积极性和参与度。

时间预算同样具有政策启示。人们出于自我控制原因会按不同类别预算时间，比如，笔者每天写作的时间预算可能是一天 5 页。像做家务、修理桌子或支付账单等其他任务在完成上述目标的过程中，会有选择地被放弃。此外，应该强调的是，可能放弃的不仅是繁重的任务；玩九宫格游戏也不得不靠边站了。不过，一些被放弃的活动或许确实比 5 页纸的写作在金钱上的生产力更大。第 5 页纸写作的边际收益估计有 20 英镑，但用来写作这一页的时间或许意味着支付账单的过期，从而产生 50 英镑的损失。根据新古典主义经济学模型，这种时间预算并不理性。这里的问题（在第 3 章前面讨论过）

与自我信号有关。如果笔者放弃写作 5 页的目标，会被看作缺乏自我控制，从而产生自我尊重上的损失；如果一再完不成这一目标，自我尊重损失将可能导致整个写作计划的舍弃。因此，从长远来看，看似非理性的时间预算分配可能起到重要的作用。

□ 市场营销者

这里有许多政策启示，我们将集中讨论一些最重要的。

1. 促销活动

前已提及，享乐编辑这一概念对市场策略具有重要意义。有非常多的研究通过比较消费者对价格促销与非价格促销的反应，确定不同促销类型的有效性，但直到最近，对这种差异反应的理论解释还不够充分。扎当和班纳吉（Jha-Dang and Banerjee, 2005）利用心理核算理论框架来解释观察到的有效性差异。他们在实验室中测试了消费者对三种相同货币价值的不同促销方式的反应：

（1）产品增量促销——以同样的价格提供额外数量的产品。

（2）降价促销——给出了低于正常价格的临时降价。

（3）赠品促销——免费提供单独的互补产品。

第一种方式没有将收益分割，收益与购得的商品呈同一形态；而另外两种方式都将收益分割，促销所获收益或是货币或呈互补产品的形式。作者在实验前提出假说，认为第二种和第三种促销方式会被证明更加有效，并发现了实验证据支持这一假说。

降价促销涉及消费者的几个心理过程，对市场营销的影响往往是反直觉的。例如，在某些情况下，不提供折扣可能比只提供低的折扣更好（Cai, Bagchi and Gauri, 2016）。零折扣价格可以作为一个参考点，被认为是一个正常的价格，但是一个低折扣，比如 5%，可以与一个更高的折扣作为参考点进行比较。因此，低折扣可能会产生低交易效用，导致比零折扣更低的销售额。消费者可能会在其他地方购买，也可能会等待，期待未来有更大的折扣。

大量研究表明，多次折扣可能比一次折扣更有效。在前面的前景理论和收益分离的背景下已经描述了这种影响。但是，还有一些其他原因可能导致消费者更喜欢多次折扣，例如 20% 的折扣，再加上 25% 的折扣，而不是等于 40% 的折扣（Schley, 2013）。一个原因是"面值"效应，这意味着消费者错误地认为第一次优惠总计为 45%。另一个原因是，不管涉及的百分比是多少，消费者都可能认为多重折扣是不可多得的。一个基本的心理学洞见是，消费者重视稀有性或稀缺性，并准备为他们认为稀缺的产品支付更多的费用。因此，限时优惠，即销售的产品数量或销售时间的优惠，往往会增加销量。

提供折扣的一个潜在问题是：当折扣取消时，会产生反弹效应。特别是当折扣导致消费者的内部参考价格下降时，这种情况可能会发生。班巴-撒克逊和杜皮（Bambauer-Sachse and Dupuy, 2012）的报告提到，许多因素似乎会影响这种内部参考价格的调整，尤其是消费者的参与程度、储蓄方式和消费者的价格信心。价格信心较强的消费者对内部参考价格的调整幅度小于价格信心较弱的消费者。

考虑到前面几章中有关情感因素在购买决策中的重要性的论述，毫不奇怪的是，这些因素在确定消费者对价格促销的反应中也很重要。正如我们已经看到的，随着交易效用变得相关，这增加了认知的方便性。随着认知负荷的减少，这反过来导致本能或情绪因素的重要性增加。艾丁利和贝蒂尼（Aydinli and Bertini，2012）报告说，当消费者面临两种零食的选择时，一种更具有认知吸引力，另一种更具有情感或情绪吸引力，这就会影响他们的行为。作者发现，正如预测的那样，与两种零食全价时相比，两种零食都打五折会导致人们对前者的偏好转变为后者。

2. 赠品

公司提供商品，特别是服务的免费趋势似乎在不断增长，例如 Facebook，Google 和维基百科（Wikipedia）（Hossain and Saini，2013）。这些作者认为，这种策略在提高享乐产品的销售或使用上比在实用类产品上更为有效。在许多情况下，免费商品被作为"赠品"与其他商品捆绑销售。这种策略的有效性似乎存在矛盾的事例。显然，卖家的目的是提高捆绑销售的整体销售量，从而增加利润，甚至已经把赠品的成本考虑在内。然而，卡明斯、福克斯和费多里钦（Kamins，Folkes and Fedorikhin，2009）的一项研究发现，这种报价降低了消费者在单独销售时，愿意为捆绑销售的每件产品支付的价格。这项研究表明，消费者对这些捆绑产品的反应是，不仅认为免费赠品的质量很差，而且认为相对应的产品的质量也很差。因此，这种促销可能会对整体销售产生长期的破坏性影响。然而，帕尔梅拉和斯里瓦斯塔瓦（Palmeira and Srivastava，2013）最近的一项研究发现，与提供低价打折的产品相比，当促销活动结束后，消费者对促销活动时提供的免费产品的支付意愿会更高。原因再次与参考点有关。消费者可能会把折扣价格作为一个参考点，从而认为该产品是低质量的。但是，他们对赠品不太可能这样做，而是会将真正购买的商品的价格作为锚点，来推断免费赠品的质量。

3. 捆绑销售

上述赠品涉及一种特殊类型的捆绑，但更一般地说，捆绑是指两个或两个以上的产品作为一个包出售。这里基本上有两种可选择的定价策略：一种是合并定价，另一种是分区定价。关于对合并价格与分区价格的评价，经验证据再次相互矛盾（Drumwright，1992；Wang，1996；Johnson，Herrmann and Bauer，1999）。塞勒根据合并损失的心理核算原则，建议采用合并价格。崔和李（Choi and Li，2014）的一项研究显示了偏好分区价格的示例，该研究表明，消费者可能更愿意支付 92 美元加上 5 美元的运费，而不是 97 美元一起支付。作者认为，这一结论只适用于享乐类商品，不适用于实用类商品，因为人们更倾向于用享乐类商品忽略不利信息，而不去注意可能引起负面情绪的附加费。

实际上，根据卡尼曼和特沃斯基（Kahneman and Tversky，1984）的观点，矛盾的证据不足为奇，因为价格是"合法交换获得的价值"，应将其视为获得的商品和服务的代用品。因此，价格不仅代表成本或损失，还可以视为收益的代表。考虑到这一点，价格分区可以隔离损失，减弱消费者评价，但同时它也可能隔离收益，改进评价。因此，价格分区可能对评估产生净效应，其好坏取决于具体情况。

已经有各种研究审查了可能影响消费者对产品捆绑的总体评价的情况。布劳和切尔涅夫（Brough and Chernev，2012）指出，在心理上将商品分为不同类别，特别是贵和便宜，可以起到重要的作用，并导致一种异象，即人们可能愿意为单独购买昂贵的商品而不是与廉价商品捆绑在一起的昂贵商品支付更高的价格。这种异象表明，廉价商品实际上损害了昂贵商品的价值。对此可能有不同的解释。产品捆绑可能表明昂贵商品的质量较差，也可能昂贵商品本身的高价格就暗示了较高的质量。

查克拉瓦尔蒂及其同事（Chakravarti and colleagues，2002）研究了互补品的分割效应。他们同意塞勒的观点，即分割提高了不同部分的价格的重要性，但他们也提到，这取决于被分割的部分，分割也不同程度地提高了产品各方面的重要性。他们对冰箱进行了实验，冰箱与制冰机和保修卡捆绑在一起。制冰机是与消耗有关的附件，而保修卡是与性能有关的附件。他们发现，将制冰机和保修卡区分开可以显著改善消费者的评价，但是与消耗相关的附件改善消费者评价的效果更大。然而，调查人员警告说，在其他情况下，分割与性能相关的配件可能会产生不利的后果，引起对可能对消费者造成负面联想的因素的注意。

另一个对显著性很重要的例子是捆绑促销，即消费者在购买一定数量的产品时可以享受折扣。人们可能认为，这种促销活动的主要作用是促进所促销产品的销售。然而，福伯特和吉斯布雷希茨（Foubert and Gijsbrechts，2007）的一项研究发现，实际上主要的影响是引起品牌转换。作者推断，购买数量的要求往往过高，导致消费者购买更多的同一产品，然而，产品的显著性引起的促销诱发了品牌转换。

4. 分类定价

我们已经看到，消费者倾向于按不同的类别设定预算，但也倾向于使用"零钱"类别来支付杂项小额支出。企业可以利用心理核算的这一特点对价格进行分类，尤其是服务或耐用消费品的价格。销售相对昂贵的耐用品和服务的常见营销策略是用每天的价格来表示价格（Gourville，1998），有时也称为"一天便士"（pennies-a-day）策略。因此，每年 500 美元的健身俱乐部会员费，可以用"每周不到 10 美元"或"每天只要 1.37 美元"来表示。乍一看，这似乎再次违反了前景理论原则，即由于边际敏感度递减，应将小额损失汇总起来。然而，在这种情况下，另外两个相反的原则可能更符合该情形。首先，参考点很重要。尽管通常将大笔费用与其他大笔费用类别进行比较，小笔费用也同样可以与其他预算类别中的项目进行比较。这与可替代性有关的心理核算原则是存在关联的。因此，消费者可能会对 500 美元的金额望而却步，因为这超出了他们的健身预算，但是每周 10 美元可以作为零用现金，是可以接受的。

5. 定价结构

早些时候曾说过，消费者通常更愿意为产品支付统一的价格，比如移动电话服务。然而，企业通常会利用在第 3 章中提到的非新古典主义经济学模型下的消费者特征，即过度自信特征。人们倾向于低估他们对诸如电话和互联网服务之类的"闲暇"商品的使用，也会对自己的需求预测的准确性过于自信。企业可以利用这一点，以零边际成本（例如免费时间）提供包含数量的收费，然后收取高额边际费用。同样，在租赁市场中，公司可以收取适度的固定费率以及高额的滞纳金（Grubb，2009）。第 8 章讨论了支付隔离的其他方面，其中涉及跨期决策和自我控制因素。

6. 现金与信用卡

我们已经看到，人们倾向于使用信用卡而不是现金支付的原因有很多，这主要是由于显著性的影响以及使用现金支付时更大的损失感。但是，就交易后的情况而言，这是不利的。莎及其同事（Shah and colleagues，2015）报告称，当以现金支付时，交易后的联系更强，会导致对产品更大的情感依恋、对卖家更大的承诺，以及更高的品牌忠诚度，这意味着更高的重复购买的可能性。这里的心理机制可能涉及认知失调，就像意向效应那样，与用信用卡购买相比，人们可能更不愿意承认现金购买是错误的。因此，一家严重依赖信用卡购买的公司最初可能会增加销售额，但也可能拥有更多善变的客户。

7. 以旧换新定价

在关于沉没成本的讨论中，我们看到，有证据表明，比起购买的商品，人们更重视被交易的商品。还有证据表明，特别是在汽车行业，经销商就是利用了这一点。用艾里奥（Iorio，2005）的话来说："汽车经销商有个坏习惯，就是给你的折扣比他们实际给的要多。他们通过人为地抬高你购买的汽车的价格，然后人为地抬高以旧换新补贴来达到这一目的。"作为对这种反应的回应，一些购车指南和公共政策制定者建议购车者将这两种交易分开，并在协商以旧换新价格之前就新车的价格达成一致。

☐ 劳动市场

如案例 1.2 所示，涉及心理核算的劳动市场行为的一个重要特点是货币幻觉。在劳动市场，这意味着对名义工资损失（而不是实际工资损失）的损失厌恶。例如，卡尼曼、尼奇和塞勒（Kahneman，Knetsch and Thaler，1986）发现，在没有通货膨胀的情况下，有 62% 的受访者认为减薪 7% 是不公平的；但是在有 12% 的通胀率时，只有 22% 的受访者认为减薪 5% 是不公平的，即使这两种情况都代表实际工资减少了 7%。为了应对这种偏见，雇主往往会抵制名义上的工资削减，除非是在严重衰退、物价可能下跌的时候。他们可能宁愿解雇工人。对于雇主和工人而言，根据各国的劳动法律和风俗，最佳解决方案实际上有所不同。在欧洲，更常见的做法是通过缩短每周的工作时间来降低工资，而不是解雇工人，因为这往往会导致劳工行动和高额的补偿金。这从本质上讲是一种平等的工作共享解决方案。我们将在第 10 章中看到，社会互动和公平在这个问题上是重要的。

与心理核算有关的劳动市场的另一个方面涉及劳动供给曲线的性质。标准模型中的劳动供给理论预测，供给曲线将是一条标准的向上倾斜的曲线，在这条曲线上，工人将为更高的工资而工作更长的时间。这一理论基于跨期替代的概念，即当工资高时，工人会用工作替代闲暇，因为闲暇的机会成本在工资越高时也越高。如果人们闲暇时间的边际效用递减，那么随着工资的增加，人们会倾向于放弃更多的闲暇时间。然而，根据许多行为理论，工人对总收入可能有参照依赖，让他们成为**"目标员工"**（target worker），目标是每个时间段的总收入达到特定水平，比如每周。在这种情况下，较高的工资率将导致较低的工作小时数以及向下倾斜的供给曲线。这条供给曲线的形状在预测税收和转移计划变化的影响方面，具有重要的公共政策启示。

然而，在实践中，由于需要满足许多条件，该理论很难进行经验检验。理想的测试情况将涉及以下因素：

（1）工资的增长应该是暂时的。否则，这种增长的影响将与其他与未来预期财富相关的影响混合在一起。

（2）工资在一天内相对稳定。这使得工人可以利用当天早些时候的工资水平作为指导，提示他们当天晚些时候需要工作多少小时。

（3）工资每天都在变化，而且是不相关的。这样就可以调查工人如何调整他们的工作时间以适应每天的工资率，而不是使用前一天的工资率作为第二天工作多长时间的指导。

标准模型是由凯莫勒及其同事（Camerer and colleagues，1997）进行的，研究对象是纽约市的出租车司机；该研究的细节见案例 6.2。该研究的主要结论是：参考点依赖非常重要，并且有充分的证据表明这些工人是目标员工，支持了行为模型对标准模型的抗争。

然而，这项研究在许多方面受到了批评，尤其是法伯（Farber，2005，2008）的批评。例如，该研究存在计量经济学家所称的识别问题。有人声称，供给曲线的变化将导致观察结果显示，小时工资率和工作时间之间呈反比关系，但这些点实际上是需求曲线上的，而不是供给曲线上的。另一个问题是，在凯莫勒及其同事的研究中，工资率是用总收入除以工作小时数计算出来的。工作小时数的任何向上误差都将导致工资率计算中的向下误差，从而对估计的关系产生负面影响。费尔和胡特（Fehr and Goette，2007）以及法伯（Farber，2008）的最新研究已经克服了这些计量经济学问题，但在某些领域的结果并非决定性的。费尔和胡特的研究还涉及另一项实地实验，这次是自行车信使，他们和出租车司机一样，可以选择轮班工作多长时间。对于临时增加 25% 的工资，他们报告了两个主要发现：（1）他们多工作了 30% 的班次；（2）在每个班次内，他们的交付量减少了 6%。这里的问题是，可以断言这两种结果都与新古典主义经济学模型和行为目标员工假说一致。对于工作时间更长的工人，疲劳程度会增加，因此新古典主义经济学模型可以解释交付量减少的现象。行为方法用参考点依赖与损失厌恶相结合的方式解释了这一发现。

法伯（Farber，2008）使用了与凯莫勒研究相同的工人总体——出租车司机，但仅发现了参考点依赖的微弱证据。他特别发现，对于任何特定的司机来说，参考点每天可能会有很大的变化，而且大多数班次在参考收入水平达到之前就结束了。最近，在克劳福德和孟（Crawford and Meng，2011）的一项研究中，凯莫勒及其同事与法伯的研究之间的冲突在很大程度上得到了调和。该方法使用与之前相同的出租车司机的相关数据，但是修改了法伯的计量经济学策略，基本上采用了科塞吉和拉宾（Köszegi and Rabin，2006）的参考点依赖方法。与最初的凯莫勒和法伯的方法不同，这种方法为收入和工作时间设定了目标或参考点。模型中仍然包含了损失厌恶，因此那些工作时间比目标时间长的员工会受到损失厌恶的影响。此外，目标是根据对收入和工作时数的理性预期内生确定的，并假定这些预期是从经验中学到的。在这个修正模型的基础上，克劳福德和孟使用凯莫勒及其同事的原始数据得出结论：参考依赖"是劳动供给假说的重要组成部分"。

□ 金融市场

与其他领域一样，在许多情况下，心理核算理论与理解金融市场行为是相关的。例如，我们已经看到，多样化直觉推断在指导投资者行为方面很重要。在我们考虑另一个应用之前，有一点很重要：在金融市场中，相比在任何其他领域中，人们都更相信市场会消除标准模型的行为偏差。通常有三个主要原因：

（1）聚集——在整个市场中，个体差异往往会相互抵消。

（2）经验和专业知识——金融市场中最重要的参与者往往是熟练的专家，他们不会像普通人一样受到偏见的影响。

（3）竞争——有偏见的参与者将被逐出市场，因为他们会做出错误的决定，无法竞争。

对行为模型的一些异议已经在前面讨论过了，它们的一些方面和相关证据将在下面的应用中进行更详细的讨论。一般而言，得出证据混杂的结论似乎是合理的。一些研究表明，在专家主导的市场中，偏见趋于消失或至少不那么明显。但是，一项研究（Haigh and List，2005）给出了相反的结果，即专家比非专家表现出更多的偏见。

心理核算理论的一个特别重要的应用与短视的损失厌恶和股权溢价之谜有关。正如我们已经看到的，股权溢价是权益（股票）收益率与安全投资（例如国库券）之差。令人困惑的是，这种差异在历史上一直很大。在过去的 80 年里，美国的股权溢价平均每年约为 6％，尽管衡量方法不同，结果也不同。这种差异部分可以归因于风险。但是梅拉和普雷斯科特（Mehra and Prescott，1985）指出，解释如此巨大的回报差异所必需的风险厌恶程度是不可信的。他们估计，要解释历史上的股权溢价，相对风险厌恶系数必须为 30 左右。

博纳兹和塞勒（Benartzi and Thaler，1995）从损失厌恶而不是风险厌恶的角度解释了股权溢价之谜。他们指出，损失厌恶的投资者的风险态度取决于他们关闭账户和重置参考点的频率。一方面，当投资者非常频繁地评估他们的投资组合，极端的情况是每天评估时，那么，股市下跌而非上涨的可能性接近 50％，其结果是，投资者对损失的厌恶使股票成为一种没有吸引力的投资。另一方面，如果投资者很少（如每十年一次）评估其投资组合，那么，在这么长的时间内股票下跌的可能性很小，因此，损失厌恶并不是一个重要因素。博纳兹和塞勒假设投资者有前景理论所描述的偏好，然后询问人们需要间隔多久评估他们的投资组合的变化，才能使他们在（美国）股票和债券回报率的历史分布中保持中立。他们的模拟表明，大约 13 个月的时间就可以实现这一目标，这意味着如果大多数人每年评估一次他们的投资组合，那么股权溢价之谜就得到了解决。

这种对评估的态度被称为短视的损失厌恶，因为这种策略不符合投资者的长期利益。许多研究表明，如果实施更长的评估期，投资者就会承担更多风险（Gneezy and Potters，1997；Thaler et al.，1997；Benartzi and Thaler，1999；Gneezy，Kapteyn and Potters，2003）。塞勒及其同事的研究通过三种不同的可能性，控制了实验对象在股票和债券之间做出投资决定的频率：一年 8 次，一年 1 次，五年 1 次。在两个更长期的情形下，投资者将其约 67％的资金投资于股票，而在评估更频繁的情形下，被试者投资于股票的资金只占约 41％。贝纳茨和塞勒（Benartzi and Thaler，1999）询问大学员工如何将其退休基金在股票和债券之间进行配置。这一次，他们控制了回报的表现形式：1 年期回报率的分布以及 30 年期回报率的分布。看到 1 年期回报率的被试者将大多数资产投资于债券，而那些观察到 30 年期回报率的被试者将其资产的 90％投资于股票。

短视的损失厌恶的部分研究指出，专业人员与较初级或缺乏经验的投资者一样，也易出现这种现象。格尼兹、开普坦和波特斯（Gneezy，Kapteyn and Potters，2003）发现，"如果信息反馈频率和决策灵活性降低，风险资产的市场价格将明显升高"。他们得出结论称，"市场互动没有消除此类行为或此类行为对价格的影响"。海格和里斯特（Haigh and List，2005）发现，尽管专业人员（来自芝加哥期货交易所）和学生的行为有所区别，但实际上交易员的行为却比学生表现出更强烈的短视的损失厌恶倾向。这样，这些研究和之前讨论的欧勒及其同事（Oehler and colleagues，2003）的研究就有了某种冲突。后者的研究表明，市场力量的强度或许抑制了意向效应等行为异象，但这并不适用于短视的损失厌恶。有意思的是，海格和里斯特的研究与前一章里斯特（List，2004）的研究同样矛盾，里斯特的研究说明，市场经验会减弱禀赋效应。

最近也有一些研究对短视的损失厌恶的普遍适用性提出了质疑。关于股权溢价之谜的另外两个主要解释已经被提出：模糊厌恶（Anderson，Hansen and Sargent，2003）和沮丧厌恶（Ang，Bekaert and Liu，2005；Fielding and Stracca，2007）。兰格和韦伯（Langer and Weber，2005）表示，短视和抽彩次序吸引力之间的关系并不像以前的研究所认为的那样普遍。他们将短视的损失厌恶概念扩展到短视的前景理论，提供了实验证据，表明对于特定的风险特征，短视不会减少而是会增加序列的吸引力。阿洛伊修斯（Aloysius，2005）的研究声称，贝纳茨和塞勒（Benartzi and Thaler，1999）的研究结果可以利用有限理性导致的模糊厌恶，而不是短视的损失厌恶来解释。这个案例中的模糊性与投资者的股票收益模型的不确定性有关。相比之下，曼豪特（Maenhout，2004）发现，与这种模糊性有关的担忧程度必须高得令人难以置信，才能完全解释股权溢价。克里格和莱维特（Kliger and Levit，2009）最近进行的一项研究通过分析特拉维夫证券交易所的数据，发现了支持短视的损失厌恶的解释。这项研究分析了某些证券的交易从每日交易转变为每周交易的情况，这延长了评估期。短视的损失厌恶假说预测，风险厌恶的情绪会下降，从而导致预期收益率下降，而这确实是该研究观察到的结果。格拉茨勒-鲁兹勒、萨特和泽雷斯（Glätzle-Rützler，Sutter and Zeileis，2015）的另一项最新研究发现，在 755 名青少年样本中，尽管在其他方面，这些被试者在投资决策中表现得如同预期，但没有证据表明存在短视的损失厌恶行为。

相互矛盾的理论和证据表明，有必要对股权溢价之谜进行进一步的研究。事实上，博纳兹和塞勒自 1995 年发表论文以来，已经修正了他们关于股权溢价之谜与短视的损失厌恶之间关系的理论。原始模型的一个主要缺点是：它不是一个涉及消费选择的跨期模型，而消费选择是更广泛意义上的谜题的本质。人们做出长期投资决定的最终目的是最大化他们的总体消费。

□ 政府政策

心理核算过程对公共政策还有其他重要的影响。其中一些涉及政府直接参与的活动，例如国家养老金和医疗保健，另一些涉及政府希望通过市场政策（例如环境政策或社会政策）来影响市场的活动领域。在很多情况下，政府希望"助推"人们做出对他们更有利的决定，让决策者自己做出更好的判断（Thaler and Sunstein，2008）。塞勒（Thaler）和桑斯坦（Sunstein）提出了一个重要且经常被忽视的观点，即所有决策都发生在一个框架内，例如决定是每月支付一次还是每月支付两次。此外，不存在所谓的"中立"框架，提供这种框架的尝试可能会被误导。许多政策涉及跨期决策和社会互动方面的内容，这些内容将在后面的章节中讨论，因此，在这个阶段，我们将集中于心理核算方面，从公共服务开始。

1. 公共服务

在许多国家，保健和养老金等服务的提供是混合的，公共部门和私营部门都发挥作用。国家通常被视为提供了安全网，因此，使人口中特权较低的阶层至少会获得某种最低限度的供给标准。在美国，针对老年人的医疗保险制度以及针对低收入群体的医疗补助制度就是一个例子。这个系统在 2003 年进行了大刀阔斧的改革，并于 2006 年开始实施，旨在提供更好、更全面的服务，提供更多的选择，预计将耗资 5 000 亿美元。然而，该制度的 D 部分与药物供应有关，受到了很多批评，特别是与它的选择架构有关。据称，这是一种令人困惑和麻烦的做法，提供了太多的选择和太少的指导。正如第 4 章中所看到的菜单效应，太多的选择可能会成为问题，导致人们做出更糟糕而不是更好的决定。困惑可能导致人们推迟做出决定，维持现状。此外，为了达到中立，默认选项是随机选择的。这又是一种误导，因为存在"维持现状"偏向，这也在第 4 章中讨论过。人们倾向于固定在现有的情况下，并接受它，即使它明显不是最优的。因此，即使有更好/更便宜的药物，人们也可能会继续使用某种特定的药物。

公共政策中的另一个重要问题涉及对养老基金或退休储蓄计划的缴款和为老年人提供的服务。为退休储蓄是一个众所周知的自我控制问题。虽然这一现象的原因将在第 8 章中讨论，但一个重要的含义来自前面所说的关于资产流动性的内容。如果这类储蓄存在明确的非流动性账户（例如退休金账户）中，那么人们更有可能不去管自己的储蓄。此外，政府可以通过提供相关的税收优惠政策来鼓励这种形式的储蓄，例如，英国的个人储蓄账户。与医疗保健一样，这是公共部门和私营部门之间相辅相成的领域。如果有更多的人得到私人部门提供的充分保障，这将减轻日益紧张的公共部门的负担。由于所有发达国家的人口都老龄化，这种压力越来越大，2007—2008 年的金融危机以及随后的公共支出并没有减轻这种压力。

2. 政府的影响

政府政策可以通过多种方式影响市场行为。首先，它可以强制或鼓励选择框定的改变。退休储蓄就是一个很好的例子。虽然有几个因素与此有关，例如道德风险，但在许多国家发现私营部门存在三个主要问题：

（1）登记人数不足。

（2）大多数人没有缴纳足够的钱来保证退休后的舒适生活，这与在第 7 章和第 8 章中讨论的自我控制和贴现问题有关。

（3）人们在不同的投资中分配不当。

所有这些问题都与框定有关。有强有力的证据表明，只要将默认选项改为登记而不是不登记，就可以增加登记人数。直到最近，许多养老金计划的"默认选项"一直是退出。英国养老金委员会在 2011 年的一份报告中建议建立一个新的国民储蓄计划，默认选项是缴纳养老金；研究表明，这可能使登记率翻一番。

然而，这并没有解决第二个问题：首先，我们如何能存更多的钱？实现这一目标的一种方法是将储蓄计划与支出账户相结合。例如，信用卡计划不仅每个月必须全额支付全部余额，而且要包含存入储蓄账户的额外支付。该方法利用了边际敏感度递减的损失积分原理。

也有一些证据表明，如果在雇佣合同中把更高的缴款作为一个默认选项，人们更有可能接受它们。另外，当较低的供款被视为默认选项时，他们往往不愿意主动选择支付较高的供款。同样，维持现状偏向是问题所在。因此，默认的选项在选择框定中至关重要。默认选项通常被认为是"标准"的或由默认设置程序支持的，因此导致了偏向。

就第三个问题而言，证据还表明，通过不同的选择框定，投资组合的配置可能会发生重大改变。博纳兹和塞勒（Benartzi and Thaler，2001）发现，在不同的退休储蓄计划中，股票而非债券的配置从 34％到 75％不等，根据计划中提供的每种类型资产的数量，全国平均为 57％。当计划中有四个债券基金而只有一个股票基金可供选择时，股票分配率为 34％，而当只有一个债券基金和五个股票基金时，股票的配置比例为 75％。在这种情况下，多样化的直觉推断扭曲了配置。正如前面所解释的那样，由于短视的损失厌恶，人们通常倾向于对股票投资不足，因此，在投资选择框定方面的助推可能会帮助人们在基金配置方面做出更好的决定。

在政府想要改变行为的政策的其他方面，维持现状偏向可能是一个问题。例如，目前大多数国家的器官捐献政策是：如果人们想捐献器官，就必须携带捐赠卡，换句话说，他们必须自己选择。鉴于肾脏等器官的稀缺，以及与此相关的死亡人数，一些医生（和其他人）建议改变这一默认情况，以便人们可以选择退出。有证据表明，这一变化将导致器官捐献大幅增加。

另一个框定非常重要的领域是税收和转移支付政策。在这种情况下，政府本身负责框定其政策的性质。艾普利、麦和爱德森（Epley，Mak and Idson，2006）以及艾普利和格尼兹（Epley and Gneezy，2007）的研究表明，人们更有可能花掉意料之外的收入和被认为是不劳而获的收入。他们的实验表明，作为退还的收入比作为奖金的收入更不可能被花掉。在思考并否定了各种解释之后，研究人员提出，退还被认为是维持现状的一种方式（在 2001 年美国政府的言论鼓励下），而奖金则被视为相对于现状的收益。逆转损失被认为比收益更有价值。此处涉及的心理类似于本章前面所述的"私房钱"效应。此外，艾普利、麦和爱德森（Epley，Mak and Idson，2006）在研究中进行的实验表明，与获得大额折扣（500 美元和 600 美元）的人相比，获得小额折扣（300 美元）的人消费比例更高。这里有各种解释，但是其中一种心理核算解释是：较少的金额不太可能被指定用于特定的支出/储蓄预算类别，而更有可能被置于杂项的"零钱"类别中，从而刺激即时支出。因此，政府有可能通过分散返还款项和支付较少的款项来刺激经济中的更多支出，同时保持总返还金额不变。

艾普利和格尼兹（Epley and Gneezy，2007）还提出了人们对收益与损失逆转的看法的对比，即维持现状可能被视为比收益更有价值，这与政府政策的其他方面有关。例如，如果环境政策、反恐政策和反肥胖政策被框定为返回到以前更理想的状态，而不是与当前不受欢迎的状态相比的收益，它们可能会更有效。鉴于这些政策对国家福利的重要性，在这一领域的进一步研究被视为高度优先。

就政府的影响而言，关注度和显著性也是相关的。每天都有各种各样的消息涌向我们，因此，只有特别的信息才能产生说服力，从而克服塞勒和桑斯坦所说的"是啊，随便什么"的直觉推断。在政府试图鼓励消费者减少使用资源的环境政策中，显著性也可能与环境政策有关。例如，为了减少石油的使用，政府可能会要求所有出售的新车公布它们的燃油经济性数据。当然，消费者可以选择忽略这些信息，或将其编辑掉，但如果问题足够突出，这可能是困难的。电力、燃气和水的"智能"表允许消费者每小时监测一次使用情况。通常这可能不是很明显，但如果相关的实用程序引入基于这些表的"间歇"的计费过程，这可能会使使用更加显著。吉尔伯特和格拉夫·齐文（Gilbert and Graff Zivin，2014）使用来自此类智能仪表的数据，估计消费者在收到电费账单后会减少 0.6% ～1% 的使用量。

社会因素，如从众的愿望也可能与此相关，并且这些因素尤其适用于通常被视为社会问题的问题，如吸烟、酗酒和青少年怀孕。在任何情况下，政府政策都难以克服相关的维持现状偏向和"是啊，随便什么"的直觉推断。这些因素将在第 10 章中进一步讨论，但是这里有一点值得一提。当习惯是昂贵的时，如吸烟，也有暗示在心理核算过程中进行汇总和分解。政府可能想要达到与企业相反的目的，即抑制那些被认为不受欢迎的商品或服务的消费。因此，政府可能不希望以每天或每周的金额来表示成本，而是希望消费者在一年或更长时间内评估这些成本。如此一来，政府的禁烟运动可能会增加每年的开支。因此，消费者不再把每天 5 英镑的吸烟费用看作是零用钱，而是把每年将近 2 000 英镑的吸烟费用看作是更令人望而生畏的开支。

小　结

- 心理核算是个人和家庭用来编码、分类和评估金融活动的一套认知运作。
- 心理核算包含三个主要方面：（1）对结果的感知，以及决策的制定和评估；（2）将活动分配至特定账户；（3）对不同心理账户所涉及的时间段的确定。
- 前景理论（PT）对心理核算具有重要的启示，集中表现为：（1）分开评价收益；（2）合并评价损失；（3）将较小的损失与较大的收益合并；（4）将较小的收益与较大的损失分离。
- 交易产生了两种不同类型的效用：获得效用和交易效用。
- 产品经常以捆绑形式出售，此时组成产品的价格或是合并标记或是分别标记。
- 在营销策略中，决定价格应当合并标记还是分开标记相当重要，因为它会影响消费者的反应。在不同情况下，消费者偏爱不同的标价方式，这取决于如何增加特定产品特性的显著性。
- 多项神经成像研究提供了证据支持对结果编辑和评价的心理核算过程。
- 有大量证据表明，正如新古典主义经济学模型所假设的那样，对消费、收入、财富和时间的心理账户是不可替代的。

· 可替代性意味着不同类型的账户在某些总变量（如消费或财富）内是完全可替代的。

· 在消费预算中，某些人对于特定消费类别或许具有固定预算，而另一些人的预算和类别更具灵活性。更强的灵活性导致人们往往比较弱的灵活性花费得更多。

· 人们常常将不同类型的收入归入认真对待和随意对待两种类别，并且会将一种类别中收入的增加与相同类别中花费的增加相匹配。

· 在财富预算中，新古典主义经济学模型假设人们一生中平稳消费，并将不同类型的财富视为可替代的。异象与信用卡的使用、对股票收益的态度、对作为投资的资产类型的分离以及社会互动的影响有关。

· 与很多核算系统一样，心理核算要求对何时开立和关闭账户做出决定。

· 需要做出上述决定的典型情境是：买卖股票、报告收益、折旧沉没成本和支付隔离。

· 支付隔离意味着支出和消费不能直接匹配，即使它们同时存在。其结果是，我们不能轻易地将消费项目分配到特定的成本中。

· 支付隔离的一个例子是，人们为某些东西（如互联网使用）支付固定费率，而这并不取决于使用时间。人们往往喜欢这种选择，而不是让计价器运行；这就是所谓的固定费率偏向。

· 先期结果影响人们在随后情境中对风险的态度。"私房钱效应"似乎很普遍，私房钱效应指出，收益鼓励冒险，但仅限于近期的收益。

· 短视的损失厌恶同样是普遍的现象，人们过于频繁地评估其资产组合，导致他们在长期中过于厌恶风险而放弃收益。

· 多样化倾向在很多情况下都可以观察到，尤其值得注意的是，投资者使用 $1/n$ 直觉推断，从一系列资产中选择纳入他们的投资组合。

· 心理核算过程有几个规范或政策启示；其涉及个体参与者、市场营销者、劳动市场、金融市场和政府政策。

思考题

1. 说明为什么人们愿意开 20 分钟车，只是为了在 15 美元的计算器上节省 5 美元，而不愿在 125 美元的夹克上节省 5 美元。这与前景理论的什么原则有关？

2. 解释心理核算规则："将小收益与大损失区分开来"，并给出一个与市场营销相关的例子。

3. 与丢了 20 美元的现金相比，为什么人们在丢了价值 20 美元的电影票后更不愿意再买一张呢？这违反了标准模型的什么原则？

4. 在人们有足够的存款账户且只支付 3% 的利率时，为什么人们更愿意用支付 12% 利率的信用卡付款？

5. 解释"情感核算"的含义，并举例说明。

6. 解释什么是分类定价；为什么营销人员会使用这样的策略？

7. 解释为什么政府可能希望使用相反类型的政策来进行分类定价，而不是对消费者制定总价或总成本。

8. 解释与以旧换新定价相关的因素。

9. 解释为什么默认选项很重要，给出两个例子。

10. 解释什么是"目标员工"，以及为什么这些员工的行为方式与标准劳动供给模型的预测截然不同。

应　用

下面讨论三个案例研究。前两个涉及短视的损失厌恶的不同方面，而最后一个涉及可替代性和消费预算。

❖案例 6.1　　　　　　　　　　股权溢价之谜

股权溢价之谜是指，长期来看，股票收益持续大幅超过债券收益。金融学中对此有着激烈的争论，主要由梅拉和普雷斯科特（Mehra and Prescott，1985）的一篇论文引起。他们声称，根据美国 1889—1978 年近 100 年间的数据，股票的年均真实回报率是 7%，而国库券的年均回报率是 1%，显示风险资产和无风险资产之间的风险溢价约为 6%。作者声称，如此巨大的溢价是一个谜团，因为根据传统经济模型，这意味着风险厌恶系数巨大——超过 30。为了帮助理解这个数值，曼昆和泽尔德斯（Mankiw and Zeldes，1991）给出了一个例子：在具有如此程度风险厌恶的人看来，50% 的概率消费 100 000 美元、50% 的概率消费 50 000 美元的赌博与确定消费 51 209 美元无差异。鉴于其他经验数据，这似乎是不合理的。而且，该谜团不仅仅局限于美国。卡诺瓦和德尼克罗（Canova and De Nicoló，2003）的研究发现，"风险溢价和无风险之谜的基本特征不只是在样本期和考察过的国家存在"。无风险之谜可以被视为股权溢价之谜的反面，因为它提出了无风险利率为何如此之低的明显异象。

目前，研究人员分属三个主要阵营：那些根本不相信有溢价的人，那些提出了某种解释的人，以及那些回顾了不同解释的人，相信谜团仍然存在。这里不是要详细讨论所有这些不同方法，而是着重介绍贝纳茨和塞勒（Benartzi and Thaler，1995）提出的解释，其中，涉及前景理论和心理核算等行为方面。在具体介绍之前，简要介绍上述三个主要阵营从而了解问题全貌是值得的。

完全不相信存在溢价的研究人员指出，测度具有很多问题和模糊之处。或许此处最基本的问题是历史溢价和预期溢价或事前溢价之间的区别。伊博森和陈（Ibbotson and Chen，2003）估计美国在 1926—2000 年这一段时期的事前溢价低于历史溢价约 1.25%。第二个问题涉及无风险资产的选择。大多数研究使用国库券或 20 年期的政府长期债券。琼斯和威尔逊（Jones and Wilson，2005）估计，1871—2003 年间股权对债券的历史溢价为 4.79%，对国库券的溢价为 3.85%。然而，在某些时期差异更大。在 1990—2003 年期间，股权对债券溢价仅为 2.05%，但对国库券的溢价达到了 6.32%。琼斯和威尔逊还谈到了第三个测度问题：使用几何平均还是算术平均？他们使用了前一种测度方法，因为在长期时间序列研究中前一种方法更合适。差异很明显：琼斯和威尔逊估算，梅拉-普雷斯科特计算的算术平均收益率比几何平均收益率要高 1.6%～1.8%。最后一个测度问题在于：收益应该以名义值还是以实际值表示？贝纳茨和塞勒（Benartzi and Thaler, 1995）认为，名义测度常常更为合适，原因有两点：首先，收益常以名义值报告；其次，模拟显示，投资者不可能以实际值思考，否则他们就不会愿意在任何评估期间持有国库券，因为国库券总是产生负向的期望效用。尽管这些测度问题使得获得精确的股权溢价大小变得扑朔迷离，但大多数研究人员还是相信历史溢价巨大。

过去 20 年间，人们多次试图解释这个谜团。一些较为人们所知的模型有以下几个：

（1）广义期望效用（Weil, 1989; Epstein and Zin, 1989）。

（2）习惯形成（Constantinides, 1990; Ferson and Constantinides, 1991, Hung and Wang, 2005; Meyer and Meyer, 2005）。

（3）不完全市场或市场摩擦（He and Modest, 1995; Luttmer, 1996; Zhou, 1999）。

（4）模糊性或不确定性（Olsen and Troughton, 2000; Aloysius, 2005）。

（5）延迟的消费调整（Gabaix and Laibson, 2001）。

（6）波动的经济不确定性或消费不稳定性（Bansal and Yaron, 2004）。

最终，有非常多的评论者研究了上述模型和结果，得出结论称：股权溢价之谜仍是一个谜，比如科恰拉科塔（Kocherlakota, 1996）、查普曼（Chapman, 2002）、梅拉（Mehra, 2003）和奥耶菲索（Oyefeso, 2006）。

贝纳茨和塞勒（BT）的方法结合了两种重要因素：

（1）前景理论的效用函数，包括参考点、递减的边际敏感度、加权概率函数以及损失厌恶。作者指出，这一函数与习惯形成的解释具有某些共同点：两个模型都包括参考点。

（2）一种心理核算过程，在此过程中，投资组合被定期评估，并且账户被"结算"。

作者接着提出了两个问题：

（1）投资者需要使用什么样的评估周期，才能在完全由股票组成的投资组合和完全由 5 年期国债组成的投资组合之间保持中立？

（2）根据上面所确定的评估周期，为了最大化预期效用，人们会持有什么样的股票和债券组合？

作者利用美国从 1926 年到 1990 年的股票、债券和国库券月收益方面的历史数据进行了模拟，基于模拟结果，他们回答了上述问题。他们发现，第一个问题中的评估期间，对于名义收益大约是 13 个月，对于实际收益大约是 10 个月。他们还发现，投资者的最优状态是将组合中的 30%～55% 投资于股票。在这个区间，预期效用函数几乎是水平的。这些结果大致与观察到的情况一致；机构投资者的投资组合中约 53% 是股票，而个人投资者基本按照 50—50 原则在股票和债券间分配资金。

回答了上述两个问题之后，作者进一步提出了另外两个问题：

(1) 前景理论中的哪些方面导致了上述结果？

(2) 结果对替代规范的敏感性如何？

他们发现，损失厌恶是结果的主要决定因素，值函数和加权函数的特定函数形式并不重要。当模型中的参数在规范中发生变化时，这似乎也不会显著影响评估期的长度。比如，用实际概率替代加权函数，期间减少了一两个月。

贝纳茨和塞勒的研究还检验了股权溢价和评估期长度之间的关系。他们发现，期间从 1 年延长至 5 年，溢价从 6.5% 下降到 3%；期间从 10 年拉长至 20 年，溢价从 2% 下降到 1.4%。作者评论到，投资者如果有能力抵制频繁计算自己钱数的诱惑，将资产持有 10 年，就能够收获 5.1% 的经济租金作为报偿："在某种程度上，5.1% 是过度警惕的代价"。

贝纳茨和塞勒估计的减少溢价与琼斯和威尔逊（Jones and Wilson，2005）的计算一致。投资于股票而非债券的损失风险，反映为评估期间得到负溢价的概率。这个概率在贝纳茨和塞勒模型中尤为重要，因为贝纳茨和塞勒模型的主要基石就是损失厌恶。琼斯和威尔逊估计，评估期间从 1 年延长至 5 年，负溢价的概率从 41% 下降为 33%；评估期间由 10 年拉长至 20 年，负溢价的概率由 25% 下降到 17%。

贝纳茨和塞勒的论文最后解释了机构投资者的短视的损失厌恶之谜。个人投资者受到频繁查看其资金的强烈诱惑，为什么这对养老基金等机构投资者（它们有着充分的理由选择长期的评估期间）也同样适用呢？他们给出的答案是：机构性短视的损失厌恶源于代理问题。这些机构基金经理需要每年汇报结果，并且被要求对短期结果做出解释。基金之间竞争很激烈，迫使基金经理牺牲长期良好业绩换取短期内的良好业绩，心照不宣的是，他们的竞争对手也处于同样的境地，这也属于"公地的悲剧"。这种博弈论方面的考虑将在第 9 章讨论。

问题

1. 解释以下这句话："在某种程度上，5.1% 是过度警惕的代价"。

2. 负溢价概率的意义是什么？

3. 股权溢价在将来有没有可能维持在历史水平上？

4. 自 1995 年贝纳茨和塞勒的研究以来的研究，如何阐明股权溢价之谜现象和短视的损失厌恶解释？

❖案例 6.2　　　　为什么在雨天很难打到出租车

这些情形很好地满足了一个特定的工人群体——出租车司机。某些日子他们不清闲，小时工资率很高；而某些日子他们更清闲，从而小时工资率下降。司机们正处于这样的情形下，他们要根据每天的平均小时工资确定当天的工作时间。凯莫勒及其同事（Camerer and colleagues，1997）的研究使用了纽约出租车司机在 1988—1994 年间三份不同样本总共 1 826 个观察值。这些观察值不仅涉及不同的司机，而且包括同一司机在不同日子的数据。研究人员使用的数据来自司机每天填写的车程单，车程单上的数据还可根据租车内计价器上的记录进行核对。自第一位乘客上车起至最后一位乘客下车结束，这段时间计算为工作时间。每日工资率是用每日总收入（不包括小费）除以工作时间来计算的。

研究的目的在于验证以下两个竞争性假说：

（1）新古典主义经济学模型——供给曲线向上倾斜，工资弹性为正。

（2）行为模型——供给曲线向下倾斜，工资弹性为负。

后一个模型推测工人是目标员工，意指工人每天设定一个收入目标，在达到目标之后即停止工作。这意味着一个关于工资弹性的更具体的假设。工资弹性衡量的是对工资率 1% 的变化做出的工作时数的百分比变化。如果工人的目标是收入目标，那么工资弹性应当等于−1。下面将进一步讨论这种行为在经济理论方面的含义。

研究者使用普通最小二乘回归估计工作时间和工资率之间的关系，为估计工资弹性，两个变量都使用了对数形式。因此，他们的模型是这样的：

$$\ln H = a + b \ln W$$

式中，H 代表每天工作的小时数；W 代表小时工资率；b 表示工资弹性。

对每个样本及某些子样本分别进行估计。三个主样本中工作小时对数和工资对数之间的相关系数均为负值：−0.503，−0.391 和 −0.269。尽管相关性不是很高，但对两个最大的样本（共 1 506 个观察值），回归系数均为负，并且在 5% 的水平上具有统计学上的显著性。另外，这两个样本的工资弹性分别是−0.926 和 −0.975，均非常接近于−1。

他们还研究了弹性如何随工作经验和支付结构变化而变动。以 3 年工作经验为标准，将司机分为两组：高于三年的为一组，低于三年的为一组。对工作经验的假定是：工作经验越丰富，越能认识到工资高的时候多工作、工资低的时候少工作，这样可以获得更多收入。这会使有经验的司机的工资弹性更接近正值。这一假设确实得到了证实：富有经验的司机和缺乏经验的司机的弹性差别显著。的确，有两组样本的弹性为正。

研究假设司机支付车辆租金的方式会影响工资弹性。司机具有三类支付方式：按天租 12 小时轮班；按周或月付租；自有车辆。第一组弹性相对较低，为−0.197，另外两组弹性分别为−0.978 和−0.867，说明他们是具有收入目标的司机。

在研究中还讨论了最优化问题。根据估计，如果司机工作总小时数相同，但按照每天工作恒定小时数的原则重新分配时间，他们的收入平均可增加约 5%。另外，假定他们的闲暇效用函数是凹的，那么这种固定工作时间规则也将改善总闲暇效用。此外，根据估算，如果司机重新分配他们的总驾驶时间以使工资弹性为+1，可以平均增加 10% 的收入。

该研究通过考虑对结果的不同解释得出结论。四种可能的解释都被否决了：

（1）**司机受到"流动性约束"。**他们没有足够的现金应付日常开销，并且也无法借贷。如果这种解释成立，资金压力使他们负担不起在工资低的日子里驾驶的停顿。然而，出租车归自己所有的司机却并没有受到流动性约束（他们的牌照价值约为250 000 美元），尽管如此，他们的工资弹性还是小于零。

（2）**计算工作时间和工资率时没有考虑实际工作时间。**这可能是司机在闲适的日子收工很晚，但大量用于休息的时间并没有记录在内。这导致总工作时间更短，工资率更高。然而，有一个样本记录了休息，并排除了休息时间，但这并没有使结果有所不同。

（3）**司机收工很早是因为他们非常繁忙，接载了大量乘客，司机非常劳累**。然而对出租车队经理的一项调查显示，他们大多认为，在工资低的日子徒劳地搜寻乘客比载客更令人疲惫。

（4）**数据有偏差，因为只考虑工作时间或"参与"时间，而没有考虑司机选择完全不工作的时间。**或许司机在某些天有出乎意料的工作脾性，如午夜出车。然而，司机们通常是要按照固定轮班表工作的，不露面是会受到处罚的，这使得出乎意料的参与就无关紧要了。

否定了上述四种解释后，作者总结：每日收入目标能最完美地解释上述结果。类似于上一个股权风险溢价的案例研究，此处基本的行为要素同样是短视的损失厌恶。司机每天的收入目标具有一个参考点，与目标相比对任何不足或损失都是厌恶的。由于效用函数的凹性，任何收益的边际效用都逐渐递减。那么问题是：他们的评估期间为什么是一天这么短的时间？这似乎是"窄归集"的一个极端例子。该研究的作者对此提出了两种解释：

（1）**每日的收入目标充当了有效的直觉推断。**比起估算工作时间的边际效用，并将其与每天闲暇时间的边际效用进行比较，使用这一规则要容易得多。

（2）**每日收入目标充当了有效的自我控制机制。**如果使用更长的评估周期，司机很容易懒怠和提前收车，以在接下来的一周或一个月弥补损失的时间和收入。这与本章前面讨论的作者为自己规定每天写稿的页数类似。另外，研究指出，"当司机在生意好的日子里携带两三百美元的现金收入在收工回家的路上途径曼哈顿时，他要抵制住诱惑确实是一件难事，而每日收入目标避免了产生这样的自我控制难题。"

最后作者评论了富有经验的司机和经验缺乏的司机之间的区别。富有经验的司机具有收入目标的可能性更低，更接近最优化。研究指出，对此可能有两点原因：

（1）司机在工作过程中学会了最优化自己的行为。

（2）非优化的目标收入司机会被一个选择过程所淘汰。

问题

1. 为什么你在雨天很难打到出租车？

2. 解释标准模型的预测和它的行为选择之间的差异。

3. 解释为什么目标收入者的工资弹性为—1。

4. 解释这句话的意思："此外，假定他们闲暇的效用函数是凹的，那么固定工作时间规则也将提高总体闲暇效用"。

5. 解释为什么说每日收入目标是"短视的"。

6. 解释每日收入目标为什么与自我控制因素有关。

7. 解释法伯、菲尔和戈特的研究是否支持凯莫勒及其同事的研究结论。

❖ **案例6.3**   **住房市场和债务**

根据著名的由 20 个主要城市组成的凯斯-席勒（Case-Shiller）房价指数，2000—2006 年间，美国房价上涨了一倍多。2006—2011 年，随着房地产泡沫的破裂，房价下跌了 22%。到 2016 年年中，房价已经大幅复苏，但仍比 2006 年的高点低约 5%，经通胀调整后的水平则低 20%。美国房地产资产是世界上最大的资产类别，目前价值约 26 万亿美元，未偿还抵押贷款约 11 万亿美元（*Economist*，2016a）。这些债务中有很大一部分是由海外持有人持有的，这一事实意味着，违约风险仍是全球金融体系的一大威胁。

自 2010 年《多德-弗兰克法案》（Dodd-Frank Act）通过以来，金融监管发生了一系列变化，美国政府在很大程度上满足于放任房地产市场。毕竟，"引发" 2007 年金融危机的那些花哨的衍生品基本上已经消失了，银行现在有了更大的股本缓冲区，旨在保护借款人的新的监管措施已经到位，并且确定了新抵押贷款的设计。以房价收入比和房价租金比作为衡量房价负担能力的传统指标，目前处于过去 30 年的长期平均水平附近（*Economist*，2016a）。然而，行为经济学家仍然有许多值得关注的原因。这些原因涉及：（1）对风险和道德风险的态度；（2）对债务的态度；（3）对金融机构的激励；（4）对政客的激励。

1. 对风险和道德风险的态度

人们通常认为，投资者和贷款机构已经从金融危机中吸取了教训。特别是在危机之前，人们普遍认为房价将继续上涨，而代表性直觉推断进一步强化了这一点。最近的价格下跌导致了更符合现实的预期。然而，最近有迹象表明，一些放贷行为在承担风险方面的能力正在下滑。例如，贷款价值比（LTV）有所增加，据报道，其中五分之一现在是 95%。收入与贷款的比率也在下降（*Economist*，2016a）。自从金融危机以来，由于联邦政府的介入，道德风险的情况实际上有所增加。国家机构（联邦全国抵押贷款协会、联邦住房贷款抵押公司、全国综合抵押贷款协会、联邦住房协会、退伍军人协会）拥有或担保 6.4 万亿美元的贷款，65%～80% 的新贷款由联邦担保（*Economist*，2016）。其结果是，额外的贷款风险不是银行行为的结果，它们可能正在收紧标准，这种风险是金融危机以来进入该市场的其他机构造成的。

2. 对债务的态度

这里有很多行为方面的问题。一个基本问题涉及参考点。家庭债务在危机之后略有下降，但现在几乎回到了危机前的水平，到 2016 年底接近 12.6 万亿美元，接近 GDP 的 80%。尤其是学生债务和汽车贷款债务正在上升。消费者已经习惯了沉重的债务负担，因此，它并没有像前几年那样引起太多关注。我们还将在接下来的两章中看到，消费者的不耐心和不一致的时间偏好在这里也起着重要的作用：消费者现在就想享受商品和服务，以后再为支付这些商品和服务而发愁。

3. 对金融机构的激励

自金融危机以来，由于联邦机构活动的增加和监管的加强，这些情况已经发生了巨大的变化。发放的抵押贷款越来越少，越来越多的抵押贷款流向了更富裕的消费者。因此，联邦机构越来越多地承担向贫困、高风险家庭发放贷款的风险，而这种风险是由纳税人承担的，估计每年为 1 500 亿美元（*Economist*，2016a）。这些机构不必像现在要求银行那样保持相同的资本缓冲。

4. 对政客的激励

如果能够适度地宣称政客们，也就是立法者，已经掌控了局面，情况可能就不会那么令人担忧了。然而，这一领域似乎存在一种巨大的自满情绪。这主要有两个原因。首先，据称在加强监管方面已经采取了相关行动。如今，资本缓冲区是危机前的两倍，衍生品市场和抵押贷款市场也受到了更严格的监管。事实上，共和党阵营中的许多人认为，监管措施已经过度，需要在一定程度上有所收敛。第二个原因与心理账户的开设和结算有关：政治周期为 4～5 年，但金融危机的周期要长得多，至少为 10～15 年。因此，当前的政客不必担心下一场危机；当这种情况发生时，他们很可能不在任上——这将是别人的问题。

问题

1. 描述案例中提到的关于房屋负担能力的框定效应，并解释这些如何使房地产市场看起来没有陷入危机。
2. 联邦政府介入房地产市场的危险是什么？
3. 解释为什么消费者的债务可能是不可替代的，以及它的含义。
4. 解释代表性直觉推断在房地产和债务市场中的作用。

第 3 篇

跨期选择

第7章 贴现效用模型

7.1 导言

　　跨期选择指的是，在不同时期发生的成本和收益之间进行权衡的决策。无论是政府、厂商还是个人，都经常面临这样的决策：比如，斥资修建道路、学校和医院；建造一座新工厂或是推出一款新产品；购置一辆新汽车；花一笔钱去度假；或是参加一个健身俱乐部。最早从亚当·斯密的时代起，经济学家就一直对这类决策抱有兴趣，但是绝大部分经济学家，包括政府和厂商，如今都在使用由萨缪尔森（Samuelson）于1937年提出的贴现效用模型（DUM）。对于许多行为经济学家来说，这一模型能得到广泛使用是令人费解的，因为连萨缪尔森本人也对这一模型的规范性和描述性持有明显的保留态度。并且在过去的几十年中，人们已经观察到大量违背这一模型的异象。

　　由于跨期选择所涉及的范围甚广，因此本章的叙述方式与前述几章的结构略有不同。到目前为止，我们讲述了新古典主义经济学模型的一些基础特性，然后根据所观察到的异象，对新古典主义经济学模型实施了扩展，亦即引入了一些行为方面的修正。但在本章中，我们将完全致力于对贴现效用模型的描述（其中涉及它与新古典主义经济学模型的相关之处），然后对这一模型的含义和异象进行检验。只有当我们进入下一章时，才会转而去探讨一些可选择的行为模型。届时我们将发现，对这些模型的构建会用到许多在前文中讨论过的因素。

　　因此，在本章中，我们在叙述贴现效用模型的基本特征之前，将首先探讨该模型的历史源流。对历史根源的讨论是很重要的，因为从诸多方面来说，行为经济学当前的许多理论进展都是对某些早期的心理学和社会学研究的复兴。我们还将在下一章看到，最新的跨期选择理论也包含了进化生物学和神经经济学的理论元素。在描述完贴现效用模型的特性之后，我们将讨论大量与之有关的异象。这些异象的性质和原因涉及对时间偏好这一复杂概念的讨论，这将推迟到下一章。最后，我们还将论及贴现效用模型的许多政策启示。

7.2　贴现效用模型的起源

虽然自《国富论》算起，亚当·斯密是首位对跨期选择的重要性进行讨论的经济学家，但实质上却是约翰·雷（John Rae）为跨期选择理论提供了一个心理学基础。

☐ 约翰·雷以及对积累的欲望

在 19 世纪早期，雷（Rae，1905［1834］）就指出，"对积累的有效欲望"是决定一个社会实施储蓄与投资的关键心理因素，这进而又决定了一国经济的生产率和增长率。此外，雷还提出了四个能够增进或抑制这种积累欲望的心理因素，这些因素在不同的社会中存在差异。其中，能够增进积累欲望的两个因素是：

1. **遗赠动机**

为后代积累财富。

2. **自我克制的倾向**

这与人们对决策带来的可能结果的预测能力有关，也与人们将长期利益置于短期利益之上的意志力有关。

而雷所论及的两个能抑制积累欲望的因素是：

1. **人生的不确定性**

如果我们很难拥有一个稳定的人生，那么为未来进行储蓄就毫无意义。雷是这样总结这一观点的：

> 那些从事安全职业并居于兴旺国家的人，要比那些从事冒险职业并居于恶劣环境的人更倾向于节俭。

2. **即期消费的前景加剧了对及时满足的渴望**

雷是这样生动描述这一观点的：

> 通过调动各感官的兴奋度和感知力，人们在脑海中呈现出直接欲求的对象。可以说，当人们的注意力都集中于此时，人们将产生拥有所求之物后那种生动的愉悦感。

☐ 两种不同的方法

后来的理论家们从雷的研究中发展出两种不同的有关时间偏好的观点。一种观点认为，时间偏好的默认情形是指，人们对当前与未来是一视同仁的，但是推迟当前的欢愉会带来不适，这导致人们对未来结果赋予的权重较当前结果轻（Senior，1836）。第二种观点采取了相反的方法，认为人们通常只考虑直接效用，但对未来效用的预期有时可能会抵消当前效用的任何损失，因此导致人们延迟满足（William Jevons，1888；Herbert Jevons，1905）。这两种方法均强调当前感受的重要性，但是却从不同的角度来解释人们的时间偏好为何不同。根据第一种方法，人们在延迟满足时所经历的不适有所不同。而根据第二种方法，时间偏好的变化是由于人们对未来的预测能力不同而产生的。

□ 庞巴维克（Böhm-Bawerk）与他的权衡取舍

跨期选择理论的进一步重要发展是由庞巴维克（Böhm-Bawerk，1889）推动的。他和其后的庇古（Pigou，1920）提出了这样一种见解，认为人们通常会低估在未来的欲望，这导致他们偏向于对当前的时间偏好。需要指出的是，在这一阶段的观点中，尚不存在对未来结果进行贴现的含义，而是指对未来效用的低估。我们在下文中将详细讨论这一核心差别。

庞巴维克还为跨期选择理论提供了另一个重要的创新思想。他认为，跨期选择可被视为个体在不同时期配置资源的权衡取舍行为，这类似于在消费不同当前商品之间分配资源的权衡取舍。

□ 欧文·费雪（Irving Fisher）与无差异曲线分析

在贴现效用模型产生之前，对跨期选择理论的最后一次推进是由欧文·费雪（Irving Fisher，1930）做出的。他形式化了上面列出的大部分工作，扩展了庞巴维克的分析框架，使用无差异曲线来说明相关的权衡。横轴是当前的消费量，纵轴是未来的消费量（通常是下一年的消费量）。他还使用了当前与未来消费之间的边际替代率的概念，这一替代率是由时间偏好和边际效用递减律共同决定的。

值得强调的是，费雪对影响时间偏好的心理学因素做了充分的讨论。他不仅对未来的财富和风险做了描述，而且谈到了雷所提出的四个因素，同时，他还讨论了远见因素，这其实是庞巴维克观点的另一种表达，即人们会低估未来的欲望。此外，费雪还强调了社会风尚的重要性：

> 这在当前起到了作用，一方面，激励人们储蓄，成为百万富翁，而另一方面，刺激百万富翁以炫耀的方式生活。（p. 87）

我们之所以强调在贴现效用模型之前的跨期选择理论都十分重视心理学因素，是因为贴现效用模型本身没有直接考虑心理学因素，而仅将这些心理学因素用一个元素——贴现率来代表。这种"革命"所带来的后果需要一番详细的讨论，这将是本章剩余部分的内容。

□ 萨缪尔森与贴现效用模型

萨缪尔森于 1937 年在一篇题为《略论对效用的计量》（A Note on Measurement of Utility）的短文中，提出了贴现效用模型。这一模型指出，对跨期取权衡舍行为的比较需要对效用实施基数计量而不是序数计量。除此之外，该模型还将费雪的无差异曲线分析从仅限于两时期的比较扩展到多时期的比较。然而，正如上文所指出的，该模型用贴现率这个单一的参数来代表所有与时间偏好有关的心理因素。于是，这一模型可用数学形式很好地表述。首先，它指定了一个跨期的效用函数形式 $U_t(c_t, \cdots, c_T)$，用以表示从时期 t 至时期 T 的消费计划（c_t，c_{t+1}，c_{t+2}，$\cdots$）在时期 t 的效用。同时，该模型吸收了在前述几章所论及的新古典主义经济学模型的一般公理，包括完备性、传递性以及独立性原理。接下来，贴现效用模型进一步假定个人的跨期效用函数可用下面这种指定的函数形式进行表达：

$$U_t(c_t, \cdots, c_T) = \sum_{k=0}^{T-t} D(k)u(c_{t+k}), \text{ 其中 } D(k) = [1/(1+\rho)]^k$$

此方程基本与方程（1.1）类似，但是扩展了第二个组成部分。$u(c_{t+k})$ 可被理解为个人的瞬时效用函数，表示他在时期 $t+k$ 可感受到的幸福。$D(k)$ 是指个人的贴现函数，表示在时期 t 时，他对时期 $t+k$ 的幸福所赋予的相对权重。最后，ρ 是指个人的贴现率，表示他把预期的未来效用贴现到当前的比率。因此可以说，这一参数把前文中提到的所有与时间偏好有关的心理因素都包含进来了。

现在，我们来考虑一个简单的例子，将有助于我们理解这一模型，以及后文将要讨论的与这一模型有关的结论和异象。让我们设想如下一种对未来三年的消费计划：（20，20，20），其中，每个数字代表每年花费了几千美元。我们还可做一个简化假定，即认为这些连续的等量花费能够带来等量的效用。需要指出的是，这种假定违背了在前述几章中提到的某些行为因素，例如参考点、习惯形成和扩张消费计划的欲望（亦即"对幸福的乏味"）。我们将在后文中讨论这些复杂的因素对贴现效用模型的启示。

由于效用的计量是以一个随意的单位"尤特尔"（utils）进行的，因此我们可假设上述消费计划的效用为（20，20，20）。此外，我们还假设这是一个离散的时间模型，效用在每时期末获取，而不是在每一时期中持续获取。这看起来有些不现实，但是贴现效用模型可被修正为一个连续时间模型，其中，效用函数将变为对一个负指数函数的积分。为了简便起见，我们仍将采取这一模型的离散时间形式。如果消费者以每年 10% 的比率贴现未来的效用，那么，我们就可用如下方式计算各期消费的当前效用：

$$U_t(20, 20, 20) = \frac{20}{1+0.1} + \frac{20}{(1+0.1)^2} + \frac{20}{(1+0.1)^3} = 49.74 \qquad (7.1)$$

这种计算方式体现了贴现效用模型的一个重要特征：它与计算净现值的复利公式十分相似。这种与一般金融投资评估法类似的模型迅速得到了经济学家的欢迎，尤其是库普曼斯（Koopmans，1960）的推动作用，他指出，这一模型可用某些表面合理的公理或基本原理推导出来。同时，这一模型还获得了规范性的地位，它表明指数贴现函数是理性的，因为这符合动态一致性的选择。其他一些经济学家，如兰开斯特（Lancaster，1963）、菲什伯恩（Fishburn，1970）和迈耶（Meyer，1976），也为贴现效用模型提出了一些替代性的公理系统，这进一步提升了该模型的合理性与普及性。

7.3 贴现效用模型的特性

现在，我们需要考察贴现效用模型的一系列特性，因为这些特性与隐含于该模型之下的一些潜在的心理学假定有关。弗雷德里克、罗文斯坦和欧登诺（Frederick, Loewenstein and O'Donoghue, 2002）对这些特性进行了分析，并对它们的有效性做了评判。

下文的讨论主要是参考了他们的评判。

□ 将新的替代方案与现有计划相结合

在标准经济学模型所涉及的大部分决策或选择情形中，一个很常见的假设是：人们通过将新的替代方案与现有的计划相结合来评估它们。其含义是：如果某人面临一个前景 A（比如说，现在投资 10 000 美元并在三年后获得 15 000 美元），那么此人就必须考虑这一前景对他整个消费计划的影响。于是，如果此人当前的消费计划是 $(c_t, \cdots, c_T)$，那么若想接受前景 A，他就必须评估新的消费计划，可用 $(c'_t, \cdots, c'_T)$ 表示。如果 $U_t(c'_t, \cdots, c'_T) > U_t(c_t, \cdots, c_T)$，此人就会接受前景 A。

尽管从规范分析的角度看，这一观点是符合逻辑的，亦即人们应该加入新选择以最大化其福利，但是我们已在前几章中看到，这对人们的智力水平提出了不合实际的要求。人们也许无法对未来各期形成良好的消费计划，并且当人们面临新前景时，他们也许无法或不愿在每一期都重新评估其消费计划。在下一节，当我们探讨与贴现效用模型有关的异象时，我们将考察这类行为的经验证据。

□ 效用的独立性

在贴现效用模型中，假定它只是所有贴现的未来效用的总和，例如式（7.1）中的值 49.74，它与跨期选择有关。这忽略了随着时间的推移，效用的分布可能是相关的。我们将看到，人们有可能会偏爱一个各期平滑或是逐期递增的效用安排，而不是一个逐期递减的安排，或是偏爱效用在各期的分散化而不是在某段时期的集中化。这个假定也与下一个假定相关。

□ 消费的独立性

贴现效用模型假定某人在任何一期的福利都与其他任何时期的消费无关。这意味着，当两个消费剖面中的消费是相同的时，对消费剖面的偏好不受此期间消费性质的影响。这与期望效用理论中的独立性公理是类似的。正如弗雷德里克、罗文斯坦和欧登诺（Frederick, Loewenstein and O'Donoghue, 2002）所说：

> 消费的独立性说的是，一个人今晚对意大利餐馆和泰国餐馆的偏好，不应取决于他昨晚是否吃了意大利菜，也不应取决于他明天是否想吃意大利菜。(p. 357)

需要指出的是，无论是萨缪尔森还是库普曼斯都没有提出这种假定具有规范性或描述性的有效性。事实上，我们将在本章的其余部分和下一章回顾一些经验上的异象。

□ 瞬时效用的平稳性

贴现效用模型一般会假定，瞬时效用函数是不随时间变化的，这意味着同样的活动在未来会产生同样的效用，从未来看，和现在一样。比如，如果人们预测到行为 A 在三年后会产生 20 尤特尔的效用，那么若用 $U^0(A)$ 表示行为 A 在当前的效用贴现值，它的值大约为 15 尤特尔（贴现率设为 10%）。而当三年过去后，行为 A 的效用 $U^3(A)$ 仍然为 20 尤特尔。其含义是：人们的偏好不随时间推移而改变，这显然是一个很不现实的假定。

有证据表明，人们倾向于夸大未来偏好与当前偏好的相似程度，这种现象被称为**预测偏差**（projection bias）（Loewenstein，O'Donoghue and Rabin，2003）。于是，人们也许因为现在喜欢绿洲乐队（Oasis）的音乐，就预期他们 20 年后还会喜欢该乐队的音乐，但到那时他们却发现自己已根本无法忍受这些音乐了。

☐ 贴现率的平稳性

在贴现效用模型中假定，人们在其一生中使用不变的贴现率。然而，有显著的证据表明，贴现率在不同的年龄阶段是变化的。米舍尔和梅茨纳（Mischel and Mentzner，1962）发现，随着年龄的增长，人们延迟享乐的意愿也就越强，这暗示老年人的贴现率较低。然而，贴现与年龄的关系可能很复杂。在一次针对 19～89 岁人群的实验中，人们发现老年人的贴现率比年轻人的高，而中年人的贴现率比前二者都低（Read and Read，2004）。哈里森、劳和威廉姆斯（Harrison，Lau and Williams，2002）也得到了类似的结果。

哈夫曼、赫奇科克和丹伯格（Halfmann，Hedgcock and Denburg，2013）进行了更为细致的研究。他们在研究贴现率与年龄之间的关系时，进一步引入了两个参数：认知的功能/损伤和收益/损失。他们的结论表明了一个更为复杂的情况，因为他们发现，认知损伤、损失与收益都与贴现率有关。当面临获得收益时，他们发现中年被试者的贴现率与认知功能受损的老年被试者的贴现率相同，而认知功能未受损的老年被试者的贴现率低于两者中的任意一个。蒙受损失的情况则有些不同：在这种情况下，中年被试者的贴现率与认知功能未受损的老年被试者的贴现率相同，而认知功能受损的老年被试者的贴现率高于两者中任意一个。因此，看起来认知功能受损的老年被试者对未来收益和未来损失的贴现比认知功能未受损的被试者更高。然而，应该指出的是，这不是不合理的，因为这些被试者的预期寿命较短，生活质量较低。

☐ 贴现率的逐期不变性

贴现效用模型假定，在任一时期，人们都对未来各期赋予相同的贴现率。用数学语言表达就是，给定贴现函数，则有：

$$D(k)=[1/(1+p)]^k$$

在时期 t，相同的每时段贴现率 ρ 适用于未来的所有时段。这一条件确保了偏好的跨期一致性。由于标准经济学模型认为偏好的跨期一致性是理性的，而偏好的不一致性通常属于非理性行为，因此，贴现效用模型的这一特征也就经常被看作是合理的。然而，有大量的经验证据表明，贴现率并不是逐期不变的，而是倾向于逐期递减。人们观察到了大量时间偏好不一致的现象。在下一章，我们将评述这些现象以及与之相适应的非传统模型。

我们现在还需指出的是，逐期不变的贴现率并不是确保时间偏好一致性的充分条件。贴现率的恒定性也是必要的。如果贴现率是非恒定的，那么某人在时期 $t+1$ 就会观察到一个不同的但仍然逐期不变的贴现函数：

$$D_{t+1}(k) = [1/(1+\rho')]^k$$

式中，$\rho' \neq \rho$。比如，上文提到的里德与里德（Read and Read，2004）的研究表明，当人们步入中年时，将出现 $\rho' < \rho$。此时，无论对于时期 t 还是时期 $t+1$ 来说，贴现率都是逐期不变的，但是，随着时间的推移，贴现率将会改变。这仍然会导致时间偏好的不一致性。

□ 贴现与消费的独立性

贴现效用模型的另一个假定是：无论消费的对象是什么，都按同一比率贴现。如果缺少这一假定，就无法将贴现率简化为单一参数，并且无法确保时间偏好的一致性。但正如弗雷德里克、罗文斯坦和欧登诺（Frederick, Loewenstein and O'Donoghue, 2002）所说：

> 我们需要根据被推迟消费的对象来确定时间偏好——比如"香蕉的时间偏好""度假的时间偏好"，等等。(p. 358)

确实有证据表明，不同的产品贴现的价格不同（Train，1985），甚至产品的不同属性的贴现也不一样。例如，索曼（Soman，2004）发现，感知努力和感知价格的贴现是不同的。自己组装的产品涉及消费方面的努力，当购买计划在未来的一段时间内出现时会更有吸引力。当购买是即时的时，这样的产品看起来不那么有吸引力，这意味着感知努力比价格的贴现更大。结果再一次告诉我们：随着时间的推移，偏好是不一致的。

□ 边际效用递减和正的时间偏好

尽管这两个特性并不是贴现效用模型的必要条件，但在绝大多数有关跨期选择的分析中都假定这两个条件是存在的。实际上，这两个条件在贴现效用模型产生之前就已存在，因为费雪（Fisher，1930）在其无差异曲线分析法中就强调了这两个条件。一般而言，无差异曲线要求边际效用递减的假定，或是效用函数的凹性假定。这种情况的含义是：它可能会导致人们推迟消费，直到以后的时期。比如，当我们享用一顿美味的盛宴时，我们可能会为明天留下部分菜品，而如果是在餐厅的话，我们可能会将剩菜打包带走。

需要注意的是，这种边际效用递减效应的作用方向与时间偏好的正常方向相反。通常而言，时间偏好是一个正数值，这意味着人们用一个正的比率贴现未来的效用。由于这一原因，很多经济学家并不乐于接受费雪的观点，因为他混淆了边际效用递减与"纯粹"时间偏好的不同影响。然而，我们在后文的某一章节中将会看到，想给"纯粹的时间偏好"下个定义是很困难的，因为现实中存在大量能够带来干扰的因素，而不单单是边际效用递减这一现象。

□ 进化生物学、神经科学与贴现效用模型

尽管贴现效用模型是在不涉及进化生物学的情况下提出的，但在现阶段我们从进化的角度考虑还是很有价值的。罗杰斯（Rogers，1994）首次将进化生物学的思想引入模型。关于为什么所有动物都应该把未来的结果贴现这一问题，进化论给出了一个合理的理由。要考虑到这一点，我们需要记住，生物学的或包容性的适合度是在基因层面而不

是个体层面上运作的。母亲们更喜欢现在消费，以增加自己的后代，而不是储存起来，并将等量的消费传给女儿，让她们去增加自己的子孙后代。这是因为一个人的基因中只有一半遗传给了自己的后代，所以母亲与女儿的关系比与孙女的关系更亲密（实际上前者的亲密程度是后者的两倍）。这是对未来失去耐心、轻视未来的生物学基础。但是，如果储存的回报足够高，则将消费推迟到未来将是值得的，因为孙辈数量的增加将弥补与她们亲缘关系不那么紧密的事实。罗杰斯（Rogers，1994）基于这种简单的进化模型估计出时间偏好率每年约为 2%。其他研究对这一估计的结果及其方法论提出了质疑，但是我们关于这个方面的讨论最好放到下一章。

时间偏好和贴现的深层进化因素是，较早生孩子的人从总数来说可以拥有更多的后代，这在进化上是有优势的。因此，随着时间的推移，这些人将成为总人口的大多数（Robson，2002）。然而，和之前的原因一样，这一理论因为消耗量和后代数量的间接关系而变得复杂。例如，一个人最好先延迟生育后代，通过现在多消费锻炼出强健体格。

进化论也有贴现效用模型中贴现率的说法，它假定贴现率是平稳和逐期不变的。朱、钱和李（Chu, Chien and Lee，2010）提出，非平稳性的贴现得到了进化论的支持。随着时间的推移，它包含了一个随时间 U 形变化的贴现函数，表明年轻人和老年人的贴现率均高于中年人。这与早期里德与里德（Read and Read，2004）及哈里森、劳和威廉姆斯（Harrison, Lau and Williams，2002）的结论一致。

基本的进化模型表明，人们应该有时间一致的偏好。论据如下：如果一个人最大化其生命周期适应性时，涉及未来结果在两个日期之间进行特定的跨期权衡，则随着时间的流逝和日期的临近，人本能应选择当前的偏好，以使这种权衡不受影响（Robson，2002）。因此，如果最初我们希望在未来的三年而非两年中生育后代，那么就推迟生育而言，我们的偏好将在一年中保持不变。也就是说，我们宁愿在两年而非一年内生育后代。但是，如果我们再次考虑与基本模型有关的其他因素，则意味着相比贴现效用模型中的指数函数，使用逐期改变的贴现函数（例如双曲线贴现模型）可能更合适。我们将在下一章讨论其他的因素。

进化生物学和神经科学还可以从平稳贴现假设的角度揭示贴现效用模型的可行性。青少年的前额叶皮质尚未完全发育，这也许可以解释为什么他们比老年人更没有耐心，似乎比老年人具有更高的贴现率。同样地，与年龄相关的认知障碍也与前额叶皮质的损害相关，这一点解释了年长且认知功能受损被试者的贴现率更高的原因。此外，随着人们年龄的增长，他们预期的未来寿命会缩短，与未来有关的不确定性也会增加。这将导致所有成年人达到一定年龄后的贴现率都将增加，尽管我们已经发现，经验研究并不总是表明这一点。

7.4 方法论

在讨论贴现效用模型的异象之前，有必要考虑一下研究者在度量贴现率的经验研究中所使用的方法论。在被描述的方法论中，有很多方面同样适用于其他研究的需要，但我们在此处对方法论进行讨论仍然是十分必要的，因为研究者公布的对贴现率的度量结果差异甚大，范围从负的 6%（意味着人们更偏爱推迟的收益）一直延伸到无限大的正数值。因此，如果能熟悉研究者所使用的不同方法，将有助于我们理解这些度量值为何会出现如此大的差异，同时也有助于理解后文将探讨的异象和非传统模型。我们在第 2 章已经讨论了一些方法论的一般方面，特别是涉及不同类型的经验研究的性质；在这一阶段需要解释的更具体的方面是关于时间偏好的相关信息的提取，以及贴现率的计算。

☐ 信息的诱出

我们在下文将介绍四种常用的实验方法，它们是：选择任务法、匹配任务法、排序任务法和定价任务法。

1. 选择任务法

这是最为常用的测算贴现率的实验方法，其中，被试者需要在一个可立即获取的小额奖励和一个未来才可获取的大额奖励之间进行选择。这种实验方法的一个显著的技术缺点是：它只能得到贴现率的下限或上限。比如，如果人们偏爱一年后获得 110 美元而不是当前获得 100 美元，那么这只能告诉我们，他们的贴现率低于 10%。为了得到更精确的结果，研究人员必须提供一系列不同的选择，如果人们在一年内更喜欢 110 美元，那么他们就会被问及是否更喜欢 120 美元，依此类推。于是，我们通常可对每个被试者算出一个贴现率的区间。除了上述问题的复杂性以及时间的延迟问题之外，另一个技术问题是：这种实验方法会导致锚定效应，第 3 章专门对此进行了讨论。被试者可能会受第一次选择情形的过度影响。缓解此问题的一种方法是使用**滴定方案**（titration procedure）。这种方案使被试者依次在某一区间的左右临界值上进行选择。比如，被试者第一次可能需要在当前的 100 美元和一年后的 101 美元之间做选择，第二次将在当前的 100 美元和一年后的 1 000 美元之间做选择，第三次需要在当前的 100 美元和一年后的 102 美元之间做选择，接下来在当前的 100 美元和一年后的 500 美元之间做选择，从而逐渐趋近于某一个中间区域。

2. 匹配任务法

在这种方法下，被试者需要对如下问题进行开放式的回答，即怎样才能使跨期的两个选择是等价的？比如，他们可能会被问及，一年后获取多少钱才与当前获得 100 美元是等价的？这种实验方法与选择任务法相比有两个优点。首先，通过被试者回答一个问题而不是多个问题，就可计算出他的贴现率。其次，这里不存在锚定效应，因为被试者的回答是开放式的。

但是，匹配任务法同样也存在若干问题，从而误导实验结果的正确性。其中的一个显著问题是：被试者可能会使用过于简单的规则来做判断。比如，当人们判断未来的等价奖励时，常用一种"乘以 n"规则，即他们会把当前的奖励金额乘以需要延迟的年数，所得到的数字就是未来的等价奖励。因此，被试者可能会认为当前的 100 美元与五年后的 500 美元是等价的。这一规则并不能完全说明被试者不是按照日常行为来回答问题的，但另一个问题却加剧了我们对匹配任务法的怀疑。因为在这一方法下，会出现高度不一致的实验结果。例如，当被试者被问及未来获取多少奖励才与当前的某一奖励是等价的时，他们往往会使用一个较高的贴现率，而当他们被问及当前获取多少奖励才与未来的某一奖励是等价的时，他们往往会使用一个较低的贴现率（Frederick，Loewenstein and O'Donoghue，2002，p. 387）。

当被试者被要求在一定的奖励和延迟的时间之间进行匹配时，也会出现实验结果的不一致现象。比如，鲁洛夫斯马（Roelofsma，1994）向一组被试者询问，如果他们购买的一辆自行车九个月后才能送达，他们需要多少金额作为补偿？其结果是，被试者回答的金额中值是 250 荷兰盾。然而，当另一组被试者被问及，如果可获得 250 荷兰盾的补偿，那么自行车可被延迟送达多长时间？其结果是，被试者平均只接受三个星期的延迟，这意味着贴现率要高出 12 倍。

由于在匹配任务法下会出现高度不一致的实验结果，这使得人们开始怀疑此种方法的可靠性，同时也促使人们试图从心理学上寻找原因。与其他不一致和偏好逆转的案例一样，结果之一是行为规范模型的发展变得有问题了。我们将在下一章有关政策启示的那一节详细探讨这一问题。

3. 排序任务法

在这种方法下，被试者通过回答喜欢或是不喜欢来对不同时期的收益进行排序。这样一来，就需要使用一种序数的评价尺度，而不再需要基数的或是基于比率的评价尺度。这一方法的优点是：被试者不需要进行过分复杂的计算，但缺点是：对各种实验结果不易区分。比如，如果一个人认为一年后的 150 美元要比当前的 100 美元更好，我们无法获知这二者之间的偏好差异到底是大还是小。

4. 定价任务法

这种方法是指，被试者需要对是否接受未来的某一特定结果而表达一个支付意愿，支付的方式既可为货币形式也可为非货币形式（比如延长一年生命，或是施加特定程度的疼痛）。与排序任务法一样，这种方法也可让不同的被试者面临不同时长的跨期选择，因为每个被试者都可能是对当前结果和未来结果进行单独评价的。

☐ 方法论问题

在案例 7.1 中可以看到，即使是实验研究，也会得到差别很大的贴现率值。其原因在于，虽然在实验中可施加适当的控制，但在不同的研究中使用的控制方法也各不相同。为了说明这一点，我们选取了控制最严密的研究之一，即哈里森、劳和威廉姆斯（Harrison，Lau and Williams，2002）的实验，并对这一实验设计背后的基本原理及相关问题做了考察。在这一实验中，他们向一个由 268 名丹麦人组成的代表性群体提出如下问题：你是偏好今天的 100 美元还是明天的 $100+x$ 美元？他们在该实验的设计中，共使用了六种方法来修改这一问题：

1. 使用选择任务法

在这一方法下，他们使用了 20 种不同的金额数目作为选项 B，并与一个标准化的选项 A 作对照，以此来测算个体贴现率的准确范围。

2. 用随机支付作为激励

被试者需要同时回答若干不同问题，其中，每个问题中涉及的 x 值都不同，最后某一问题会被随机选中，作为实验结束时的实际支付。使用这种方法可避免出现收入效应，因为收入效应会干扰被试者对后续问题的回答。这是研究者确保被试者具有参与性、积极性并做出可靠回答的标准化做法。但这种方法的主要问题是：它阻止了学习效应的发生（Starmer，2000）。

3. 使用"前端延迟"法

由于无论是近期的还是远期的选择都发生于未来，因此研究者无须再向被试者提出"你是偏好当前的 100 美元还是六个月后的 $100+x$ 美元"这样的问题，而是询问"你是偏好一个月后的 100 美元还是七个月后的 $100+x$ 美元"。这种提问方式避免了我们在第 2 章提到的一个问题，即人们容易混淆"纯粹"时间偏好和未来交易成本所带来的影响。在未来收到一笔钱经常会涉及一定的交易成本，因为你必须采用某种方式去收取，并且被试者有可能会赖账。如果让被试者面临的选择都发生在将来，那么由交易成本带来的效应就被控制住了。这是一种很重要的控制方法，但在很多研究中却并未使用。在后文中，我们将对这一方法的结果进行评论。

4. 使用不同的时间期限

在这一实验中，共使用了四种时间期限：6 个月、12 个月、24 个月和 36 个月。某些被试者被随机指定回答仅涉及一种时间期限的问题，而另一些被试者则需回答涉及所有时间期限的问题。这两种回答问题的方式可帮助研究者判断，当被试者需要考虑多种时间期限时会产生怎样的效应。

5. 提取有关被试者市场利率的信息

这样做的目的是：考察被试者的贴现率是否会受市场利率的影响。其原因是：被试者所报告的贴现率可能并不反映"纯粹"的时间偏好，而是受他所面临的市场利率的影响。比如，如果某人可按 6% 的利率借贷，那么他就有可能偏好一年后的 105 美元而不是当前的 100 美元，因为借 100 美元会更贵。

6. 提供与延迟支付有关的年利率

这样做可使被试者能够对实验中的选项与外部的或市场中的选项进行比较。

上述实验设计并不能对 7.5 节中提到的所有异象进行检验，比如"符号效应"（sign effect）和"量级效应"（magnitude effect），但是，这种设计却可使某些涉及错误概念和干扰因素的重要问题得以控制。然而，还有一个问题值得在这里详加讨论。上述实验的研究者写道：

> 我们的研究结果表明，在这些实验中，被试者一到三年的名义贴现率是保持不变的。（p. 1606）

一些评论者由此认为，通过使用前端延迟法来减少由交易成本导致的干扰问题，可为我们提供证据以表明贴现效用模型假设的逐期不变的贴现率要比双曲线贴现模型更为合理。我们将在下一章探讨有关双曲线贴现模型的问题，但在此处值得对上述观点做一些澄清。细致考察上述研究的结果就可以发现，6 个月的贴现率实际为 34.9%，12 个月的贴现率为 29.0%，而 24 个月和 36 个月的贴现率分别为 27.4% 和 27.9%。因此说，认为贴现率在整个期限保持逐期不变是错误的。这里揭示的是使用更短的前端延迟法，比如一天或一周，并对短于 6 个月的贴现率进行测算。从这些研究中得到的经验证据将有助于我们对贴现率的逐期不变性进行评估。

然而，到目前为止，还有一个主要的方法论问题没有被讨论。通常情况下，实验和实地研究中的奖励和成本均以货币形式表示。因此，任何根据货币数据计算的贴现率均基于以下隐含假设：效用是货币的线性函数。标准经济学和行为经济学理论通常都基于风险厌恶或边际敏感度递减而使用对数函数。为了补偿这种影响，最近的研究提出了估算时间偏好的替代机制，例如安德罗尼和斯普林格（Andreoni and Sprenger，2012）的凸时间预算和安德森及其同事（Andersen and colleagues，2008）的双倍价格表（DMPL）。对这些方法的讨论超出了本书的范围，但是读者应该意识到问题的本质。为了对此有所了解，据艾斯托等（Estle et al.，2007）报道，消费品（直接产生效用）要比金钱奖励的贴现幅度更大。该研究的作者提到，这可能是因为钱可以通过交换来购买任何东西。但是，这一发现表明，尝试寻找根据经验得出的普适贴现率是没有根据的。

□ 贴现率的计算

由于可使用多种方法来计算贴现率，因而在此处对这些数学方法做一个回顾就是值得的。其中，最简单的方法即标准的复利公式法，它常被用于评估投资决策的净现值收益和内部收益率。这一公式可表达如下：

$$F = P(1+r)^n \tag{7.2}$$

式中，F 为未来价格；P 为当前价格；r 为贴现率；n 为时期数。例如，如果被试者认为 10 年后的 500 美元与现在的 100 美元相当，那么根据上述方法就可对贴现率做如下计算：

$$500 = 100(1+r)^{10}$$

从中可计算出贴现率为每年 17% 左右。

然而，绝大多数经验研究并不使用上述这种计算方法，因为它只适用于计算**离散复利**（discrete compounding），通常按年份计算，就像上面的例子那样。在一般研究中，通常计算的是**连续复利**（continuous compounding），这需要使用一个指数函数形式：

$$F = Pe^{nr} \tag{7.3}$$

对该式进行变形，就可将 r 值表达为：

$$r = \frac{\ln(F/P)}{n} \tag{7.4}$$

如果将前面离散时间状态下的各个值代入此处的指数函数，那么可计算出贴现率为 16%。当使用连续复利法时，计算出的贴现率总是要低于用离散复利法计算出的值，并且两者的差异随着贴现率的提高而扩大。比如，如果被试者认为 10 年后的等价收益是 1 000 美元而不是 100 美元*（类似于被试者使用了"乘以 n"规则），那么用离散复利法计算的贴现率为 26%，而用连续复利法计算的值为 23%。

---

* 原文此处为 100 美元，疑误。正确应为 500。——译者注

我们还可计算贴现率的平均值或边际值。比如，被试者可能会认为现在的 100 美元与 1 年后的 120 美元以及 5 年后的 160 美元无差异。运用连续复利法计算，可得到下一年（第 0 年和第 1 年之间）的贴现率为 18.2%，而整个五年（第 0 年和第 5 年之间）的年均贴现率为 7.8%。然而，在某些情况下，考虑每个期间的边际贴现率可能是有用的。在上述情况下，第 1 年和第 5 年之间的边际贴现率是每年 7.2%。

7.5　贴现效用模型的异象

就前面描述的模型的特点而言，我们已经注意到贴现效用模型中的许多异象，而且这些特征似乎没有得到经验证据的证实。另外还有一些异象是由前两章中提到的某些因素导致的，主要与前景理论和心理核算理论有关。这些异象包括"符号效应"、"量级效应"、"推迟—加快"的非对称性（delay-speedup asymmetry）、偏好改善的序列、"日期/时间跨度效应（date/delay effect）"，以及违背独立性和对摊开的偏好。现在，我们将逐一探讨这些因素。

□ "符号效应"

这一效应是指，人们对收益的贴现率要大于对损失的贴现率，这是根据前景理论得出的。比如，塞勒（Thaler，1981）在一项研究中询问被试者，如果他们对交通罚单的支付可以延迟 3 个月、1 年或 3 年，那么他们分别愿意支付多少？被试者的回答结果显示，人们在这种情形下使用的贴现率要低于可获得货币收入时的贴现率。虽然这一研究是在实验室中完成的，并且涉及的是虚拟场景，但完全可针对这一问题进行一次实地研究，因为在地方政府的相关部门中，对人们缴纳罚金的数额和时间存有记录。在许多案例中，地方部门施加给公众的潜在贴现率是很高的，哪怕迟交几个星期就会被课以两倍的罚金。在这一研究中存在的主要问题是：我们必须考虑前一节提到的复利因子的作用。此时人们可能会忘记缴款，或是故意延迟以希望免交罚金（如果地方部门无法追踪所有罚单的话）。

许多研究表明，在对损失进行贴现的一种极端情形中，人们倾向于尽快遭受损失而不是推迟它（Mischel，Grusec and Masters，1969；Yates and Watts，1975；Loewenstein，1987；Benzion，Rapoport and Yagil，1989；MacKeigan et al.，1993；Redelmeier and Heller，1993；Hardisty，Appelt and Weber，2012）。这意味着对损失的贴现率为负，并且关于这一现象的解释很快就会与量级效应联系起来。

学界提出了各种有关"符号效应"的理论。比尔金和勒伯夫（Bilgin and LeBoeuf，2010）引入了"暂时性损失厌恶"（temporal loss-aversion）一词来解释。这些研究人员通过一系列实验发现，被试者承受损失之前的间隔似乎短于获得收益之前的间隔，并且这种效果是由对间隔终点性质的感知驱动的，而不是由间隔本身的性质驱动的。例如，一个人在几个月后将搬到新城市工作，如果他不希望搬家，则间隔时间似乎比该人期待搬家情况下的时间间隔短。由于主观效应更强烈，或者可能因为损失比收益更消耗人们的注意力，这种暂时性损失厌恶就会产生。其他心理因素也与这种厌恶心理有关。预期的效用十分重要，当面对损失的时候，预期效用为负。正如我们在第 3 章中看到的那样，人们不喜欢损失的阴云"笼罩"在他们头上，他们希望立即承受痛苦，以便尽快将它"抛诸脑后"。因此，人们有动力来最大化他们期望的享乐活动，并且最大程度地减少未来不愉快事件带来的恐惧。

比尔金和勒伯夫（Bilgin and LeBoeuf，2010，p.528）从进化的角度对这一现象加以解释："当危险迫在眉睫时，人们更倾向于在夸大危险接近的程度上犯错，因为暂时感知危险可以调动必要的生物质能。"比尔金和勒伯夫声称，对于意外的危险尤其如此。

□ "量级效应"

许多研究对实验金额的数目做了改变，结果发现，人们对大数目金额的贴现率经常要小于对小数目金额的贴现率（Thaler，1981；Ainslie and Haendel，1983；Loewenstein，1987；Benzion，Rapoport and Yagil，1989；Holcomb and Nelson，1992；Green，Fry and Myerson，1994；Kirby，Petry and Bickel，1999；Hardisty，Appelt and Weber，2012）。比如，在塞勒的研究中，被试者对当前的 15 美元与一年后的 60 美元无差异，对当前的 250 美元与一年后的 350 美元无差异，对当前的 3 000 美元与一年后的 4 000 美元无差异。在这些无差异情形下，贴现率依次为 139%、34% 和 29%。

这一效应的作用方式与边际效用递减律恰恰相反，因此该现象需要一个心理学解释。在塞勒的上述研究中，对贴现率的计算是基于货币值做出的，而不是基于实际效用。如果用实际效用代替货币值来计算贴现率，那么若边际效用递减律起作用的话，则在小金额与大金额的贴现率之间就会产生更大的差异。

哈迪斯蒂·阿佩尔特和韦伯（Hardisty Appelt and Weber，2012）发现，符号效应和量级效应之间也存在相互影响。他们发现，尽管大额收益的贴现率低于小额收益，但大额损失比小额损失的贴现率更高。例如，他们发现，10 美元损失在 6 个月内的贴现率为 −6%，而 1 000 美元的损失在同样的时间段内的贴现率为 −13%。他们认为符号和量级效应都可以用"分解理论"（resolution theory）来解释。这就强调了当前偏好的重要性，即消费者有一种立即解决得失的心理愿望。对于收益，人们希望立即获得收益，以避免浪费等待的时间，而且他们也希望有任何损失时，立即结清他们心理账户上的损失并避免未来怅然若失的感觉。

□ "推迟-加快"的非对称性

许多研究还探讨了获取收益的时间发生变化会带来怎样的效应。这些变化以两种形式出现，亦即相对于某一时间参考点的推迟或加快。比如，罗文斯坦（Loewenstein，1988）发现，那些不愿在下一年收取录影机的被试者平均愿意支付 54 美元以立即收到它（因为立即收货是一个可感受到的收益）。而那些觉得能立刻收到录影机的被试者却平均要求 126 美元才肯推迟一年收货（因为推迟收货是一个可感受到的损失）。还有一些研究也得到了相同的结论，其中需要被试者进行支付，这属于负的收益，而不是像获取产品那样的正收益。在此情形下，被试者对立即支付（这是一个可感受到的损失）比对推迟支付（这是一个可感受到的收益）要求更多的补偿。

我们可以认为，这些研究结果可用前景理论预测出来。其中，需要用到该理论中的两个要素：其一为参考点，其二为损失厌恶。

□ 偏好改善的序列

贴现效用模型预测，当未贴现的各期效用之和保持不变时，人们会偏好一个递减的消费时序而不是递增的时序，因为发生于较晚时期的消费是以一个较大的比率贴现的。因此，对于给定的两个三期消费时序（50，60，70）和（70，60，50），贴现效用模型预测人们会偏好后者而非前者。然而，许多研究却表明，人们偏好的是递增的消费时序。比如，罗文斯坦和西奇曼（Loewenstein and Sicherman，1991）发现，对于某份工作来说，当其他条件均相同时，人们偏爱一个递增的收入模式而不是递减的或平滑的收入模式。奚、艾贝尔森和萨洛维（Hsee，Abelson and Salovey，1991）发现，人们会认为一个递增的收入时序与一个更高金额的递减的收入时序是等价的。除了这些针对收益时序的研究，一些研究者还对损失时序做了考察。瓦利和卡尼曼（Varey and Kahneman，1992）发现，被试者强烈偏好一个递减的痛苦时序而不是递增的痛苦时序，哪怕各期痛苦之和在其他方面保持不变时也是如此。查普曼（Chapman，2000）研究了被试者对假想的头痛时序和真实的头痛时序的反应，所涉及的时间期限从 1 小时到 20 年不等。对于所有的时间期限来说，有 82%～92% 的被试者偏爱的是递减的痛苦时序，而不是递增的痛苦时序。因此，总的来说，对于收益和损失，人们更喜欢一个变得更好的序列，而不是一个结果正在恶化的序列。

上述研究结果与第 3 章中提到的各种效应是一致的，比如期望效应、期待效用和参考点等。尤其值得回忆的是由雷德梅尔和卡尼曼（Redelmeier and Kahneman，1996）对肠镜检查所做的研究，其中，被试者的记忆效用以及由此决定的决策效用与实时效用是不同的。根据峰-终定律，记忆效用或负效用主要与时序末期（而不是初期）的效用有关。

□ "日期/时间跨度效应"

上文描述的各种效应涉及目标的变化及对结果和时间段的操纵，最近的研究也表明，当逻辑上相同的情况以不同的方式呈现或框定时，人们可能会做出不同的跨期选择。里德及其同事（Read and colleagues，2005）以及勒伯夫（LeBoeuf，2006）发现，对于某个时期而言，如果用该期的期末日来标定它，而不是用该期的时间跨度来标定它，那么被试者的贴现率就会变小。比如，勒伯夫在其研究中要求受试者回答如下两个问题（2 月 15 日）：

（1）你认为现在得到 100 美元与 8 个月后得到多少钱等价？

（2）你认为现在得到 100 美元与在 10 月 15 日得到多少钱等价？

虽然从逻辑上看，这两个问题并无不同，但可发现被试者在回答第一个问题时会索要更高的金额。这意味着如果用时间跨度来描述何时可获取收益，则受试者的贴现率也较高。当被试者面临的是损失而不是收益时，也可得到类似的实验结论。在这些实验中，从当前算起到支付损失的时间范围从两个月到两年不等。

勒伯夫（LeBoeuf，2006，p. 61）从前景理论和心理核算理论的观点出发，对上述现象提供了一个心理学解释：

> 当消费者发现某一时期是用某一日期来标定的，那么，这一日期就会被理解为一个相对抽象的时间点，对此，消费者甚至难以算出这一时期究竟有多长。然而，当用时间跨度来描述这一时期时，那么，该时期的长度就被明白无误地表达出来了……于是，当消费者获知时间的跨度时，他们也就更为在意时期的长度。

如果被试者感知到的时间跨度越长，那么他们就会使用更高的贴现率。这一结论有很多政策启示，我们将在下一章讨论。

□ 违背独立性和对摊开的偏好

正如在上一节所提到的，消费的独立性假设意味着，对于两个消费计划，在某时点上的相同的消费特征不会影响个体对这两个消费计划的偏好差异。然而，有证据表明，在逻辑上相同的情况下，消费者的反应可能会不同。比如，罗文斯坦和普利莱克（Loewenstein and Prelec，1993）发现，当人们面临一个"简单"的选择时——（A）下周末去一家法国餐厅享用梦幻晚餐；（B）下下周末去这家餐厅用餐——大部分人都会偏好第一个选项，即选择下周末去。这一现象是能够用贴现效用模型进行预测的，因为某一事件发生得越晚，它的效用被贴现到当前也越低。然而，研究者却发现，当被试者面临一个"被复杂化"的选择时——（C）下周末去一家法国餐厅享用梦幻晚餐，下下周末在家吃饭；（D）下周末在家吃饭，下下周末去法国餐厅用餐——实验结果会发生变化。在这一情形下，大部分人会偏好第二个选项。对于被试者来说，在家吃饭是很平常的事，因此"被复杂化"的选项（C）和（D）与"简单"的选项（A）和（B）在本质上是一样的。这说明，在"被复杂化"的选项中存在一个框定效应，它使被试者出现了偏好反转。

对这一实验结果的心理学解释是："被复杂化"的选项会吸引人们更关注各期结果的时序特征，正如前文所言，此时人们会更偏好一个改善的时序。

罗文斯坦和普利莱克（Loewenstein and Prelec，1993）还观察到，人们对分散化的结果更为偏好，这同样是对独立性的违背。在某项实验中，被试者得到两张虚拟的法国餐厅的优惠券，他们需回答将怎样使用它们。此处涉及两种不同的条件，在一种条件下，优惠券的使用期限是两年，在另一种条件下，优惠券无使用期限。实验结果显示，当优惠券有使用期限时，被试者会把享用两顿大餐的时间安排得较晚（分别为第8周和第31周），而当优惠券无使用期限时，享用大餐的时间被安排得较早一些（分别为第3周和第13周）。这一实验结果意味着，当不存在时间限制时，人们潜在的享用两次大餐的时间跨度是短于两年的；当优惠券被附加了两年的使用期限时，被试者反而会把享用大餐的时间安排得更分散化一些。这同样也是一个有关锚定效应的例子。

还有证据表明，除了消费的分散化之外，人们还偏好收入的分散化，这一现象被称为"收入的平滑性"。对此，加利福尼亚州有一个现实的例子，因为在该州，有近一半的联邦学区为教师提供了如下选择：他们既可将年薪分10个月领完，也可分12个月领完。贴现效用模型的预测是：教师们会选择按10个月领完年薪，并通过储蓄赚取利息。但现实情形是：有大约50％的教师选择按12个月领薪，哪怕这样做会损失可观的利息（Mayer and Russell，2005）。对这一现象的心理学解释是（对教师的调查结果印证了这一解释），按 12 个月领薪可使收入更为分散化，于是人们能更好地控制自己的支出。

□ 异象的启示

对于模型中新古典主义经济学模型违反的其他方面，例如偏好反转，一旦被指出，被试者往往会认为是错误的。然而，这通常不是上述异象的情况。有几个例子可以说明这一点。

1. "符号效应"

对于涉及被试者群体内部的研究与涉及被试者群体之间的研究而言，符号效应在前一种研究中表现得更为明显。因此，当被试者同时受到收益和损失的影响时，贴现率的差异比被试者只受到收益或损失的影响而不同时受到收益或损失的影响时更大。如果"符号效应"被被试者视为"错误"，那么人们预计这种差异会更小或不存在于被试者内部，因为被试者可以直接比较他们对损失和收益的反应。

2. "量级效应"

这个例子中的经验证据与上述"符号效应"类似。弗雷德里克和里德（Frederick and Read，2002）发现，当被试者同时面临小数目金额和大数目金额时，对这二者的贴现率差别要大于被试者只面临小数目金额或只面临大数目金额的情形。如果这种异象被认为是一种"错误"，那么这再次与人们的预期相反，因为当被试者同时面临小数目金额和大数目金额时，会产生一个锚定效应。

3. 偏好改善的序列

在罗文斯坦和希奇曼（Loewenstein and Sicherman，1991）的研究中，他们曾向被试者说明，一个递减的收入时序（27 000 美元，26 000 美元，…，23 000 美元）要比一个名义上等价的递增时序（23 000 美元，24 000 美元，…，27 000 美元）更便于他们在每期多消费一些。可是，这一说明并未影响被试者的行为，他们仍然偏好递增的收入时序。

上述行为的意义在于，至少在许多情形下，人们并不认为异象是由行为的错误或判断的失误导致的。对此，我们无须表示惊讶，因为贴现效用模型从最初就不是作为有效的描述性或规范性模型而提出的。但不幸的是，由于该模型迅速得到了经济学家和其他实践者的广泛欢迎，因此它也就悄然赢得了作为描述性和规范性模型的合法地位。

因此，当我们对贴现效用模型及其缺陷做了回顾之后，现在可着手考察在描述性和规范性上更为合理的其他跨期选择模型了。这正是下一章的任务。

小 结

- 对跨期选择的早期研究强调心理学因素在决定偏好时的重要性。

- 贴现效用模型将所有影响时间偏好的因素压缩为一个单一参数，即贴现率。
- 萨缪尔森作为贴现效用模型的提出者，从未表示过该模型在描述性分析或规范性分析上具有有效性。
- 贴现效用模型有八个主要特性：将新的替代方案与现有计划相结合；效用的独立性；消费的独立性；瞬时效用的平稳性；贴现率的平稳性；贴现率的逐期不变性；贴现与消费的独立性；边际效用递减和正的时间偏好。
- 经验研究包括实地研究和实验研究，其中，后者可涉及真实的或虚构的收益/损失。无论是哪种研究，都既可在被试者群体之间进行，也可在被试者群体内部进行。
- 实验研究可以包括选择任务法、匹配任务法、定价任务法和排序任务法。其中，前两种方法最为常用。
- 贴现率既可用离散复利法算出，也可用连续复利法算出。其中，后一种算法需要用到一个指数函数，但却是较为常用的算法。
- 与贴现效用模型有关的异象很多，包括："符号效应"；"量级效应"；"推迟-加快"的非对称性；偏好改善的序列；"日期/时间跨度效应"；以及违背独立性和对分散化的偏好。
- 我们不应把那些违背贴现效用模型的异象看成是人们行为的错误或判断的失误。相反，这些异象暗示着贴现效用模型在描述性分析和规范性分析上都缺乏有效性。

思考题

1. 请解释什么是消费独立性，并给出一个例子。

2. 请解释平稳的贴现率和逐期不变的贴现率之间的区别。

3. 请解释如何使用选择任务法来获取信息，讨论这种方法在实施过程中可能遇到的问题以及如何克服这些问题。

4. 请描述匹配任务法，讨论实际中可能出现的所有问题。

5. 请解释"前端延迟"法的含义以及使用这种实验方法的优点。

6. 请解释负贴现率的含义；人们在什么情况下会使用负贴现率？

7. 请解释"推迟-加快"的非对称性的含义，以及它与前景理论的关系。

8. 请举例说明在跨期选择中违背独立性的情况，并解释其原因。

应　用

到目前为止，我们对跨期选择的分析并未真正涉及对个人情形的考察与评估，因为我们尚未讨论那些旨在克服贴现效用模型缺点的行为模型。因此，针对个人特定情形的分析将推迟到下一章进行。故而此处我们仅给出一个应用研究的例子，这个例子回顾了学者们在 25 年的经验研究中对贴现率的测算情况。

❖案例 7.1　　　　　　　　对贴现率的经验测算

2002 年，在一篇题为《时间贴现：一个批判性回顾》（Time Discounting：A Critical Review）的重要文章中，弗雷德里克、罗文斯坦和欧登诺在一张表格中总结了他们所能找到的 1978—2002 年间计算贴现率的研究，得出了隐含的贴现率。根据这些研究，我们可直接获得贴现率的值，或是轻易计算出这些值。这张表格共收录了 42 个研究，并对每个研究的类型做了描述，其中包括所涉及的商品、是否使用了真实或虚构的收益/损失、对被试者使用的诱出方式、涉及的时间范围、年贴现率以及贴现因子。其中，贴现因子 δ 的计算公式是 $\delta=1/(1+r)$。读者在下一章将看到，当描述不同的现象时，使用贴现因子要比使用贴现率更便于数学上的处理。我们在本章末尾再现了这张表格（即表 7.1）。

表 7.1　对贴现率的经验估计

研究	类型	商品	真实或虚构的收益	诱出方法	时间长度	年贴现率（%）	δ
Maital and Maital (1978)	实验研究	货币与优惠券	虚构	选择任务法	1 年	70	0.59
Hausman (1979)	实地研究	货币	真实	选择任务法	未限定	5～89	0.95～0.53
Gateley (1980)	实地研究	货币	虚构	选择任务法	未限定	45～300	0.69～0.25
Thaler (1981)	实验研究	货币	虚构	匹配任务法	3 个月至 10 年	7～345	0.93～0.22
Ainslie and Haendel (1983)	实验研究	货币	真实	匹配任务法	未限定	96 000～∞	0.00
Houston (1983)	实验研究	货币	虚构	其他	1 年至 20 年	23	0.81
Loewenstein (1987)	实验研究	货币和痛感	虚构	定价任务法	当前至 10 年	−6～212	1.06～0.32
Moore and Viscusi (1988)	实地研究	生命年数	真实	选择任务法	未限定	10～12	0.91～0.89

续表

研究	类型	商品	真实或虚构的收益	诱出方法	时间长度	年贴现率（%）	δ
Benzion et al.（1989）	实验研究	货币	虚构	匹配任务法	6个月至4年	9～60	0.92～0.63
Viscusi and Moore（1989）	实地研究	生命年数	真实	选择任务法	未限定	11	0.90
Moore and Viscusi（1990a）	实地研究	生命年数	真实	选择任务法	未限定	2	0.98
Moore and Viscusi（1990b）	实地研究	生命年数	真实	选择任务法	未限定	1～14	0.99～0.88
Shelley（1993）	实验研究	货币	虚构	匹配任务法	6个月至4年	8～27	0.93～0.79
Redelmeier and Heller（1993）	实验研究	—	虚构	排序任务法	1天至10年	0	1.00
Cairns（1994）	实验研究	货币	虚构	选择任务法	5年至20年	14～25	0.88～0.80
Shelley（1994）	实验研究	货币	虚构	排序任务法	6个月至2年	4～22	0.96～0.82
Chapman and Elstein（1995）	实验研究	货币和健康度	虚构	匹配任务法	6个月至12年	11～263	0.90～0.28
Dolan and Gudex（1995）	实验研究	健康度	虚构	其他	1个月至10年	0	1.00
Dreyfus and Viscusi（1995）	现场研究	生命年数	真实	选择任务法	未限定	11～17	0.90～0.85
Kirby and Marakovic（1995）	实验研究	货币	真实	匹配任务法	3天至29天	3 678～∞	0.03～0.00
Chapman（1996）	实验研究	货币和健康度	虚构	匹配任务法	1年至12年	负数值至300	1.01～0.25
Kirby and Marakovic（1996）	实验研究	货币	真实	选择任务法	6个小时至70天	500～1 500	0.17～0.06
Pender（1996）	实验研究	大米	真实	选择任务法	7个月至2年	26～69	0.79～0.59

续表

研究	类型	商品	真实或虚构的收益	诱出方法	时间长度	年贴现率（%）	δ
Wahlund and Gunnarsson (1996)	实验研究	货币	虚构	匹配任务法	1个月至1年	18～158	0.85～0.39
Cairns and Van der Pol (1997)	实验研究	货币	虚构	匹配任务法	2年至19年	13～31	0.88～0.76
Green, Myerson and McFadden (1997)	实验研究	货币	虚构	选择任务法	3个月至20年	6～111	0.94～0.47
Johanneson and Johannsson (1997)	实验研究	生命年数	虚构	定价任务法	6年至57年	0～3	1.00～0.97
Kirby (1997)	实验研究	货币	—	定价任务法	1天至1个月	159～5 747	0.39～0.02
Madden et al. (1997)	实验研究	货币和海洛因	虚构	选择任务法	1周至25年	8～∞	0.93～0.00
Chapman and Winquist (1998)	实验研究	货币	虚构	匹配任务法	3个月	426～2 189	0.19～0.04
Holden, Shiferaw and Wik (1998)	实验研究	货币和玉米	真实	匹配任务法	1年	28～147	0.78～0.40
Cairns and Van der Pol (1999)	实验研究	健康度	虚构	匹配任务法	4年至16年	6	0.94
Chapman, Nelson and Hier (1999)	实验研究	货币和健康度	虚构	选择任务法	1个月至6个月	13～19 000	0.88～0.01
Coller and Williams (1999)	实验研究	货币	真实	选择任务法	1个月至3个月	15～25	0.87～0.80
Kirby, Petry and Bickel (1999)	实验研究	货币	真实	选择任务法	7天至186天	50～55 700	0.67～0.00
Van der Pol and Cairns (1999)	实验研究	健康度	虚构	选择任务法	5年至13年	7	0.93
Chesson and Viscusi (2000)	实验研究	货币	虚构	匹配任务法	1年至25年	11	0.90

续表

研究	类型	商品	真实或虚构的收益	诱出方法	时间长度	年贴现率（%）	δ
Ganiats et al. (2000)	实验研究	健康度	虚构	选择任务法	6个月至20年	负数值至116	1.01~0.46
Hesketh（2000）	实验研究	货币	虚构	选择任务法	6个月至4年	4~36	0.96~0.74
Van der Pol and Cairns (2001)	实验研究	健康度	虚构	选择任务法	2年至15年	6~9	0.94~0.92
Warner and Pleeter（2001）	实地研究	货币	真实	选择任务法	当前至22年	0~71	1.00~0.58
Harrison，Lau and Williams (2002)	实验研究	货币	真实	选择任务法	1个月至37个月	28	0.78

资料来源：Frederick, S. , Loewenstein, G. and O'Donoghue, T. "Time Discounting and Time Preference：A Critical Review,"*Journal of Economic Literature* ,XL,June 2002,pp. 351 - 401,Table 1,with permission from the American Economic Association.

问题

1. 哪些因素可以用来解释在估算贴现率时的巨大差异？

2. 贴现率的大小与是否使用了真实或虚构的收益有关吗？

3. 负的贴现率意味着什么？什么因素会导致负贴现率的出现？

4. 随着时间的推移，就估计值的趋同而言，是否有任何方法论上的进展的证据？缺乏进展意味着什么？

7

第8章 新的跨期选择模型

为什么我们要将闹钟放在床的另一边呢？好吧，我们不再需要这样做了。现在我们可以买到 Clocky（落跑闹钟），当我们想让它安静的时候，闹钟会从床头柜上跳起来，然后跑掉，同时闹铃响起。YouTube 上的一则评论说，如果能设计出能跑、能藏在床下的闹钟，那就更好了，这样就更难找到它了。

所以现在问题变成了：为什么我们要买一些物品使我们的生活变得更艰难，并且在我们早晨无法关掉它时又开始咒骂？Clocky 其实就是我们的承诺，晚上上床睡觉时，我们确保早上要起床。但是，当早上我们醒来时，会遭受偏好逆转的折磨，我们想卧床不起。我们早上的自我和晚上的自我是不同的人，这种模式日复一日地重复着。结果是，晚上的自己了解了早上的自己的弱点，并试图通过做出一个早上的自己无法避免的承诺来克服这些弱点。随着时间的推移，这种偏好逆转的模式在我们生活的各个方面都很常见；我们总是屈服于诱惑和拖延，同时试图采取措施阻止我们未来的自己这样做。

8.1 时间偏好

前一章末尾的表格最明显的特点是，不同的贴现率衡量方法之间的差距非常大，甚至在同一项研究内以及在不同研究之间也是如此。因此，不能简单断言是实验设计方法的差异导致了贴现率计算值的差异。造成这种差异的主要原因是在时间偏好的测量中存在混杂因素。这就提出了一个基本问题，即什么构成了时间偏好？如果我们要解决并解释与贴现效用模型（DUM）相关的异象，则有必要理解此概念以及所涉及的因素。我们将在 8.2 节看到，这些异象通常与自我控制问题有关。然后，8.3～8.5 节讨论了DUM 的各种替代模型，而 8.6 节则审查了行为、进化和神经经济学研究的相关经验证据。8.7 节讨论了与模型和证据相关的各种政策启示。

首先，我们需要检查涉及时间偏好测量的各种混杂因素。

□ 消费的再配置

大多数研究使用货币奖励作为回报，而不是消费品。在计算贴现率时，一个常规的假定是：在被试者接受的那一刻起，货币奖励或损失就被立即消耗掉了，并且在某一时刻的奖励或损失并不影响其他时刻的消费模式。比如，如果某人在一年后可得到 100 美元的奖励，那么就假定这 100 美元会被立刻消费掉，而不是引起一年之后更长时期内的消费增加。此外还假定，此人事先是预期不到这笔奖励的，因此也就不会在得到奖励前增加消费。从经验观察上看，上述两个假定显然都是不真实的。理想情况下，贴现率的计算应该考虑到奖励和损失对整个一生的消费模式的影响。

□ 跨期套利

当奖励像货币一样可以交易时，跨期选择可能并不直接反映时间偏好，而是由跨期套利引起的。比如，如果某人偏好当前的 100 美元而不是 5 年后的 150 美元，可能是因为他现在按市场利率投资 100 美元可在 5 年后获得高于 150 美元的收入。当资本市场是有效的时，我们就可认为，贴现率将趋近于市场利率，而不再是时间偏好的直接反映。当然，市场利率也受时间偏好的影响，但它还受许多其他因素的影响，诸如违约风险、不确定性、流动性等等。

然而，有大量的经验证据表明，金融市场无法解释跨期选择，因为贴现率通常比市场利率高得多。比如，当金融市场有效时，那些手持大量储蓄但只能赚取 4% 年利率的人就应当偏好一年后得到 120 美元而不是当前得到 100 美元，然而现实中，很多人却仍然选择储蓄。这样的选择和偏好意味着，人们可能忽视了金融市场的运作方式，或是由于某种原因而无法合理利用市场来套利。因此，时间偏好和许多其他因素对贴现率的影响方式，与它们对市场利率的影响方式是不同的。

□ 效用的凹性

从上一章结尾处案例研究的表格中可以看出，实证研究大多涉及货币奖励，并且贴现率的计算是以货币金额为基础的。正如在前一章中简要提到的，在此基础上计算贴现率是具有误导性的，因为它隐含地假设效用随货币数量线性增加。这个假设与新古典主义经济学模型和前景理论的原则是直接矛盾的。我们将用一个例子来说明，当像前景理论那样放松这一假定，并用一个凹的效用函数来代替线性函数时，会产生怎样的影响。比如我们可以设想，某一被试者群体平均认为，他们认为当前的 100 美元与 5 年后的 150 美元是无差异的。如果按货币量计算，则贴现率（假设不存在消费在各期的再配置）为每年 8.1%。然而，150 美元的效用可能只比 100 美元的效用高出 30%（此处未考虑通货膨胀的影响，这在后文将有所涉及）。如果按效用来计算贴现率的话，贴现率将只有 5.2%。这表明，如果效用函数是凹的，那么按效用计算的贴现率将低于按货币量计算的贴现率。

查普曼（Chapman，1996）试图根据经验结果来测算货币量的效用函数，以此来考察效用函数的凹性会有怎样的影响。他发现，效用的贴现率基本上要比货币量的贴现率低一些。然而，在经验上我们很难对效用的贴现率进行可靠的计算，因为我们不能忘记在上文提到的消费在各期再配置的影响。比如，虽然我们可能测算出 150 美元仅比 100 美元多出 30％的效用，但我们不能忽视 150 美元奖励会对每期的效用带来怎样的影响。一位消费者也许在未来 5 年里每年多消费 30 美元，对于这种小数目金额来说，效用函数的凹性可能就不再明显了。

□ 不确定性

在实践中，未来的回报和成本几乎总是与不确定性联系在一起。因此，在实地研究中，无论回报或成本是以货币形式还是其他形式出现，我们都很难避免不确定性因素的干扰。比如，即使我们能确定，某种电器在将来可为我们省下不少用电量（这本身是不可能的），但我们却并不确定未来的电价会是多少。

在实验研究中，研究者可通过如下方式来规避这种干扰，即向被试者保证，未来的收益是一定可获得的。在此类研究中，这确实是一个常用的方法，但被试者从其主观出发能否接受这一保证就不得而知了。也许在人们的潜意识里存在某种心理机制，会自动地把延迟获得的事物与不确定性联系起来。存在这种机制的一个原因是，即使未来的回报肯定会以货币或其他形式获得，但我们对这些回报的估值却可能随时间推移而发生变化，因为我们的品位会发生变化，这会引起效用的变化，而品味的变化是不可完全预知的。比如，在未来我们会比现在更在意健康，而不再重视金钱。因此，总会有某种不确定性与未来的品位和效用相关联。

此外，在某些实验中使用的含有歧义的语言加剧了不确定性的干扰。比如，本赞、拉波波特和亚吉尔（Benzion，Rapoport and Yagil，1989）在一项研究中要求被试者设想他们挣得了一笔薪金，但当他们去领薪时，却发现那家承诺向他们支付薪金的公共机构"资金暂时不足"，而该机构本来是"资金充沛的"。对此，被试者需要回答，当按不同的延迟时间来向他们支付这笔薪金时，他们需要获得多少钱才与立即获取这笔钱是相当的。此处存在的一个方法论问题是，对被试者提问的语句存在歧义：一家资金充沛的公共机构是不会出现资金暂时不足的。"资金暂时不足"的表述导致被试者在考虑问题时面临一个新的不确定性因素。

在这里，一个似乎毫无疑问的发现是，贴现率受到不确定性的显著影响。这可从许多涉及客观不确定性的研究中看出来。比如，在克伦和鲁洛夫斯马（Keren and Roelofsma，1995）的一项研究中，一组被试者被要求在当前获得 100 荷兰盾与一个月内获得 110 荷兰盾之间进行选择，而另一组被试者被要求在当前按 50％的概率获得 100 荷兰盾与一个月内按 50％的概率获得 110 荷兰盾之间进行选择。在第一组被试者中，有 82％的人偏好当前获得较小金额的选择，而当回报的金额出现不确定时，在第二组被试者中仅有 39％的人偏好当前的较小金额。这意味着，在确定性回报下的贴现率要比不确定性回报下的贴现率更高。

□ 通货膨胀

大多数研究在计算贴现率时忽略了通货膨胀的影响，假设现在 100 美元的效用与 10 年后收到 100 美元时的效用相等。在实践中，人们很可能根据他们对通货膨胀的经验和预期来贴现未来的货币报酬。此外，这里还有另一个不确定性因素，随着延迟时间的延长，未来通胀对购买力的影响变得更加不确定。

□ 对效用变化的预期

如上所述，我们的品位经常会发生不可预知的变化。但是，这些变化至少可在一定程度上被事先察觉。我们在前文中已看到，人们经常偏好一个递增的消费时序，并且能事先察觉这种偏好。我们将在案例 8.3 中考察这一现象背后的决定因素及其启示。我们将发现，对递增时序的偏好可对时间偏好和贴现率产生两个截然相反的效应。其中，较为显著的效应是，如果我们预期在未来能提高消费水平，那么在边际效用递减律的作用下，我们在当前消费 100 美元的边际效用就会高于 5 年后消费 100 美元的边际效用。这一效应会使贴现率的度量值向上偏倚。

然而，还有另一个效应也会发挥作用。人们也许希望通过延迟消费来使自己的消费时序是递增的，但他们可能缺乏自我控制，从而无法在当前储蓄足够多的收入以用于未来的消费。因此，人们也许会寻求某种与缴纳养老金类似的克制策略，以防范他们过早地将收入消费掉，从而在未来可手握较多现金。我们在前文中已见过与该效应有关的例子，即教师们偏爱每年 12 次领薪而不是 10 次领薪。这表明人们更愿意把领取收入的时间推迟，而不是尽快领取。这一效应会使贴现率的度量值向下偏倚。

□ 期待效用

这是之前在第 3 章讨论过的另一个现象。比如，人们可能会推迟去饭店用餐的时间，因为对未来效用的期待可增加总效用。我们将在后文中讨论如何将这一因素纳入模型，但在此处我们可事先指出，这一效应会导致贴现率的度量值向下偏倚。

□ 本能的影响

同样，这个因素在第 3 章中已经讨论论过，并将在后面的章节中进行建模。人们对立即获取报酬的预知（按照雷的描述，即"眼前欲望目标的实际存在"）会激发他们的某些本能，使这笔报酬看上去更有吸引力。但与不确定性因素一样，本能因素的影响也很难从时间偏好中剥离出来。弗雷德里克、罗文斯坦和欧登诺（Frederick, Loewenstein and O'Donoghue，2002）认为，如果本能因素仅提高了立即获取报酬的吸引力但并未影响该报酬所能带来的愉悦感（亦即只影响了决策效用，但并未影响体验效用），那么"这些因素就可被视为决定时间偏好的合理因素"。另外，如果本能因素确实影响了体验效用，那么"它们就应被视为一种干扰因素"。

□ 什么是时间偏好?

上述各种混杂因素的存在提出了有关时间偏好定义的基本问题。特别是，这个问题涉及时间偏好是不是一个单一的构造。在心理学文献中，这是一个备受争议的问题。人们普遍认为，心理构造或特征必须满足以下三个标准：

1. 恒定性

心理构造只有在同一个人体内长期保持不变时才会有用。例如，许多研究表明，人们的智力测试分数随着时间的推移变化不大。

2. 普遍性

心理构造或特征应该能够预测广泛的行为，而不是单一的、狭窄的行为表面。人的智力水平是这方面的一个例子。冲动情绪是另一个例子。冲动的人不经过太多（或任何）考虑就做出草率的决定，比如购买决定，之后他们常常会后悔。

3. 不同测度之间的相关性

有效的心理构造可以用不同的方式来衡量，这些方式彼此之间高度相关。就智力而言，很难设计出测试结果不相关的认知技能测试。对冲动性等性格特征的测试也是相似的。在一个问题上表现冲动的人在其他问题上也会表现冲动。

不像所谓的"五大"人格特征，即开放性、尽责性、外向性、亲和性和神经质，时间偏好的心理构造不能很好地满足这些标准。在恒定性方面，有证据表明，儿童延迟满足的能力与以后生活中的其他变量显著相关，比如学业成就和自尊等（Mischel，Shoda and Peake，1988；Shoda，Mischel and Peake，1990；Ayduk et al.，2000）。然而，这只是在这些其他变量是时间偏好的表达的程度上构成了心理构造有效性的证据，有些人也会质疑这一点。

另外，有大量证据表明，不同回报和成本的贴现率至多只是弱相关。富克斯（Fuchs，1982）发现，那些以虚拟货币作为回报的实验研究与那些涉及时间偏好的真实行为之间不存在相关性，其中，真实行为的例子包括系安全带、吸烟、信用卡负债、健身频率和牙齿检查等。查普曼和艾斯顿（Chapman and Elstein，1995）以及查普曼、尼尔森和海尔（Chapman，Nelson and Hier，1999）发现，人们在对货币的贴现率和对健康度的贴现率之间只有微弱的相关性。此外，查普曼和艾斯顿（Chapman and Elstein，1995）还发现，损失的贴现率和收益的贴现率之间没有相关性。相关性的主要证据涉及成瘾行为：吸烟者倾向于在人力资本上投资更少，拥有平坦而不是上升的收入曲线（Munasinghe and Sicherman，2006）；而海洛因成瘾对金钱回报的折扣率往往更高（Kirby，Petry and Bickel，1999）。

需要注意的是，时间偏好行为的不同方面之间的低相关性并不一定能提供明确的证据，说明时间偏好不是一个单一的结构。比如，人们可能对货币回报表现出很低的贴现率，这意味着他们对未来收益的估值较高，但他们对健康程度却表现出较高的贴现率，因为他们从不参加锻炼。我们可用很多理由来解释这种在表面上不一致的贴现率：（1）人们可能不愿意锻炼；（2）他们忙于为未来赚钱，因此无暇锻炼；（3）他们也许认为货币收入比健康程度更有价值，因为前者可作为遗产留给子女；（4）他们不相信锻炼身体一定对健康有好处。

此外，人们应该补充说，高相关性也不能为单一结构提供明确的证据。正如许多其他社会现象那样，时间偏好以及与时间有关的行为，可能本身就与智力水平和社会阶级等因素有关。为了在研究中获得可靠的证据，我们必须对这些因素进行识别，并予以控制。

那么，根据上面这些既缺乏一致性、也不完整的研究结果，我们到底能对时间偏好得出什么结论？弗雷德里克、罗文斯坦和欧登诺（Frederick，Loewenstein and O'Donoghue，2002）指出，一个有用的方法是，我们应当回到贴现效用模型之前的模型，即把时间偏好"分解成"几个更为基本的心理因素：**冲动性**（impulsivity）、**强迫性**（compulsivity）和**抑制性**（inhibition）。这样做的好处是：我们可对每个因素进行可靠的检验，并且可用每个因素来解释行为的不同方面。现在，我们就来讨论这些心理因素及其影响。

冲动性是指，人们以一种自发的、没有计划的方式行动的范围。冲动的人可能没有做出有意识的决策就采取行动，而且他们的行为往往显示出许多类型的活动都有很高的贴现率，比如使用信用卡。强迫性的人喜欢制订并严格执行计划，所以他们会按时锻炼、定期体检、总是系好安全带，并及时付账。一般来说，这种重复的行为意味着相关活动的低贴现率。抑制性涉及抑制"下意识"的反应或冲动行为的能力，这些反应或冲动行为可能伴随着本能的刺激。被抑制的人可能会因为没有遵循本能而受到批评，比如在性行为方面，但当谈到不吃垃圾食品时，他们的意志力则会受到赞扬。当某人对本能因素的控制力较强时，意味着他对相关行为的贴现率较低，因为他更重视这些行为在未来可能导致的后果。我们将在下一节讨论"意志力"的作用及其特殊含义。

与其他章中对行为的研究类似，我们对时间偏好的最新研究显示，神经科学所取得的进步使得人们更容易确认人的大脑中哪些区域会影响或决定上述三个心理因素（Damasio，1994；LeDoux，1996）。不同的脑部区域会影响不同的心理因素，这足以证明对时间偏好进行分解研究是合理的。神经科学领域的进一步发展还可帮助人们理解这些心理因素之间的关联，以及它们与其他行为的关系。这一问题涉及经验证据，将在8.6节进行进一步的讨论。

现在我们已经详细讨论了时间偏好的概念，并考察了它的构成因素，我们可以将注意力转向考虑与贴现效用模型有关的最重要的异象——不一致的时间偏好，这是自我控制问题的表现。

8.2 不一致的时间偏好

□ 性质

我们已经看到，跨期决策通常与人们面临的情况有关，即人们面临着是否要选择进行一项先付出成本、后获得收益的活动。投资品就具有这样的特征，例如投资人们的教育。其他类型的决策则是先获得收益、后付出成本。休闲品就是这种情况，比如看电视或者吃垃圾食品。通常，成本涉及机会成本，例如，为退休储蓄意味着放弃近期的消费以在未来消费更多。在许多这样的情况下，机会成本与在不久的将来被认为不愉快的活动有关，例如节食、进行锻炼或戒烟。因此，决策者面临在较早获得收益（享受垃圾食品，在沙发上放松或吸烟的乐趣）与稍后获得不同收益（改善健康状况）之间的选择。由于通常认为在这种情况下的长期收益超过了短期收益，因此基本的权衡可被视为"较小的近期"（SS）与"较大的远期"（LL）。这种自我控制问题的本质，我们可以称其为**"诱惑"**（temptation），就是当较小的近期收益在将来仍然以某种方式存在时，人们会决定放弃它而转而选择较大的远期收益；但是，随着时间的流逝，较小的近期收益变得越来越近，较小的近期收益也越来越具有吸引力，人们"屈服于诱惑"并扭转了先前的决定。这种逆转称为不一致的时间偏好（TIP）。

当收益为负数时（涉及成本），SS 与 LL 的权衡关系与另一种自我控制问题有关：**拖延症**（procrastination）。在这部分内容中，我们认为拖延是意料之外的延迟。一个例子是开启一个涉及截止日期的项目；如果提早开始，则费用相对较小，但如果延迟，则付出的努力和压力会更大。在这种情况下，如果较小的近期费用在将来仍然以某种方式存在，人们会更喜欢"较小的近期"而不是"较大的远期"；但是，随着时间的流逝和"较小的近期"临近，人们倾向于改用"较大的远期"，并推迟启动项目。当然，这种情况仍然涉及诱惑；我们可能会被引诱去做其他更愉快的活动，而不是开始这个项目。

在实践中，实地研究和实验研究均表明，这种不一致的时间偏好是普遍的。随意观察和个人经历也表明了这种情况的普遍性质。例如，我们现在可以决定今天晚上在餐厅里，我们将抵制品尝美味甜点的诱惑，因为那样做对我们的未来健康不利。但后来，当甜点车过来的时候（更好的餐厅知道本能影响的力量，因此把诱人的食物放在我们的鼻子底下），我们屈服于诱惑而放纵自己。

实验研究以更精确和定量的方式显示了不一致的时间偏好现象。例如，安斯利和哈斯拉姆（Ainslie and Haslam，1992）说道：

> 大多数被试者表示，他们更愿意获得可以立即兑现的 100 美元保付支票的奖励，而不是前两年不能兑现的 200 美元保付支票；同样的人不喜欢 6 年后兑现的 100 美元的保付支票，而喜欢 8 年后兑现的 200 美元的保付支票。（p. 69）

了解这将如何影响被试者的行为是很重要的。当给出第二种选择时，他们更愿意在 8 年后等待更大的金额，但在以后的一段时间里，在未来 6 年内，他们的偏好将转向更早获得的较小数额。这意味着被试者在短期使用的贴现率要大于长期使用的贴现率。在涉及各种商品的选择中，除了实际和假设的现金报酬外，例如健康、食品和电子游戏，也发现了类似的结果。

如塞勒（Thaler，1981）及本赞、拉波波特和亚吉尔（Benzion, Rapoport and Yagil，1989）所讨论的，使用匹配任务而不是选择任务的研究证实了这些发现。被试者需要陈述他们认为在 t 时刻获得 x 美元和立刻获得 y 美元之间相当的 x 和 y 值，其中 x 和 t 均为变量。这允许直接计算不同时间段的贴现率，并且重复发现贴现率是 t 的减函数。当然，正如我们在上一章中所看到的，因为 y 美元的付款没有前端延迟，这种方法使其自身产生了交易成本的混杂影响。

□ 反向时间不一致（RTI）

罗文斯坦（Loewenstein，1987）引入了反向时间不一致这个术语，以描述人们最初偏爱较小的近期报酬，但后来将其偏好更改为较大的远期报酬的情况，从而将偏好朝与通常观察到的方向相反的方向切换。他提出，对于"生动而短暂"的消费，例如，万圣节蜡烛或昂贵的葡萄酒，其解释可归结为期待效用的作用，人们选择延迟消费以延长品尝时间。

本章稍后将讨论反向时间不一致和"正常"时间不一致的含义，但应注意的是，进一步的研究已观察到与罗文斯坦研究不同的情况下的反向时间不一致。塞曼和奥库勒（Sayman and Öncüler，2009）在五个不同的实验中观察到反向时间不一致，涉及两个级别的忠诚报酬计划和假设的金钱报酬。在两级报酬计划中，一家咖啡馆的顾客购买10 个羊角面包（SS）可获得 1 个免费的羊角面包，而购买了 15 个（LL）则可获得 2 个免费的羊角面包。在 47 位参与者中，有 19 位参与者（40%）在购买了 10 个羊角面包后显示出反向时间不一致，从 SS 转换为 LL。只有 9 位参与者（19%）表现出标准的时间不一致，其余参与者均表现出一致的时间偏好，要么坚持 SS，要么坚持 LL。

在本研究的其他实验中，金钱报酬从 7 美元到 25 美元不等。在所有实验中，延迟时间都介于几天到四个星期之间。其他观察反向时间不一致的研究使用了较大的报酬——相当于 1 400 美元左右，而且延期最长可达两年（Holcomb and Nelson，1992；Albrecht and Weber，1997；Scholten and Read，2010）。塞曼和奥库勒（Sayman and Öncüler，2009）发现，当两种报酬之间的延迟较短时，反向时间不一致相对更容易被观察到。

□ 问题和协议

在上一章中对贴现效用模型进行检查时，可以看到该模型同时假设了常数贴现（在任何时期，所有未来期间均使用相同的贴现率对结果进行贴现）和固定贴现（在未来所有期间均使用与当期相同的贴现率）。在这些假设下，人们会有时间一致的偏好。

然而，在考虑解释不一致的时间偏好的不同方法之前，还需要解决一个额外的复杂问题。上面提到的延迟满足（DG）情况，在大多数经验研究中都涉及 SS 和 LL 的成本和收益，这些成本和收益一开始就固定在交付的数量和时间上。在某些现实生活中，这并不适用。实际上，米舍尔和埃贝桑（Mischel and Ebbesen，1970）的一项具有里程碑意义的实验（通常被引用为时间不一致的一个例子）并不涉及此协议。在这个实验中，年幼的孩子们被要求在较小的报酬和较大的报酬之间做出选择，前者是一开始就持续不断地给予报酬，后者是数量固定的，但发放时间不确定。实验者只是简单地告知被试者，他将离开房间"一会儿"，有时他会离开"很长一段时间"。现实生活中的一个例子就是，人们在等公交车，然后决定等了多久才叫出租车（Rachlin，2000）。在这种情况下，两种交通方式都代表一种成本，出租车的成本更高，所以一开始人们会等公交车。但是，经过一定的等待时间后，人们可能会估计，等待公交车的时间可能比最初预期的要长，最好是乘坐出租车，因为出租车随时可用。从表面上看，这似乎是从早些时候选择较小的成本过渡到后来的较大成本，因此，是不一致的时间偏好的另一个示例，并且违反了常数贴现和固定贴现的假设。事实上，考虑到协议的变化，情况并不一定如此。

在上述情况下，影响决策的一个关键因素是与较大成本或收益的时间延迟有关的主观概率分布。这种先验分布还要求期望剩余延迟的条件分布，该分布可以用合理的贝叶斯条件不断更新。不同的情况可能涉及不同的先验概率分布，并且这些可能具有完全不同的决策含义。由于跨期决策的这个维度既现实又重要，所以在讨论解释不一致的时间偏好的各种方法之前，有必要对其进行一些详细的描述。以下描述主要取自麦克奎尔和卡布尔（McGuire and Kable，2013），但省略了一些数学元素。

对于涉及不确定的时间持续或延迟的事件，人们可能具有三种可能的先验概率分布，比如等待实验人员回来，这取决于过去类似情况下的经验。一种可能的分布是高斯分布或正态分布，例如人们正在估计电池等电气组件的寿命。在这种情况下，预期剩余寿命的条件分布具有随着时间的推移而下降的特点。如果这种分布适用于等待实验人员回来的孩子，更长的等待意味着他返回的时间更短，那么就不应该有偏好从 LL 到 SS 的转换，因为随着时间的推移，LL 预期会更快，其贴现效用会增加。

第二种先验概率分布是指数分布，其中，期望剩余延迟的条件分布随时间变化为一个定值。例如，持续滚动一个骰子，等它显示 6。在这种情况下，过去的等待时间对预期剩余时间没有影响（对理性的个人），因此，如果儿童期望实验人员在 5 分钟后返回，则这种期望不会随着时间的流逝而改变，并且儿童会等待更长的时间。与之前的情况一样，偏好不应该从 LL 切换到 SS，因为 LL 的贴现效用会随着时间的推移保持不变。

然而，还有第三种可能的先验概率分布，与数学上的幂函数有关。这也被称为厚尾分布，因为与前两个分布相比，它允许更频繁地发生极端事件。例如，等待电子邮件的回复，或者在没有可识别的时间表的情况下等候公共汽车。在这种情况下，期望剩余延迟的条件分布特征是随着时间的推移而增加的值。如果在一个实验中明确告诉孩子们，实验人员可能在很长一段时间后才会回来，他们可能考虑这样的概率分布，并期望剩余的延迟随着他们等待的时间延长而增加。在这种情况下，由于 LL 的贴现效用会随着时间的推移而下降，因此可以预测，人们会从偏好 LL 转向偏好 SS。类似的情况可能适用于等候公交车，其中延迟与成本相关。在这种情况下，由于预期的"较快"的等候时间会随着时间而流逝而且没有公交车到来，转换将从一个预期的较小成本更快地到一个较大的成本（指叫出租车），因此增加了延迟的预期成本。

这里需要注意的是，最后一种情况涉及一种厚尾的先验概率分布，偏好的转换不是时间不一致的，实际上是由贴现效用模型预测的。原因是不一致的时间偏好的异象只出现在没有新信息出现的时候。用先验厚尾概率分布，期望剩余时间的条件分布以贝叶斯形式不断更新，所以没有信息，比如实验者没有回来或者没有公交车到达，仍然是信息，而这个新的信息会导致人们的偏好发生理性的转变。

☐ 方法

既然已经详细描述了不一致的时间偏好的性质，我们可以看到，行为经济学家在这里确实面临着双重挑战：

（1）确定不一致的时间偏好的潜在心理过程并解释其异象。

（2）开发能够更好地解释和预测观测结果的替代模型。

在过去的二三十年中，有许多人试图解决这些问题，下面三节将讨论这些问题。我们将看到，有些方法对第一个问题的关注多于对第二个问题的关注，有些方法对第二个问题的关注多于对第一个问题的关注。我们可以把这些方法分为三大类：双曲线贴现；修正的瞬时效用函数；以及更激进的模型。其中第一类受到了研究人员的最多关注。

8.3 双曲线贴现

□ 双曲线贴现的性质

斯托兹（Strotz，1955）是第一个讨论贴现效用模型的固定贴现率方法的替代方法的经济学家，他没有看到这种方法有任何规范价值。斯托兹也意识到在不一致的时间偏好存在的情况下放宽固定贴现率假设的含义。虽然他并未以任何数学形式提出替代性的贴现函数，但他确实提请注意贴现率下降的情况。这就真正形成了双曲线贴现的基础：人们往往在短期内更缺乏耐心，使用更高的贴现率，并在较长时间内变得更有耐心。这种现象被称为**现在偏向**（present bias）。然而，从一开始就应该注意到，现在偏向的存在并不能提供双曲线贴现情况的确凿证据。这里有一个重要的混淆，因为修正的即时效用函数也可以解释现在偏向，这将在本章后面解释。这种混淆在李及其同事（Lee and colleagues，2013）的模型中尤为明显，因此在更详细地描述双曲线贴现之前，有必要对此进行讨论，特别是因为它清楚地说明了前一节提到的两个挑战。李及其同事提出，消费者在考虑推迟消费时，会产生一种心理上的不适感，因为他们有一种失控的感觉。这导致他们想要重新获得控制权，这又导致他们在不久的将来使用更高的贴现率。稍后我们将回到这个模型进行进一步讨论。

第一个正式的双曲线贴现模型是由钟和赫恩斯坦（Chung and Herrnstein，1967）以及费尔普斯和波拉克（Phelps and Pollak，1968）提出的。后来，这一模型又得到了进一步发展，尤其以安斯利（Ainslie，1975，1986，1991，1992）和莱布森（Laibson，1996，1997，1998）的贡献为大。

为了澄清术语和便于理解各种数学模型，我们首先对**贴现率**（discount rate）、**贴现因子**（discount factor）、**每期贴现因子**（per-period discount factor）和**贴现函数**（discount function）这几个术语进行区分。在传统的贴现效用模型中，贴现率 ρ 是不变的，并且与利率保持一致，即人们用它来贴现未来的效用。而贴现因子是指一种比例，用它来乘以各期的效用可以算出这些效用的现在值。对于逐期不变的贴现率模型而言，贴现因子为 $1/(1+\rho)^t$。此外，每期贴现因子 δ 是指这样一种比例，用它乘以每期的贴现因子，可以算出下一期的贴现因子是多少。在贴现效用模型中，每期贴现因子也是逐期不变的，为 $1/(1+\rho)$。至于贴现函数，它描述的是贴现因子与时间的关系，因此它表达的是在某一时间范围内的总贴现效应。于是，在贴现效用模型中，贴现函数可写为 $D(t)=\delta^t$，这是一个指数函数形式。因此，如果某人的效用函数为 $u(x_0,\ x_1,\ x_2,\ \cdots,\ x_t)$，那么时期 0，1，2，$\cdots$，$t$ 的效用分别以 1，δ，δ^2，$\cdots$，δ^t 的比例贴现。需要指出的是，此处的时间变量被处理为离散值，因此只以整数值表示。

我们可用一个例子和一张图来阐明上述几个概念的含义。在贴现效用模型中，我们假定 $\rho=0.1$。于是 $\delta=0.9091$。过了 10 个时期之后，贴现因子的值为 $(0.9091)^{10}=0.3856$。这意味着 10 年后 100 单位的效用在当前的贴现值为 38.56 单位。我们在图 8.1 中绘出了这一贴现函数的形式。

最初的双曲线贴现函数是由钟和赫恩斯坦（Chung and Herrnstein，1961）通过对动物进行实验而提出的，其形式是 $D(t) = 1/t$ 。赫恩斯坦（Herrnstein，1981）还提出了另一种形式的双曲线贴现函数：$D(t) = (1 + \alpha t)^{-1}$ 。

费尔普斯和波拉克（Phelps and Pollak，1968）对双曲线贴现函数做了修正，被称为**准双曲线函数**（quasi-hyperbolic function）。其形式如下：

$$D(t) = \begin{cases} 1 & \text{当 } t = 0 \text{ 时} \\ \beta\delta^t & \text{当 } t > 0 \text{ 时} \end{cases}$$

一般而言，$\beta < 1$，其含义是：当前时期与下一期之间的贴现因子要小于后续各期的贴现因子。在极端状态下，即当 $\beta = 1$ 时，准双曲线函数就退化成贴现效用模型中的指数贴现函数。还应该注意的是，这个模型通常称为 (β, δ) 模型，通过允许 $\beta < 1$，也可以容纳 RTI。因此，(β, δ) 模型与贴现效用模型不同的是，时期 0，1，2，…，t 的效用是分别以 1，$\beta\delta$，$\beta\delta^2$，…，$\beta\delta^t$ 的比例贴现的。

费尔普斯和波拉克（Phelps and Pollak，1968）最初引入这一函数形式是为了研究代际之间的利他行为，而首次运用该函数来研究个体决策的是埃尔斯特（Elster，1979）。一个具有完整和一般形式的双曲线贴现函数是由哈维（Harvey，1986）最初提出的，并且由普利莱克（Prelec，1989，2004）以及罗文斯坦和普利莱克（Loewenstein and Prelec，1992）做了进一步拓展。我们在前文提到，安斯利和莱布森也对此贡献良多。这是一个连续函数，其形式为 $D(t) = (1 + \alpha t)^{-\beta/\alpha}$ 。其中，系数 α 决定着这一函数在多大程度上偏离了逐期不变的贴现函数。当 α 趋近于 0 时，该函数在连续时间情形下将退化为指数贴现函数 $D(t) = e^{-\beta t}$ 。在图 8.1 中，我们假定 $\alpha = 100\ 000$ 且 $\beta = 3\ 500$，这样也可保证该函数在 10 年期的中间位置与其他两个函数交叉。

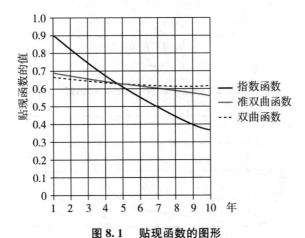

图 8.1　贴现函数的图形

□ 双曲线贴现的启示

双曲线贴现的主要启示是：时间偏好是不一致的。我们已经看到，有大量经验证据显示，偏好的动态不一致性理论是可接受的。在眼下用一个简单的例子来说明双曲线贴现的这种效果是很有指导意义的，为此，我们可以使用前面提到的安斯利和哈斯拉姆（Ainslie and Haslam，1992）的研究值。假设被试者的 $\beta = 0.6$，$\delta = 0.9$，他们面临的选择是 6 年后收到 100 美元（SS 报酬），还是 8 年后收到 200 美元（LL 报酬）。在这个简单的例子中，给付的回报和时间周期从一开始就固定了，不像本章前面描述的一些例子。

我们现在可以写为：

$$V_0（6 年后收到 100 美元）=0.6×(0.9)^6×100=31.9 美元$$

$$V_0（8 年后收到 200 美元）=0.6×(0.9)^8×200=51.7 美元$$

因此，目前来看 8 年后收到 200 美元更有吸引力。然而，在 6 年的时间里，情况已经发生了变化：

$$V_6（现在收到 100 美元）=100 美元$$

$$V_6（两年后收到 200 美元）=0.6×(0.9)^2×200=97.2 美元$$

此时，立即收到的 100 美元的价值超过了两年后收到的 200 美元的价值，实验对象的偏好发生了逆转。这个例子说明了一个诱人的情况。指数贴现和双曲线贴现的比较如图 8.2 和图 8.3 所示。这对于说明天真型消费者和老练型消费者之间的区别很有用，稍后将对此进行解释。

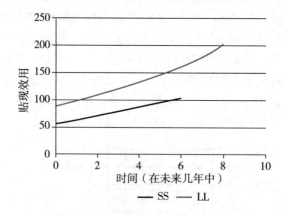

图 8.2 指数贴现和一致的时间偏好

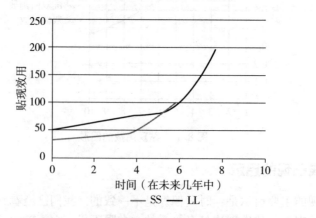

图 8.3 双曲线贴现和不一致的时间偏好

我们还可以看到，(β, δ) 模型是如何描述拖延情况的，通过考虑上述问题的镜像，并将两种报酬都变为负的报酬，所以第一次给付是 6 年后的 -100 美元，第二次给付是 8 年后的 -200 美元。目前，较小的 SS 的 -31.9 美元贴现成本优于较大的 LL 的 -51.7 美元贴现成本。然而，在 6 年的时间里，被试者会更倾向于转换到 LL，其贴现成本为 -97.2 美元，低于 SS 的即时成本 -100 美元。

(β, δ) 模型之所以有效，是因为它假设当期和下一期的贴现率较高（适用于正常的时间不一致），但之后贴现率不变。现在和下一期之间的每期贴现率都是 $(1-\beta\delta)/\beta\delta$，而任何两个未来时期之间的每期贴现率都是 $(1-\delta)/\delta$，一个较小的值。

这种现在偏向和不一致性影响行为的方式，取决于被试者的自我意识程度，即他们对自己的偏好会随着时间的推移而改变的意识程度。有两种极端情况：人们可能是完全"**天真的**"（naive），相信他们未来的偏好将与他们当前的偏好相同。这意味着人们根本没有从过去的偏好变化中学习到任何东西。在上面的数值例子中，假设被试者就是这种类型的。天真型的参与者认为他们将在未来使用一个固定的贴现率，但实际上是双曲线贴现率。如果我们把这个人的信念值 β 看成是 b，那么 $\beta < b = 1$。因此，这些消费者相信他们在未来的偏好如图 8.2 所示，似乎 LL 总是比 SS 更好，所以他们不会预见到任何即将发生的冲突。

另一个极端是，人们是完全"**老练的**"（sophisicated），可以准确地预测他们的偏好如何随时间的推移而变化。此时有 $\beta = b < 1$。在这种情况下，消费者意识到他们未来的偏好如图 8.3 所示，并在偏好逆转发生时预测到了冲突。因此，老练型的人相比天真型的人有一个关键的优势，因为他们可以预先承诺某些行动方案，防止他们屈服于以后的偏好逆转。在这一章关于闹钟的导言中，我们已经看到了这种**承诺**（commitment）的一个例子。事实上，大多数人似乎都处于天真型-老练型谱系的中间位置，这意味着 $\beta < b < 1$，尽管关于这方面的经验证据有限。

何、利姆和凯莫勒（Ho，Lim and Camerer，2006）给出了一个很好的例子，来说明指数贴现者、天真型和老练型的双曲线贴现者之间（包括承诺）的差异。他们给出了一个与购买和消费薯片情况有关的假想数值例子。他们使用了如下三期模型：

（1）**购买决策**：这涉及选择一小袋薯片（一人份）还是一大袋薯片（两人份），如果购买一大袋，可享受一定的价格优惠。

（2）**消费决策**：这涉及消费一人份的薯片或两人份的薯片，以及与消费相关的即时效用之间的选择。如果在第一阶段购买了小袋，只能吃一份，但是购买大袋的人可以选择是只吃一份，以后再吃另一份，还是同时吃两份。因此，在这种情况下，就吃得少和改善健康而言，买小袋薯片是一种承诺。

（3）**健康结果**：这是不利的，因为薯片对你的健康不好，但如果吃两人份比吃一人份更糟。

在上述条件下，研究者通过使用合理的贴现率和结果参数得出结论发现，每一组贴现者的行为可能是不同的：

（1）**指数贴现者**：这类被试者会购买一大袋薯片，从而可享受一定的价格优惠，但他们只会在第二期吃掉一份薯片，以避免出现不良的健康后果。

（2）**天真型的双曲线贴现者**：这类被试者会购买一大袋薯片，他们相信自己会像指数贴现者那样行为，并且在第二期只消费一份薯片。然而，在第二期，他们对第三期的不良健康影响采用了高贴现因子，最终他们吃掉了两份薯片。

（3）老练型的双曲线贴现者：这类被试者会购买一小袋薯片，从而实现自我控制或克制，因为他们知道，如果他们购买了一大袋薯片，那么在下一期他们可能无法抵制薯片的诱惑而全部吃掉。

一个数字例子将说明这种情况。为了简单起见，我们假设 $\delta=1$（这样指数贴现就完全不会贴现未来的结果），$\beta=0.5$。设 $c=$ 在任一时间段内消费的份数，$p=$ 每份的价格。我们假设小包 $p=1.5$，大包 $p=1$，以反映批量折扣。我们对效用流程建模如下：

（1）在购买决策（t_0）时，$U_0=-cp$，给出了负效用，这是购买薯片的成本。

（2）在消费决策（t_1）时，瞬时效用由 $U_1=1+5c$ 给出。

（3）健康结果在消费后有一个周期的延迟，$U_2=3-6c$，为负。

现在，在相关时期内，对于每一个消费决策，可以计算三种不同类型的消费者的效用：理性的、天真型的和老练型的，以便看到每一种类型的消费者将如何表现。表 8.1 给出了理性消费者的情况。

表 8.1　理性消费者（指数贴现）

t	S	L(1)	L(2)
0	−1.5	−2	−2
1	6	6	11
2	−3	−3+6=3	−9
3		−3	
PV$_0$	1.5	4	0
PV$_1$	N/A	6	2

有三种可能的决策：

（1）S 是指购买一小袋薯片，在接下来的一段时间内限制只吃一份。

（2）L(1) 是购买一大袋薯片，并在第二期消费一份薯片的购买决策。假设剩余的薯片是在第二期消费的，所以在这个时期内，健康结果为 −3，与第一期的消费相关，消费的效用为 6，产生净效用 3。在第三期中，−3 的负健康结果与第二期的消费有关。

（3）L(2) 表示购买一大袋薯片，然后在第二期吃掉两份薯片。

从表 8.1 中可以看出，指数贴现的理性消费者在购买决策时选择 L(1) 会使 PV$_0$ 最大化，买一大袋薯片，计划在第二期吃掉一份，剩下的在 t_2 中吃掉。当达到 t_1 时，消费者仍然可以通过坚持自己的计划，在接下来的两个时间段内分别消费一份薯片来最大化效用。

现在让我们考虑一下天真型消费者的情况，如表 8.2 所示。

表 8.2　天真型消费者

t	S	L(1)	L(2)
0	−1.5	−2	−2
1	3 (6)	3 (6)	5.5 (11)

续表

t	S	L(1)	L(2)
2	−1.5	1.5	−4.5
3		−1.5	
PV_0	0	1	−1
PV_1	N/A	6	6.5

首先显示 t_0 时的预期效用；由于现实偏好，有些效用在 t_1 时进行了修正，并显示在括号中。与理性消费者一样，天真型消费者通过选择 L(1) 来最大化 t_0 时的期望效用，购买一大袋薯片，计划在以下两个时间段内（$PV_0 = 1$）各吃一份。然而，一旦达到 t_1，这些消费者将通过切换到 L(2) 来最大化其期望效用，与 L(1) 计划的 $PV_1 = 6$ 相比，人们认为此时 $PV_1 = 6.5$。

老练型的消费者对未来效用的变化有全面的了解，因此能够意识到他们将在 t_1 时改变偏好。因为在 t_0 时，L(2) 是所有选项中最糟糕的，当 $PV_0 = -1$ 时，老练型的消费者因此会承诺 S，以防止将来转向 L(2)。

如果从第一期的角度来衡量实际行为的效用，那么在这个例子中，指数贴现者最终的效用最大（$PV_0 = 4$），因为他们将从折扣中获益。老练型的消费者最终得到 $PV_0 = 0$。对于天真型的双曲线贴现者来说，结果是最糟糕的（$PV_0 = -1$），因为当他们进入第二期时，与消费带来的好处相比，他们对健康的负面影响贴现更多。然而，我们不应该得出结论：老练型的双曲线贴现者最终总是比天真型贴现者更好。如果他们预期自己最终会屈服于诱惑，他们更有可能比天真型贴现者更早屈服（这是一种"揭示"效应）。

因此，这个模型解释了投资品和休闲品的消费模式。投资品有即时成本，但有延迟收益，而休闲品（如吃垃圾食品或看电视）有即时收益，但有延迟成本。我们称 $t = 1$ 时刻的即时收益为 x_1，$t = 2$ 时刻的延迟收益为 x_2。因此对于投资品有 $x_1 < 0$ 且 $x_2 > 0$，而对于休闲品则有 $x_1 > 0$ 和 $x_2 < 0$。我们现在可以从事先的观点来考虑和比较 $t = 0$ 时的三个不同概念：（1）消费者想要消费多少（β, δ），（2）这些消费者实际消费了多少，（3）天真型消费者期望消费多少。

（1）如果 $\beta\delta x_1 + \beta\delta^2 x_2 > 0$，或者 $x_1 + \delta x_2 > 0$，则消费者想要在 $t = 0$ 时消费。

（2）如果 $x_1 + \beta\delta x_2 > 0$，则消费者在 $t = 1$ 时实际消费。

投资品有 $x_2 > 0$，因为 x_2 乘以 β，而 β 小于1，其结果是，这些参与者对投资品的消费不足。类似的推理表明，他们过度消费了休闲品（$x_2 < 0$）。

（3）如果 $x_1 + b\delta x_2 > 0$，则天真型消费者期望消费。

（4）由于 $b < \beta$，这些消费者高估了他们对投资品的消费，低估了他们对休闲品的消费。

□ 双曲线贴现的优点

（β, δ）模型有两个主要优点，如下所述。

1. 分析上的易处理性

该模型保持了指数模型的大部分分析上的易处理性。它也是一个离散函数，在第一期之后，每一期的贴现因子都是 δ，这与指数函数一样。在图 8.1 中，假设 $\beta=0.7$ 且 $\delta=0.98$，为了便于比较，由 β 和 δ 生成的函数与 10 年期指数函数在一半处相交。

2. 与现实一致

该模型与经验结果吻合得很好，模拟了双曲线贴现函数的定性性质。可以在图 8.1 中看到双曲函数、拟双曲函数和指数函数的比较。德拉·维格纳（Della Vigna，2009）总结了几个支持（β，δ）模型的研究，解释了贴现效用模型中的异象。这些研究涉及：对健身俱乐部会员合同的过分偏爱（Della Vigna and Malmendier，2006）；截止日期对家庭作业成绩和对截止日期偏好的积极影响（Ariely and Wertenbroch，2002）；在信用卡消费中，人们更倾向于先期开户优惠利率而不是后期开户优惠利率（Ausubel，1999）；流动的信用卡债务与非流动的财富同时积累（Laibson et al.，2017）；需要用非流动性储蓄作为承诺手段（Ashraf，Karlan and Yin，2006）；发薪日贷款的要求和违约（Skiba and Tobacman，2008）；以及退休储蓄计划中的默认设置（Madrian and Shea，2001；Cronqvist and Thaler，2004）。这些研究的结果将在与经验证据相关的章节中进行更详细的讨论。

□ 对双曲线贴现方法的批评

公正地说，双曲线贴现模型能够进入行为经济学的主流，在很大程度上是因为它在经验上获得了比指数贴现模型更好的证明，并且也便于分析。然而，它也并非没有批评者。需要指出的是，大部分批评者并不是传统贴现效用模型的捍卫者，而是更新和更激进模型的支持者。

首先，让我们来看看贴现效用模型的捍卫者是如何提出批评的。这些批评主要分为三种，我们在前文中已有所提及：

（1）无法使用前端延迟法。这导致出现了与交易成本的混淆，在前一章中已有解释。

（2）对虚拟奖励的使用。与使用货币奖励相比，这种方法缺乏激励，因此可能会导致不可靠的实验结果。

（3）无法提供与不同备选方案相关的年利率信息。许多研究仅简单提供了与选择或匹配任务有关的各种备选方案，而未提供年利率信息。科勒与威廉姆斯（Coller and Williams，1999）发现，当提供年利率信息时，人们的贴现率显著下降。

前两种批评在过去 10 年中，被大量涉及双曲线贴现的实地研究所反驳，其中许多研究在本节前面已经总结过。这些研究经常涉及延迟 SS 的报酬或成本的情况，这些报酬和成本是真实的，而不是假设的。

就第三种批评而言，有时有人认为，许多国家的法律规定要求提供这种信息，这使提供利率信息成为一种现实的条件。这在不同类型的借贷情况下可能是正确的，但大多数跨期选择决策并不是这种类型的。当我们在盘算是否要吃甜点，或加入健身俱乐部，或清理车库时，利率信息实际上不会进入决策过程。

此外，正如在前一章末尾所讨论的，像哈里森、劳和威廉姆斯（Harrison，Lau and Williams，2002）那样在研究中加入了需要的控制因素后，并没有减弱贴现率的跨期不一致现象。虽然贴现率从一年期到三年期改变不大，但是对于半年期来说贴现率却很高。许多虚拟的贴现率研究都显示，贴现率在一年期以下都是很高的。

现在，我们可以考虑那些支持新贴现模型的学者是如何提出批评的。一个较近提出的被认为要优于双曲线贴现模型的理论是**次可加性贴现模型**（subadditive discounting model）。我们在第 5 章中讨论了次可加性的概念，当把它用于贴现率研究时，它意味着当人们面对的是短期决策且无论该时期发生于何时，人们在单位时间内都更缺乏耐心（亦即具有较高的贴现率）。于是该理论提示，人们对一天的贴现率要高于对一个月的贴现率，哪怕是处于遥远未来的某一天也是如此。里德与鲁洛夫斯马（Read and Roelofsma，2003）总结发现，次可加性贴现模型在解释选择行为和匹配任务的经验结果时，要优于双曲线贴现模型。

然而，对双曲线贴现模型的主要批评是：它缺乏一个心理学基础，这同样也是次可加性贴现模型存在的问题。从本质上看，双曲线贴现模型是一个描述性而非解释性的理论。尽管我们可以说（β，δ）模型描述了"诱惑"和拖延自我控制问题，但这回避了一个问题：为什么人们应该使用这种贴现方法？尤其是因为它似乎不会导致福利最优化，因此按照进化论的原则是不适应的。例如，一项关于学生拖延症的研究表明，那些有不一致的时间偏好的学生比那些有一致偏好的学生表现得更差，即使是那些对自己的时间不一致性有充分认识的学生，情况也是如此（Wong，2008）。

尽管这种现象已经在动物和人类中被广泛观察到，许多学科的研究人员都对它进行了研究，但它的最有力的支持者直到最近才为它提供了一个良好的心理学基础。大多数研究人员完全忽略了这一点，当然，从传统的新古典主义经济学模型方法的立场来看，这是相当合理的，因为传统的新古典主义经济学模型方法只关注行为，不关注心理过程。然而，考虑到有不同的理论来解释同样的行为，这些理论有不同的含义，研究心理学基础是值得的，并且在过去的 10 年里出现了很多理论。一个已经被提出的模型是感知时间模型（Kim and Zauberman，2009）。在这个模型中，出现双曲线贴现是因为人们对较长的时间范围表现出递减的敏感性，并且因为时间收缩（一年的长度被认为少于四次三个月）。

先前描述的另一个最近的理论是，关于当消费被推迟时，与失去控制相关的心理不适（Lee et al.，2013），因此需要重新获得控制，从而造成现实偏向。最近的第三个理论关注心理连通性的概念（Bartels and Rips，2010），稍后将在相关的多自模型中进行描述。

在过去的 20 年里，一些研究人员也试图找到双曲线贴现的潜在生物学理由。这里的挑战在于找到这种心理机制可能的进化起源，即与直觉上更吸引人的指数贴现方法相比，它可能提高了包容性适合度（Robson，2002；Samuelson and Robson，2007，2009）。这些解释将在进化生物学的经验证据部分进行讨论。

8.4 修正的瞬时效用函数

在上一章，我们描述了与贴现效用模型有关的各种异象，并且在 8.1 节我们认为，其中许多现象是由测算时间偏好和贴现率时所受到的干扰因素引起的。可以认为，如果能将这些干扰因素作为新特征加入瞬时效用函数，那么可能更为合适。现在我们就来讨论那些试图做到这一点的模型。

☐ 习惯形成模型

在经济学中，习惯形成模型具有悠久的传统，最早可追溯至杜森贝里（Duesenberry，1949）。他的假说是：消费水平取决于过去消费的峰值，其所基于的思想是：当前效用不仅取决于当前消费，还与过去的消费有关：

$$U_t = f(C_t, C_{t-1}, C_{t-2}, \cdots) \tag{8.1}$$

在多数此类模型中，所有往期消费的值被联结为一个复合变量 Z_t，这些往期值可被指数加权，从而越近的时期所获的权重也越大，并且过往各期的消费越高，Z_t 的值也越大。于是效用函数可写成：

$$U_t = f(C_t, Z_t) \tag{8.2}$$

因此，一个人过去消费得越多，当前消费产生的效用就越多，导致他现在消费得更多。需要指出的是，这一模型忽视了参考点是可能发生改变的，我们将马上讨论这一点，而这恰恰会导致一个反向的效应。上述模型可用于宏观经济层面上的所有消费者和所有商品，或者用于微观经济环境中的特定商品。例如，贝克尔和墨菲（Becker and Murphy，1988）使用某种习惯形成模型考察了过往和未来价格会怎样影响上瘾商品的当前消费。这些模型还经常被用于解释案例 6.1 中的股权溢价之谜。我们将在案例 8.2 中考察此类模型的实用性，其中涉及消费、储蓄与增长之间的关系。

如上所述，改变参考点对习惯形成有重要影响。另一个与习惯形成有关的重要因素是边际灵敏度递减。由于这两个因素都是前景理论的要素，对习惯形成的更完整的讨论就需要对前景理论模型进行考察。我们还将在后面的章节中看到一些与习惯形成有关的重要政策启示，特别是就食物摄入和饮食而言。

☐ 前景理论模型

也许前景理论最为独特之处就在于它使用了参考点的概念，这在第 5 章中已有论及。当某人把过往消费视为现期消费的参考点时，参考点模型就与习惯形成模型完全相同。然而，这只是更一般的参考点模型的一种特殊情况。参考点还可取决于对未来的预期，或者是社会比较，我们在前文已探讨了这些。案例 8.3 将考察社会比较的重要性，它与人们偏好一个递增的消费时序有关。

在前景理论中，其他能够影响瞬时效用函数的重要特征是损失厌恶和边际敏感度递减（diminishing marginal sensitivity）。罗文斯坦和普利莱克（Loewenstein and Prelec，1992）采取了一个带有这些特征的效用模型，用以解释前一章已讨论过的"量级效应"、"符号效应"和"推迟-加快"的非对称性。在他们的分析中，尤其重要的一点是，他们使用了 **效用函数弹性**（elasticity of the utility function）这一概念。弹性的概念"抓住了这样一个深刻特征，即人们对收益数额的变化和量级都很敏感"（Frederick, Loewenstein and O'Donoghue，2002）。因此，某人可能对当前收到 10 美元和一年后收到 20 美元无差异，但是却偏好一年后的 200 美元而不是当前的 100 美元。看起来，人们对量级较大的数额使用了较小的贴现率；然而，在现实中，人们对上述两种选择的时间偏好也许本来是逐期不变的，但相对于 10 美元和 20 美元的差异来说，他们对 100 美元和 200 美元的差异更为敏感。

类似地，罗文斯坦-普利莱克模型还可用损失厌恶解释"符号效应"和"推迟-加快"的非对称性，其中，人们对收益的贴现要甚于对损失的贴现。在有关"推迟-加快"的例子中，需要认清的一点是，在损失厌恶的作用下，无论将消费推迟还是拉近，人们都是不愿意接受的，因为在某一时期提高了消费，必然意味着在另一时期降低消费（当人们最初这样预期时）。于是，将消费拉近所带来的收益要小于将消费推迟所带来的损失。加入损失厌恶特征的参考点模型，还可用来考察持久收入假说的基本结论（Friedman，1957）。根据传统的对数线性的持久收入模型，未来收入的变化虽然会影响消费水平，但不会影响消费的增长率；未来各期的消费在每一期会以相同的比例提高或下降。然而，正如鲍曼、明哈特和拉宾（Bowman，Minehart and Rabin，1999）所指出的，由于损失厌恶的作用，未来收入水平的下降可能不会导致当前消费水平降低太多，但由于人们必须重新安排各期消费，因此未来消费水平也许会有较大幅度的下降。于是，消费增长可能对未来收入的下降要比对未来收入的上升更为敏感，由谢伊（Shea，1995a，1995b）进行的两项研究为这一假说提供了一定支持。

边际敏感度递减的特征也对习惯形成模型有影响，特别是当与参考点的变化相结合时。这个概念对不同的时间框架和不同的消费类型有不同的影响，因此我们从一个基本的例子——食物开始。在所有的自我控制问题中，暴饮暴食的倾向和与肥胖相关的健康问题是最严重的。我们已经在第 4 章中看到了其中一些问题的本质，特别是与万辛克（Wansink，2005，2006，2009）的研究相关的。这些研究的中心主题是：有许多锚定效应决定我们吃多少，比如盘子的大小、吃饭时同伴的数量和性别，以及我们是否在同一时间看电视。边际敏感度递减的作用基本上与餍足有关。短期内，就食物而言，可能超出正常的一顿饭，甚至是几天的，当我们吃更多一般食物或更多特定种类的食物时，我们往往会感到满足（Epstein et al.，2009）。同样的研究还发现，就边际敏感度递减而言，人们对某种特定类型的性刺激的反应是相同的。当然，众所周知，人们对娱乐性药物的反应是相似的。然而，从长期来看，敏感度的降低可能导致参考点向较高的消费水平转移。因此，吸毒者需要随着时间的推移增加他们的剂量，以获得同样的"快感"。在这种情况下，就化学受体和神经递质的功能而言，这一现象背后的生理学原理是众所周知的，但各有不同。对于食物摄入量，仍需进行大量研究，以了解边际敏感度递减和参考点转移是如何起作用的，以及它们如何因人而异。后面的部分将讨论这些方面的一些政策启示。

□ 期待效用模型

我们在第 4 章已经看到，人们可从对未来消费的期待中获得效用，就像从当前和过去的消费中获得效用一样。这种效用可以用一种类似于习惯形成模型和方程的方式来表示（8.1）：

$$U_t = f(C_t，C_{t+1}，C_{t+2}，\cdots) \tag{8.3}$$

无论是对于收益还是损失，这种效用发生作用的方向与时间偏好的正常作用方向都是相反的。因此对于那些期待效用较高的商品，我们也许会推迟对它们的消费，而对于那些不好的结果，我们宁可赶紧让它们发生而不是将其推迟到未来（Loewenstein，1987；Hardisty et al.，2012）。我们之前已经看到，这种与期待效用相关的偏好可以解释反向时间不一致性。这种现象也有一些例外：等待一个好结果的出现可能是让人煎熬的，或者某人宁可推迟一个坏结果的到来，以免糟蹋了这个周末的美好（比如，学生们面对考试时就是如此）。需要指出的是，如果未来的结果是不确定的，那么就增加了上述情形的复杂性，其中，希望和焦虑的情绪会影响人们对未来的看法，我们将马上在后文中讨论这种本能因素的影响。如果采用正常的贴现方法，而不修改效用函数，结果是不同的商品将计算不同的贴现率，这是在经验研究中经常观察到的。此处的事实是，我们没有对效用函数进行修正，从而没有把期待效用的因素考虑进来，而如果一旦这样做了，贴现率实际上可能是恒定的。

□ 本能影响模型

在本章、第 3 章和第 4 章中，已经讨论过本能影响的性质。许多研究表明，本能因素会以不同的方式影响贴现率。一些研究调查了一般的心情，发现当实验对象产生积极或消极的心情时，往往会增加耐心（Drichoutis and Nayga，2013）。这与通常的贴现率有关。在其他情况下，我们已经看到，在时间上接近一个结果可能增加其吸引力。当愤怒、饥饿、欲望和失眠等因素参与进来时，可能会导致对近期结果计算出更高的贴现率，因此这似乎支持双曲线贴现率方法。我们还发现，由于延迟报酬而引起的心理不适，反过来可能会导致重新获得控制权的欲望，从而产生偏向（Lee et al.，2013）。托马斯和帕克（Thomas and Park，2012）提出了另一个涉及两种不同本能因素权衡的模型。这种权衡取舍是在获得即时报酬的积极本能反应和放弃更大延迟报酬的预期后悔之间进行的。作者声称，这可能会减少"吝啬鬼"目前的偏向，他们在心理上更倾向于感到后悔，但对于那些不太会后悔的"挥霍无度的人"来说却不是这样。

在上述所有研究中，都提出了本能因素与贴现率之间的关系。然而，修改瞬时效用函数以允许在某些情况下增加瞬时效用可能更合适（Loewenstein，1996，2000）。应该注意的是，一时的接近结果只是这些情况中的一种。其他线索也可能很重要，例如空间邻近，或相关的视觉、声音或气味的存在。

本能因素的影响比单纯对瞬时效用函数的影响要复杂得多。比如，已经有人发现，当人们受到本能因素的影响时，他们会高估这些影响的持续时间，而当人们并未受到这些因素的影响时，他们往往会低估这些影响在未来的强度。人们还倾向于认为即时情绪比之前的情绪更强烈，这一现象被称为**"即时偏向"**（immediacy bias）（Van Boven，White and Huber，2009）。这种偏向可能是由于突出性或由于与当前情绪有关的信息更容易获得而引起的。当人们被提醒关于情绪的信息会自然地从记忆中衰减时，这往往会减少即时偏向。

另一个本能因素的影响导致了一个悖论：人们可能不想要某些东西，甚至在他们真正在做某件事的时候也表达他们不喜欢做这件事，比如吸毒。这种现象与想要和喜欢之间的差异有关，所以说人们可能不喜欢某些东西可能更有意义。显然，在这里自我控制因素与此相关，而且还有诱惑和意志力的概念。这些将在后面的章节中在多自我模型和政策启示的背景下进一步讨论。

8.5　更激进的模型

在第 5 章中我们看到，可在传统的对期望效用模型的修正和其他非传统的替代性模型之间进行区分。但是，即使这些非传统的替代性模型，比如前景理论，也最多被看作是对标准经济学模型的扩展而不是对它的直接否定。贴现效用模型也处于类似的境况，只不过对此我们更难在传统模型和非传统模型之间划出一条界线。到目前为止，我们所考察的针对贴现效用模型的替代性模型，要么是对贴现函数进行修正，要么是对瞬时效用函数进行修正，而且其中有些修正所涉及的非传统因素还是来自前景理论。在本节，我们将考察一些与贴现效用模型具有更为本质性差异的模型，尽管在某些情形下，这些更激进的模型仍被视为属于传统模型的范围，比如弗登伯格和列文（Fudenberg and Levine，2006）的双自我模型就属此列。之所以会出现这种不清晰或彼此界限不清的情形，乃是因为跨期模型要比静态的偏好模型更为复杂，所涉及的元素也更多。这导致出现了几种模型的杂交体，其中某些元素属于"传统"部分，而另一些元素可归为"非传统"部分。此外，随着时间的推移，越来越多的"激进"模型融入主流理论中，这个问题也就变得越来越复杂。当我们检测各个模型时，这些方面最好更详细地被解释。

☐ 推测偏差

这是前面讨论过的现象的一个例子。随着时间的推移，人们的口味会发生变化，而人们普遍倾向于低估这些变化的程度。上文讨论的本能因素仅仅是导致这种现象的原因之一；而习惯形成和参考点的变换是另两个能导致这一现象的重要因素。预测偏差是与标准经济学模型中的理性预期假定相矛盾的，后者认为人们能够准确预见自身口味的变化。罗文斯坦、欧登诺和拉宾（Loewenstein，O'Donoghue and Rabin，2003）在构建模型时考虑了预测偏差，并进一步总结了有关这一现象的证据。对于习惯形成模型的效用函数来说，（8.2）式所示的时期 t 的瞬时效用函数 $U_t = f(C_t, Z_t)$ 是合理的。这个式子可以更简洁地写作 $U_t(C_t, Z_t)$，其中，Z_t 是一个表示过往消费的复合变量。在时期 $t+1$，某人的真实瞬时效用函数可表达为 $U_{t+1}(C_{t+1}, Z_{t+1})$，而此人在时期 t 对时期 $t+1$ 的瞬时效用函数的预期是 $\tilde{U}_{t+1}(\hat{C}_{t+1}, Z_{t+1}|Z_t)$，它所表达的是，当给定时期 t 的过往消费水平时，时期 $t+1$ 的预期消费与过往消费所共同带来的对时期 $t+1$ 的期望效用。于是，根据预测偏差模型，我们有：

$$U_t(C_t, Z_t) < \tilde{U}_{t+1}(\hat{C}_{t+1}, Z_{t+1}|Z_t) < U_{t+1}(C_{t+1}, Z_{t+1})$$

我们可引入一个权重函数来更清晰地表达该式，以说明人们预期未来效用的准确性：

$$\tilde{U}_{t+1}(\hat{C}_{t+1}, Z_{t+1}|Z_t) = \alpha U_t(C_t, Z_t) + (1-\alpha)U_{t+1}(C_{t+1}, Z_{t+1}) \qquad (8.4)$$

式中，$0 \leqslant \alpha \leqslant 1$。

α 值越高，预测偏差就越严重，这意味着人们更倾向于低估未来的效用。

上述现象与短视行为类似，对于个人、厂商和政府来说，它具有重要的政策启示。比如，人们可能在当前过多地消费了某种商品，于是低估了这一行为对未来效用的影响，这继而会导致人们低估该商品的未来消费水平或消费欲求。在这种情形下，从体验效用的角度考虑福利的最大化，人们可能对未来消费贴现过高。相关的政策启示将在下一节中讨论。

☐ 心理核算模型

我们已在第 6 章中详细探讨了心理核算的特征，其中涉及框架与编辑、预算约束的替代性和选择归集等方面。我们现在需要考察这些行为特征对跨期选择和贴现的影响。

预算约束的不可完全替代性所具有的一个主要启示是：人们对不同的商品支出使用不同的贴现率。我们已看到，小额购买行为可被划为"零用钱"账户，人们较倾向于花费该账户内的金额，亦即对该账户的贴现率较高。而涉及大额支出的商品购买行为，比如耐用消费品，人们则会更小心地进行盘算，并使用一个较低的贴现率。

选择归集也暗含一些与贴现效用模型不同的预测。我们已看到，人们通常喜欢提前支付各种费用，以此来避免在消费完某样东西后需要面对"付钱的痛苦"（Prelec and Loewenstein，1998），然而贴现效用模型却推测，人们会偏好于较迟付款。此外，人们还偏好在工作完成之后而不是之前领取报酬，这也与贴现效用模型的推测相反。另外，我们还讨论了人们为何喜欢脱钩式付费（payment decoupling），这可能会导致边际成本为零的固定收费定价，比如许多健身俱乐部的会员计划付费方式就属此类。这也是一个与贴现效用模型相矛盾的现象，因为它预测人们不会喜欢预先付出一笔款项的方式。案例 8.1 将对这一现象进行更多的考察。

我们在前文看到的与贴现效用模型有关的另一个异象是，人们偏好于消费的扩展化，这与选择归集行为有关。罗文斯坦和普利莱克（Loewenstein and Prelec，1993）发现，人们倾向于扩展去法国餐厅"享用"大餐的时间，虽然按照前景理论的推断，此时人们还会偏好一个递增的消费时序。对扩展化消费的偏好是一个独立的现象，它与期待效用有关。

☐ 力量损耗模型

这些模型背后的核心概念是：人的自我调节能力是一种有限的资源（Baumeister and Heatherton，1996），面对不断的诱惑，人们会筋疲力尽，导致偏好逆转（Baumeister et al.，1998；Muraven，Tice and Baumeister，1998）。作者提供了来自各种实验研究的证据来支持该模型，例如，表现出情绪不安倾向于降低身体耐力，而压制不被允许的想法可能会导致人们更快地放弃尝试解决的难解的异序字谜（anagram puzzles）。自我调节能力被视为一种生理因素，与体力消耗一样，需要持续努力，从而会导致疲劳。

目前，这些模型的主要问题是：它们缺乏精确的神经生理学基础，而只是依赖于一些模糊的"意志力"概念。在这些模型中，唯一确定的神经关联是大脑中的血糖水平，而大脑大量消耗这种基本燃料。然而，这不能解释为什么特定的体验，比如听特定的音乐，可以消耗或增强"意志力"，而对血糖却没有任何影响。

□ 多自我模型

"多自我"这个词有点模棱两可，需要从一开始就加以澄清。首先，这一概念可用于描述这样一种情形，其中"自我"是动态性的，是一个随时间推移而不断变化的存在。当我们从态度、价值观和信念等角度把我们当前的自我与过去某一时期的自我进行比较时，这一概念就是很容易理解的；但有时候，我们很难理解过去的自我到底是指什么，并且会对这一概念感到困惑。然而，"多自我"的概念还可用于理解这样一种情形，亦即在某一特定的时间点上出现了短期自我与长期自我的冲突。与这种情形有关的模型经常被称为双自我模型，比如下文将要谈到的弗登伯格和列文（Fudenberg and Levine，2006）的模型就属此例。

所有这些模型的灵感均来自对自我控制问题普遍存在的观察，并且经常涉及讨论双曲线贴现时所描述的承诺形式。事实上，"自我控制"这个词可以被认为是毫无意义的，除非有不止一个"自我"。它回避了以下问题：

（1）如果不是自我，那么是谁在实施控制？

（2）如果只有一个单一的自我试图最大化某种形式的效用函数，那么为什么还需要自我控制？

此外，有重要的神经科学证据表明，我们有两个独立的系统参与跨期决策。这将在下一节中讨论。

有各种各样的多自我模型。一些模型包括一个近视的或短视的自我和一个有远见的自我，他们处于冲突中，轮流控制行为（Winston，1980；Schelling，1984；Ainslie and Haslam，1992）。这些模型受到了弗雷德里克、罗文斯坦和欧登诺（Frederick, Loewenstein and O'Donoghue，2002）的批评，理由是，它们无法解释为什么这两种自我都能获得控制，而且它们没有抓住有远见和短视之间基本的不对称性。有远见的自我可以做出承诺来控制短视的自己的行为，反之亦然。举个例子，有远见的自我把闹钟从床上移到房间的另一边，这样，远视的自我就不会在早上很快把它关掉，然后再回去睡觉。

正如弗雷德里克、罗文斯坦和欧登诺（Frederick, Loewenstein and O'Donoghue，2002）所提示的，"在这些多自我模型中，只有很少数是用规范方式表述的，而能比最初的设计灵感得到更多可验证结论的模型就更少了"。然而，他们同时也指出，这并不意味着这些模型遭遇了多大失败，因为它们试图代表的现象是很复杂的。这些模型的确有助于解释各种自我控制策略的存在性，并且在博弈论的协助下，还可为双曲线贴现模型提供一个更必要的心理学基础。

另一个涉及心理关联性理论的多自我模型为双曲线贴现提供了一个最新的心理学基础（Bartels and Rips，2010）。总的来说，我们在心理上与未来的自我会有更多的联系，因为关键的个性特征和偏好不太可能改变。我们可能在心理上与我们更遥远的自我联系更少。这一理论有实验证据支持，因此可以解释现实偏向。心理关联性理论也可以解释不合道德行为的不同倾向（Hershfield，Cohen and Thompson，2012）。如果一个人与未来的自我有强烈的关联性，并考虑以一种潜在的不合道德的方式行事，他们就可以意识到未来的自我的感受，例如内疚和羞耻，这可能会阻止他们做出这样的行为。然而，那些对未来的自我缺乏连续性的人，将无法认识到未来的情感后果，在道德不端方面也会受到较少的抑制。

□ 双自我模型

塞勒和谢弗林（Thaler and Shefrin，1981）在委托-代理理论的启示下，对上述模型提出了一个变体形式。其中，有远见的自我被看作委托人或是"计划者"，同时在各时点上还存在一系列的短视的自我，这被看作是代理人或是"行动者"。于是，该模型就可体现出不同的"自我"的不对等性特征。有远见的计划者考虑的是未来的效用，而短视的行动者只顾及某一时点上的瞬时效用。计划者至少在一定程度上能够意识到未来会发生的冲突（比如当甜点车来到面前时），并且能够通过采取承诺策略来控制行动者的行为，比如只去那些不提供诱人甜品的餐厅。这种类型的委托-代理模型涉及博弈论的某些思想，我们将在下一章讨论。

另一种类型的双自我模型也是基于博弈论，在这种情况下与社会互动以及合作和背叛之间的选择有关（Elster，1985b），这实质上是一种重复性的囚徒困境博弈。要想达到自我控制，需要每个时点上的自我进行连续的合作。我们将在下一章看到，由于每个时点上的自我会接连地屈服于诱惑，因而博弈的结果往往是一个选择背叛的拆解式序贯均衡（unraveling sequence）。这里还有一个自我信号效应，在第 3 章 3.5 节已经讨论过，因此屈服于诱惑是对下一个自我的一种信号，他们缺乏自控力来保证自己在未来避免诱惑，从而会摧毁信心和"意志力"。

这种类型中最完善的模型可以说是弗登伯格和列文（Fudenberg and Levine，2006）的双自我模型。这实际上拒绝了双曲线贴现，因此可以称之为传统模型。然而，它也包含了前景理论和心理核算的元素，这是非传统的。弗登伯格-列文模型假定一个有耐心的长期自我和一系列短视的短期自我。这些自我参与到一系列阶段的博弈中。长期自我和短期自我对每个阶段的结果有相同的偏好，但他们对未来的看法不同。短期自我缺乏耐心，只对当前阶段持有一个"基准偏好"，而长期自我还对未来各阶段持有一定偏好。每一阶段又由两个步骤组成。在第一步中，长期自我可以通过一种自我控制行动来影响短期自我的效用函数。这意味着长期自我可以选取一种有别于"基准偏好"的偏好，不过这种行动会给两种自我都带来一定的效用损失。在第二步中，短期自我根据他在第一步中被决定的偏好来进行最终选择。整个过程在案例 8.1 中进行了说明，案例 8.1 与去健身房和锻炼有关。

弗登伯格和列文强调，他们的模型之所以要比双曲线贴现模型优越，是因为他们的模型可以得出一个有关行为的唯一均衡，而不像双曲线贴现模型或多自我模型那样得出多个均衡解。他们坚称，他们的模型不但拥有运算方便和预测精确的特点，而且还能解释许多经验事实。

根据这一模型，可以得到很多预测和启示。比如，这两位研究者发现，自我控制的成本导致了更长的延迟。他们还开发了一个银行储蓄模型，这个模型预测人们会使用自我控制能力来限制他们以后在夜总会场景中可用的现金数量。这种行为引发了承诺的概念，这将在下一章的博弈论中进一步展开。值得注意的是，该模型的这一方面包含了心理核算的概念，因为从边际消费倾向的角度来看，银行现金与口袋现金是不同的。参考点的概念也被使用，因为零用钱的数量被用作消费的参考点，而不是一个人的总财富。很重要的一点是，这里限制消费的不是流动性，因为原则上人们可以在夜总会里开支票或使用信用卡。然而，这些都是"非匿名"账户，这意味着在这些账户上的消费将在以后产生可识别的交易，这会引起此人的自我责备或是同伴的责备。另外，现金是一个匿名账户，正如我们在第 6 章中对于心理核算的讨论。弗登伯格和列文也用类似的方式解释了拉宾的"风险悖论"：人们会规避与零用钱账户有关的小量风险，但对动用银行账户的豪赌行为，却并未表现出这种风险规避。

该模型的最后一个启示是重要的。它指出自我控制的成本是非线性的，亦即当自我控制加强时，成本是边际递增的。其基本原理是：自我控制是一种可耗竭的资源，因此它的边际收益是递减的，正如前面在强度消耗模型中讨论的那样。其结果是认知负荷或情绪压力的递增会降低自控力。关于弗登伯格-列文模型各方面的经验证据，将在下一节中讨论。

双自我模型也被心理学家提出，神经科学家和进化生物学家在这里有一个一致的成分，在不同的学科使用不同的方法获得的发现往往会得出类似的结论。布罗卡斯和卡里略（Brocas and Carrillo，2008a）从大脑模块性的神经科学基础角度探讨这个问题，这里有充足的证据表明（下一节将进行研究），大脑不仅由不同的系统组成，而且这些系统在不同方面相互冲突。他们提出了冲突的三种主要来源：信息不对称、时间视域和激励显著性。到目前为止，我们主要关注的是第二种来源，尽管第一种来源与"计划者-行动者"模型相关。布罗卡斯和卡里略提出，减少无耐心和双曲线贴现是这两种冲突的结果。然而，前面提到过，还有另一个与激励显著性相关的双重自我方面与想要和喜欢有关。罗宾逊和贝里奇（Robinson and Berridge，2003）以及贝里奇（Berridge，2003）表明，有一个系统调节快乐和痛苦的感觉（"喜欢"系统），另一个系统调节寻求快乐和避免痛苦的动机或激励（想要系统）。与此相关的证据将在稍后的神经科学研究中讨论。

进化生物学家提出了双自我模型来解释道德的起源和发展（Frimer，Schaefer and Oakes，2014）。在这种情况下，代理人作为动作的执行者纯粹是自私的，道德行动者则负责监督自私的代理人并规范他的行为，以确保为了获得属于群体的利益，该代理人与相关群体中的其他人合作。如果合作群体在获取有限资源方面胜过不协调群体和孤独个体，这对于生存和繁衍是必要的。这方面的行为将在第 10 章社会偏好的背景下进行更详细的讨论。

□ 程序化方法

在讨论双曲线贴现模型时人们曾提到，该模型最大的缺点在于它没有一个坚实的心理学基础。鲁宾斯坦（Rubinstein，2003）不但对双曲线贴现模型的经验证据提出了质疑，而且提出了一个可供选择的决策框架，他认为，这一框架拥有一个合理的心理学基础。正如我们见过的许多其他模型，鲁宾斯坦的研究方法也是以一个直觉推断过程为基础的。该研究提出了决策者使用一个适用相似关系的过程，涉及一个货币维度和一个时间维度，并且分为三个步骤。

于是，在跨期情形下的选择目标可描述为 (x, t) 的形式，其含义是：在延迟 t 单位时间后可获得 x 美元。因此，决策者需要比较如下两个选择：A$=(x, t)$ 和 B$=(y, s)$。根据鲁宾斯坦（Rubinstein，2000），许多决策者需要通过如下三个步骤来完成选择：

1. 搜寻占优

如果 $x > y$ 并且 $t < s$，那么 A 将占优于 B，因为 A 在货币和时间两个维度上都是更优的（回报较大，并且可较快获得）。

2. 在这两个维度上寻找相似之处

如果决策者只在某个维度上发现了相似性，那么他将仅根据另一个维度来决定他的偏好。比如，如果 x 与 y 是相似的，但是 $t > s$，那么 B 将比 A 占优，因为这两个选项的回报是差不多的，但是选项 B 需要等待的时间较短。

3. 使用不同的标准

如果前两个步骤不能得出结果，那么必须运用其他一些标准来决定选择（鲁宾斯坦没有具体说明是什么标准）。

鲁宾斯坦进行了三项实验来考察这种程序化方法与双曲线贴现模型在解释行为时的差异。在此处我们有必要对第一项实验进行描述，因为这有助于我们理解这两个模型的差异以及如何对它们进行比较。这项实验是在 2002 年进行的，总共包括 456 名学生，采用的是被试者之间的实验模式，其中涉及选择任务和货币回报。不同的学生被要求回答如下两个问题中的一个：

> **问题 1**　请在下面两个选项中进行选择：
> (a) 在 2004 年 6 月 17 日获得 467.00 美元
> (b) 在 2005 年 6 月 17 日获得 607.07 美元
> **问题 2**　请在下面两个选项中进行选择：
> (a) 在 2005 年 6 月 16 日获得 467.00 美元
> (b) 在 2005 年 6 月 17 日获得 467.39 美元

在问题 1 中，55% 的被试者选择了延迟，而在问题 2 中，只有 46% 的被试者选择了延迟。根据程序化方法，对于问题 2 的两个选项来说，0.39 美元的差异实在太小了，这不足以使人们偏好哪怕一天的延迟。而对于问题 1 的两个选项来说，无论是获得额度还是时间都大不相同，因此被试者不得不进入第三个步骤，以决定如何选择。鲁宾斯坦指出，这些实验结果与任何双曲线贴现方法都是矛盾的。根据人们在问题 2 中选择（a）可计算出一个一天期的贴现率，而根据人们在问题 1 中选择（b）又可计算出一个一年期的贴现率，可以发现，前者是小于后者的。

虽然这个实验并未给程序化方法提供令人信服的证据，但是当把其他两个实验的结果也考虑进来时，它的确对双曲线贴现模型提出了明显的质疑。我们还可观察到，鲁宾斯坦的实验结果与次可加性的贴现模型也存在矛盾，因为该模型推断，一天期的贴现率更高。

8.6　经验证据

关于跨期决策模型，有三个主要的经验证据来源：（1）行为研究；（2）进化生物学；（3）神经经济学研究。为了解释特定模型的性质，在前面的章节中已经简要讨论了这些研究，但我们现在可以从整体上看这些证据是如何阐明各种模型的。首先，有必要认识到，到目前为止所描述的一些理论并不是相互排斥的，而是互补的。这尤其适用于双曲线贴现，例如可以与多自我模型相结合。另外，虽然"计划者-行动者"模型可能与本能因素模型兼容，但它们与双曲线贴现是相互排斥的。第二个相关的原则涉及还原论：不同的理论适用于不同的层次。双曲线贴现是一种纯粹的经济学"解释"；潜在的可能是与心理关联性相关的心理解释。同样，我们将看到，双自我模型可能依赖于与"热"和"冷"决策过程相关的心理学上的证据，这反过来又可能依赖于与大脑系统相关的神经科学的研究。第三点涉及一个困惑：一些研究提供的证据并没有区分不同的理论，这意味着这些证据可以被不同的理论解释，即使它们在原则上是相互矛盾的。因此能够提供证据来区分不同理论的研究尤为重要。

☐ 行为研究

也许最近许多经验研究中最重要的一般性发现是，贴现率与生活方式和行为的各个方面之间存在显著的相关性。其中一些，例如查布里斯及其同事（Chabris and col-leagues，2008），发现了相对较低的相关性，但仍报告称，贴现率比对风险和不确定性的态度更能预测吸烟、饮酒和肥胖。萨特及其同事（Sutter and colleagues，2013）调查了 10～18 岁的青少年，发现他们从实验中计算出来的贴现率已经是一个很好的预测生活方式选择的指标，比如吸烟、饮酒、肥胖、储蓄和在学校的行为。不同国家的各种横截面研究表明，贴现率与肥胖之间存在某种关系（Zhang and Rashad，2007；Weller et al.，2008；Ikeda，Kang and Ohtake，2010；Van der Pol，2010），肥胖的人没那么有耐心。一些研究还报告了不同的生活方式与贴现之间的关系，尤其是在国家层面（Komlos，Smith and Bogin，2004）及个人层面上的肥胖和储蓄率（Smith，Bogin and Bishai，2005）。其他的时间序列研究发现了早期的贴现和后期的行为之间的关系。例如，司亚伟及其同事（Seeyave and colleagues，2009）对美国儿童进行了抽样调查，发现 4 岁时的时间偏好与 11 岁时的超重有关。

另一个普遍的发现涉及语言和时间偏好之间的关系。陈（Chen，2013）研究了语法上将将来和现在联系在一起的语言（如德语）和能够明确区分将来和现在的语言（如英语）之间的差异，即它们与说话者的时间偏好之间的关系。他调查了 9 个说这两种语言的多语言国家，发现使用对未来时间参考较弱的语言的人群，如德国人在储蓄更多、吸烟更少、肥胖更少、性生活更安全等方面的贴现率更低。虽然这确实是一个有趣的发现，但就结论而言，它是有问题的，因为它留下了尚存争议的因果问题。语言的差异可能导致行为的差异，或者行为的差异可能导致语言的差异，或者两者都可能是由于心理和文化倾向的潜在差异造成的。

我们已经提到了一些为双曲线贴现提供证据的研究。部分研究还对（β，δ）模型的参数值进行了估计。德拉·维格纳和马尔门迪尔（Della Vigna and Malmendier，2006）研究了健身俱乐部会员，发现 $\beta=0.70$ 和 $\delta=0.999\ 5$ 的模型符合他们的数据。莱布森及其同事（Laibson and colleagues，2009）的研究估计 $\beta=0.70$，$\delta=0.96$。帕塞尔曼（Paserman，2008）使用求职数据估计低工资工人的 $\beta=0.40$ 和 $\delta=0.99$，高工资工人的 $\beta=0.89$ 和 $\delta=0.99$（假设复杂）。斯奇巴和托巴科曼（Skiba and Tobacman，2008）允许部分天真，估计 $\beta=0.53$，$b=0.90$ 和 $\delta=0.45$。值得注意的是，发薪日贷款的借款人具有很高的贴现率，否则，此类贷款的高额利率将是不可接受的。勒纳及其同事（Lerner and colleagues，2013）进行的另一项研究可能为双曲线贴现与指数贴现提供了证据，但是在这种情况下，存在一个困惑，因为该研究调查了悲伤的负面情绪与贴现之间的关系，主要发现是：悲伤增加了当前的偏向，但总体上并没有减少耐心。

还应该注意的是，其他研究并不支持现实偏向和双曲线贴现的存在，但这可能是因为另一个与接受货币奖励有关的混淆。之所以会出现混淆，是因为与贴现目的相关的是消费的时机，而不是奖励的时机。奥根布里克及其同事（Augenblick and colleagues，2015）最近的一项研究通过考察对努力工作和货币奖励的贴现，避免了这个问题，并发现被试者在努力工作情境中表现出相当多的现实偏向。

许多双曲线贴现研究存在的一个问题是：它们通常被设计用来测试非常数双曲线贴现与常数指数贴现的理论；它们不是为了测试双曲线贴现与其他行为理论的对比，比如修改瞬时效用函数的本能影响模型，故无法区分这两种理论。因此，当我们观察到偏好反转时，比如从 LL 报酬转向 SS 报酬，我们需要问：这是因为使用的贴现系数发生了变化，还是因为报酬的感知效用发生了变化？此外，还有其他可能的解释：感知概率或对风险的态度可能发生了变化，或者实验方案在感知成本和收益的时间方面可能有所不同。我们已经看到，被试者对于延迟可能有不同的先验概率分布。这意味着，偏好反转的证据并不一定是非常数贴现的证明（Gerber and Rohde，2010）。

区分不同理论的研究例子有米舍尔（Mischel，1974）和米舍尔及其同事（Mischel and colleagues，1992）的研究。实验内容为：孩子们被单独安排在一个房间里，并被告知他们可以通过摇铃来召唤实验人员。然后，向他们展示一个优等奖品和一个低等奖品，并告诉他们如果他们能成功地等待实验人员回来，他们就能得到优等奖品。一个主要的研究发现是：如果让孩子们在即时或延迟的奖励目标面前等待，孩子们等待延迟的奖励更困难。这一发现尤其重要，因为它为本能因素理论提供了证据，而非非常数贴现理论。而根据后一种观点，孩子应该更愿意在更好的延迟奖励的情况下等待。这一结果并不表明双曲线贴现理论在一般情况下是错误的，仅仅是在某些情况下，这可能不是对行为的最好解释。

大量的行为研究也提供了自我控制成本增加的证据，这意味着我们的自控能力是一种有限的资源，并且随着认知负荷的增加，使用成本越来越高。弗登伯格和列文（Fudenberg and Levine，2006）的论文中描述了这种现象的一个例子，该研究报告了希夫和费多里钦（Shiv and Fedorikhin，1999）的一项实验，被试者被要求记住一个两位数或七位数的数字，然后走到一张桌子前，桌子上有两种甜点可供选择：巧克力蛋糕和水果沙拉。在第一种处理中，甜点是在桌子上，而在第二种处理中，甜点是用照片来表示的。这被假设：

（1）被试者会面临一个关于蛋糕的自我控制问题，也就是说，蛋糕会有更高的情感或本能的吸引力，但是从"认知的"角度来看就不那么可取了。

（2）当认知资源因需要记住更长的数字而受到限制时，被试者的反应更有可能由情绪反应决定。

（3）当实验对象面对的是真正的甜点而不是它们的照片时，"认知超负荷效应"会更大。

这三种假设均得到了实验结果的支持。在面对真正的甜点时，被要求记住较长数字的被试者选择蛋糕的比例为 63%，而记住两位数的被试者选择蛋糕的比例为 41%，具有统计学上的显著差异。然而，当面对甜点的照片时，选择蛋糕的被试者比例分别是 45% 和 42%，差异并不显著。这些结果也可以用双自我模型来解释，在这种情况下，长期的自我面对不断增加的认知成本时，是不太能够很好地实施自我控制的。弗登伯格和列文的论文还指出，希夫和费多里钦的研究中所暗示的自我控制边际成本的增加，违背了古尔和佩森多夫（Gul and Pesendorfer，2001）在自我控制方面提出的一个公理，特别是关于确定中介的公理。这个公理在期望效用理论的背景下已经在第 5 章中讨论过了，我们看到证据在那个背景下也不支持它。

心理学家最近的研究普遍支持增加自我控制成本的理论，例如，盖里奥特及其同事（Gailliot and colleagues，2007），福斯及其同事（Vohs and colleagues，2008），伯格、查尼斯和林纳姆（Burger，Charness and Lynham，2010），费多里钦和帕特里克（Fedorikhin and Patrick，2010），乌斯塔和豪布尔（Usta and Häubl，2010），以及布乔尔和皮沃维桑（Bucciol and Piovesan，2011）等的研究。布乔尔、兰迪尼和皮沃维桑（Bucciol，Landini and Piovesan，2013）发现，接触诱惑会降低 6～13 岁的儿童的生产力，但对较大的儿童则不会。这与先前描述的米舍尔研究的结果一致。

然而，关于自我控制的代价及其影响的经验证据有时是令人惊讶且相互矛盾的。迈尔塞斯、菲什巴赫和特罗普（Myrseth，Fishbach and Trope，2009）以及章和施勒姆（Zhang and Shrum，2009）发现，当诱惑出现时，自我控制能力会提高。格鲁布里奥斯基和德维特（Grubliauskiene and Dewitte，2014）以及杜赫、格鲁布里奥斯基和德维特（Duh，Grubliauskiene and Dewitte，2016）也表明，对成年人和儿童来说，预先接触诱惑可以提高自我控制能力，让他们在心理上做好抵抗诱惑的准备。因此，我们看到了一种类似于身体能力的自我控制的观点。在短期内，它会随着身体资源的消耗而减少，但从长期来看，它会随着身体适应压力而增加。

范迪伦、帕皮斯和霍夫曼（Van Dillen，Papies and Hofmann，2013）提出，认知负荷和自我控制的作用受一个注意因素的调节。他们承认，一旦诱人的商品已经受到消费者的注意，认知负荷可能会降低自我控制力，但他们认为，如果在商品变得诱人之前就转移注意力，自我控制力可能不会受到影响。因此，一个与同事沉浸在科学讨论中的会议代表可能会注意到自助餐上的巧克力蛋糕，但不会像一个典型的假日游客那样被诱惑。

伯格、查尼斯和林纳姆（Burger，Charness and Lynham，2010）研究了学生的拖

延症，并报告了两个主要发现。第一，与以往的研究不同的是，他们发现，对一个相当长期的项目（五个星期）设置临时期限，并不能提高完成既定任务的表现。第二，他们发现，在两天的短时间内，暴露在诱惑下会降低第一天的工作效率，但实际上会增加在这两天内完成任务的可能性。作者认为，这可能是由于发挥意志力的自我信号效应，或者是由于在第一天的痛苦中造就了坚持下去的决心，并在第二天"看透了一切"。

费多里钦和帕特里克（Fedorikhin and Patrick，2010）发现，尽管就健康食物的选择而言，积极的情绪通常有助于抵抗诱惑，但伴随这种心情的任何情绪兴奋都可以通过增加认知负荷来减少这种抵抗。例如，研究表明，当在积极的心情下观看一段令人兴奋的视频剪辑时，被试者更有可能选择作为不健康零食的 M&M 巧克力豆，而不是作为更健康的选择的葡萄。因此，影响选择的不仅是心情的类型，还有感觉的强度。

另一个可能与直觉相反的发现来自乌斯塔和豪布尔（Usta and Häubl，2010）的一项研究。人们可能会期望把决策权委托给别人，例如医生或财务顾问，以减少认知负担和压力因素。但是，研究发现，这种委托在减少实际决策努力的同时，消耗了自我调节资源，并损害了随后的自我控制能力。即使回想过去这种授权的情节，也具有相同的效果。作者认为，这是因为，从把自己视为自由参与者的角度来看，授权决策对自尊构成了威胁。为了支持这一推理，研究发现，当被试者有机会确认他们自由行为的感觉时，自我调节资源的消耗就不会发生。

盖里奥特及其同事（Gailliot and colleagues，2007）的研究采用还原论方法，从生理角度解释了自我控制成本增加的现象：自我控制依赖于葡萄糖（大脑一般也是如此），这是一种有限的能量来源。

研究表明，自我控制行为，比如在跨种族交往中应对死亡或令人窒息的侵害的想法，可以降低血糖水平，并且会损害对后续任务的自我控制。此外，饮用葡萄糖饮料可以减轻这些损害。

这种还原论方法，加上神经经济学的研究，十分有助于区分与跨期决策相关的不同理论，尤其是对不一致的时间偏好的理解。从上述研究中可以看出，为了澄清一些当前的问题，在这一领域还需要进一步的研究。

□ 进化生物学

与上述类似的实验也曾在非人类动物上进行过，如老鼠和鸽子，特别是测试它们是否也有不一致的时间偏好和现在偏向（Ainslie，1975）。总的来说，这似乎是事实，动物之间的个体差异就像人类之间的差异一样，但这又是一个混杂的问题，因为非人类动物可能拥有不同的先验概率分布。因此，任何观察到的偏好反转仍可能表现出常数指数贴现，并且不是不合理的。

从进化生物学的角度看，新达尔文主义的基本原理似乎更倾向于把大脑进化成一个有凝聚力的实体。这并不一定会排除大脑具有不同功能的不同系统模块的可能性，但有人可能会认为，这些系统不会像多自我和双自我模型那样相互冲突。然而，现在有大量的证据表明，这种冲突发生在不同的领域，如记忆，信息处理和动机。布罗卡斯和卡里略（Brocas and Carrillo，2008a，2008b）的方法，以及他们提出的大脑模型解释了三个相互冲突的区域即不对称信息、时间视域和激励显著性，在许多方面与经济学传统相似，将公司建模为具有冲突目标的代理人之间的联系。然而，这就提出了一个根本问题：为什么自然选择的过程会倾向于进化出具有这种内在冲突系统的大脑？

不同学科的科学家从不同的角度探讨了这个问题，表现出了惊人的一致性。动物行为学家和进化生物学家道金斯（Dawkins，1976）认为，选择主要发生在基因水平上，而这必然会导致个体水平上的冲突。与此相关的是，我们体内的大多数遗传物质实际上都是"外来的"，例如肠道中的细菌，没有它们我们就无法生存。进化心理学家图比和康斯米德斯（Tooby and Cosmides，1992）认为，我们的许多内部冲突都是我们过去进化的结果，而不再是适应性，就像我们对含糖、高脂肪食物的喜好已经不再适应发达社会的人类一样。经济学家和营养学家阿瑟·德瓦尼（Arthur de Vany，2011）提出了类似的观点，特别是提出大脑对葡萄糖的需求常常与胰腺释放更多胰岛素的倾向相冲突，胰岛素会降低血液中的葡萄糖水平，将其储存在肌肉和脂肪组织中，而不是让它进入大脑。他将这种冲突归咎于现代社会对简单碳水化合物和高糖食物的过度供应，这些食物让我们的胰岛素飙升，然后急剧下降。德瓦尼将他的想法归功于彼得斯及其同事（Peters and colleagues，2004）的工作，该研究提出了一种能源竞争的神经经济学模型。王和梅利曼（Wang and Mariman，2008）关注的是这场竞争的生理后果，他提出，导致Ⅱ型糖尿病、肥胖和相关健康问题的现代胰岛素抵抗趋势，是大脑保护其葡萄糖供应策略的结果。然而，这种内部竞争的结果不一定是不好的。利夫纳特和皮彭格（Livnat and Pippenger，2006）表明，不同子系统之间的竞争实际上可能会导致更好的生物结果，就像在自由市场上一样，经济竞争往往会提高福利。

接下来是进化生物学更具体的方面，乍一看，自然选择倾向于常数指数贴现而非双曲线贴现和逐渐减少的急躁。不一致的时间偏好究竟是如何作为一种适应来改善我们生存和繁衍的前景的呢？这是一个仍然需要大量研究来澄清有关情况的问题。罗伯森和萨缪尔森（Robson and Samuelson，2009）提出，**总体的不确定性**（aggregate uncertainty）的存在会导致非常数贴现和随着急躁减少而呈现的现在偏向；他们声称，偏好反转可能是一种更基本的现象。总体的不确定性是指所有个体都面临同样的程度的系统不确定性，比如地震或洪水的可能性。非系统性或特殊的不确定性是因人而异的，比如被攻击或抢劫的可能性。罗伯森和萨缪尔森认为，进化使我们相信，特殊的不确定性是可控的，因为我们经常可以采取措施避免这些危险。因此，我们往往对无法控制的总体的不确定性有更大的恐惧。然而，他们得出的结论是：尽管这可以解释目前的偏向，但它不应该导致偏好反转。

也有人提出，在过去，我们的祖先缺乏存储技术，因此，那些被猎杀的动物必须在肉变质之前迅速被吃掉。这是现在偏向的一个明显原因。一种更复杂的理论认为，双曲线贴现的最终原因是生存优势，即能够快速获取的心理上的比率，该比率与觅食区域中食物相对数量的可能性或竞争群体的相对规模相关。用比率来思考意味着未来1天和2天（周、月或年）之间的差异等同于2天和4天之间的差异，而不是2天和3天之间的差异。这为双曲线贴现与指数贴现提供了数学基础。

□ 神经经济学研究

达马希欧（Damasio，1994）、勒杜（LeDoux，1996）和贝沙拉及其同事（Bechara

and colleagues，1999）在 20 世纪 90 年代的研究中，倾向于在时间视域方面支持双决策系统的心理学理论。达马希欧的研究表明，腹内侧前额叶皮质受损的患者在表现出情绪平淡的同时，参与长期计划的能力也受损，这意味着那些通常会让人们开心或悲伤的事件似乎并没有引起他们的情感共鸣。勒杜和贝沙拉都提供了证据，证明杏仁核在冲动和情绪行为的表达中起着至关重要的作用。贝沙拉（Bechara，2005）还进一步区分了处理即时报酬信息的冲动系统（主要是腹侧纹状体和杏仁核）以及一个反射系统（主要是腹内侧和背外侧前额叶皮质和前扣带），反射系统主要用于处理关于未来报酬的信息。就委托人和代理人而言，这在很多方面与塞勒和舍夫林（Thaler and Shefrin，1981）的"计划者-行动者"模型相似，在这方面也与布罗卡斯和卡里略（Brocas and Carrillo，2008a）提出的模型相似。

麦克卢尔及其同事（McClure and colleagues，2004）使分析更进了一步。他们使用功能性核磁共振成像技术发现，与立即获得报酬相关的决定涉及与中脑多巴胺系统相关的边缘系统部分的优先激活，包括旁边缘皮层。相比之下，在一般的跨期选择中，外侧前额叶皮质和后顶叶皮质区域是一致参与的。研究还发现：

> 两种系统的相对参与程度与被试者的选择直接相关，当被试者选择较长期的选项时，额顶叶的相对活动更大。（p. 503）

作者假设：

> 因此，短期急躁是由边缘系统驱动的，该系统优先对即时报酬做出反应，而对未来报酬的价值不那么敏感，然而，长期的耐心是由侧前额叶皮质和相关结构调节的，这些结构能够评估抽象报酬之间的权衡，包括更遥远的未来的报酬。（p. 504）

麦克卢尔及其同事（McClure and colleagues，2004）得出结论：短视和远见系统之间的相互作用为双曲线贴现提供了神经科学的支持。

这项研究的证据也得到了与高级灵长类动物的比较的支持，高级灵长类动物的前额叶皮质比人类的要小得多，并且这项研究的证据同样得到了有前额叶脑损伤的实验对象的支持。在这两种情况下，个人都会受到立即获得报酬的严重影响，无法延迟满足或提前计划。

然而，格莱姆齐及其同事（Glimcher and colleagues，2007）和格莱姆齐（Glimcher，2009）对麦克卢尔及其同事（McClure and colleagues，2004）的结论提出了质疑。他们认为，没有令人信服的证据表明大脑被划分为情感区和理性区，并且在猴子身上的研究表明，后顶叶皮质的活动可以预测对即时和延迟奖励的偏好，但没有迹象表明存在双重系统。应该指出的是，格莱姆齐并不怀疑情绪影响决策的概念；他和贝沙拉一样认为，杏仁核可能与这方面有关。

在支持双系统假说上，希瑟顿和瓦格纳（Heatherton and Wagner，2011）以及洛佩兹及其同事（Lopez and colleagues，2014）的研究提供了相互矛盾的证据。利用功能性核磁共振成像数据，他们得出结论：诱惑性报酬是由一个冲动系统处理的，特别是伏隔核，并且这个系统的激活反过来可能会激活基于前额叶皮质的相反的自我控制系统。鉴于这些相互矛盾的研究，显然需要更多的神经层面的研究来澄清关于不同大脑区域在诱惑和自我控制的背景下的作用的情况。

神经经济学中的一些研究涉及跨期决策的其他方面,这些方面具有重要的政策启示,例如与诱惑相关的一般抑制机制。伯克曼、伯克朗德和利伯曼(Berkman, Burklund and Lieberman,2009)提出,大脑中存在一个综合的抑制网络,抑制信号并不是完全特定于任务的,但可以溢出到不相关的领域,导致对不相关反应的无意识抑制,称之为"抑制溢出效应"。图克及其同事(Tuk and colleagues,2015)通过观察被试者同时执行需要自我控制的任务,提供了支持这一假设的证据,得出的结论是:力量消耗模型不适用于同步任务局面。

神经经济学的另一个研究领域与饮食习惯有关。兰格尔(Rangel,2013)研究了人们在节食方面遇到的问题,发现从生理学角度来看,存在某些因果关系的恶性循环使节食特别困难。首先,这里存在着体内平衡的问题,在节食一段时间后,人们的代谢率会减慢,以适应较低的卡路里摄入量,从而趋于"稳定水平"。这种减缓被神经因素和内分泌系统所缓和。其次,另一个问题是,不良的饮食习惯,比如吃很多垃圾食品,会导致认知障碍,进而加重不良饮食习惯。垃圾食品还可能引起与胰岛素控制有关的问题,具体地说,就是进食后血糖升高,然后在胰岛素释放后血糖降低,如同坐过山车,这反过来又会导致要吃更多的糖的神经信号。这些与肥胖有关的问题将在下一节中进一步讨论。

8.7 政策启示

就政策启示而言,这里讨论的跨期选择模型产生了一些规范性方面的问题。这些关系到个体、厂商和政府。

□ 个体

我们已经看到,本章中提出的各种模型的主要含义是:人们有自我控制问题。这意味着随着时间的推移,动态冲突会导致偏好反转。这些问题尤其与诱惑有关,诱惑会让我们从偏好稍后的大收益转向眼前的小收益,而拖延则会让我们从偏好更早的小成本转向后来的大成本。在这两种情况下,我们在事后回想时都会后悔自己的决定,因为我们没有优化自己的行为。一个例子来自德拉·维格纳和马尔门迪尔(Della Vigna and Malmendier,2006),他们早些时候的研究发现,因为人们高估了自己去健身房的次数,80%的健身俱乐部的月度会员最终为他们每次去健身的平均付费,要比他们所做的其他不同选择,比如购买10次健身套票的付费多。此外,研究还发现,这些会员并没有从错误中吸取教训,在他们意识到自己的会员使用率很低后并没有改变他们的会员计划;相反,他们还在继续他们的月度计划。他们也迟迟不取消每月的会员资格,从上次去健身房到取消预定平均要延迟两个多月,从而损失的钱更多。这种情况将在案例8.1中进行更详细的讨论。

在人们倾向于低估使用率的情况下,也会出现无法优化行为的情况。米拉韦特(Miravete,2003)研究了当中南部贝尔公司(South Central Bell)改变收费结构时,人们对电话呼叫计划的选择。新的结构包括支付一个固定的月费率，或支付一个固定的费率加上通话费。这项研究再次发现，许多人选择了错误的选项，但在这种情况下，人们倾向于更快地从错误中吸取教训。40％的人一开始选择了错误的选项，付了太多钱，两个月后这一比例降到了 33％。并非所有关于天真型消费者低估使用量的研究都呈现出如此乐观的前景。海杜斯和克塞吉（Heidhues and Köszegi，2010）发现，天真型消费者在信用卡和次级抵押贷款上都过度借贷，基准还款条件在那里比较便宜。然而，拖延还款会受到巨额罚款，而且研究发现，这些消费者最终会支付罚款，从而遭受巨大的福利损失。

重要的是要认识到，上述有关现在偏向和优化的问题不会出现在常数指数贴现的贴现效用模型中。如前所述，对于常数贴现模型，短期和长期之间不存在冲突，这是一种在任何时候似乎都更可取的行为方式。正如我们所见，唯一的例外是人们对延迟有厚尾的先验概率分布的情形；在这种情形下，随着时间的推移，人们对长期回报的期望会越来越高，因此转向 SS 报酬是有意义的。在一个例子中，一个人屈服于诱惑，吃掉了一个以前没有打算吃的甜点，根据贴现效用模型，一个人将在任何时候要么想吃甜点，要么不想吃它；意志力是没有发挥作用的余地的。如果吃甜点的贴现收益超过了贴现成本，人们就会放纵自己，但如果不是这样，那么人们就不会放纵自己。这里的重要含义，安斯利（Ainslie，2001）已在他的《意志的崩溃》（*Breakdown of Will*）一书中广泛讨论过了，即在贴现效用模型中诱惑和意志力的概念是多余的。当然，在某些情况下，现在偏向并不是导致非优化的唯一因素；过度自信和自利性偏向也是相关的。

自我意识（self-awareness）的作用在良好的决策中总是很重要，在自我控制的情况下尤其重要。心理冲突的产生是因为被试者通常会记得他们过去的偏好是不同的，而且，如果被试者有足够的自知之明，他们也会意识到如果放纵自己，将来会后悔自己的行为，因为从未来的角度来看，贴现成本超过了贴现收益。

自我意识的主要含义是：人们会做出承诺，以防止他们以后采取属于"恶习"的行为。我们已经看到了一些这样的例子，比如买一个很难关掉的闹钟，或者买一小袋薯片而不是一大袋。就双曲线贴现、不一致的时间偏好和自我意识而言，此类承诺的大量表现提供了"确凿的证据"。古代关于这种承诺手段的典故包括尤利西斯命令他的船员把他绑在桅杆上，这样他就可以在听到塞壬的歌声时不会被引诱到礁石上并遭遇海难。伯恩汉姆和费伦（Burnham and Phelan，2001）提供了一些当今的稀奇古怪的例子：在飞机上吃午餐时，在布朗尼蛋糕上涂蛋黄酱；把自己的网线用胶布贴上。这两种行为都是为了防止偏好发生变化后的放纵，但很明显，它们只有在存在一定程度的自我意识时才是有可能的。其他常见的承诺形式包括使用终身人寿保单和非流动性储蓄账户、支付无退款或取消选项的一年期健身俱乐部会员费、购物时把信用卡留在家里或使用借记卡而不是信用卡（King and King，2011）。

一个来自复杂对象的承诺的好例子涉及艾瑞里和韦滕布罗赫（Ariely and Wertenbroch，2002）进行的一个实验。这个实验涉及麻省理工学院的管理教育学生，他们必须在一个学期内为某门课程写三篇论文。其中一组三篇论文的截止日期在整个学期中是均匀间隔的，而另一组被允许选择他们自己的截止日期。每一种情况下逾期的惩罚都是一样的。虽然第二组学生有可能在学期结束时完成所有的论文，但在实验中，事实上，许多人承诺要设定好他们的最后期限。同样值得注意的是，那些有平均期限间隔的人，无论是外部还是内部强加的，都比没有规定期限的人表现得更好。因此，似乎更老练的被试者预见到了自我控制问题，做出了涉及等间距的最后期限的承诺，并因此提高了他们的福利。

如前所述，人们通常处于自我意识谱系的中部，奥多诺霍和拉宾（O'Donoghue and Rabin，2001）引入了一个部分自我意识模型，尽管该模型是专门为解释拖延现象而设计的，但它可以解释观察到的行为的各个方面。在这个模型中，人们意识到他们在未来会出现自我控制问题，但他们低估了问题的严重性。作者观察到，当人们从包含未来不同时间的成本和收益的选项菜单中进行选择时，他们现在可能会避开一个涉及立即行动和相对小的利益的选择，而倾向于一个涉及从长远来看的行动和更大利益的选择。然而，过了一段时间，他们可能会放弃后一种选择，而倾向于另一种在未来更好行动和更大利益的选择。因此，偏好可能会不断变化，行动会不断被延迟。例如，我们可能决定这一周不打扫车库，因为我们计划下个月重新装修车库。下个月我们可能会断定，重新装修车库不如把花园围起来重要。虽然这个模型不能解释所有类型的拖延，例如一个给定的任务被持续延迟，但它确实有重要的政策启示。作者还调查了拖延症的其他原因（O'Donoghue and Rabin，2008），并发现当完成不同阶段的成本更不均衡时，特别是当后期阶段的成本更高时，在多阶段项目中，拖延的可能性更大。此外，如果成本结构是内生的，人们倾向于在早期选择成本较低的成本结构，但这可能导致他们启动而不是完成项目。在这种情况下，承诺完成项目而不是仅仅启动项目，是一个重要的政策启示。

弗兰克和哈钦斯（Frank and Hutchens，1993）研究了另一个关于承诺的有趣例子，涉及对提高工资的偏好。这个偏好在前面已经讨论过，也是案例 8.3 的主题。有人争辩道，工资和消费增长的主要压力来自社会，并且如果参与其中的工人答应在短期内限制自己的工资，以换取日后获得更高工资的承诺，他们就能改善自己的福利。虽然作者承认他们的证据在数量上不足，但它具有很强的启发性。据我们所知，弗兰克和哈钦斯所讨论的这一现象还没有得到广泛的研究，其主要原因可能是缺乏各种职业的可用数据。

到此为止所描述的承诺的所有例子都涉及深思熟虑的行动。也有一些研究，特别是在心理学文献中，承诺并不涉及这样的行为，而是涉及情绪的自动介入。尽管像贝克尔和阿克洛夫这样的经济学家更早地提出了这一问题，但赫什莱弗（Hirshleifer，1987）和弗兰克（Frank，1988）是首次在博弈论的基础上，发展出将情感视为承诺的正式理论的经济学家。从那时起，包括政治学家、心理学家和神经科学家在内的各个领域都有相当多的投入。在赫什莱弗和弗兰克的研究之前，人们一直对愤怒、嫉妒和仇恨等情绪的作用感到困惑，这些情绪通常被视为"消极"情绪，与爱、喜悦和骄傲等"积极"情绪相反。负面情绪通常会导致人们做出自我毁灭的行为，因此它们似乎没有达到达尔文主义的目的，也就是说很难理解它们进化的原因。赫什莱弗和弗兰克的主要贡献是提出了这样一种理论：这种情感是一种可信的承诺，可以阻止别人利用我们。因此，尽管这些情绪可能会造成短期伤害（以及对情绪过度的个人的长期伤害），但对大多数人来说，它们提高了我们的长期福利。

对于赫什莱弗-弗兰克模型，人们往往会产生一些误解。首先，感受情感的能力和情感的实际感受是有区别的。正如埃尔斯特（Elster，1998）所观察到的，一个易怒的人可能很少感到愤怒，因为其他人可能会小心不要激怒这个人。为了纠正另一个误解，该理论并不意味着发怒的能力总是对我们"有益"，就像承受痛苦的能力对我们来说永远是好事一样；它只是意味着，平均而言，它在过去为人们提供了很好的服务，或者从生物学角度来说，它提高了我们的整体适应性。这一理论也不是说，当被激怒时，我们应该总是表现出愤怒；有时候最好保持冷静，尤其是考虑到社会习俗。

最后，应当指出的是，如果采用贴现效用模型和常数贴现，就不需要情感作为承诺手段。根据贴现效用模型，如果有人冒犯了我们，对自身利益的"理性"计算将告诉我们如何应对，包括是否惩罚犯罪者，如何惩罚以及何时惩罚；短期利益和长期利益之间没有冲突。

双曲线贴现模型可能在很多情况下都能很好地描述这种情况，但就洞察其本质和规范方面而言，多自模型具有显著的优势。这是因为多自模型可以突出当前的或短视的自我和元自我（meta-self）之间的本质不对称，元自我至少在一定程度上意识到了未来偏好的变化。正如我们已经提到的，元自我能够通过采取自我预先保证策略来约束未来短视自我的行为，但反过来却不可行。比如，如果某人发现清晨起床困难，那么他可能会把闹钟放置在房间的另一边，以确保第二天清晨的短视自我不会在闹钟刚响时就将它关掉，而短视自我却无法以任何策略的方式回应这样的承诺。

承诺既可以是外部的，也可以是内部的。外部承诺一旦做出，个人就不那么容易控制，因此是最有效的，因为它们不太依赖个人的意志力。把钱投入非流动性人寿保险就是一个例子。有些人甚至把写博客作为一种外部承诺，因为如果这个人违背了他们的承诺，公开宣布意图会使人丢面子。外部承诺的缺点是：如果一个人面临的环境发生了变化，外部承诺则缺乏灵活性。内部承诺涉及制定个人或私人规则，例如，每个月把工资的 10% 存起来，但是这些更容易受到诱惑。

因此，对于个人来说，在长期内最大化体验效用的关键可能是，使用适当的战略承诺手段来约束短视自我未来的欲望。同样重要的是，正如我们所看到的，元自我会意识到，偏好的改变是不可避免的。当然，任何一个元自我都不可能有理性的预期，以至所有未来的偏好都能被准确预测；然而，人们越有能力从过去的经验中学习这些变化，他们就越有可能成功地预测未来的变化和冲突，并采取适当的行动。

参与人对未来偏好只有不完全信息这一事实的进一步启示是：禁欲可能是比适度消费更好的政策，如案例 5.1 所示。在赌博、吸烟或酗酒等可能导致上瘾的情况下，禁欲规则虽然是次优规则，但可以作为一种承诺机制，防止低效学习导致未来的过度行为（Carrillo，2004）。

然而，我们前面也提到了这种情况的最后一个困惑，这与自我信号传递（self-signaling）有关。当自我控制问题反复出现时（这是常有的情况），在第一轮屈服于诱惑（或"背叛"）会导致自信的丧失，从而使下一轮背叛更有可能发生，如此循环下去。因此，一个有远见的自我可能会设想，如果最初制定的规则过于严厉，可能会出现一连串的失败，并决定就承诺而言，采取不那么严格的政策。这方面涉及一个更普遍的关于未来规划的问题，在这个问题上又有一些违反直觉的结论。汤森德和刘（Townsend and Liu，2012）报告说，在一些实验中，计划并不能使每个人都受益。特别是，对这样一些人是无益的：这些人处在一个不好的设定目标下，这样的设定目标与过去的目标和业绩有关。计划可能反而会导致失败，因为它会导致情绪压力，从而降低他们的表现。

因此，对于个体在自我控制情境下应该如何做出承诺，很难给出明确的结论。主要的一般性结论是：那些了解自己，并能预测自己未来的人，也最能最大化自己的体验效用。

具有重要政策启示的自我控制问题的另一个方面涉及边际敏感度递减和参考点变化的影响。为了控制食物摄入，有一些相关的因素：

（1）人体内有一个多感觉系统在运转，包括视觉、嗅觉和味觉。看、闻和品尝食物的相互依赖关系目前还不为人所知，但有可能的是，一方面，如果在吃饭时只有其中一种感觉的敏感度在下降，这可能会压倒其他感觉。另一方面，敏感度下降可能只发生在所有三种感觉都受到影响的时候。

（2）边际敏感度降低的现象对不同的食物具有高度特异性（Epstein et al.，2009）。吃更多样化食物的人，或者总体上摄入更多样化的人，总的来说往往吃得更多。对于含糖和高脂肪的食物尤其如此，因为有大量方便的零食可供选择。当我们的饮食较为单调时，我们吃得更少，因为敏感度的递减在很早以前就开始了。

（3）在敏感度下降发生之前，人们可以吃多少食物是不同的。有证据表明，肥胖者在摄入大量食物后才会感到吃多了（Epstein et al.，1997；Temple et al.，2007）。这可能是因为肥胖的人已经把参考点移到了更高的水平，也可能是一个独立的遗传因素在起作用。

（4）当人们在吃饭的同时进行其他活动，比如看电视或看书时，敏感度递减会延迟（Epstein et al.，1997，2005；Temple et al.，2007）。这可能是因为这些环境干扰物影响了记忆。记忆力受损的人，比如健忘症患者，可以马上吃下一顿饭。

有必要对影响边际敏感度递减的这些因素进行进一步的研究，但一些政策对那些在食物摄入方面有自我控制问题的人的启示是显而易见的。

上面描述的大多数政策启示都与提高自我控制有关。一些最近的研究则集中在问题的另一方面，即减少诱惑。在某些情况下，禁欲可以实现这一点，但其他策略也可实现。帕皮斯及其同事（Papies and colleagues，2015）提出了一种"念及注意力"策略，旨在调节注意力，将一个人当前的想法和感觉视为"脑海中转瞬即逝的事件"。因此，诱惑失去了它们的重要性。米利亚夫斯卡亚及其同事（Milyavskaya and colleagues，2015）也提出了类似的策略，他们采用了基于前面章节描述的双系统的神经科学方法。他们指出，诱惑的奖励是由一个冲动系统处理的，特别是伏隔核，这个系统的激活反过来可能会激活基于前额叶皮质的对立的自我控制系统。因此，他们建议增加"想要的"激励因素，作为一种减少冲动系统活动的手段，这反过来意味着自我控制系统不需要"更努力地工作"。米德和帕特里克（Mead and Patrick，2016）的另一项研究再次建议减少诱惑，在这种情况下，可以采用"未指明的推迟"报酬的策略，这相当于对自己说："我改天再买吧。"这种策略也依赖于自我传递信号，此时成功的推迟传递了一个信号，那就是一个人有足够的能力抵制诱惑。

还有一种策略可以有效地减少诱惑，有时被称为"间歇性达到目标"（Coelho do Vale，Pieters and Zeelenberg，2016）。这包括为了追求长期目标而在短期内有计划地偏离目标导向的行为。一个例子是一个为期三个月的节食计划，允许每周"暴食"一天。这种背离允许自我调节资源的补充，以及积极的情绪感受和发展应对策略的能力。作者报告说，实验证据表明，这种策略可能有助于而不是阻碍长期目标的实现，只要这种背离是有计划的。

□ 厂商

许多政策对厂商的影响是那些对个体的影响的另一面，因为厂商可能能够利用天真型消费者的弱点，以牺牲消费者的福利来增加它们的利润。然而，情况并非如此简单，因为厂商旨在剥削天真型消费者的政策实际上可能反过来被老练型消费者所利用，并使这些消费者受益，正如我们将看到的。

一般来说，对厂商的政策启示的研究不如对个体参与者或政府的研究多。然而，德拉·维格纳和马尔门迪尔（Della Vigna and Malmendier，2004）已经表明，在**投资品**（investment goods）和**闲暇品**（leisure goods）的情况下，关于报酬和支付时间的动态不一致性和其他异象对合同设计有重要的启示。投资品是指那些在货币和努力方面有直接成本和延迟收益的商品，例如健身俱乐部会员资格。闲暇品涉及即时获益和延迟支付成本的商品，比如信用卡融资。德拉·维格纳和马尔门迪尔（Della Vigna and Malmendier，2004）构建了消费者和厂商行为的复杂模型，在这里略去其中的数学分析过程，并根据消费者天真的程度和不同的市场情况调查了各种可能性。他们发现来自不同行业的经验证据证实了模型的预测。作者从三个方面总结了他们的发现：

1. 厂商应该将投资品的价格定在边际成本之下

天真型的消费者往往容易高估这种商品的使用价值，并因此高估对边际成本的贴现值。例如，在健身俱乐部行业，用户的边际成本通常为零，他们主要支付年费或月费（Della Vigna and Malmendier，2006）。用价格歧视理论是无法解释这一现实的，因为按照该理论，那些经常来健身的消费者的需求弹性也较低，因而应当对这些人每次的健身费用收取一个较高的数额，但我们在实际中很少看到有厂商会采取这一策略。对于老练型消费者来说，他们可以用高昂的初始成本作为一种承诺的形式。案例8.1将对这种情况进行更详细的考察。

2. 厂商应该将闲暇品的价格定在边际成本之上

在这种情况下天真型消费者低估了未来的使用，例如信用卡融资。因此，他们会被具有优惠初始条件的报价所吸引。老练型消费者可以利用这一点，每月还清他们的未偿余额，因为许多信用卡公司不收取年费，因此他们可以免费借款长达6周。移动电话公司也会采取类似的收费模式，每个月免费提供若干分钟的通话时间，而一旦超出则收取高额费用。天真型的消费者会被免费通话时间所吸引，因此容易低估他们对移动电话的使用时间，于是每个月经常需要支付一个高额的账单。邮购公司也会采取类似的策略，用免费的图书或光盘作为诱饵，但是对于另外购买的商品则收取高昂的价格。德拉·维格纳和马尔门迪尔（Della Vigna and Malmendier，2004）还提到了赌彩行业所使用的一个稍有不同的策略。在这种情况下，特别是在拉斯维加斯，酒店的住宿和餐饮收费很低，因为天真型赌客通常低估了他们的赌博活动和损失。因此，对于酒店来说，赌博活动补贴了它们的核心业务。而对于老练型的消费者来说，他们同样可从酒店的策略中获益，亦即一方面享受酒店低廉的食宿条件，另一方面只是观看演出或打高尔夫而从不参与赌博。

3. 厂商应收取滞纳金并为所有商品引入转换成本

对于信用卡公司来说，提供一个引导性的或是具备"诱惑"特点的服务条款是很普遍的事，比如承诺消费者可获取一定期限（例如 6 个月）的免息贷款等。但当超出这一期限后，贷款利率通常会有非常显著的增加，甚至比基础或基本利率高出 10％ 左右。正如我们已经在海杜斯和克塞吉（Heidhues and Köszegi，2010）的研究中看到的，这种策略是有利可图的，因为天真型消费者低估了他们在诱惑期结束后的贷款金额（Ausubel，1999）。**转换成本**（switching cost）涉及转换到新的供应商或取消协议的资金和努力成本。例如，健身俱乐部通常提供自动续期服务，且只允许会员亲自或通过信函取消其会员资格，而不可通过电子邮件或电话取消。其结果是，那些客户保持会员身份的时间会比其他客户更长。德拉·维格纳和马尔门迪尔（Della Vigna and Malmendier，2004）发现，从会员最后一次使用健身卡到注销会员身份的平均时间超过了两个月。

德拉·维格纳和马尔门迪尔还对这些政策启示的福利效应进行了总结。他们发现，对于老练型的消费者来说，市场互动并不一定会降低他们的福利。实际上，由于天真型消费者的存在，老练型消费者的福利还会有所提升，比如信用卡消费就是一例。此外，市场机制鼓励厂商创造承诺机制，允许老练型消费者增加他们的长期福利，例如购买人寿保险保单。然而，对于具有非理性预期的天真型消费者，应注意到两种相悖的福利效应。第一，消费者和厂商的净福利剩余可能都会减少，从而导致市场效率的整体降低。第二，在垄断中，剩余从消费者到生产者的再分配，使生产者能够利用消费者意识的缺乏来增加它们的利润。在完全竞争中，第二种效应消失了，但这种情况很少在现实中出现。天真型消费者所遭遇的上述两种截然不同的福利效应对于政府的政策制定也有很多启示，我们稍后会讨论。

另一个具有政策启示的领域是促销的效果。虽然在前面的章节中已经讨论了促销的许多方面，但还有一个因素没有提到，那就是促销对消费者耐心的影响。谢迪和李（Shaddy and Lee，2012）发现，促销使消费者更愿意为避免等待而花钱，而不太愿意为获得额外的钱而等待。当然，这对厂商来说未必是件好事，因为我们已经看到，促销可能会对品牌忠诚度产生破坏性影响，加剧了消费者的浮躁。

委托-代理情形也会产生政策启示。伊尔马兹（Yilmaz，2013）进行了一项研究，比较指数贴现者和老练型双曲线贴现者，并发现，当面对一个老练型代理人时，最优的做法是在初期对表现好的多奖励，对表现差的多惩罚，这是相对于时间一致代理人的最优工资方案。

☐ 政府

本章介绍的跨期选择模型对于政府政策的很多方面都具有显著的启示。现在讨论以下几个方面：（1）不完整的自我认识；（2）成瘾；（3）储蓄；（4）投资；（5）社会保障；（6）社会项目；（7）环境政策；（8）消遣性药物；（9）食品消费与肥胖。

在许多领域，某种助推政策是可能的；用塞勒和桑斯坦（Thaler and Sunstein，2009）的话来说，这意味着试图**"根据选择者自己的判断，以一种使选择者更好的方式影响选择"**。加黑标记是作者自己所为，以强调定义的前一部分，但这方面仍然经常被评论家误解。在本节的最后将进一步讨论助推的概念。

1. 不完整的自我认识

德拉·维格纳和马尔门迪尔（Della Vigna and Malmendier，2004）指出，天真型消费者即使在完全竞争的市场条件下也无法最大化他们的福利。如果一个家长式的政府能够获得更多关于这些消费者未来偏好的信息，而不是消费者本身，那么它就能在这种情况下进行干预。海杜斯和克塞吉（Heidhues and Köszegi，2010）建议，禁止对小额延期偿还实施大额罚款，并且美国信用卡和抵押贷款市场最近的法规确实也朝着这个方向发展。虽然这在某些情况下是可能的，但对政策干预的信息要求很大，即便如此，干预可能也不是一个完全的补救办法。很可能，正如德拉·维格纳和马尔门迪尔所建议的那样，最好的政策是尽可能地教育天真型消费者，直至这些消费者能够意识到他们是缺乏自觉意识的。迪弗洛、克莱默和罗宾逊（Duflo，Kremer and Robinson，2011）研究了肯尼亚农民投资化肥的行为，发现他们表现出现在偏向，倾向于通过推迟购买来拖延。他们估计，要使平均福利最大化，一个适当的政府政策是，提供有时间限制的小折扣，而不是允许自由市场或支付大量补贴。

2. 成瘾

上瘾当然是一个与不完整的自我认识有关的特定领域。然而，在这种情况下，有一定的税收启示一直被公共财政文献主体所忽视。这里特别有趣的是格鲁伯和克塞吉（Gruber and Köszegi，2001）的一项研究，此项研究得出了两个主要结论。第一，有证据表明，吸烟者在他们的吸烟决定中具有前瞻性，因为已宣布但尚未生效的增税既能增加销售额，也能减少消费。这种明显的矛盾行为意味着吸烟者是理性的，他们在价格较低时购买更多，同时预期价格上涨而减少消费。第二，鉴于有关不一致的时间偏好的经验证据，我们有理由不仅根据吸烟者施加的外部成本，而且根据他们施加给自己的内部成本来征税。吸烟的内部成本远高于外部成本，该研究估计，以预期寿命损失计算，一包香烟的成本为30.45美元。这两位研究者估计，在美国，针对内部成本的最优税收大概是每包香烟至少征收1美元。

3. 储蓄

天真型的个体倾向于高估他们为未来储蓄的能力，而不利用现有的承诺手段来帮助他们储蓄更多。莱布森（Laibson，1997）认为，20世纪80年代以来许多国家都放松了对银行系统的管制，这导致新的和流动性的金融工具大肆泛滥，从而进一步恶化了上述储蓄问题。虽然对银行放松管制也许能提高市场的竞争性和效率，但同时也会引起不良的后果，即许多表现为非流动性储蓄手段形式的自动承诺机制已经消失。许多国家强制性退休法的变化使政策影响更加复杂。戴蒙德和克塞吉（Diamond and Köszegi，2003）用一个多自我模型说明，最近的变化可能会导致人们为了更早退休而储蓄更多。然而，政府往往希望人们晚一点退休，以减轻公共财政的财政负担。试图鼓励人们增加储蓄和推迟退休是许多政府面临的主要问题。切蒂及其同事（Chetty and colleagues，2014）在丹麦进行的一项研究表明，通过被动决策（比如自动增加雇主缴款）来提高退休缴款的政策，在增加总储蓄方面比补贴更成功，后者涉及投资退休账户的积极决策，这主要导致资金从一个账户转移到另一个账户。还有一些证据表明，那些最不懂财务的人往往贴现率更高（Meier and Sprenger，2013）；因此，他们可能会低估拥有财务信息的好处，而选择在这方面保持无知。自 2010 年以来，储蓄不足的问题在英国尤为普遍，家庭储蓄占可支配收入的比例从近 6% 下降到了 1%。作为回应，以及英国央行、金融市场行为监管局（Financial Conduct Authority）和债务慈善机构表达的担忧，两大主要政党都在选举宣言中承诺，将给予债务人更多法律保护，以免受执行、收费和利息的影响，并给他们更多的"喘息空间"来偿还债务。虽然这可能会在短期内缓解困难，但这类政策的问题是，它可能再次产生道德风险，鼓励家庭承担更多的债务。在这种情况下，提高金融素养似乎是一种更好的长期政策。储蓄问题对政府政策的进一步影响将在案例 8.2 中讨论。

4. 投资

我们已经看到，不一致的时间偏好会导致拖延症。意识到这种趋势的老练型企业家可能会做出前述的基于廉价信息的承诺，以避免拖延并立即投资。布罗卡和卡里罗（Brocas and Carrillo，2004）认为，这种现象可能会导致经济中出现过度投资和错误的市场进入行为。他们进一步认为，政府干预迫使投资者在做出投资决定之前获取信息，可能会降低利息，并使得经济福利总体得到改善。

5. 社会保障

那些可从社会保障受益的人，无论是以现金还是以其他形式，都倾向于按周或按月领取这些收益。现金收益通常是按周发放的。然而，美国的食品券计划是按月发放的。以食品券的形式提供福利本身就是一种自动承诺机制，因为它阻止了受惠者利用福利购买政府认为不合适的商品。然而，考虑到自我控制问题和缺乏其他形式的承诺，每月供应可能导致在每月的头些日子过度消费。夏皮罗（Shapiro，2005）提供证据表明，在食品券月，热量摄取量下降了 10%～15%，这进一步佐证了不一致的时间偏好，并且也违背了持久收入假说。因此，如果这个计划以周为单位运行，可能会改善福利，尽管这些改善将不得不与受助者和政府增加的交易成本相平衡。

6. 社会项目

这些项目涉及重大的基础设施投资，如修建公路、学校、医院、电站和铁路。为了做出最优投资决策，政府必须确定一个适用于成本和收益的适当官方贴现率。埃文斯和塞泽尔（Evans and Sezer，2004）发现，各国在这一领域采用了非常不同的方法。比如，德国使用的 3% 的实际利率是基于金融市场数据得出的，而法国使用的 8% 的实际利率则是根据资本的边际产出得出的。2003 年，英国从主要基于资本成本的 6% 的实际利率，转变为完全基于社会时间偏好的 3.5% 的实际利率，埃文斯和塞泽尔认为使用这个利率是合适的。对于公共投资决策来说，最初看起来不一致的时间偏好和自我控制问题可能并不适用，但政府也可能倾向于将短期选举利益置于长期预算考虑之前。在这种情况下，他们可能会使用较高的官方贴现率。埃文斯和塞泽尔分别对六个国家的官方贴现率和社会时间偏好率（STPRs）做了检验和估计，分别是澳大利亚、法国、德国、日本、英国和美国。官方贴现率低于估计的社会时间偏好率的唯一重要国家是德国，其3％的官方贴现率低于估计的社会时间偏好率4.1％。法国的这两个利率的差异是最大的，其中官方贴现率为8％，而估计的社会时间偏好率只有3.5％。这样的政策可能导致严重的公共投资不足，给后代带来损失。

7. 环境政策

这是糟糕的决策可能伤害后代的另一个领域。其中，拖延行为仍然是一个主要问题。一方面，人们有充足的理由认为，在制定那些会立即引致高额成本的全球性政策之前，有必要等待更可靠的支持证据的出现。但很多研究者已指出，不一致的时间偏好是《京都议定书》在实施和推广时所面临的主要问题之一（Winkler，2006）。另一方面，这里还涉及第9章将讨论的"公地的悲剧"问题以及不确定性的程度问题。纽威尔和皮泽（Newell and Pizer，2003）认为，这种不确定性还与用于贴现目的的未来适当利率有关，而且这样的利率应该比现在的利率低得多，因为一百年后的利率只有现在的一半。这些作者估计，这样的过程将使环境保护政策的净现值几乎翻一番。

8. 消遣性药物

历史上，美国法律对这类药物的销售是非常严格的，会实施严厉的惩罚，但对持有上则不那么严格。正如弗登伯格和列文（Fudenberg and Levine，2006）指出的那样，这种政策可能对行为产生不合意的影响。严厉的处罚会增加交易的固定成本，导致消费者在每笔交易中购买更多的商品。这样的储备可能会导致更大的消费，正如我们在关于薯片的假想例子中所看到的。因此，弗登伯格和列文以及其他经济学家建议，将此类"诱惑"商品合法化，同时征收高消费税，类似于许多国家对香烟所采取的政策。这种政策为减少有害产品的消费提供了更大的激励。

9. 食品消费与肥胖

肥胖是一个日益严重的全球性问题，在案例10.4中有更详细的讨论。据估计，超过三分之一的美国成年人肥胖，即身体质量指数（BMI）超过30。肥胖的代价很难估计，主要有两个原因。第一个原因是，它与许多不同的疾病和不利的健康成因有关，特别是心脏病和Ⅱ型糖尿病，但也与高血压、肝病和关节问题等疾病有关。第二个原因是，肥胖不仅会给健康和医疗服务带来直接成本（通常由政府资助），还会给个人和雇主带来间接成本，如旷工增加、残疾和生产率降低。在美国，与肥胖相关的疾病在医疗保健方面的直接成本估计为1 900亿美元，占所有医疗支出的20％以上（Cawley and Meyerhoefer，2012）。此外，据估计，多达90％的肥胖症可以通过适当的生活方式和营养政策加以预防。因此，这一问题对各国政府构成了巨大挑战。大多数专家强调，这一问题非常复杂，解决这一问题需要采取多因素办法，包括环境、社会、地理和教育部分，以及医疗和经济部分。

可以这样说，肥胖往往是不一致的时间偏好的结果，而且人们往往屈服于一个小而快的激励的诱惑。因此，一般来说，矫正的政策要么使这个激励变小，要么使后面的激励变大。从最广泛的意义上说，公众教育对于传达信息是必要的。然而，当我们谈到政策细节时，就会出现许多问题。普遍的两个问题是：在许多国家和文化中，肥胖已经成为一种社会规范，并不被视为一种耻辱（Lin and McFerran，2012），并且人们对政府试图说服或强迫的沟通反应消极（Liu and Fitzsimons，2013）。

解决这个问题的一条政策是传统的经济政策：对违规商品征税。一些国家正在实施这些措施，特别是在高糖软饮料上。然而，即使税收高达 17.5%，也没有证据证明它们的有效性（Wansink，Hanks and Just，2012；Shah et al.，2013）。考虑到低卡路里替代品的存在，这似乎令人惊讶。沙阿及其同事的研究确实表明，耻辱感在阻止消费方面可能更有效。

另一项政策涉及食品标签。这里有一些重要的框定效应。营养信息，包括卡路里含量，经常被忽略，因为在超市购物的情况下，要阅读和解释的太多了（尽管网上购物者可能欢迎这一点）。认知放松的原则在这里同样适用。在这种情况下，星级评分或颜色代码，只要不是模糊的，可能更有用（Rohr et al.，2015）。就燃烧的卡路里而言，也许更有用的是相对应的运动（Goswami and Urminsky，2015）。

食品标签是助推政策的一个明显例子。在这一点上，有必要对助推的性质进行更详细的说明，特别是在对其使用存在误解和争议的情况下。助推指的是操纵决策者**选择架构**（choice architecture）的策略，以促进个体在完美的信息、无限的认知能力和完全的自我控制条件下，做出对自己最有利的选择。选择架构的概念是助推的核心，它涉及决策环境的框定。这可能包括视觉设计、声音或音乐因素、潜在购买道具的定位、菜单上的选择列表和锚的类型。根据新古典主义经济学模型的不变性原理，这些应该对决策没有影响，但是，正如我们已经在许多章节中看到的，有大量的经验证据与这个公理相矛盾。

当助推的概念最初在塞勒和桑斯坦（Thaler and Sunstein，2009）的同名书中提出时，作者指出，关于这个概念，存在一个常见的错误假定和两个常见的误解。错误的假定是：几乎所有人在所有的时候做出的选择都是符合他们的最佳利益的，或者至少从他们自己的角度来看，比第三方做出的选择更好。同样，有大量证据表明这是无效的，例如：发达国家约 20% 的人现在被列为肥胖；在美国，每年约有 50 万人因饮酒和吸烟而过早死亡；饮酒者和吸烟者愿意付钱给第三方，比如匿名戒酒会，帮助他们选择更好的消费模式。

自由意志主义者有时认为，人们仍然应该有做出自己选择的自由，即使这些选择最终被证明是错误的。与这一论点相反的是上面提到的两种误解。第一种误解是，有一种可行的替代方法可以取代助推。在现实中，总是存在某种选择架构，即使这不是故意操纵的，尽管我们可能认为这是"中立的"，但这通常是一种现状，或者更糟，是不受欢迎的现状。例如，考虑一下自助餐厅老板在排列食物时面临的下列选择：

（1）排列食物，使人们生活得更好。

（2）随意摆放食物。

（3）排列食物，让人们尽可能地肥胖。

第一种选择可能显得有些家长式作风，但从顾客福利的角度来看，另外两种选择似乎并不可取。

第二种误解是，助推涉及某种强迫，比如限制人们的选择或强加成本。一些政府政策确实做到了这一点，比如禁止在公共场所吸烟或对含糖饮料征税；然而，自助餐厅的老板并不会通过排列食物来鼓励消费者食用水果，而不鼓励他们食用甜点，从而强加给消费者成本。在其他情况下，比如政府改变了养老金或医疗计划的默认选项，从放弃默认选项和选择另一个选项的认知努力来看，额外的成本可以忽略不计。

塞勒和桑斯坦将他们的方法描述为持自由论的家长式作风，在这种作风下，人们不会被迫做出某种类型的决定，而是被决策情境的框定所"助推"，做出后来回想起来他们认为是最符合自己利益的决定。他们认为，这在医疗保健和退休储蓄领域尤为重要。特别是，他们对最近美国医疗改革的立法持批评态度，理由有很多，比如选择的默认设置是随机的，提供了太多的选择，他们认为这让很多人感到困惑。此外，作者还建议，这种"助推"方法可以应用于各种各样的社会政策，比如燃油经济性和用电量、吸烟、乱扔垃圾、未成年人怀孕和提交纳税申报单等。

许多经济学家批评了这种"助推"的做法。正如我们所看到的，一些人认为人们应该有犯错误的自由。事实上，这忽略了重点：助推政策确实让人们有犯错的自由，但如果政府做对了，他们就不太可能犯错。这正是助推政策的真正问题所在，即意外后果定律。有证据表明，如果助推消费者克服惯性，将会做出更好的个人选择，这也可能发生在美国的医疗保险市场。据估计，逆向选择问题可能会加剧健康状况较差的人面临更高的保费，因此可能会出现总体福利损失（Handel，2013）。

小　结

- 在时间偏好的测量中有许多混杂的因素。
- 时间偏好似乎不是一个单一的心理建构体，因为它不满足不同度量之间的恒定性、普遍性和相关性这三个主要标准。
- 将时间偏好分解为三个主要因素可能更有用：冲动性、强迫性和抑制性。
- 双曲线贴现率是指，人们会对较近的未来使用较高的贴现率，而对较远的未来使用较低的贴现率。
- 双曲线贴现在行为经济学中得到了广泛的应用，因为它比贴现效用模型的指数贴法现更好地描述了经验数据。它特别解释了不一致的时间偏好，这是贴现效用模型中的一个异象。
- 不一致的时间偏好带来了自我控制的问题。当本能因素发挥作用时，这种问题就尤其明显了。
- 面对自我控制问题的个体采用的主要策略是做出承诺。只有那些有自我意识的或是老练的行为人才可能做到这一点。外部的承诺不需要像内部的承诺那样依赖意志力。
- 在贴现效用模型中，诱惑和意志力的概念是多余的，因为特定的行动方式总是会主导偏好。
- 情感是承诺的一种重要形式。情绪是内生的，但在很大程度上难以控制。情感的表达是可控的因素。

- 对双曲线贴现方法的主要批评是：它纯粹是描述性的，没有考虑潜在的心理因素。
- 可选择的行为模型包括对瞬时效用函数的修正。这些模型也可以解释不一致的时间偏好。
- 更激进的模型包括推测偏差、心理核算模型、力量损耗模型、多自我模型、双自我模型和程序化方法。
- 模型不应被视为相互排斥的；许多可以互相补充，并可以在不同层次上以简化的方式进行解释。
- 对于个体、厂商和政府来说，这些行为模型有许多政策启示。这些启示尤其与自我控制问题和承诺有关。
- 助推政策可能对厂商尤其是政府有用，可用来鼓励消费者以符合其长期利益的方式行事，并在日后被消费者本身认可。

思考题

1. 描述与时间偏好概念有关的各种混杂因素。

2. 请解释诱惑和拖延与不一致的时间偏好之间的关系。

3. 用一个数值例子解释，准双曲线贴现的 (β, δ) 模型如何解释偏好反转。

4. 讨论双曲线贴现的优缺点。

5. 比较和对比双曲线贴现和本能因素模型作为解释偏好反转的方法。

6. 解释前景理论模型对理解跨期偏好的贡献。

7. 解释多自我模型的性质以及它们是如何处理偏好反转的。

8. 解释与自我控制问题相关的承诺的含义，并讨论它在解决这些问题中的作用。

9. 讨论神经经济学证据在理解和发展跨期决策模型中的作用。

10. 就政府政策而言，解释"助推"一词的含义，并举例说明。

应　用

这里考虑的应用都涉及不一致的时间偏好、自我控制问题和做出有效承诺。前两个案例涉及健身和储蓄的共同问题。第三个案例与不断增长的消费偏好有关，也涉及社会偏好。最后两个案例涉及金融市场中行为因素的影响。

❖**案例8.1**　　　　　对健身俱乐部会员身份的定价方案

我们已经提到了根据德拉·维格纳和马尔门迪尔（Della Vigna and Malmendier,

2004，2006）的研究得出的各种政策启示。这两位作者所考察的一个典型情形是，当厂商面临的消费者对于加入健身俱乐部具有双曲线形式的偏好时，他们应当制定怎样的最优价格策略。他们构建了如下三个阶段的模型：

时期 1

厂商向消费者提供一个会员身份方案，其中消费者需缴纳会员费 F 以及每次的健身费 p。消费者既可接受也可拒绝这一合同。

时期 2

如果消费者接受了这一合同，他将支付 F 的费用，并决定是健身（E）还是不健身（N）。如果消费者选择 E，那么他将蒙受一个成本 c，因为健身要付出一定的个人辛劳，同时，他还要向厂商支付健身费 p。如果消费者选择 N，那么他既不会蒙受成本 c，也不用支付健身费 p。

时期 3

如果消费者选择 E，那么他会在今后收获一个健康收益 b；很明显，如果消费者选择 N，那么他的健康水平不会得到提高。

无论消费者是否接受上述合同，厂商均需支付一个建造成本 K，并且当消费者选择 E 时，厂商每次还需蒙受成本 a。消费者还被假定是一个双曲线贴现者，相关参数为 β，b 和 δ，其含义与双曲线贴现模型那一节的解释相同。为了简便起见，厂商被假定是时间一致性的，其贴现率为 δ。

对于天真型的双曲线贴现者来说，如果他选择健身，那么，其决策过程可表述如下：

时期 1

选择 E 可带来的效用为 $\beta\delta(\delta b - p - c)$，而选择 N 的效用为 0。因此，如果 $c \leqslant \delta b - p$，那么消费者将选择 E。

时期 2

选择 E 只带来了 $\beta\delta b - p - c$ 的效用，因此，消费者实际上只会在 $c \leqslant \beta\delta b - p$ 时选择 E，这是一个比时期 1 稍小的值。

由此可见，一方面，天真型双曲线贴现者在购买会员资格时，由于对自身未来贴现过程的误读，高估了 E 的净效用。对于这类消费者来说，他们参加健身的次数要少于他们购买健身合同时所计划的健身次数。

另一方面，对于老练型消费者来说，他们对于自己健身的习性是完全清楚的，因此能够对他们选择 E 做出正确预测。

在利润最大化的假定下，德拉·维格纳和马尔门迪尔预测：对于时间一致性的消费者（$\beta=1$）来说，厂商只需令价格 p^*（最优的每次健身费）等于边际使用成本 a。然而，对于 $\beta<1$ 的双曲线贴现者来说，最优的定价合同中应当将每次健身费设置在边际成本之下（$p^* < a$），而会员费 F^* 应当高于针对时间一致性消费者的最优定价水平。之所以如此，有两个原因：

（1）老练型消费者喜欢较低的每次健身费用，因为它可以作为一种承诺机制，提高锻炼的可能性。他们知道，除非每次健身的费用很低，否则他们不会去健身房。

（2）较高的会员费使厂商可利用天真型消费者的过度自信。这类消费者愿意支付较高的会员费，因为他们容易高估参加健身的频率和健康的受益程度。

德拉·维格纳和马尔门迪尔也提供了经验证据来支持他们的模型。他们指出，健身俱乐部行业的厂商特别喜欢收取较高的会员费，而对每次健身收取较低的费用，甚至经常为零。更具体地说，它们发现，平均会员费约为每年 300 美元。大部分健身俱乐部还会提供另一种合同，即不需缴纳会员费，但需支付较高的每次健身费（每次约为 15 美元）。他们的研究发现，健身俱乐部的会员前往健身的平均次数是如此之低，以至他们的每次健身费达到了大约 19 美元。这些消费者最好不要购买会员资格，而是按使用次数付费。因此，这种预测错误让我们得出结论：许多健身俱乐部会员的行为就像天真型的双曲线贴现者。

问题

1. 请比较并对照健身俱乐部情形下的购买决策与本章前面提到的购买薯片情形下的购买决策。

2. 如果天真型消费者变得更加老练，这可能会如何影响他们的购买行为和健身俱乐部行业的厂商策略？

3. 如果一个健身俱乐部放弃固定的收费结构，而只是收取一个相对较低的每次使用费 10 美元。请解释这意味着什么。

❖ **案例8.2**　　　　　　　　　　　**储蓄问题**

在过去的 20 年里，许多富裕的 OECD 国家的家庭储蓄率急剧下降。所谓的盎格鲁-撒克逊国家——美国、加拿大、英国、澳大利亚和新西兰的家庭储蓄率最低。美国人现在的平均储蓄率不到税后收入的 1%，而 20 世纪 90 年代初这一比例为 7%。在澳大利亚和新西兰，个人储蓄率为负，因为人们消费借的钱比他们挣的钱多。

其他人口迅速老龄化的国家，尤其是日本和意大利，也见证了个人储蓄率的大幅下降，尽管这些国家最初的储蓄水平很高。如今，日本人将家庭收入的 5% 储蓄起来，而 20 世纪 90 年代初这一比例为 15%。只有少数富裕国家，尤其是法国和德国，避免了这种储蓄减少的模式。2004 年，德国人将税后收入的 11% 用于储蓄，比 20 世纪 80 年代中期略有上升。

在美国，储蓄的总体趋势掩盖了储蓄的各个组成部分的子趋势。有证据表明，尽管高收入人群的储蓄已被证明是稳定的，但中等收入人群的储蓄已经暴跌，而低收入人群的储蓄越来越少（Bunting，2009）。

富裕国家的这一普遍趋势引发了一系列问题：

（1）衡量一个国家储蓄的合适方法是什么？

（2）富裕国家储蓄够吗？

（3）什么样的政府政策能有效地鼓励储蓄？

所有这些问题都涉及行为经济学的某些方面，尽管有些方面与跨期选择没有直接关系。我们将专注于那些与跨期选择相关的方面，并考察标准模型和其行为替代模型

8

之间的差异。

衡量储蓄的合适方法

这里最基本的一点是，就国家而言，家庭、厂商和政府的储蓄总额才是重要的。因此，厂商以留存收益形式持有的储蓄以及政府的预算盈余在原则上能够弥补家庭的任何赤字。然而，在这些不同类别的储蓄之间，看起来至少存在某些联系。一个被称为"李嘉图等价"（Ricardian equivalence）的理论认为，由于个人对未来减税的预期，公共储蓄的增加被私人储蓄的下降所抵消。一项针对 1970—2002 年间 16 个富裕国家的 OECD 研究（de Mello，Kongsrud and Price，2004）发现，平均而言，公共财政的任何改善中，约有一半在短期内被私人储蓄的减少所抵消，而在长期内约有三分之二被抵消。然而，在美国这个国民储蓄最低的最极端的例子中，抵消最小。这引发了稍后讨论的政策问题。

家庭储蓄率则是通过税后收入减去消费支出来计算的。衡量的一个问题是：统计学家在国民核算中使用的收入和支出的定义，往往与人们认为的储蓄和支出没有什么相似之处。例如，已实现的资本利得不包括在收入中，即使资本利得的税款已从收入中扣除。与此处相关的是心理核算理论。正如第 6 章所示，人们倾向于将收入和财富分为不同的账户，并且人们从这些不同的账户中消费和储蓄的边际倾向也有很大的不同。比如，人们倾向于对当前账户持有一个较高的边际消费倾向，但对其他类别的财富却持有低得多的边际消费倾向，资本利得就属此类。我们将看到，这种可替代性的缺乏对政府政策有着重要的启示。

储蓄的充足性

这一问题既有宏观方面的，也有微观方面的。近年来，这两个方面都成为经济学家和政策制定者高度争议的话题。宏观经济方面涉及储蓄在整个经济中的作用，特别是它在为投资提供资金和刺激增长方面的作用。我们在这里不太关心这个问题，尽管许多经济学家会说，由于目前的净国民储蓄率只有 2%，就经济增长而言，储蓄的增加肯定会使美国经济受益。由于财政刺激和多次救助，2010 年的预算赤字估计达到GDP 的 9%，创历史新高。投资往往很低，海外借贷的可持续性也值得怀疑。

从行为角度来看，主要问题在于储蓄的微观经济方面：个人储蓄是否足够？在过去 10 年中，至少有四项研究表明，美国人储蓄不足，而至少另有四项研究表明，他们储蓄得足够多。产生分歧的原因是，不同的研究基于不同的假设，包括预期收入、对储蓄的态度、退休年龄、退休期间的理想消费水平、政府政策和其他影响储蓄充足性的关键因素。

为了解决储蓄充足的问题，我们必须考虑个人储蓄的三个主要动机：

（1）预防性动机——人们想为收入的突然下降而投保。

（2）平滑消费——人们在年轻和年老时往往希望消费超过收入，因此在中年时储蓄最多。

（3）遗赠动机——人们希望将财产留给子女。

因此，人们是否从当前收入中留出了足够的资金，取决于这些人未来想要消费或遗赠什么，他们已经积累了多少财富，以及这些资产的回报率是多少。

在 20 世纪 90 年代，许多经济学家辩称，美国的个人储蓄不足，其中尤以伯恩海姆（Bernheim，1993）的研究最为著名。然而，近年来更多的研究却持有相反的观点，比如恩金、盖尔和乌切洛（Engen，Gale and Uccello，1999）以及肖尔茨、塞沙吉和凯塔卡昆（Scholz，Seshadri and Khitatrakun，2006）。其中，最后一项研究总结认为，80% 的美国家庭积累了足够的储蓄。

然而，这些较为乐观的研究的主要弱点在于所做的假设。首先，他们将个人房产权益作为其金融资产的一部分。同样，可替换性问题在这里也是相关的。虽然在美国和英国有证据表明，财产价值的增加会刺激消费的增长，但人们对房产的处理方式与对其他形式财富的处理方式不同。不仅这类未变现的账面收益容易发生反转，而且此处还存在禀赋效应；许多老年人并不愿意通过售卖房产来为他们的消费进行融资。如果仅将个人房产的一半纳入金融资产，那么最为乐观的研究也将发现，只有不到60% 的美国家庭拥有足够的储蓄。

其次，在上述研究中的另一个重要假设是，未来的政府养老金会按承诺发放。在许多国家，尤其是在美国，由于存在"婴儿潮"带来的预算压力，因此养老金的削减是很可能发生的。对于较贫穷的美国人来说，任何承诺的养老金福利的削减都会显著降低他们当前储蓄的充足率。对于收入分配中处于最底层的三分之一的人来说，社会保险的预期支出超过了所有其他金融资产的价值。

英国也面临着类似的处境，其中政府提供的养老金占收入的比例要比美国小得多。英国养老金委员会最近发布的一份报告指出，考虑到雇主提供的职业养老金的下降趋势和国家养老金的流失，35 岁以上的劳动者中有 60% 的人储蓄不足。

第三个假设与储蓄回报率有关。近年来，高储蓄和低储蓄的经合组织（OECD）国家之间最大的区别在于资产回报率。麦肯锡全球研究所在一份报告（MGI，2005）中指出，在 1975—2003 年间，美国家庭金融资产价值增长的近 30% 来自资产增值，而在日本，高储蓄率弥补了资产回报的负增长。基于大型工业经济体当前的回报率和储蓄模式，麦肯锡的研究对全球财富积累的充分性并不乐观。目前，未来资产升值率存在很大的不确定性。

对政府政策的启示

政府如何增加家庭储蓄？收紧货币政策肯定会有所帮助。特别是在美国，从大多数标准来看，政策多年来一直很宽松，鼓励以牺牲储蓄为代价的借贷。大多数政府也在一定程度上使用税收优惠。最简单的激励措施是将所得税结构转变为基于消费的结构。在所得税结构中，税收被扣除两次（一次来自公司利润，另一次来自人们获得的投资收入）。然而，政府倾向于限制这种转变，因为它本质上是倒退的，将税收负担从富人转移到穷人。

一些政府政策的效果是减少而不是鼓励储蓄。例如，在美国，如果一对夫妇的资产超过 3 000 美元，那么他们获得食品券等福利援助的资格就会被逐步取消。在英国，一种需经过事先经济状况调查的养老金信贷，其目的是帮助那些靠养老金生活的人，却会带来一个负面结果，即这种信贷使那些低收入工人不愿意进行储蓄：对于每一英镑的储蓄收入，他们的边际税率至少要达到 40%。然而，2011 年开始实施的新

8

养老金制度应该会解决一些问题，在该制度中将方案中一个参与的默认选项与 4% 水平的收入贡献合并。

另一个主要的税收激励措施是保护退休账户，实际上是补贴退休账户。在美国，退休储蓄账户的补贴是其价值的 27%，相当于 GDP 的 1%（以放弃的税收收入计算）。关于这一政策的有效性存在争论，一些经济学家认为它只是将储蓄从一种形式转移到另一种形式，而没有增加总体储蓄。然而，梵迪和怀斯（Venti and Wise，1989）的一项研究得出结论："绝大多数 IRA（美国个人退休账户）的储蓄都是新的储蓄，而不是伴随着其他储蓄的减少"。芬恩伯格和斯金纳（Feenberg and Skinner，1989）用不同的方法证实了这些结果。

总之，行为经济学的三个主要方面对储蓄的充分性有重要的政策启示：

1. 可替代性

人们并不把各种形式的储蓄和财富视为可完全互换或是可替代的。梵迪和怀斯以及芬恩伯格和斯金纳的研究为证实这一点提供了证据。政府可以利用可替代性的缺乏来鼓励更多的储蓄。

2. 自我控制与承诺

个人退休账户与其他形式的退休账户一样，是缺乏流动性的，因为如果参保人在 59.5 岁之前动用了这一账户，将需额外支付 10% 的税款。梵迪和怀斯（Venti and Wise，1989）评论道，有些人可能认为这种流动性不足是一种优势，因为它有助于确保行为，否则将什么都得不到。如前所述，全球金融市场流动性增加的总趋势可能因取消这种承诺手段而抑制了储蓄。因此，政府可以通过税收优惠，以非流动性储蓄账户的形式创建额外的承诺机制，鼓励更多储蓄，比如英国的个人储蓄账户（ISA）。

3. 框定

如第 5 章所述，为退休而储蓄的愿望会受到退休计划中选项的框定方式的很大影响。比如，对于较穷的人来说，如果个人退休计划是雇主的默认选项而不需要工人自己决定是否加入，那么他们就更有可能参加这一计划。马德里安和谢伊（Madrian and Shea，2001）的一项研究表明，如果个人退休计划变成自动加入，那么较贫困工人的参加率就从 10% 提高到 80%。英国的养老金政策如今已朝这个方向发展。这种"助推"政策得到了塞勒和桑斯坦（Thaler and Sunstein，2008）的大力支持。

问题

1. 为什么不同的研究得出了关于储蓄是否充足的不同结论？
2. 解释为什么把钱存入退休金账户并不会减少其他形式的储蓄。
3. 解释就增加储蓄而言为什么可替代性是一个问题。
4. 在什么情况下资产的非流动性是一个可取的特征？

❖ **案例8.3**　　　　　　　　　　**对递增消费态势的渴望**

弗兰克和赫琴斯（Frank and Hutchens，1993）考察了导致工资态势递增的因素，这些因素是不能被生产率的提高所解释的。他们尤其考察了航空公司飞行员和城际巴士司机的情况，这两者在他们大部分的职业生涯中都保持着相对稳定不变的生产率，但他们在退休时的平均年收入分别要比刚工作时高出 600% 和 50%。对于这种工资增长，这两位作者否决了四种现存解释，它们分别是对所在公司特殊资本的投资、受法律保护的劳动合同、风险厌恶以及逆向选择，继而他们提出了一个与承诺相关的理论。在职业生涯的早期，这些员工不得不承诺接受低于他们生产力水平的收入。他们进一步认为，这种承诺更有可能出现在这样的环境中，即员工的社会活动大多是与同事一起进行的，并且他们表明，这确实是他们研究的两组员工的情况。虽然由这项研究所提供的证据并不是结论性的，因为只考察了两类员工，但它却具有很强的启示。

问题

1. 对不断上涨的工资和消费态势的偏好背后的行为因素是什么？
2. 解释为什么飞行员和巴士司机在他们的职业生涯中有相对稳定不变的生产率。
3. 说明为什么对公司特殊资本的投资不能令人满意地解释航空公司飞行员和城际巴士司机递增的工资趋势。
4. 解释承诺在导致递增的工资趋势中的作用，以及为什么与同事的社会活动对于承诺的可能性是重要的。

❖案例 8.4　　　　　　　　　　发薪日贷款

自 2007 年 8 月金融危机以来，发薪日贷款市场吸引了大量注意力，发薪日贷款机构在许多国家受到批评，并面临更严格的监管。在英国，像 Wonga 这样的贷款机构在各种媒体上进行了大规模的广告宣传，而它用退休老人木偶做的广告也引起了极大的争议。批评集中在对脆弱的借款人的剥削上，这些借款人因为不良的信用记录，被排除在更传统的借贷方式（如银行贷款、透支和信用卡）之外。据称，这种剥削被指在还款条件和收费方面缺乏透明度、故意迷惑或误导顾客的企图以及使用恐吓手段来确保还款，比如从虚构的律师那里发送恐吓信。一些发薪日借款人称，他们遭受了精神压力，被迫掉入债务陷阱，不得不借越来越多的钱来偿还现有债务。

什么是发薪日贷款？实质上，这些都是小型、短期、无担保贷款，在英国，贷款金额通常在 50 英镑至 2 500 英镑之间，通常在借款人收到下一份薪水时（通常在四周内）偿还。借款人签署并提交一张远期支票，包括贷款金额、利息和其他费用，贷款人可以在指定期限结束时兑现。

在英国，典型的借贷者是年轻人，他们没有孩子或家属，收入低于平均水平，但不属于次级贷款。这个市场的人口结构与美国有些不同，美国的借款人往往年龄较大、有家属、属于次级贷款类别，因为他们要么无法证实自己的收入，要么有不良的信用记录。此外，在英国该市场似乎通常被视为短期融资来源，而在美国，它经常被长期重复使用。

根据在英国的调查证据（Burton，2010），发薪日借款人似乎认为，发薪日贷款与从银行借款相比有三个主要优势：

8

（1）迅速——贷款可以快速安排，特别是通过网上贷款机构。

（2）便利——在需要填写的表格和需要贷款人进行的检查方面，涉及的管理较少。一些放贷者似乎愿意"毫无疑问"地放贷。

（3）清晰——银行关于透支和信用卡的条款经常被认为令人困惑，而发薪日贷款机构则以 100 英镑为基础提出还款条款，这让客户更容易看到他们需要偿还多少钱。

由于金融危机后许多借款人在银行有过糟糕的经历，他们认为发薪日贷款是一个有吸引力的选择，迅速和便利比成本更重要（Burton，2010）。在使用发薪日贷款之后，市场上的借款人反应不一。有些人仍然认为这是一个有吸引力的替代资金来源，可用于偶尔的紧急情况，但其他人，尤其是低收入借款人，发现这导致了债务的恶性循环，由于他们不断地利用市场，随着时间的推移，他们会受到越来越多贷款的诱惑，在某些情况下，他们会同时从许多贷款人那里借钱。

为了回应大量的投诉，公平交易办公室（OFT）于 2012 年开始对该市场进行调查。2013 年，公平交易办公室将该市场提交到了竞争委员会（Competition Commission），理由是一些大型发薪日贷款运营商主导了市场，并对其服务收费过高。2014 年，英国金融市场的整体监管机构——金融市场行为监管局（FCA），对发薪日贷款机构进行了更严格的监管。特别是，公平交易办公室对收费设置了三种不同的上限：

（1）可以收取的最高利率上限，为每天 0.8%。

（2）可以收取的最高费用上限为 15 英镑。

（3）任何借款人必须偿还的最高总金额的上限，无论他们的还款逾期多久，都是最初借款金额的两倍。

可以举个例子来说明这些上限，该例子为借 100 英镑，期限 30 天：如果按时偿还，总还款额为 124 英镑；如果延迟 30 天还款，则总还款额为 166.60 英镑；如果延迟 90 天还款，则总还款上限为 200 英镑。除了上述上限外，公平交易办公室还引入了其他各种规定，例如，限制了一笔贷款只能延期两次，并限制了可以从借款人的账户中要求两次付款的时间。政府还干预了该市场，在 2013 年将 3 800 万英镑分配给了信贷联盟扩张计划，将信贷联盟视为银行和发薪日贷款机构的可行选择，尤其是对低收入借款人。

人们对监管效果的反应褒贬不一。代表一些发薪日贷款机构的消费者金融协会（CFA）声称，这限制了借款人的资金来源，对他们产生了不良影响。发薪日贷款机构的数量从 2013 年的 240 家降至 2015 年的 30~40 家（Peachey，2015）。消费者金融协会报告称，在此期间，短期贷款下降了 68%，80% 的贷款申请被拒绝（CFA，2015）。他们还声称，这些被拒绝的申请者中有 4% 转向了非法高利贷者，这些人往往收取高额利率，并使用恐吓手段。他们也可能诉诸透支和延迟支付账单，这两种选择都很昂贵。

债务慈善机构反驳了这一观点。《公民咨询》（Citizens Advice）报告称，2015 年4—6 月期间，涉及他们的发薪日贷款减少了 53%，并声称这表明该规定对借款人产生了有益的影响。其他慈善机构声称，没有证据表明受挫的借款人越来越多地转向高利贷。

　　总的来说，对发薪日贷款的限制确实减少了贷款的数量。美国也报告了类似的证据，麦柯南、拉特克里夫和库恩（McKernan, Ratcliffe and Kuehn, 2013）的一项研究使用了 2009 年各州财政能力调查的全国代表性数据，以检验州一级的限制和消费者使用之间的关系。作者发现，禁止发薪日贷款使此类贷款的使用减少了 32%。主要的问题是：这种减少是否有利于消费者？

　　以上两种截然不同的态度可以用下面的引文来说明：

　　　　高成本信贷不是解决财务困难的办法（Gillian Guy, Citizens Advice 的首席执行官）。

　　　　短期信贷需求不会随着供应减少而消失；消费者仍然需要获得小额短期贷款，以有效地打理他们的财务（CFA Report, 2015）。

问题

1. 什么行为偏向可能导致人们更倾向于申请发薪日贷款？
2. 解释调控发薪日贷款市场的案例。
3. 监管市场时可能面临哪些问题？
4. 在这种情况下政府是否有助推政策的余地？
5. 为正在考虑申请发薪日贷款的老练型消费者提供建议。

❖案例 8.5　　　　　　　　　　金融危机

　　金融危机并不是一个新现象。第一个被完好地记录下来的可能是 17 世纪荷兰的"郁金香"狂热。在 1637 年 3 月间，一些郁金香球茎的售价是熟练工年收入的十倍之多。当郁金香球茎价格下跌时，许多投资者破产，荷兰经济遭受重大打击。在整个 18—19 世纪，危机以不同的形式在不同的国家持续着，在 20 世纪出现了几次全球性的危机，最著名的是 1929 年的华尔街危机。尽管这在 10 月下旬的"黑暗"日子里最为明显，但股票价格的大部分下跌都发生在 1930—1933 年这段较长的时间里，股票指数从 1929 年 9 月的峰值下跌了 80%。道琼斯指数单日最大跌幅（按百分比计算）发生在 1987 年 10 月 19 日，当时下跌了 22.6%。然而，与许多人的预期相反，市场迅速复苏，仅用了 15 个月就达到了此前的峰值。最近一次全球金融危机始于 2007 年 8 月，当时道琼斯指数在 18 个月的时间里下跌了约 50%。在这种情况下，股市花了大约 5 年时间才达到此前的峰值。1929 年的危机之后是大萧条（Great Depression），道琼斯指数花了 25 年时间才回到 1929 年的峰值。日本股市的恢复甚至超过了这一时期。日经 225 指数在 1989 年底达到 38 957 点的历史高点，但在截至 2009 年 3 月的 20 年里下跌了 82%。在 2015 年 9 月，该指数仍比 1989 年的峰值低 50% 以上。

　　金融危机不仅仅局限于股票市场。每当一项重要资产出现泡沫并随后破裂时，金融系统就会面临严重压力。这些资产可以是郁金香球茎，但现在更可能与房地产或金融工具有关，这些工具的价值是基于房地产的，如衍生工具。然而，任何市场崩溃的一般原因都是一样的：对一种资产的过度投机导致其价格出现泡沫，然后在某个时点上投资者对该资产失去信心，在他们匆忙出售该资产的过程中导致泡沫破裂，价格暴跌。随着价格下跌，投资者的信心进一步丧失，他们进一步抛售，导致价格进一步下跌，形成恶性循环。在现代市场中，信息在全球范围内可迅速传播，如果投资者陷入恐慌，价格可能会迅速下跌。

主流经济理论很难解释泡沫和危机。这是因为它提出了金融资产的定价是由有效市场假说决定的。有效市场假说（EMH）以其最流行的弱有效形式规定，所有公开信息都立即被纳入当前资产价格中。在股票市场中，相关信息与任何被认为会影响公司未来利润的事物都有关。所以，股票价格应该遵循随机游走，因为它们只对新信息做出反应。因此，经常观察到的波动性发生的可能性极小，因为长期利润预期将在几天内改变多达20%显然是不合理的。此外，假设利润占GDP的比例保持相当稳定，有效市场假说预测，从长远来看，国家股市指数只能以与名义GDP相同的速度增长，通常发达国家是每年4%～7%。而在泡沫时期，股票市场的上涨速度往往要比这快得多，而且持续时间可长达数年。

2008年的金融危机比以往的危机更为复杂，因为它在很大程度上涉及衍生品，尤其是债务抵押债券（CDOs）。这些工具是一种新的银行贷款模式的结果，尤其是在抵押贷款市场上。这个市场传统上只涉及两方：借款人和贷款人。从20世纪90年代末开始，该市场发展成一种更为复杂的模式，有时被称为"贷款并证券化"（originate and distribute）模式。这通常涉及至少六个参与方，其角色简述如下：

（1）借款人——在很多情况下，这些贷款属于次级贷款，这意味着借款人在传统模式下无法获得抵押贷款，要么是因为收入低且不稳定，要么是因为不良信用记录。

（2）抵押经纪人——借款人会直接联系经纪人而不是银行，以便更容易货比三家。经纪人会评估不同银行的产品，评估借款人的资质，并为他们提供最佳交易建议。作为回报，他们从借款人（有时也从贷款人）那里获得佣金。

（3）商业银行——这些银行是商业银行或类似的机构，它们把钱借给借款人，然后获得由偿还本金和利息组成的收入流。然而，在许多情况下，他们会将这些抵押贷款打包出售给其他机构，主要是投资银行。这些收入流随后会转移到购买抵押贷款的投资银行。

（4）投资银行——然后这些机构将抵押贷款证券化。这意味着它们将这些债券作为抵押品，并发行价值基于这些抵押品的证券。这些证券类似于债券，买家收取利息，利息是从抵押贷款的收入中支付的。然而，通过将各种抵押贷款的抵押品与其他工具（包括低风险的美国国债）相结合，其中一些抵押贷款支持证券（MBS）被转化为更复杂的工具。基于这种混合抵押品的证券被称为债务抵押债券（CDOs），根据支付优先级的不同，这些机构往往被分为不同的层次或部分。最上面的部分拥有从抵押品中获得任何收入的优先权，通常被评级机构评为AAA级，支付4%的利率。第二部分拥有剩余收益的下一个索赔权，通常拥有BBB评级（仍然是投资级），通常支付7%左右的利率。接下来，最低的部分拥有剩余收入的最终索取权，通常没有评级，往往由投资银行保留。

(5) 评级机构——这些机构负责评估投资工具的风险，包括利息或本金违约的风险。这个市场上有两家主要的公司——穆迪和标准普尔（S&P），它们控制着全球市场的 80%。有许多不同的风险等级，最高的评级是 AAA，代表非常低的违约风险。投资者倾向于将这些评级视为非常可靠的风险指标，因此认为债务抵押债券的最高部分与美国政府债券的风险相似。

(6) 机构投资者——这些金融机构是代国民投资的机构，其中最重要的是养老基金和保险公司。在全球范围内，这些机构是债务抵押债券的主要买家，它们认为，债务抵押债券是一种极具吸引力的投资，风险与美国政府债券（对最顶层而言）相同，但支付的利率要高得多（大约 4% 的利率，而不是大约 1% 的利率）。

那么哪里出了问题呢？许多因素都与此相关，但主流经济学指出了两个特别重要的因素：

(1) 缺乏透明度——由于工具的复杂性，债务抵押债券的风险很难评估。评级机构基于两个理由证明其低的风险评估是合理的：

（a）如果借款人违约，这些资产将回到投资银行，并且随着房地产价格持续上涨，这些资产将增值。因此，违约风险并不是真正的问题。

（b）抵押品是多样化的，因此即使其中一些资产贬值，其他资产也可能升值。

事实证明，这些理由是虚假的，因为借款人大量违约，导致房地产价格下跌。在两年的时间里，降幅达到了 30% 左右。因此，抵押品的价值下降，没有收入，而债务抵押债券的价值也随之大幅下跌。许多债券几乎无法售出，持有这些债券的投资银行和机构投资者受到了严重打击。然而为什么有那么多借款人违约呢？

(2) 代理问题——在传统的银行模式中，如果银行发放了不良贷款，它们将会损失惨重，因此会有动机对贷款人进行适当的资格审查。故不存在次贷市场。在新的银行业模式中，存在着各种各样的道德风险，这意味着，如果风险恶化，各方都不会承担冒险的后果。下面是两个主要的例子：

（a）经纪人是借款人和银行的代理人，但如果出现违约，它们并不承担后果。它们的报酬来自佣金，所以它们有积极性督促那些不合格的借款人贷款，而这些人后来被证明是没有能力偿还贷款的。

（b）这些贷款的发放机构通常是商业银行，它们无意持有这些贷款，因为它们想转售贷款。因此，它们也不会承担违约的后果，而且与传统模式相比，它们更愿意发放贷款。

对上述危机的解释被大大简化了，它忽视了信用违约互换等工具，以及房利美（Fannie Mae）和房地美（Freddie Mac）等政府支持的企业在抵押贷款市场上的作用（这两家公司都必须得到美国政府的纾困）。它还忽视了源自亚洲的全球储蓄过剩的作用，这种过剩往往会压低许多其他国家的利率。

虽然 2008 年金融危机的原因比以往的危机更为复杂，但除了上述因素外，投资者心理方面的一些行为因素也发挥了重要作用。

问题

请解释以下行为因素在 2008 年金融危机中的作用：

8

1. 过度自信
2. 代表性直觉推断
3. 证实偏向
4. 选美竞赛
5. 一致性偏向

8

第 4 篇

策略互动

第9章 行为博弈论

电影《奇爱博士》（*Dr. Strangelove*）中有一个被称为"末日机器"（Doomsday Machine）的装置，如果苏联遭到核攻击，它可以自动摧毁地球上的生命。此外，该装置启动后是不可能解除的。这种看似蛮干的特性对于产生威慑敌人的效果是必不可少的。它确保决策过程是不可撤销的，消除了任何人为干预的可能性，从而使该装置成为一种完全可信的报复性防御武器。

这部电影是一部关于美国与苏联之间的核军备竞赛的黑色喜剧。这场军备竞赛在20世纪60年代有过许多引爆点，尤其是1962年的古巴导弹危机，并且经常被用来阐明博弈论的关键方面，无论是国家之间还是国家内部的博弈。美国和苏联领导人想阻止对方攻击自己并在国民面前展示自身的强硬，同时又不因国防开支过多而给本国财政增加负担。行为因素在冷战僵持期间表现突出。它们很重要，例如在古巴导弹危机期间，肯尼迪总统最初对苏联领导人赫鲁晓夫在演讲中的生硬语气而愤怒地反应过度。一段时间之后，美国总统办公室才认识到，赫鲁晓夫在谈到美苏关系时，发表这样的演讲是很正常的，主要原因是这些演讲是为了取悦苏联听众。

9.1 行为博弈论的性质

在前一章，我们大致讨论了博弈论的某些方面，因为只有了解了这些概念，才能理解跨期偏好是如何影响行为的。我们尤其发现，只要决策依赖于个体之间的互动，就需要用到博弈论。在某些情形下，博弈是在厂商和消费者之间展开的，比如案例8.1所讨论的健身俱乐部的价格策略；在另一些情形下，博弈是在不同的"自我"之间展开的，尤其在一个缺乏耐心的短期自我与一个具有耐心的长期自我之间。我们还碰到了博弈论的若干重要概念，比如策略、时序、承诺和支付等。

正如我们将在下面讨论的那样，文献中对标准博弈论是否应从一开始就被视为是"行为的"进行了广泛的讨论，而标准博弈论最终取决于新古典主义经济学模型关于经济理性的核心假设。同样，当前博弈论的许多新进展建立了对策略性互动行为要素建模的总体目标。总体而言，这些来自博弈论的见解与行为经济学有关，因此，了解其基础很重要。在本章，我们将探讨博弈论在行为经济学中的更一般的应用。为了讨论这些应用，有必要更详细地介绍博弈分析的基本要素。

互动式决策情形的本质是，当理性的 A 做出某一决策时（比如定价、进入市场、是否接受一份工作等），他应当考虑其他决策者对其不同决策的反应以及这些反应如何影响他们自身的效用或收益。通常情况下，对手的行动也被假定是理性的。另外还必须考虑的一点是，其他参与者在选择他们的反应策略时，也会考虑 A 会如何对他们的反应做出反应。这一过程可最终持续无限多个回合。在某种程度上，这样的设定是直接且为我们所熟悉的。我们会在诸如井字游戏、跳棋（国际跳棋）或国际象棋等策略游戏中遇到它。如果设定足够简单，那么我们或许能够确定获胜策略或至少能确保平局的策略，例如井字游戏。但是，正如国际象棋的例子所示，这种拥有相互依赖的长行动序列且每一步都存在很多可能行动集的博弈，会对人类的决策构成相当大的挑战。就目前而言，国际象棋的制胜策略尚未被找到。因此，对学习行为经济学的同学来说，即使是简单的策略互动博弈也是帮助深刻理解理性决策的范围及局限性的理想实验台，甚至在人们考虑到经济背景下的特定行为可能不仅由于策略不确定性或内在不确定性（来源于经济主体之间互动的复杂性），以及外在不确定性（这可能是未知的，比如博弈一方可被假定有多大程度的理性）而带来不确定结果之前，都是如此。

在经济学的所有领域中都存在策略互动的情形，例子包括：宏观经济政策中的央行设定利率的行为；微观经济学中的寡头定价行为；劳动经济学中的工资协商和罢工行为；金融学中的拍卖行为；以及国际经济学中的贸易谈判行为。博弈情形同样出现在政治学、社会学、战争、比赛和竞技、生物学等范畴，这使得博弈论逐渐形成统一的分析框架并可适用于广泛的问题中。经济学的主要开创性著作来自冯·诺依曼和摩根斯坦（Von Neumann and Morgenstern，1944）与纳什（Nash，1951），他们的贡献在 20 世纪下半叶被经济学界迅速吸收。如今博弈论已成为经济分析的关键概念工具之一。

☐ 博弈的要素

根据上文所述，我们现在所使用的博弈概念囊括了一个非常广阔的领域，其中很多情形我们通常并不认为是博弈。一个较好的例子是标准的囚徒困境博弈（Prisoners' Dilemma，PD），如表 9.1 所示。经典的囚徒困境情形涉及两名嫌犯，他们被关押在不同的拘留室中，并被指控犯下了某项罪行。他们无法相互交流，因此他们无法知道对方是如何行动的。检察官必须得到嫌犯供认，否则难以对嫌犯定罪，同时率先供认的嫌犯将会获得宽免。如果他们都不坦白，那么检察官只能将他们按较轻的罪行量刑，亦即每名嫌犯被判监禁 1 年。如果其中一名嫌犯坦白而另一名嫌犯不坦白，那么坦白的嫌犯将被释放，而另一名嫌犯将被判监禁 10 年。如果两名嫌犯都坦白，那么他们每人都将被判监禁 5 年。

表 9.1　囚徒困境博弈

		嫌犯 B	
		坦白	不坦白
嫌犯 A	坦白	5, 5	0, 10
	不坦白	10, 0	1, 1

在课堂上讨论囚徒困境博弈时，学生有时会指出，该博弈中所谓的"供认"实际上就是"告发"，这也意味着嫌犯之间可能会背叛在被逮捕之前承诺彼此间不告发的约定。背叛会增加博弈一方的报酬，另一方则为此付出代价。我们将在第 10 章中讨论。根据经验，经济行为通常是由诸如公平之类的规范驱动的，这些规范可以通过"涉他偏好"并入新古典主义经济学模型中。更笼统地说，正如我们将在下文讨论的那样，制度因素（例如规范）可能是解决博弈论问题重要的外部决定因素。

我们将采用表 9.1 中的标记方式进行接下来的博弈分析。表中的数值代表支付。在囚徒困境博弈中，这些数值代表监禁年数；嫌犯 A 的支付以左边的数值表示；嫌犯 B 的支付以右边的数值表示。显然，每名嫌犯在该博弈中的目标是最小化他们的支付，即监禁的年数。就支付之间的关系而言，这种博弈的结构与许多经济情形有关，我们将在本章和下一章中频繁回顾该博弈。

于是我们可以认为，象棋、扑克、"石头剪刀布"与网球和橄榄球（无论是美式还是英式）一样，属于传统概念上的博弈。但从技术层面来看，本章所涉及的博弈还包括如下这些活动：求职面试、厂商与工会的谈判、人们购买人寿保险、厂商决定进入新市场、政治家发布一项新的教育/交通/卫生政策，或是一国宣布参战等。那么，这些纷繁的活动之间有何共性呢？

下述几点内容是构成任何博弈的核心要素：

1. 参与者

他们是相互关联的决策个体，其效用也是相互依赖的。无论是个人、厂商、团队、社会组织、政党还是政府，均可作为博弈的参与者。

2. 策略

这一概念可用不同的方法加以定义。在某些情形下，"策略"一词是指参与博弈的一套完整的行动计划。在另一些情形下，一项策略仅指对某一行动的选择，比如在囚徒困境博弈中选择"坦白"。需要着重理解的是，许多博弈往往涉及多个行动。一套完整的计划意味着必须考虑到每种可能发生的情形。在本章中，为了与传统惯例保持一致，我们将使用"规则"一词来表示一套完整的行动计划，而"策略"一词将被限定于表示某一特定的活动或行动。策略通常涉及是"**合作**"（cooperating）还是"**背叛**"（defecting）。在博弈论背景下，"背叛"是指一种策略，即一个参与者选择一项以其他玩家（们）支付为代价来增加自身支付的行动。"合作"涉及一种冒险的行动，希望对方能够回报自己，以使双方或所有参与者的境况都得到改善，但是，此种情形下对方可能会利用你并减少你的支付。

3. 支付

这一概念是指在博弈结束时，参与者的福利或效用水平的变化，它是由每个参与者的策略选择所决定的。一般的假定认为，参与者是理性的，并且以最大化效用或期望效用为目标。需要留意的是，"每个"一词是很重要的，因为它将博弈论与决策论区分开来——在决策论中，最终的结果仅依赖于单一决策者的选择行为，但在博弈论中，我们着眼于由于参与者策略的相互依赖性所产生的结果。

一个博弈的**标准式表述**（normal-form representation）需要明确上述三个要素，正如表 9.1 中所展示的那样。由于参与者被假定是同时行动的，因此这类博弈情形可通过表格或矩阵表示出来。标准式表述可帮助我们阐明博弈中的各个核心要素。

当参与者不是同时行动并且行动的顺序很重要时，就有必要运用**扩展式表述**（extensive-form representation），其中通常会涉及一个**博弈树**（game tree）。我们用图 9.1 来说明什么是博弈树，该图展示了一个最后通牒博弈的例子。这类博弈有两名参与者，其中一名为提议者（P），另一名为回应者（R）。许多行动顺序重要的博弈也是类似的。在这类博弈的标准形式中，如果 R 接受 P 的要约，则一笔特定金额的资金（通常为 10 美元）代表了拟议交易的收益值。如果 R 拒绝要约，则不产生来自交易的收益或盈余。在最后通牒博弈中，P 提议分出 x 美元给 R，自己留下 $10-x$ 美元。在图 9.1 所示的博弈中，假定如果 P 决定平分这 10 美元，则博弈结束，那么唯一可能的是非平分方式（8，2）。

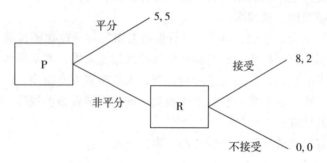

图 9.1　最后通牒博弈的扩展式表述

博弈的扩展式表述涉及四个要素：

（1）需包含各**节点**（nodes）和各分支的完整结构，其中，不存在任何封闭性的循环，而是从一个始节点（starting node）出发，直至终节点（end node）；

（2）需说明每个节点属于哪个参与者；

（3）需说明"自然"（一种外部力量）在随机节点上选择各分支的概率；

（4）在每个终节点上需注明支付。

因此，节点代表着某一参与者的决策点。我们也可以通过引入"自然"作为参与者来代表外部影响，比如，自然决定是否按照一定概率水平降雨。一旦一个博弈能够被标准式表述或扩展式表述，那么我们便有可能分析出其看似合理的结果。这些看似合理的结果将会是该博弈的均衡结果，意味着它们描绘出了每个参与者彼此兼容的策略选择。我们将在下一节讨论最后通牒博弈以及囚徒困境博弈的均衡解。

☐ 博弈的类型

博弈论所涉及的情形是多种多样的，不同的博弈所适合的分析方法也是不同的。因此，我们需要根据某些重要特征来对博弈进行分类。

1. 合作博弈与非合作博弈

在合作博弈中，参与者可以相互交流和串谋。他们还可通过第三方订立一个有强制力的有效合同。在发达国家，大部分这类行为是法律明文禁止的。因此，那些用来研究各种经济情形的博弈大多属于非合作博弈。该类博弈涉及可自我强化的依赖关系，而这种关系则会决定均衡状态。我们将在下一节探讨这种均衡的特征。我们还将看到，许多博弈都涉及合作与竞争，基础的"一次性"囚徒困境博弈就是如此。

2. 两名参与者博弈与多名参与者博弈

囚徒困境博弈是很明显的两名参与者博弈。但这类博弈可被拓展为涉及多名参与者的情形，我们已经在前一章的公共品博弈中看到这一点。当参与者越多时，选择背叛的可能性也就越大，尤其在"一次性"博弈（one-shot game）情形中更是如此。这种情形的一个例子有时被称作**公地的悲剧**（the Tragedy of the Commons）。在这类情形中，产权是不可交易的、不受保护的或未分配的，例如，污染问题就属此类。我们可以推断，当参与者较多时，在其他参与者背叛之前选择背叛就是很重要的；只有当背叛者很容易被发现并被处罚时，背叛行为才能被禁止。公地的悲剧的一个例子是：过度捕捞导致了北海*的鱼群绝迹和渔民间的冲突。还有一些博弈情形涉及的不是资源的过度使用，而是资源的供给不足，比如，街道照明和医疗机构等公共品就属此类。在涉及多名参与者的博弈中，某些参与者也有机会通过结盟对抗其他人，这样他们就可尝试和利用那些本来无法使用的策略。

3. 零和博弈与非零和博弈

零和博弈有时又被称为"常数和博弈"，其中某一（些）参与者的收益恰好是另一（些）参与者的损失，因此，所有参与者的收益（或损失）之和就为常数。这种博弈可用于研究诸如衍生品市场这样的情形，其中，某些交易发生在两名投机者之间。然而，大部分博弈情形属于非零和博弈。此外，即使货币收益和损失之间可相互抵消，由这些收益和损失所引致的效用也可能是无法抵消的，因为存在损失厌恶。

4. 完全信息与不完全信息

在本章前文所展示的囚徒困境博弈中，我们假定所有参与者都确切知道每种策略组合的支付结果。但在实际中却经常不是这样，并且影响到策略的选择。在某些情形中，参与者可能对他自身的支付是不确定的；在另一些情形中，他们也许清楚自身的收益，但不确定其他参与者（们）的支付是多少。比如，一家保险公司可能并不了解投保人的所有相关信息，而这会导致逆向选择问题。与此类似的是，在拍卖中投标人也许并不知道其他投标人对标的物的估值是多少。毫无疑问，拥有不完全信息的博弈更难以分析。

5. 静态博弈与动态博弈

在**静态博弈**（static games）中，参与者是**同时行动**（simultaneous moves）的；囚徒困境博弈就是一个同时行动博弈，这意味着参与者在不了解其他人行动的情况下，同时进行选择。对于分析而言，只要每个参与者都无法了解其他参与者（们）的行动，那么，行动在时序意义上就不需要是同时的。但生活中许多情形都涉及**动态博弈**（dynamic games），其中，参与者是**序贯行动**（sequential moves）的，亦即一名参与者首先行动，另一名参与者在了解前一名参与者行动的前提下行动。最后通牒讨价还价博弈就是一个动态博弈的例子。在这些情形中，行动的顺序对博弈的结果有重大的影响。

---

*　系指大西洋东北部的边缘海，位于大不列颠岛、斯堪的纳维亚半岛、日德兰半岛和荷比低地之间。——译者注

6. 离散型策略与连续型策略

离散型策略是指这样一些情形，其中，每个行动都是从有限数目的备择行动中选出的。在囚徒困境博弈中，每个参与者只有坦白或不坦白两种选择，因此，属于离散型策略情形。相反，寡头市场中的厂商几乎有无数个可索取的价格，这属于连续型策略的例子。有鉴于此，我们采取的分析方法也是有差别的，亦即需要用到不同的数学技巧。

7. "单次"博弈与重复博弈

我们已经在前一章讨论过这两种博弈之间的区别。重复博弈能够很好地分析商业行为中许多短期决策情形（比如，定价行为或广告行为），因为竞争者间存在持续的交互作用，他们可以定期改变决策变量。对于这类博弈来说，有些也许只涉及有限的步骤，因此，博弈的结束点是能够预见到的，而另一些博弈可能看起来会无限进行下去。长期决策（比如，投资决策）则更类似于单次情形；虽然决策可能在未来再次进行，但在两次决策之间可能会相隔数年，并且下一次决策时所面临的收益情况也许是迥然不同的。

☐ 行为博弈论与标准博弈论

标准博弈论（standard game theory，SGT）涉及四个主要假定：（1）人们对相关博弈有正确的心理表现；（2）人们是完全理性的；（3）由于没有学习效应或其他因素造成的时间滞后性，因此均衡是立即达成的；（4）人们完全出于自利动机。然而，这些假定也使得标准博弈论面临着各种批评。在许多方面，这些假定与我们在第1章中介绍过的新古典主义经济学模型相一致。正是通过博弈论，新古典主义经济学模型才得以进入现代经济学的许多分支。

我们将看到，虽然存在这些行为上的限制性假定，但将标准博弈论的预测与经验事实做比较时，标准博弈论在许多情形下的表现还是不错的。确实，在许多"单次"博弈中，无论是静态还是动态的，无论是完全信息的还是不完全信息的，其预测都能够非常准确。这尤其适用于"类似市场的环境，包括许多相互匿名的参与者能够形成完整的、第三方强制执行的合同"的情形（Eckel and Gintis，2010，p. 110）。但是，正如古雷和霍尔特（Goeree and Holt，2001）指出的那样，支付的变化可能会导致严重的异象，这将在后面的部分进行讨论。在其他博弈中，例如，讨价还价博弈和重复博弈，其预测可能会偏离预期。例如，在如表9.1所示的最后通牒讨价还价博弈中，B也许会被不平等的支付所激怒，从而拒绝提议，因为这种提议违反了公平的社会规范。我们将在下一章对这种情形做更多的细节考察。然而，我们常会发现，如果对标准博弈论的前提假定进行放松并在基本的博弈分析框架内引入某些新的参数，则可显著地提高相关理论的拟实性与预测性。这种做法与行为经济学的一般研究方法是一致的，亦即不断对新古典主义经济学模型进行修正与扩展。

凯莫勒（Camerer，2009）指出，行为博弈理论有四个主要因素，分别是对上述标准博弈论四个假定的放松：

1. 代表性

代表性是指一个博弈是如何被认知的或是如何在心理呈现的。通常，参与者会对一个博弈产生不正确的或是不完全的理解，而标准博弈论会倾向于忽略这一方面。

2. 初始条件

这涉及参与者对博弈情况的信念。标准博弈论假定参与者的信念都是正确的，并且行为与信念相符。行为博弈论考虑了有限理性，或者提出了对策略性思维所施加的限制（例如认知层次理论），或是通过假设参与者由于"噪声"而犯随机性错误，也就是说不需要的信息会干扰预期的信号。

3. 学习

这是关于重复博弈的。在重复博弈中，参与者从自己和他人的支付、他人的策略中学习，也可以学习到其他参与者可能会做什么。这一因素在标准博弈论中是被忽略的。

4. 社会偏好

参与者的偏好不仅受自身支付影响，同时还受他人的支付以及这些支付的分布的影响。而这些因素则被标准博弈论所忽略。

因此，在本章的其余部分中，我们将考察那些超越标准博弈论核心假定的模型，但我们将重点关注上述前三个因素。下一章将探讨第四个因素，即社会偏好的影响。

在本章将要讨论的模型中，我们将找到行为方面如何在博弈论中得到应用的两个分析线索，而这两个分析线索通过行为洞察力来加以区分：

1. 实验证据的可靠基础

这是指通过对大量经验研究进行考察和评价，以找出与标准博弈论不相容的异象，并据此对相关理论进行修正。

2. 坚实的心理学基础

行为博弈论不仅应与经验事实相符，而且还应立足于心理学理论。

在我们继续之前，需要就标准博弈论与行为博弈论之间的区别提出最后的方法论观点。在第 1 章中我们注意到，在许多方面，标准经济学和行为经济学之间的概念"对峙"已经让位给今天经济研究的几乎所有领域中对行为要素的广泛重视，因此，使用新古典主义经济学模型作为基准来评估我们现在在经济文献中发现的行为模型的范围，以及现代经济学中那些与新古典主义经济学模型紧密结合的模型，更有意义。在博弈论中，这一现象更为明显。尽管确实有许多基于标准博弈论的分析试图解决策略互动的各种行为要素，但它们通常仍旧保留较强的理性假设和均衡假设。甚至对于那些明确寻求超越标准博弈论核心假定的学者们，情况更是如此。金迪斯（Gintis，2009）指出，虽然理性选择模型的经验异象是相关的，并且需要被解决，但最好的方法是推广该模型，而不是抛弃它。这位学者的态度反映出他潜在的行为怀疑观：

> 驳斥传统决策理论可能在情感上令人满足，但这样是不成熟、目光短浅且具有科学破坏性的做法。在眼前，除了传统的决策理论模型，别无选择……；该理论基本上是正确的，而在失败的情形中，能够解释失败的原理是对标准理论的补充而不是破坏。（p. 246）

与之相比，行为经济学家的初衷是"用心理上更合理的原则来**取代**不准确的建模原则"（Camerer，1997，p. 185；着重强调）。博弈论，无论是否冠以行为的标签，通常都比行为经济学的其他领域与新古典主义经济学模型更密切相关。这并不令人感到意外。

9

博弈论的出发点着眼于个人的策略互动，意味着对理性决策的重大承诺。因此，我们在这里和下一章中对博弈论的讨论将采用一种比其他章节更为折中的方法。我们的目的主要是通过一系列精选的例子说明，行为维度是如何出现并在博弈论模型中被采用的。

9.2 解的概念

在分析某一博弈时，我们会希望找出参与者们会合理选择的策略。正如我们将看到的，在标准博弈论中有一个特定的均衡的概念，被称为纳什均衡（Nash equilibrium），它会挑选出各个参与者之间相互一致的策略组合，即在均衡中每个参与者在他人的策略给定的情况下都做出了最佳反应。我们将逐步引出这一解的概念。与标准博弈论一致，假定参与者是理性的且追求自身效用最大化，并且期望彼此都是如此。现在我们可以考虑不同的方法来确定博弈将如何进行，这取决于参与者所面对的收益。我们可以：（1）尝试确定**占优策略**（dominant strategy）；（2）尝试剔除**劣策略**（dominated strategy）；（3）寻找**纳什均衡**（Nash equilibrium）；（4）如果是序贯博弈，则寻找**子博弈完美纳什均衡**（subgame perfect Nash equilibrium）。

为使阐述更加简洁，我们现在的讨论仅限于离散型策略，并且首先只考虑纯策略。在下一节中，我们将讨论涵盖混合策略的一般化概念，以及其他类型的均衡。

□ 占优策略

如果我们着眼于每个参与人的离散型策略集，并将我们的策略限制在"纯"的策略上，即参与人只需要选择一种可行的招式，那么一个自然要问的问题是：我们是否可以确定一种策略，它代表着任何参与者的胜利之举，从某种意义上说，不管其他参与者做什么，它都能产生最高的回报？如果存在两个参与者 A 和 B，且 A 能够在两个策略 S_1 和 S_2 之进行选择，那么我们可以定义如下：

1. 占优策略

如果给定 B 的可选策略的任何集合，A 选择策略 S_1 都会比选择策略 S_2 带来严格更高的支付，则称策略 S_1 严格占优于策略 S_2。于是我们就可以说，如果参与者 A 在某种情形下拥有一个**严格占优策略**（strictly dominant strategy），那么对于参与者 B 的任一可能策略，该策略给 A 带来的收益都会不少于其他策略带来的收益。如果占优策略存在，那么一位理性的参与者就总会选取它。同样，各参与者假定对方也会采取占优策略，这样即使自己没有占优策略，他们也可以选择针对对方占优策略的最佳策略。因此，在任何涉及离散型策略的静态博弈中，我们都应该从寻找占优策略开始。

我们可针对前文的囚徒困境博弈来讨论如何寻找占优策略。表 9.2 是对前述囚徒困境博弈的复制。给定嫌犯 B 选择坦白或者不坦白，考虑嫌犯 A 在坦白或者不坦白之间的选择。如果嫌犯 B 坦白，那么嫌犯 A 选择坦白可使他的结局更好，因为他们只会被判 5 年监禁而不是 10 年。如果嫌犯 B 不坦白，那么嫌犯 A 仍然可通过坦白来改善他的结局，因为他将由此得到释放，连一年的监禁也避免了。很明显，不论嫌犯 B 如何选择，对嫌犯 A 来说坦白总是严格优于不坦白，即坦白是嫌犯 A 的占优策略。相反，不坦白则是一种劣策略，因为坦白是优于这一策略的。由于博弈是对称的，因此这对于嫌犯 B 也同样成立。于是我们可以说，如果嫌犯 A 和嫌犯 B 是完全理性的，那么他们都会选择坦白。

我们现在可以知道为什么囚徒困境在标准博弈论中被称为"困境"，因为根据标准博弈论的假设，参与者选择的策略所导致的结果会比双方都坚持不认罪的策略更糟糕。因此可以说，在囚徒困境情形中占优策略的结果是**帕累托劣势**（Pareto dominated）的。这意味着还存在其他结果，其中，**至少一个参与者的境况变得更好了，而他人的境况没有变得更糟**。显然，如果嫌犯 A 和嫌犯 B 都不坦白，那么从嫌犯 A 和嫌犯 B 的较低刑罚来看，两者的总收益会更高；但这与每个参与者的策略选择无关，因为每个参与者的策略选择只考虑个人收益。即使嫌犯 B 选择不坦白，嫌犯 A 也会坦白，这样他就能够被释放了。

表 9.2　囚徒困境博弈中的占优策略

		嫌犯 B	
		坦白	不坦白
嫌犯 A	坦白	5，5	0，10
	不坦白	10，0	1，1

2. 重复占优

如果一个参与者没有占优策略，那么将会发生什么？这种情形在表 9.3 中展示出来，其形式与表 9.2 是类似的，只是某个支付值有所改变。现在，支付矩阵不再是对称的了，因为当嫌犯 A 坦白而嫌犯 B 不坦白时，嫌犯 A 会被判 2 年监禁，其原因也许是嫌犯 A 有犯罪前科。虽然嫌犯 B 的占优策略并未改变，嫌犯 A 却不再具有占优策略了。如果嫌犯 B 坦白，嫌犯 A 与前面一样可通过坦白来改善处境；但如果嫌犯 B 不坦白，则嫌犯 A 可通过不坦白来改善处境。对嫌犯 A 来说，不再存在一种不论嫌犯 B 的策略如何都能导致最高支付的策略。

表 9.3　重复占优策略均衡

		嫌犯 B	
		坦白	不坦白
嫌犯 A	坦白	5，5	2，10
	不坦白	10，0	1，1

这是否意味着我们不再能够推断嫌犯 A 在该博弈中如何合理行动？不完全是。注意嫌犯 B 仍然具有占优策略。这意味着，嫌犯 A 可剔除嫌犯 B 的不坦白策略，因为不坦白对于嫌犯 B 来说是劣策略。一旦从策略空间中剔除了嫌犯 B 不坦白的情形，则坦白便成为嫌犯 A 的占优策略。通过重复剔除劣策略，我们可以确定嫌犯 A 将如何行动。因此，这种情形的均衡便与之前是相同的。通过重复占优确定最优反应策略的一般规则是依次确定劣势策略，并不再考虑这些策略。在涉及更多可能的策略或参与者的博弈

中，这将变得更加难以确定，并给潜在的理性假设增加了负担。

□ 纳什均衡

当每个参与者都没有占优策略时，所涉及的情形就更为复杂了。这意味着我们不再面对囚徒困境博弈情形，因为支付结构改变了，如表 9.4 所示。其中，支付矩阵又是对称的了，但如果一名嫌犯坦白而另一名不坦白，则坦白者将被判 2 年的监禁。

表 9.4　不含占优策略的博弈

		嫌犯 B	
		坦白	不坦白
嫌犯 A	坦白	5，5	2，10
	不坦白	10，2	1，1

在这个博弈中，它不再可能确定任何一个参与者的占优策略。但是对最优反应策略行为的考虑仍然使我们能够确定两个参与者之间的策略组合，它们共同代表了一个理性的策略选择。为了得到这个结果，假设我们可以找出一对策略，对于每个参与者来说，这对策略描述了对对方最优反应的最优反应。简言之，这就是纳什均衡的概念。表 9.4 就给出了两个这样的均衡：

（1）如果嫌犯 B 坦白，嫌犯 A 通过坦白可改善处境；并且给定这一最优反应，嫌犯 B 的最优反应也是坦白。

（2）如果嫌犯 B 不坦白，嫌犯 A 选择不坦白也可改善处境；并且给定这一最优反应，嫌犯 B 的最优反应是不坦白。

从确定嫌犯 B 的策略的角度出发，也可得到相同的均衡：

（1）如果嫌犯 A 坦白，嫌犯 B 通过坦白可改善处境；并且给定这一最优反应，嫌犯 A 的最优反应也是坦白。

（2）如果嫌犯 A 不坦白，嫌犯 B 选择不坦白也可改善处境；并且给定这一最优反应，嫌犯 A 的最优反应是不坦白。

嫌犯 A 和嫌犯 B 显然都倾向于第二个均衡，但并不存在进一步的分析以区分这两种均衡，从而推断出参与者们是否会选择其中一个而不是另一个。这为我们提出了一个问题，即如果博弈是重复进行的，那么哪种策略会被选择。我们将在下文讨论该问题。

纳什均衡是博弈论中的一个极其重要的概念，因为不含占优策略或无法通过重复占优求解的博弈是大量存在的。在下一节中，我们将进一步研究不存在纯策略纳什均衡的情形，这时我们便需要通过混合策略均衡来解决。

1. 纳什均衡和进化稳定策略

纳什均衡对于标准博弈论显然充满吸引力。只要每个参与者都希望能够达到特定的纳什均衡，那么他们将理性地如此博弈。因此，纳什均衡表现出一种自我强化的性质。在这种情况下，纳什均衡还有另一方面值得一提，那就是有一类特殊的纳什均衡与进化博弈论有关（Maynard Smith and Price，1973；Selten，1980）。这类纳什均衡的特征在于：其均衡策略也被称为进化稳定策略（evolutionarily stable strategies，ESS）。广义地说，在一个足够大的生物种群中，当以一种决定繁殖成功的方式随机相互作用时，每一个生物都在实施一个给定的遗传固定策略，当这种策略在种群中流行时，如果它能持续抵抗入侵策略，那么它就是进化稳定的。以表 9.4 中的"坦白"策略为例。显然在这一博弈中，只有当对方选择"坦白"时选择"坦白"所带来的支付等于或大于对方选择"坦白"时选择"不坦白"所带来的支付时，坦白策略才有可能保持存续。如果不满足这个条件，那么"不坦白"将带来更高的"繁衍"价值，而最初少部分"不坦白"的入侵者可能最终会让现任者失去优势。结果表明，在这一例子中，纳什均衡是进化稳定策略均衡。更一般地，可以证明，每个进化稳定策略均衡都是纳什均衡（然而反之则不尽然）。

2. 子博弈完美纳什均衡

纳什均衡概念的另一种改进与我们在下面和下一章中将要讨论的动态博弈有关。扩展式能够更为清晰地表述此类博弈。我们将利用图 9.1 中的最后通牒博弈作为示例，图 9.2 复制了该博弈。

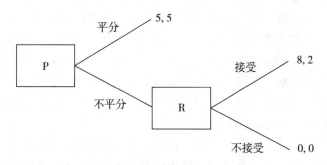

图 9.2　最后通牒博弈的扩展式

子博弈（subgame）是一个博弈在扩展式表述下，从某个单一节点出发直至其后终节点的后续博弈部分（为简单起见，假设在每个节点只有一个自然状态）。在图 9.2 中，R 的决策节点处有一个子博弈。**子博弈完美**（subgame perfection）意味着如果博弈进行到子博弈，那么参与者将选择他们的均衡策略。**子博弈完美纳什均衡**（subgame perfect Nash equilibrium，SPNE）是针对整个博弈的一种均衡，其中，参与者在每个子博弈中都选择他们的均衡策略。为了确定某个博弈的子博弈完美纳什均衡，我们必须使用**逆向归纳法**（backwards induction）。这意味着需要正向思考但逆向求解，并且我们将看到在许多情形下这种奇异的方法往往是选出成功策略的关键。以图 9.2 的最后通牒博弈为例，为了确定 P 的最优或均衡策略，我们必须首先考虑 R 的处境。如果 P 选择不平分，那么 R 就必须相应做出决定。根据标准博弈论（不存在社会偏好），理性的 R 会选择接受这个不平分的结果，因为得到 2 单位收益总是要好于选择拒绝而一无所获。通过逆向归纳法，我们可认为 P 会由此而决定选择不平分，因为获得 8 单位支付要优于选择平分而获得 5 单位支付。于是，该博弈的子博弈完美纳什均衡就是（不平分，接受/不平分）。

需要指出的是，子博弈完美纳什均衡是一个比纳什均衡更为严格的概念，因为它假设纳什均衡必须适用于整个博弈以及所有子博弈。上述的最后通牒博弈存在两个纳什均衡，但只有上面讨论过的那种情况是子博弈完美的。另一个纳什均衡是（平分，拒绝/不平分）。该均衡描述的是：如果 P 预测 R 会拒绝一个不平分的提议，那么 P 就会决定选择平分，因此选择拒绝是 R 的最优反应。如果 P 选择了平分，R 就不需要做出反应（在该博弈中是这样假定的）。然而，虽然（平分，拒绝/不平分）是一个纳什均衡，但却不是子博弈完美的，因为根据标准博弈论，R 不会拒绝不平分的提议。

□ 对简单博弈的经验研究

即便在具有完全信息的简单静态博弈中，基于标准博弈论的预测与实际观察到的行为之间也常常存在异象。古雷和霍尔特（Goeree and Holt，2001）研究的"行销商困境"（TD）博弈就是其中一个例子。在此博弈中，两个参与者相互独立且同时在 180～300 之间（包括 180 和 300）选择一个整数。两个参与者将会被给予两个数字中较小数量的金钱。此外，一个正的 R 数量的金钱从具有较高数字的参与者转移到具有较低数字的参与者上。例如，如果一个参与者选择 200 而另一个选择 240，那么他们将分别获得 $200+R$、$200-R$ 的收益。由于 R 为正数，则最优反应应当是选择比对方数字小 1 的数字（如果他们的决定被知道的话）。两个参与者将重复推理，直至达到占优策略均衡，在此均衡中他们都将选择范围的下限，即 180。值得注意的是，R 的大小并不会影响博弈的均衡。古雷和霍尔特（Goeree and Holt，2001）发现，当拥有较高数字的成本很大时（$R=180$），标准博弈论可以很好地预测行为，他们实验中所有被试者的 80% 选择了标准博弈论均衡策略。但是，当拥有较高数字的成本较小时（$R=5$），标准博弈论的预测则远远偏离实际情况，那次实验中约有 80% 的被试者选择了范围内的最高数字，即 300。我们将在本节的结论中评论这一结果。

我们还注意到简单博弈的其他异象，包括单次囚徒困境。在实验中以及现实生活中都存在合作的趋势，而这是标准博弈论所无法预测到的。正像我们之前所看到的，标准博弈论的占优策略均衡要求参与者都选择坦白。由于存在多种有关异象产生原因的理论，因而最好在探讨重复博弈之后再对此进行讨论，毕竟现实生活中，许多囚徒困境博弈都是这种重复形式的。

到目前为止，我们已经讨论了有关纳什均衡的异象。与这一概念有关的另一个弱点是，许多博弈会存在多个均衡，而标准博弈论并不会告诉我们哪一个均衡更有可能出现。这类博弈中的一个例子就是"最小努力协调博弈"，同样由古雷和霍尔特（Goeree and Holt，2001）进行了研究。在这个博弈中，两个参与者同时在 110～170 的范围内选择"努力"等级，且伴随成本；每个参与者的收益由两个努力等级中的较小者减去该参与者自身的成本乘以一个不变的成本因子 c 所构成，其中 $c<1$。在此博弈中，任何在范围内的共同努力都组成一个纳什均衡，因为在一个共同的起始点上，任一方增加一单位的努力并不会改变最小值，反而会因为努力的成本 c 而减少该方的收益。类似地，每减少一单位的努力将减少 $1-c$ 的收益，这意味着最小产出的减少多于节省的工作成本。因此，标准博弈论无法给出有关参与者在这类单次博弈中会如何选择努力等级的预测。然而，标准博弈论确实能够预测，只要 $c<1$，则努力的成本就不会影响一般的均衡。现实情况则与之相反，古雷和霍尔特发现：当努力成本低（$c=0.1$）时，行为集中在最高努力水平 170 上；当努力成本高（$c=0.9$）时，行为则会集中在最低的努力水平。

还有其他存在多个均衡的协调博弈的例子，这些博弈存在"焦点"，但这会涉及更加复杂的分析方法，我们将在重复博弈的部分对此进行讨论。

□ 行为的结论

尽管存在异象和标准博弈论无能为力的领域，但在大多数情况下，矛盾以及观察到的行为"通常是与基于支付不对称互动的简单直觉和对他人'决策'的嘈杂的内省相一致"（Goeree and Holt，2001，p. 1402）。在行销商困境或协调博弈中，错误或努力的代价越大，参与者决策的价值就越低，大多数人不会对此感到惊讶。我们还将看到，古雷和霍尔特的这一结论也适用于后面讨论的其他博弈类型的经验上的异象。

9.3 混合策略

□ 纯策略与混合策略

到目前为止，我们所讨论的所有策略都只是所谓的"纯"策略。一个纯策略意味着在给定情形下参与者总是以相同方式做出反应，用术语来说就是，在每个决策点上只选择某个单一的行动。然而，在许多博弈中并不存在纯策略的纳什均衡。这类情况常出现于像猜币游戏和"石头剪子布"这样的"消遣"博弈，也出现于像扑克、网球和橄榄球（无论是美式还是英式）这样的现实博弈。比如，在"石头剪刀布"中，如果 A 出"石头"，B 的最优反应是出"布"（布能包住石头）；然而，对于 B 的最优反应，A 的最优反应却应该是出"剪刀"（剪刀能剪开布）而不是"石头"，因此这里不存在纳什均衡，或者说，不存在任何可由每个参与者选择的纯策略。但与此相对照的是，我们将在下文中发现，这些博弈中含有混合策略的均衡。

为了介绍混合策略的概念，我们可考虑一个被称为"性别战"（Battle of the Sexes，简称 BoS）的一般博弈。该博弈描述的是：有男女两名参与者打算共度良宵，但他们的爱好不同。A 想去观看拳击比赛，而 B 想去观看芭蕾舞。对于这种情形，我们可在表 9.5 中给出一个简化的支付矩阵。与前面一样，在每个方格中，前面的数字表示行参与者的支付，后面的数字表示列参与者的支付。

一方面，如果两个参与者都去观看芭蕾舞，那么 B 就会度过一个愉快的夜晚，而 A 除了能从 B 的陪伴中获得愉快外，他自己并未享受到什么。如果他们都去观看拳击比赛，那么两人的感受恰好相反，此处不再赘述。另一方面，假设如果每个参与者观看各自喜欢的节目，那么他们会由于没有对方的陪伴而感到十分不快。读者可以证明，这种情形中存在两个纯策略纳什均衡：要么两人同去观看芭蕾舞，要么两人同去观看拳击比赛。

表 9.5 性别战

		B	
		芭蕾舞	拳击比赛
A	芭蕾舞	1, 5	0, 0
	拳击比赛	0, 0	2, 1

不过，此处还存在另外一种混合策略均衡。从常识的角度来看，这应该很容易理解，至少如果这种情况是一个重复博弈：他们可以将一半的时间花在看芭蕾舞上，另一半的时间花在看拳击比赛上。这种类型的均衡被称为**混合策略均衡**（mixed strategy equilibrium，MSE），因为对于参与者来说，他们没有偏离这一均衡的倾向或激励。在上述博弈中，我们无须使用数学计算就可确定混合策略均衡，因为支付矩阵是对称的。如果支付矩阵是非对称的，那么混合策略均衡的计算也就更为复杂，我们将在下一节看到这一点。

□ 不可预见性

虽然上述博弈被冠以"性别战"的名字，但它本质上却是一个涉及合作的博弈，就像囚徒困境那样。在这两个博弈中，参与者都试图协调他们的行动。然而，在竞争性博弈中，成功的秘诀往往是让你的行动无法被预测。如果对手能够察觉你在行动时的某些规律，那么他（们）就能击败你。这种情况在前述的不存在纯策略均衡的博弈中往往会出现。比如，如果你的对手发现你每次总是出"石头"，那么他们就会一直出"布"来击败你。同样地，如果他们发现你总是按"石头""剪刀""布"的顺序出招，那么他们就会按"布""石头""剪刀"这样相应的对策来击败你。因此，任何可被察觉的行动规律都可被击败。

让我们考虑一下网球赛中一个球员发球、另一个球员接球的常见情况。这是一个很好的例子，有以下几个原因：（1）两个球员都有两种可能的行动：发球者可将球发到对方的正手位或反手位，而接球者可移到正手位或反手位接球；（2）在一场比赛中，这两个球员会重复许多次这样的行动，因此能够察觉到对方的任何行动规律；（3）已有学者对此做了深入而广泛的实地研究（Walker and Wooders，2001），并将理论预测与经验事实做了对比。我们可将这种情形视为一个同时博弈，因为至少在最高水平的网球赛中，接球者必须判断对方发球的方向，并在发球者击球之前决定向哪个方向移位，只有这样才可获得一个回球的合理机会。

我们在表 9.6 中给出了该博弈的一个简化形式，其中，若球被击回，则发球者获得 0 分，否则获得 1 分。这是一个零和博弈，因此，接球者如果完成回球可获得 1 分，否则获得 0 分。此处我们假定，如果接球者判断失误，那么，他将无法完成回球，但如果他判断正确，则可成功回球。

表 9.6　纯策略下无纳什均衡的博弈

		接球者的移动	
		正手位	反手位
发球者的目标	正手位	0, 1	1, 0
	反手位	1, 0	0, 1

按照纳什均衡的定义，如果发球者的目标是对方的正手位，则接球者的最优反应是移到正手位；显然，发球者对接球者最优反应的最优反应是：将球发到对方的反手位。而如果发球者的目标是对方的反手位，则情形恰好相反。因此，这里不存在纯策略纳什

均衡。这意味着此处的博弈与前述的性别战博弈有两个显著的不同点。首先，我们已经提到，在此处的博弈中，参与者彼此之间是竞争关系，而不是寻求合作。其次，此处的博弈是一个零和博弈：如果一个参与者获益，则另一个参与者自动损失相同的数额（不考虑损失厌恶）。在更一般的意义上，只要一个参与者希望对方的行动符合他的目的，另一个参与者希望与对方的目的相背离，则上述博弈情形就会出现。日常生活中的许多情形都属于这种博弈，而不仅限于那些被认可的博弈形式，这些现实情形包括：雇主希望监督那些怠工的雇员，而怠工者希望免于监视；税务当局希望对逃税者进行审计，而逃税者希望免于审计；袭击者希望给敌人以猝不及防，而防御者希望免于偷袭。因此，问题就出现了：每个参与者在这种情形下该如何决定其最优策略，从而最大化他的支付呢？

☐ 随机化

正如前文所述，成功的秘诀是让对手无法预测到你的行动。我们可使用一种随机化方法来做到这一点。在表 9.6 所示的例子中，每名参与者的最优策略就是随机化他们的行动，这属于一种混合策略均衡，亦即在一半的时间内将球发往同一个方向或是向同一个方向跑位，而在另一半的时间内选择另一个方向。在该博弈中，随机化意味着每名参与者的行为方式就好像他在每次博弈时，需通过抛硬币来决定如何行动。只有通过随机化的行动，参与者才能防止对手因察觉到他的行动规律，并据此预测到他的行动而击败他。

然而，必须意识到的是，只有当支付矩阵对称时，抛硬币式的随机化方法才是合适的，就像简化的网球赛例子和性别战博弈那样（在性别战博弈中，随机化方法并不是必需的，因为参与者谋求的是合作而不是竞争，因此使用一个简化的替代方法就足够了）。当支付非对称时，混合策略均衡将涉及更为复杂的随机化形式，这需要通过数学运算才能得出。把随机化作为选取策略的基础，这听起来也许像是"疯话"，所以为了让随机化能够成为一种有意义的或是最优的策略，则必须有一套方法。当行动规律并不明显时，其中也必有某种规律。这句话听起来似乎是自相矛盾的，但通过将表 9.6 中的网球赛例子拓展为一个更现实的情形，就可来说明它。我们将要考察这样一种情形，其中，支付不再用"成功/失败"或（1，0）来表示，而是用成功的程度来表示。换言之，我们现在考察的博弈涉及的是连续型的而非离散型的支付。表 9.7 给出了发球者击败接球者的概率以及接球者成功回球的互补性概率。这一支付矩阵转引自迪克西特和奈尔伯夫（Dixit and Nalebuff，1991）撰写的《策略思维》（*Thinking Strategically*），这是一本精彩而引人入胜的书。

表 9.7　混合策略均衡

		接球者的移动	
		正手位	反手位
发球者的目标	正手位	10%，90%	70%，30%
	反手位	80%，20%	40%，60%

表 9.7 所展示的情形也是一个零和博弈（在每个方格中，概率值或支付值之和为 100％），但支付矩阵却不是对称的，因为接球者在正手位要比在反手位更容易成功回球。从以下事实就可以看出这一点：如果接球者正确预测到球会发向他的正手位，那么 90％的回球是成功的；但如果他们正确预测到球会发向他们的反手位，那么他们回球的成功率只有 60％。为了理解从每个参与者的最优策略中是如何得出混合策略均衡的，让我们首先考察上文已讨论过的 50/50 的随机化方法。我们将看到，这种方法在该情形下对每个参与者来说都是次优的。对于发球者来说，他希望最大化赢得发球的概率（也就是最小化对手成功回球的概率），而接球者希望的正好相反。

如果发球者在一半的时间内将球发向对方的正手位，另一半时间发向反手位，那么当接球者移到正手位接球时，发球者获得成功的概率是 $0.5 \times 10％ + 0.5 \times 80％ = 45％$，而当接球者移到反手位接球时，发球者获得成功的概率是 $0.5 \times 70％ + 0.5 \times 40％ = 55％$。因此，发球者的平均成功率是 50％（对于接球者来说也是 50％）。然而，这一数字的得出是基于接球者移到正手位和反手位的概率为 50/50 这一假定。我们现在可看到，这对于接球者不是最优的策略，因为如果他们在所有时间内都移到正手位接球，那么他们就可将成功率由 50％提高到 55％，这使得发球者的成功率降到 45％。那么我们应该怎样推导每名参与者的最优策略呢？

我们需意识到，此处一个关键的直觉是，当一名参与者最优化其策略时，对手没有改变策略的动机。只要某人的对手可通过改变策略来获益，则说明此人没有最优化他自己的策略，这可从上述两个参与者都从 50/50 随机化方法开始的例子中看出来。这样一来，参与者 A（发球者）是在参与者 B（接球者）对两个行动（移到正手位或反手位）无差异的情况下来最大化其收益的。用一些简单的数学就可以得出相关的解。假设 A 将球发到对方正手位的概率是 p，发到对方反手位的概率是 $(1-p)$。类似的，假设 B 移到正手位的概率是 q，移到反手位的概率是 $(1-q)$。于是，为了计算 A 的最优策略，我们必须令 B 移到两个方向的收益是相等的：

$$移到正手位的平均收益 = p \times 90 + (1-p) \times 20 = 70p + 20$$
$$移到反手位的平均收益 = p \times 30 + (1-p) \times 60 = -30p + 60$$
$$70p + 20 = -30p + 60$$
$$100p = 40$$
$$p = 0.4 \text{ 或 } 40％$$

因此，发球者的最优策略是在 40％的时间内将球发到对方的正手位，在 60％的时间内发到反手位。发球者只有通过这种概率分配，才能避免接球者利用某些机会来获益或是损害发球者的利益。

接球者的最优策略也可用相似的方法计算出来。此时，我们需令发球者向任何方向发球都获得相同的收益：

$$发到对方正手位的平均收益 = q \times 10 + (1-q) \times 70 = -60q + 70$$
$$发到对方反手位的平均收益 = q \times 80 + (1-q) \times 40 = 40q + 40$$
$$-60p + 70 = 40q + 40$$
$$-100q = -30$$

$q=0.3$ 或 30%

因此，接球者的最优策略是在 30% 的时间内移到正手位，在 70% 的时间内移到反手位。接球者只有通过这种概率分配，才能避免发球者利用某些机会来获益或是损害接球者的利益。

当发球者使用最优策略且接球者据此做出反应时，我们还可算出发球者的总成功率 s：

$$s=0.4\times(0.1\times0.3+0.7\times0.7)+0.6\times(0.8\times0.3+0.4\times0.7)=0.52 \text{ 或 } 52\%$$

于是接球者的成功率相应为 48%。

根据上述最优策略下的混合策略均衡，我们可得出如下几点结论。首先，一个一般性结论是：对于每个参与者来说，混合策略均衡总是既等价于**最大化最小值**（maximin）策略，也等价于**最小化最大值**（minimax）策略。这意味着发球者试图最大化他们的最小收益，而这种最小收益是当对手最优化自身策略时导致的。比如，我们已经看到，如果发球者按 50/50 的方式进行随机化，那么接球者就可利用这一点来使发球者的总体成功率降到 45%。因此 50/50 的方式就不是最大化最小值的策略，而只有当发球者的总体成功率为 52% 时，才意味着他最大化了自身的最小收益。对于接球者来说，我们可使用类似的推理方法。同样地，一个最小化最大值的策略（有时又被称为"将最大的后悔程度最小化"）意味着每个参与者都试图最小化对手的最大收益，当博弈具有零和特征时，就会出现这种情况。

另外的一个结论是：正像博弈论的许多其他预测一样，混合策略均衡并不是一个符合直觉的预测。虽然和我们将看到的某些预测相比，混合策略均衡并不算太违背直觉，但是要接球者移到他擅长的正手位的时间仅占 30%，这看起来是很令人费解的。造成这种结果的原因是：发球者在较多的时间内将球发到对方不易防守的反手位，因此接球者也需要更多地移到反手位回球。

□ 对混合策略均衡的经验研究

一名发球者以 40% 的概率将球发到对方的正手位，这句话说起来容易，但发球者到底是怎样做到这一点的呢？从 20 世纪 50 年代起，已有不少经验研究对随机化过程以及如何成功达到混合策略均衡做了考察。所有这些研究几乎都用到了实验方法，并且随着时间的推移，实验设计中的各种缺点已逐渐被克服，因此这些实验研究已越来越精密，对问题的揭示也越来越清晰。

许多心理学家和神经科学家都相信，人脑中存在某种随机化机制（可见格莱姆齐于 2003 年的一篇调查报告），但是人们尚未在生理学层面详细研究这种机制到底是如何运作的。不过，已有的经验研究显示，人脑中的这种机制是很不完美的。虽然不同的研究会得出不同的结论，但所存在的一般规律是：人们总是偏离混合策略均衡，虽然这种偏离总是很小，但在统计学意义上通常是显著的。这种偏离不但在那些需要随机化的博弈中可被发现，而且在那些要求被试者产生一系列随机化反应的直接随机化任务中也可被发现。与正确的随机化方式相比，主要存在三种偏离方式：

1. 人们在一个序列中生成了太多的循环

一个循环是由一连串相似反应构成的。为了解释这一点，我们有必要给出一个例子。请考虑序列"反面，正面，正面，反面，正面，反面，反面，正面"。该序列含有 8 次反应，6 个循环。* 如果每次反应都不同，那么我们就可得到最大的循环个数为 8。

2. 人们总是过多地改变他们的反应

这一观察结果与上述结果是类似的，并且有可能是由同一心理基础决定的，我们将在下文看到这一点。这种现象在现实生活中也是很常见的，比如，如果某一个彩票数字刚刚中奖，那么直到又该"轮到"这个数字中奖之前，人们会选择避免购买这一数字。

3. 人们会生成过于平衡的样本

人们总是倾向于认为，在小样本中也会观察到大样本特征。我们可使用上述"正面-反面"序列的例子来说明这一现象。显然，对于一个大样本而言，人们可预测出现正面和反面的次数是大致相等的；但对于一个小样本而言，样本出现偏差的概率在统计学意义上是较高的。在 8 次投掷硬币的序列中，得到正面和反面恰好 50/50 分布的概率只有 0.27。

除了上述的一般性结论，还存在一些与学习有关的有趣发现。正如前文所述，许多实地研究考察了职业运动员在某些比赛中成功实现随机化的能力。我们已看到，通过考察运动员的每种行动是否带来了相同收益，就可判断他是否成功地实现了随机化。比如，如果网球选手正确地实现了随机化，那么，他们将球发往对方正手位和反手位可获得相同的成功率。目前已有一些对该领域的研究，其中一项是针对网球的（Walker and Wooders，2001），另外两项研究是针对欧式足球的（Palacios-Huerta，2001；Chiappori，Levitt and Groseclose，2001）。沃克（Walker）和伍德斯（Wooders）研究了 1974—1997 年间的十个大型网球赛事，并主要集中于那些耗时较长的比赛，以便得到容量较大的样本。他们尤其考察了发球者发往对方正手位和反手位的赢球比例。而针对足球的研究则包括罚球者的罚球方向和守门员的扑救方向。在所有的研究中，一个主要的发现是：不同行动的赢球率大致相同，这支持了职业运动员至少能成功地通过随机化来达到混合策略均衡的假设。沃克和伍德斯还提到，职业网球选手还具有过度变换行动的倾向，不过在实验研究中是很难看到这种情况的。

作为对上述经验研究的最后评论，我们可参考沃克和伍德斯的总结：

> （混合策略均衡）理论很适用于"职业选手"这一人群（但不十分吻合），但它对"新手"这类人群并不适用。在这两类极端人群之间存在着巨大的中间地带，而目前还不知道应当用什么策略（如果存在的话）来描述这一地带。（p. 1535）

对于涉及混合策略均衡的博弈，我们还发现了另外一个经验异象。这个异象出现于支付矩阵不对称的情形，并会导致参与者不会按 50/50 的方式进行随机化。古雷和霍尔特（Goeree and Holt，2001）利用"猜硬币"博弈研究了这种异常情况，该博弈本质上具有与网球博弈相同的支付结构：一个参与者试图匹配策略（例如接球者），而另一个

---

* 在这里，循环是指由同一元素组成的串。对于文中给出的序列而言，它由 8 个元素构成，所以反应为 8 次，但其中可划分出 6 个循环：反面，反面正面，正面正面，正面反面，反面反面，正面。——译者注

参与者试图不匹配策略（例如发球者）。古雷和霍尔特发现，当支付对称时，按 50/50 划分的标准混合策略均衡的预测是高度精准的，但当收益不对称时，预测的准确性就大大降低了。我们应该注意到，根据标准博弈论，一个参与者的支付如何，应当不会影响他的策略，因为其策略应是基于对方参与者在两个行动间无差异而得出的。然而，当一个参与者与"左-左"策略匹配的支付增至原先的四倍时（其他支付保持不变），其选择"左"策略的比例则从预计的 50% 提高到实际的 96%。此外，他们的对手似乎预料到了这一点，84% 的人重复了适当的"左-右"不匹配的反应。当"匹配方"参与者"左-左"策略的收益减小至原先水平的一半时，也观察到了反向的类似现象：这个参与者会选择"右"策略，同样地，他的对手在很大程度上也预料到了这一点。

□ 行为的结论

现在，我们的主要问题是：在经验研究中观测到的对混合策略均衡的偏离究竟是什么原因造成的？这些偏离的心理学基础是什么？拉波波特和布迪斯库（Rapoport and Budescu, 1997）认为可能有两个因素在起作用：有限的工作记忆和代表性直觉推断。金迪斯（Gintis, 2009）针对这个问题提出了另一种方法，将关注点放在社会规范和相关均衡上。我们将分别探讨这两种解释，因为它们关注的是完全不同的方面。

1. 有限的工作记忆和代表性直觉推断

这在本质上与有限理性的概念有关。在拉波波特和布迪斯库的模型中，被试者只能记住序列中的前 m 个元素，并使用**特征匹配直觉推断法**（feature-matching heuristic）来帮助决策，这属于代表性直觉推断法的一种，我们在第 3 章中详细讨论过这一现象。这意味着他们选择第 $m+1$ 个元素来平衡最后 $m+1$ 次的正面和反面选择，忽略小样本变化。如果记忆并不是特别长，那么当要求被试者生成一个随机序列时，他会表现出过度变换的倾向。在涉及掷硬币游戏的双项博弈中，上述模型显示人们的记忆长度大概是 7 个元素。为了说明该模型，我们可考察前文中涉及的正面及反面的序列，其中，前 7 个元素包括 4 个反面和 3 个正面，因此，根据特征匹配直觉推断法，第 8 个元素应当是正面。

对于被试者的过度变换倾向，一个有趣的观察结果是：在幼儿中不存在这种倾向。对于许多其他心理学误差来说，随着人们思维能力的提升，这些误差将逐渐被消除，然而过度变换倾向却是个例外。似乎只有那些长期置身于严苛市场力量中的经验丰富的业内人士才能在一定程度上克服这一倾向。

对于观测到的偏离混合策略均衡的现象，一个受到普遍赞同的解释是：参与者并不需要做到完美的随机化，而只需其他参与者无法猜测他的行动即可。这暗示着有限理性是对称的。此时，混合策略均衡可被描述为一种"信念上的均衡"（equilibrium in beliefs）。这意味着参与者对于对手选择不同策略的可能概率的信念在平均意义上是正确的，并且这些信念使他们对于采用何策略无差异。比如，在我们前文中的网球比赛例子中，如果接球者估计发球者向其正手位发球的概率是 40%，那么，他们对于移到哪个方向接球是无所谓的。在一些经验研究中，被试者被明确给予机会可以随机化，而他们拒绝这样做，不过结果表明，这些参与者中仍然有一部分人可在总体结果上接近混合策略均衡的预测（Bloomfield, 1994；Ochs, 1995；Shachat, 2002）。这些发现在一定程度上支持了"信念上的均衡"的假说。

现在还有最后一个问题需要讨论：是否存在其他的替代性理论，可比混合策略均衡预测得更好？某些研究结果显示，一种涉及**量化的反应均衡**（quantal response equilibrium，QRE）的模型也许能做到这一点。根据量化的反应均衡理论，参与者并不会必然选择最优的反应（就像我们目前讨论过的其他均衡那样），而是选择**"较优的反应"**（better respond）。其含义是：参与者以较高的概率选择较优的反应（具有较高的支付）。在这一模型背后，存在若干心理学基础的支持，包括有限理性、"噪音"、不确定性以及信息的编码与解码等问题。关于量化的反应均衡与混合策略均衡孰优孰劣目前尚无定论，但量化的反应均衡正在逐渐被视为博弈论中与标准博弈论相区别的更倾向于行为的重要分支（Bonau，2017）。

2. 社会规范和相关均衡

金迪斯（Gintis，2009）认为，相关均衡（correlated equilibrium）是一种比纳什均衡更加自然的均衡，并且相比混合策略均衡能够增加福利。相关均衡的概念最早由奥曼（Aumann，1987）提出。相关均衡本质上依赖于"编舞者"来确定剧本规则，它会扮演自然这个角色，并在博弈中决定第一个行动。参与者则在其后按照纳什均衡进行博弈，且每个人都假设对手会遵守规则。我们将通过几个例子来进行说明。首先，最简单的例子是，决定要在道路的哪一侧行驶。不难发现，这里存在两个纳什均衡：两个驾驶员同时在左侧行驶，或者同时在右侧行驶。纳什均衡概念的弱点在于，它没有提供每个驾驶员应该做什么的指示。显然，他们可以向对方发出信号，不过如果能存在一个双方都普遍遵守的共同规范，那么问题就会容易得多。当然，这是几乎所有国家都存在的情况。稍微复杂一点的例子则与前文描述的"性别战"博弈有关。这里存在两个纳什均衡，以及一个更高级点的混合策略均衡。为了确定混合策略均衡，我们需要令 $P_A=$A 去看芭蕾舞的概率以及 $P_B=$B 去看芭蕾舞的概率，然后令其他参与者的策略支付相等，就像之前网球比赛的例子。我们发现均衡时 $P_A=1/3$，$P_B=2/3$。如果我们将这些概率乘以支付，就可以按以下方式计算预期支付：

A 的预期支付 $=2/9×1+5/9×0+1/9×2=2/3$

B 的预期支付 $=1/9×2+5/9×0+2/9×1=2/3$

然而，不难发现，两个参与者都可以通过遵循一个由规范确定的纯策略来改善境况。比如，这一规范可能是两个参与者从星期一至星期五都去看拳击比赛，然后在周末都去看芭蕾舞。在这种情形下，A 的平均支付将为 $5/7×2+2/7×1=12/7$，B 的平均支付将为 $5/7×1+2/7×2=9/7$。在这种情况下，双方遵循的任何"匹配"规范都比混合策略均衡更好，因为在混合策略均衡下，由于两个参与者在大多数时间"不匹配"而导致支付变低。

我们将看到，相关均衡还与重复博弈有关，而重复博弈中重复推理和逆向归纳法十分重要。社会规范的性质及重要性我们将在下一章中详细讨论。

我们再次看到，观察到的经验异象往往是与直觉一致的；在这种情况下，即比较复杂的博弈情况下，有限理性的存在和直觉推断法的使用是决定因素。

9.4　讨价还价

讨价还价是指当事人就某项交易的条件达成共识的过程。经济学家开始关注这一论题是从埃奇沃斯（Edgeworth，1881）时代开始的，他所提出的著名的"埃奇沃斯盒"，为我们展示了对每个当事人都是最优的所有可能的交易结果，在 20 世纪 50 年代，经济学家开始使用博弈论来研究最优交易结果的确定问题，其中，纳什尤为令人瞩目（尽管他其实是一位数学家）。纳什通过使用一种两层次分析法，为后来的学者提供了许多开创性的研究成果。在一个层次上，纳什探讨了当事人用什么方法来达成协议（非结构化的讨价还价），在另一个层次上，他又探讨了当给定一组确定性的交易规则时，当事人达到的均衡解具有怎样的性质（结构化的讨价还价）。

20 世纪 60 年代以来，经济学家开始使用实验经济学的方法来研究这两个层次的问题，亦即把实验结果与理论预测进行对比。于是，人们可以根据实验的结果来修正理论，从而将某些心理过程或现象容纳进来，这些修正已经成为行为博弈论的组成部分。

需要在此说明的是，我们将在下一章考察讨价还价博弈的更多细节，因为在这些博弈中涉及社会规范与公平的概念。

□ 非结构化的讨价还价

这类讨价还价允许参与者使用各种交流方式，并且不限制信息传递的类别以及出价的顺序。纳什（Nash，1950）提出了独特的帕累托最优解决方案，该解决方案可以使每个参与者在所谓的"非协议点"之上最大化效用收益的乘积。然而，20 世纪 70 年代的许多早期实验研究却得到了不同于纳什解的结果。出现这一情况的原因在于，这些研究没有考虑货币支付是怎样映射为效用的，因为风险态度未被纳入考虑（这些研究通常假定风险是中性的）。

罗斯和马卢夫（Roth and Malouf，1979）使用了一种**"双彩券"**（binary lottery）方法来诱发参与者表现出风险中性。我们需要对这一方法做若干说明。参与者被要求对如何分配某一数量的彩券进行讨价还价。比如，如果参与者通过讨价还价可获得 100 张彩券中的 60 张，那么，他们获得一笔固定数额奖金的概率就为 0.6。这一方法假定，参与者对于复合型彩券和单次的等值彩券是无差异的，比如，他们可能对以 0.5 的概率获得 60 张彩券和确定性地获得 30 张彩券是无差异的。然而，卡尼曼和特沃斯基的实验研究显示，正如我们在第 5 章的前景理论中所见的那样，这种假定是十分值得怀疑的。在这种假定下，使用彩券作为支付手段与使用货币作为支付手段可能不会带来不同的结果。

罗斯和马卢夫的研究证明，当彩券给予每个参与者的货币奖励相等时（1 美元），参与者的讨价还价结果几乎都是按 50/50 的方案平分彩券，并且很少有未达成协议的。然而，当彩券给予第二个参与者的奖金额是给予第一个参与者的三倍时（3.75 美元相对于 1.25 美元），讨价还价的结果倾向于达成两个**焦点**（focal point）解。其中，主要的焦点解是按照 75/25 的方案且第一个参与者获得较多彩券的方式分配彩券，因为这可使两个参与者的期望收益相等（第一个参与者获得的彩券量是第二个参与者的三倍，但每张彩券能获得的奖金量只有第二个参与者的三分之一）。然而，另一个焦点解仍然是按 50/50 的方案平分。产生两个而非一个焦点解的后果是：未达成协议的平均比例较高，占交易量的 14%。罗斯和莫尼汉（Roth and Murnighan，1982）的实验再次验证了上述结果。

由焦点解带来的另一个效应是由罗斯和斯库梅克（Roth and Schoumaker，1983）通过研究发现的，这一效应与参与者的博弈经历有关。这一实验最初先由若干参与者与计算机进行博弈，计算机根据程序设计会分给参与者一个慷慨的份额，而参与者对此并不知情。当这些参与者开始与其他的真人参与者进行博弈，且所有参与者的博弈经历是可知的时，就会出现一个**声誉效应**（reputation effect），这使得那些在过去的博弈中取得成功的参与者，在后续的博弈中也能通过讨价还价获取一个较为有利的结果。

其他一些研究显示，焦点解的形成可能纯粹出于巧合，亦即是由那些与讨价还价过程完全无关的因素导致的。梅塔、斯塔默和萨格登（Mehta，Starmer and Sugden，1992）发现，如果按一种随机方式在参与者之间分配纸牌的话，则会影响他们在讨价还价博弈中的要价。当两个参与者拥有相同数量的纸牌 A（尖子）时，他们很容易达到 50/50 平分奖金的讨价还价结果。然而，当纸牌 A 不是平分给两个参与者时，他们就会达到两个焦点解：一个是平分奖金，另一个是按"与博弈无关的"纸牌 A 的分配状况来决定如何分配奖金，于是如果一个参与者拥有 4 张 A 中的 3 张，他就会索要奖金中的 3/4，而另一个参与者只拥有 4 张 A 中的 1 张，他就会只索要奖金中的 1/4。

我们将会看到，这些不同的焦点解是由**自我助益偏好**（self-serving bias）现象导致的，这已在第 3 章中详细讨论，因为它与理性的内涵有关。人们总是偏好那些对自己有利的信息解释——一个典型的例子是：大部分人都相信他们的驾驶技术要好于平均水平。在罗斯和马卢夫（Roth and Malouf，1979）的研究中，第二个参与者欲得到更高的奖励，从而提出按 50/50 平分，而不是给参与者相同预期收益的分割。自我助益偏好是导致商业和国际关系中许多真实的讨价还价无法达成协议的主要原因。但这一问题能解决吗？用什么方式解决呢？

有确定性的证据表明，在实验情形下这一问题是可以解决的。在本章末尾所列出的第二个案例研究中，我们回顾了由罗文斯坦及其同事（Loewenstein and colleagues，1993）和巴布科克及其同事（Babcock and colleagues，1995，1997）所做的一系列实验研究，涉及法律诉讼情形，其中原告由于某项事故而指控被告带来的伤害。对当事人双方来说，达成和解的时间拖得越长，诉讼成本也越高昂。这几位学者发现，有很多方法可以提高达成和解的概率，比如，首先让参与者阅读与本案情节有关的信息，然后再指派这些参与者扮演原告或被告的角色。

也许有人会提出反对，因为这些结果都是得自实验，而非得自实地研究，并且在现实中很难运用上述那些实验方法（如果并非不能用的话）。显然，在现实中，原告与被告的角色并不是在事故或类似的事件发生后才被指派的。然而，我们仍然可在巴布科克及其同事（Babcock and colleagues，1996）的研究中得到某些政策启示，其中，被试者被要求列出他们在案件中的弱点。在他们的实验结果中，和解率出现了大幅上升，这意味着在许多情形下，调解是一种很有效的方式，其中，调解员能够指出案件的各个方面，包括那些被双方当事人所忽视的弱点。另外，对于涉及许多变量的复杂情形，调解员也可能找出仅凭当事人自己无法构想出来的折中的解决办法。毫无疑问，像世界贸易组织或联合国这样的机构在涉及国际关系的冲突中，就可担当调解员的角色。虽然我们最近常看到这两个机构的"失败案例"，但有一点必须指出的是，这类机构能否调解成功，取决于当事双方在主要的冲突之外希望化解纠纷的意志。

□ 结构化的讨价还价

实验中所使用的讨价还价结构有一个一般性的特征，就是参与者在一个有限的或无限的时期内轮流出价。通常认为，参与者连续两次出价是不明智的，因为这会被看作是一种软弱。由于这些博弈是序贯的，因此，它们也被称为动态博弈。如果某个出价被拒绝了，那么继续进行讨价还价将会带来一个成本，因为在现实当中，连续性的谈判往往会涉及某些机会成本，比如，劳资纠纷会导致利润和工资的损失。在这些情形中，能够影响讨价还价结果的一个主要因素是每个参与者的贴现率或贴现因子。如果贴现率是讨价还价中的共同知识，那么具有较低贴现率（即较高的贴现因子）的参与者在这类博弈中就拥有一定的优势，因为他们可以做到更有耐心。自 20 世纪 80 年代以来，许多实验研究都使用了不同形式的讨价还价结构，其中，最重要的变量是出价的轮数、贴现率的大小以及在不同参与者之间的贴现率关系。

两阶段讨价还价博弈的一个简单例子是：每个参与者就如何分一块饼进行提议，被分配的金额将从第一阶段的 5 美元下降到第二阶段的 2 美元。第一个参与者就如何分配 5 美元进行提议，第二个参与者可以选择接受（接受后剩下的部分则归第一个参与者享有）或者不接受；在不接受的情况下，第二个参与者就如何分配 2 美元进行提议，第一个参与者可以选择接受或者不接受。如果第二个提议被拒绝，则两个参与者最终的收益均为零。

在标准或经典博弈论中，解决此类动态博弈的方法是使用**逆向归纳法**（backwards induction）或"**反传**"（foldback）法。这一方法从博弈末端入手，并且从后向前直至开端进行求解。在上面所述的博弈的第二阶段，一个理性的第二个参与者将会要价 1.99 美元，因为第一个参与者应该接受剩余的 0.01 美元而不是一无所获。因此，在第一阶段，第一个参与者应该提供 2 美元，期望第二个参与者会接受。通常，在这种博弈中，第一个参与者应该提供在第二阶段中减少到的数量。我们将在下一节中对这种方法进行评论，因为动态博弈和重复博弈都涉及逆向归纳，并且，在实践中，它往往在很多情况下预测不佳（Binmore and Shaked，2010a）。

□ 在不完全信息下讨价还价

在许多现实情形中，参与者具有非对称信息，尤其是他们更加了解自身的支付而不是其他参与者的支付。比如在拍卖中，买者了解他自己对标的物的估价，但并不总是知道卖者的估价，反之亦然。一个最简单的情形是只有两个竞标者的第一价格密封拍卖，在这里两个竞标者同时出价，而标的物最终会以最高出价成交。例如，每个竞标者对标的物的出价等可能地为 0 美元、2 美元或 5 美元，且出价只能为整数，如果出现平局，则通过掷硬币来决定战利品的归属。在标准博弈论中，此类情形的均衡被称为贝叶斯纳什（Bayesian Nash）均衡，它为竞标者的每一个出价指定了一个均衡出价。可以看出（尽管计算有点烦琐），在这个例子中，0 美元、2 美元和 5 美元的均衡出价分别为 0 美元、1 美元和 2 美元（Goeree and Holt，2001，p.1413）。

上述博弈是一个静态博弈，但许多不完全信息讨价还价博弈是动态的，且可能涉及多个阶段。这使得讨价还价过程更为复杂，因为参与者不仅要最大化他们的效用，而且还要留意到他们在提出、接受或拒绝某些出价或要价时，会反映出他们对标的物的估价，而这往往不利于他们实现自身的目标。博弈的这一方面涉及**信号**（signaling）的概念，我们将在 9.6 节中详细讨论这一概念。

□ 对完全信息下讨价还价博弈的经验研究

我们将首先讨论完全信息博弈，因为这些信息更易于分析。宾默尔、谢克德和萨顿（Binmore，Shaked and Sutton，1985）的早期实验使用的方法涉及两轮博弈，它们具有共同的贴现因子（δ）0.25，第一轮博弈中的一号参与者在第二轮博弈中将转换为二号参与者。结果再次显示出两个焦点解：其中一个是"公平"的 50/50 分割，而另一个是 75/25 分割的子博弈完美纳什均衡。后一种分配方案是子博弈完美纳什均衡，是因为如果一号参与者的最初出价被拒绝，则在第二轮博弈中，奖金池将从 1 英镑减少至 0.25 英镑，因此，对于二号参与者来说，拒绝任何高于 0.25 英镑的出价都是不合理的（不考虑社会偏好和互惠原则）。另一个值得注意的发现是，在第二轮博弈中最初出价转移到了子博弈完美纳什均衡的单一焦点上，显示出了学习效应。这意味着，第二轮博弈的一号参与者由于先前在第一轮博弈中作为二号参与者的经验，意识到做出任何超过 0.25 英镑的最初出价都是不合理的。后续采用一种类似"角色转换"方法的研究，也显示出了相似的学习效应，不过没有前面所述的那种情形速度快。

尼林、索南夏因和施皮格尔（Neelin，Sonnenschein and Spiegel，1988）的研究采用了两轮、三轮以及五轮轮流出价博弈的实验方法，在每轮分别有共同贴现因子 25%、50% 和 34%。每个博弈的子博弈完美纳什均衡都是 1.25 美元。尽管这项研究发现，两轮博弈中的最初出价高度集中在子博弈完美纳什均衡的周围，然而，三轮博弈和五轮博弈的最初出价却不是这样。不过这三种博弈的最初出价都倾向于集中在第二轮博弈的奖金池总量周围。这表明，作为商学和经济学学生，被试者已经知晓逆向归纳法或是已经求解出自己的那一步该如何走了，不过他们却无法在两轮博弈以外也应用这一技巧来求解三轮博弈或五轮博弈的子博弈完美纳什均衡。

奥克斯和罗斯（Ochs and Roth，1989）的实验证明（尽管仍然很薄弱），交易确实可以近似地达到子博弈完美纳什均衡。不过这一研究最重要的发现是有关还价的：还价不仅普遍地在第二轮和第三轮博弈中被拒绝，而且它们也经常是"不利的"。换句话说，大多数参与者都会提出还价，与接受原始出价相比，这会使他们的境况变得更差。例如，如果拒绝在 10 美元奖金池中获得 3 美元的出价会导致下一轮的奖金池总量减少至 2.5 美元，那么，这样的拒绝就是不合理的。类似地，如果奖金池之后会降至 3.5 美元，那么，拒绝 3 美元的出价而提出 1 美元的还价就是不合理的，因为即使还价被接受，这个参与者也只能得到 2.5 美元。对于这种不利的还价现象，有两种可能的解释：

（1）参与者的社会偏好使他们倾向于拒绝不平等的出价。

（2）参与者的计算能力有限，未能意识到拒绝一轮的出价会导致其在后面轮次中的收益更低。

如前所述，我们将会在下一章讨论第一种解释。而对于第二种解释，目前已经有一些研究对此进行了考察，尤其是学习效应的强度。尽管宾默尔、谢克德和萨顿（Binmore，Shaked and Sutton，1985）最初的研究表明，仅仅两款博弈就能产生强烈的学习效应，但后来的研究（Ochs and Roth，1989；Bolton，1991；Harrison and McCabe，1992；Carpenter，2003）表明，学习速率要慢得多甚至微不足道。凯莫勒及其同事（Camerer and colleagues，1994）以及约翰逊及其同事（Johnson and colleagues，2002）均设计了实验以实现两个目标：（1）通过让参与者与计算机博弈来隔离社会偏好；（2）通过跟踪被试者在不同博弈轮次中对信息的需求来考察他们的思维过程。他们报告了三个主要发现：

（1）即使不涉及社会偏好，参与者也往往不会提出均衡报价。

（2）参与者往往不会提前一两个阶段考虑如果出价被拒绝会发生什么。

（3）如果受到明确的教导，参与者能够学会用逆向归纳法向前看，但这一过程似乎不会自然发生。

到目前为止，所讨论的实验协议都涉及具有固定贴现率的博弈。其他研究考察了存在固定延误成本的情形。这类情形可能适用于成本通常与标的的大小无关的法律案件或劳资纠纷。这里有一个一直以来被反复提及的最为有趣的发现（Binmore，Shaked and Sutton，1989；Rapoport，Weg and Felsenthal，1990；Forsythe，Kennan and Sopher，1991）：不同于具有固定贴现率的博弈常常出现的均匀分配，在存在固定延误成本的情形中，对于相关标的的划分往往是非常不均匀的，且与子博弈完美均衡更为一致。研究人员面临的挑战是：既然社会偏好应当平等地适用于每种情况，那么为什么会有这种差异呢？我们仍需针对每种情形中的学习进行更多的研究，学习的不同或许能够解释观察到的差异。

□ 对不完全信息下讨价还价博弈的经验研究

对于不完全信息下的讨价还价情形，我们同样也需要考虑两个主要方面：（1）如何在讨价还价结构中组织这些局面？（2）如何根据一种将会盛行的均衡来确定解决方案？

对于第一个方面，瓦利及其同事（Valley and colleagues.，2002）发现，沟通可提高交易的效率。如果在买者的估价超出了卖者的估价时发生了交易，则称这项交易是有效率的。在典型的密封投标机制中，交易双方都提交一个愿意交易的保留价格，这使得交易不会是百分之百有效率的，因为根据博弈论的预测，双方都倾向于"削减"他们的出价。其含义是：买者的出价会比他们的真实估价低，而卖者的出价会比他们的真实估价高。在瓦利等的研究中，最重要的发现也许并不是沟通会提高交易的效率，而是沟通在何种方式下能提高交易效率。议价双方似乎会在某一个他们都会提出的价格上进行磋商。这种磋商表现为一种"相互试探"的方式，一方面努力搜寻那些反映对方估价的线索，另一方面为掩盖自己的估价而保持一定的虚张声势——在这里，我们的大部分谈话内容不是互吐实情。从上面这项开创性的研究中还可看到，面对面的沟通要比字面沟通更容易提高交易的效率。

对于第二个方面，一些研究发现，投标的结果往往与博弈论的预测保持着惊人的一致。之所以认为这很惊人，是因为博弈论的预测很难凭直觉得到，我们将很快看到这一点。大多数研究的关注点都是**密封投标机制**（sealed-bid mechanism）或称**双边叫价市场**（bilateral call market），这在金融市场上很常见。在这类市场上，买者和卖者提交密封的出价，如果买者的出价高于卖者的出价，则按两者价格的均值进行交易。如果买者的出价（v）低于卖者的出价（c），则交易将不会发生。我们将给出一个由丹尼尔、西尔和拉波波特（Daniel, Seale and Rapoport, 1998）使用过的例子。如果买者和卖者的估价（分别以 V 和 C 表示）对于买者来说满足区间（0，200）上的均匀分布，对于卖者来说满足区间（0，20）上的均匀分布，则基于博弈论的预测如下：

卖者的出价是其估价的线性函数，形式为：

$$c = 50 + 2/3C$$

买者的出价呈现出一种**分段线性**（piecewise linear）函数的形式。这意味着当用图形表示时，整个函数是由三个线性函数部分共同组成的。如果用数学语言表示，则买者的预测出价如下所示：

当 $V \leqslant 50$ 时，$v = V$
当 $50 \leqslant V \leqslant 70$ 时，$v = (50 + 2V)/3$
当 $V > 70$ 时，$v = 63.3$

这些预测表明，卖者应当索要一个远高于他们真实估价或成本的价格，而买者的估价如果至少为 70，那么他们通常应给出一个不变的出价 63.3。这些预测都属于强预测，并且很难根据直觉得出来，因此，需要用经验验证来揭示其正确性。虽然在丹尼尔、西尔和拉波波特（Daniel, Seale and Rapoport, 1998）的研究中，并未通过经验验证发现买者的估价符合一个清晰的分段线性函数，但他们通过两种主要方式证实了这些预测：

（1）当买家的估值很高时，他们的出价只占他们估值的一小部分。

（2）卖者会在他们的成本之上大幅加价。

这些学者通过改变某些实验参数（比如扩大卖者的估价范围）而再次在实验中重现了上述结果，从而在大体上证实了博弈论的预测。他们还发现了一个明显的学习效应——买者最初的出价很高，但经过十轮博弈之后，他们的出价有了大幅度的降低。

□ 行为的结论

在古雷和霍尔特（Goeree and Holt, 2001）的研究中，被试者的表现与先前描述的标准博弈论中的"缩水蛋糕"（shrinking pie）博弈的预测非常相近。回忆该博弈的奖金池，在第一轮中为 5 美元，而到第二轮时缩小至 2 美元。研究中观测到的平均出价为 2.17 美元，而标准博弈论的预测为 2 美元。不过，如果奖金池从第一轮的 5 美元到第二轮降至仅为 0.5 美元时，作为一号参与者的被试者在第一轮博弈中则远远偏离标准博弈论 0.5 美元的出价预测：平均出价为 1.62 美元，其中，30 个出价中有 28 个出价高于 0.5 美元。由于这种偏离的主要原因似乎涉及社会偏好和公平概念，我们将在下一章中详细讨论此类情形。

关于不完全信息下的博弈，让我们再次回到先前描述过的拍卖博弈的简单例子，该博弈中每个竞标者对标的物的估值等可能地为 0 美元、2 美元或 5 美元。可以看到，此博弈根据标准博弈论的均衡出价分别为 0 美元、1 美元和 2 美元。古雷和霍尔特（Goeree and Holt，2001）发现，在这种情况下，贝叶斯纳什均衡预测的效果很好，有 80％ 的出价与均衡匹配。然而，正如我们在其他示例中看到的那样，他们发现，改变支付虽然不影响均衡，但会影响行为并导致与预测的偏离。在这种情况下，将估值更改为 0 美元、3 美元和 6 美元会将纳什出价的比例降低至 50％。古雷和霍尔特假设，这些对纳什行为的偏离似乎对偏离的成本敏感。这是一个非常重要的一般性结论，因为它还适用于前文所述的其他博弈以及在后面讨论协调的章节中将要涉及的博弈，例如"猎鹿博弈"（stag hunt game）。古雷和霍尔特还指出了规避风险的可能性，这也是协调博弈中的一个因素。

9.5 重复博弈

□ 重复与占优

我们已经在 9.2 节看到，对于具有占优均衡的博弈常常是很容易求解的，尤其是那些每个参与者只有两种策略的两人博弈。在更复杂的博弈情形下，我们可通过重复博弈来剔除劣策略，从而达到一个占优均衡。我们将看到，某些情形需要进行多步的重复，甚至是无限步。鉴于复杂性的提升，我们在这一节讨论的结构将与前几小节略有不同，因为对经验研究的讨论将会贯穿本节。在这里，我们最主要的目标是：通过经验研究来考察参与者在不同博弈情形下如何展开重复推理，尤其是他们会推理多少步。据此，我们就可根据所涉及的潜在心理机制来得到某些结论，尤其是每个人对其他参与者的信念。

为了便于论述，我们从比尔德和拜尔（Beard and Beil，1994）那里借鉴一个简单的两步博弈作为起点。他们使用了一个有两个参与者参加的序贯博弈，通过运用几种方式来变换支付，他们就可探讨参与者 1 在多大程度上会赌参与者 2 服从占优均衡。我们在表 9.8 中给出了该博弈的基本形式。

表 9.8　重复占优博弈

		参与者 2	
		左	右
参与者 1	左	9.75，3	
	右	3，4.75	10，5

参与者 1 首先行动，如果他选左，则博弈结束，他获得 9.75 美元，参与者 2 获得 3 美元。另外，如果参与者 1 选右，则参与者 2 可继续行动。如果参与者 2 是完全利己的，他们也会选右，于是获得 5 美元而不是选左获得 4.75 美元。参与者 2 选右还可使

参与者 1 获得 10 美元，这要稍高于参与者 1 最初选左可获得的 9.75 美元。因此，重复占优均衡是（右，右）。然而，参与者 1 选右具有一定的风险，因为如果参与者 2 并不服从占优均衡，那么参与者 1 将只能获得 3 美元。

在所进行的基准实验中，66% 的参与者 1 选择了左，这表明对参与者 2 存在普遍的不信任。这种不信任最终被证明是正当的，因为当参与者 1 选右时，参与者 2 只在 83% 的时间选择了右。这个百分比意味着参与者 1 选右的期望支付仅有 $(3 \times 0.17) + (10 \times 0.83) = 8.81$ 美元，这要低于选左可得到的支付。

接下来，研究者对支付做了改变，列示如下：

（1）更少的风险——降低参与者 1 选左的支付。

（2）更高的保障——降低参与者 2 在（右，左）时的支付。

（3）更多的不满——当参与者 1 选左时，参与者 2 可获得更高的支付。

（4）更少的风险，更多的互惠——提高参与者 1 在（右，左）时的支付，并且如果参与者 1 选右，参与者 2 可获得更高的支付。

当参与者 1 面临更少的风险、更高的保障或更多的互惠时，他们会增加选右的倾向；而当选右会激起参与者 2 更大的不满时，他们也就不太愿意选右。然而，值得注意的是，在所有上述几种情形下，如果参与者 1 选择了右，参与者 2 也会总是选择右，这说明参与者 2 是服从占优均衡的。这个实验导致了一个普遍的结论，这个结论后来被许多其他研究证实了：参与者倾向于相信对手不太可能像实际中那样，服从占优均衡，或者说，不太可能会像实际中那样理性。当非理性的代价很小时，情况尤其如此（Goeree and Holt，2001）。对此，我们基于上述实验可给出多种解释，比如参与者 1 对参与者 2 的社会偏好持有一个错误的信念。然而，根据"选美竞猜"博弈的经验发现，我们却倾向于排除这种解释，这将在下文进行讨论。

□ 选美竞猜博弈

这是一个富有启迪性的博弈，它的名称最初来自凯恩斯在 1936 年出版的《就业、利息与货币通论》。他把股票市场投资比喻为一种选美竞猜，其中，参与者需选出最漂亮的人，如果哪个参与者的选择最接近于整体参与者的平均偏好，那么奖金就将颁授给他。凯恩斯是如此描述这一情形的：

> 每一个参与者所要挑选的并不是他自己认为最漂亮的人，而是他认为的最可能使其他参与者都认为漂亮的人。全部参与者都以相同的视角来看待这个问题。这里挑选的并不是根据个人判断力来选出的最漂亮的人，甚至也不是根据真正的平均判断力来选出的最漂亮的人，而是运用智力来推测一般人所推测的一般人的意见为何。在这里，我们已经到达了推测的第三个层次。（p.156）

这一情形可轻易地建模成一种简单博弈，并可用于实验。这种博弈的标准形式是：要求一组参与者从 1 到 100 中选择一个数字。哪个参与者选择的数字最接近所有参与者选择数字的平均数的某个比例（p），比如 2/3，那么谁就是胜出者。实验的目的在于考察参与者会重复推理多少轮。如果参与者的选择是随机的或均匀分布的，那么平均数将为 50，该数字的 2/3 就是 33。因此选择 33 代表进行了一步推理。第二步的推理是：如果其他参与者都使用一步推理而选择了 33，那么最优的选择应当是 22。第三步的推理是：假定其他参与者都使用了两步推理，那么最优选择应当是 15。我们可看到，在该博弈中，可能的推理步数可进行无限次，因此，最终的重复占优纳什均衡为 0。内格尔（Nagel，1995）发现，参与者的平均选择大概为 35，并且在 33 和 22 处存在两个较高频率的"峰值"。更全面的实验是由霍、凯莫勒和魏格尔特（Ho, Camerer and Weigelt，1998）进行的，他们得到的一般性结论是：参与者只会进行一步或两步的推理。凯莫勒（Camerer，1997）针对不同的被试者得到了类似的实验结果，这些被试者包括：心理学本科生、经济学博士、证券经理和 CEO。在针对财经杂志的读者所展开的竞猜式的现场实验中，发放的奖金是真实的，而实验结果也是类似的，亦即在 33 和 22 处存在峰值，但参与者平均选择的数字较低一些。其中，有大约 8% 的竞猜者会选择 0。

从这些实验中我们可得到两种可能的结论：要么是，人们通常无法推理超过两步；要么是，他们不相信其他人能做到这一点。为了得到更确定性的结论，我们还需考察其他博弈的实验结果。

□ 重复推理会减少支付的博弈

在某些情形下，增加推理步数会减少支付，对此，一个不错的例子是所谓的"**蜈蚣博弈**"（centipede game）。这是一个序贯博弈，由两个参与者参加，并且重复行动若干步。在每一步，一个参与者可选择取走奖金池中的 80%（留给另一个参与者 20%）而结束博弈，或者他们可选择"通过"来让另一个参与者行动，其中，奖金池在每一步都是翻倍递增的。这种博弈还可被称为**信任博弈**（trust game），因为参与者可通过信任对方来使自己获利，至少在某种程度上是如此。马克尔维和帕尔弗雷（McKelvey and Palfrey，1992）针对该博弈进行了实验，其中，第一步的奖金池是 0.5 美元，总共可行动四步。图 9.3 展示了该博弈的博弈树。

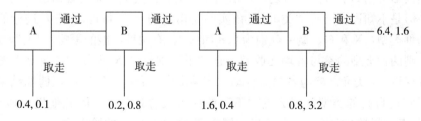

图 9.3　蜈蚣博弈

如果参与者在所有四步中都选择"通过"，那么他们将以分别获得 6.4 美元和 1.6 美元来结束博弈，这相比在第一步分别获得 0.4 美元和 0.1 美元有显著的提高。然而，如果我们运用逆向归纳法来求解这一博弈，那么在最后一步的占优策略就是选择"取走"，于是在倒数第二步也应该选择"取走"，如此下去，直至回到左端第一个节点。因此，重复占优解应该是在第一步选择"取走"。如果在第一步选择"通过"，将会违反四步的重复占优。我们可以看到，这是一种"拆散"的博弈，它会导致囚徒困境式的结果，其中，参与者在每一步选择"通过"都是帕累托劣策略。它与囚徒困境类似的另外一点是：利己动机会导致无法信任与其他人的合作。

以上就是从标准博弈论的角度对理论上均衡的介绍。在实际中，马克尔维和帕尔弗雷发现，博弈的结果似乎不会退解到第一个节点。在四步博弈中，只有 6%～8% 的参与者在第一步就选择了"取走"，而在随后每个节点上选择"取走"的人数比例呈上升趋势，其中，有 75%～82% 的参与者在最后一个节点上才选择"取走"。在六步博弈中，最后一步的奖金是最初奖金的 2^6 或 64 倍，此时，只有 1% 或更少的参与者在第一步选择"取走"。仅仅当大幅提高奖金并且经过五次博弈的学习之后，在最初两步选择"取走"的人数才有显著提高，达到了 22%。

在其他与蜈蚣博弈相似的博弈结构的博弈实验中也可发现类似的结果，比如，多策略囚徒困境博弈。还有一些实验涉及的是连续型策略而非离散型策略（与选美竞猜博弈类似），比如，不完全竞争市场上的定价行为。一般而言，参与者在他们的最初选择中，倾向于表现出两步到四步的重复占优。

在前一章，我们曾提到一个类似的拆散效应，其与双自我模型有关。当老练型的消费者发觉他们最终很可能会屈服于某种诱惑时，他们也许现在就会放弃抵制，从而肆意放纵自己。这种情形所展示的是，老练型消费者的最终境况也许比天真型消费者更差，后者可能会在一段时间内抵制住诱惑，因为他们未预料到最终会放弃抵制。

☐ 重复推理会增加支付的博弈

在某些博弈中，增加推理步数可提高支付。**"脏脸博弈"**（dirty faces game）就是一个不错的例子，它在几十年中一直被视为一种智力游戏。在它的最初形式中（Littlewood，1953），有三位女士 A、B 和 C 同坐在一列火车车厢内，她们的脸上都有污迹，因此她们都在发笑。但接下来，A 从另两位女士的反应中意识到，她必有可笑之处。她的推理是：如果 B 看到 A 的脸是干净的，那么 B 就会推断 C 在笑话 B，于是就会停止发笑。由于 B 仍在发笑，这一定说明 A 的脸是脏的。在这里，A 假定 B 可根据 C 的行为进行足够理性的推断。

上述情形可用如下博弈进行建模，从而便于实验，其中，参与者知道其他参与者的"类型"，但是不知道自己的"类型"。该实验是由韦伯（Weber，2001）进行的。参与者分为两种类型：X 和 O，概率分别为 0.8 和 0.2。有两种可能的策略："上"或"下"。选"上"则两种类型的参与者均无收益，选"下"则可使 X 型参与者获得 1 美元而 O 型参与者获得 −5 美元。参与者轮流行动，当某个参与者选"下"时，博弈结束。如果参与者不知道自己的类型，那么选"下"的期望收益是负的，因此他们应该选"上"（假设参与者是风险中性的）。在这里，属于 X 型就好比你的脸上有污迹，而选"下"与知道你脸上有污迹是等价的。参与者都被告知，他们当中至少有一人属于 X 型。如果一个参与者发现另一个参与者是 O 型的，那么他就可立即推断出他是 X 型的，于是在第一步就选"下"。如果一个参与者发现另一个参与者是 X 型的，那么他就无法在博弈的第一步推断出自己的类型。此时如果两个参与者都在第一步选"上"，这会使每个参与者意识到对方观察到他是 X 型的，因此他们在第二步都应当选"下"。

韦伯发现，当两个参与者分别为 X 型和 O 型时，87% 的被试者表现出了理性，他们使用了一步重复推理。然而，当两个参与者都是 X 型时，只有 53% 的被试者使用了两步推理并在第二步选择了"下"。凯莫勒（Camerer，2003）解释道，该实验中的被试者均为加州理工大学的学生，之所以选择他们参与实验，是因为他们拥有解决逻辑难题的技巧，然而，他们中只有一半左右的人完成了两步推理，因此这也许是该类抽象博弈中能够达到的最多推理步数。

□ 行为的结论

像"脏脸"博弈这样的实验结果表明，人们通常不做多步推理的原因并不仅仅是怀疑其他人进行多步推理的能力，而是在于他们常常只有"有限的计算能力"。然而，为了使该问题得到决定性的证据，学者们还进行了许多实验，其中，不仅考察了人们的策略选择，还考察了他们为了形成选择而使用的决策规则。这些实验是由斯塔尔和威尔逊（Stahl and Wilson，1995）以及科斯塔-戈梅斯、克劳福德和布罗塞塔（Costa-Gomes，Crawford and Broseta，2001）进行的。

他们的实验本质上与凯莫勒（Camerer，1994）和约翰逊（Johnson，2002）的实验是类似的，这在讨论混合策略均衡的时候已经提到了，其中，要求被试者观看电脑屏幕某个区域显示的信息，并由此考察被试者在形成决策的过程中使用了哪些信息和进行了几步推理。这种类型的非均衡（在标准博弈论意义上）模型通常称为"*k* 级"（level-*k*）模型。斯塔尔和威尔逊（Stahl and Wilson，1995）针对这种模型进行了开创性研究，他们将被试者主要分为五类：

（1）0 级被试者（他们选择每个策略的概率是相等的）。

（2）1 级被试者（他们假定其他人是 0 级的，并由此选择最优的反应以回应他们）。

（3）2 级被试者（他们假定其他人是 1 级的，并由此选择最优的反应以回应他们）。

（4）天真的纳什型被试者（他们假定其他人会选择纳什均衡）。

（5）老练的纳什型被试者（他们假定在其他人中，某些人会选择纳什均衡，而其余的人是 1 级或 2 级被试者）。

对这五类被试者的估计是通过 12 个不同的博弈完成的，结果发现，约有 18% 的参与者属于第一类，20% 属于第二类，只有 2% 属于第三类，而有 17% 属于第四类，43% 属于第五类。

科斯塔-戈梅斯、克劳福德和布罗塞塔（Costa-Gomes，Crawford and Broseta，2001）在其研究中报告称，有 45% 的人属于天真型被试者，亦即他们会选择那些平均支付最高的策略，另外，还有许多人被归为乐观型被试者，亦即他们会选择最大化最大策略（也就是最大化他们的最大支付）。他们还提到，有 10% 的被试者违背了一步重复占优，而违背两步和三步重复占优的被试者分别占到 35% 和 85%。

凯莫勒、霍和庄（Camerer，Ho and Chong，2004）提出了**认知层级（CH）理论**（cognitive hierarchy theory），它是以本节讨论的许多研究中的理论和证据为基础的。该理论用泊松概率分布来描述使用不同推理步数（K）的参与者的相对比例。其目的在于提出一个既有坚实心理学基础又有坚实经验基础的理论，以便预测重复推理博弈中的均衡条件。该理论还可用于推测学习模型中的初始条件。这一理论形式简约、便于使用，因为泊松分布只涉及单一的参数：它的均值和方差都为（τ）。那些使用 0 步推理的参与者对应斯塔尔和威尔逊分类下的 0 级被试者；那些使用 K 步推理的参与者能够预测到推理步数较低的参与者的决策，并使用正态概率分布来对这些混合策略进行最优反应。

9

经验研究显示，在许多博弈中，将 τ 的值设定为 1.5 是较为合理的。这几位学者还使用大量实验的第一期数据来检测该理论，并发现它的预测能力至少与标准博弈论的纳什均衡一样好。当把认知层级模型与量化的反应均衡（后者也总是比纳什均衡预测得要好）相比较时，它具有两个主要优势：（1）它具有更完备的心理学支撑；（2）它在经验分析上更具有吸引力，因为它可用来解释在实验中观测到的对策略进行选择的概率"峰值"。

近期的一些现场实验结果支持了认知层级模型。其中一个考察了名为 LUPI 的瑞典博彩中参与者的行为（Östling et al.，2011）。在此博弈中，每个参与者在 1 至 99 999 之间选择一个整数，其中，拥有最小唯一正整数的参与者获胜（因此该游戏被称为 LUPI，即 lowest unique positive integer）。假设每天约有 50 000 人玩此博彩，那么纳什均衡的预测是：选择 1 至 5 000 之间数字的人数大约是等同的，选择 5 000 至 5 500 之间数字的人数急剧下降，而选择 5 500 以上数字的人则极少。在游戏开始前七天，这个预测是相当准确的，然而实际情况是，选择较小数字的非常多，选择 2 500 至 5 000 之间数字的非常少，选择 5 500 以上数字的又变得非常多。认知层级模型对该博弈选择模式的预测就好一些，其中 τ 值 $= 2.98$，比实验数据稍高一些。布朗及其同事（Brown and colleagues，2012）进行的另一项实地研究调查了电影观众为何会忽略这样一个事实，即在电影发行前没有被评论的电影往往质量较低。利用认知层级理论模型，这项研究估计当 τ 值为 1.26 时，模型对数据拟合最好，接近来自实验数据的早期实验室估计。如凯莫勒（Camerer，2009）所观察到的那样，通过避免糟糕的电影评论，这个天真型策略导致了更高的票房利润。

还有一些近期的研究表明，包含 k 级思维的认知层级模型并不总是优于其他模型。蔡（Choi，2012）的一项研究考察了网络中的社交学习，在网络中，一些处于网络核心的参与者拥有与其他参与者之间的更为广泛的信息链接，而处于网络边缘的参与者则拥有较少的链接。蔡发现，在采用认知层级模型的不同实验处理中，占优认知类型与贝叶斯理性类型（Bayesian-rational type）密切相关。这一发现支持了标准博弈论在这种选择架构环境下预测的准确性，并且似乎与前文所述的研究发现唱了反调。然而，蔡拒绝与那些认为有限理性重要的研究进行直接比较，原因有两个：

（1）蔡的实验研究涉及动态博弈，而先前支持认知层级模型的研究涉及静态模型。蔡假设，在动态博弈中比在静态博弈中更容易进行更高层次的认知推理。

（2）涉及较高层次推理的选择，如贝叶斯理性（Bayesian rationality），通常与使用较低层次推理所做的选择相同。如果要检验到底使用了几级推理，还需要针对不同级别之间的区别进行更细致的实验。

克劳福德、格尼兹和罗滕斯特里希［Crawford，Gneezy and Rottenstreich（CGR），2008］进行的另一项研究，也表明在复杂决策的情况下，认知层次模型无法展现完整的推理过程。这项研究考察了可能具有焦点解的协调博弈。这些博弈从本质上说属于"性别战"类型，其中，参与者试图匹配结果。在之前有关混合策略均衡的小节中，我们提到过一个涉及看芭蕾舞还是看拳击比赛的例子。在这一例子中，焦点解是无关紧要的，因为假定两种选择都不突出。但是，在某些协调博弈中一些选择可能会因其标签而显著。其中，一个著名的例子是谢林（Schelling，1960）的实验，在这个实验中，被试者要尝试在纽约市彼此见面，但是他们必须独立选择而不能相互交流。显然，被试者希望匹配选择以最大化他们的支付。这一博弈与"性别战"有所不同，因为它假设只要选择匹配，参与者就不会对某个位置或策略有什么偏好。尽管有无数个见面地点可供选择，不过大多数人还是选择了中央车站，这是当时最重要的交通枢纽。有趣的是，如果放到现在，选择可能就变得困难多了，因为时代广场和归零地都非常有竞争力。CGR 的研究的主要发现是：焦点解对协调选择的影响力是有限的，因为标签显著性的效应很容易被支付的显著性所抵消。结果是，即使很小的支付不对称也会导致协调失败。该研究在一次处理中使用了标签"X"和"Y"，并推理"X"应当是显著的。事实证明这是正确的，在匹配选择（XX 或 YY）的支付是对称的情况下（每种情况下每个参与者均获得 5 美元），发现 64％的被试者在 XX 焦点解上协调。这远远超过混合策略均衡的预测值 50％。但是，当支付结构略微改变为非对称情况时，以至在 X 处协调时，对参与者 1 奖励 5 美元而对参与者 2 奖励 5.10 美元，在 Y 处协调时，对参与者 1 奖励 5.10 美元而对参与者 2 奖励 5 美元。此时，协调率降至仅为 38％，远远低于混合策略均衡的预测值 50.5％。这一结果表明了重复推理的失败，这与 k 级模型是一致的。

不过，CGR 的研究还使用了不同的选择处理方法，包括将饼状图划分为三个相等的扇区（就像梅赛德斯·奔驰的徽标），并且将底部扇区阴影化。参与者可以选择"向右""向左"或者"底部"，目标同样是要协调选择。在这种处理中，研究发现，即使在不对称支付的情况下，协调也可以持续，因此，即使没有标签，底部扇区也足够显著并克服支付显著性。该研究的经验结果有时会与认知层级模型或 k 级模型的预测不一致，不过它提出了一种称为 **"谢林显著性"**（Schelling salience）或 **"团队推理"**（team reasoning）的集体理性的概念。根据这种推理，"参与者会在博弈开始独立地问自己：是否存在相比利己主义能够对双方都更好的决策规则，如果双方都能遵循这一更好的规则的话？"（Crawford，Gneezy and Rottenstreich，2008，p.1448）在这种情形下，更好的规则是选择底部而不是尝试最大化个人收益。这些研究结果也与梅塔、斯塔默和萨格登（Mehta，Starmer and Sugden，1994a and 1994b）以及巴德斯利及其同事（Bardsley and colleagues，2010）的发现一致。

在某些情况下，有限理性可能根本不是解释人们为什么不使用纳什均衡解的一个因素。取而代之的是，一个与上述"团队推理"相似的概念可能能够解释决策策略，并且再次显示出社会规范和相关均衡的重要性。让我们以重复囚徒困境博弈为例，其支付结构如下：

- 诱惑（背叛，对手合作）＝4
- 奖励（合作，对手合作）＝3
- 惩罚（背叛，对手背叛）＝1
- 欺骗（合作，对手背叛）＝0

标准博弈论的方法是采用逆向归纳法。假设两个参与者都知道有限的回合数，例如 100，则每个参与者都会在第 100 轮中选择背叛。在此基础上，每个参与者都将在第 99 轮中选择背叛，同理直至第 1 轮。因此，均衡策略就是在所有轮中都选择背叛，最终的总支付是 100。"编舞者"可以制定许多能够提升双方参与者收益的规则。其中，一个较为简单的规则是：采用"以牙还牙"的策略，并从第 1 轮选择合作开始。如果双方都采用这种

"友好"的策略，那么他们最终将在所有 100 轮中选择合作，并获得 300 的总收益。可以很容易地看出，正如金迪斯（Gintis，2009）所说，这种相关均衡的确比选择连续背叛的纳什均衡要自然得多。对重复囚徒困境博弈经验研究的经验证据也很好地支持了这一结论，在该研究中，经验丰富和经验不足的参与者都会比标准博弈论所预测的更倾向于合作。此外，这一例子也支持了宾默尔和谢克德（Binmore and Shaked，2010a）的主张——即使将其他方面的偏好纳入考虑，逆向归纳法的规则往往也没有经验上的应用。

总而言之，似乎没有一个单一模型可以完全解释重复博弈中的所有决策行为。在某些这类博弈中，参与者可能是完全理性的，随后标准博弈论的预测也被证明是正确的。然而，在许多重复博弈中，参与者似乎都是高度异质的，其思维水平各不相同。尽管不同博弈之间的重复推理模式有所不同，但是人们通常不会执行超过两步或三步重复占优，其中，剔除自身的劣策略被称为第一步。不过，有些实验博弈，尤其是那些人们在最初就脱离均衡的较为复杂的博弈，表明学习效应是存在的，人们会随着博弈轮数的增加而表现出更多步数的推理（Rubinstein，1989）。我们将会在这一章的最后小节中讨论学习效应的这些方面。在其他博弈中，团队推理似乎也是一个重要的因素。然而，正如 CGR 的研究得出的结论，"团队推理在被试者对分饼博弈的反应中扮演重要角色，而在 X—Y 博弈中却没有扮演重要角色，这一点仍然令人困惑"（p.1456）。CGR 推测，团队推理的适用取决于协调结果之间的帕累托占优关系，以及参与者之间支付冲突的程度。但是，显然还需要在此方面进行更为系统的研究，以确定贝叶斯理性、k 级模型以及团队推理之间的相对重要性，以及在何背景下其中一个会起主导作用。

9.6 信号传递

□ 信号传递的性质与功能

许多博弈类型描述的是非对称信息情形，其中，一个参与者希望向其他参与者（们）传递信息。这种信息并不一定是真实的。如果参与者行动的目的是为了影响其他参与者的信念与行为，从而使自身获利，那么这种行动就被称为**承诺**（commitments）或**策略性行动**（strategic moves）。为了有效，这类信号或策略性行动必须具备**可信性**（credibility）。这一特征需要满足两个性质：

1. 依据发送者类型的承受力

如果某些人希望得到一份好工作，那么他们也许会通过接受昂贵的教育或培训来表明自己是属于这种"类型"的。如果工会为了提高工资而组织罢工，那么就必须能够承担得起罢工期间的工资损失。

2. 其他类型无法承受

如果一家厂商生产了劣质且不可靠的产品，那么它很难承担得起正规的质量保修。因此，良好的质量保修是高质量产品的可靠信号。一家盈利的厂商也许会通过广告手段来表明自己属于这一类型。缺乏稳定资金基础的厂商可能根本做不起广告，因此，消费者可能会把广告看作是厂商业绩良好的信号。

信号传递是广泛存在的，它不仅限于一般的经济和商业范畴，而且与政治、国际关系、体育、战争和生物学等领域相关。一般来说，它不但可被用于达成竞争性的目标，还可被用于达成合作性目标。

在某些情形下，信号传递的发生本身并不带有影响其他参与者行为的意图。比如说，当我们看到一名运动员在比赛中获胜并且他穿着特定品牌的鞋子时，这会释放出"该品牌质量很好"的信号。当然，如果这名运动员是由制鞋商赞助的，那么在这种情形下，信号传递就是故意的。而有关无意识信号传递的一个问题就是：与私人信息相比，人们会如何考虑这些信号的价值？比如，当人们在商店试穿鞋子来看鞋子舒不舒服时，就会产生这种问题。我们将会在下一节中讨论与学习有关的方面。

□ 信号传递与竞争

信号传递在竞争环境下最为有趣的一点是，它可能是无效的或是弄巧成拙的，因为它会限制信号传递者的行动。上面提到的一些不同领域的例子可帮助我们说明，为何许多信号传递具有这种看似矛盾的特征。

我们已经观察到，大量投放广告似乎是对厂商资源的浪费，尤其是那些并非用于提高对产品质量的认知和感受的广告。从商业领域中可看到一个类似的例子，即厂商提供的**"最惠顾客条款"**（most favored customer clause，MFCC），从表面上看，似乎与厂商的利益背道而驰。本质上说，这种条款为某些顾客提供了一种保证，即厂商在未来一段时期内不会对其他顾客降价销售。如果厂商违背了这一承诺，那么它需要向以前的顾客退款，退款额与降价程度相当，有时甚至是后者的两倍。对于耐用消费品市场来说，这一点尤为重要。这种销售策略的创见性（和虚伪性）在于，它可达到双重目的：

（1）表面上看，它可建立良好的顾客关系——许多顾客在考虑购买一件新的耐用消费品时，会担心厂商随后降低该产品的价格。当技术变化很快并且产品更新换代的期限相对较短时，比如，电脑和其他电子产品，这种条款就会尤其受到欢迎。

（2）最惠顾客条款提供了一个价格承诺——它会使厂商在未来降价的成本变得高昂，因为该厂商需要向先前所有的顾客退款。因此，其他厂商将确信该厂商不会降价，于是这导致产品价格要高于不存在该承诺时的价格，这与消费者的期望是相反的。

在政治活动中，常常会见到人们发表某项声明，比如，永不提税或限制移民等。当然会有一些人认为言语是廉价的，但是政治家如果对这些承诺食言，则可能会为此付出很大的代价，甚至会导致急转直下的尴尬情势，特别是当相关政策宣言构成其竞选纲领（他们的"类型"）的主要部分时，更是如此。他们的声誉会由于这类行为而导致无法挽回的损失。

在国际关系领域，某些国家或几国集团常常试图通过贸易制裁手段来对那些在某些方面（比如研发和制造核武器）不顺从的国家施加影响。一方面，实施这些制裁的国家自己可能也会因此蒙受损失，比如，更难获取石油，从而蒙受高价。但从另一方面看，如果这些制裁可使那些不顺从的国家受损更大，那么被制裁的国家就会被迫按照实施制裁国家的意图行事，从这一点来说制裁就是成功的。不过需要指出的是，现实中的许多制裁都无法达到预期的效果。当被制裁的国家较为贫困时，比如，伊拉克或伊朗，受到影响的主要是该国的穷人，而这会被该国的独裁者转化为另一种信号，即西方国家施加制裁的目的是损害他们的福利。我们可以认为，在这种情形下，西方国家的领导人没有进行足够步数的策略思考。

现在我们来看体育领域，此处可使用前文讨论混合策略时提到的网球比赛的例子。我们已看到，如果发球者意识到对手在反手位上较难防守，那么他就会更频繁地向反手位发球（但这并不是绝对的，因为这会使其行动变成是可预测的）。如果对手通过训练而提高了在反手位接球的能力，那么在以后的比赛中，对手更多地向反手位跑动可能就会传递这一信号。于是发球者的反应就是更多地向对手的正手位发球，但对手在正手位的防守能力仍然是较强的。这个违反直觉的结论可被一般化到其他的体育比赛中（甚至非体育领域）：通过提高我们的弱点来迫使对手更多地应付我们的优点。

战争为我们提供了有关信号传递的最为引人注目的例子。一个常见的例子是：当科尔特斯（Cortes）为了征服阿兹特克帝国而入侵墨西哥时，他烧掉了回去的船只（虽然仍未证实这段历史的准确性）。这种极端的保证形式可达到两个效果。首先，这会使他的士兵作战更为勇猛，因为他们知道别无选择。其次，这还涉及进一步的策略思考：阿兹特克人将由此丧失斗志，因为他们知道，现在与敌人是无法和解的，除非敌人征服了他们的土地或者被彻底消灭，否则是不会罢休的。

在进化生物学中，信号传递似乎也扮演着重要的角色。在扎哈维（Zahavi，1975）提出"不利条件原理"（handicap principle）之前，生物学家很难用进化论来解释雄孔雀的尾巴是怎样出现的。此处的难题是：雄孔雀绚烂的尾巴在食物稀缺的环境下是很难得到维持的，那么，自然选择一定会淘汰这种过度的装饰吗？扎哈维认为，雄孔雀的尾巴确实是一种累赘，但是，对于潜在的雌性来说却是一种信号，它表明能够担负得起这种过度装饰的雄孔雀是身体强健的，因此是值得以身相许的。这种有关性别选择的观点还引起了社会科学家的注意。其中，一些学者指出，在年轻人中存在的一些损己式的习惯，比如，吸烟、酗酒、吸毒和飙车等，也可被解释为一种类似的信号，它表明只有那些能保持这些作风的人才是"硬汉"，因此是富于魅力的。

这里需要指出的是，不是所有的信号都涉及上面所提到的承诺类型。我们将在下一节看到，信号还可被用于达成协调与合作。

□ 信号传递与合作

许多博弈是多均衡的，我们在前面几个小节中已看到了这一点。即使对于囚徒困境情形，当在某些条件下进行重复博弈时，也会出现不同的均衡策略。对于日常生活来说，一个最简单的例子是，如何决定在道路的哪一侧行驶。这显然是一个协调博弈，其中，参与者要试图匹配策略（除非他们喜欢进行"斗鸡"博弈，但这又是另一个完全不同的博弈了）。这一问题肯定早在几千年前就出现了，那时的人们要赶着马车上路。显然此处存在两个均衡，即所有参与者要么都靠左行驶，要么都靠右行驶，在每种均衡下得到的支付都差不多。有许多被用来解释人们为何会在这一侧或另一侧行驶的故事。比如在美国，由于马车夫多数是用右手持鞭，因此他们喜欢在右侧行驶，以免抽打到对面行驶过来的人。而在英国，由于人们普遍从车的左侧套马，因此，这一习惯也就解释了为什么英国人会选择靠左行驶的均衡。

这些例子所表明的是，不同的均衡也许会带来不同的支付，其中，一个均衡会由于对参与者双方都有利而被选择。然而，这里不存在什么法则（比如占优或重复占优），以确保达到被偏好的均衡。这一情形可被建模成一个典型的"猎鹿"博弈，这在表 9.9 中展示了出来。

表 9.9　"猎鹿"博弈

		猎人 B	
		鹿	兔
猎人 A	鹿	2, 2	0, 1
	兔	1, 0	1, 1

这一博弈的本质在于，成功猎取一头鹿需要两名猎人的合作。如果成功，将会带来大额的收益，但猎鹿是有风险的，因为如果另一名猎人不合作的话，得到的收益将为 0。猎兔则更为保险，因为一个人靠他自己就可完成并可获得有保证的 1 单位收益。在该博弈中存在两个纳什均衡：其一是，两名猎人都选择猎鹿；其二是，两名猎人都选择猎兔。显然，两名猎人是更偏好猎鹿的，因为这是帕累托占优的。然而，这一均衡可能并不是焦点解，因为猎人可能是风险厌恶者，更偏好采取**最大化最小值策略**（maximin strategy）或是**风险占优策略**（risk-dominant strategy），从而选择猎兔。最大化最小值策略，顾名思义，是指能够最大化最小支付的策略。风险占优策略则是指能够最小化联合风险的策略，其中，联合风险是每个参与者未改变策略但其他参与者改变策略时，所导致的成本的乘积（Harsanyi and Selten，1988）。在上述例子中，如果一名猎人选择猎鹿，但另一名猎人改变策略而猎兔，那么对于未改变策略的猎人来说，其成本就为 2。如果角色发生调换，结果相同，因此选择（猎鹿，猎鹿）的联合风险为 4。如果两名猎人都选择猎兔，那么一方改变策略并不会引致另一方承担成本，于是联合风险为零。

对猎鹿博弈进行的实证检验发现，人们是倾向于风险厌恶的。在库伯及其同事（Cooper and colleagues，1990）的实验中，97% 的参与者选择了缺乏效率的策略，并且没有参与者达成一种有效率的均衡。值得注意的是，在该实验中，有效率的均衡仅比无效率的均衡的收益多 25%，而不像表 9.9 所示的那样多 100%。如果扩大收益的差距，可能会使实验结果出现显著的变化，但我们目前还未发现在哪个实验中有效率的均衡要比无效率的均衡的收益多近一倍。

要想达到所希望的均衡，只有一个办法（忽略外部选项），即信号传递。库伯等的研究发现，如果仅允许一方参与者传递信号，只要他能够表明他希望猎鹿，那么选择支付占优均衡的人数比例就从 0 提高到 55%。当两方参与者都被允许传递信号时，这一人数比例飙升至 91%。

这里需要注意的是，在合作博弈中，为了协调而传递信号的好处。在多均衡的博弈中，双向交流并不总是会比单向交流更能提高支付。比如，性别战博弈在结构上与猎鹿博弈最核心的差异是，在前者中参与者的偏好是不对称的。虽然参与者也会想要匹配策略，比如一起看芭蕾舞或是一起看拳击比赛，但是每个参与者都拥有不同的偏好。库伯

9

及其同事（Cooper and colleagues，1990，1994）发现，当不允许信号传递时，参与者无法达成一致策略的概率是59%。当允许单向信号传递时，即允许一方参与者表达他选择自己偏好的意愿，这会使无法达成一致策略的概率降低至4%。然而，当参与者双方都传递信号时，由于他们表达了不同的偏好，这反而造成了冲突，于是导致无法达成一致策略的概率回升至42%。

□ 来自信号传递博弈的经验发现

许多信号传递博弈在结构上要比我们至今为止所讨论过的博弈更为复杂。其原因是，在竞争情形下，至少一个参与者具有一种类型，其中，某些参与者希望表明他们的类型，而另一些参与者却希望掩盖他们的类型。其他参与者必须试图通过这些参与者的行动来猜测他们的类型，其中还要用到重复推理。一个相对简单的例子是雇主招聘雇员的情形。雇员清楚自己的类型，他或者是高生产率（H）的工人，或者是低生产率（L）的工人，但是，雇主却无法直接知道这一点。最初，雇主只能根据过去的经验而使用一种**先验概率**（prior probabilities）来判断雇员的类型。比如，雇员属于 H 或 L 的可能性是50/50（即两种可能的生产率均等的概率）。当雇员被雇佣后，他们在工作中可能会表现出不同的努力程度（E）。雇主必须根据雇员付出的努力水平来判断他们的类型，因为努力水平是可观测的，可作为表明生产率的信号。雇主可根据有关努力水平的信息来修正他的先验概率，这一过程被称为**贝叶斯更新**（Bayesian updating），我们已在第4章解释了这个概念。雇主会解雇那些被判断为 L 型的工人，但要想做到这一点，他必须对工人实施监督，这需要付出成本。L 型工人也许会提高一些努力水平（增加的努力水平对他们而言也是成本更高的），以使雇主确信他们是真实的 H 型工人。反过来，H 型工人可能也会更加卖力地工作，以期使自己从 L 型工人中区分出来，为此，他们需要把努力水平提高到对于 L 型工人无法维持或代价过大的程度。

一般而言，这些情形中的均衡经常被称为**混同均衡**（pooling equilibria）或**分离均衡**（separating equilibria）。当不同类型的参与者选择相同的行动时，就达到了一个混同均衡。比如，如果两种类型的工人付出相同的努力水平，那么就不可能察觉另一种参与者的类型。当不同类型的参与者选择不同的行动时，就达到了一个分离均衡，在这种情况下就是投入不同的努力。对于 L 型工人来说，付出太多努力可能是代价高昂的，但对于 H 型工人却并非如此，因为对他们来说付出额外努力来把自己从 L 型工人中区分出来是值得的。在案例9.3中，我们给出了一个涉及垄断和新厂商进入的实验例子，它来自库伯、加文和卡格尔（Cooper，Garvin and Kagel，1997a and 1997b）所构造的博弈。这个实验研究了通过改变新进入厂商和垄断者的支付变量，以检验这将如何影响所观察到的均衡类型。

□ 行为的结论

在单次博弈中，信号传递并不总是能够导致纳什均衡。就像在其他博弈情形中看到的那样，支付结构的变化可能会导致偏离。古雷和霍尔特（Goeree and Holt，2001）发现，在存在多个涉及混同均衡的情况下，两种类型的发送者发送相同的信号，实验中观察到的被试者行为与此相矛盾，并且大约80%的发送者存在发送者类型的分离。

从涉及多阶段的动态博弈的实验中我们还可以看到,当一种类型的博弈无法成功地模仿另一种类型的博弈时,出现分离均衡的可能性就更大。在这种情况下,高成本垄断企业发现,与低成本垄断企业一样多的产量是无利可图的。然而,由于涉及重复推理,低成本垄断企业确实需要一段时间才能学会生产出比其他情况下更多的产品。还有一些类似的实验,例如,凯莫勒和韦格尔特(Camerer and Weigelt,1988)关于信任和声誉的实验,以及乔杜里(Chaudhuri,1998)关于生产配额和棘轮效应(ratchet effect)的实验,也表明了学习过程的重要性,因为参与者需要时间来调整自己的信念和行为。此外,学习并不总会在最佳方向上进行,或者依照理论所预测的那样进行。

因此,我们现在需要考察这些学习过程。

9.7 学习

□ 学习与博弈论

我们已经看到,学习,即通过体验改变行为,尽管这被标准博弈论忽略了,还是出现在许多不同类型的博弈中。然而,到目前为止,我们一直在研究这些不同类型博弈中的行为,以便得出有关经验行为的结论。这包括为了研究博弈行为本身而研究博弈行为,这本身就是一个目的。例如,为了观察人们如何协调他们的行为和合作,我们研究了猎鹿博弈和性别战博弈。最后阶段的目标是不同的。我们希望使用一般的博弈而不是特定类型的博弈,作为达到目的的手段:不同学习模式的拟合与检验。在这种情况下,我们不太关注观察,例如,人们倾向于在特定条件下形成垄断/进入博弈的分离均衡。相反,我们感兴趣的是这一观察如何阐明不同的学习模式。

□ 学习理论与模型

多年以来,人们提出了许多不同的学习理论,其中包括进化动态理论、强化学习理论、信念学习理论、预期(老练)学习理论、模仿理论、方向学习理论、规则学习理论以及经验加权的吸引力(EWA)学习理论。虽然我们对每种理论都将做一定的评述,并对它们的关系进行阐释,但我们主要关注的是如下四类学习理论:强化学习理论、信念学习理论、EWA 理论和规则学习理论。

许多学习模型都涉及"吸引力"(attraction)的概念。为了计算根据经验而更新的吸引力值,策略的评估是依据稍后讨论的某些标准。不同学习模型之间的差异就在于这些标准的基础或具有吸引力的要素。在这里,我们有必要介绍一下这些要素的符号。简单起见,这里假设其他参与者都使用相同的策略,例如,第 k 个策略;另外,s_{-i} 代表一个向量。

$s_i^j=$ 参与者 i(在 m_i 个策略中)的第 j 个策略

$s_{-i}^k=$ 其他参与者(在 n_i 个策略中)的第 k 个策略

$s_i(t)=$ 参与者 i 在时期 t 实际选择的策略

$s_{-i}(t) =$ 其他参与者在时期 t 实际选择的策略

$\pi_i(s_i^j, s_{-i}^k) =$ 当其他参与者选择 s_{-i}^k 时，参与者 i 选择 s_i^j 的支付

$b_i(s_{-i}(t)) =$ 参与者 i 在时期 t 对其他参与者所选策略的最优反应

现在，我们可以用如表 9.9 所示的猎鹿博弈来描述这些与吸引力有关的要素了。在不同的学习模式中，有七个要素可能是相关的；在上述的猎鹿博弈中，我们假设参与者 i 就是 A，他决定猎鹿，而另一个参与者 B 决定猎兔：

1. i 的选择	$s_i(t)$	猎鹿（S）
2. $-i$ 的选择	$s_{-i}(t)$	猎兔
3. i 得到的支付	$\pi_i(s_i(t), s_{-i}(t))$	0
4. i 放弃的支付	$\pi_i(s_i^j, s_{-i}(t))$	1
5. i 的最优反应	$b_i(s_{-i}(t))$	猎兔
6. $-i$ 得到的支付	$\pi_{-i}(s_i(t), s_{-i}(t))$	1
7. $-i$ 放弃的支付	$\pi_{-i}(s_i(t), s_{-i}^k)$	1

凯莫勒（Camerer，2003）通过一张很实用的表，阐释了在不同的学习模型中，上述七个要素是怎样构成每个策略的吸引力的，我们在表 9.10 中复制了这张表。

该表格简明扼要地说明了在每种学习模型下相关的要素是什么，并且便于对这些模型进行对比。比如，我们现在可以看出，根据**强化学习理论**（reinforcement theory），在 $t+1$ 期之前选择猎鹿策略的吸引力可写作：

$$A_S(t) = f\{s_i(t), \pi_i[s_i(t), s_{-i}(t)]\}$$

但根据**信念学习理论**（belief learning theory）则为：

$$A_S(t) = f\{s_{-i}(t), \pi_i[s_i(t), s_{-i}(t)], \pi_i[s_i^j, s_{-i}(t)]\}$$

我们将在下文讨论这些学习模型之间的差别。

表 9.10　不同学习模型所需要的信息[*]

信息	强化学习理论	信念学习理论	EWA 理论	老练学习理论	方向学习理论	模仿平均水平理论	模仿最优水平理论
i 的选择	×		×		×		
$-i$ 的选择		×	×			×	×
i 得到的支付	×	×	×				
i 放弃的支付		×	×				
i 的最优反应					×		
$-i$ 得到的收益					×		×
$-i$ 放弃的收益			×				

资料来源：Republished with permission of Princeton University Press, from *Behavioral Game Theory*, Camerer, C. F., 2003, Table 6.3, permission conveyed through Copyright Clearance Center, Inc.

遗憾的是，容易理解的部分到此就介绍完了。为了估计一个特定的学习模型，需要

---

[*]　表格中×符号表示对于该学习模型，这一信息是需要的。——译者注

使用一些统计规则将吸引力映射为选择不同策略的概率，常常会涉及像"logit"这样的较为复杂的数学函数。对这些推导过程的说明超出了本书的范围，更多细节可参见凯莫勒（Camerer，2003）的杰作《行为博弈：对策略互动的实验研究》（*Behavioral Game Theory：Experiments in Strategic Interaction*）。

总的来说，所有模型在直觉上似乎都是可信的，因此接下来的问题是：如何从经验层面对这些模型进行对比检验？我们可采取如下几种方式：

1. 直接检验

向被试者询问，他们在选择策略时，会用到哪些类型的信息。

2. 间接检验

运用电脑程序来构建实验，以观测人们会使用哪些信息。

3. 统计检验

这是指需要使用诸如 logit 回归和极大似然估计这样的统计学技术，来找出拟合数据最佳和预测最精准的模型。这两条检验标准并不需要同时满足，我们在讨论 EWA 理论时就可看到这一点。

在后文对不同模型的比较中，我们将会考虑以上每种类型的检验，现在我们就更详细地进行解释。

□ 强化学习

这一理论作为 20 世纪 20 年代心理学行为主义运动的重要组成部分而流行起来，与这一运动有关的著名人物包括沃森（Watson）、巴甫洛夫（Pavlof）和斯金纳（Skinner）等。这一理论对人类本性的极端观点一直统治着心理学领域，直至 20 世纪 60 年代。其后，人们就不太相信该理论了，因为它无法通过上文介绍的所有检验。

我们可从表 9.10 中看到，强化学习理论认为，被试者在进行策略选择时，使用的信息很少，仅包括他们自己以前的选择以及所得到的支付。虽然这种行为在许多非人类的动物中也存在，但是，已有许多经验研究显示，人类实际上会使用比这两类更多的信息，相关的信息如表 9.10 所示。

从统计检验上看，强化学习理论可能会正确预测学习的方向，但它们通常太慢，跟不上人类的学习步伐。这是因为在许多情况下，无论是在实验中还是在现实生活中，都很少有强化。只有当一名被试者选择了一个好策略时（例如一条狗对开饭的铃声做出反应），强化才会发生；当选择的是坏策略时，被试者就很难得到搜寻更好策略的线索。即使选择的是好策略，这一策略也有可能是次优的，但被试者没有任何迹象明白这一点。

□ 信念学习

在经济学中，有关信念学习的著名例子可追溯到 19 世纪的古诺寡头模型之后，各类文献中出现的寡头垄断模型，这些模型的特征在于，都对上一时期的行为做出了最佳反应。在 20 世纪 50 年代，有学者提出了描述**"虚构对策"**（fictitious play）的模型（Brown，1951；Robinson，1951）。在虚构对策情形下，参与者观察其他参与者在一段时期内选择不同策略的相对频率。这些相对频率就成为对其他参与者在下一期如何行为的信念。根据这些信念，参与者就可算出选择每种策略的期望收益，并更多地选择那些期望收益较高的策略。最基本的虚构对策模型对所有的历史观测值都赋予相同的权重，但后来的一些变体模型则是对历史观测值赋予了不同的权重，其中越久远的观测值被赋予的权重越低。古诺模型则属于这些模型中最极端的情形，该模型只考虑最近的观测值（即最近的观测值被赋予 100％ 的权重）。信念学习的一个更现代的变体模型是由乔丹（Jordan，1991）提出的，其中涉及**贝叶斯学习**（Bayesian learning）。在该模型中，参与者无法确知其他参与者的支付，但是，他对于其他参与者在使用哪个支付矩阵持有先验概率，而且，这个先验概率会随着博弈的进行而不断更新。

从经验检验上来看，对参与者使用信息的直接观测表明，虚构对策模型并不能很好地解释学习过程。尼亚科和斯科特（Nyarko and Schotter，2002）的研究表明，虽然虚拟对策比实验对象所陈述的信念更能预测其他参与者的行为，但是，所陈述的信念往往偏离了虚拟对策所提出的信念。学者们也针对乔丹模型的预测进行了检验，但结果却优劣参半。他的模型似乎对简单博弈预测得较好，但是，在更复杂的博弈中就很难预测得准确了。在对强化学习模型和信念学习模型进行孰优孰劣的比较时，很难得出确定性结论。不同的实验支持了不同的模型，而结果依赖于：（1）所用博弈的类型是什么；（2）是否对所用的学习模型做了精确界定；以及（3）使用了怎样的计量经济学方法来检测拟合与预测的优度。

□ 经验加权的吸引力学习

鉴于强化学习理论和信念学习理论的缺点，凯莫勒和霍（Camerer and Ho，1999a，1999b）提出了这一模型。前述两个模型最明显的问题在于，强化学习模型假定参与者无视有关放弃支付的信息，而信念学习模型假定参与者无视有关他们历史选择的信息。由于经验检验表明参与者似乎会使用这两种信息，因此，EWA 模型的目的就在于融合对这些信息的考虑。

因此，EWA 模型的构造在数学上非常复杂，其中包括四个参数。这些参数涉及的是：

（1）对放弃的支付所赋予的权重；

（2）以前选择的吸引力的衰退（由于淡忘或是随环境变化而不再重要）；

（3）吸引力的增长率，这会影响选择不同策略的概率分布；

（4）最初吸引力的强度，这依赖于先验的信念，并且会以贝叶斯的形式得到更新。

对 EWA 模型的细节讨论超出了本书的范围，感兴趣的读者可参阅原文献或是凯莫勒（Camerer，2003）的著作。

从经验检验上看，涉及 31 个数据集的统计分析表明，EWA 模型在拟合优度上通常要优于强化学习模型和信念学习理论中的加权虚构对策模型（Camerer，Ho and Chong，2002）。有人对这一模型提出了批评，认为它过于复杂，包括了太多的参数，因为加入这些参数必然可使它拟合得比其他模型好。但是，这些批评忽视了这一模型所具备的三个主要优势：

（1）EWA 模型的参数对于其他模型来说并不是多余的。其他模型只是潜在地把这些参数简单假定为某一个固定值。

（2）EWA 模型可阐明强化学习模型与信念学习模型之间的关系。通过将某些参数设定为极端值，EWA 模型就可转变为这些模型。

（3）EWA 模型不仅对数据的拟合性好，而且预测也更准确（在 80%～95% 的研究中进行了比较）。人们经常假定，一个好的理论需要同时满足这两条标准，但是，其实并非完全如此。统计学分析中的一个要点是：在某个模型中加入新的参数可提高拟合优度。但是，对模型的最终检验是要看它的**样本外预测**（out-of-sample prediction）。我们在许多研究中都可看到，具有较好拟合优度的模型并不一定会做出较好的样本外预测。凯莫勒、霍和庄（Camerer，Ho and Chong，2002）使用了一个很常见的办法，即只用 70% 的数据来检验拟合优度（假定这可满足足够的自由度）。之后再用剩余 30% 的数据来检测基于这 70% 的样本所得到的模型的预测优度。

☐ 规则学习

到目前为止，我们所介绍的学习模型都只涉及并依赖于一个单一的"规则"。斯塔尔（Stahl，1996，1999a，1999b，2000，2004）据此又提出了一个混合模型，该模型允许人们根据每种学习规则的表现而从一种转向另一种。一种规则实质上是指一种对不同信息加权的方法，这些信息主要是指表 9.10 中所列的七个要素。这些不同规则将会决定策略的选择，而选择每种策略的概率依赖于人们对某一规则赋予的权重是多少；这些权重是根据每种规则的表现而实时更新的。

与 EWA 模型一样，这一模型也是一个复杂的多参数模型，它很难用计量经济学方法进行检验。然而，该模型却拥有一个坚实的心理学基础，并且十分灵活。斯塔尔指出，在预测某一人群选择不同策略的相对频率时，规则学习模型要比其他模型预测得更好，其中，包括 EWA 模型（此处考察的也是样本外预测的能力）。

☐ 行为的结论

标准博弈论根本不考虑学习问题。这意味着标准博弈论所预测的均衡并不考虑博弈重复进行时，策略选择的任何跨期变化。

这里的一个显著异象与重复的囚徒困境博弈有关。我们已经知道，在单次博弈中占优策略是选择"背叛"。然而，我们已经在许多实验中多次观察到，在重复博弈中参与者通常会选择合作。这一现象会涉及公平和社会偏好的概念，我们将在下一章中对此进行更加详细的讨论。

标准博弈论的预测为不同学习模型之间的对比提供了一个基准，尽管想改进这一基准并不困难。事实上，斯塔尔（Stahl，2001）已经表明，本节讨论的所有模型都比标准均衡模型预测得好得多。正如所预料的那样，拟合和预测都较优的学习模型也更为复杂，其中，纳入了更多信息和更多参数。由于不同模型在不同博弈中的表现不同，经验结果很难比较。最近关于学习的研究产生了高度矛盾的结果。例如，魏茨泽克（Weizsäcker，2010）利用 meta 分析（meta-analysis），综合了其他研究中共 13 项实验的结果，发现人们经常忽视其他参与者的选择和收益。而与之相反的是，古雷和亚里夫（Goeree and Yariv，2015）发现，大多数被试者会模仿其他参与者的平均选择，而不会充分考虑自己可能获得的支付。概括而言，强化学习模型在简单混合策略均衡博弈中，往往要比信念学习模型表现得更好，但信念学习模型在协调博弈、市场博弈和重复推理博弈中却表现得更好。好的学习模型应当具有足够的适应性，以能够在多种情形下都表现出较好的拟合与预测能力。对此，凯莫勒（Camerer，2003）认为学习理论在未来会面临三个主要挑战：

（1）模型应该考虑**老练**（sophistication）因素。这意味着他们应该考虑到参与者理解其他参与者如何学习；这就需要涉及表 9.10 中的最后两个要素，即其他参与者的实际支付和放弃支付。

（2）模型应该考虑到关于放弃支付的不完全信息。不过这会使模型变得更为复杂。

（3）模型应该允许更大范围的可能策略，结合一些算法，将这些策略减少到一个可行的数量，以便进行比较。但如何设计这样的算法是一个主要的挑战，因为这需要借鉴神经科学方面的研究。有关这种算法的一个例子是由达马希欧（Damasio，1994）提出的"躯体标记"假说。

小　结

• 标准博弈论涉及四个主要假定：（1）人们对他们正在参与的相关博弈有正确的心理表征；（2）人们完全理性地选择；（3）由于没有学习效应或其他因素造成的时间延迟，均衡是即时达到的；（4）人们完全出于自利动机。行为博弈论对这四个假定都做了放松。

• 同时进行的博弈可表达为标准形式，也就是矩阵的形式，而序贯博弈可用扩展形式清晰地表达出来，也就是博弈树的形式。

• 在博弈中可以找到各种形式的平衡：占优均衡、重复占优均衡、纳什均衡、子博弈完美纳什均衡和混合策略均衡。

• 纳什均衡与进化稳定策略（ESS）这两个概念之间存在重要的联系，后者是对纳什均衡的一个显著改进。

• 纳什均衡是最一般的均衡类型。

• 混合策略均衡是指给定对手的某一策略时，参与者对不同策略进行随机化选择，其目的是为了避免被对手预测到自身的行为。

• 经验研究表明，人们在随机化过程中会犯一些普遍性的错误：他们在一个序列中生成了太多的循环，过多地改变他们的反应，生成的样本过于平衡。这些情形主要是由代表性直觉推断导致的。

• 量化的反应均衡（QRE）指的是参与者不会像其他均衡那样，在确定的情况下选择最优对策，而是选择"更合适的对策"，这意味着参与者会在更高的概率下选择更恰当的策略。

• 在许多不同类型的博弈中，不影响标准博弈论的均衡的支付结构变化往往会导致行为偏离均衡。

• 焦点是讨价还价双方倾向于达成一致的结果。如果一个博弈拥有多个焦点解，那么无法达成协议的概率就会很高。

- 当存在支付不对称时，焦点在决定策略方面的作用可能有限。
- 在涉及重复推理的讨价还价博弈中，我们可观测到人们具有社会偏好，并且缺乏向前推理的能力。这两个因素均可导致最终结果偏离标准博弈论的均衡。
- 在涉及重复推理的博弈中，参与者很少会做两步以上的推理；他们还倾向于认为其他参与者的推理步数要比他们的少，这会表现为自我助益偏好。
- 从心理学和经验基础的角度来看，认知层级（CH）理论可能提供了涉及重复推理博弈初始平衡的最佳模型。
- 团队推理在理解如何确定焦点方面也很重要。
- 信号传递可以用于竞争和合作的情况。
- 信号必须是既能让发送者负担得起，又不能让其他类型的发送者负担得起，这样才可信。
- 竞争环境中的信号本质上可能是违反直觉的，限制了参与者未来可能的行动。
- 在合作的情况下，如猎鹿博弈，帕累托占优均衡（双方都狩猎鹿）可能被认为劣于风险占优均衡（双方都狩猎兔子）。
- 经验研究显示，信号传递对于协助参与者达到帕累托占优均衡至关重要。
- 混同均衡是指不同类别的参与者混同在一起选择相同的策略，因为"较差"类别的参与者试图掩盖他们的类别；而分离均衡是指不同类别的参与者会选择不同的焦点解，允许其他参与者区分类型并相应地调整策略。
- 有关学习的理论和模型多种多样，主要的类别包括：强化学习、信念学习、经验加权的吸引力学习、规则学习。
- 像 EWA 和规则学习理论这样较为复杂的模型，不但能较好地拟合经验数据，而且对样本外的预测也较好。然而，目前比较不同的模型还存在一些问题，特别是因为它们往往在不同类型的博弈情境中表现不同。

思考题

1. 请解释占优策略均衡的含义。

2. 请比较占优策略均衡和纳什均衡这两个概念。

3. 请说明囚徒困境（PD）博弈的结构，并阐述在标准博弈论下，如何求解其均衡。

4. 请解释混合策略均衡的含义及其对最优策略的影响。

5. 请阐述古雷和霍尔特（Goeree and Holt，2001）研究的主要发现。

6. 解释焦点的意义，以及策略的含义。

7. 解释为什么讨价还价博弈中的均衡往往与标准博弈论预测的不同。

8. 请解释信号传递在博弈中的作用。

9. 请解释混同均衡的含义以及在何种情形下会出现混同均衡？

10. 请解释经验加权的吸引力学习的含义。

练习题

1. 混合策略均衡

表 9.11 展示了在一个网球比赛中，接球者接球的成功率。

表 9.11 接球者的成功率

		接球者的移动	
		正手位	反手位
发球者的目标	正手位	20%，80%	758%，25%
	反手位	80%，20%	30%，70%

（a）这一博弈是否为零和博弈？

（b）请解释为什么 50/50 随机策略对两个参与者都不是最优的？

（c）请解出两个参与者的最优策略。

（d）假设发球者和接球者均采用最优策略，请解出两个参与者各自的总成功率。

2. 博弈的类型以及均衡

表 9.12 展示了一个只有两个参与者的博弈，其中，两个参与者均只有两种可能的策略：X 和 Y。

表 9.12 两个参与者博弈的支付矩阵

		参与者 B	
		X	Y
参与者 A	X	4.4	0.1
	Y	1.0	1.1

（a）解释这个博弈的特征，并推导出均衡或平衡点。

（b）这是一个合作博弈还是一个竞争博弈？

（c）这一博弈中有焦点吗？

（d）参与者发出信号有什么动机吗？

应　用

❖案例 9.1　　　　　　　职业足球赛中的点球

顶级足球运动员在罚点球时应该朝哪个方向瞄准？在第一次看到这个问题时，你可能会认为，解决这一问题的关键在于分析踢球者的长处是什么以及守门员的弱势是什么。大多数右脚踢球者都更擅长对准球门左侧，也就是守门员的右侧。另外，多数守门员也更擅长向右扑救。不过，一旦踢球者易被预测向某一方向踢球，那么守门员就会预料到这一点，并更有可能扑救成功。同样地，如果守门员易被预测向某一方向扑救，那么踢球者就会利用这一点，并向其他方向踢球。无论是踢球者还是守门员，决胜的关键就在于，使自己的行动无法被预测，并要随机化踢球或者扑救的方向。

欢迎来到博弈理论家所说的混合策略均衡（MSE）。正如博弈论中经常发生的那样，结论常常是违反直觉的。在混合策略均衡中，每个参与者在对于任何方向都无差异时，能够最大化自身的成功概率，因为如果他们展现出了任何对某方向的偏好，那么对方就能够利用这一点，这意味着他们没有优化他们成功的机会。

但是，博弈论学家的这种预测是否与现实生活中点球大战的球员的实际行为相符呢？毕竟要想估计出正确的随机化策略所需的计算要用到冗长且复杂的公式。根据查波利、莱维特和格罗斯克洛斯（Chiappori, Levitt and Groseclose, 2003）的一项研究，这一理论的预测出乎意料地准确。显然，在法国和意大利顶级联赛中，大多数罚球球员都非常善于混合策略。这并不意味着他们是非常优秀的数学家；他们只是仅仅表现得"好像"他们就是优秀的数学家一样。然而，学习和自然选择是要对结果负责的。

让我们更详细地考虑一下这项研究。有五个因素有助于构建出一个合适的模型：

1. 定义良好的博弈结构

博弈涉及两方参与者并且是零和博弈。每个参与者都必须在观察到对方行动之前先决定自己的行动。这个假设可以用经验来检验。点球的最高时速可达 125 英里/小时，并在 0.2 秒内到达目标。因此，守门员必须在球被踢出之前就开始行动。反之，踢球者也必须在观察到守门员的行动之前就决定好踢球方向。这意味着该博弈与"猜硬币"博弈类似。

2. 定义明确的策略空间

参与者双方均可向左移动、向右移动，或待在中央。

3. 定义明确的结果

偏好很容易确定：罚球球员想进球，守门员想阻止进球。此外，这些结果涉及高层巨大的财务激励。

4. 可获得的数据

在法国和意大利，有大量的顶级联赛视频记录数据。这些提供了 459 个点球的样本。

5. 可获得的历史

球员们可以并且确实可以调查对方球队的历史。特别是，守门员都接受过扑点球的训练，并了解过去罚球者的历史。这里有一种不对称性，是根据经验观察到的。守门员视罚球者为不同的个体，根据他们的历史采取不同的策略，而罚球者则视守门员为同质化的个体。

然而，在博弈论和罚点球的故事中还有一个最后的转折。有一个经验上的发现并没有被理论预测到。有一种踢球策略比其他任何一种都能产生更大的成功：直接踢向中间。在 2006 年世界杯足球赛上，克里斯蒂亚诺·罗纳尔多（Cristiano Ronaldo）和齐纳丁·齐达内（Zinédine Zidane），这两位过去十年中最出色的球员就是这么做的，并且最终都取得了成功。为什么会有这种与理论的差异？这种偏离实际上是由一个没有被这项实验中的模型考虑在内的因素导致的：私人的成本和收益。如果当球瞄准左边或右边时，踢球者的罚球被扑出，这次救球可以归结为守门员的技能。然而，如果主罚球员的目标是中路，且点球被扑出，那么罚球员就显得是个无能的傻瓜。因此，在球员个人与球队的利益冲突中，踢球者可能更倾向于将自己的个人利益最大化，而不是将球队的利益最大化，并将目标对准左边或右边。

问题

1. 就本章所描述的博弈而言，这与哪种类型的博弈类似？

2. 构造一个表格，显示点球博弈的标准形式，并确定这一博弈的均衡。假设：（1）球员们只考虑球队的利益；（2）罚点球的人擅长右脚踢球，但其向左踢球和向右踢球的能力是相同的；（3）守门员同样擅长扑向左路或右路。

3. 构造一个表格，显示点球博弈的标准形式，并确定这一博弈的均衡。假设：（1）球员们只考虑球队的利益；（2）罚点球的人惯用右脚，并且从左侧踢点球的能力要强 20%；（3）守门员向右扑救的能力比向左扑救的能力强 20%。

4. 构造一个表格，显示点球博弈的标准形式，并确定这一博弈的均衡。假设：同时考虑球队的利益和个人的支付；其他假设与上一问题相同。

5. 就守门员而言，解释私人和团队利益差异的含义。

6. 就团队管理者而言，解释私人利益和团队利益之间差异的含义。

❖案例 9.2　　　　　　　　　　讨价还价与自私偏好

在许多关于讨价还价的文献中，无法达成协议往往被归结为信息不完全或非对称的问题。人们认为，不完全或非对称的信息会导致不确定性，而这又会导致讨价还价陷入僵局，因为议价者会根据自己的保留价格来进行有代价的延迟，并以此作为信号传递的手段（Kennan and Wilson，1990；Cramton，1992）。这种理论很难在实地研究中进行检验，而实验研究也被证实是很困难的，因为对实验环境的控制存在问题。

罗文斯坦及其同事（Loewenstein and colleagues，1993）、巴布科克及其同事（Babcock and colleagues，1995，1996）提出了另一个有关无法达成协议的理论。这一理论与自我助益（自利）偏好的存在有关，即被试者会将公平与自身利益混为一谈。他们对法律诉讼情形做了多次实验，其中，原告由于受到被告的伤害而起诉。他们根据得克萨斯州的一项审判设计了一个民事侵权案例，其中，一名骑摩托车的人被一名轿车司机撞伤，他由此起诉并索赔 10 万美元。

在第一项实验中，被试者被随机地指派为原告和被告的角色。接下来，实验者向被试者解释实验的内容，并对谈判的规则以及无法达成和解的成本进行说明。然后，参与者双方都被安排阅读一份与最初案件有关的 27 页的材料，其中，包括目击者的证词、警方的报告、相关地图以及当事人的证词。被试者被告知，得克萨斯州的法官看到的也是这份材料，他判决的赔偿金介于 0 美元和 10 万美元之间。

在谈判开始前，要求被试者猜测伤害赔偿金是多少，如果他们的猜测值与实际值的差额不超过 5 000 美元，他们就可获得某一数额的奖金激励。被试者还被询问，如果可达成庭外和解，那么，公平的赔偿金应该是多少。所有这些信息都不会被另一方参与者得知。接下来，被试者被允许进行 30 分钟的谈判，但达成和解所需的时间越长，双方当事人所需支付的诉讼成本也就越高，其中，每延迟 5 分钟就增加 5 000 美元诉讼成本。如果 30 分钟后仍未达成和解，那么，将由法官决定原告可获得多少赔偿金。

参加实验的 160 名学生不但可获得一份固定的报酬，还可根据达成和解的结果获得额外的报酬，其中，和解结果值的每 10 000 美元对应 1 美元的酬金。

在标准谈判条件下，参与者双方在阅读案件材料之前的起始阶段就被指派为原告或被告的角色，他们对赔偿金的估计值存在很大差别，其中，原告对法官判决金额的估计值要比被告的估计值高出 1.45 万美元。然而，这一实验本身并未证明自我助益偏好的存在性，因为其他因素也有可能导致这种估计值的差异。因此，巴布科克及其同事（Babcock and colleagues，1995）改变了实验方案，进行了第二项实验。在该实验中，共有两组被试者。第一组被试者是对照组，其中，被试者的角色仍然是随机指派的，并且他们得到的实验说明与第一项实验相同。在此处，当被试者对法官判决的赔偿金进行估计时，所出现的差异比第一项实验的结果还要大，平均差异约为 1.85 万美元。此外，28% 的双方当事人未能达成和解。而对于另一组被试者来说，他们在读完所有的案件材料后才被指派角色，这使得实验结果出现了戏剧性的改变：被试者在对法官判决的赔偿金进行估计时，平均差异不超过 7 000 美元，并且只有 6% 的受试者未达成和解。

因此，第二项研究表明，自我助益偏好发生在信息编码中；其他一些研究也证实了这一点，即偏好会导致人们忽视对自身有利的信息。

巴布科克及其同事（Babcock and colleagues，1996）发现了另一种在上述案例中消除自我助益偏好的方法。当参与者被指派角色并读完案件材料后，他们被告知了这种偏好的可能性，并要求他们写下他们的角色都有哪些弱点。于是，实验结果再次出现了戏剧性的变化：当对法官判决的赔偿金进行估计时，参与者双方的差异不再显著了，同时有 96% 的双方参与者达成了和解，并且达成和解的速度比在上述两种实验方案中都要快。

问题

1. 在上述法律纠纷类型中，还会有哪些因素可提高达成和解的比率？请提出其他一些可用来考察这些因素的实验方案。

2. 有时，自我助益偏好会被反过来称作"自我挫败"偏好。为什么？

3. 考虑到自我助益偏好会导致自我挫败，那么，它在进化意义上又有什么作用呢？

❖案例9.3　　　　　　　　垄断情形下的市场进入

库伯、加文和卡格尔（Cooper, Garvin and Kagel，1997b）对垄断情形下的市场进入进行了一项有趣且具有启示性的研究。在他们的实验中，垄断厂商有两种类型：高成本厂商（H）或低成本厂商（L）。一个潜在的进入者考虑是否进入该市场，但不知道垄断厂商的类型。此处的博弈是一个简单的序贯博弈，其中，垄断者首先行动以决定产量，进入者随后行动以决定是否进入该市场。博弈被重复进行了多轮和多个循环，以便更深入地考察学习过程。

垄断者的行动是在1~7个单位之间选择产量。无论进入者是否进入，H型厂商在2单位产量上可实现利润最大化，而如果产量超过5单位则会蒙受损失。L型厂商在4单位产量上可实现利润最大化，并且直至最大产量都可获得正的利润。如果进入者选择不进入，那么无论是H型还是L型厂商都可获得更高的利润。对于进入者来说，存在两个不同的选择方案。在第一种低收益方案（LP）下，进入市场所获得的收益较低，并且进入市场的期望价值（此处垄断厂商是H型的先验概率为0.5）比不进入市场的收益要低。在第二种高收益方案（HP）下，进入市场所获得的收益较高，并且根据先验概率计算的进入市场的期望价值比不进入市场要高。

在两种方案下，都由垄断者首先行动以决定产量。如果垄断者的起始行动是选择一个较高的产量，那么这可作为一种信号以表明它是L型的，于是进入者应该选择不进入从而最大化它自身的支付。显然，H型厂商传递这种信号要比L型厂商付出更高的成本，但H型厂商仍有如此做的激励以隐藏其类型并寻求一个混同均衡，在这种情形下进入者将无法判断垄断者属于哪种类型。如果进入者不能对这两类垄断者进行区分，那么它就只能根据先验概率进行判断，这会导致在低收益方案下进入者将不会进入（根据期望价值计算），从而使H型和L型厂商均可获得较高利润。

根据标准博弈论，在低支付方案下存在若干个均衡。有两个是纯策略分离均衡，其中，H型厂商选择生产2单位产量，而L型厂商选择生产6或7单位产量以阻止进入者的进入。此外，还存在若干混同均衡，其中，无论H型还是L型厂商均生产相同的产量，且为1~5单位之间的任何水平。在此种情形下，由于进入者无法观察垄断者的类型，因此，它也就不选择进入，正如上文解释的那样。

在高支付方案下，标准博弈论预测的均衡就有所不同了，因为现在L型厂商生产6或7单位是有利可图的，但H型厂商生产这种数量却无利可图，于是将导致分离均衡。要使进入者相信市场内存在的的确是低成本厂商，进而选择进入是不明智的，则提高产量是必要的。此时，博弈中仍可存在若干局部混同均衡，其中，H型和L型厂商不会选择完全一致的产量，但是，它们的选择集合有时会有交集。

在另一个版本的实验中（Cooper, Garvin and Kagel，1997a），H型厂商生产6或7单位产量的收益被提高了，于是它们在最高产量上仍可获取正的利润，而不像以前那样会蒙受损失。这导致L型厂商更难通过传递可信的信号来把自己区分出来，于是进入者也更难选择是否进入。这样设计实验是为了考察向均衡收敛的速率和学习的速率会受到怎样的影响，根据预测，这两个速率要比在上述第一项实验中更慢。

从这两项实验中可得到许多重要的经验发现：

（1）参与者的最初行为像是一个"短视的最大化者"，他们在最大化支付时不考虑对手是怎样理解他们的行为的。这一现象在两种实验方案下均有发现。

（2）在第一种低支付方案下，H 型参与者很快就学会通过提高产量来掩盖其类型，这导致在 4 单位产量上产生了混同均衡。当所有的实验轮次都结束时，有将近 70% 的 H 型参与者和几乎所有的 L 型参与者都选择了 4 单位产量。只有 6% 的潜在进入者选择了进入。

（3）在第二种高支付方案下，H 型参与者也通过学习将产量从 2 单位提高到 4 单位来混同于 L 型参与者的选择。然而，L 型参与者接下来也逐渐学会将其产量提高到 6 单位，从而使他从 H 型厂商中区分出来，因为 H 型厂商无法在这么高的产量上获取利润。在博弈结束时，大体上出现了一个分离均衡，其中，80% 的 L 型参与者生产 6 单位产量，而将近一半的 H 型厂商选择了 2 单位产量。然而，H 型参与者还表现出另一个选择峰值，即他们中有 32% 的人试图通过生产 4 单位产量来掩盖其类型。但这被证明是一个失败的策略，因为所有的进入者在所有小于或等于 5 单位的产量水平上均选择了进入。

（4）在第二项实验中，向均衡收敛的速度不仅较慢，这与预测相符，而且不存在任何确定的收敛模式。H 型参与者在所有轮次的实验中都倾向于平均选择 3 单位产量，而 L 型参与者通常生产 4 单位，并表现出一个逐渐上升的趋势。其结果是，出现了一个具有选择交集的局部混同均衡。此时，进入者不再像第一项实验中那样，在 4 单位产量上全部选择进入，而是只有 72% 的参与者选择在该产量上进入，因为现在进入者更加难以判断对手的类型。

（5）当向被试者说明重复剔除的占优步骤后，达成均衡的速度就变快了。

问题

1. 怎样把这些实验中的经验发现与标准博弈论进行对比？这些发现为我们的博弈行为知识带来了哪些新的启发？

2. 请以这些实验为例解释一个可信的信号意味着什么？

3. 请解释重复推理与学习在上述实验情景下具有怎样的关系。

9

第10章 社会偏好

2007 年，英国摇滚乐队电台司令（Radiohead）以其粉丝愿意支付的任一价格在线发售新专辑 *In Rainbows*，这一策略看起来是十分愚蠢的。诚然，有时卖家会为了吸引首次购买者而免费赠送产品。但电台司令在那时就已经是一个非常著名的乐队了。

实际上，这一策略取得了极大的成功。首先，该策略带来了巨大的宣传效果。这张专辑仅在上线第一周就卖出了 120 多万张，相比之下，他们于 2003 年发行的上一张专辑在第一周仅仅卖出 30 万张。其次，该策略使乐队保留了 100% 的收入。因为当艺人借由唱片公司发行专辑时，他们只能保留相对较小份额的收入。

然而，这一现象仍然引发了一个问题：当人们可以很容易地免费获得音乐时，为什么还愿意为音乐付费？在专辑上线发行后的几天里，买家平均为每张专辑支付 4 英镑（约 6 美元）。一些在线音乐公司，如 Magnatune，也采取了类似的策略。具体表现为，在一定价格范围内（5～18 美元），客户可以按照自己的支付意愿购买专辑。平均而言，顾客支付的价格为 8.20 美元，远高于最低的 5 美元，甚至高于 8 美元的推荐价格。这种行为与涉及纯粹自私偏好的标准经济行为完全不符。

雷格纳和巴里亚（Regner and Barria，2009）基于序贯互惠的社会偏好博弈模型分析了这种行为。首先，由乐队或在线唱片公司基于开放契约提供音乐。这一行动会在客户之间产生商誉或积极的互惠。因此，他们对这一举措的回应是，愿意为音乐支付大笔费用以让他们避免为自己喜欢的东西支付一小笔钱而产生的内疚感。雷格纳和巴里亚认为，序贯互惠均衡可以解释该行为模式。雷格纳（Regner，2015）的后续研究也证实了这一点。

本案例论证了序贯互惠在社会交往中的作用，以及心理博弈论的重要性，这一博弈理论将愤怒、恐惧、自尊、羞耻、感激和内疚等情绪反应纳入了博弈情境中。

10.1 新古典主义经济学模型

□ 性质

与前面各章对其他经济行为的讨论一样，我们在此处也以新古典主义经济学模型及其缺陷作为本章的开始。对于社会偏好和公平来说，新古典主义经济学模型的核心假定是：经济个体是完全受利己动机驱使的。的确，新古典主义经济学模型常常被称为利己模型。该假设与第 3 章中讨论的理性假定紧密相关。新古典主义经济学模型的倡导者会赞同斯蒂格勒（Stigler，1981，p. 176）的一句常被引用的话：

> 让我来预测一下，在利己主义和道德价值观与宽泛的言语上的忠诚相冲突的情况下，对行为进行系统而全面的测试的结果。很多时候，实际上大多数时候，利己主义理论……将会胜出。

通常，行为经济学家试图根据大量有关互惠的经验证据对上述论断进行反驳。然而，对于这些不断涌现的探讨上述冲突的文献来说，我们有必要在考察互惠的含义及其经验证据之前，先阐明一个基本的但常被忽视的要点。"纯粹"的利己模型从许多方面来看就像一个稻草人；它们代表一种简化情形，可便于建模和应用，其功能与完全竞争模型类似。该模型之所以受到青睐，不在于其真实性，而在于其简约性。只有病态的个体才不会考虑他们自身的行为对旁人有何影响。此外，由于这种个体只受利己动机的驱使而总是忽视旁人，因此，是极难达到自身目标的。所有正常的个体，甚至包括那些我们觉得"自私"的人，都会在一定程度上考虑他们自身的行为对其他人的影响。我们将在下文中看到，这种"考虑"可能不是经过深思熟虑的，而是由某些情绪引起的，比如懊悔、愤怒、嫉妒、遗憾、暴躁乃至厌恶等。因此，基于利己偏好建立的模型并不会与考虑了他人偏好的模型相冲突（许多人认为这样的模型在一定程度上也属于新古典主义经济学模型）。因而，在这里理解没有根本的不相容性是十分重要的。另一个需要重点理解的是，所有的行为模型在本质上都是对利己模型的扩展，而不是对它的否定，正像一些跨期选择模型一样，它们是对瞬时效用函数的扩展与修正。这种类比是很接近的，因为纯粹的利己模型假定人们试图最大化的效用函数不受其他人效用的影响，但行为模型却要修正这种效用函数，以使其能够融入社会偏好。在本章中，我们将多次回到这一要点，因为许多混淆都是由此引发的。为了避免这种混淆，我们将区分"利己主义"和"自我偏好"。广义上的"利己主义"可以将他人的喜好考虑在内；"纯粹利己主义"则不然。

☐ 异象

对于新古典主义经济学模型的"纯粹利己主义"观点来说，可以列出许多引人注目的异象，它们都是从实地研究和实验室实验中得到的。下面举出的这些例子可帮助我们更为形象地理解本章考察的行为类型：

- 向侍者支付小费；
- 捐助慈善机构；
- 参加投票；
- 诚实地填写纳税申报表；
- 志愿参加义务劳动；
- 在无奖金激励时反而比有奖金激励时更卖力地工作；
- 厂商在经济衰退期宁可裁员而不是减薪；

- 当出现供给短缺时，垄断厂商并不提价；
- 为了公共品的供给而捐款；
- 即使自己蒙受损失，也要惩罚"搭便车者"；
- 在囚徒困境博弈中选择合作；
- 投资他人并确信会得到回报；
- 在最后通牒讨价还价博弈中，分出一个慷慨的金额；
- 在最后通牒讨价还价博弈中，拒绝一个吝啬的金额。

　　上述这些异象既与所谓的**利他**（altruistic）行为有关，也与所谓的**恶意**（spiteful）行为有关。利他主义有很多定义方式，其中某些定义将在后文进行考察。此处的一个基本定义是：它是指能够使其他人获益的行为，但这项行为的发起者会蒙受一定的损失，并且得不到什么物质利益。一个例子是，顾客会向其极有可能不会再光顾的餐厅的侍者付小费。恶意行为可被视为利他行为的对立面。这种行为可使其他人蒙受一定的损失，尽管这种行为的发起者也会蒙受一定的损失，并且得不到什么物质利益。一个例子是：通过大声呵斥来惩治那些向车窗外乱丢垃圾的人（这里需要付出的成本也许并不高，但很可能会招致一场充满敌意的争吵）。需要指出的是，恶意行为并不一定会给社会带来坏处；在上面这个例子中，恶意行为可帮助维护有益的社会规范。可以看到，无论是利他行为还是恶意行为，均给行为发起者带来了非物质性的或是心理上的获益。案例1.3对此做了阐释，也表明人们在送礼物时感受到的"温情"得到了神经经济学证据的支持。我们将在研究社会偏好时看到，神经经济学的研究对于理解社会行为方面也有特别的启示。这种利他主义，有时被称为"温情"利他主义，也被称为**非纯利他主义**（impure altruism），以区别于**纯利他主义**（pure altruism）。纯利他主义是指一个人从他人幸福的增加中获得精神上的满足，即使他们并不是导致这种增加的原因。一个例子是：如果你的车坏了，我因是我载你一程而不是别人载你一程而获得满足，那么这就是不纯粹的利他主义；如果不管是谁让你搭车，我都感到满足，这是纯粹的利他主义。这两种利他行为的区别很重要，因为导致它们存在的进化因子本质上是不同的。我们将在后面更详细地看到，纯粹的利他主义是基于同理心和镜像神经元系统，而非纯粹利他主义则与信号传导意图和互惠有关。

　　我们还可看到的是，上述例子中的许多异象是与博弈有关的，其中有些博弈在前一章已有讨论。正如我们已看到的，此处的博弈是指在制定决策时需要相互依赖的情形。在这些相互依赖的决策情形中，一个本质特征是：当参与者A做出一项选择时（比如考虑出价、进入市场或者是否接受一份工作等），他会考虑其他个体或厂商对他选择不同策略的反应，以及这些反应又会如何影响对方的效用或利润。此外，A还必须考虑当其他当事人或参与者在选择反应策略时，也会考虑A会如何做出反应。我们已在诸如"选美竞猜"的博弈中看到，上述推理过程最终可持续无限步。在这种情形下，任何决策的结果通常都存在很大的不确定性。

　　真实策略情形中的许多元素可在博弈实验中进行模拟，这样做有很多好处，因为它有助于区分出某个单一的行为因素，从而可简化分析。在本章，我们将讨论与社会偏好有关的博弈，尤其是涉及信任、讨价还价和惩罚的博弈。在每种情形下，我们都将对标准博弈论的预测进行检验，并由此考虑如何通过修正和扩展来改进这些标准模型。由于

10

在前一章我们已介绍了开展博弈分析的基本工具，因此，现在我们就不难理解什么是基本模型以及如何对其进行合理扩展了。

为了理解行为博弈论的基础，从经验研究中理解推理的本质是很重要的。如果经验数据不"符合"某个基于博弈分析的理论预测，这并不代表博弈论作为一种分析方法是错误的。此处有许多可能的解释：（1）参与者的效用函数刻画得不够准确；（2）有限理性会使参与者无法正确使用博弈论的分析方法；（3）学习因素导致参与者达成均衡的时间有一定延迟；（4）参与者错误地理解了博弈的特征，或是偏离了实验者的初衷而进行另一种博弈。

正如我们在前一章所讨论的，博弈论是现代经济学的一个重要成分，其深受新古典主义经济学模型的影响。我们可看到在它的标准形式中（有时会被令人迷惑地称作"解析的"博弈论），它做出了一些与上述结论相关的重要假设：（1）人们对相关博弈有正确的心理表征；（2）人们完全理性地选择；（3）均衡是瞬间达到的，因为不存在由学习效应或其他因素导致的时间滞后；（4）人们纯粹是被利己所驱使。行为博弈论放松了所有上述四条假设。在前一章中，我们已经讨论了前三条假设，此外，还探讨了放松这些假设会有什么后果；尽管我们无法完全抛开前三条假设而单独考虑第四条假设（由于这些假设之间存在一定的相关性），但是，在本章我们将主要探讨第四条假设。

10.2 社会偏好的性质

□ 社会偏好和公平

费尔和菲施巴赫尔（Fehr and Fischbacher，2005）将社会偏好定义为"涉他偏好，从这个意义上说，表现出这些行为的个体，就好像他们对相关参考参与者的回报有积极或消极的评价"。关于这一定义，有几点需要注意。首先，不仅参考参与人的回报是需要关注的，他们的信念、意图同样值得考虑。其次，基于参考参与人，这些回报、信念、意图可以被或正或负地评价。我们对他人的信仰和意图的看法决定了我们对他们是善意的还是恶意的。如果我们对其他参与者感觉良好，我们会积极地评价他们的回报，但如果我们对其他参与者感觉不好，我们会消极地评价他们的回报。第三，基于实际情况，相关参考参与人可能是一个人的同事、亲戚、贸易伙伴或者邻居，视情况而定（Fehr and Fishbacher，2005）。

公平的概念对于理解社会偏好至关重要，因为它决定了人们对于如何分配人们行为的成本和收益的信念。这些信念反过来会影响人们如何评估他人的回报、信念和意图。我们在此处并不想讨论什么是公平，什么不是。毫无疑问，这一问题与本书的宗旨是相悖的，因为本书的观点在于："公平是以旁观者的态度为转移的"。一个社会对公平的看法可能会在几个世纪甚至是几十年中发生巨大的变化；两百年前，许多国家都认为，偷窃绵羊的人应该被判为奴隶为奴或是判处绞刑。时至今日，一些社会仍认为，对通奸者判处死刑或是对涉及违禁婚恋的家人实施"荣誉处决"都是合情合理的，甚至是一种道德责任。即使在更短的时期内，人们也会随着环境变化而调整他们的公平观。本节的目

10

的就在于考察对公平的判断一般情况下是由哪些因素决定的。此处，卡尼曼、奈奇和塞勒［Kahneman, Knetsch and Thaler（KKT），1986］的研究方法是很有助益的，他们在经验研究的基础上，划分和描述了三种影响公平的因素。虽然他们主要在厂商追逐利润的情境下展开讨论，但是，他们所提到的几个因素在更广泛的情形下仍然适用。在他们的研究方法中，核心的概念是**双边赋权**（dual entitlement），其含义是：一项交易中的双方当事人都被赋予了某种形式的权利。如果我们扩展 KKT 方法，这些交易本质上不必一定是货币交易，而是可以包含任何形式的成本和收益。双边赋权主要与三个因素有关：

1. 参考交易

市场交易可以涉及某一水平的价格、工资或租金。但是，我们也应该考虑更广意义上的不包含货币成本和收益的非市场交易。例如，我们习惯带上一瓶葡萄酒到朋友家共享美食。参考交易一般由某种特定交易类型的历史经验或流行的竞争程度决定。因此，一位房东提高当前租户的租金可能被认为是不公平的，除非在临近区域内相似地产的租金也有提高，但是对一名新租户收取更高的租金也许是可接受的，因为新租户不具备老租户被赋予的权利。这种对公平的判断的基础与**道德风险**（moral hazard）概念有关，它又被称为合同后的机会主义。一旦一方交易者做出了一项承诺，比如承租一处地产或是接受一份工作，那么，如果另一方交易者利用这一承诺来牟利，就会被认为是不公平的。有时这又被称为**"要挟"问题**（hold-up problem）。

当存在不止一个参考点时，尤其容易发生冲突。比如，在工资纠纷中，工会可能会宣称他们的工资待遇是不公平的，因为在另一个行业中，一名技能相似的工人可获得更高的报酬。然而，雇主却认为，他们近几年的工资要比那些同类工人的工资涨得快。

根据这种参考交易要素，可做出如下两点评论。首先，这与前景理论在收益和损失感知方面对参考点的强调是一致的。其次，它说明了公平判断是基于什么是正常的，或"规范"，而不是什么是"公正的"。其结果是：不仅衡量什么是公平的标准会随着时间的推移而变化，而且参与人往往会在市场上公平地表现，并被期望公平地表现。比如，大部分人在餐馆中支付的小费约为总消费的 15%。此外，一个相关的有趣例子是所谓的"票贩子"现象，或者说是在二手市场上按高于标准票价的价格售票，这通常被认为是不公平的或是违法的。在伦敦西区，剧院的门票通常低于市场出清价格，导致热门剧目的门票持续短缺。2006 年，一名票贩子因以 500% 的价格出售门票而被处以 9 000 英镑的罚款。即使人们明显愿意支付更高的价格，而且可能无法以标准价格提前购票，但低于均衡的标准价格被视为参考价格，巨大的超额引起了公愤。我们将在下一节详细讨论社会规范的性质、起源和功能。

2. 交易者得到的结果

双边赋权的基本原理意味着，如果一方交易者的获益是基于另一方交易者的等量损失，那么这将被认为是不公平的。因此，如果一场大雪导致雪锹出现短缺，那么卖家借此提高售价将被认为是一种"乱要价"，因为卖家获得的额外收益是以买家的损失为前提。然而，人们却通常认为，将商品成本的上涨传递给消费者是公平的，因为人们觉得卖家并未从中获得额外的收益。值得指出的是，经验研究表明，此处存在某种不对等性，因为商品成本的削减并不一定会传递给消费者；不过此时卖家的额外收益也并不是以买家的损失为前提的。

此处，我们需要再次涉及前景理论的相关概念，还包括心理核算理论的一些概念。损失厌恶意味着如果某项货币收益是以等量货币损失为前提的，那么总体福利将会降低，因为损失者丧失的效用要大于胜出者获取的效用。在进行判断时使用的心理核算规则还表明，不同的代价之间不具有完全的可替代性。人们对现金成本与机会成本的看法是不一样的，前者的例子是支付一个更高的价格，而后者的例子是未享受一项减价活动。另外，交易者对收益与损失的感知还与框定效应大有关联。人们会认为，一个直接的损失要比取消某一收益更为糟糕。比如，厂商在淡季时会选择打折出售而不是降价出售，因为等到旺季时，消费者更能接受取消打折而不是直接提价。类似地，厂商宁可不向雇员发放奖金（无论雇员希望的奖金是多少），也不会直接降低雇员的工资。也有一些证据表明，对交易结果的考虑与寡头垄断者的行为有关。恩格尔和朱拉霍夫斯卡（Engel and Zhurakhovska，2014）发现实验证据表明，当可能以更高的代价对外部人士造成伤害时，寡头作为局内人更不可能进行串谋。他们把这种行为归因于内疚厌恶，排除了不公平厌恶、互惠和效率作为替代解释。

3. 交易条款变更的情况

卡尼曼、奈奇和塞勒（Kahneman，Knetsch and Thaler，1986）在一种定价情形下讨论了交易条件的变化，并将这些变化划分为三类，即利润削减、利润增长和市场力量的增强。然而，一种更为有用的常规分类方法是按可控因素和不可控因素来划分，并且这种分类方法也能很好地拟合经验数据。因此，"乱要价"行为通常是不被接受且经常引起不满的。例如，歌手惠特尼·休斯顿于 2012 年去世后，她的一些专辑在英国 iTunes 网站上的价格大幅上涨。这引起了用户极大的不满，特别是因为下载工具不涉及产品的任何稀缺性。另一个最近被英国媒体广泛报道的所谓"乱要价"情况的例子是，乐购（Tesco）连锁超市拒绝购买来自生产商联合利华的各种受欢迎的食品，特别是马麦酱，以回应其价格上涨 10%。联合利华声称涨价是由于英国脱欧公投后英镑贬值导致成本增加，但联合利华是一家荷兰公司，而且马麦酱是在英国生产的，这使得情况更加复杂。

因此，一般而言，如果一家厂商面临的需求增加了，不但可以使其增加盈利，还可增强这家厂商的市场力量，但导致这一结果的原因也许不是厂商所能控制的，因此，厂商若借此提价，则会被认为是不公平的。然而，如果厂商面临的需求增加是由于它提高了产品的质量或是提供了更优质的服务，那么厂商的提价就会被认为是合理的。与此类似，如果因不可控因素导致厂商利润下降，那么厂商的提价就被认为是合理的，但如果成本的上涨是由厂商自身缺乏效率造成的，那么提价就会被指责。这些法则同样适用于工资和租金的变化。

一般而言，借助市场力量来牟利被认为是不可接受的。对此进行判断的依据是，交易者是如何获取这种市场力量的。如果市场力量的获取是基于更优质的产品或更先进的技术，那么这是可接受的，但如果市场力量是通过非法手段获取的，则不能被人接受。这方面的研究成果有限，但我们可看到，即使存在替代品，某些形式的价格歧视也被认为是不公平的。

10

□ 互惠原则

互惠概念与公平和双边赋权概念密切相关。这个术语有不同的含义，所以在这个阶段澄清一些问题是有用的。通常，我们倾向于用"针锋相对"来理解互惠原则：如果人们对我们友善，我们就对他们友善，如果他们不友善，我们就不友善。但是，这个解释多少有些含糊，它涵盖了一系列不同的行为。有时，"互惠"一词指的是，一些人成为有条件的合作者的倾向。这意味着，只要博弈中的其他人合作，这些人就愿意合作，但如果其他人不合作，他们就会"背叛"。如前一章所述，在双人博弈中，背叛意味着以牺牲他人为代价增加自己的回报，而在多人博弈中，这通常相当于"搭便车"，即一个人完全出于自身利益行事，而让他人付出代价。在单次同时进行的博弈中，一个参与者通常不知道其他参与者是否会合作，这时该参与者所形成的期望就十分重要。该参与者的期望可能是基于其他参与者的策略历史形成的。

我们将看到，**强互惠**（strong reciprocity）的概念在社会偏好中非常重要，对私人和公共政策都有根本性的影响。强互惠与"标准"互惠的区别在于，除了涉及有条件的合作之外，参与者愿意以惩罚自己为代价去惩罚其他参与者。这其中的一个重要含义是：纯粹利己的参与者永远不会惩罚另一个参与者，因为这样没有好处，只有代价，我们也会看到，惩罚的原因各不相同。"战略性"惩罚指的是惩罚会带来预期的实质性回报。之所以会发生这种情况，是因为惩罚具有威慑作用，使得其他参与者在之后的重复博弈中更加合作，或者因为如果参与者不惩罚叛变者，参与者自己可能会受到惩罚。然而，对强互惠者来说，惩罚并不需要有实质性的回报；可以通过让他们感觉更好而提高效用，从纯粹的精神层面获益。因此，强互惠参与者会友善地回应那些被认为是充满善意的行为，充满敌意地回应那些被认为具有恶意的行为。行为是被视为善意的或是敌意的，取决于行为背后的意图是公平的还是不公平的（Fehr and Fishbacher, 2005）。多人博弈中强互惠者的存在，对行为和均衡有着深远的影响，因为他们的行为不仅不同于纯自利博弈者和有条件的合作者，而且其策略也会影响纯自利博弈者的行为，尤其是让他们更倾向于合作。惩罚通常是"社会的"，其中叛变者会受到惩罚，但也可以是"反社会的"，其中合作者会受到惩罚。在本章后面我们将讨论第二种惩罚的原因。互惠模式、与之相关的证据以及政策启示也将在后面的章节加以讨论。

□ 公平博弈与新古典主义经济学模型

在实验条件下考察各种博弈的结果，有助于我们更好地了解人们对公平的看法。用来考察公平和社会偏好的常见博弈包括：**最后通牒讨价还价博弈**（ultimatum bargaining games）、**独裁者博弈**（dictator games）、**信任博弈**（trust games）、**囚徒困境博弈**（prisoner's dilemma games）和**公共品博弈**（public goods games）。在上一章中，我们已经看了这些博弈的许多例子。一些博弈是一次完成的博弈，而另一些博弈却是重复进行的，这一区别的重要性将在下文讨论，因为这是导致争论和混淆的根源之一。我们可对博弈进行各种修改，以考察行为的差异性，这将在下一节讨论。本节的目的在于考察，标准模型中"解析的"博弈理论在预测上与经验发现上有何差异。有了这些经验结果，我们就可以进一步考虑如何在博弈分析中纳入社会偏好，从而使理论预测符合经验发现。现在我们就来讨论这些不同的博弈情形。

1. 最后通牒讨价还价博弈

这是一种双人博弈，像大多数博弈一样，包括一名提议者（P）和一名回应者（R）。在前一章我们已经对此给出了一个例子。我们已看到，在这类博弈的标准形式中，一般用一定数量的货币（通常为 10 美元）来表示交易的收益或盈余，如果没有交易发生，就会损失这笔收益或盈余。P 提议支付 x 美元给 R，自己留下 $10-x$ 美元。R 可以接受或拒绝这一提议，但如果 R 拒绝，双方会一无所获。

该博弈的基本形式非常简单，以至它不能如实地反映现实生活中更为复杂的多回合讨价还价的情形，但它有助于我们更深刻地考察公平问题。标准经济学模型由于假定人是"纯粹"利己的，因此预测 R 会乐于接受分给他的哪怕是极少量的金额，并且不会选择一无所获，因此，P 会分出尽可能少的金额（也许是 1 美分），而 R 会接受这一提议。然而，在古斯、施米特贝格尔和施瓦兹（Güth, Schmittberger and Schwarze, 1987）的最初研究中，却发现提议者有时会分出总金额的 50%，而回应者经常会拒绝正的分出额。实验中的经验发现一致地证实了这一结果，这与标准博弈理论的预测是相悖的。在这些实验中，有些使用了上文描述的诱导反应的方法来得到回应者的反应，其他的则直接要求回应者给出一个**最小可接受分出额**（minimal acceptable offer）。后面一种方法有助于我们得到更准确的信息，尤其是关于那些不常出现的低分出额；但该方法的一个可能的缺陷是：它会导致回应者的反应出现向上偏差，亦即人们也许会索取得更多（但这方面的证据并不多）。

这些研究通常表明，有 60%～80% 的分出额介于总金额的 40%～50% 之间，并且几乎不存在低于总金额 20% 的分出额。此外，低分出额常常被拒绝，其中，低于总金额 20% 的分出额大约有一半被拒绝。当提高总金额时，上述实验结果仍然是稳健的。比如，在一项由亚利桑那州学生参加的实验中，总金额被设为 100 美元，其中，有几个学生拒绝了 30 美元的分出额（Hoffman, McCabe and Smith, 1996）。在另一项将总金额设为 400 美元的实验中，也发现了类似的结果（List and Cherry, 2000），此外，在可支配收入较低的国家中也得到了这一实验结果，其中，总金额相当于受试者三个月的收入（Camerer, 1995）。

实验中一个有趣且稳健的发现是，"超级公平"分出额（即超过总金额 50% 的提议）有时会被拒绝（Güth, Schmidt and Sutter, 2003；Bahry and Wilson, 2006；Bellemare, Krger and van Soest, 2008；Henning-Schmidt et al., 2008）。这一方面将在文化因素一章中加以讨论。

总而言之，我们可认为上述实验结果表明，回应者对那些他认为不公平的分出额产生了愤怒，并愿意为了惩罚这种不公平行为而付出代价（这属于一种"恶意"行为）。在这里，我们不打算探讨这种不公平感是从何而来的，也不考虑它在多大程度上是与生俱来的或是由文化所决定。我们最好将这一问题推迟到本章的稍后部分再作说明，现在我们需要讨论的是该博弈的变体形式、其他一些博弈以及相关经验发现。

2. 独裁者博弈

在这类博弈中，回应者选择拒绝的权利被剥夺了，因此，它是一个形式更为简单的博弈。当这种博弈只进行一次时，参与者甚至来不及进行策略思考（至少根据标准模型是这样），因为提议者无须考虑回应者的反应。然而，这类博弈的价值是，它有助于考察提议者分出慷慨的金额是因为担心被拒绝还是出于利他心理。如果提议者分出的金额为正，则说明他是利他的，而不是出于策略考虑，后者意味着他担心被对方拒绝。最早的一项综合比较最后通牒和独裁者博弈的研究（Forsythe et al.，1994）发现，独裁者平均分出的金额为总金额的20%，这大大低于最后通牒博弈中提议者的分出额。早期研究还表明，根据最后通牒博弈中拒绝的实际模式，平均出价接近于最大化预期收益的分出额（Roth et al.，1991），这意味着参与者的行为是策略性的，但随后更为成熟的研究却表明，提议者的分出额要比能最大化收益的分出额更为慷慨，即使考虑风险厌恶时也是如此（Hoffman，McCabe and Smith，1996；Henrich et al.，2001）。然而，在霍夫曼（Hoffman）、麦卡布（McCabe）和史密斯（Smith）的研究中，当要约人的匿名性被保留时，"独裁者们"仍然以大约40%的观察到的讨价还价部分来分享他们的财富。

然而，这些结果也受到了质疑，因为独裁者的财富不是挣来的。在现实生活中，自己赚取财富才是更真实的情形。切利、弗里克布鲁姆和肖格伦（Cherry，Frykblom and Shogren，2002）在实验中对这一因素做了控制，其中涉及三种情形：总金额不是赚取的（基准情形）、总金额是赚取的、双重匿名且总金额是赚取的。实验的被试者是大学本科生，他们通过正确回答一组GMAT试题而"赚取"一定的财富。在基准情形下，所有的博弈中平均只有17%的独裁者分出了零金额。相比之下，当财富是"赚取"来的时，博弈中80%的独裁者分出了零金额。而在双重匿名情形下，分出零金额的比例上升至96%，其中，独裁者不但与其他交易者之间是匿名的，而且与实验者之间也是匿名的。因此，这几位研究者总结认为，利他行为动机是出于策略上的考虑，而不是公平。

学者们还观察到，独裁者相对于接受者的地位与其决定的慷慨程度有关（Jakiela，2011）。然而，这里的关系似乎是复杂的，独裁者决定的慷慨程度与总金额是赚取的还是非赚取的有关，也与文化因素有关。在美国，研究报告显示，独裁者分享的慷慨程度与其非赚取获得的总金额呈负相关，而与其赚得的总金额呈正相关。然而，在肯尼亚，独裁者分享的慷慨程度只与其不劳而获的总金额有相关关系，且该关系为正。

在一些实验中，独裁者博弈是由第三方观察的，他们在博弈中没有金钱利益，但他们可以自己付出一定代价来惩罚提议者。费尔和菲施巴赫尔（Fehr and Fischbacher，2004）发现，60%的观察者愿意在这些条件下实施惩罚，提议者分出的金额越低，受到的惩罚就越多。在这种情况下，实施惩罚的原因不同于最后通牒博弈中实施惩罚的原因，因为此时不考虑互惠原则。

在现实生活，管理者在经常面临的重复独裁者博弈中，特别是当很难做出决定的时候，例如，解雇员工和执行不受欢迎的政策，有一些证据表明了自我损耗效应的存在（Achtziger，Alós-Ferrer and Wagner，2015）。正如我们在决策疲劳的概念中看到的，随着时间的推移，这些可能会导致决策模式的恶化，而这些决策也会变得不那么亲社会。

3. 信任博弈

信任是任何不涉及完全契约的交易的基础，所谓完全契约是对交易的所有可能结果都做出详细说明的契约，但大部分交易涉及的是不完全契约。这是因为大多数交易都涉及未来的成本和收益，而未来总是充满不确定性。当我们购买一种商品时，我们假定它会带来我们期望的效用；而卖者假定他能得到全部钱款。其他一些交易类型，比如租下一处房产、接受一份工作、雇用一名员工或是向别人贷款，也都涉及相似的假定。还有一些活动虽然不被看作是经济行为——比如家里不锁前门、在街上停车、向慈善机构捐款或是结婚——但也需要基于某种信任。在许多情况下，我们考虑的是对陌生人的信任，换句话说，那些我们通常不期待有任何进一步互动的人，而在其他情况下，我们可能期待有很多进一步的互动，比如在婚姻中。这是一个重要的区别，因为我们更倾向于信任那些我们已经成功互动过的人，那些我们期望重复互动的人，或者家人。

经济学家将信任视为降低交易成本的一种手段，因为订立法律合同或其他形式的承诺是昂贵的（Klaes，2015e）；因此，信任可以被看作是一种"社会资本"。一些经济学家认为，信任度越高的国家和文化，经济增长和发展速度就越快；当然，这里似乎有很强的相关性（Knack and Keefer，1997），但其中的因果关系可能是更为复杂的，我们将看到，信任的存在不仅降低了交易成本，它也会从根本上影响行为，特别是会增加投资。

社会心理学对信任有不同的看法。他们认为人们较少关注信任的后果，即信任能否带来回报，而更多地关注决定信任的心理和社会因素，这是一种非后果主义的方法。邓宁及其同事（Dunning and colleagues，2014）强调了社会规范在人们的初次接触中建立信任的重要性。这样就可以创造出一种"互惠保证"，从而形成一个良性的相互合作的循环。这里的主要问题是：确定这些社会规范如何在不同的文化中以不同的方式产生，这一问题将在下一节讨论。在个体心理学方面，阿卡-布尔凯、芬尼斯和沃洛普（Acar-Burkay，Fennis and Warlop，2014）提出，"管理不确定性的社会认知动机"是信任的关键驱动力，这反映在**了结需要**（need for closure）上。这一特征因个体而异，而那些了结需要很高的人，往往会根据其与他人的社会距离建立两极化的信任关系。与亲近的人相处时，他们往往会非常信任，但与其社交距离较远的人相处时，他们往往会非常不信任。此外，作者还发现，具有高度了结需要的人，往往不会因为后来有关可信度的信息而改变这些最初的信任判断。

所有这些活动以及与之相关的博弈，本质上都可表示成一种投资行为，其中，涉及一名信托人（I）和一名受托人（T）。这种投资是有风险的，因为受托人可能不会向信托人进行偿付。但是，如果投资的回报与受托人的偿付都是充分的，那么，信托人就可从这项投资中获得一个净收益，这总比不投资要好。在一个典型的投资博弈中，I 拥有一笔资金 x，他可选择投资或是留在手中。如果 I 投资了 y（于是保留 $x-y$），那么，他就会获得一个收益，从而变成 $y(1+r)$。接下来，T 必须决定如何与 I 分配这笔钱款，此时他所执行的是一个独裁者博弈。如果 T 留下 z 并向 I 偿付 $y(1+r)-z$，那么，T 最终获得的收益为 z，而 I 将获得 $(x-y)+y(1+r)-z$，亦即 $x-z+ry$。这样一来，我们就可衡量信任的程度以及值得信任的程度各是多少，其中信任的程度由投资的额度 y 来衡量，而值得信任的程度由偿付的金额 $x-z+ry$ 来衡量。

新古典主义经济学模型的预测是，这里不会存在信任，因为受托人不会偿付任何款项。但经验发现却总是推翻这一点。博格、迪克哈特和麦卡布（Berg，Dickhaut and McCabe，1995）在其研究中最初使用的 x 为 10 美元，并且将回报 r 设为 2 美元。平均来看，信托人会拿出一半的金额用于投资；其中 16% 的信托人投资了全部金额；只有 6% 的信托人一分钱也未投资（意味着信任度为零）。而平均的偿付额为投资额的 95%（或者说是三倍投资额的三分之一），虽然此处存在较大的方差。这表明，受托人对信任的回报几乎为零，而这一结果也被后续一些研究所证实。在瑞典进行的一项研究中，博斯泰特和布伦隆德（Bostedt and Brännlund，2012）发现，即使投资回报率高达 400%，委托人表现出的信任程度也低于受托人行为值得的信任程度。对于不同的文化来说，实验结果会有所不同，我们将在下一节对此进行讨论。

信任博弈的有趣之处在于，它可使我们对互惠的程度（或至少是积极互惠）进行衡量。因为正如我们所看到的，该博弈的第二阶段是一个由受托人执行的独裁者博弈。因此，如果受托人偿付的金额要高于他们在普通独裁者博弈中分出的金额，那么，高出的任何金额都可认为与互惠有关。我们将在 10.6 节详细探讨互惠的概念，但在此处我们可以设想的是，积极互惠是出自受托人的某种道德责任感。从经验结果来看，考克斯（Cox，2004）在其研究中发现，信托人的偿付额要高于在相似的独裁者博弈中分出的金额，不过这一差额并不是很大，约为 10%，但是，其在统计学意义上是显著的。杜文伯格和格尼兹（Dufwenberg and Gneezy，2000）也发现，偿付额要大于在相似的独裁者博弈中分出的金额，但是，在他们的研究中，这一差额在统计学意义上并不显著。因此，在信任博弈中，积极互惠似乎不是一个主要因素。

与上述其他博弈一样，信任博弈也存在许多变体形式，尤其是涉及多人或多群体的博弈。这些博弈将在下一节进行讨论，也将在有关社会和市场规范的政策影响一节中讨论。

4. 囚徒困境博弈

囚徒困境大概是所有博弈中最为著名的一个，我们在前一章对它已做了一定程度的讨论。经典的囚徒困境情形涉及两名嫌犯，他们被关押在不同的拘留室中，并被指控犯下了某项罪行。他们无法相互交流，因此，他们无法知道对方是如何行动的。如果他们都不坦白，那么公诉人只能使他们按较轻的罪行量刑，亦即每名嫌犯被判监禁 1 年。如果其中一名嫌犯坦白而另一名嫌犯不坦白，那么坦白的嫌犯将被释放，而另一名嫌犯将被判监禁 10 年。如果两名嫌犯都坦白，那么他们每人都将被判 5 年监禁。我们在表 10.1 中给出了该博弈的标准表述，这是对表 9.1 的复制。

表中的数字代表该博弈的支付，其中，支付单位以监禁的年数表示；嫌犯 A 的支付以左边的数值表示，嫌犯 B 的支付以右边的数值表示。显然，每名嫌犯在该博弈中的目标是最小化他们的支付，即监禁的年数。嫌犯在该处所面临的问题是：对他们两人最好的支付情形是两人都不坦白，亦即他们选择彼此"合作"；此时，每名嫌犯只会被判以 1 年监禁。然而，正如前一章所述，根据新古典主义经济学模型下的标准博弈论，这种"合作"并不是一个均衡策略。均衡应该是二者都选择坦白，或者说相互"背叛"，因为对每名参与者来说，这都是一个占优策略。但这种均衡情形与嫌犯的初衷却是矛盾的，因为他们此时都会被判处 5 年监禁，这比选择"合作"时的刑期长得多。即使嫌犯事先同意彼此合作，结果也仍然会达到这一均衡，因为一旦他们被相互隔离从而不知道对方如何行动时，他们就会倾向于选择背叛。

表 10.1　囚徒困境博弈

		嫌犯 B	
		坦白	不坦白
嫌犯 A	坦白	5，5	0，10
	不坦白	10，0	1，1

在这个阶段，读者可能想知道上述情况与社会偏好之间的关系。如果我们检查一下支付结构，这就更容易理解了。在任何囚徒困境情形下，都存在一个支付层级，它们通常被称为"诱惑性支付"、"奖励性支付"、"惩罚性支付"和"笨蛋的支付"。我们用表10.2来说明各种策略与这些支付之间的关系。

由此我们就可看出，囚徒困境情形与互惠的关系比与公平的关系更密切。在二十多年间，学者们进行了许多扩展性的经验研究，这些研究通常显示，当博弈只进行一次时，参与者在一半的时间内选择了合作。虽然这明显推翻了标准博弈论的预测，但人们仍不清楚的是，选择合作究竟是出于利他主义，还是期待匹配合作。因此，对囚徒困境博弈的分析无法帮助我们清晰地预测真实世界的行为。一个有趣的发现是：博弈前的沟通对于增加合作具有显著的效应，但标准经济学模型却预测这根本不会影响博弈的结果。

表 10.2　囚徒困境博弈的支付结构

策略组合（我/对方）	支付的名称
背叛/合作	诱惑性支付（0）
合作/合作	奖励性支付（1）
背叛/背叛	惩罚性支付（5）
合作/背叛	笨蛋的支付（10）

正如其他博弈一样，标准的囚徒困境博弈也有许多变体形式。上面讨论的这个博弈是一种同时博弈，或至少每名参与者在决定自己的行动时，不知道其他参与者的选择。如果该博弈被转变为序贯情形，那么它就更像是一个信任博弈，其中，第二名参与者将扮演独裁者的角色。我们将在下文看到，还有许多实验所进行的是重复囚徒困境博弈，其中，一些实验在每次博弈时使用的是同一对参与者，而有时会改变配对。

一些研究还表明，在囚徒困境（PD）博弈中，参与者合作或拒绝的倾向可以通过观察参与者的脸部照片来估计。斯特拉特和佩雷特（Stirrat and Perrett，2010）发现，被试者在囚徒困境博弈中的行为与其脸部宽高比显著相关，脸部较宽的人不太可能合作。此外，他们发现控制这个比率会影响被试者对参与者合作性的判断。卡雷、麦考密克和蒙德洛奇（Carré，McCormick and Mondloch，2009）发现，攻击行为也与缺乏合作或信任度有关，而且这两个特征都与脸部宽高比有关。鲁尔及其同事（Rule and colleagues，2013）发现，这些关系并不总是成立的，并建议有必要进行进一步研究以解释

10

这种情况。

5. 公共品博弈

经济学家把公共品定义为那些具有**非排他性**（non-exclusivity）和**非竞争性**（non-rivalry）的物品。这意味着当向某人提供这种物品时，无法轻易阻止其他人对该物品的自动享用，并且某人在消费这种物品时，不会减少其他人对该物品的可消费量。路灯是此类物品的一个常见例子。还有许多准公共品的例子，比如图书馆、体育馆、医院、街道以及鱼类资源等，它们在一定程度上也满足上述两个特征。对于其中每种物品来说，某人对它的消费或享受会给其他人带来负的外部性。从本质上看，公共品博弈是涉及多名参与者的囚徒困境博弈，其中的帕累托最优解是所有人都捐献最大值（亦即选择合作），但根据标准经济学的纯粹利己假定，均衡解是什么也不贡献，亦即选择背叛。

因此，这些物品的供应就成为公共政策所面临的一个问题，因为既没有人会自愿为公共品买单，也没有人会愿意抑制自己消费公共品的意愿，而是希望通过**"搭便车"**（free ride）来乐享其成。这一情形可以轻易地用如下博弈实验来建模：其中，共有 N 名参与者，每人的初始禀赋为 x_i，他向某种公共品捐出 y_i，这种公共品可供所有人享用，并且每单位公共品可提供的价值为 m。于是参与者 i 最终得到的收益为 $x_i - y_i + m\sum y_j / N$，其中 $\sum y_j$ 代表所有参与者的捐献总额。该博弈的占优策略是选择背叛，亦即什么也不捐献，但是，如果所有参与者都为了公共品的供给而选择合作，亦即捐献最大值，那么，所有参与者都可以从中获取最大利益。这个简单的模型还针对价值 m 和一般效用函数的形状做了若干假定。

经验证据再次与标准经济学模型相悖，因为实验中的被试者平均会向公共品捐出他们的一半禀赋。但是，被试者表现出的反应却差异甚大，其中，大部分参与者要么捐出了所有禀赋，要么什么也不捐（Ledyard，1995；Sally，1995）。与囚徒困境博弈一样，我们在此处也很难总结出人们进行捐献究竟是出于利他动机还是为了达成合作。另外我们也很难说清，人们选择背叛是出于利己动机，还是因为他们虽然具有互惠的社会偏好，却担心其他人会"搭便车"。为了得到更为精确的结论，我们需要对上述博弈进行改造，并对相关结果进行检验，这将安排在下一节讲述。其中，尤为有趣的一种改造方式是允许参与者实施惩罚，但需要付出一定代价；案例 10.2 给出了一个关于公共品实验的详细例子。我们将在实验研究中看到，惩罚会改变整个博弈的过程：没有惩罚时，人们往往会"搭便车"并且捐赠很少，这种趋势随着博弈的进行而增加；有惩罚时，人们的捐赠会更多，随着博弈的进行，这种趋势也会增加。

惩罚的另一个方面经常出现在公共品博弈中，即**反社会惩罚**（antisocial punishment）。反社会惩罚不针对那些因为贡献太少而受到惩罚的"搭便车者"，而是涉及对那些超过平均捐赠水平的人的惩罚。采取这种行为可能有两个原因：（1）低捐赠者或零捐赠者可能反过来报复那些惩罚他们的人，（2）低捐赠者可能想要阻止高捐赠者的大量捐赠，因为这样建立的一种社会规范会使低捐赠者看起来很糟糕。我们将在案例 10.4 中讨论第二种原因。

10.3　影响社会偏好的因素

上一节讨论的各种博弈已在大量不同条件下做了考察，这可使人们更容易理解许多与社会偏好有关的问题。这些不同条件主要涉及三类因素：方法性和结构性因素、环境因素以及人口统计学因素。现在我们就来讨论这些因素及其影响。

☐ 方法性和结构性因素

这是指改变实验方式的因素，包括：重复进行和学习、总金额、匿名性、沟通、赋权、竞争、可得信息、延迟、多人博弈、意图、惩罚的时机与成本。这些因素都属于最为重要的单一因素，因为它们在很大程度上可被控制，这意味着只要通过巧妙改变实验的形式，就可将这些因素及其影响分离出来。

1. 重复进行和学习

当与陌生人重复进行最后通牒博弈时，我们无法确知是否存在一个学习效应。博尔顿和茨维克（Bolton and Zwick，1995）认为并不存在学习效应，然而，其他研究却发现，无论是提议者分出的金额还是回应者拒绝的金额，随着时间的推移都会出现一个轻微且通常不显著的下降倾向（Roth et al.，1991；Knez and Camerer，1995；Slonim and Roth，1998；List and Cherry，2000）。

当参与者知道分出额以及其他参与者的最小可接受分出额时，学习也会发生。哈里森和麦卡布（Harrison and McCabe，1996）的研究显示，当参与者可获得这些信息时，分出额和最小可接受分出额在博弈的第 15 轮降至总金额的 15％左右。导致这一结果的可能原因如下：其一，当回应者观察到其他回应者不再实施惩罚时，他也就不再对那些不公平的提议者实施惩罚了；其二，如果实施惩罚的愿望是一种可满足的情感冲动，那么参与者可能会在不断实施惩罚后感到"厌倦"；其三，参与者可能调整了他们对公平的判断。虽然在原则上我们可以让博弈暂停一会儿再进行，以此来检验是否存在"厌倦"效应，但是，至少到目前为止，考察上述每种因素作用的研究尚十分缺乏。

在信任博弈、囚徒困境博弈和公共品博弈中，也存在着类似的状况。当被试者与陌生人重复进行这几种博弈时，信任程度、合作程度以及捐赠量都随着时间的推移而不断下降（Fehr and Gächter，2000）。但当允许实施惩罚时，实验结果就有所改变了，我们将在下文看到这一点。当被试者与同一搭档重复进行这几种博弈时，实验结果也会发生改变。此时，随着时间的推移，信任程度与合作程度出现了提升，并且捐赠量也有所提高（Andreoni and Miller，1993）。许多研究对重复囚徒困境博弈做了考察，其中，演化出了许多"针锋相对"（tit-for-tat）式的策略（Axelrod，1985）。这种策略会导致以牙还牙的报复行为，于是背叛会被报以背叛，而合作却会带来合作。对于简单的针锋相对策略来说，所存在的一个主要问题是：某一次由某个参与者做出的背叛行为会导致一连串的两败俱伤的背叛行为；在现实生活中这个问题将会变得更为严重，这是因为"噪声"很容易发生，即由于有限理性和沟通问题，很容易发生对回应的判断和解释的意义

10

错误。

运用计算机模拟技术可考察重复囚徒困境博弈中不同策略的成功性，这一方法是由阿克塞尔罗德（Axelrod，1985）所倡导的。其后又有许多研究考察了与现实生活相关的更为复杂的情形，比如，将博弈改为序贯行动而不是同时行动，并且允许参与者有权选择与哪位对手博弈。成功的策略很容易理解，它们应当是"友好的"（愿意与对方合作），但却可随时做出惩罚（在必要时，背叛作为一种威慑）。由于不同策略存在动态变化，因此，在长时间内保持同一策略是很难做到的。比如，某一参与者群体使用不同的策略来应对不同的对手，其中，最令人不快的策略是"永远背叛"（AD）策略。在博弈的起始阶段选择这一策略是很有效的，但很快它就失效了，因为越来越多的参与者开始使用这一策略，这使参与者的支付越来越低。此时，针锋相对的策略虽然占据主导地位，但其缺点是：它会引起参与者陷入无休止的相互背叛当中，正如上文提到的那样。因此，"永远背叛"的策略会被"宽恕"的策略所取代，比如"大度"的针锋相对策略，参与者有时会选择这一策略（但却是不可预测的）来原谅对方的背叛行为。而这种"大度"的针锋相对策略又会进一步带来更多的原谅背叛的策略，比如"永远合作"策略。但是，随着越来越多的参与者选择这种策略，那种损人利己式的"永远背叛"策略会被某些参与者再次拾起，于是一个新的循环又出现了（Nowak，May and Sigmund，1995）。

根据这些在重复情形下对囚徒困境博弈、信任博弈和公共品博弈的研究，我们可得出哪些结论呢？一个普遍得到赞同的观点是：如果人们所处的环境是与其他人频繁互动的，并且能够相互结识和记住互动的结果，此外还能通过背叛或拒绝博弈（现实生活中的社会排斥现象）来惩罚别人，那么，成功的策略将是"友好型"的或是合作型的。需要指出的是，由于每个人都会面临被排除在博弈之外的威胁（于是也得不到任何支付），因此这足以让人们选择合作。为了博取其他人的信任，我们必须示之以友好。

对于重复进行和学习来说，还有最后一个可供考察之处。到目前为止，我们假定参与者是真实的人，因此，拥有足够的智力来计算每种策略的结果效应。但是，需要指出的是，这并不是一个必要条件。正如我们在上一章中所看到的，博弈论在生物学方面存在一个分支学科，被称作**进化博弈论**（evolutionary game theory），其中的参与者并不必须具备通常意义上的智力水平。这种博弈论分支的先锋者是梅纳德-史密斯（Maynard Smith，1976，1982），并且，已有学者根据这种理论的预测考察了蝙蝠（Wilkinson，1984）和鱼类（Milinski，1987；Dugatkin，1991）的行为。里德利（Ridley，1996，p.79）指出：

> 实际上，在该理论中，我们并不需要鱼儿理解它们究竟在做什么。当让鱼儿与一种自动装置重复进行类似于囚徒困境的博弈时，互惠行为会从这种完全无意识的自发互动中进化出来——正如计算机模拟所证明的那样。制定出这种策略不是鱼儿本身的工作，而是进化的工作，它可以将这种策略编程到鱼身上。

因此，在进化生物学中，均衡是由自然选择下的"黑箱"机制导致的，而不是具有前瞻计算能力的个体所实施的有目的的行为。我们将在10.7节全面讨论这一现象的显著意义。

2. 总金额

在本章和前面的章节中，我们已讨论了总金额规模的重要性及其影响效应。根据前文的讨论，我们可以预料，在最后通牒博弈中，总金额上升会导致回应者拒绝的金额也上升，但被拒绝的金额占总金额的百分比将会下降。比如，回应者应该更经常地拒绝 50 美元中的 4 美元，而不是 10 美元中的 4 美元，但应该更经常地接受 50 美元中的 20%，而不是 10 美元中的 20%。

但实际上，只有很微弱的证据显示总金额的规模具有上述效应，大多数研究均表明，这种效应是不显著的（Roth et al.，1991；Forsythe et al.，1994；Straub and Murnighan，1995；Hoffman，McCabe and Smith，1996）。即使在凯莫勒（Cameron，1999）的研究中，虽然总金额高达一个月的工资，上述效应也是微乎其微的。只有两项研究（Slonim and Roth，1998；List and Cherry，2000）发现，对于较大的总金额来说，拒绝行为是较少见的。此外，还有多项研究表明，提高总金额对提议者的行为几乎没有影响。其原因可能在于，被试者由于担心遭到代价高昂的拒绝，因此，宁可分出总金额的 50% 左右而不愿大大低于 50%。这种担心是可以得到良好证明的：在里斯特和切利（List and Cherry，2000）的研究中，有四分之一的被试者拒绝从 400 美元中得到 100 美元。

在信任博弈、囚徒困境博弈和公共品博弈中，提高总金额的效应（通过改变货币支付的相对规模）是可预见的。当降低"诱惑性支付"（当其他参与者合作时选择背叛）并提高"笨蛋的支付"（当其他参与者背叛时选择合作）时，参与者选择合作的倾向将有所提高。类似地，当公共品博弈的边际社会回报率 m 得到提高时，捐献量将有所提升。

3. 匿名性

在实验研究中，一个经常重复出现的问题是：匿名性的缺乏会导致被试者的行为受到影响。如果被试者知道或担心他们的身份被研究者和其他被试者所了解，那么他们也许会表现出"友好"的姿态或是取悦研究者。霍夫曼等（Hoffman et al.，1994）发现，在双重匿名下的独裁者博弈中，独裁者平均只会分出总金额的 10%，这要显著低于在其他不涉及双重匿名的独裁者博弈中所得到的结果。在霍夫曼、麦卡布和史密斯（Hoffman，McCabe and Smith，1998）的研究中也得到了相似的结果，不过博尔顿、卡托克和茨维克（Bolton，Katok and Zwick，1998）却并未发现在双重匿名和其他情形之间有任何差异。在最后通牒博弈中，匿名似乎可以略微减少拒绝，但并不显著（Bolton and Zwick，1995）。查尼斯和格尼兹（Charness and Gneezy，2008）最近的一项研究基本证实了这些发现，该研究报告称，当玩家知道对手的姓氏时，独裁者会分出更大的份额。然而，这一信息并没有对最后通牒博弈中的出价产生显著影响，在最后通牒博弈中，战略考虑似乎对慷慨大方的倾向有挤出效应。

4. 沟通

有两项研究显示，在独裁者博弈中让接受者与独裁者进行沟通（比如介绍他们自己），会提高独裁者分出的金额（Frey and Bohnet，1995；Bohnet and Frey，1999）。在后一项研究中，平均的分出额上升至总金额的一半，并且有 40% 的独裁者分出的金额超出了一半。哪怕只是允许独裁者认出他们的接受者也能改变实验的结果，其中，独占总金额的独裁者数量减少了。然而，对于涉及两名接受者和一名独裁者的三人博弈来说，如果只允许一名接受者与独裁者沟通，那么独裁者就只会对这名沟通过的接受者表现出慷慨（分给他的金额是分给另一名接受者的两倍左右）。这表明沟通仅会引发对特定人员的同情感，而不会引发对所有人的慷慨（Frey and Bohnet，1997）。肖和豪斯（Xiao and Houser，2005）的一项研究表明，人们有强烈的表达负面情绪的愿望，而这本身就是一种回报；因此，如果接受者能够向不公平的独裁者表达不满，接受者就不太可能拒绝不公独裁者的提议。

5. 赋权

大多数提议的比例接近 50% 这一趋势，有时可归因于这一事实，即在多数实验方案中，总金额就像"来自天堂的甘露"一样，是不符合现实生活中的多数情况的。我们已经看到，赋权对行为有很重要的影响，比如，禀赋效应就属此类。当独裁者或最后通牒博弈中的提议者感觉到某种赋权时，比如，总金额是通过赢得竞赛得到的，那么，他们的慷慨程度就会有所降低（Hoffman et al.，1994；List and Cherry，2000；Cherry et al.，2002；Jakiela，2011）。在霍夫曼等的研究中，分配金额的权力被赋予那些能答对更多常识问题的人。于是在最后通牒博弈中，提议者的分出金额降低了约 10%，而在独裁者博弈中，分出金额降低了大约一半。切利（Cherry）及其同事在其研究中发现，独裁者分出零金额的倾向由 17% 上升至 80% 左右，而当加上双重匿名条件时，这一比例进一步上升至 96% 左右。但有趣的是，最后通牒博弈中的回应者对赋权的态度与提议者不同，因为他们的拒绝率上升了，即使有 100 美元的赌注。其原因可能在于，当考虑赋权的合理性时，回应者表现出了自我助益偏好（self-serving bias）。贾克拉（Jakiela，2011）的研究意义重大，该研究表明，在不同文化中，提议者是否感受到赋权对其自身行为的相对影响不同。稍后将更详细地讨论文化影响。

一些实验还引入了市场场景，在这种场景中，提议者的权利被拍卖（Güth and Tietz，1985，1986）。这里的发现是：提议者只提供了总金额的大约三分之一，这与他们在拍卖中支付的价格是回应者出价的两倍是一致的。

6. 竞争

我们已经看到，竞争会显著地影响人们对公平的判断。比如，如果厂商的生存受到了竞争的威胁，那么它们降低工资就被认为是合理的，但如果是出于其他原因就会受到抵制（Kahneman，Knetsch and Thaler，1986）。此外，在最后通牒博弈中，提议者之间的竞争会显著提高分出的金额。罗斯及其同事（Roth and colleagues，1991）进行了一次市场博弈，其中，有九名参与者提议如何分出金额（亦即扮演卖者），但只有一名回应者（扮演买者），他有权拒绝最高的出价。最终回应者只可接受一种分出价额，这就好比买者最终只愿意选择一家购买。当博弈经过五到六轮之后，提议者的分出额收敛于 100%，这意味着全部交易价值都转移到买者手中。这一结果实际上与标准博弈论是一致的。在一项针对回应者竞争的研究中，古斯、马钱德和吕利埃（Güth，Marchand and Rullière，1997）发现了一个类似的结果，只不过影响的方向恰好相反。当单一的提议者（卖者）向许多竞争性的回应者（买者）提议一个分出额时，最小可接受分出额在博弈的第五轮下降到总金额的 5% 以下，而提议者的平均分出额降低至总金额的 15%。分出额与最小可接受分出额之间的差异表明，博弈进行到第五轮时仍未达到均衡。该研究再次证实了标准博弈论的预测，亦即均衡应当是提议者分出零金额或是最小的可能金额。这些结果将在下面的章节中进一步讨论。

一些实验在最后通牒博弈中加入了局外选项，亦即如果提议者的分出额被拒绝了，参与者双方还可获得一个非零的收益（Knez and Camerer，1995）。比如，如果一名提议者在分配 10 美元时被拒绝了，那么提议者将获得 2 美元，回应者获得 3 美元。在该博弈的一个变体形式中，每名参与者的局外选项是获得总金额的一半（10 美元减去 2 美元和 3 美元）。主要结果是：提议者和回应者之间的不同意率大幅上升，接近 50%，而在大多数实验中，这一范围是 10%～15%。看来，这种改变博弈结构的方式从不同角度影响了参与者对公平的判断，其中，自我助益偏好再次成为导致冲突的原因。

7. 可得信息

另一种在实验中可操控的结构因素是：参与者的可得信息。比如，在最后通牒博弈中，回应者对总金额的了解可分为三种情形：（1）完全信息——他们知道用来分配的总金额是多少；（2）不完全信息——他们知道总金额的可能大小以及每种大小的概率分布；（3）没有任何可得信息。部分研究均表明，回应者在不完全信息或无信息情形下倾向于接受一个较小的分出额（Mitzkewitz and Nagel，1993；Straub and Murnighan，1995；Croson，1996；Rapoport and Sundali，1996）。其原因可解释为：提议者从回应者的疑心中获得了好处，因为回应者可能认为，较低的分出额意味着总金额也较小。于是，提议者倾向于利用对方的疑心获利，亦即故意给出一个较低的分出额。然而，凯莫勒和罗文斯坦（Camerer and Loewenstein，1993）在其研究中却发现了对比鲜明的结果。在他们的实验中，一些回应者拥有完全信息，但另一些回应者仅知道总金额的可能大小为 1 美元、3 美元、5 美元、7 美元和 9 美元，并且每种大小的概率是均等的。在完全信息情形下，平均的最小可接受分出额是总金额的 30%，这是一个很有代表性的比例，但在不完全信息情形下，平均的最小可接受分出金额为 1.88 美元，这是总金额平均值（5 美元）的 38%。因此，在不完全信息的情况下，意见分歧更为普遍。

在实验中还可将参与者以前分出的金额或相关行为作为可得信息。这种信息会成为判断公平的一个参考点。此外，无论是在最后通牒博弈（Knez and Camerer，1995）还是独裁者博弈（Cason and Mui，1998）中，某个提议者的分出金额与其他提议者的分出金额存在某种正向相关性，这意味着社会影响会发挥一定的作用。在囚徒困境博弈中，知道其他参与者以前的行为具有重要的影响，尤其当参与者有权选择与谁博弈时更是如此。正如我们已经看到的，如果某参与者在该博弈中有一个关于背叛的"不良记录"，那么他可能会遭到社会排斥，这意味着那些"劣迹斑斑"的参与者无法获得太多参与博弈的机会，因此，在博弈经过几轮之后，他们只能获取很少量的收益。

8. 延迟

与最后通牒博弈一样，在公平博弈中，人们发现对回应者施加延迟会降低拒绝不平等提议的可能性（Grimm and Mengel，2011）。然而，如果延迟的选择是自愿的而不是外来强加的，那么，参与者不太可能选择它（Tang，Bearden and Tsetlin，2009）。这些发现表明了当回应者面临不公平待遇时，情绪或本能因素的重要性。

在囚徒困境博弈中，通过将延迟施加到序贯博弈而不是同时博弈中，观察其对合作的影响。哈贾维和兰格（Khadjavi and Lange，2013）的一项研究考察了囚徒困境博弈中的行为，选用两组参与者：女性学生和女性囚犯，在同时博弈和序贯博弈中分别做对照比较。他们发现在同时博弈中，两组参与者的行为没有显著差异；然而，在序贯博弈中，学生之间的合作显著增加，但是，囚犯之间的合作没有增加。他们解释这一发现的理由是：这两类参与者在亲社会偏好和纯粹的自利偏好上没有根本区别，但是囚犯更倾向于认为其他囚犯更不亲社会、更自私。

9. 多人博弈

在一般只涉及两名参与者的博弈中，加入其他参与者可使我们对互惠与公平形成一些新的洞察。一个常见的实验结果是：参与者主要通过比较自身与提议者的相对收益来判断公平或均等的程度，而并不考虑第三方当事人的收益是多少。因此，在三人博弈中，提议者仅向无行动力的接受者分出总金额的 12%～15%，这似乎并未考虑有行动力的回应者的感受；而有行动力的回应者的拒绝率大概为 5%，这表明他们并不在乎无行动力的第三方当事人受到了怎样的对待（Güth and Van Damme，1998）。此外，当在三人条件下进行信任博弈时，被试者愿意投资和偿付的金额都降低了，并且每名被试者的行为都或多或少地受到最缺乏信任感和最不值得信任的被试者的影响（Cox，2004）。在多人囚徒困境博弈中，被试者选择背叛的可能性增加了，因为人们总是在较量谁会最先背叛。这在本质上属于一种"公地的悲剧"，它常出现于环境污染或耗竭鱼类资源这样的全球问题中。在更现实的层面上，这种情形可以解释当存在多个利益主体时，为何像食品或饮用水这样的公共资源会快速耗尽。如果一名参与者只相信某些参与者但不相信其他参与者，那么他可能会在其他参与者背叛之前就选择背叛。根据这些来自实验和现实世界的经验观察，我们无法看到一个关于合作的乐观前景。但幸运的是，这些现象可被下述两个因素所缓解。

10. 意图

人类以及像司法体系这样的人类制度，不但重视人们的行动结果，而且重视人们的行动意图。如果某项伤害是出于偶然而不是故意造成的，那么对之实施的惩罚也就不太严厉。此外，如果某人有伤害别人的意图（"阴谋"），那么即使最终并未造成伤害，也需对这种意图实施惩治。这是一种广泛见于不同社会中的观点，因此，在它背后可能存在牢固的进化心理学基础。人们在针对标准博弈论的实验中发现，在最后通牒博弈中，当参与者的博弈对象是一种随机值发生器（比如计算机）而不是人类提议者时，最小可接受分出额就会降低（Blount，1995）。这似乎意味着人们对不均等的态度与对不公平的态度是不同的。其中，后者，亦即觉得自己受到了不公正的待遇，要比得到不均等的分配更容易激起怒火。在下面两节中，我们将考察这两种态度的差异具有怎样的重要性，为此，我们将对厌恶不均等模型与互惠模型进行比较，其中，后者融入了对意图的考虑。

11. 惩罚的时机与成本

惩罚是维护社会规范的一种重要手段，尤其对于合作问题更是如此。一些学者将惩罚区分为**消极互惠**（negative reciprocity）和**报复**（retaliation）两类（Fehr and Gächter, 2001）。一方面，报复被描述为与下述情形有关，其中，参与者或个体期望从他们的行动中获得物质利益。另一方面，消极（和积极）互惠并不涉及任何期望的物质利益。比如，在最后通牒博弈中，回应者拒绝对方的提议就属于一种消极互惠。我们已经看到，此处所涉及的奖励是心理上的和神经生理上的，这已被神经扫描技术所证明。许多研究表明，有很大比例的被试者（介于 40% 到 66% 之间）在单击博弈中表现出了互惠行为；根据单击博弈的特征可知，此种情形下的行为更多地属于互惠而不是报复（Berg, Dickhaut and McCabe, 1995；Fehr and Falk, 1999；Abbink, Irlenbusch and Renner, 2000；Gächter and Falk, 2002）。此外，研究还显示，人们惩罚有害行为的欲望要比奖励友好行为的欲望更为强烈（Offerman, 1999；Charness and Rabin, 2002），亦即实施消极互惠的程度要比实施积极互惠更强。这对多人博弈的结果会产生很重要的影响。

我们已看到，在公共品博弈中，人们尤其容易选择背叛或是"搭便车"。背叛也许是由利己动机导致的，也有可能是因为那些互惠的个体想对自私的个体实施惩罚，而背叛是唯一的可选手段。然而，费尔和加赫特（Fehr and Gächter, 2000）却表明，如果参与者的行为是可观测的，并且对每个参与者实施直接惩罚是可能的（但惩罚者需支付一定成本），那么公共品博弈的结果就会发生迥然的变化。在这项研究中，有四种不同的方案，都涉及四个参与者，分述如下：

- 在每次博弈中都面对陌生者，并且不可实施惩罚；
- 在每次博弈中都面对陌生者，并且可实施惩罚；
- 在每次博弈中都面对相同的参与者，并且不可实施惩罚；
- 在每次博弈中都面对相同的参与者，并且可实施惩罚。

在可实施惩罚的方案下，参与者可通过减少 x 个捐献筹码来对其他任何参与者实施惩罚，但自身需承担 $x/3$ 的成本。存在成本是很重要的，这不仅是因为它更符合现实，而且还因为它有助于区分出互惠的参与者和利己的参与者。当不存在任何物质奖励时，纯粹利己的参与者绝不会为了惩罚他人而支付成本。

上述四种方案的实验结果各不相同。在第一种方案下，对手总是陌生者并且不可实施惩罚，此时，达成合作的比例在博弈的较后几轮中降至很低的水平，其中，平均捐献水平只有可用筹码的 10%，并且有 79% 的被试者选择"搭便车"，亦即不捐献任何筹码。即使当博弈是由相同的参与者重复进行的时，合作率也倾向于下降，并且在十轮博弈的最后五轮中，捐献水平平均只占可用筹码的 30%。然而，当存在惩罚机会时，捐献水平随着博弈轮次的增加而不断增加，哪怕每次都面对陌生者时也是如此。此时，捐献水平在最初为可用筹码的 50%，并逐渐上升至 60%。当博弈是由相同的参与者重复进行的时，最初的捐献水平为 65%，并且在十轮博弈的最后一轮上升至 90%。这些结果清晰而有力地表明，惩罚机会的存在可推动利己的个体选择合作。费尔和施密特（Fehr and Schmidt, 1999）从理论上证明，即使存在少量的互惠被试者，也足以促进大量的利己受试者选择合作。

上述这些发现具有许多重要的政策启示，我们将在本章末尾予以讨论。

10

□ 环境因素

我们已在前述几章多次看到，框定效应是一种普遍现象。因此，我们可以顺理成章地认为，这种效应在不同博弈中会导致参与者做出不同的反应。比如，如果最后通牒博弈被表述为一种买者与卖者之间的交易，其中，卖者对某商品索取一个价格，买者可接受也可放弃，那么此时买者的收益几乎会降低 10%*，而买者的拒绝率并未发生变化（Hoffman et al.，1994）。如果最后通牒博弈被表述为不同参与者在分配资源时的冲突，其中，每名参与者对既有资源不断提出要求量，并且当所有参与者的要求量之和大于总资源量时，每名参与者将一无所获，那么，此时参与者会表现得较为慷慨**，实施拒绝的频率也有所下降（Larrick and Blount，1997）。导致这一结果的原因可能是，"要求量"这样的词汇使得人们觉得自己对既定资源拥有公共所有权，这会促使人们更愿意达成合作。我们还可看到，当提醒提议者考虑回应者的可能反应时，提议者的要求量降低了，因为他们担心被对方拒绝。霍夫曼、麦卡布和史密斯（Hoffman，McCabe and Smith，2000）发现，要求量大概降低了 5%～10%。

在囚徒困境博弈和公共品博弈中也可观察到框定效应。比如，当囚徒困境博弈被表述为一种"社会活动博弈"而不是"投资博弈"时，参与者会更愿意达成合作（Pillutla and Chen，1999）。我们似乎可以认为，不同的表述方式会使参与者对其他参与者的行为产生不同的预期，从而促使他选择互惠的行为。框定效应在沃森检验（Wason test）中尤其引人注目，我们将在案例 10.1 中予以讨论。

环境因素在影响"不诚实"行为方面也起着重要作用。这些因素与工作激励和文化、周围人的财富水平以及环境的清洁和照明有关。钟、博恩斯和吉诺（Zhong，Bohns and Gino，2010）的研究已经表明，人们更容易在昏暗的灯光下或是戴太阳镜时做出不诚实行为。

□ 人口统计学因素

学者们进行了大量研究来考察各种人口统计学因素对社会偏好的影响。其中，被研究最多的因素是性别、年龄、激素、学科专业、文化、社会差距和社会等级。

1. 性别

对于公平感和社会偏好来说，在不同性别之间存在一些显著差异，但这些差异并不呈现明显的规律。相反，这些差异与许多其他因素存在复杂的关系。现在我们将给出一些主要的发现：

• 在最后通牒博弈中，两种性别的参与者分出的金额是相似的（Eckel and Grossman，2001）。

• 在最后通牒博弈中，女性参与者的拒绝率较低。

• 在独裁者博弈中，性别之间似乎没有什么差异（Frey and Bohnet，1995；Bolton，Katok and Zwick，1998）。

---

* 此时买者的收益对应于普通最后通牒博弈中回应者的收益。——译者注

** 亦即不会对既有资源提出过分的要求量。——译者注

- 无论哪种性别的参与者，都倾向于对女性索取更多，并对男性分出更多（Solnick，2001）。
- 女性参与者通常会更多地实施惩罚（Eckel and Grossman，1996b）。
- 女性参与者在实施惩罚时很在意成本；当惩罚成本很低时，她们比男性参与者惩罚得更多，但当成本很高时，她们就会比男性参与者惩罚得少。
- 在独裁者博弈中，当接受者需要付出努力来获得奖励，而不是作为礼金接受奖励时，女性参与者比男性参与者更慷慨（Heinz，Juranek and Rao，2012）。
- 在参与者可以选择合作对象的投资博弈中，人们往往更喜欢投资异性伙伴。这不能用可得回报金额的多少来解释，但可能与对异性的信任感偏好和信念有关（Slonim and Guillen，2010）。
- 男性参与者并不会对漂亮的女性更为慷慨，但是，女性参与者对英俊的男性会比对普通男性多分出 5% 的金额。实际上，根据施韦策和索尔尼克的报告（Schweitzer and Solnick，1999），女性参与者向英俊的男性平均分出总金额的 50% 以上，其中，有 5% 的女性送出了全部金额！最后一种相互作用特别有趣，因为它支持了实地数据，表明长相，尤其是身高，与收入呈正相关。
- 男性往往比女性更有竞争性和过度自信。这可能特别适用于某些专业，如商业或金融（Klas，Lightfoot and Lilley，2011；Kamas and Preston，2012），甚至在职业运动中也是如此，比如网球，人们可能认为所有的运动员都具有很强的竞争力（Wozniak，2012）。

2. 年龄

虽然针对这一因素的研究不多，但有研究表明，儿童的社会偏好似乎经历了三个主要的发展阶段（Damon，1980；Murnighan and Saxon，1998）。在 5 岁之前，儿童是高度利己的。而在 5～7 岁之间，他们变得十分喜欢等额分配，因为这样做可以避免冲突。在 7 岁之后，他们变得更加关注公平，比如，他们会将投入与收益联系起来，并会考虑某些赋权的方式。一些研究者指出，这些证据违背了进化心理学的观点。比如，凯莫勒（Camerer，2003，p. 67）写道：

> 这些事实使人们对一个强有力的假说产生了怀疑，该假说认为，在重复互动中表现强硬的本能之所以进化，是因为它与我们祖先的过去相适应。

正如我们将看到的，上述结论会导致人们的误解，而更值得关注的其实是一种较为"弱式"的假说。我们将在有关进化心理学作用的章节中讨论这一问题。

3. 激素

在社会偏好的背景下，研究最多的激素是睾丸激素。伯恩汉姆（Burnham，2007）发现，高睾酮水平的男性更可能拒绝最后通牒博弈中的低分出额，而扎克及其同事（Zak and colleagues，2009）发现，外源性睾酮的使用会降低提议者分出额的比例。埃曼努尔及其同事（Emanuele and colleagues，2008）发现，低血清素水平也与此相关，这与拒绝低分出额提议的增加有关。

4. 学科专业

针对该因素的研究结果在某种程度上是相互矛盾的。卡特和艾恩斯（Carter and Irons，1991）在其研究中发现，在最后通牒博弈中，经济学专业的学生分出的金额要比其他专业的学生低 7%，而索要的金额高 7%。这种专业之间的差异性无论对于大学新生还是毕业生来说都是存在的，这使得两位作者得出结论：经济学专业的学生天生就自私自利，而不是因为这门学科而自私自利。这里提出了一个次要问题：这个结论是经济学家的自私偏见的一个例子吗？他们想要为自己的学科专业辩护，反对另一种结论，即学习经济学会让人更自私。

其他一些研究还表明，无论是分出额还是最小可接受分出额，经济学和商学专业的学生与其他专业的学生都不存在什么差异（Eckel and Grossman，1996a；Kagel，Kim and Moser，1996），另外还有两项研究甚至证明，经济学和商学专业的学生在分出金额时表现得更慷慨（Kahneman，Knetsch and Thaler，1986；Frey and Bohnet，1995）。因此，到目前为止，我们还无法就该问题得到确定性的结论。

5. 文化

众所周知，文化影响是很难测试的，因为测试的是与语言、实验者的互动以及与其他因素混淆有关的问题。大多数跨文化研究都是以最后通牒讨价还价博弈展开的。第一项较为细致的研究是由罗斯等于 1991 年进行的，他们考察了四个国家的被试者：美国、日本、以色列和南斯拉夫。该研究的主要发现是：日本和以色列的被试者分出的金额平均要低 10%，但拒绝率也较低。由此得到的结论是：在这两个国家中，人们对什么是"公平"分出额的看法与其他国家不同。有趣的是，巴肯、克洛森和约翰逊（Buchan，Croson and Johnson，2004）在其研究中却发现了一个相反的结果，其中，日本被试者的平均分出额要高于美国被试者。这也许是由方法性因素导致的，因为后一项研究使用了最小可接受分出额的方法，而前一项研究使用的是特定分出额的方法。然而，由于所选的两个样本都是学生，因此，其中可能还存在其他一些干扰因素。

一些研究考察了宗教因素对社会偏好的影响。艾哈迈德和萨拉斯（Ahmed and Salas，2011）的一项研究发现，在混乱的句子中使用宗教词语会引发基督教参与者在独裁者博弈和囚徒困境博弈中产生亲社会行为。

然而，那些自我报告高宗教信仰的被试者在慷慨和合作方面并没有得到更高的评价。恩斯明格和亨里希（Ensminger and Henrich，2014）发现，伊斯兰教和基督教都促进了更强的公平感，但这种公平感可能与其他信仰不一致。

对于社会偏好的跨文化差异，最有吸引力的研究是由海因里希等（Henrich et al.，2001；Henrich and Ensminger，2004；Henrich et al.，2005）做出的，他们考察了 20 种不同的文化，包括非洲及亚洲的许多原始文化。该项研究的一个重要之处在于，它使用了交叉学科的研究方法，其中涉及人类学与经济学。该研究在最后通牒博弈中发现了一些有关平均分出额的十分不同的结果。其中，在秘鲁的马奇根加，被试者的平均分出额是最低的，为总金额的 26%，而在另外两个文化中，平均分出额实际上超出了总金额的 50%，他们是巴拉圭的艾奇人和印度尼西亚的拉买拉拉人。

那么如何解释如此巨大的差异呢？似乎有两个变量在很大程度上解释了这些变化，

多重可决系数 R^2 为 68%。这两个变量分别是：

i. 生产中合作活动或规模经济的程度

比如，当某个社会中的人是集体狩猎的，并且这对于生产又很重要时，那么该社会中的人在最后通牒博弈中就有可能给出较高的分出额。可以看到的是，在马奇根加，经济中的合作活动处于极低的水平，因为此处最重要的社会组织是家庭，并且家庭之外的商业活动又十分罕见。

ii. 市场的整合度

如果存在一种全国性语言，并且存在全国性或大规模的商品和劳动市场，那么市场的整合度就较高。这种高度整合与人们能在最后通牒博弈中分出较高的金额也是有关的。此处可得到的一条重要结论是：那些发育良好的市场可能更有效率，于是也不太容易被纯粹利己者完全占据。

关于海因里希及其同事的研究结果，还有最后一点值得评论：这与两种平均分出额超过 50% 的文化有关。这似乎与**冬季赠礼节综合征**（potlatch syndrome）有关。所谓冬季赠礼节是指一场具有炫耀和竞争意味的赠礼会，其用意在于使那些接受礼物的人产生一种羞辱感或亏欠感，这种赠礼活动是或曾经是南太平洋和西北太平洋上某些原始社会的特色之一。在某些先进国家，也存在与冬季赠礼节综合征相似的行为。此时，赠予礼物被作为一种武器，它貌似是积极互惠，其实是一种消极互惠。这种行为之所以能发挥作用，是因为它的基础是有关互惠感的心理机制，而这种机制似乎在各种社会中都是存在的。

这种互惠的双重方面也与惩罚有关，文化因素也有很大的影响。我们已经看到，公共品博弈中的惩罚大多针对低贡献者或非贡献者，但有时高贡献者会受到惩罚，这种现象被称为反社会惩罚。赫尔曼、瑟尼和加赫特（Herrmann，Thöni and Gächter，2008）的一项研究发现，在西方城市，很少会出现反社会惩罚；但在其他城市，特别是马斯喀特、雅典和利雅得，高贡献者与低贡献者受到的惩罚一样多。这里似乎有许多相关因素：反社会惩罚与缺乏信任和合作的社会规范有关。此外，有证据表明，对陌生人缺乏信任与强大的家庭关系有关（Ermisch and Gambetta，2010），作者认为这是一种因果关系。在大家庭中，与陌生人打交道的动机更低，因此与陌生人交往的经验更少、不确定性更大。由于在发展中国家更大、延展更多的大家庭网络更为常见，因此，有证据表明，缺乏信任和脆弱的社会规范之间存在负相关关系也就不足为奇（Knack and Keefer，1997）。

斯塔夫洛瓦和埃勒布拉赫特（Stavrova and Ehlebracht，2016）基于信任和愤世嫉俗在 41 个国家进行了广泛的调查。他们认为，那些缺乏信任或更加愤世嫉俗的人往往受教育程度低、收入低、有心理问题、健康状况也比较差。他们发现，即使在调整了其他因素后，信任感较低的人收入也较低，并提出，这是因为他们失去了改善其经济前景的社会合作机会。然而，这项研究的另一个有趣发现是，在其他人也缺乏信任感的社会中，信任感较低的人实际上在收入方面表现正常。这一发现确实证实了人们在重复囚徒困境博弈下的预测：信任滋生了信任和相互合作，而不信任滋生了不信任和相互背叛。

6. 社会差距

大多数研究发现，人们对那些在社会和地理上更亲近的人有更多的同理心，因此，也会有更积极的社会偏好。然而，最近的一些研究结果改变了这种普遍性。查尼斯、哈鲁维和松野（Charness, Haruvy and Sonsino, 2007）的一项研究考察了不同国家或美国不同州的人在互联网互动中的积极互惠，发现在所有情况下，都有相当一部分人表现出积极互惠，尽管其随着社会距离的增加而下降。最近有一项与这种现象有关的自然实验，可能具有重要的政策意义。英国的商店被盗率居世界第三，仅次于美国和日本。如今，闭路电视已被广泛用于侦破这种犯罪行为，英国许多商店每周支付 20 英镑（或 32 美元）将闭路电视与"互联网之眼"（Internet Eyes）网站连接起来，而民众要每年支付 13 英镑（或 21 美元）才能访问该网站观看这些录像。如果民众实时发现了一起商店行窃事件，就可以通过单击鼠标来提醒店主，并且他们会因为举报可疑事件而获得积分。每月得分最高的人将赢得高达 1 000 英镑（或 1 600 美元）的奖金。因此，这种自然情况类似于一种公共品博弈，附加的一个条件是：人们可以通过惩罚搭便车者获得物质奖励。然而，物质奖励可能不是主要的诱因。一名住在意大利北部的男子举报了一起最近发生在英格兰南部的商店行窃事件；他声称自己并非出于金钱的动机，他说："我觉得我所做的最终目的是帮助住在远方的人。我只是做了件好事而已"（Henry and Terraneo, 2010）。这显然是轶事证据，可能不能代表一般人的行为，但是，它可以表明，至少有一小部分人的社会偏好会延伸到那些在社会和地理上都远离他们的人身上。

7. 社会等级

多数研究表明，社会等级与合作倾向之间存在反向关系，即社会等级越高的人，合作行为和合作意愿越低（Garcia, Tor and Gonzalez, 2006；Keltner et al., 2008；Poortvliet et al., 2009）。此外，陈及其同事（Chen and colleagues, 2012）的研究发现，排名与反映合作可能性的面部表情之间存在相关性。在一项涉及商学院院长的实验中，被试者判断，排名靠前的商学院的个人似乎不太合作，尽管他们事先并不了解这些排名。

□ 社会规范

费尔和加赫特（Fehr and Gächter, 2000）根据以下三个特征定义了社会规范：(1) 行为规律；(2) 基于关于一个人应该如何行为的社会共有的信念；(3) 通过非正式的社会制裁来实施。

社会规范在决定社会行为方面的作用是一个备受争议的问题。宾默尔和谢克德（Binmore and Shaked, 2010a）认为，它们是决定行为的基础：

> 我们认为，人们进入实验室很可能受到各种社会规范的刺激，其中一种是由实验的框架方式触发的。(p. 98)

他们还认为：

> 如果被试者行为的结果接近博弈的纳什均衡（就像在最后通牒博弈中一样），那么社会规范在实验室实验中就是稳定的；否则（就像在囚徒困境中那样），被试者的行为就会趋向纳什均衡。(p. 98)

正如我们从亨利希及其同事以及前面讨论的其他研究中所看到的那样，宾默尔和谢

克德 (Binmore and Shaked, 2010a) 也认为, 社会规范是由文化决定的, 并且已有很多研究支持了这一观点。

然而, 这一观点存在两个主要问题。虽然这些问题与该观点的正确性无关, 但是关系到该观点所提出的两个尚未解决的问题 (Fehr and Schmidt, 2010):

(1) 社会规范的起源是什么?

(2) 什么是触发特定社会规范运转的情境框定?

社会规范似乎源于与上一章中有关选择合适的焦点所描述的 "团队推理" 过程相似的过程。克劳福德、格尼兹和罗滕斯特里奇 (Crawford, Gneezy and Rottenstreich, 2008, p. 1448) 对这一过程进行了如下描述:

> 参与者首先要自己问自己: 如果存在一个决策规则对双方来说都比个人主义规则要好, 双方是否会遵循这个更好的规则?

现在有人认为, 这一过程适用于更广泛的背景, 例如, 就原始博弈而言, 可能存在根本不是纳什均衡的规则的情况, 而是代表了前一章中描述的那种相关均衡。这似乎特别适用于迭代和重复博弈, 重复的囚徒困境博弈就是一个例子, 在这个博弈中, "以德报德, 从合作开始" 的策略会带来比纳什均衡更好的收益, 而且该行动策略实际上是帕累托有效的。我们还看到, 在像蜈蚣博弈这样的信任博弈中, 实证研究表明, 参与者倾向于合作几轮, 并且最终得到的回报也比纳什均衡 (即在第一次机会出现时就放弃) 更好。不同文化背景下的不同参与者在合作的时间选择上可能会有不同的行动策略, 但人们似乎普遍认识到了这一点, 特别是在多阶段博弈中, 早期合作的策略是有益的。值得注意的是, 无论是实验室实验还是实地实验, 参与者的行为并不一定会随着博弈次数的增加趋向纳什均衡。尽管在某些情况 (如重复的囚徒困境博弈) 下, 参与者的行为会趋向纳什均衡。

同样重要的是, 我们要认识到, 被发展出来的规则或规范本身并不是博弈论的产物。正如金迪斯 (Gintis, 2009) 所指出的, 它们本质上是一种源于基因-文化共同进化和复杂性的双重力量的 "涌现" 现象。一个简单的例子将说明这一点。决定在道路的哪一侧行驶的重复博弈, 存在两个纳什均衡, 即驾驶员要么总是在右侧行驶, 要么总是在左侧行驶。这里没有明显的更优的行为结果, 因为无论在哪种情况下, 司机都有同等的支付。然而, 在英国, 司机左侧行驶, 在美国 (以及其他大多数国家), 司机右侧行驶; 那么, 为什么会演变出这些不同的规范呢? 这里有很多猜测, 但常见的解释如下:

英国——大多数人发现从左手边骑上马比较容易, 从而使得人们更习惯靠左骑马, 即演化为后来的更习惯靠左驾驶。

美国——许多人用鞭子驾驭马拉的车或马车。由于大多数人是右撇子, 驾车行驶在路的右边会比较安全, 否则就可能出现鞭打到路人的风险。

即使这些猜测是不正确的或不完整的, 它们也说明了社会规范是由博弈论本身以外的因素决定的, 尽管它们可能被博弈论所强化。关于社会规范在决定社会偏好和决策中的作用, 我们会在后面的章节进一步讨论。

另一个重要问题涉及社会规范随时间的变化。几个世纪以来, 许多国家在重大社会问题上发生了巨大变化, 例如, 妇女在社会中的作用和权利、子女的权利、婚姻、奴隶制和惩罚。在短时间内，我们看到许多规范正在消失而新的规范正在逐渐形成。例如，在英国，吸烟和酒后驾车不再像几十年前那样是常态了，而系安全带和戴自行车头盔则成为一种规范。行为的所有这些方面都涉及更广泛的健康和安全问题。那么接下来的问题是：是什么导致了这些潜在的趋势，比如对健康和安全的更大关注？这个问题超出了本书的范围，但我们将在政策启示的部分讨论一些相关因素，特别是人们对环境和"绿色"问题的日益关注。

10.4 社会偏好的建模

□ 建模的目的

我们现在已经看到，使用标准博弈论的标准模型无法预测许多经验结果，无论是在现实生活中还是在实验中，而且在某些情况下非常失败。需要再次强调的是，这并不必然意味着博弈论作为一种分析技术是失败的。一般而言，有两种原因会导致无法做出准确预测：其一，人们在现实中可能并不会进行策略性思考（这意味着博弈论是一种不恰当的分析技术）；其二，我们对博弈情形的建模与现实不符，尤其是未将社会偏好引入效用函数。我们将会发现，上述两种原因各有一定的真实性。比如，我们在前一章已看到，在某些情形下，经验事实表明，人们无法进行策略性思考，在"选美竞猜"博弈中就是如此。

在这方面，还有一点需要说明，或者更确切地说，需要重复。正如鸟儿并不需要理解空气动力学就可飞翔，人们可能并不需要遵循逻辑推演就可按博弈论原理行事。这种"好似"行为可在自然选择的压力下进化出来，正如我们在前文讨论重复行为与学习行为时所看到的那样；读者应该还记得啄木鸟的行为符合高超的数学技巧。自第 1 章始，我们就在许多场合中指出，经济学常常把"好似"行为看作是一种合理的建模方法，这一信条尤其受到标准经济学模型的支持。然而，如果标准博弈论无法做出准确预测，那么我们也许会认为，这种对行为的"好似"推测是不正确的，因此模型需要得到修正。对此，我们将在下文讨论优秀模型的第二个特征时，再做更深入的探讨。

尽管缺乏策略思维适用于一些标准模型预测不好的博弈情境，但我们将在本章的其余部分看到，正是更为复杂的策略思维的存在导致了许多异象。在这些情况下，通过改进对现实情形的建模，就可对许多经验发现进行正确的预测，这意味着博弈论仍然是一种可用来进行预测和解释的工具。

对于建模而言，我们所面临的挑战是：一个好的模型必须拥有两个主要特征，以与其他通常的行为模型一致：

1. 解释和预测

它必须能够根据内生的参数解释各种不同博弈的结果。正如我们在本节前文中所见的，博弈结构的变化会导致经验结果发生巨大改变。比如，在最后通牒讨价还价博弈中，引进提议者竞争机制或回应者竞争机制会导致回应者的行为出现巨大差异。一个好的模型必须能够以一种简约的方式来解释这些差异，而不是依赖于就事论事的复杂建模。这种模型的另一个相关特征是，它可以做出有趣的新预测。

2. 心理学基础

这意味着模型必须基于已知的心理机制。这并不一定意味着该模型必须实际上明确地将心理或神经过程纳入其数学公式，但它至少应与这些过程是相容的，并且与其他研究的结果也是相容的。当我们继续讨论特定的模型时，这个问题将变得更加清楚。

总的来说，我们会看到，所有的模型都有一定的优缺点；具有更真实特征的模型具有更大的心理丰富性和预测能力，但其增加的复杂性往往会使其更不容易使用。因此，研究者对模型的选择最终将由其目的决定（Falk and Fischbacher，2005）。

□ 建模中的问题

福尔克和菲施巴赫尔（Falk and Fischbacher，2005）描述了纳入社会偏好的模型需要解决的四个主要问题：

1. 就公平交易而言，参考标准是什么？

这里的共同标准是收益的平均分配。

2. 意图有多重要？

在厌恶不均等（IA）模型中，这些根本不重要，但在互惠模型中，它们是一个重要的组成部分。这意味着重要的不仅仅是参与者行动的结果，而是他们的信念，以及其他可供选择的行动方式。

3. 惩罚的目的是什么？

在厌恶不均等模型中，一个参与者减少另一个参与者的收益的唯一目的是减少不平等，但在互惠模型中，这样的动机是对不友好行为的报复。因此，对于互惠模型，即使不平等没有减少，人们也应该同时关注惩罚和奖励。

4. 谁是相关的参照参与者？

在多人博弈中会出现该问题。在一些模型中，参与者对个体的公平性是单独评估的，而在其他模型中，参照的参与者是作为一个整体的群体。

我们将在 10.7 节中讨论与这些问题相关的经验结果。

□ 心理博弈理论

我们已经看到，社会偏好关注的是人们行为的分配结果，以及人们对于潜在动机和意图的信念。在过去的 20 年里，有很多研究表明人们经常关心这些方面，而研究该问题的行为博弈论的分支是"心理博弈论"（PGT）。心理博弈论将效用模型建立在信念和行动的基础上（Dufwenberg，2006），并被用来概念化信念依赖的情绪，如互惠、厌恶内疚、后悔和羞愧。心理博弈论的最初发展是由吉纳科普洛斯、皮尔斯和斯塔凯蒂（Geanakoplos，Pearce and Stacchetti，1989）在一篇论文中提出的。本阶段的一些例子将帮助读者理解社会偏好、公平、互惠和心理博弈论的性质。

- 安乘坐出租车，她认为司机（比尔）指望得到多少小费就给他多少。如果她少给了小费，她会感到内疚。

- 在飞机上，坐在卡罗尔旁边的陌生人戴夫给了她一块糖果；她喜欢糖果，但她拒绝接受，因为她相信接受它就会在某种程度上对这个陌生人有义务，即使这只是意味着在飞行过程中得努力和他攀谈。她宁愿放弃糖果，也不愿感到有义务去做些什么以示回报。如果她接受了糖果却没有回报些什么，她会再次感到内疚，因为她相信陌生人会认为接受糖果表明她有意友好，她会因为不符合他的期望而让他失望。这样一来，戴夫对她的评价也会降低。

• 艾伦很担心自己的健康，于是向她的朋友也是她的家庭医生弗兰克咨询。弗兰克诊断出艾伦患了一种严重的疾病。弗兰克意识到艾伦正被她的担忧所困扰，也意识到如果他给她开最适合她的药物，这也会让艾伦知道她自己病情的严重程度，从而进一步增加她的焦虑。因为弗兰克关心埃伦，他不愿意给她开最适合的药物；但是这样做会使他进一步增加其对艾伦的内疚感，因为他没有给予艾伦最正确的治疗。

• 吉恩在他的公司申请晋升。他的上司亨利给他写了一份不利的报告，他的申请被驳回了。吉恩认为，部分是由于亨利不了解他工作的质量和数量，当然，部分是由于亨利职业上的嫉妒，这是因为吉恩认为亨利视他为一个优秀的工作者，并感受到了威胁。因此，吉恩向亨利的上级抱怨亨利的行为，尽管这意味着将给他带来更多的工作，而且还可能会在亨利发现自己的不忠后遭到报复。

• 艾琳与吉姆和凯拉分享她买的蛋糕。凯拉注意到吉姆的份额比她的大。她怀疑是艾琳故意给她分得少，但她认为这可能是因为艾琳认为吉姆比她更喜欢吃蛋糕，所以她并不难过。然而，吉姆认为不平等的份额分配是偶然的，并提出分给凯拉他的一部分蛋糕，因为他会因自己拿到了较大份额的蛋糕而什么都没有做而感到内疚。

这些截然不同的情况产生了许多因素。第一，结果或效用在很大程度上与金钱无关（小费除外），而是依赖于信念。第二，人们的效用不仅取决于他们自己的信念，还取决于其他人的信念以及其他人对他们自己信念的信念；因此，心理博弈论模型可以被认为是涉及**信念层次**（hierarchy of beliefs）的模型。第三，诸如愤怒、嫉妒、失望、责备、骄傲、羞耻、感激和内疚的情绪，或避免内疚的愿望，都会影响人们的效用（Geanakoplos, Pearce and Stacchetti, 1989；Battigalli and Dufwenberg, 2007）。这些情感在很大程度上取决于我们的预期和先前的信念，而这些预期和信念在不同的情况下显然是不同的。例如，我们经常关心我们是否引起别人的反感，或者他们对我们的评价是否较低。然而，在其他情况下，我们可能想给别人带来困扰，或者可能不在乎他们对我们的看法。所有这些因素都意味着心理博弈论比标准博弈论更复杂。

最近，有人试图进一步扩大心理博弈论的范围和复杂性，以便处理上述例子中所示的许多看似合理的信念依赖动机的形式。特别是，巴蒂加利和杜文伯格（Battigalli and Dufwenberg, 2009）提出了可能进一步发展的四个方面：

（1）更新信念——心理博弈论最初只允许初始信念影响参与者的效用。

（2）其他人的信念——心理博弈论最初只允许参与者的效用受其自己信念的影响，但我们可以看到，有时其他人的信念，例如他们对他的尊重，也会影响他的效用。

（3）对计划的依赖性——心理博弈论和其他传统博弈论都假设效用只受实际结果的影响，但未实现的意图也可能影响效用。例如，如果我们相信另一个参与者有意伤害我们，即使他们的计划失败，伤害得以避免，这仍然会影响我们对其他参与者的信念和我们的效用。

（4）非均衡分析——像其他博弈论一样，心理博弈论也只考虑均衡的情况，但在现实中，参与者可能不会通过协调来达到均衡。

我们将在下一部分进一步讨论其中一些方面。

□ 模型的性质和特征

一般而言，当前有关社会偏好的模型可分为两大类：厌恶不均等模型与互惠模型。这两类模型都保留了标准模型中的基本假定，即参与者的目标是为了最大化效用，并且参与者假定其他参与者也会追求这一目标。这两类模型与标准模型的区别在于，它们均对效用函数进行了扩展或修正，以便加入对社会偏好的考虑。厌恶不均等模型更简单，因为它们只包含参与者关于分配不均的一阶信念。它们不是心理博弈论模型，因为它们没有像前面讨论的那样建立信念层次，而且除了减少不平等之外，它们没有考虑参与者的情感。互惠模型在本质上更加复杂和多样化，考虑了各种各样的情感，如愤怒、嫉妒、失望、责备、骄傲、羞耻、感激和内疚等。

在这个阶段，两个简单的例子将帮助读者了解心理博弈论模型和其中的一些含义。

1. "超级大礼"博弈

这是一个只有参与者 1 行动的双人博弈。参与者 1 有两种选择：他可以给参与者 2 送花，或者巧克力。他知道参与者 2 对这两种礼物都很喜欢，但他喜欢给她惊喜。因此，如果他认为参与者 2 更期待的是鲜花而不是巧克力，他将从赠送巧克力中获得更多的效用，反之亦然〔该案例改编自吉纳科普洛斯、皮尔斯和斯塔凯蒂的研究（Geanako-plos，Pearce and Stacchetti，1989）〕。在标准博弈论中，如果只有一个参与者行动，那么纯策略博弈总是存在一个均衡；在这个博弈中，如果我们忽略惊喜带来的乐趣，那么纯策略均衡将是参与者 1 送出他认为参与者 2 会获得最大效用的那个礼物。然而，考虑到惊喜这个因素，就会存在一个独特的混合策略均衡，即参与者 1 以同样的概率送出每种礼物。

2. 沮丧/报复博弈

这是一个序贯博弈，同样改编自吉纳科普洛斯、皮尔斯和斯塔凯蒂的研究。它在图 10.1 中以树状博弈图形式显示。

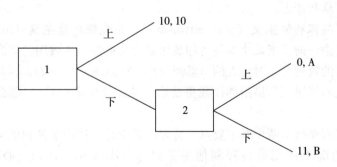

图 10.1 沮丧/报复博弈

参与者 1 只关心物质的结果，但参与者 2 在两个终端节点上的收益取决于他的初始期望。一方面，对于参与者 2 来说，如果他在博弈一开始就认为参与者 1 会选择向下，那么 A＝1 和 B＝5（这些可以被视为金钱回报）；因此如果参与者 1 选择向下，参与者

2选择向下，那么（向下，向下）是一个可信的均衡。另一方面，如果参与者2认为参与者1会选择向上，那么如果参与者1选择向下，参与者2就会感到失望，这就会改变参与者2在两个终端节点的支付（即A和B的值），此时A＝2，B＝0。在这种情况下，参与者2选择向上会伤害参与者1而获得效用，选择向下则会因参与者1的背叛感到沮丧而失去效用。因此，在参与者2的该信念下，博弈的均衡是（向上，不行动）。这里一个重要的启示是：在标准博弈中用于求解序贯博弈的逆向归纳方法不适用于心理博弈。这一发现将在后面的章节中讨论。

在以下两节中，我们将详细考察这两类模型，并讨论它们的心理学基础、由模型结构导致的结果差异以及它们对经验结果的解释能力。在10.7节中，我们将讨论这类模型对经验结果的解释能力。

10.5 厌恶不均等模型

这类模型假定，人们不但在意他们自己的支付，而且还在意这些支付与其他人支付的相对大小。需要指出的是，这类模型有时又被称作"厌恶不均等"模型，但这种称法是不恰当的。我们在前文讨论意图因素和年龄因素时，已经对不均等与不公平的概念差异略有述及。此处最重要的一点是，"不均等"是一个中性词，它不涉及价值判断，而"不公平"则是一个具有价值负载或道德属性的词汇，因为它涉及人们对公正的主观看法。因此，如果某个人类提议者在最后通牒博弈中分出的金额低于总金额的50%，那么回应者对此的拒绝既可能出于对不均等的厌恶，也可能出于对不公平的厌恶。正如我们已看到的那样，为了避免出现这种混淆，我们可引入一种随机化的提议者，比如计算机。如果此时回应者实施了拒绝，那么其原因必然是对不均等的厌恶。

在详细考察厌恶不均等模型之前，我们需要更进一步地考虑一下利他主义的特征，因为在许多情况下，利他主义被认为是社会偏好的基础。对利他主义的考察还可帮助我们理解"内生性""简约性""就事论事"等术语，我们在描述一个好的模型所应有的特征时，曾使用过这些词汇。

一些学者对**纯粹利他主义**（pure altruism）和**非纯粹利他主义**（impure altruism）进行了区分，其中，前者指某个参与者的效用随着其他参与者效用的提高而提高，而后者指某个参与者的效用会因对他人的贡献而增加（Margolis，1982）。因此，如果我把车借给你而不是我的邻居把车借给你使我更快乐（从而使你更快乐），那么这就属于非纯粹利他主义。

现在，我们需要指明两个基本要点。首先，无论是上述的哪种利他主义，都不符合心理学在某些情况下使用的纯粹利他主义概念（Batson，1991）。**心理学利他主义**（psychological altruism）是指，在本人福利得不到任何提高的情况下，提高其他人的福利，其中包括物质上的和心理上的福利。这一现象对于经济学家来说是很古怪的，因为它无法被纳入有关效用最大化的模型之中，无论是标准经济学模型还是行为经济学模型都是如此。对于任何经济学模型来说，除非某个因素可被以某种形式纳入个体的效用函数之中，否则该因素是无法影响个体行为的，但是，阿马蒂亚·森（Amartya Sen，1977）却相信心理学利他主义的现实性。然而，当前的神经科学研究却倾向于支持经济学模型，如第 1 章的最后一个案例研究所示。

其次，利他主义仅能解释积极互惠；它不能解释在前述经验研究中所观察到的广泛存在的消极互惠。任何模型如果仅引入了利他主义，那么在解释经验现象时还要依赖于就事论事的复杂建模，比如根据其他人的效用而改变正负符号。这些针对模型的复杂化是无法根据模型自身结构进行解释的，亦即它们是外生的而不是内生的。此外，这种复杂建模法还会损害模型的简约性，因为我们必须在解释不同的情形时调整模型。

因此，任何涉及社会偏好的成功模型都必须超越利他主义，因为它还必须能够解释恶意行为，比如，我们在许多博弈中所见到的各种惩罚行为。

□ 费尔-施密特模型

费尔和施密特（Fehr and Schmidt，1999）曾提出过一个模型（简称 FS 模型），有时被称为"内疚/嫉妒"模型，但这两位学者实际上把它看作一种厌恶不均等模型。他们对"不均等"的定义基础是：对公平的判断是基于某种"中性"的参考点。他们提到了许多探讨社会比较的社会心理学文献（Stouffer et al.，1949；Festinger，1954；Homans，1961；Adams，1963），并指出在这些研究中的一个核心观点是：相对的物质收益会影响人们的福利和行为。他们还指出，有许多经验发现可直接支持他们的假说（Loewenstein，Thompson and Bazerman，1989；Agell and Lundborg，1995；Clark and Oswald，1996；Bewley，1998）。在对现实情形进行建模时，我们所面临的一个问题是：如何决定相关的参考群体和参考结果？但在实验情形下，我们似乎可以合理地假定相关的参考群体就是实验中的其他被试者，并且参考结果就是其他被试者的平均收入。

因此，FS 模型假定，除了纯粹利己的被试者外，还有某些被试者也不喜欢不均等的结果。这种不均等既包括收入低于别人的情形，也包括收入高于别人的情形。因此，个体的效用函数不但依赖于他们自己的货币收入，还依赖于这些收入与其他人收入的差异。

这一情形可用如下数学形式进行建模：

在一个由 n 名参与者构成的集合中，社会分配由如下收入向量表示：

$$x = (x_1, x_2, \cdots, x_n)$$

参与者 i 的效用函数是该向量的函数，表示如下：

$$U_i(x) = x_i - \alpha_i/(n-1) \sum \max(x_j - x_i, 0) - \beta_i/(n-1) \sum \max(x_i - x_j, 0) \tag{10.1}$$

式中，α_i 衡量的是参与者 i 对劣势不均等的厌恶程度，而 β_i 衡量的是他对优势不均等的厌恶程度。因此，式（10.1）中的第二项代表由劣势不均等带来的效用损失，而第三项则代表由优势不均等带来的效用损失。另外还有三个假定：

（1）$\beta_i \leqslant \alpha_i$，这意味着优势不均等给参与者带来的效用损失要低于劣势不均等带来的效用损失。显然，根据一些直接的经验证据（Loewenstein, Thompson and Bazerman，1989），这是一个很合理的假定。

（2）$0 \leqslant \beta_i < 1$，该不等式的下界意味着优势不均等确实会给参与者造成效用损失，而不是使参与者从中得到额外的愉悦。这一假定显然是令人质疑的（Frank，1985；Wilkinson，2004），而费尔和施密特也承认，对于那些追求地位的人来说，其 β_i 值应该是负的，但他们却证明这种人"对于最终的均衡行为不存在影响"，因此，上述假定就是合理的。不等式的上界是 $\beta_i = 1$，其含义是：一名参与者愿意放弃 1 美元来使他相对于参与者 j 的优势也降低 1 美元，这看起来是不太可能的。

（3）参与者是异质的，这意味着不同的参与者有不同的 α 和 β 值，因此，α 和 β 对整体而言具有分布而不是单一的值。

基于式（10.1）的效用函数，费尔和施密特就可使用博弈分析法（与前一章讨论序贯型策略时使用的方法类似）来推算 α 和 β 的平均值，有时它们又被称为"嫉妒"和"内疚"系数，这对于解释各种经验结果是必要的。

FS 模型针对各种最后通牒博弈及公共品博弈得出了许多结论。虽然标准经济学模型预测在公共品博弈中，会存在完全的"搭便车"现象（亦即零捐献），并且没有人愿意实施有代价的惩罚，但 FS 模型却认为，如果参与者具有足够的嫉妒感或内疚感，那么捐献行为与惩罚行为就都会发生。FS 模型得出了许多特定的结论，其中包括：（1）在什么条件下人们会"搭便车"（$\beta_i \leqslant 1-m$，其中 m 表示由公共品得到的边际收益）；（2）多少"搭便车者"（k）可导致所有人都"搭便车"（$k > m(n-1)/2$）；（3）当内疚感和嫉妒感达到怎样的程度时，可出现捐献值和惩罚值为正的均衡（这也由内生参数 α_i、β_i、m 和惩罚成本 c 决定）。

FS 的两大优点如下：

1. 简洁性

无论从参数的个数还是从函数的线性形式来看，该模型都很简单（尽管后一个特性可以很容易地修改）。

2. 稳健性

这一特征是指，该模型可解释从不同博弈中观察到的大量结果。比如，它不但可拟合常规的最后通牒博弈，而且还能够拟合引入提议者或回应者竞争机制的最后通牒博弈。对于这些竞争机制而言，该模型可得出一项有趣的预测：当引入提议者竞争机制时，提议者的数量不会影响均衡值，亦即分出金额几乎为零；而当引入回应者竞争机制时，回应者人数的增加会降低最高的均衡值，即最高的分出金额会下降。这些不同的预测结果还需要进一步的经验验证。10.7 节将会讨论经验证据的性质及其与不同模型的关系，同时对涉及的方法做出评论。

□ 博尔顿-奥肯菲尔斯模型

该模型（简称 BO 模型）是由博尔顿和奥肯菲尔斯（Bolton and Ockenfels，2000）提出的，通常被称为 ERC 模型，因为其中涉及了公平、互惠和竞争三个因素。* 该模型

---

* 公平、互惠和竞争的英文单词分别对应为 Equity、Reciprocity 和 Competition，其首字母组合为 ERC。——译者注

在许多方面与 FS 模型是类似的，因为参与者不但在意自己的支付，而且还在意他们的相对支付。该模型假定，参与者希望自己的相对支付与平均支付相等，这意味着无论参与者的支付是高于还是低于平均支付，他们都愿意做出一定的牺牲，以使自己的所得接近于平均支付。

这一情形可用如下数学形式进行建模：

$$U_i(x) = U(x_i, \ x_i / \sum x_j) \tag{10.2}$$

BO 模型与 FS 模型一样，它使用博弈分析法来对各种博弈的均衡进行特定的预测。比如，它预测最后通牒博弈中的回应者会一直拒绝为零的分出额，并且当分出额上升时，拒绝率会下降。它还预测最后通牒博弈中的分出额要高于独裁者博弈中的分出额，并且在三人博弈中，无行动权的接受者所获多少是被忽视的。这些预测在很大程度上都得到了经验证实。

在 BO 模型与 FS 模型之间存在三个主要差别：

（1）BO 模型涉及的是支付的相对大小，而 FS 涉及的是支付的绝对差异。

（2）BO 模型并不像 FS 模型那样将每个参与者的支付与最高支付和最低支付做对比；BO 模型仅仅将每个参与者的支付与平均支付做对比。

（3）BO 模型假设人们对不均等持有一种对称的态度，亦即内疚和嫉妒在程度上是相等的（$\alpha_i = \beta_i$），而 FS 模型却假定嫉妒感要比内疚感更大。

从上述三个方面来看，FS 似乎都更具有优势，它更能拟合经验事实，心理学基础也更稳固。我们可用一个三人博弈来对此进行简单的证明，他们的收入可表示为（x，$x - \varepsilon$，$x + \varepsilon$）。根据 BO 模型，第一位参与者的偏好应该与 ε 无关，因为三人的总收入是常数，于是第一位参与者的收入占总收入的比例是不受 ε 影响的。然而，根据 FS 模型，当 ε 上升时，第一位参与者对第三位参与者收入的嫉妒感和对第二位参与者收入的内疚感都会上升，这会导致第一位参与者的效用下降。由查尼斯和拉宾（Charness and Rabin，2000）所做的一项研究证实了这一预测，10.7 节将会对类似的经验发现进行回顾。然而，这一结论并不意味着 FS 模型可以解释该类博弈的所有经验结果，也不意味着它吸纳了所有的相关心理学因素，我们将在下文看到这一点。

10.6 互惠模型

互惠模型所基于的思想是：人们对公平的看法不仅依赖于是否受到平等对待，而且还依赖于所受到的对待是起于什么意图。正如在前一节所提到的那样，利他主义只能解释积极互惠，但任何现实的模型都必须能够解释和预测在经验中广泛可见的消极互惠。一般来说，人们会对他人怀有"友好"或"不友好"的意图，这取决于我们认为他们对我们的意图是什么。因此，意图取决于信念和可能性。例如，如果我们除了向某人提出不公平的报价之外别无选择，这就不像我们在公平报价和不公报价之间有选择时仍然选择不公报价那样被判定为不公平。与此相关的经验证据将在下一节中介绍。

由拉宾（Rabin，1993）提出的一个模型可作为我们讨论互惠问题的一个很好的起点，因为拉宾模型是关于该问题的第一个正式模型，也是最简单的模型。

□ 拉宾模型

拉宾模型的中心思想可由如下一段话表示出来：

> 如果有人对你好，公平意味着你也要对他好。如果有人对你刻薄，公平允许——而且报复要求——你对他刻薄。(p. 1281)

该模型是一个两人模型，其中每个人的效用都依赖于信念。参与者 1 的策略（以 a_1 表示）依赖于他对参与者 2 策略的信念（以 b_2 表示），并且还依赖于他对参与者 2 关于参与者 1 策略的信念的信念（以 c_1 表示）。该模型对参与者 2 策略的描述也是类似的。根据这些假定，我们就可对如下两个重要概念进行说明：（1）参与者 1 对参与者 2 的"善意"是多少；（2）参与者 1 认为参与者 2 对他的"善意"是多少。对这些概念的说明和解释需要费一番脑筋，对此，我们将在下文以囚徒困境博弈作为例子，来对相关分析方法给出一个较为详尽的说明。

1. 参与者 1 对参与者 2 的"善意"

给定参与者 1 对参与者 2 策略的信念为 b_2，他自身的策略就是如何在可能的支付集合中向参与者 2 分配一个支付。令参与者 2 可获得的最高和最低支付分别为 $\pi_2^{\max}(b_2)$ 和 $\pi_2^{\min}(b_2)$。接下来我们需要定义一个公平支付，即 $\pi_2^{fair}(b_2)$，拉宾将其设为最高和最低支付的平均值（这种特定的定义不会影响基本的分析）。于是，参与者 1 对参与者 2 的善意可表示如下：

$$f_1(a_1, b_2) = \frac{\pi_2(b_2, a_1) - \pi_2^{fair}(b_2)}{\pi_2^{\max}(b_2) - \pi_2^{\min}(b_2)} \tag{10.3}$$

对此式的解释是：参与者 1 对参与者 2 的善意是他自己的策略（a_1）以及他对参与者 2 策略的信念（b_2）的函数。此处，善意的程度被表达成分数的形式，其中分子为参与者 2 的实际支付相对于公平支付的高或低的状况，分母为参与者 1 可选择的向参与者 2 分配的支付范围。因此，如果参与者 2 获得一个高于公平支付的支付，那么分子就是正的，这意味着参与者 1 是怀有善意的。反之，如果参与者 2 获得一个低于公平支付的支付，那么分子将为负，这表明参与者 1 怀有恶意。

2. 参与人 1 对参与人 2 善意的感知

这依赖于参与者 1 对参与者 2 关于参与者 1 策略的信念的信念（c_1）。可用下式表达：

$$f\sim_2(b_2, c_1) = \frac{\pi_1(c_1, b_2) - \pi_1^{fair}(c_1)}{\pi_1^{\max}(c_1) - \pi_1^{\min}(c_1)} \tag{10.4}$$

拉宾接下来假定参与者 1 的社会偏好可表达为一个由三项之和构成的效用函数：

$$U_1(a_1, b_2, c_1) = \pi_1(a_1, b_2) + \alpha f\sim_2(b_2, c_1) + \alpha f\sim_2(b_2, c_1)f_1(a_1, b_2) \tag{10.5}$$

式中，该函数的第一项 $\pi_1(a_1, b_2)$ 代表参与者 1 的直接货币支付。第二项 $\alpha f\sim_2(b_2, c_1)$ 表示参与者 1 是如何看待参与者 2 的善意的，并从中获得一定的效用，其中 α 表示把公平转换成货币效用的权重（如果参与者无社会偏好，则 $\alpha=0$）。而第三项 $\alpha f\sim_2(b_2, c_1)$ $f_1(a_1, b_2)$ 表示互惠的效用，它是参与者预期接受到的善意与自身对他人善意的乘积的函数。应该指出的是，如果参与者 1 的慷慨得到了参与者 2 的回报，那么该项就为正，而如果参与者 1 的恶意得到了参与者 2 的报复，那么此项也应为正。这样一来，无论是积极互惠还是消极互惠，都会带来正的效用，这一点有异于利他主义模型。

该模型的均衡可在参与者最大化社会效用的基础上得到，此处假定参与者是理性预期的，即 $a_1=b_2=c_1$。这意味着对另一参与者策略的信念是正确的，并且对另一参与者信念的信念也是正确的。我们可用一种囚徒困境博弈来说明该模型的机制，其中，给定的货币支付在表 10.3 中表示出来。

表 10.3　仅涉及货币支付的囚徒困境博弈

		参与者 2	
		合作	背叛
参与者 1	合作	4，4	0，6
	背叛	6，0	1，1

从该表中可以看到，所涉及的货币支付与表 10.2 中的情况是类似的，因此，对每名参与者来说，如果不存在社会效用，其占优策略就是选择背叛。现在，我们将对社会效用也进行计算，方法是通过调整货币支付以加入公平或"善意"因素，所基于的效用函数由式（10.5）给出。我们对参与者 1 所面临的四种可能策略组合分别做了计算（参与者 2 面临的策略组合状况与参与者 1 是相同的，因为表 10.3 中的货币支付是对称的）。

1. 合作/合作

$$U_1 = 4 + \alpha(4-2)/(4-0) + \alpha(4-2)/(4-0) \times (4-2)/(4-0)$$

$$= 4 + 0.5\alpha + 0.25\alpha = 4 + 0.75\alpha$$

式中的第二项（0.5α）是正的，它代表参与者 1 认为另一名参与者是善意的，而第三项（0.25α）也是正的，因为它代表积极互惠。

2. 合作/背叛

$$U_1 = 0 + \alpha(0-2)/(4-0) + \alpha(0-2)/(4-0) \times (6-3.5)/(6-1)$$

$$= 0 - 0.5\alpha - 0.25\alpha = 0 - 0.75\alpha$$

式中，第二项和第三项都是负的。其含义是：另一名参与者不仅是怀有恶意的，而且并未回报参与者 1 的善意。

3. 背叛/合作

$$U_1 = 6 + \alpha(6-3.5)/(6-1) + \alpha(6-3.5)/(6-1) \times (0-2)/(4-0)$$

$$= 6 + 0.5\alpha - 0.25\alpha = 6 + 0.25\alpha$$

式中第二项是正的，表示参与者 1 认为另一名参与者是善意的，但第三项是负的，因为参与者 1 的恶意并未受到对方的报复。

4. 背叛/背叛

$$U_1 = 1 + \alpha(1-3.5)/(6-1) + \alpha(1-3.5)/(6-1) \times (1-3.5)/(6-1)$$

$$= 1 - 0.5\alpha + 0.25\alpha = 1 - 0.25\alpha$$

式中第二项是负的，因为参与者 1 认为另一名参与者是恶意的，但第三项是正的，因为参与者 1 对另一名参与者的恶意实施了报复。

现在，我们可构造一个新的支付矩阵，其中，对每个策略组合都加入了社会效用的计算。这在表 10.4 中表示了出来。

表 10.4　引入社会效用后的囚徒困境博弈

		参与者 2	
		合作	背叛
参与者 1	合作	$4+0.75\alpha$，$4+0.75\alpha$	$0-0.75\alpha$，$6+0.25\alpha$
	背叛	$6+0.25\alpha$，$0-0.75\alpha$	$1-0.25\alpha$，$1-0.25\alpha$

在这个被修正的支付矩阵中，每名参与者的占优策略不再必然是选择背叛。如果 $4+0.75\alpha > 6+0.25\alpha$，亦即 $\alpha > 4$，那么当对手选择合作时，我也选择合作将会比选择背叛获得更高的支付。这里的含义是：如果人们对公平有足够强的社会偏好，那么在纯策略博弈中会有两个纳什均衡：（合作，合作）和（背叛，背叛）。或者，我们也可以从混合策略均衡的角度来看待这种情况。

☐ 福尔克-菲施巴赫尔模型

福尔克和菲施巴赫尔（Falk and Fischbacher，2006）构造了另一个互惠模型，其中与拉宾的三因素模型不同的是，该模型在社会效用函数中引入了四个因素。除了货币或"物质"支付、善意以及互惠这三个因素外，该模型还考虑了参与者表达善意的意图是什么。FF 模型*与拉宾模型存在两个重要的不同之处：（1）善意是通过不同参与者的支付差异来衡量的，而不是针对单一参与者的可能支付来衡量；（2）意图被认为与可选的分配方案有关，无论这些分配方案是否被选择。我们现在来详细讨论这两个不同之处。

1. 对善意的衡量

在拉宾的模型中，对善意的判断方法是考察参与者的支付相对于某个"公平"支付是多少，而"公平"支付又依赖于所有参与者的支付的范围。与此相对的是，FF 模型假设参与者判断公平的方法是观察他们自己的期望支付与另一名参与者支付的差异。

2. 对意图的衡量

在 FF 模型中存在一个意图函数，它将一组可能的支付与一组可替代的支付进行对

---

　*　由于这两位学者英文名字的首字母均为 F，故简称 FF 模型。——译者注

比。在这种情形下，决策者在判断他所选择的分配方案是否公平时，就需要考虑机会成本。比如在最后通牒博弈中，选择一个 80%/20% 的分配方案在某些情形下也许会被认为是不公平的，但在另一些情形下却是公平的，这取决于决策者的备选方案是怎样的。如果备选方案仅仅是 90%/10%，那么选择 80%/20% 的分配方案就是公平的。

我们在此处不打算给出 FF 模型的更多细节，因为该模型主要被用来分析序贯博弈或扩展式博弈，而不是我们当前所考察的这种标准式博弈。我们在前一章已看到，对扩展式博弈的分析要比对同时博弈的分析复杂得多，因为标准博弈理论中涉及逆向归纳法的运用。但是，正如我们在心理博弈论（PGT）一节中所看到的，逆向归纳法不适用于心理博弈。

□ 杜文伯格-基西施泰格模型

杜文伯格和基西施泰格（Dufwenberg and Kirchsteiger，2004）提出了 FF 模型的变体模型。杜文伯格和基西施泰格模型（简称 DK 模型）与 FF 模型更为类似，它也假设判断公平的方法是观察某一个参与者自己的期望支付与另一个参与者支付的差异，这与拉宾模型是不同的。DK 模型也是基于心理博弈论建立的，但将分析扩展到参与者的信念和期望在整个博弈中会发生变化的情况，而在吉纳科普洛斯，皮尔斯和斯塔凯蒂（Geanakoplos，Pearce and Stacchetti，1989）的原始论文中，初始条件或信念在整个博弈中保持不变。这种扩展分析的一个结果是：由于参与者信念的改变，可能发生偏好逆转。用 DK 模型分析序贯囚徒困境博弈得到的结论与用拉宾模型分析得到的结论相似：如果参与者具有高的互惠敏感性，则可能会产生一个双纳什均衡解。双方都可能出于物质和互惠的原因进行合作；或者双方都可能因为自我实现的预期而背叛，因为每个参与者都认为对方是不友善的，反过来又用不友善的态度对待对方。

DK 模型还对上一章讨论的信任博弈——蜈蚣博弈做出了一些有趣的预测。在 DK 模型下，博弈中的参与者可以在每个节点上选择结束（背叛）或继续，在这种情况下，他们的支付减少 1，而对方的支付增加 2。图 10.2 展示了一个四阶段的博弈。

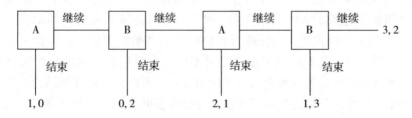

图 10.2 互惠的蜈蚣博弈

这里最有趣的预测是，只要有一个参与者受到互惠的激励，就足以让两个参与者选择继续，直至最后一个决策点或倒数第二的结束点。例如，即使 A 怀疑 B 会在最后一个决策点下选择结束，如果 B 一直选择合作直至该点，并且因此建立了一个有规律的善意模式，A 仍然会在前一个决策点选择继续。这样做的结果是：B 可能一直选择合作直至最后一个决策点，即使他是完全自私的。由此得出的另一个预测是：博弈的阶段越多，参与者就越有可能合作，因为这得以让他们之间建立更好的友善关系。杜文伯格（Dufwenberg，2002）在一个基于过失厌恶动机的心理博弈中将这一过程称为"**心理正**

向诱导"（psychological forward induction）。

我们可以看到，拉宾模型和 DK 模型有很多不同之处，其中最重要的可以总结如下：

（1）DK 模型适用于序贯博弈和同时博弈。

（2）DK 模型适用于有两个以上参与者的博弈。

（3）DK 模型用与物质收益相同的单位来衡量善意，而拉宾模型则以比率来衡量善意。

（4）DK 模型认为策略的有效性与参与者的信念无关，而在拉宾模型中，策略的有效性依赖于参与者的信念。

这些差异的启示之一是，拉宾模型保证在任何没有充满善意的参与者的博弈中存在均衡。在许多博弈中也可能存在两个参与者都是善意的"快乐"均衡，但在这些情况下必然存在多个均衡，其中，至少包括一个没有善意参与者的均衡。我们已经在蜈蚣博弈中看到，DK 模型在其含义上并不那么"悲观"，尽管在其他博弈中，一个"快乐"的均衡并没有得到保证。

一般来说，互惠模型相对于厌恶不均等（IA）模型的主要优点是：互惠模型考虑了 IA 模型忽略的重要心理因素。然而，正如杜文伯格和基西施泰格（Dufwenberg and Kirchsteiger，2004）自己承认的那样，DK 模型仍然忽略了前面提到的心理博弈论背景下的许多其他心理因素，例如，对平等、嫉妒、失望和内疚-厌恶的关注。这些因素已经在巴蒂加利和杜文伯格（Battigalli and Dufwenberg，2007，2009）的论文中得到了解决。然而，由于其提议的模型格外复杂，我们在此不做讨论。

10.7　经验证据

在 10.2 节中，我们已经讨论了与上一章中描述的一些基本博弈有关的经验证据的某些方面，例如囚徒困境博弈、最后通牒博弈、独裁者博弈和公共品博弈。然而，在 10.2 节中我们只关心经验结果与标准博弈论的预测结果的比较。就像在第 8 章中研究跨期选择模型时一样，我们现在需要从它对不同行为模型的启示的角度来检验经验证据。对于涉及社会偏好的博弈和跨时选择模型，我们可以得出同样的结论：与比较不同的行为模型的预测如何符合经验结果相比，在标准模型中，更容易显现出异象。理解这些困惑的本质很重要。在标准博弈甚至是前一章讨论的许多行为博弈中，参与者可以学会如何行动以形成一些均衡，因为通过重复博弈，他们可以对对手的行为持有正确的信念（Fudenberg and Levine，1998）。然而，"这对于心理博弈来说可能是不够的；因为参与者的支付取决于其信念水平，参与者必须能够推测别人的信念，但不同于行动，信念通常是事后无法观察到的"（Battigalli and Dufwenberg，2009）。这一问题的结果便是参与者可能拥有与特定理论所提出的相同的心理偏向，而不是因为对信念的错误信念根据均衡预测行为。

研究结果再次来源于三个主要方面：行为研究、进化心理学和神经科学研究。

□ 行为研究

通过比较前面描述的两个 IA 模型。我们已经看到，在比较一个参与者的支付与其他参与者的最大和最小支付而不是他们的平均支付方面，经验证据支持 FS 模型而不是 BO 模型。FS 模型的另一个优点是，它可以正确预测公共品博弈中受到惩罚的是最大的"搭便车者"，而 BO 模型则无法预测是谁受到了惩罚。

这里要提到的最后一个优势是关于最后通牒博弈的各种预测，在最后通牒博弈中，拒绝者会获得原报价 10% 的支付。BO 模型预测，由于相对份额不受接受或拒绝的影响，但支付随接受而变大，因此回应者绝不会拒绝不平等的报价，例如 80% / 20%。相比之下，标准的线性 FS 模型预测的是无差异，但对模型的修改，即允许金钱、内疚和嫉妒有凹效用，可以预测到拒绝。这与经验结果更加一致，在经验结果中，回应者对 80% / 20% 报价的拒绝率可能高达 50%。

然而，宾默尔和谢克德（Binmore and Shaked，2010a）对费尔-施密特的方法提出了严厉批评。这些作者报告说，FS 模型在 2 390 部作品中被不加批判地引用，而且参考了该文这些方法"被认为是毫无问题的，甚至被教授给了本科生"。首先，应该指出的是，在这篇文章中介绍的几乎所有模型在某种程度上都是"有问题的"，包括前景理论。这并不是说，只要这些问题被指出来，这些模型就不应该教授给本科生。宾默尔和谢克德提出的一个有效观点是：在这篇文章的第一版中，尽管描述了 FS 模型的某些局限性，但并未对该方法发表评论。在这里讨论宾默尔和谢克德的论文（BS）的细节是不合适的，学生可以参考原始作品，以及对它的各种反应，但他们批评的四个主要理由总结如下：

1. 参数校准

本文认为，仅从最后通牒博弈数据不能估计 α 和 β 的分布，这使得参数识别不足。

2. 参数分布不能保持恒定

费尔和施密特有时会改变他们关于 α 和 β 的联合分布的假设，而在适应或拟合新数据的时候会忽略这一点。特别是，BS 指出，FS 论文中涉及就业契约的分布（2004，2005，2007）与原始最后通牒博弈数据不一致。其中，60% 与标准经济学模型估计一致（$\alpha = \beta = 0$），40% 表现出了不平等厌恶（$\alpha = \beta > 0.5$）。FS 对此的回应是，后来的 40：60 分布本质上是对最初使用的分布的简化。

3. 预测在数量上是不准确的

BS 论文认为，在各种博弈中，包括有惩罚和无惩罚的公共品博弈、拍卖博弈和契约博弈中，FS 的预测总体上不比不考虑其他偏好的标准模型的预测准确。

4. 精心挑选数据和结果

上面已经提及，这确实是最严肃的批评了。BS 认为 FS 在其关于不平等厌恶的一系列论文中都侧重于支持其模型的数据和预测，忽略那些不支持模型的数据或预测，并且在这种比较是不利的情况下，没有与标准模型（或用 BS 术语所说的"最大化货币"模型）进行适当的比较。

宾默尔和谢克德强调，他们的批评并不是特别针对 FS IA 模型，而是针对实验经济学普遍的研究现状。然而，费尔和施密特（Fehr and Schmidt，2010）反驳了上述观点，并为他们的方法进行了辩护，而且埃克尔和金迪斯（Eckel and Gintis，2010）也为实验经济学中的一般方法进行了辩护，并特别为 FS 论文进行了辩护。宾默尔和谢克德（Binmore and Shaked，2010b）对此的回应进一步分化并扩大了辩论的范围。他们不仅声称 FS 没有以任何实质性的方式回应他们的批评，而且他们还批评了金迪斯（Gintis，2009）的工作。他们声称，金蒂斯在数据和预测方面采用了类似的精选方法。毫无疑问，这种争论还会持续一段时间。

在检查和比较了不同的 IA 模型之后，我们现在可以扩大讨论范围，并在总体上将 IA 模型和互惠模型进行比较。这意味着我们需要解决上一节中描述的与建模相关的四个问题。

1. 公平交易的参考标准是什么？

在这里似乎很少有争议的是，当这些支付被视为非劳动支付时，平等的支付分配通常被认为是公平的（Loewenstein，Thompson and Bazerman，1989；Falk and Fischbacher，2005）。然而，正如我们已经看到的那样，在现实中，支付很少以"来自天堂的恩赐"的形式出现，当涉及"功过"或权利的因素时，无论是在文化内部还是在文化之间，我们发现偏好可能是高度异质的。

2. 意图有多重要？

第二个问题对于评估和比较 IA 模型和互惠模型具有根本的重要性。大量的经验证据表明，人们不仅关心不平等，他们也关心互惠和意图。例如，在最后通牒博弈中，回应者可能会拒绝提议者由于想获得更多收益而提出的 80％/20％的报价，但是，如果这个提议是由随机过程决定的，回应者可能会接受相同的报价。这清楚地表明，**"结果论"**（consequentialistic）视角关于人们只考虑收益而不考虑信念和意图的观点是不够的。这一发现得到了多项研究的支持。例如，福尔克和菲施巴赫尔（Falk and Fischbacher，2005）进行了一项基于最后通牒博弈的实验，比较了在有不同选择的情况下，8/2 提议被拒绝的情况。如果提议者可以选择提供一个均分（5/5）报价，那么有 44％的人会拒绝不太有利的（8/2）报价。然而，如果另一种选择是更为不利的（10/0），那么只有大约 9％的被试者拒绝这个报价。此外，如果替代选择是对提议人不利的（2/8）报价，只有 27％的人会拒绝原（8/2）报价，这表明大多数被试者并不认为提议者会选择对自己不利的报价。

福尔克、费尔和菲施巴赫尔（Falk，Fehr and Fischbacher，2008）最近的一项研究证实了其中一些发现。这项研究涉及一个**"兼职博弈"**（moonlighting game），在这个博弈中，提议者可以给回应者礼券（价值增加三倍），也可以拿走它们。回应者反过来可以通过给予礼券或以一定代价拿走礼券来奖励或惩罚提议者。该博弈将最后通牒博弈、有惩罚的公共品博弈和信任博弈等要素结合起来。特别重要的是，在一个实验组中，报价是由计算机随机生成的，这让我们看到了意图的相关性。正如预期的那样，回应者奖励给予、惩罚索取，表现出强烈的互惠性。在标准处理中存在着轻微的不对称性，即对提议者给定比例的给予或收回，惩罚比奖励的份额更大。因此，平均而言，回应者通过返还 6 个礼券来奖励提议者给予的 6 个礼券，但通过拿走 8 个礼券来惩罚提议者带走 6 个礼券的行为。到目前为止，这些结果与 IA 模型一致，即人们更厌恶消极的不平等而不是积极的不平等。然而，当使用随机处理时，奖励和惩罚都要小得多，在任何情况下都不超过两个礼券。因此，尽管仍有一些不平等厌恶的证据，但奖励和惩罚的大幅减少表明人们非常重视意图，而不仅仅是结果。

也有证据表明，意图的宣告很重要。郝和豪斯（Hao and Houser，2017）的一项研究报告称，宣布未来的行为会导致更少的不诚实行为，并且可能在宣布后采取的不诚实行动比在没有宣布的情况下采取的同等行动更容易被视为不诚实。

总而言之，可以说互惠模型比 IA 模型更现实，尽管由于它们必须考虑到未选择的选项以及已选择的选项而在分析上更为复杂。然而，由于进行这种分析的数学复杂性越大，解释和预测的准确性也会更高，因此，这样的麻烦也是值得的。

3. 惩罚的目的是什么？

IA 模型和互惠模型之间也有区别。根据 IA 模型，惩罚只会发生在减少物质回报不平等的情况下，而互惠模型认为动机是对不友善行为的报复，而不管这种行为是否减少了不平等。福尔克、费尔和菲施巴赫尔（Falk，Fehr and Fischbacher，2001）使用最后通牒博弈和公共品博弈的实验表明，不平等厌恶不能解释发生的许多惩罚。

4. 谁是相关的参考参与者？

福尔克、费尔和菲施巴赫尔（Falk，Fehr and Fischbacher，2001）再次对这一问题进行了研究。他们的实验结果清楚地表明，人们倾向于惩罚单个背叛者，而不是作为一个包括背叛者和合作者的整体。这代表了对 IA 模型的另一种反驳，因为这些模型预测了合作者希望相对于群体平均水平改善其处境，也就是说惩罚合作者比惩罚背叛者成本更小。

各种其他重要的发现来自经验研究，共同的主题是某种不对称性：

1. 互惠的不对称

人们往往惩罚不善良的行为多于回报善良的行为。克罗森和科诺（Croson and Konow，2009）提出了两个原因：第一，即便是公正的旁观者也表现出潜在偏好的不对称性；第二，存在道德偏见，即利益相关者惩罚多于旁观者、奖励少于旁观者。

2. 对惩罚者和合作者的态度不对称

基约纳和巴克莱（Kiyonari and Barclay，2008）的一项研究发现，人们更愿意支持或奖励那些会奖励合作者的人，而不是那些会惩罚不合作的人。人们不会奖励惩罚者，也不会惩罚不惩罚者。这似乎表明，与消极的处罚相比，人们更倾向于积极的鼓励。

3. 贡献意愿不对称

我们已经看到，在公共品博弈中，除非有惩罚的可能性，否则贡献有逐渐减少的趋势。然而，这有各种可能的原因：（1）随着时间的推移，人们可能会改变自己对他人贡献意愿的看法；（2）人们对贡献有不同的偏好；（3）人们希望自己的贡献比别人少，以至随着别人的贡献下降，自己的贡献在一个"逐底竞赛"中下降。菲施巴赫尔和加赫特（Fischbacher and Gächter，2010）认为，第三种解释是合理的。也有报道说，在期限和结果都不确定的开放式项目中，不仅会出现贡献随时间下降的趋势，而且会出现拖延的

10

趋势（Bonatti and Hörner，2011）。这就暗示了一种实施限期以消除道德风险的政策。

4. 恶意偏好效应的不对称性

虽然我们已经看到，强互惠者有惩罚"搭便车者"的意愿，这些恶意偏向促进了合作，但也有相当数量的"搭便车者"有惩罚合作者的意愿，这在一定程度上减少了合作。这些"搭便车者"并不纯粹是自私的，因为他们准备付出一定的成本来减少他人的收益，这个企图是增加他们自己与合作者之间的收益差额。福尔克、费尔和菲施巴赫尔（Falk，Fehr and Fischbacher，2005）发现，在他们的研究中，13％的被试者在单次公共品博弈中属于这一类别。费尔、霍夫和克什特拉梅德（Fehr，Hoff and Kshetramade，2008）在印度进行了一项单次信任博弈的实验，发现具有恶意偏向的高种姓被试者中，惩罚合作行为的比例特别高。加赫特和赫尔曼（Gächter and Hermann，2010）在俄罗斯进行的实验也得出了这样的结论：当背叛和合作都受到惩罚时，"搭便车者"的合作动机就会降低。

5. 从众偏向的不对称性

我们已经看到，在许多环境中，人们喜欢"跟随大众"，因为大众既影响概率的估计，也会影响价值观，这意味着我们倾向于喜欢别人喜欢的东西。然而，也有一种趋势（通常是少数人）想要"逃离大众"，这通常是个人独立性的体现。中佐野（Nakazono，2013）就美国联邦公开市场委员会（FOMC）的预测提供了一个有趣的例子。他发现，联邦公开市场委员会的 7 位理事做出遵循先前共识的预测，这可能同时表明了从众偏向和证实偏向；然而，FOMC 的其他轮值成员会夸大他们的预测：他们的预测大大偏离了此前的共识。这表明，他们意识到理事们的偏见，并希望否定它。

6. 始终如一的贡献者对团队合作至关重要

虽然之前的发现对人类社会有一些悲观的启示，但始终如一的贡献者的硬核促进了团体内部一般合作的发展的发现，却具有乐观的暗示。社会研究人员承认这一点已经有一段时间了（Elster，1985a），但最近的实验研究支持了这些结论。此外，他们还指出，基本上具有"持续合作"策略的始终如一的贡献者，其行为往往不会造成任何损失，有时还会有所收获，至少在与实际社会相似的重复多人情境中是如此（Weber and Murnighan，2008）。过去，这有点令人困惑，因为根据标准博弈论，此类贡献者永远不会比其他参与者获得更高的收益，并且总会在短期内被背叛者所利用。因此，他们被贴上了"傻瓜"的标签。但是，始终如一的贡献者似乎可能会获得其他回报，比如声望，也许还有获得更多伴侣的机会，这在自私基因理论中被忽略了，并且这可能使他们得以生存和繁衍。在许多社会中，表现出自我牺牲勇气的勇士往往受到重视（Chagnon，1988，1990），并且就**成本信号理论**（costly signaling theory）而言，对这一现象已给出了解释（Gintis，Smith and Bowles，2001；Smith and Bird，2005）。成本的信号是一种可信的承诺，这与进化生物学中的障碍理论类似（Zahavi，1975），即只有有价值的个体才能提供某种信号。一些政治制度似乎在此基础上赋予个人威望（Boone，1998）。这些个体对群体的影响对于产生普遍合作至关重要，因为他们的行为通过促使合作成为社会规范，鼓励有条件的合作者更频繁地合作。在这种情况下，"搭便车者"的惩罚者可能会给出一个可信的信号，即只有他们能够支付惩罚的成本。这反过来可能会导致观察者以标准博弈理论没有考虑到的方式奖励他们。然而，在这样的制度中，惩罚甚至不需要明确，因为人们可能会因羞愧而合作（Elster，1985b）。下一节将讨论社会规范的含义。

7. 自愿的惩罚最能促进合作

卡萨里和路尼（Casari and Luini，2009）在一个实验中比较了双方同意的惩罚制度和自主的个人惩罚的效果，发现前者促进了更高层次的合作。同样，社会规范在这里似乎同样重要。

8. 重复博弈中的合作只有在满足若干条件时才趋于形成

在涉及无限次重复博弈的实验中，或者随机确定此类博弈结束的模拟实验中，证据表明，即使存在一种涉及合作的均衡，合作也无法得到保证，而且该均衡既是**帕累托有效**（Pareto efficient）的，也是**风险占优**（risk dominant）的（Bó and Fréchette，2011）。这最好用一个例子来说明，此处我们使用上一章中的一个简单示例来说明（表 10.5 是表 9.4 的重复）。

表 10.5　帕累托有效和风险占优

		嫌犯 B	
		坦白	不坦白
嫌犯 A	坦白	5.5	2.10
	不坦白	10.2	1.1

我们已经看到，在上述情况下存在两个纳什均衡：两个嫌犯都坦白或两个嫌犯都不坦白（这显然不是囚徒困境情景，因为没有占优策略）。其中，第二个均衡涉及合作，是帕累托有效的，因为不坦白比双方都坦白会让双方的境况都更好。然而，第一个均衡是风险占优的。在 2×2 对称博弈中，当均衡策略是对混合策略（其他参与人以相同的概率使用每种策略）的最佳反应时，就会出现风险占优均衡（Harsanyi and Selten，1988）。表 10.5 中，坦白的平均刑期为 3.5 年，不坦白的平均刑期为 5.5 年。由此可见，在这种情况下，双方坦白（即背叛）的均衡是风险占优的，这主要是因为当对方坦白时，不坦白的"傻瓜"支付非常高。伯和弗雷切特（Bó and Fréchette，2011）发现，即使均衡既是帕累托有效的又是风险占优的，这些条件也不足以使合作在无限重复的博弈中实现。只有当合作的收益和未来博弈的可能性足够高时，被试者才会倾向于实现高水平的合作。

9. 过度无私的参与者是不受欢迎的

这一反直觉的发现来自帕克斯和斯通（Parks and Stone，2010）的一项研究。这些研究者报告说，在公共品博弈中，其对公共池的贡献大于索取的参与者并不被其他参与者所喜欢。这可能部分解释了前面讨论的反社会惩罚现象。其他参与者也不想再和无私的参与者（他们实际上是计算机程序，但在博弈中是匿名的）进行下一场博弈，即使这应该对他们的物质利益有利。进一步的实验表明，这种拒绝并不是因为无私参与者的非竞争性或不可预测性。相反，有两个相关原因：首先，无私的参与者被认为偏离了社会

10

规范（给予和索取应该是一致的）；其次，他们使其他参与者看起来很糟糕。因此，再次说明，社会规范、自我形象和参考点在这里很重要。做好事的人要小心了。

10. 按需付费（PWYW）模型可能是有效的商业模式

在这一章开头，电台司令乐队以买家决定的价格出售专辑的例子，作为一种商业模式，可能具有更广泛的含义。格尼兹及其同事（Gneezy and colleagues，2010）研究了迪士尼乐园纪念品照片的销售，发现 PWYW 方法比以固定价格出售这些照片获得的收入更高。而且，这一关于 PWYW 的一般性发现在另一个持续性的实地试验中也得到了证实。雷纳和特拉克斯勒（Riener and Traxler，2012）研究了维也纳一家餐厅开业后的头两年里顾客的行为，共访问了约 8 万人次。很少有顾客不支付任何费用（少于 1%），尽管平均支付额在前 6 个月略有下降，但总收入在整个期间都有所增长。

11. 不公平感与健康状况之间似乎存在着某种关系

罗宾斯、福特和泰特里克（Robbins，Ford and Tetrick，2012）的研究发现，工作中的不公平感与员工压力和心理功能障碍之间存在显著关联，这在一定程度上反映在员工较低的身体健康水平上。这可能是一种复杂的关系，因为压力和决策疲劳也可能导致人们变得不那么亲社会和公平（Achtziger，Alós-Ferrer and Wagner，2015）。

最后有一个一般性的结论，类似于本书前面有关风险和不确定性下的决策的一般性结论：似乎有两种情况，人们必须做出涉及社会偏好的决定。就像宾默尔和谢克德（Binmore and Shaked，2010a）所说的，在一种情况下，人们倾向于自动运用某种社会规范，而在其他情况下，他们会考虑到其他参与者的信念和意图并进行策略博弈。当然，正如前文所述，这就提出了什么情境触发了社会规范，哪些规范又被触发的问题。

☐ 进化心理学

正如我们在其他经济行为领域所看到的，进化心理学对于理解社会行为是大有用处的。对于所考察的社会行为来说，进化心理学认为，在过去的数百万年中，当人类活动开始以狩猎-采集部落或部族为单位时，人脑才得到显著的发展。在这种原始环境下，合作行为可带来显著的优势，因为在同一群体内部，人们之间的重复互动是很频繁的，并且人们学会了识别他人以及记住债务。合作行为对于提供公共品也是必要的，包括从大型狩猎活动中获取的食物。对于背叛者和"搭便车者"的惩罚（常常表现为将这类成员驱逐出群体或是流放）对于强化合作行为也是很重要的。然而，关于进化心理学的作用存在许多误解，澄清这些误解很重要。

1. 与基础理论的竞争

人们所持有的一个最基本的误解是：认为进化心理学的解释可以替代前述章节中的相关理论。但是，进化心理学不可能成为这些理论的替代品，毋宁说它是为这些理论提供补充，比如它可解释这些理论所基于的社会偏好最初是如何形成的。到目前为止，所有已讨论的理论都做出了某种假设来解释公平的观念是如何决定的，以及这种观念怎样结合其他概念（比如互惠和意图）来影响我们的选择。进化心理学最为基本的作用是解释这种观念是如何从我们的心智决策过程中形成的。因此，当我们讨论社会偏好理论时，最好将进化心理学看作是根基性理论而不是替代性理论。根据第 1 章所讨论的层级式还原论，进化心理学的解释要比本节所述的理论低一个层级。

2. 它是一种可信的科学理论吗

与上述第一个批评相关的另一个指控是，进化心理学无法被证伪，也无法做出明确的预测，而这些特征是对一切科学理论的两个基本要求。不过，进化心理学之所以在某些情形下难以证伪，是因为在实践中缺乏可得的经验证据，而不是因为存在某种信条（这不同于物理学中的超弦理论，也不同于那些讨论天堂和地狱存在性的宗教"理论"）。而对于能否明确做出预测，进化心理学其实能够给出一些非常明确的乃至令人惊讶的预测，我们将在第一个案例研究（沃森检验）中看到这一点。

3. 个体发展的差异性

对进化心理学的另一个批评是：人们并不是天生具备社会责任感。正如我们所见，这种社会责任感需要经历多年才能建立起来，并且在人生的最初几年，婴幼儿几乎完全是"纯粹"利己的。人们经常据此认为，对公平的判断以及对策略行为的计算能力是文化的作用而不是得自天生。为了看清这一观点的错误性，我们可直观地对照一下人类性欲的形成过程。大部分现代心理学家均同意，人类的性欲直至青春期才真正发展起来（不过弗洛伊德主义者可能对此持有一定的异议）。然而，如果认为这说明性欲是一个文化概念而不是得自天生，那么就是很荒谬的。必须承认，我们的许多本能并不是出生时就具备的，甚至某些本能需要一定时日才能完全发展起来。

4. 跨文化差异

我们还看到，当考察某些具体的特征时，比如最后通牒博弈中的分配和拒绝等，会存在许多显著的跨文化差异。人们经常用这种差异来说明进化心理学对社会行为无法做出强有力的预测。此处的一个基本观点是：在解释人类行为时，进化心理学不应总被认为能够代替文化因素的解释（虽然它经常会这样）。我们所面临的并不总是"自然行为对抗教养行为"的情形；我们所面对的多数情形更应被称为"受到教养的自然行为"，正如马特·里德利（Matt Ridley，2004）所说的那样。因此，虽然我们的大脑可能被某些天生习性和偏好所制约，但它在一定程度上可接受文化的塑造。人体自杀炸弹就是一个极端的例子，其中，用于提高生存机会的某种进化心理机制（对某种目标和超自然力量的信念）却被操纵用来达成一个截然相反的目的。

5. 单击博弈与重复博弈

有时人们会说，在单击博弈中出现的合作或互惠倾向是违背进化心理学的一项证据。比如，凯莫勒（Camerer，2003）就提出，"被试者通常会很清楚地意识到，单击博弈在策略上是不同于重复博弈的"，这种意识会促使他们在单击博弈中放弃合作。然而，这一推断忽视了这样一个事实，即单凭意识不足以在任何情形下都能约束某种行为。一个极端的例子是：一名嗜酒者也许清楚地意识到，在长期戒酒后再次贪杯会导致酒瘾复发，但这并不会使他彻底放弃饮酒。与此类似的是，虽然人们都知道油腻的食物会引发心脏病，但这并不会阻止人们走进麦当劳。正如凯莫勒所提出的另一观点，"当我们的穴居人大脑在现代实验室中进行单击博弈时，我们并不能抑制住在重复博弈中的本能"。此处需要指出的是，重复博弈中的本能包括愧疚与嫉妒、愤怒与义愤，以及所有根植于我们心理结构的情感。这些情感在单击博弈中是无法轻易被消除的。不过，金泽和方丹（Kanazawa and Fontaine，2013）的实验提供的最新证据表明，在单次结束的匿名博弈中，更聪明的个体更不可能在单击囚徒困境博弈中表现出合作。作者假设更聪明的个体能够更好地理解任何进化中的新情况，并据此调整自己的行为。

进化心理学在分析社会行为及其他领域时，所面对的真正挑战是如何做出精确且可测试的预测。当然，进化心理学是有能力应对这一挑战的，并且常常会得出令人吃惊的有趣结果，我们将在案例 10.1 中看到这一点。

人们持有的一个普遍误解是：进化心理学很难解释社会中的合作进化以及与此相关的道德进化。关于道德进化的讨论超出了本章的范围，但是，我们可以讨论一些关于合作进化的研究。一个难点是解释自私的个体如何愿意为合作做出必要的牺牲，因为亲属利他主义只能解释一个延伸家庭网络内部的合作。截至目前，这仍然是一个有争议的问题，主要争议集中在群体选择的作用上。对此，我们在这里不做讨论，因为它会涉及一个很长的题外话。

一些与合作进化相关的研究涉及博弈中的模拟。在博弈中，假设的具有异质社会偏好的被试者必须在一个动态的环境中竞争以生存和繁殖。正如德克尔、伊利和依兰卡亚（Dekel，Ely and Yilankaya，2007）所指出的，考虑所有类型的社会偏好并用不同的限制条件进行实验以了解什么类型和什么偏好会主导一个群体。然后，将这些实验结果与进化心理学的预测结果进行比较。由于这些模型中不同参数和变量相互作用的复杂性，往往无法推导出解析解，因此模拟推断是唯一可行的预测方法。

一个基于进化心理学预测的例子涉及一种称为**分类匹配**（assortative matching）的现象。这实质上是包含了信号的进化博弈论的应用，其中，合作者比非合作者更容易与其他合作者互动。从进化的角度来看，对于合作者来说，能够发现背叛者或欺骗者，以避免被愚弄是非常重要的。因此，他们需要能够发出他们愿意合作的信号。为了保证可信度，这些信号往往代价高昂。然而，背叛者会通过模拟这些信号而获利，这对合作者施加了选择压力，他们必须具有更好的识别能力，于是一场进化的军备竞赛开始了。其结果是：发出合作意愿的信号变得越来越复杂，很可能导致自我欺骗（Pinker，1997）；如果我们真的相信自己会合作，即使我们最终叛变，我们也更容易伪造合作信号。

基于分类匹配，研究可以考察奖惩偏好的进化成功率。例如，赫罗德（Herold，2012）发现，分类匹配使奖赏者能够入侵一群自利的参与者。奖赏者和惩罚者之间也存在着重要的相互作用，因为奖赏者进入种群会提高惩罚者的进化成功率，进而惩罚者会占据其模型的种群的主导地位。这一结果证实了库兹米克斯和罗德里格斯-塞克特（Kuzmics and Rodriguez-Sickert，2009）的发现，他们得出的结论是：一旦达成合作，奖励是丰富的，而如果没有合作，惩罚的代价也是巨大的。鲍尔斯和金迪斯（Bowles and Gintis，2004，2013）采用了一种略有不同的惩罚方案，即排斥，也发现惩罚者可以幸免。这里的不同之处在于，排斥不会给惩罚者带来任何代价。

合作进化的一些研究涉及非人类灵长类动物的研究。当然，一方面，有证据表明，卷尾猴和黑猩猩对不利的不平等都有消极的反应。另一方面，关于这些物种是否对有利的不平等表现出亲社会态度的相关证据是模糊的（Brosnan，2008），因为非人类灵长类动物似乎主要关注自己的收益而不是其他人的收益。然而，灵长类动物表现出互惠的证据似乎是毋庸置疑的。与人类一样，其他灵长类动物似乎更关心其社会伙伴的行为，而不是这些伙伴的收益。因此，对灵长类动物来说，意图似乎也很重要。此外，他们对不平等的反应似乎与人类对此的常见情绪相关。例如，他们愿意为惩罚"不公平"的待遇而付出代价，比如，把食物扔回给调查员，或者在配对任务中拒绝合作，而他们的伴侣通常在此情况下会要求更高的收益（Brosnan and de Waal，2003）。这些行为无法用不平等厌恶模型来解释，因为它们实际上会导致不平等的加剧。因此，灵长类动物中的互惠是一个复杂的问题，似乎涉及与人类相同的情感承诺机制。显然，在这种决策情况下，可能需要有关灵长类动物大脑的神经经济学研究，以辅助进行更多研究。现在我们可以把注意力转向一般的神经科学研究。

□ 神经科学研究

在较早讨论利他行为和恶意行为时，我们谨慎地区分了物质利益和非物质利益。直到 21 世纪初，对非物质利益和成本的衡量甚至识别都高度基于推断和内省。此外，许多人都不愿承认，他们实际上从惩罚或减少他人的福利中得到了好处；这违反了犹太-基督教道德社会的社会规范。但是，在过去的几年中，借助各类神经扫描，对心理成本和收益的衡量和识别成为可能，这在理论和经验证据方面都大大增加了经济学的科学性。现在，我们可以考虑某些神经科学研究对一般社会偏好的解释，特别是一些前面提到的博弈。

首先，研究人员需要知道从决策中获得的奖励会记录在大脑的哪个部位。奥多尔蒂（O'Doherty，2004）发现，不仅在涉及预期货币回报的决策中激活了背侧纹状体，而且随着预期货币收益的增长，背侧纹状体的激活程度也增加了。因此，我们期望从惩罚或合作中获得的奖励与类似的激活有关。迪奎凡及其同事（de Quervain and colleagues，2004）研究了信任博弈中的惩罚奖励。他们使用了正电子放射断层造影术扫描技术和三种处理：

（1）无成本的惩罚（F），即参与者 A 可以以每点 2 美元的比率惩罚参与者 B 的背叛，自己不需要承担任何成本。

（2）有成本的惩罚（C），即 A 仍然可以以每点 2 美元的比率惩罚 B，但每点惩罚的成本是 1 美元。

（3）象征性惩罚（S），即只有惩罚点数的分配，但 A 或 B 都没有货币成本。

将最后一种处理策略作为参考基线的控制组很重要，因为神经成像扫描总是测量一种情况相对于另一种情况下大脑的活跃程度。研究发现，背侧纹状体在 F-S 对比度和 C-S 对比度时都被强烈激活，表明被试者在两种情况下都获得了奖励。

此外，在 C 条件下，背侧纹状体被激活程度更高的被试者也倾向于实施更多惩罚。作者认为，背侧纹状体的活跃程度与预期惩罚的满意度有关，而与实际惩罚的满意度无关。这是因为在 F 条件下，背侧纹状体激活程度较高的被试者，即使受到了与背侧纹状体激活程度较低者相同水平的惩罚，其仍愿意在 C 条件下付出代价以实施惩罚。

迪奎凡及其同事的研究还发现，在从实施惩罚而获得奖励的过程中，腹正中前额皮质被激活。从许多研究中可以看出，腹正中前额皮质在行为目标的实现过程中，参与了额外收益和成本的整合（Ramnani and Owen，2004；Knutson et al.，2007），并且

10

VMPFC 也被与慈善捐赠相关的奖励激活（Moll et al.，2006）。

涉及腹正中前额皮质的神经科学研究，也可用于分析第 4 章中讨论的从众偏向现象。人们注意到，人们经常观察到的羊群行为，可能是由于对概率的看法发生了变化，也可能是由于跟随他人而产生的他人赋予效用。钟及其同事（Chung and colleagues，2015）的一项研究中揭示了这一难题。他们逐一研究了每个被试者的赌博行为，并在其观察他人的赌博行为后将其与孤立状态下观察到的被试者的行为和神经激活程度进行比较。研究发现，孤立状态下观察的被试者的个体风险态度被编码在前扣带回皮质和脑岛中，但当观察到他人的行为时，这些风险态度由腹正中前额皮质介导，因此表明，这些观察变量确实产生了他人赋予的效用。

其他有关合作奖励而非惩罚的研究也说明了这一点。利宁及其同事（Rilling and colleagues，2001，2004）研究了在重复和单击的社交困境博弈中，与人类伙伴的合作和与计算机的合作。两项研究的结果基本相同，但单击博弈下的研究结果更可靠，因为重复博弈涉及许多复杂的影响因素。研究表明，与人类伙伴的合作相比，与计算机的合作促进了更多纹状体的激活；由于使用计算机可以控制其他影响因素，例如奖励和努力程度的大小，因此可以得出结论：观察到的奖励完全来自正常意义上的合作，即与他人的合作。

也有一些基于神经经济学的因素对反社会惩罚进行了研究。普法特希尔、兰德豪尔和凯勒（Pfattheicher，Landhäuβer and Keller，2014）研究了在公共品博弈中，参与者惩罚合作者时睾丸激素和皮质醇的作用，发现当皮质醇水平较低时，睾丸激素水平升高的个体，比睾丸激素水平正常的个体更有可能参与这种惩罚。然而，他们并没有发现皮质醇和睾丸激素在对"搭便车者"的利他惩罚中，有相同的作用机理。

就公平而言，大脑的各个区域都与之相关。两项研究（Tabibnia et al.，2008；Fliessbach et al.，2007）提供的证据表明，讨价还价的公平性与腹侧纹状体的活动有关。研究还考察了负面情绪（比如不公平的待遇）被激发时的神经过程。桑菲及其同事（Sanfey and colleagues，2003）利用功能性核磁共振成像对最后通牒博弈进行了研究，发现脑岛、前扣带回皮质和背外侧前额叶皮质的激活程度更高。诺奇及其同事（Knoch and colleagues，2006）的后续研究在一定程度上证实了这些结果。这项研究使用重复经颅磁刺激干扰了背外侧前额叶皮质，发现当右侧（而不是左侧）背外侧前额叶皮质被干扰时，人们接受不公平报价的倾向增加，从而表明大脑的这个区域参与了公平的判断。此研究以及后来诺奇及其同事（Knoch and colleagues，2008）和斯皮策及其同事（Spitzer and colleagues，2007）的研究表明，背外侧前额叶皮质和眶额皮质在人们极易违反社会规范和恐惧惩罚的博弈中起到调节自利冲动的作用。大脑的这些区域更活跃的人更倾向于遵守社会规范。与之相反的是，反社会人格障碍患者在这些区域的激活不足，而且脑岛激活不足（Veit et al.，2002；Birbaumer et al.，2005）。

在第 3 章中我们已经看到，脑岛与处理不愉快的情感有关，如疼痛、饥饿和厌恶；当我们经历消极的社会情绪时，它也会被激活，比如，商品的要价高过我们的预期。哈里和桑菲（Harle and Sanfey，2007）的一项研究进一步揭示了人们拒绝不公平报价的倾向；当悲伤和厌恶等消极情绪已经被激发出来时，人们拒绝不公平报价的比率会更高。脑岛和杏仁核也参与了扩展协调博弈的决策阶段（Hodgson et al.，2012），作者认为，当被试者考虑偏离社会规范或失去既定的合作均衡时，这些与消极情绪相关的脑区会被激活。

神经科学研究也揭示了对不平等的厌恶。特里科米及其同事（Tricomi and colleagues，2010）的一项研究中构造了一个"富人"和一个"穷人"，富人有 80 美元而穷人只有 30 美元。随后，被试者被要求决定未来要付给另一位参与者的报酬。有趣的是，富有者对自己支付的报酬仅略高于其向对方支付的报酬，而贫穷者会对自己支付更高的正报酬，而对对方支付的报酬为负。这些决策与伏隔核的活跃度密切相关，这是一个预期奖励的指标，但腹正中前额皮质存在不同的活跃模式。这再次表明，大脑的不同区域对社会情境的反应是不同的：伏隔核与不平等厌恶有关，而腹正中前额皮质在调和社会公平偏好与纯粹自私欲望之间的冲突方面起一定作用。

此外，有研究表明，当人们的情感被信任博弈中的公平或不公平行为所刺激时，这将影响他们对遭受痛苦的参与者的同理心（Singer et al.，2006）。当该参与者在此前公平地对待他们，给予他们以信任时，前扣带回皮质和前岛皮质的活跃表明他们对该参与者表现出了同理心。当该参与者在之前以不公平的态度对待他们时，两性之间的反应是不同的：尽管女性仍然表现出同理心，但是男性的前扣带回皮质或前岛皮质区域没有足够的活跃度，相反，男性的伏隔核区域表现活跃。似乎男性比女性更有可能报复不公平的参与者，而女性则更倾向于亲社会。这一发现与下一节提到的一些研究相呼应。然而，这里需要注意的是，"亲社会"这个词有不同的含义；在经济学研究中，它通常与公平有关，而在心理学研究中，它通常与帮助他人或共情有关，而这两个特征并不是完全相关的。更看重公平的人不一定会表现出更多的同理心。

社会交往中最后一个值得注意的点是，对自己和他人获得奖励的处理方式。众所周知，无论是人类还是非人类动物，群体成员都会对他人获得的收益做出一定的间接性反应，而这种能力的缺失会导致人类产生神经精神障碍，如自闭症和反社会症。镜像神经元系统的影响在这里很重要。人们早就知道，镜像神经元系统可以让猴子模仿他人的行为，因为当猴子观察到他人的特定行为并做出同样的行为时，同样的神经元会被激活。最近，人们发现镜像神经元系统与产生同理心有关，因为它使人和其他一些动物能够体会他人的情绪。常、加里皮和普拉特（Chang，Gariépy and Platt，2013）研究了猴子对自己和他人获得奖励的处理方式，发现自己的奖励主要是由眶额皮质神经元编码；而分配给其他猴子、自己或两者的奖励由前扣带回（ACCg）神经元编码。研究发现，位于前扣带沟（ACCs）的神经元会发出向其他猴子分配或不分配奖赏的信号。据报道，在这个网络中，ACCg 是计算社会奖励的主要中心。

扎克、斯坦顿和艾哈迈迪（Zak，Stanton and Ahmadi，2004）以及扎克、斯坦顿和艾哈迈迪（Zak，Stanton and Ahmadi，2007）提出，存在人类催产素介导的共情（HOME）系统，其中，镜像神经元被催产素的释放激活，进而使得人们要么慷慨、要么惩罚。神经生物学家一直怀疑这种化学物质能促进多物种的亲密行为，包括母性关怀和信任。科斯菲尔德及其同事（Kosfeld and colleagues，2005）的一项研究支持了这一假设；研究发现，在使用催产素后，在社交困境博弈中，有最大程度值得信任的参与者比例从 21% 上升到 45%。接下来需要考证的是，催产素是在被试者对他人可信度的信念水平上起作用，还是在被试者的偏好水平上起作用。作者得出的结论是：催产素并不

10

会显著影响人们对他人可信度的看法，反而会使被试者更不愿意被利用，从而改变他们的偏好。扎克及其同事（Zak and colleagues，2007）最近的一项研究进一步揭示了催产素的作用。这项研究发现，在最后通牒博弈中，催产素的使用显著提高了出价，但在独裁者博弈中却没有。作者以催产素增加了与他人精神状态相关的同理心，而不是利他主义本身，来解释这一结果。如果最后通牒博弈中提高的出价纯粹是出于策略考虑，那么这个结果可能会与科斯菲尔德及其同事的研究相冲突，因为似乎是被试者的信念而不是偏好受到了影响。

在催产素和同理心如何影响行为方面，似乎存在一些争议。首先，如果人们目睹了一个痛苦的场景，比如车祸，与同理心相关的痛苦感受会抑制人们的慷慨行为，因此他们不太可能帮助受害者或需要帮助的人，尽管他们感同身受（Batson，Fultz and Schoenrade，1987）。其次，模仿和理解不一定同时发生（Khalil，2011）。因此，人们可能会模仿其他施暴者的行为，而不对情况进行理性评估，这就是暴徒暴力场景中经常看到的不幸现象。暴民心理是"镜像神经元系统-催产素"硬币的另一面。显然，需要在这方面做进一步的研究，以明确镜像神经元系统和催产素的作用。

10.8　政策启示

与其他领域的行为一样，本章讨论的行为因素对于个体、厂商和政府也具有重要的政策启示。在所有情形下，这些政策启示都体现了与标准经济学模型不同的行为路径。此外，我们可以看到，出于各种不同的原因，企业和政府为达到某些目标而制定的政策实际上可能会适得其反。本节中的示例将说明涉及社会偏好时，这一适得其反的方面。

☐ 市场规范与社会规范

导致适得其反后果的一个主要因素是**内在激励的挤出**（crowding out of intrinsic incentives）现象。一般来说，这意味着在交易中提出的外部市场规范可能会取代现有的社会规范，并以一种意想不到的方式改变行为的激励结构。实地研究和实验研究都为这一现象提供了证据。

一方面，市场规范对个人是外在的，是基于 SEM 的假设，即人们的行为纯粹是自私的，在互惠方面没有社会偏好。罚款和金钱奖励就属于这一类。另一方面，社会规范暗含人们所拥有的内在价值，它既是由人的个人心理构成，也是由个人所处的文化所塑造。有相当多的研究强调社会规范在提供公共品行为中的重要性（Elster，1989；Ostrom，1998，2000；Fehr and Gächter，2000）。在案例 8.3 中给出了与提高消费水平意愿有关的社会规范的应用示例。

在此阶段，研究一个将隐含的道德激励与明确的经济激励相比较的例子是有意义的。人们常引用的一项研究是由格尼兹和拉斯提基尼（Gneezy and Rustichini，2000）进行的。该研究对以色列的 10 个日间托儿所进行了考察，其中涉及的问题是：家长们总在接孩子时迟到。这些托儿所规定，家长们应在下午 4 点钟接孩子，如果家长们晚来，容易引起孩子们的焦虑，并且老师们也不得不继续苦候。该项研究进行了 20 个星期。在头 4 个星期，研究者只是记录迟到家长的人数。平均来看，每个日间托儿所每星期有 8 人次迟到。4 个星期结束后，研究者建议在其中的 6 个托儿所实施罚金制度，如果家长迟到超过 10 分钟或以上，则需支付等价于 2.5 美元的罚金。这部分罚金将被加于每月每名孩子约合 380 美元的照看费之中。另外 4 个无罚金制度的托儿所作为对照组，其中家长晚接孩子的次数保持不变。然而，对于实施罚金制度的 6 个托儿所，晚接孩子的次数却增加了，并且这种势头保持了 4 个星期，直至达到一个新的平均水平，此时每周迟到 18 人次，这是最初水平的两倍多！

另一个有关道德激励与经济激励相对重要性的研究是由蒂特莫斯（Titmuss，1971）做出的，所考察的问题是献血行为。大部分人出于利他原因而献血，并且不索取报酬。然而，当对献血支付一定的小额报酬时，人们愿意献出的血量相比无报酬时降低了。有人猜测，献血费的支付贬低了献血的行为，因此人们对献血不再有好感。然而，在器官捐赠的案例中，研究结果是不同的（Deck and Kimbrough，2013）。这些研究人员发现，对于遗体器官捐赠，市场激励会提高人们的捐赠意愿。他们还认为，以市场为导向的政策会严重影响穷人的行为。这就产生了一个伦理问题，特别是当这个问题扩展到活体器官捐献时，就像肾脏捐赠一样。这个问题不仅仅涉及对穷人的不相称的影响。虽然较大的货币激励措施可能会提高人们捐赠器官的意愿，但也应当注意，有效的政策并不一定是可取的；它仅仅意味着会使人们的行为朝着预期的方向改变。莱维特和杜布纳（Levitt and Dubner，2005）注意到，在献血的案例中，高额的费用补偿可能确实会导致更多的捐献行为，但也可能会导致一些副作用，如强行抽取他人血液和捐赠动物血液等。这些负面效应已经在人体器官移植市场上显现。器官捐献的问题将在"助推"一节中进一步讨论。

环境政策方面的社会规范也存在疑点。这里的一个基本问题是建立一种社会规范。而有关安全的方方面面，如车内系好安全带、驾驶摩托车或骑自行车时需要佩戴头盔、使用汽车儿童安全座椅、避免酒后驾驶等等，在过去几十年里，已经成为许多国家的社会规范，然而，许多"绿色"倡议却并没有那么成功。例如，有证据表明，减少高峰时段的用电量以防止可能的停电的紧急呼吁，并没有起到实际效果（Holladay，Price and Wanamaker，2015）。此研究发现，在高峰时段，电网负荷没有显著降低；但在非高峰时段，用电量增加，二氧化碳排放量增加，价格波动更大。作者认为这可能是由于消费者的负荷转移所致。这项研究很有趣，因为当水、汽油或主食短缺时，它可能会对其他类型的诉求产生更广泛的影响。这些诉求很可能会导致"恐慌性购买"，从而加剧短缺。瑞蒂、伯切尔和巴纳姆（Rettie，Burchell and Barnham，2014）建议，应重新定位此类举措，使其看起来像是"正常"的做法，而不针对那些已经有环保意识的人们。因此，宣称 90％的人回收废品或使用节能型家用电器的广告可能有助于建立这样的规范。

另一个问题是对与环境有关的社会规范的挤出现象。瑞士的一项研究调查了人们接受社区核废料储存库的意愿（Frey and Oberholzer-Gee，1997）。最初约有一半（50.8％）的受访者表示愿意接受这种设施；然而，当同样的受访者被问及，如果瑞士议会向社区所有居民提供实质性补偿，他们是否愿意接受该设施时，受访者的意愿水平急剧下降到 24.6％。

10

现在看来，许多政府都犯了严重的政策错误，其认为集中控制关键的公共资源对于提高这些资源的有效利用度是至关重要的。标准经济理论认为，为了防止出现由于过度使用和"搭便车"的"公地的悲剧"，公共资源，如供水、牧场和灌溉系统，需要由中央机构控制。然而，现在有大量的证据表明，这种控制会经常导致低效和环境问题恶化，原因是它们剥夺了原先基于当地风俗和社会关系控制这些资源的地方团体的权力，而将控制权交给了那些易腐败的匿名官僚（Wunsch and Olowu，1995；Finlayson and McCay，1998；Shivakoti and Ostrom，2002）。

实验研究得出了与上述实地研究类似的结果。对 128 项针对外在奖励对内在动机影响的实验研究的元分析发现，有形奖励往往会对内在动机产生实质性的负面影响（Deci，Koestner and Ryan，1999）。

尽管上述发现有力地表明了市场规范对社会规范的挤出效应，但有证据表明，不同的社会规范之间不存在挤出效应。格林伯格（Greenberg，2014）使用两年的内部客户数据，研究了餐厅中小费与假日慷慨度之间的关系。他发现了这两种亲社会规范之间存在互补效应，而不是替代效应，因为在假日期间付小费的比例会更高，尤其是在那些给小费大方的人当中。

如何解释这些发现呢？人们提出了许多可能的解释。一种解释是，强制罚款改变了博弈中参与者可获得的信息数量。例如，家长可以根据经济和法律上的选择来解释惩罚，这对中心的管理者来说是可行的。他们可能会根据较低的罚金推断出，家长的迟到行为给日间托儿所带来的成本是比较低的。献血者可能会根据其收到的补偿金的大小评估其捐献的价值，因此，如果他们认为这个价值很小，就可能不愿意献血。

然而，更有可能的解释是，罚款和奖励的引入改变了参与者对博弈中此行为的认知方式。罚款和奖励将此行为的意义转化为商品，与道德激励下的行为相比，人们对商品赋予了不同的货币价值。此外，这种认知上的转变似乎只发生在被试者先前未将货币奖惩视为一种选择的情况下。一旦被试者的认知在这个方向发生改变，他们就无法保持不变。这一结论得到以下事实的支持：当日间托儿所在第 16 周后停止罚款时，晚接孩子的家长数量仍然处于一个较高水平。

我们不应从以上的研究结果得出结论，即罚款和奖励形式的货币激励是无效的。在日间托儿所实验中，罚款太低，效果不佳，只是被视为迟到的低代价。为了更好地理解这一点，我们应该考虑到罚款仅为 2.5 美元或 10 谢克尔*，而违章停车还要罚款 75 谢克尔、不收集狗便的罚款则为 360 谢克尔。为了在这种特殊情况下有效，货币激励可能需要更大。

另一个与所有观察到的行为相关的重要结论是：在许多情况下，**不完全契约**（incomplete contract）可能比完全或更完整的契约更可取。这种不完全契约不会明确规定惩罚和奖励，而是依赖道德或社会激励，使行为朝着预期的方向改变。例如，以色列日托中心的原始合同是不完整的，因为合同中没有具体规定对晚接孩子的处罚。此问题将在案例 10.3 中进一步讨论。

市场规范和社会规范之间的区别也与公平和"公正社会"的概念有关。就像特朗普

10

＊ 谢克尔：新以色列的标准货币单位。——译者注

在美国胜选和英国脱欧的相关事件中的表现一样，市场力量加剧了由熟练专业人员组成的"精英"阶层与大量体力劳动者之间的不平等，这些体力劳动者要么是不熟练的，要么技能不再被需要。后者对被剥夺权利感到愤怒和沮丧，似乎认为这违反了他们的社会公平的规范。然而，在许多方面，尤其是在美国，普通民众之间的社会规范存在着巨大的差异，在对待种族、移民、性行为和其他社会问题的态度上，两极分化越发明显。尽管这方面还有很多研究需要做，但卡普伦及其同事（Cappelen and colleagues，2013）在挪威学生身上做了一项实验，报告了一些有趣的发现。该实验涉及一系列冒险任务，学生们被配对在一起，被询问是否愿意重新分配收益。主要发现有两点：（1）尽管事前公平和平等分配的观念很流行，但许多被试者仍然倾向于事后重新分配收益，即在做出冒险选择之后；（2）许多被试者，从幸运的参与者到不幸的参与者，希望基于运气能在事后重新分配所得，但不希望根据不同的选择，即依据是否冒险，进行事后再分配。

另一项实验考察了不同类型的税收制度的公平感，再次表明了另一种适得其反的后果。索斯格鲁伯和泰兰（Sausgruber and Tyran，2014）进行了一项实验，参与者通过交易获得收入，并从两种税制中共同选择一种，以产生最后的收入。他们发现，对所有市场征收相同税率的普适性税被认为是公平的，而对需求缺乏弹性的市场征收较高税率的歧视性税则被认为是不公平的，即使它既有效又会导致公平的分配。这一结果似乎表明，就公平感而言，最重要的是平等的待遇，而不是平等的分配结果。

就市场规范和社会规范而言，在政府政策方面可以吸取哪些教训呢？首先，是否享有平等机会和主动选择权，似乎都是判断公平的重要标准；因此，如果人们比拥有相同机会的其他人变得更富有，而且他们的财富被认为是来自他们自身所做的选择，这种不平等至少在某种程度上是可以接受的。其次，那些被认为是控制欲强的、视他人为不可信赖的人的政策是自欺欺人的，因为它们降低了人们的自我决定感和自尊感，并且是自我实现的（参见 Klaes，2015d）。第三个教训是，政府官员并不一定比社区居民更了解情况，社区居民可能对当地情况和风俗有长期的了解。现在看来，英国政府正在从这些错误中吸取教训，因为在布警方面，它正进行大规模的反方向政策试验。近 50 年来，警察部队一直是一个中央集权机构。在过去的 10 年里，人们越来越多地批评现行的目标导向的方法，例如，抓获一定数量的犯罪分子、达到一定的犯罪侦查率。许多人认为，这束缚了警察的手脚，挤出了内在动机，使人们不再将警察视为公务员。已经通过的一项法案提议将警察部队交由当地选出的地方长官负责，地方长官能确定优先事项和预算，决定雇用或解雇首席警官。这种做法意在回归真正的"社区警务"。

劳动市场

在劳动市场上也发现了类似的反直觉的结果。自阿克洛夫（Akerlof，1982）的开创性研究以来，行为经济学家经常基于礼物交换来模拟分析问题。**信托合同**（trust contract）是指雇主（委托人）提供高工资，通过委托雇员（代理人）的努力工作来获取回报的情形。**奖金合同**（bonus contract）是指委托人在事后自愿支付奖金，以奖励代理人付出的努力的情形。这两种契约实际上都涉及一方信任另一方，且有能力利用另一方的情形，双方都呼吁公平和互惠。然而，尽管存在这种对称性，但从实证结果看，仍存在明显的不对称性。费尔、克莱因和施密特（Fehr，Klein and Schmidt，2007）发现，信托合同的实际效果非常糟糕，并且无法带来利润，而奖金合同效果显著，表现为利润的上升。他们认为，这两种契约中暗含的不同风险可以解释这一不对称性。与员工付出高努力的成本和雇主不支付奖励奖金的背叛相比，如果员工不付出努力而背叛，雇主将面临更高的成本。因此，当信任的风险落在信任成本较低的参与者身上时，契约会更有效。费尔、克莱因和施密特还得出了另外两个与反直觉相关的结论：

（1）群体中重视公平的代理人比例越高，信托合同就越不容易被接受，因为公平的代理人比纯粹自私的代理人信任损失更大。

（2）不完全合同可能比更完善的合同更有效，因为它们为雇主和雇员提供了更多的灵活性，使他们以信任和互惠的方式行事。

费尔和加赫特（Fehr and Gächter, 2000）的实验研究了与上述不同类型的劳动合同，这些合同与工人在两种条件下的工作努力程度有关：其中一种是，如果工人被发现逃避工作，就以罚款的形式给予明确的激励；另一种没有任何激励措施。工作努力和提供的租金之间的关系被观察到，其中，提供的租金被定义为工资减去提供一定期望的努力水平的成本。在有明确激励的情况下，员工实际工作努力程度与所提供的租金额并无显著差异，平均努力水平为 2.5（努力水平的区间范围是 1 至 10）。然而，当没有明确的罚款激励时，员工的劳动努力程度随着租金的增加而稳步上升，达到 7 的水平。只有在低租金水平下，缺乏激励措施时员工努力程度会下降；而在中等和较高的租金水平下，实施激励措施时员工努力水平会提升。费尔、克莱因和施密特（Fehr, Klein and Schmidt, 2004）的研究也证实了这一结果，如案例 10.3 所讨论的，80% 以上的委托人更倾向于奖金合同，委托人和代理人都因此获得了更高的收益。

在一项研究中，费尔和施密特（Fehr and Schmidt, 2007）调查了一项将罚款与奖金（"大棒"加"胡萝卜"）相组合的合同的效果，并将其与纯奖金的合同进行了比较。最初可能会认为，组合合同将达到两全其美的效果，更普适的激励效果也更好。然而，这并不和他们在实验研究中的发现相同。研究结果表明，三分之二的委托人更倾向于纯奖金合同，且纯奖金合同显著提高了代理人的报酬。

在这种情况下，组合合同既有外在激励也有内在激励，我们不能将此现象用简单的挤出激励来解释。费尔和施密特提出了两种可能的解释，这两种解释不是互斥的：

（1）罚款威胁可能被工人视为一种敌对行为，其结果是，消极互惠导致他们减少工作努力程度。

（2）罚款威胁可能会向工人发出信号，即管理者是不值得信任的，他们支付的奖金可能会低于工人的预期，因此，工人会以一种自我实现的方式做出反应，从而再次减少他们的工作努力程度。

斯利卡（Sliwka, 2007）得出了类似的结论。他提出，一方面，当雇主试图使用依赖于外部激励的合同来约束员工行为时，会通过发出不信任（这一社会规范）的悲观信号来影响员工的行为，从而导致员工遵从这一规范但自私地行事。另一方面，如果雇主不依赖这种类型的合同，就发出了一个信任是社会规范的信号，这可能会鼓励遵守规章制度的员工以可信赖的方式行事。因此，上述研究的寓意似乎是，人们会对有关社会规范的信号做出反应：自私的行为会导致他人的自私，而信任会带来信任。当然，这并不适用于所有人，但可能对大多数人来说是适用的。然而，由于对某些公司的研究表明，激励合同可以提高生产率（Gibbons，1997；Prendergast，1999；Lazear，2000），因此，我们必须谨慎对待这一结论。总之，需要更多的研究来确定使激励合同可能起作用、无效甚至产生反作用的确切条件。

☐ 市场出清

根据新古典主义经济学模型，市场倾向于出清，因为任何短缺或过剩都会导致价格的变化，从而消除任何非均衡状态。因此，如果在一场大雪后出现雪锹的短缺，那么市场力量会促使雪锹价格提升，于是卖者会利用这种情形牟取附加的利润。然而，经验证据显示，这种行为会被认为是不公平的；在由卡尼曼、奈奇和塞勒（Kahneman，Knetsch and Thaler，1986）所做的一项调查中，82％的被试者在这种特定情形下会做出此种反应。其中，买者会把这种暂时性提价视为"乱要价"，并且会在将来抵制这个卖家。正如我们所看到的，愤怒和愤慨是由于违规公司被视为侵犯了客户对特定参考价格的感知权利。某些州通过立法来阻止这种"乱要价"，尤其针对诸如汽油这样的基本商品。实际上，如果厂商察觉到它们可能会引起公众的反感，那么这种法律就是不必要的。奥姆斯特德和罗德（Olmstead and Rhode，1985）对此给出了一个例子，其中涉及的是 1920 年发生于加利福尼亚州的严重汽油短缺事件。作为主要的供应商，南加利福尼亚州公司实施了分配和配给制，结果是加利福尼亚州的价格实际上低于东部，而东部并不存在短缺。由此看来，南加利福尼亚州公司的管理层很关注他们的公众形象，并希望表现得"公正"一些。

2017 年 2 月，由于恶劣天气，欧洲出现了蔬菜短缺，导致了一些相互对立的政策的出现。为了应对短缺，英国的一些连锁超市一半的蔬菜都靠进口，因此对顾客实行定量配给。例如，对于卷心莴苣，乐购限制每位顾客最多购买 3 个，而莫里森（Morrison）超市限制顾客每次至多购买 2 个。历德（Lidl）连锁超市则将其蔬菜价格几乎提高至原来的三倍。看来，历德连锁超市似乎不太关心人们对公平的看法，或者其管理层可能认为，作为一家以低价著称的折扣店，它们的涨价不会被认为是不公平的。

当商品出现过剩时，我们也可做类似考虑。比如，过度生产或季节因素可能会引发某种产品的暂时过剩。当然，耐用品可从市场上召回并转为存货，但是，这种行为会带来一定的成本。此时，厂商并不希望降低价格，因为这会导致参考价格的下降，对于厂商来说，更适合或更有利的做法是对产品价格打个折扣。在产品过剩消失之后，折扣就可以取消。相对于直接提价来说，取消折扣所引发的消费者敌对情绪要轻一些，因为这只不过意味着恢复而不是超过以前的参考价格，因此并未引发相同程度的损失厌恶。

☐ 公共品

与公共品相关的主要问题是"搭便车"现象。根据标准经济学模型下的标准博弈论，"搭便车"现象很难避免，除非捐献是由公共权威机构推动的，这通常表现为税收等形式。正如我们所看到的，之所以会出现这种局面，是因为在该博弈情形下，参与者的"纯粹"利己会使他选择背叛，亦即什么也不捐献，而其他参与者的"纯粹"利己也会使他们选择背叛，并且不会对"搭便车者"实施惩罚，因为惩罚会涉及一定的成本。纳入社会效用的行为模型对公共品的提供往往更为乐观，原因有二：

（1）人们也许会由于"纯粹"或"不纯粹"的利他动机而实施捐献。此外，他们的捐献行为也许是因为预期到其他人也会捐献，此时，他们自身的捐献行为是为了达成积极互惠。

（2）人们也许会对不捐献的人实施惩罚。这种惩罚也许会以向权威机构"举报"的形式出现，比如在社会福利欺诈的案例中就是如此。此外，惩罚还会表现为社会排斥，比如对在街上乱扔垃圾的人进行呵斥。虽然对别人实施惩罚会涉及一定的成本，比如需要花费时间或是招致恶意对抗的威胁，但由这种消极互惠所带来的正的社会效用有可能抵消所付出的成本。

在前文提到的费尔和加赫特（Fehr and Gächter，2000）的经验研究以及卡彭特等（Carpenter et al.，2009）的最新研究表明，提供惩罚的机会可使公共品博弈的结果出现巨大变化。当然，惩罚有赖于对行为和捐献的甄别能力。而惩罚的有效性有赖于能否甄别出是什么人受到了惩罚。

应当注意的是，惩罚并不一定是以罚款或物质损失的形式才能起作用。正如前面关于社会规范和公共政策部分所提到的，排斥作为一种"点名羞辱"的政策可能至少和物质损失一样有效，以阻止"搭便车"，并确保合作。迈耶-里高、马丁森和斯塔菲罗（Maier-Rigaud，Martinson and Staffiero，2010）的一项研究支持了这一结论，该研究发现，在公共品博弈中引入排斥会显著提高人们的贡献水平，并对群体收益产生净正效应。

□ 惩罚

在博弈中，排斥或羞辱的惩罚可能比其他形式的惩罚对个体参与者更有吸引力，因为它可以减少或消除惩罚成本。从历史的角度来看，当犯罪主要由社区本身处理而不是由中央集权处理时，社会排斥就成为一种有力的惩罚和威慑。此处对于公共政策的一个启示是：一种"点名羞辱"的政策可能是有效的。为了打击卖淫活动，美国的一些城市通过互联网或当地电视台来公示被定罪的嫖客和妓女的照片。正如莱维特和都伯纳（Levitt and Dubner，2005）在其畅销书《魔鬼经济学》（*Freakonomics*）中措辞巧妙的提问："究竟哪项惩罚更为可怕：因为召妓而被罚 500 美元，或者请想象一下你的朋友和家人在网站 www. HookersAndJohns. com 上浏览你的图片！"然而，羞辱惩罚是一个有争议的问题。在英国，这种政策受到了学校的广泛反对。罚站不再作为一种惩罚小学生的方式，最近一名校长因采取了一项政策而受到了许多批评，该政策规定，屡教不改的违规者必须在学校大会上公开道歉。

对于公共政策的另一个启示是："举报"机制可能是有效的。然而，这是一个饱受争议的政策，因为它可能会导致一个"老大哥"状态，邻居之间互相监视。比如，英国推出反社会行为令（ASBOs），公众的反应褒贬不一。

另一个有争议的问题与罪犯的刑期长短有关。美国的"重罪加长刑期"法因其倾向于监禁轻罪者太久而受到严厉的批评，事实上，美国的一般监禁政策也一直因过于严厉而饱受诟病，因为受影响的人口比例很高，尤其是少数族裔和吸毒者。然而，有些证据表明，在某些情况下，罪犯的"选择性无能力"可能是划算的。沃拉德（Vollaard，2013）在关于荷兰的一项研究中，考察了 2001 年通过的习惯性犯罪法的影响，该法规定，有 10 次犯罪记录的罪犯刑期可能延长 10 倍。他发现，尽管只有一小部分囚犯受到了影响，但该政策平均降低了约 25% 的入室盗窃率和汽车盗窃率，并且在政策使用最密集的城市，这两项犯罪率降低了约 40%。本研究在条件上存在一些局限性，包括以下几个因素：(1) 这些罪行的平均正常刑期（延期前）只有几个月，而美国类似罪行的平均刑期为两年或更长；(2) 大多数罪犯是吸毒者，年龄-犯罪曲线平缓；(3) 有一个很明显的例子是，适用法律的强度的回报递减，因此额外的延长定罪对减少犯罪的效果较小。因此，如果没有进一步的研究，很难将本研究的结论推广到其他国家的其他情况。

□ 助推

在前面的不同章节，我们多次提到了助推政策。这类政策的关键是：受"助推"影响的个人后来会相信，他们的决定符合自己的最佳利益，这一点有时会被批评者忽视，换句话说，这种影响是良性的而不是恶性的。在社会偏好的背景下，还可以进一步强调两点：从众偏向和框定。

可以看到，从众偏向是一个非常普遍的现象，政府和公司都可以利用它来影响大众的行为。在第 4 章中给出的一个关于毛巾使用的例子中，旅馆在房间里张贴告示，说明大多数客人会重复使用毛巾，这样做能有效地增加毛巾的重复使用率。同理，在公共卫生和安全政策方面，类似的信息也是有效的，例如，有关使用安全带、检查烟雾警报和定期健康检查的政策。然而，我们也看到了人们对自主的渴望，这与自我服务偏向有关。因此，他们可能在某种程度上倾向于遵循他人的行为，但他们喜欢自主做决定，因为他们认为自己的决策能力优于他人。这对政策制定者的重要启示是：人们通常不喜欢被告知该做什么，这是 2016 年英国脱欧的一个重要因素。苏瑞及其同事（Suri and colleagues, 2014）的一项研究表明，在很多情况下，"问"比"说"更好。具体地说，他认为一开始告诉人们该做什么可能是必要的，这样会使得人们开始改变自己的习惯，但这很可能只在短期有作用。要求人们采取某种特定的行为，并赋予其更大的自主权，可能在长期内会更有效地改变其习惯。

上述研究是框定效应的一个例子。框定效应的其他方面在助推政策中也非常重要。我们已经看到，在为退休储蓄的背景下，选择合适的默认选项是很重要的。这与其他菜单效应一起，与其他公共政策问题相关，比如帮助人们选择合适的医疗保健计划。另一个有趣的框定效应与此相关。阿尔德罗万迪、布朗和伍德（Aldrovandi, Brown and Wood, 2015）的一项研究发现，在引导人们养成更健康的饮食习惯方面，使用基于排名的信息比使用横向比较的信息更有效。例如，告诉人们他们属于饮食最不健康的 10% 的人，比告诉他们其比普通人多摄入 500 卡路里更有效。根据实验，研究者认为提供基于排名的信息比提供与普通人比较的有关信息，可以使人们选择健康食品的意愿提高 30%。

小　结

- 新古典主义经济学模型所基于的假定是：人们是完全受利己动机驱使的。这种模型的优点是它很简洁，但对它来说却存在许多异象。

- 行为模型也基于利己的假定，但对这一概念实施了修正和扩展，以使之包括利他行为与恶意行为。
- 利他行为是指能够给别人带来利益的行为，但会使该行为的实施者蒙受一定的成本，并且没有相应的物质利益。但是，此处也仍然涉及利己动机，因为利他行为会带来心理上的收益。
- 恶意行为可被视为利他行为的另一面。这种行为会给其他人带来一定的成本，但同时也会使该行为的实施者蒙受一定的成本，并且也没有相应的物质利益。此处，实施者的收益仍然是心理上的。这类行为有时会被视为对社会有益，因为它有助于强化社会规范。
- 博弈论是理解社会行为的一种基本分析工具。当在不同个体之间存在策略互动时，就需要用到该领域的理论，此时每个个体都必须考虑其他人对其行为的反应，并且意识到其他人也会考虑他对其他人行为的反应。
- 公平必须被看作一个主观概念而非客观概念；不同的人和文化对公平的态度也不同，并且随着时间的推移，这些态度会发生很大的变化。
- 所有关于公平的态度都涉及关于交易者的双边赋权的概念。双边赋权涉及三个主要因素：参考交易、交易者的结果和更改交易条款的情况。
- 基于不同的参考交易，同一国家内不同的文化或亚文化对公平持有的态度可能不同。
- 互惠是公平和双边赋权概念的基础。特别是，大部分人是强互惠者，这就意味着他们愿意惩罚背叛者，即使这需要付出一定的物质成本。
- 博弈实验很便于用来考察人们对公平的态度。相关的例子包括最后通牒讨价还价博弈、独裁者博弈、信任博弈、囚徒困境博弈以及公共品博弈。与这些博弈有关的经验结果，揭示了更深层次的违背标准经济学模型的异象。
- 影响社会偏好的因素主要可分为三类：方法性或结构性因素、描述性因素以及人口统计学因素。其中，第一类因素尤其重要，因为这些因素可在实验中加以控制，从而有助于揭示所涉及的关键要素。
- 社会规范在影响人们对公平的态度和社会偏好方面起着至关重要的作用，它是由基因-文化在复杂环境中的共同进化所决定的。
- 社会规范，就像公平的概念一样，在同一个国家可以有所不同。
- 在对社会偏好进行建模时，主要有两个目标：解释和预测，以及良好的心理基础。
- 心理博弈论（PGT）认为，效用不仅取决于物质收益，还取决于信念。
- 厌恶不均等（IA）模型所基于的假定是：如果其他人拥有的效用比自己更多，那么就会心生嫉妒，而如果自己比其他人拥有更多的效用，那么就会心生愧疚。
- 互惠模型更为复杂，该模型考虑了"善意"的人们是如何评价其他人的，并且根据其他人的善意来决定自己应当表达怎样的善意。这一观点具有较强的心理学基础。
- 行为研究表明，恶意偏好实际上是非对称的。当惩罚背叛者时，它们会促进合作，但当惩罚合作者时，它们的合作就会减少。

• 持续的贡献者，或无条件的合作者，对合作社会的发展至关重要。尽管遭受了巨大的物质损失，他们仍然可以生存和繁衍，因为他们发出了一个代价高昂的可靠承诺的信号，这可能导致他们在声望和性伙伴关系方面得到回报。

• 进化心理学（EP）不应被视为经济学模型的替代方法；相反，它应当对经济学模型有所补益，以助于理解经济学模型背后的心理学基础。进化心理学所面临的真正挑战是：如何给出明确的、可证伪的预测。

• 神经科学研究支持这样一种假设：当我们感到自己受到不公平对待时，我们的大脑中有一些区域会记录下负面情绪，而这些负面情绪会导致恶意偏向。

• 与新古典主义模型不同，行为方法有许多重要的政策含义。特别是，这些关系到市场规范和社会规范之间的对比。如果在以前由社会规范控制的决策情况中引入市场规范，例如罚款或激励合同，可能导致内在激励被挤出。

思考题

1. 社会偏好是什么？

2. 决定交易公平与否的相关因素是什么？

3. 请解释"强互惠"一词，以及为什么它是一个重要的概念。

4. 请解释费尔-施密特（Fehr-Schmidt）和博尔顿-奥肯费尔斯（Bolton-Ockenfeels）的厌恶不均等模型之间的差异。

5. 请解释厌恶不均等（IA）模型和互惠模型之间的差异。

6. 请解释什么是内生激励的挤出效应，并举出两个例子。

7. 请解释心理博弈论的特征，并举两个相关的例子。

8. 在解释和预测方面，行为研究在厌恶不均等模型和互惠模型方面表明了什么？

9. 什么是成本信号理论？该理论有助于解释什么？

10. 恶意偏好在哪些方面是不对称的？

11. 请解释为什么社会规范和市场规范之间的差异对公共政策具有重要意义。政府在这方面往往会犯什么样的错误？

12. 关于在劳动市场中使用激励合同的经验研究表明了什么？

应　用

在第一个研究案例中，我们将对沃森检验的经验发现及其启示进行详细考察。这样做的目的是使读者能够更好地理解进化心理学的作用。第二个研究案例涉及社会偏好的政策启示。

❖案例 10.1　　　　　　　　沃森检验

这本书的主题之一是，人类的大脑是一个极易出错的机器，然而由于它的进化方式，它在某些可预测的方面也会出错。例如，我们已经看到，我们往往不擅长计算和使用概率，但是用频率来表示概率会更好。类似地，人类的大脑通常不擅长执行**逻辑**（logic）。逻辑是指仅仅根据一个陈述的形式而不是内容来推断另一个陈述的真实性。通常使用的一个标准例子与下面的推理有关：P 为真，并且 P 意味着 Q，因此，Q 也为真。由于逻辑推理基于的是形式而不是内容，因此它不是以经验为基础的。故 P 的含义是什么并不重要，比如根据平克（Pinker，1997）的例子，P 可以表述为"我的汽车被老鼠吃掉了"。

为什么有如此多的检验表明，人们不擅长逻辑问题？一个原因是，某些逻辑词汇含义不清。比如，词汇"或"不但可意味着"和/或"，亦即"要么 A，要么 B，要么二者兼有"，还可意味着"绝对地或"，亦即"要么 A，要么 B，但不是二者兼有"。正确的或想要表达的意思只能从上下文推断出来，所以我们对经验世界的认识就变得相关了。比如，当我们看到一家餐厅打出广告"用餐时免费送苏打水或热饮"时，我们就会立即明白该语境中的"或"是指"绝对地或"：我们要么可得到一份苏打水，要么可得到一份热饮，而不是二者都可得。

心理学家彼得·沃森对波普尔（Popper）有关科学假说的判断标准尤其感兴趣，该标准是指，科学假说应能被证伪。沃森想知道，人们每天的学习过程是否就是不断检验假说的过程，亦即寻找违背某一假说的证据。在 1966 年，他设计了一个检验，其目的在于考察当人们在证伪某个假说时会怎样表现。这个著名的检验可表述如下：一组卡片由四张构成，其中每张卡片的一面写有字母，另一面写有数字。被试者的目标是检验这样一条规则，即"如果某张卡片的一面写有 D，那么另一面写有 3"，换言之，这就是简单的"P 意味着 Q"这样的陈述。被试者将会看到四张卡片，如图 10.3 所示，并且被问及应当翻转哪些卡片以证实上述规则是真实的。

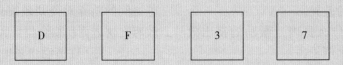

图 10.3　沃森检验

只有当 P 为真而 Q 为假时，假说"如果 P 那么 Q"才可被证伪。这意味着人们应当翻看第一张和第四张卡片。然而，在过去 40 年中所进行的大量检验中，仅有约10% 的被试者选择了正确的卡片。大部分被试者要么仅仅翻看第一张卡片，要么同时翻看第一张和第三张卡片。应该指出的是，翻看第三张卡片是无法证伪该假说的；如果卡片的背面不是 D，这并不构成一项证伪，因为该假说并未指明只有那些一面为 D 的卡片才在另一面为 3。此外，上文所提到的语义混淆因素也不能解释此处所观察到的结果。如果人们把该假说解释为"如果卡片一面为 D 则另一面为 3，反之亦然"，那么他们就应当把所有四张卡片全部翻过来查看。

根据科斯米德斯和托比（Cosmides and Tooby，1992）的观点，上述检验结果可用进化心理学来解释。人类的进化并不是为了解决抽象的逻辑问题，而是为了解决被表述为成本与收益关系的社会交换问题。更具体地说，我们的进化是为了揭发社会契约中的欺骗者。我们可将欺骗者定义为，仅获取利益而不付出成本的人（亦即"搭便车者"）。为了证实这一假说，科斯米德斯（Cosmides）和托比（Tooby）进行了一系列与沃森（Wason）相似的检验，并在检验内容上做了巧妙变形。其中，最为基本的一个变形是，把被试者设置为酒吧中的保安：他们的任务就是把未成年的酒徒（相当于欺骗者）轰出酒吧。这一问题可用逻辑形式表述为"如果某人饮酒，那么他必须年满18周岁"。一般来说，这仍是一个"如果 P 那么 Q"的陈述，其中，P 代表"饮酒"，而 Q 代表"符合法定年龄"。在该案例中，四张卡片的形式可用图 10.4 表示出来。

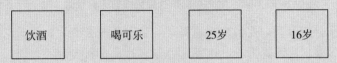

图 10.4　针对社会契约的沃森检验

在该形式的检验下，绝大部分被试者（约为 75％）正确选择了第一张和第三张卡片，尽管此处的逻辑推理与最初的沃森检验问题是一致的。然而，需要指出的是，科斯米德斯和托比的有关社会契约的假说并不是对上述发现的唯一解释。另外还有两个主要的替代性理论：易得性理论与简易化理论。

1. 易得性理论

虽然这一理论有不同的形式，但它们本质上都认为，根据熟悉的现实情况而不是抽象的术语来构建问题的逻辑可以解释性能上的差异。因此，科斯米德斯和托比又进行了其他一些实验，以检验这一替代性理论是否正确。

在第一类实验中，所采取的现实情境不再是社会契约的形式。例如，被试者被要求测试陈述"如果一个人去波士顿旅行，那么他就会乘坐地铁"。针对这种描述式或因果式陈述的检验结果，要优于针对抽象式陈述的检验结果，其中有 48％ 的被试者做出了正确的反应，但是这一结果仍然大大劣于在社会契约情形下的检验结果。此外，即使社会契约情形是以一种人们不熟悉的方式表述，比如"如果某人进食木薯根，那么他一定在面部有文身"，我们仍可发现检验结果要优于针对描述性陈述的检验结果。

2. 简易化理论

这本质上说明了社会契约有助于逻辑推理。上述实验的结果仍然可以用这样一个事实来解释：在进化适应方面的正确答案恰好也是逻辑上的正确答案。为了检验这一理论，科斯米德斯和托比设计了一个实验，其中社会契约是"可变换的"。在标准形式下，社会契约可被表述为"如果其他当事人获取了利益，那么他需要支付成本"；在变换形式下，社会契约被表述为"如果其他当事人支付了成本，那么他就可获取利益"。比如，同一种社会契约可用如下两种形式表述出来：

- 如果你把手表给我，我就给你 20 美元（标准形式）。
- 如果我给你 20 美元，你就把手表给我（变换形式）。

10

在第一种表述下，从你的角度来看，获取利益（亦即我得到手表）相当于逻辑范畴 P，而在第二种表述下却相当于 Q。然而，无论在哪种表述下，欺骗行为（从你的角度来看）都意味着我得到了手表却未向你支付 20 美元。我们用图 10.5 来表示这一实验。

获取利益	未获取利益	支付成本	未支付成本
标准形式　P	非P	Q	非Q
变换形式　Q	非Q	P	非P

图 10.5　针对可变换社会契约的沃森检验

在标准的社会契约下，人们应当选择第一张和第四张卡片，因为它们可帮助揭发是否存在欺骗行为，从逻辑上看，选择这两张卡片也是正确的。然而，在该契约的变换形式下，逻辑上正确的选择却涉及"P"和"非 Q"，这意味着应该选择第二张和第三张卡片。因此，在揭发欺骗行为的选择（选择第一张和第四张卡片）与逻辑上正确的选择之间存在着差异，而正是这种差异可帮助我们检验简易化理论是否正确。应该看到的是，进化心理学支持揭发欺骗者假说，因为一个固守利他主义的人，总是在未获取利益的情况下支付成本，这使他很难在进化史上生存下来；因此，在人类身上并不存在"揭发利他者"的压力，但存在很大的"揭发欺骗者"的压力。

科斯米德斯和托比发现，当在实验中采用变换形式下的社会契约时，约有 70% 的被试者做出了揭发欺骗者的正确选择，但这在逻辑上却是不正确的。这一结果证实了得自进化心理学的预测，即我们的进化不是为了揭发利他行为或愚蠢行为，比如支付成本却不获取任何利益，相反，我们的进化是为了揭发欺骗者。由科斯米德斯和托比所做的其他一些实验也证实了这些结论。

从上面的例子中可以清楚地看到，欺骗行为依赖于从谁的立场来看——是我的还是你的。吉格恩泽和哈格（Gigernzer and Hug，1992）从不同人的立场出发，进一步对简易化理论做了检验，来考察科斯米德斯和托比的揭发欺骗者理论是否属实。他们要求被试者检验如下陈述："如果某位雇员得到了养老金，那么该雇员一定在某家公司工作了至少 10 年"。被试者被分为两组，其中一组被告知充当雇主的角色，另一组被告知充当雇员的角色。对于雇主而言，支付养老金是一笔成本，而对于雇员来说，得到养老金却是收益。类似地，雇员工作至少 10 年对于雇主来说是一种收益，但对于雇员来说却是成本。图 10.6 展示了这种情形，所涉及的是标准契约形式，其中，逻辑范畴 P 是指其他当事人获取了利益。

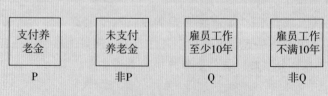

支付养老金	未支付养老金	雇员工作至少10年	雇员工作不满10年
P	非P	Q	非Q

图 10.6　基于不同立场的沃森检验

于是，每组被试者都从不同的立场来定义作弊行为：对于雇主来说，作弊行为是指向雇员支付了养老金，但雇员却并未工作至少 10 年（P 与非 Q）。然而，对于雇员而言，作弊行为是指工作了至少 10 年，却未获得养老金（Q 与非 P）。对于两组被试者来说，逻辑上正确的选择都是"P 与非 Q"，因为与往常一样，逻辑陈述与内容或视角无关。简易化理论预测，两组被试者中做出正确反应的比例应当没有差异，但根据揭发欺骗者假说却可推测，雇主组中做出正确反应的比例应该更高。吉格恩泽和哈格发现，在雇主组中，约有 75％ 的人做出了正确的"P 与非 Q"的反应，只有极少比例的人选择了"非 P 与 Q"。然而，对于雇员组来说，只有约 15％ 的人做出了逻辑上正确的选择"P 与非 Q"，却有 60％ 的人做出了逻辑上不正确但符合揭发欺骗者的选择"非 P 与 Q"。这些实验结果进一步证实了揭发欺骗者假说的正确性。

问题

1. 请给出熟悉的和不熟悉的社会契约的例子。根据针对破坏社会契约的反应检验，我们可用揭发欺骗者假说做出什么预测？

2. 请解释为什么运用变换形式的社会契约有助于检验简易化理论与揭发欺骗者假说的差异。

3. 请解释为什么从不同人的立场出发有助于检验揭发欺骗者假说。

4. 请解释为什么进化心理学预测揭发欺骗者要优于揭发利他者。

❖案例 10.2　　　　　公共品与"搭便车"

我们已经看到，公共品的供应问题为标准经济学模型带来了困难，因为人们不但不愿意捐献，而且对那些不捐献的人也不愿实施惩罚，因为这需要付出一定成本。在本案例研究中，我们将考察由费尔和加赫特（Fehr and Gächter, 2000）所做的一系列公共品实验，这些实验表明，互惠行为（无论是积极的还是消极的）对公共品的供应问题会产生影响。

在这些实验的标准形式中，涉及一组共四名被试者，每人最初手持 20 个筹码。这四名被试者需同时决定应将多少筹码留在身边，并将多少筹码用于一般公共品的投资。留在身边的每个筹码带来的收益也就是 1 个筹码。但投资于公共品的每个筹码可为每名被试者带来 0.4 个筹码的收益，并且与其他被试者是否投资无关。因此，被试者向公共品投资 1 个筹码可为自身带来 0.4 个筹码的收益，但可带来 1.6 个筹码的社会收益（因为被试者共有四名）。根据标准经济学模型，此时没有人愿意对公共品进行投资，因为将筹码留在身边（亦即选择背叛）可获得更大的利益，亦即每名参与者都挣得 20 个筹码。然而，我们可以看到，这其实是一个多人囚徒困境博弈。如果所有参与者都选择合作，亦即每人都将所有筹码用于公共品投资，那么他们每人最终都能挣得 32 个筹码（在这个简单的模型中，假定投资的收益保持不变）。然而，这个最优化结果不可能成为标准经济学模型下的均衡。

现在，如果我们在模型中引入积极互惠，那么就意味着当其他人愿意投资时，某人也愿意投资。然而，为了让参与者拿出筹码进行投资，需要大部分参与者都有这样

10

的动机。我们知道，在现实中总有相当比例的人群是受纯粹利己动机驱使的，因此这使得很难实现正贡献的均衡。

如果在模型中引入消极互惠，又会带来怎样的变化呢？在这里，消极互惠是指对背叛者或不进行捐献的人实施报复，因为他们是"搭便车者"。在最简单的博弈版本中，唯一可采取的报复措施就是也"搭便车"。这会使其他所有人都受到惩罚，无论他们是不是"搭便车者"。因此，人们选择"搭便车"，要么是出于纯粹的利己动机，要么是为了表达消极互惠。其结果是：消极互惠更有可能导致一个投资量不为正的均衡，因为"自私"的参与者会诱使互惠的参与者也选择背叛。

如果参与者能够观察到其他人的投资量，那么情况将发生较大的改变，并且受罚的人将主要是那些不进行投资的参与者。我们可对实验进行修改，其中参与者可削减任意其他参与者的筹码数，但每削减别人1个筹码，自己也会损失1/3个筹码。此处加入惩罚的成本是很重要的，不仅因为这更符合现实，还因为这有助于区分"自私"的参与者和互惠的参与者。自私的参与者永远都不会惩罚别人，因为这需要付出成本，因此，即使存在惩罚机会，也不会改变博弈的结果。然而，那些愿意进行消极互惠的人却有可能对"搭便车者"实施惩罚，进而可能促使自私的参与者选择合作并进行投资。因此，最终结果可能与缺乏惩罚机会的情形大为不同，其中，互惠者可促使人群中出现普遍的合作，而不是由自私者主导的普遍背叛。

费尔和加赫特（Fehr and Gächter，2000）在其进行的系列实验中用到了上文提到的不同博弈形式，其中涉及两个版本。第一个被称为"完美陌生者"版本，其中，涉及24个被试者，按每组4人分为6组，并且重复进行6次博弈。每当博弈重新进行时，各组成员将被重新调换，以确保每名参与者与其他任何人的博弈都不会超过一次。这样一来，被试者实质上就会将博弈看作一种"单击"博弈，于是他们的行为不会对后续的博弈产生影响。另一个版本是"搭档"版本，其中，每4名参与者一起进行10次博弈，因此，这属于一种"重复"博弈，其中，在某次博弈中的行为可对后续阶段的博弈产生影响。每个版本的博弈都分别在有惩罚机会和无惩罚机会两种情形下进行，并且所有的互动过程都是匿名的。为了便于操作，每次博弈中的惩罚都在观察到出资量之后进行。

图10.7展示了实验的结果。无惩罚陌生人/搭档是指"无惩罚"的版本，有惩罚陌生人/搭档是指"有惩罚"的版本。

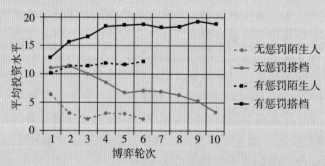

图10.7 公共品博弈中合作水平的演进

问题

1. 请对图中无惩罚机会时的合作水平进行解释。
2. 请解释惩罚的机会如何影响合作的发展。
3. 上面的实验结果对于公共政策有何启示？
4. 请解释当"搭便车者"惩罚合作者时，公共品博弈是如何受到影响的。

❖案例 10.3　　　　　　　　　　推销员的薪资

如何决定推销员的最优薪资结构，实质上涉及经理与推销员之间的序贯博弈。这其实是一个有关委托-代理问题的例子。经理（作为委托人）所面对的实质问题是，如果推销员（作为代理人）的努力水平无法在契约中指明或是无法被完全观察到，那么利己的销售人员就会一直选择怠工，因为努力工作被认为会带来成本。因此，经理必须设计出一种契约，以避免出现推销员的道德风险或是合同后阶段的机会主义（post-contract opportunism）。如果考虑厌恶不均等和互惠因素，那么上述问题将更为复杂，然而这却有助于我们对标准经济学模型与引入社会偏好的行为模型进行比较检验。如果推销员会对怠工产生愧疚，或是用努力工作来回报经理的善意，那么他们就不会像纯粹利己的人那样经常怠工，这与标准经济学模型的预测是不同的。

对此，费尔、克莱恩和施密特（Fehr，Klein and Schmidt，2004）提出了一个涉及奖金方案（bonus scheme，BC）的合同，因为它比一个对逃避责任施加惩罚的标准激励合同（incentive contract，IC）更有效。在该例子中，各种参数被设定如下：

$c(e)=f(e)$，推销员努力工作的成本是努力水平的函数，在努力水平 e 的可允许范围内（1~10），努力工作的成本是边际递增的。这在表 10.6 中展示了出来。

表 10.6　推销员努力工作的成本

e	1	2	3	4	5	6	7	8	9	10
$c(e)$	0	1	2	4	6	8	10	13	16	20

在博弈的第一阶段，经理提出一份契约；在第二阶段，推销员决定是否接受这一契约。如果他们选择接受，那么他们可立即得到工资 w，并在第三阶段选择努力水平 e。在最后的第四阶段，经理准确地考察销售员的努力水平 e，并由此处以一个罚金（在激励契约 IC 下）或是资以一个奖励（在奖金契约 BC 下）。

在激励契约下：对努力水平的监督成本为 K。

$w=g(e^*，f)$，其中 w 为所得工资，e^* 为经理要求的努力程度，f 是被发现怠工时的罚金，此时 $e<e^*$。

监督技巧能发挥作用的概率 $=1/3$。

在奖金契约下：$w=h(e^*，b^*)$，其中 w 为所得工资，e^* 为经理要求的努力程度，b^* 是对推销员承诺的奖金。

无论是 e^* 还是 b^*，都不是能强制执行的量；经理提供的奖金既可高于也可低于 b^*。

现在，我们可计算每种契约下经理和推销员的预期收益：

在激励契约下：如果 $e \geq e^*$，$\pi_{经理} = 10 \times e - w - K$ $\pi_{推销员} = w - c(e)$

     如果 $e < e^*$，$\pi_{经理} = 10 \times e - w - K + 0.33f$ $\pi_{推销员} = w - c(e) - 0.33f$

在奖金契约下： $\pi_{经理} = 10 \times e - w - b$ $\pi_{推销员} = w - c(e) + b$

可注意到，此处所涉及的奖金并不必然是经理承诺支付的奖金 b^*。

如果推销员的努力水平很高，这对于经理来说会带来很大的好处，因为 1 单位努力水平给经理带来的边际收益是 10，而给推销员带来的边际成本只有 1～4 单位。因此，最优的结果应该是经理不在监督技巧上花任何钱，而推销员应该选择努力水平 $e = 10$，此时经理与推销员的总获利是 $10 \times e - c(e) = 80$，因为 $e = 10$ 的成本是 20。然而，这却并不构成一个均衡结果。

在激励契约下，最优的契约结果应该是 ($w = 4$，$e^* = 4$，$f = 13$)，这导致 $\pi_{经理} = 26$ 且 $\pi_{推销员} = 0$。

在奖金契约下，纯粹利己的经理在最后阶段绝不会支付任何奖金，而推销员也知道这一点，因此他只会提供最小量的工作努力水平，即 $e = 1$。于是，最优的契约结果应该为 ($w = 0$，$e^* = 1$，$b^* = 0$)，这导致 $\pi_{经理} = 10$ 且 $\pi_{推销员} = 0$。

在上述条件下，标准经济学模型的预测是：经理会一直选用激励契约而不是奖金契约。这其实意味着，如果经理意识到推销员并不指望获得奖金并且由此倾向于怠工，那么采用激励契约就是较优的，此时经理对希望的努力水平设定一个适度的值，并用概率性的罚金予以保障。

然而，当费尔、克莱恩和施密特运用实验来检验这一模型时，得到的结果却并不支持标准经济学模型。研究者让一组被试者充当经理的角色，并要求他们选择奖金契约或是激励契约。然后，他们还需向另一组充当推销员的被试者发出要约，而后者据此选择愿意提供的努力水平。实验结果显示，经理中有 88% 选择了奖金契约，而推销员回报的努力水平也超出了要求的水平。经理们进而也回报了更高水平的奖金。由于推销员提供的努力水平较高，因此无论是经理还是推销员，在奖金契约下都获得了比激励契约下更高的收益。这一研究的结论表明，经验结果更加支持前文中费尔-施密特的厌恶不均等模型。

问题

1. 请解释，我们怎样理解有关被试者行为的经验结果是支持厌恶不均等模型的？

2. 厌恶不均等模型预测，奖金契约下的经理会有一个混合均衡，纯粹自私和具备公平感的经理会提供相同的工资。为什么会这样？

3. 厌恶不均等模型预测，在奖金契约模式下，具备公平感的销售人员会比纯粹自私的销售人员付出更少的努力。为什么会这样？

4. 当激励契约和奖金契约被混合使用时，会发生什么情况？

◆◆案例 10.4   肥胖、饮食和健康

据估计，肥胖目前是全球三大社会负担之一，仅次于吸烟和武装暴力、战争和恐

怖主义。解决这一问题的全球成本估计在 2 万亿美元左右，占世界 GDP 的 2.8%（MGI，2014）。据估计，约 21 亿人（约占世界人口的 30%）超重或肥胖，相当于麦肯锡全球研究所（MGI）估计的全球营养不良人数的 2.5 倍。

肥胖的代价很难估计，主要有两个原因。首先，它与许多不同的医疗条件和不利的健康影响有关，特别是心脏病和 II 型糖尿病，但也与高血压、肝病和关节问题等条件有关。第二个原因是，肥胖既会产生通常由政府资助的健康和医疗服务的直接成本，又会由于肥胖者易出现工作缺勤、残疾和生产率下降等问题，引发个人和雇主一系列的间接成本。在英国，2014 年肥胖引发的直接成本约为 160 亿英镑，间接成本高达 310 亿英镑（MGI，2014）。间接成本有时也用残疾调整生命年（DALY）来衡量。也有人认为，个体在某些群体中丧失自尊和遭受排挤的成本也应该被计算在内。

那么什么是肥胖呢？最常见的衡量标准是身体质量指数（BMI），该指标是通过将一个人的体重（以千克为单位）除以其身高（以米为单位）的平方来计算的。身体质量指数超过 25 被认为超重，而超过 30 则被认为肥胖。医疗当局普遍认为，这一判断标准是非常粗糙的，许多健康专家认为腰围测量法或内脏（腹部脂肪）测量法更合适，但 BMI 仍然是使用最广泛的指标，主要是因为与之相关的统计数据最容易获得。以英国为例，25% 的成年人肥胖，另有 37% 的成年人超重（MGI，2014）。

行为经济学的很多方面都与肥胖问题的讨论有关，这些方面有助于我们理解一些显而易见的悖论。以下是一些最明显的例子：

（1）根据研究（Yusuf et al.，2004），90% 的肥胖都可以通过合理的生活习惯和营养条件来预防。那么为什么我们还会有肥胖这个问题？

（2）在发展中国家，肥胖在富裕人群中更常见，而在发达国家，肥胖在不富裕人群中更常见。肥胖问题最严重的国家是过去几十年才繁荣起来的国家，如科威特、沙特阿拉伯和阿联酋，或仍处于中低收入的国家，如墨西哥、叙利亚和委内瑞拉。

（3）在发达国家，肥胖和社会剥夺之间有很强的正相关关系。然而，剥夺通常包括收入和食物的剥夺，在其他条件相同的情况下，这应该会导致热量摄入减少和肥胖减少。

（4）虽然肥胖在许多发达国家呈稳步上升趋势，但也有人，特别是在年轻人中，担心负面的身体形象是不健康的，并会导致心理问题。从而，一些卫生保健专业人员提倡一种政策，即把体型和身体状况看得不重要，这与关注体重和生活方式管理的政策相反。

从这些观察中可以清楚地看到，肥胖是一个复杂的问题，在个人层面和社会层面都有影响，而且各种不同的相关因素相互作用：个人心理、生物学和遗传学；社会学和文化因素；地理位置，包括使用社会和物理设施，以及城市/环境规划；食品供应商的营销实践，如广告和标签；以及政府和卫生组织的政策。因此，没有简单的解决办法。在一项全球调查中，麦肯锡全球研究所（MGI，2014）调查了 16 个不同领域实施的 44 种不同政策的有效性。我们将看到，这些措施中有许多已被证明是无效的，甚至会适得其反。在研究这些政策之前，有必要考虑前面几章中讨论的行为经济学中

10

与肥胖问题有关的领域。

方法论——肥胖起因的研究，特别是心血管疾病（CVD），涉及很多争议。大多数医学研究要么是基于流行病学性质的，涉及多因素观察分析，要么是对照实验，通常涉及随机对照试验（RCT）。随机对照试验通常被认为是较好的方法，但该方法仅适用于相对较小的样本。针对该法的争议主要集中在以下两点。第一点是，关于医疗保健专业人员的主导范式，有时被称为膳食-心脏假说或油脂假说。这个假说最初由安塞尔·凯斯（Ancel Keys）在 1953 年提出，基本上包括两个方面：脂肪摄入过多，特别是饱和脂肪，会导致血液中胆固醇过高；而胆固醇过高又会导致心血管疾病。50 多年来，这一假说在医学界被普遍接受，美国心脏协会（American Heart Association）和英国国家医疗服务体系（NHS）等机构也一直在重复这一假说。然而，在过去的十年里，越来越多的证据使人们对这一假说的两个部分产生了怀疑。针对假说的第一点，一些评论人士甚至认为，强调低脂饮食会适得其反，损害了数百万人的健康，因为脂肪，特别是饱和脂肪，为人体提供了必需的营养（Kendrick，2007）。这些研究人员认为导致肥胖和心血管疾病的是过量碳水化合物的摄入，特别是精制碳水化合物和糖，以及不健康的脂肪，如反式脂肪。针对假说第二点的争议是，制药公司的影响力，特别是他汀类药物的生产商。他汀类药物被吹捧为治疗心血管疾病的"奇迹"药物。他汀类药物目前是美国最畅销的药物，产业价值数十亿美元。这些公司资助了大量的研究，由此引发了对其可能发挥的影响的热烈讨论。尽管已经报道了各种副作用，但是一些医学研究人员现在提倡对 50 岁以上的人普遍使用他汀类药物，无论他们是否有心脏病史。

参考点——一方面，人们倾向于参照同龄人来评价自己。因此，在其他人大多超重或肥胖的文化或亚文化中，人们可能认为这是正常的。另一方面，参考点的选择，尤其是年轻人的参考点，往往由社交媒体和名人决定。这会产生不切实际的社会规范，特别是当图像很容易被 Photoshop 工具和喷枪技巧扭曲的时候。英国的一项研究发现，越来越多的 10~15 岁的女孩对自己的生活不满意并且担心自己的长相（Children's Society，2016）。在截至 2013—2014 年的四年中，对自己生活不满意的女孩比例从 11% 增加到 14%，而担心自己外貌的女孩比例从 30% 增加到 34%。同样值得注意的是，这种增长趋势只出现在女孩中，而没有出现在男孩中，后者的比例要低得多。

信念——我们的信念体系有很多方面都与肥胖问题有关。首先，正如前面方法论中提到的那样，某些信念可以在一个共同体中建立起来，比如医学界，然后它们会成为一种难以改变的范式。从整个共同体的角度来看，声誉可以依赖于坚持某种理论或假设，而其他人质疑这些可能会变得危险，因为这可能很难实现出版、推广或进一步的职业生涯。从个人的角度来看，自利性偏向和从众偏向都是相关的，以至忽视了与现有信念相冲突的新发现和证据。这也与消费者相关。英国政府咨询机构"行为洞察组"进行的一项研究发现，高达 30% 的消费者往往低估其卡路里摄入量。在肥胖或注意饮食的人群中，这种低估行为尤其明显（Behavioural Insights Team，2016）。认知失调也与此相关，因此，低报卡路里摄入量可能与低报体重相结合，以保持一致的自我形象。

贴现——这是一个在分析肥胖问题时经常被忽视的因素，但在长期体重管理中却是极其重要的。多吃和吃更美味的食物通常会带来短期的快感，但额外的量和额外的美味往往包含额外的卡路里，这反过来会导致增重和肥胖的长期代价。一个理性的人，假设他们拥有完全的信息，并以指数方式贴现，将能够在这种情况下实现一个最优的权衡。但是，如果其贴现率很高，或者有一个瞬时效用函数被本能因素修正，他们将无法实现最优权衡。因此，我们可能永远都在向自己承诺要遵守更好的饮食习惯，但随后又总是屈服于诱惑。

社会规范——我们已经看到，当涉及参考点时，社会规范很重要，但它们还有另一个含义，即它们因国而异，也因文化而异。在某些文化中，肥胖被视为富裕的标志，因此在社会上是被推崇的，特别是在吸引伴侣方面。在某些国家，特别是在非洲，存在"肥肉营"，其目标是增加准新娘的体重。

在对行为因素进行了简要的调查之后，我们现在考虑其政策含义。许多政策都受到政治因素而非纯粹经济因素的严重影响。例如，伊朗政府曾尝试直接发放食物。其他机构也使用过这些方法，主要是为了缓解紧急情况下的粮食安全问题。食品银行，就像过去几年在英国开始的那些，与这一政策有一些相似之处，但在组织上不那么集中。一般来说，由于配送成本的原因，这类项目的运作成本很高，而且旨在保证食品安全，而不是改善肥胖问题。几十年来，美国政府一直在实施营养补充援助计划（SNAP），也就是人们常说的食品券（food stamps），但是，尽管这降低了分配成本并改善了粮食安全，但人们普遍认为，该计划会增加贫困人口中的肥胖问题。这里的路径相当复杂，包括由周期性支付系统驱动的盛宴-饥荒循环，其中的原因相当复杂，包括由定期支付制度导致的饥荒周期的形成，以及收入效应导致的食品支出比其他情况下要大，支出集中在高能量食品上（Economist Intelligence Unit，2014）。

其他国家的政府，比如马来西亚，也尝试过进行现金补贴，但这一政策也像直接性食物补贴法一样，导致肥胖人数不断增加。埃及已经尝试了一种更有针对性的方法，对被视为必不可少的食物（例如，面包和谷物）使用食品补贴。这些方法也产生了反作用，导致肥胖人数大量增加。丹麦等其他国家则采取了相反的方法，对高脂肪的食物征税。这也产生了反作用，因为脂肪中含有必需的营养物质。对含糖量高的食物和饮料以及其他精制产品征税，可能是更合适的目标。

许多政府已经出台了与食品标签有关的新政策。这些政策也存在问题。在这种情况下，主要的问题是信息过载，以及在超市购物时阅读标签所花费的额外时间。此外，许多人没有足够的知识来理解这些信息及其含义。最近，一些食品专家针对这一问题提出了一些政策建议，例如，利用某种星级系统将食物卡路里含量等同于某项运动消耗的能量，比如，一份食物相当于 15 分钟的慢跑等轻度运动。这些都比在标签上标明营养成分、防腐剂、调味料等信息更容易也更迅速理解。

下面，我们更详细地讨论一下英国的相关政策。麦肯锡全球研究所认为，这些政策是碎片化的也是不充分的。据估计，解决肥胖问题的社会总成本约为 470 亿英镑，而政府在减少和预防肥胖上的支出仅略高于这一估计量的 1%，即 6.38 亿英镑。麦肯锡全球研究所主张采取全面协调的方式，涉及中央政府、政府机构、地方政府、媒体、学校、零售商、餐饮企业、食品和饮料制造商、雇主、家长和社会活动家。据估计，它所研究的 44 种干预措施将使 20％的超重或肥胖人群在 5 年或 10 年内恢复正常体重。这些干预措施包括：包装食品的分量控制；父母的教育项目；校餐设计的变化；食品标签法规；媒体的限制；对含糖饮料征税；改善交通基础设施，特别是帮助骑自行车的人。值得注意的是，有些干预措施比其他干预措施有效得多，而且措施间的成本-收益也有很大差异。例如，就增加 DALYs 而言，最有效的方案是对食品包装中的分量加以控制，其效果估计是公共健康运动的 20 多倍。到目前为止，最具成本-收益的干预是媒体限制，相比于每年节省 31 000 美元用于交通项目，这一干预每年只需 50 美元。

这样看来，在英国政府对国民保健服务（NHS）实施极为不受欢迎的削减之际，因为成本节省，一个更有效的长期减少肥胖的政策将使这样的削减不必要。一些卫生当局的官员已经宣布，他们打算推迟对肥胖者的手术，因为预算迫使他们优先考虑其他治疗方案。一项更激进、更具争议性的政策将由以风险为基础的自由市场中的保险制度取代目前以收入为基础的国家保险制度。这将使肥胖者为健康保险支付更高的保费，就像有不良驾驶记录的驾驶员要支付更高的保费一样。从纯粹的经济学角度来看，这种制度更有效率，因为它避免了道德风险问题，也就是人们不为他们所承担的风险承担后果。然而，作为一种税收，它具有高度的累退性，并被视为一项具有歧视性的政策。另一些人则认为，歧视本身并不是一件坏事，因为毕竟我们目前正在歧视驾驶记录不良的"坏"司机。歧视的好坏完全取决于人们能否改变自己的身份或行为；因此，种族歧视是不好的，因为一个人无法改变自己的种族。纯粹以经济理由来解决这场争论是极不可能的。

问题

1. 请解释为什么在发达国家，穷人多有肥胖问题，而在发展中国家，富人多有肥胖问题。

2. 请解释为什么设计针对年轻人，特别是青少年的肥胖项目特别困难。

3. 一项研究声称，90％的肥胖是可以预防的，然而，MGI 估计，即使是综合的政策也只能使 20％的超重或肥胖的人士在长期内恢复到正常体重。讨论产生这种差异的原因。

4. 请解释低报卡路里摄入量的行为因素。

5. 在解决肥胖问题上，助推政策的作用是什么？

10

第 5 篇

结　论

第11章 行为经济学：总结与展望

11.1 行为经济学议题

在本结束语章中，我们将回顾与行为经济学有关的一些最重要的问题。为了做到这一点，明智的做法是首先总结一下行为经济学与标准经济学的关系，以及它的目标是什么。

□ 好的理论

任何科学的目的都是发展能够准确解释和预测现象的理论。或许对经济学最普遍的批评是：在许多情况下，经济学在这方面做得不够好。当然，经济学家经常成为公众关注的焦点，他们对经济状况、增长、通货膨胀和失业率、股市指数、货币价值等进行公开预测。当这些预测出错时——这种情况经常发生——经济学作为一门有效的科学的地位就会受到质疑。如果预测是错误的，那么无论多么复杂的基本理论，也一定是错误的。

所有的理论都建立在假设或公理的基础之上。如果一种理论是错误的，这往往表明这些假设是错误的。我们也看到，人们做出假设，不是因为人们认为它们一定是现实的，而是因为它们简化了分析。

经济理论不应该仅仅因为它们做出了不切实际的假设而受到批评。理论化依赖于从所研究的现象的丰富复杂性中抽象出关键的解释特征。有些理论可以做出一些惊人准确的预测，即使它们是建立在相当抽象和初步看来不现实的假设基础上。这是经济学家在为"似是而非"的方法辩护时所使用的论据。然而，当一个理论由于错误的假设而不能很好地解释和预测时，那么，是时候拒绝或修改该理论了，应该在一个更健全的假设基础上构建它。在行为经济学中，这个基础来自其他学科，如心理学、社会学和生物学，包括神经科学。这些学科可以为经济学提供过程理论，并且在实现本书所提倡的统一与整合的方法中，是必不可少的。

在这一点上，让我们回顾一下第1章中讨论过的主要标准，这些标准在确立任何科学理论是好的和有用的方面都被普遍认为是重要的：

1. 符实性

这与解释现有的经验观察有关，因此具有良好的拟合性。这样做的效果应该是解释异象，并产生更准确的预测（尽管我们已经看到，拟合优度和预测不一定同时存在）。

2. 普遍性

理论的应用范围越广，就越有用。有时这一属性被称作丰硕性。

3. 易处理性

这一特点是指理论在做出预测时，如何容易地应用于不同的具体情况。在这方面，数学复杂性通常是一个问题。

4. 简约性

我们现在已经看到，有些理论比其他理论更加简约，这意味着它们建立在更少的假设或参数的基础上。然而，过度的简约可能会对现实和普遍性产生负面影响。

行为经济学批评新古典主义经济模型过于简约，导致缺乏与现实或经验相符的一致性。在第 1 章我们看到，何、利姆和凯莫勒（Ho, Lim and Camerer, 2006）提议增加另外两条标准：精确性和心理上的合宜性。他们和其他行为经济学家认为，他们的任务包括修正新古典主义经济学模型的基本假设，并将其置于更健全的心理基础之上。这应该而且确实提高了与现实的一致性，但代价是减少了简约性，有时也弱化了分析上的可处理性。然而，添加更复杂的假设和参数的另一个好处是，这通常会导致比新古典主义经济学模型更精确的预测。在现阶段利用贯穿本书的一些例子阐明行为经济学的议题是有益的。

☐ 对新古典主义经济学模型行为进行修正的例子

下面给出的例子说明，在某些情况下，用行为关系建模一个情况，且使用模型进行预测是相对容易的，而在其他情况下，相关的行为因素很难纳入能够精确预测的模型。我们将从那些使用附加参数更明显、更直接的示例开始。

· 博弈论

之所以从这个例子开始，是因为它涉及上一段提到的预测这一点。标准模型常常预测多重均衡，正如案例 9.3 讨论的市场进入情境那样。通过在相关模型中添加新的参数，可以将学习理论、思维步骤等均衡的行为概念，如量化的反应均衡（quantal response equilibrium，QRE）引入分析中。然后，行为博弈论就能对将要发生的事情提供更精确的预测。

· 损失厌恶

我们已经看到，这是一个普遍现象。它似乎为股权溢价之谜提供了最好的解释，同时还提供了选择归并。损失厌恶可以用损失厌恶系数来建模。

· 一致性偏向

这导致了一种羊群现象，在许多市场，尤其是金融市场中被广泛观察到。它比损失厌恶更难建模，因为它既涉及他人赋予的效用，又涉及修正的概率估计。

· 证实性偏向

这种偏向是指人们更多地关注支持现有信念的新闻，忽视或轻视相互矛盾的证据。近年来，这种偏向受到了越来越多的关注，因为它在 2007 年金融危机和特朗普/英国脱欧现象中都很突出。这种情况可以通过修改贝叶斯更新的概率来建模，以允许对信号的错误感知。

· 缺乏耐心和时间不一致的偏好

这些因素通常使用双曲线贴现模型建模。这些模型将参数 β 添加到标准贴现模型中，其中 β 表示对即时性的偏好。一个更复杂的模型可以考虑有限理性，通过引入另一个参数 b 来衡量消费者对其价值 β 的信念。双自我模型也可以使用博弈论框架来建模。

· 不平等厌恶与互惠模型

这些模型考虑到社会偏好后，可以解释很多看上去是非理性的或利他的行为，如在最后通牒讨价还价博弈中不接受对方的小恩小惠，或在公共品博弈合作中拒绝合作等。例如，费尔和施密特（Fehr and Schmidt，1999）的不平等厌恶模型，分别使用系数 α 和 β 作为妒忌和内疚系数。

· 选择归并

这属于心理核算的一方面，意思是人们选择确定的衡量所得和所失的核算期间。选择更短的期限会导致更大的机会在任何给定的期限内亏损。

· 缺乏可替代性

这一因素解释了为什么人们可以同时以高利率借款，比如用信用卡，而他们的流动资产却只能获得低得多的利率。

· 代表性直觉推断

这种直觉推断法以及其他直觉推断法深刻影响着人们对概率的判断，致使人们做出判断时出现严重错误。

· 锚定效应

锚定效应同时影响判断和选择。已经证明，如社会保障号码等纯随机因素，也能够影响人们对项目的评价。

· 禀赋效应

商品所有者或者售卖者通常比购买者对商品赋值更高，从而使交易频率减少。或许这里也与损失厌恶系数有关。

· 框定效应

我们已经看到，代表相同信息的不同方式会导致偏好反转，如同"亚洲病"表现出的情形。

· 决策加权

这可用于将客观概率转化为用于在风险下做出决策的主观概率。

显而易见，上述列示并不完整，却广泛回顾了在哪些情境下行为理论可以改善新古典主义经济学模型的符实性。

然而，我们在解释上述因素时，遇到的行为方法有两个问题，这些问题导致了对行为经济学的一些批评。

11

11.2 对行为经济学的批评

☐ 模型的泛滥

弗登伯格（Fudenberg，2006）所描述的一个所谓的问题是，有太多的行为模型，其中许多几乎没有应用。弗登伯格给出了推理中建模错误的例子，并引用了各种不同的模型：

（1）拉宾和施拉格（Rabin and Schrag，1999）以及亚里夫（Yariv，2002）的实证性偏向模型提出，参与人会错误编码他们先前信念表明不太可能的证据。

（2）拉宾（Rabin，2002a）构建的模型提出，行为者根据新事实对之前的概率估计进行了更正，而将其更新为贝叶斯式概率，他们将独立随机事件当作替换性随机事件。例如，彩票中奖号码刚刚出现后，人们会认为下周这一号码不太可能再次出现，尽管每周之间的彩票中奖号码都是相互独立的。

（3）巴贝里斯、施莱弗和维什尼（Barberis，Shleifer and Vishny，1998）构建的模型提出，参与者错误地在具有独立同分布的数据（如赌盘的数字指向或每日股市波动）中寻找趋势。

针对上述批评，我们可以提出四点意见：

1. 不同的模型适用于不同的决策情况

这一点在前面几章中已经提过很多次了：在第 5 章风险与不确定性下的决策问题中；在有关跨期决策的第 8 章中；在第 10 章中，当社会偏好与决策相关时。凯莫勒和罗文斯坦（Camerer and Loewenstein，2004）承认，学科不是一个统一的理论，而是"工具或思想的集合"。他们还声称，新古典主义经济学也是如此。他们重复阿罗（Arrow，1986）的主张，即经济模型不能从效用最大化的单一通用工具中获得很大的预测能力。然后，他们声称行为经济学更像是一个电钻，它使用各种各样的钻头来执行不同的工作。因此，当研究公共品提供和讨价还价博弈时，考虑他人的偏好和社会规范的概念可能是合适的分析工具；时间可加可分效用的概念可能与资产定价有关；记忆效用（或负效用）可能与肠镜检查的决定有关；在考虑推迟愉快体验的决定时，期待效用可能是相关的；以及规避损失可能与解释不对称价格弹性有关。

2. 人口是异质的

对异质人群建模是一项复杂的任务，我们已经在费尔-施密特（Fehr-Schmidt，1999）的不平等厌恶模型中看到了这个问题的一个方面。不仅不同的人在一个模型中有不同的参数值，如嫉妒和内疚系数，而且不同的模型可能适用于不同的人或不同的文化。

3. 相互矛盾的理论是许多科学的特点

在某些情况下，如弗登伯格（Fudenberg，2006）给出的例子中，关于同一现象存在着相互矛盾的理论。因此，在这里我们不能使用凯莫勒和罗文斯坦（Camerer and Loewenstein，2004）在第一点中讨论的"电钻"做类比——不同的工具适用于不同的工作。然而，行为经济学并不是唯一的，因为它是一门存在许多相互冲突的理论来解释一组特定现象的科学。心理学中的一个例子是关于这样一种现象，即对改变生活的事件的情绪反应惊人地短暂。现在这个领域有大量的研究，但与之相关的主要竞争理论仍有五种之多。即使在主流经济学中，我们也发现经常有理论冲突的领域，这些冲突可以持续几十年。在宏观经济学领域尤其如此，由于涉及复杂的相互关系，很难找到明确的证据；凯恩斯主义与货币主义之争可能还会持续一段时间。我们同意弗登伯格的观点，并且承认从科学的角度来看，这并不是一个理想的情况。然而，鉴于行为经济学的现状，这在某种程度上是不可避免的，我们将在下一点中解释。

4. 行为经济学是一门相对较新的学科

它正在经历产品生命周期（PLC）的成长阶段。使用 PLC 类比，成长阶段的特征是大量的产品变化，然后就是公司，当达到成熟期时，这些产品和公司将被市场竞争力量淘汰。类似的过程可以应用于行为经济学模型的发展。随着研究的深入，一些模型可能会因缺乏支持而被剔除，而另一些模型则会被确认其地位。

□ 缺乏规范形态

在第 5 章比较前景理论和期望效用理论时，我们讨论过这一批评。据称，行为经济学在试图更准确描述事实的过程中失去了其规范形态。这一点很重要，因为对个人、企业和政府来说，规范形态对做出良好的政策决定很有必要。

正如我们看到的，"规范"这个词用在经济学语境中有些模棱两可。这种模糊源于对"应当"一词的理解，正如这个例子——"人们应当对公共品做出贡献"。此处对我们的目的而言，"应当"一词并没有暗示着道德上或价值上的判断。规范方面意味着一个规定性的地位：为实现最优化，哪些是必需的？因此，这种说法包含了一定的条件，可以把它的意思理解为：**"如果人们想最大化自己的效用**，则应当对公共品有所贡献"。很明显这要求将社会偏好纳入效用函数中。在这个例子中，行为经济学能够在规范的意义上提供一个规范的陈述。

在行为经济学的领域，这种规定状态最容易被打破，这就是个体做出判断和选择的领域。这在第 3 章、第 4 章和第 5 章中讨论过。例如，我们看到，偏好和选择并不必然简单地基于态度和判断。新古典主义经济学模型中的某些假设违背了描述上的不变性、过程上的不变性和外延性等，这增加了问题的复杂性。效用也有多个概念：决策效用；体验效用——存放在记忆中的效用或实时效用；期待效用——基于对效用的预计；剩余效用——产生于回想；以及诊断效用——源于人们根据其行动推断所得。新古典主义经济学模型仅仅考虑了决策效用，它假定决策效用基于态度和偏好，又进一步假定态度和偏好是不变的。

新古典主义经济学模型的上述异象已被证实：一旦它们进入我们的考虑视野，涉及无差异曲线分析等简单的效用最大化模型将不再适用。我们也已经看到，另一个相似的情况出现在风险情形下：这种情况下，我们不能再运用一个简单的期望效用的偏好方程并使其最大化。然而，尽管违背新古典主义经济学模型的基本假设产生了某些难题，但这并不意味着行为模型在原则上就不再具有规范性。虽然分析更加复杂，而且在实际操作中常常难以实现，但是在第 4 章和第 5 章中说明了规范性陈述仍然是可能的。如果我们使用实时或基于时刻的效用和心理效用的概念，以便提供一个全面的效用度量，那么我们可以得出一些关于最大化福利的结论。例如，我们可以尝试解决这样一个悖论：人们可能更看重一份相对工资高但绝对工资低的工作，因为他们认为这样会让他们更快乐，但实际上却选择了相对工资低但绝对工资高的工作。因此，行为经济学仍然可以作为政策决策的指导，但只有意识到行为经济学所关注的这些悖论和复杂性，才能更好地做出政策决策。

11.3　方法论

例如，还原论经常在社会科学中遭到反对，因为实践者发现，他们的权威正在被等级或因果链中较低的学科篡夺。这里不建议重新讨论第 2 章中所述的所有方法问题，例如，有关实验设计的问题，而是将重点放在最基本的问题上。特别地，为了统一这些学科，这里提倡的方法涉及使用一些"最佳实践"，这些实践来自目前与之相互冲突的各种行为科学。经济学家在使用通常与心理学、社会学和生物学相关的方法和模型的基础上将它们适当地结合起来，使得行为科学在解释和预测决策方面取得最大的进步。在规范层面上，这也将帮助人们在改善福利方面做出更好的决定。这方面将在 11.5 节中讨论。为了促进这种统一，需要澄清和解决下列问题：（1）假设与结论之间的关系；（2）基因-文化协同进化的作用；（3）博弈论的作用；以及（4）简约性与一般性的关系。

□ 假设与结论

学生经常误解和误用这两个术语。科学方法的一个基本原则是：在任何一门学科中，人们都是从某些假设出发，然后根据理论和经验证据，进而形成某些结论。这些结论可能包括对某些原始理论或假设的否定、确认，或对其进行修正和改进。令人困惑的是，在事件的因果顺序中，这涉及不同学科之间的关系，一个领域的结论会变成另一个领域的假设。我们在前两章已经看到了一些例子，但这里需要更具体的例子来说明这一现象如何与行为经济学相关。

新古典主义经济学模型假定人是完全利己的。正如我们所看到的，这是一个假设的例子，是为了方便、简化分析，而不是因为它被认为是普遍正确的。这显然是一个有用的假设，可以做出各种各样的预测，其中许多是相当准确的。行为经济学试图为经济理论化找到一个更健全的心理基础，因此，在试图解释行为时考虑到社会偏好。为了建立更好的基础，行为方法旨在寻找**心理规律**（psychological regularity）。例如，在最后通牒讨价还价博弈中，人们倾向于拒绝低报价，也倾向于不做出这样的报价，这在经验证据中可以找到心理规律。这一发现与新古典主义经济学理论相悖，为纳入社会偏好的行为理论提供了基础。在这种背景下，这方面的心理规律成为一个"假设"，作为基础发展不同的行为理论，如不平等厌恶和互惠。

然而，这种分析只在因果序列的下一级进行。那么我们可能要问：是什么让人们同

时拥有积极和消极的互惠呢？行为经济学还遗留有很多诸如此类的问题，
例如：

- 人们为什么会受到框定效应的影响？
- 人们为什么会表现出对损失的厌恶？
- 人们为什么会表现出自利偏好？
- 人们为什么具有禀赋效应？
- 人们为什么会做出让他们看起来不快乐的选择呢？

回答这些问题通常不被视为行为经济学议题的一部分。这些效应，或心理规律，被视为构建模块或"假设"，必须在此基础上构建标准模型之外的其他理论。回答这些问题的任务就"交给"心理学了，在心理学中，这些规律被视为必须由潜在的心理学理论来解释的结论。心理学家反过来对神经科学做了一些假设，比如大脑在生理层面是如何工作的，以及大脑是如何进化的。因此，我们将因果序列进一步深入神经科学和进化生物学的领域。如第 2 章所述，这就是层级还原论的本质，在过去的几个世纪里，在发展具有广泛而深刻的解释和预测能力的理论方面，它被证明是极其有效的。

□ 基因-文化协同进化的作用

对还原论、假设和结论的讨论将我们再次引向同样具有争议的进化心理学（EP）的作用，这一点在整本书中已经提到过好几次了。为了获得正确的认识，进化心理学的作用必须被视为基因-文化协同进化更大作用的一个组成部分。即使是最极端的进化心理学家也不会声称，通过检验和猜测我们祖先的生活和环境，并对人类大脑如何适应这些环境进行理论分析，就可以解释所有人类行为。不幸的是，在许多批评该学科的社会科学文献中，这是一个流行的假想对手。更为现实的是，凯莫勒和罗文斯坦（Camerer and Loewenstein，2004，p.40）对进化心理学问题总结如下：

> 很容易推测出一段进化经历是不是那些足以使特定行为产生的原因的起源之所在，但几乎不可能弄清这些是否就是那些确实导致特定行为发生的原因。

这个问题导致了对进化心理学作为一门科学的主要批评：它无法做出可检验的、可证伪的预测。举一个具体的例子来说明这个问题是有益的，这个例子是关于在"一次性"情况下像囚徒困境博弈那样，人们倾向于合作而不是背叛。进化心理学对此的结论是：即使明确地向他们披露正在进行的是一次性博弈并且他们也认可这一点，但由于处于"一次性"博弈中的主体缺乏关闭其内在合作机制的能力，因而，他们仍在心理上将其看作重复博弈。正如凯莫勒和罗文斯坦指出的，如果一个人尝试根据重复博弈中的行为预测一次性博弈将出现的行为，这使得进化心理学假设不可证伪。然而，正如我们在前一章看到的，一次性博弈中的一些行为预测是可能的；金泽和方丹（Kanazawa and Fontaine，2013）发现，在一次囚徒困境博弈中，理解力与合作倾向之间存在显著的负相关关系。作者将此与**草原原则**（Savanna principle）联系起来，该理论认为，适应我们祖先环境的行为在我们当前的后工业社会中可能不再是最佳的。

认识到做预测的问题无疑很有必要。实际上进化心理学家一直面临着来自我们祖先过去生活的更新世的具体证据有些薄弱的问题。虽然分子生物学和遗传学的进展可能会

11

在后一领域取得一些进展，但考古学和生物学的记录很稀少，而且很可能会一直如此。因此，猜想和推测是不可避免的，尤其是被那些"硬"科学家所鄙视的。进化心理学中的许多理论都是基于对现代观测的检验，并进行了以下比较：

$$概率（源于进化心理学的理论 X｜观察值）＞或＜概率（其他理论 Y｜观察值）$$

如果进化心理学理论比任何其他理论都有更大的概率生成观测数据，则认为进化心理学理论是正确的。在许多情况下，没有其他公认的理论。例如，我们看到，卡尼曼和特沃斯基（Kahneman and Tversky, 1973）在论文中指出，人们更善于解决那些给定次数数据而不是概率数据的问题。单一事件的概率在实践中常常没有意义。比如，说一个女性怀有身孕的概率为 35% 的意义不大：她要么怀孕要么没怀孕。类似地，以进化的视角看来，说峡谷中发现浆果的概率是 0.375 显得有些奇怪。另外，人们更容易理解这种表述方式：一个人最近去了八次峡谷，有三次发现了浆果。这或许是另一种"正是如此"说法，但作者不知道在认知心理学中是否还有其他类似的理论可以解释这一现象。

此外，还应该指出的是，进化心理学预测在许多方面是可证伪的。如果在一次性博弈实验中发现了普遍的背叛倾向，这就可以证伪这个假说。我们在案例 10.1 中举了一个与沃森检验有关的例子，其中，进化心理学能做出某些准确且可证伪的预测。我们给出最后一个来自不同领域的例子，该领域属于文化影响力的范围。我们知道寄生虫会使得人的体形变差。因此，进化心理学家冈斯塔德和巴斯（Gangestad and Buss, 1993）预计，生活在寄生虫更为普遍的生态环境中的人们比生活在寄生虫相对不普遍的生态环境中的人们，更加看重伴侣的体形。为了检验这一假说，他们搜集了 29 个文化背景下寄生虫的流行程度和相对应的文化中人们对婚姻对象体形吸引力重视程度的数据，结果发现，两个变量间具有显著的正相关关系，从而验证了上述假说。之所以举这个例子，是因为它阐明了文化差异（其经常被假定为在本质上是非进化性的）是如何能够被普遍进化而来的心理学机制（该机制有差别地被所面临的文化所激发）所解释的。当然，也可以发展其他理论来解释同样的观察到的关系，但关键的一点是，当进化心理学被谨慎而深思熟虑地运用时，可以提供可验证的假设。

□ 博弈论的作用

我们已经看到，特别是在第 2、9 和 10 章中，博弈论在理解决策过程中扮演着重要的角色，这仅仅是因为我们所做的很多决策都涉及某种社会互动。然而，我们也看到，标准博弈论对于许多情况是不充分的，因为它要么是沉默的，例如在指出多重均衡时，要么会产生异象，如在讨价还价博弈中。为了更好地理解决策，我们需要特别考虑他人的偏好和有限理性，并认识到逆向归纳的失败。这意味着博弈论的其他方法，包括行为博弈论和进化博弈论，需要与标准方法结合使用。不可避免的结果是分析更加复杂，这与下一个问题有关。从我们对博弈论的讨论中还值得回顾的是，与行为经济学中的其他方法相比，博弈论在行为问题上的大多数应用仍然与新古典主义经济学模型的关键方面紧密联系在一起，这对我们如何在经济分析中更深入地整合实质性的行为原则具有启示意义。

11

□ 简约性和一般性

针对进化心理学的另一批评是，它所提供的解释缺乏一般性，似乎具有特设性（ad hoc nature）。在评价理论之前，就曾遇到过这些词语。特设的意思是"解释目标特定"，科学家常常不以为然地使用这个词，因为它通常意味着一个理论被扭曲或以一种不自然的方式来解释不受欢迎的观察结果，而这些观察结果是无法用任何标准的理论形式来解释的。理论变得更烦琐，结果就是简约性丧失。对此，天文学领域有一个很好的例证：中世纪发明了"本轮"概念（圆形轨道围绕着其他圆形轨道运转）。目的是解释观察到的天体运动偏差，而这一偏差是持地心说的标准托勒密体系所无法解释的。哥白尼的日心说，加上开普勒的行星椭圆轨道的概念，被证明是一个更加简洁和准确的理论。

对于我们热爱结构的心灵来说，无论简约性和一般性多么令人向往，具有讽刺意味的是，人类的心灵似乎擅长于某些事情，但令人惊讶的是，它却无法执行其他功能。进化心理学家用大脑的模块化来解释这种行为；它不是一个解决问题的通用手段。大脑要进化到能容纳如此广泛的能力，就必须耗用庞大的资源，但这会造成浪费，因为大脑的许多能力在实际生活中从来都不会用到。进化心理学模型认为，大脑确实以一种特设的方式进化，以适应在现实中处理确实必须面对的难题的需要。科斯米德斯和托比（例如，参见 Cosmides and Tooby，1987，1992，1996，2000）在其多篇著作中非常清晰地阐述过这一模型。他们将意识比作瑞士军刀——有许多刀片，每个都是为特定的目的所设计。此外，进化总是建立在已经存在的结构上，即使那些结构不再必要或不再有用；人体中充满了这样的机制，如阑尾和脾脏。

通过提出大脑是一种具有特殊功能的装置，进化心理学并不是唯一一种似乎包含了特别解释的理论。同样的指责也常常指向行为经济学；这本质上是之前讨论过的对弗登伯格（Fudenberg，2006）的批评。

关于简约性和一般性的可取性，这种讨论似乎会导致一个混乱的，甚至是矛盾的结论。有两点需做澄清：

（1）如果我们接受思维是模块化的（当然，关于这种模块化的本质，还需要更多的证据），那么，研究它的功能和运作所需要的各种工具就不足为奇了，因为它们已经在人类的态度和行为中得到了体现。

（2）不同的工具间仍然存在共同点，正如各种各样的钻头都可用在同一电钻上。在行为经济学中有许多共性；特别是在前景理论和心理核算中讨论的概念，在人类各种行为中有非常广泛的应用。

关于进化心理学的讨论现在将帮助我们得出一些关于理性的结论，这是贯穿全书的一个反复出现的主题。

11.4 我们真的不理性吗？

随着越来越多的研究声称并记录了上述对理性的违背，也有一些人试图通过捍卫人们通常确实是理性行事的观点来重新确立理性的地位。这些辩护对非理性的主张提出了各种各样的反对意见。沙菲尔和勒伯夫（Shafir and LeBoeuf，2002）将这些异议分为三个主要类别：琐碎化、误解和不恰当的检验。在下面的讨论中，我们将遵循这个有益的分类。

□ 琐碎化

这类反对意见涉及声称所指称的违反理性是无系统的和不可靠的。这里可以考虑五个主要方面：随机性、激励、理由、专业知识和认知需要（NC）。

1. 随机性

有时有人声称，偏离理性标准模型所规定的规范纯粹是随机误差，在统计分布中很常见。然而，这种说法很容易被驳倒，因为仔细观察大量研究中的证据，就会发现具有压倒性统计学意义的系统性错误。我们已经看到，系统性的错误是在一个可预测的趋势中，例如许多偏好反转。

2. 激励

一种常见的说法是，研究的参与者往往缺乏提供真实或可靠结果的必要动机。但是，一般情况下，人们观察到激励并不会降低，更不用说排除观察到的违反理性的行为了。这并不是说激励不会影响实验中的行为。例如，我们已经看到，在一个独裁者博弈中，通过使用挣得的奖励而不是不劳而获的奖励，如标准模型所预测的那样，许多实验对象的行为确实是纯粹自私的（Cherry，Frykblom and Shogren，2002）。然而，在凯莫勒和霍格思（Camerer and Hogarth，1999）对 74 项操纵激励的研究的广泛综述中，作者的结论是："没有重复的研究表明，理性选择的理论在低奖励的情况下被拒绝……而在高奖励的情况下被接受"。即使面对巨大的激励，大多数违例仍然存在，比如在一项涉及中国工人的研究中，激励达到了一个月工资的量（Kachelmeier and Shehata，1992）。此外，激励措施并不能防止很大一部分小企业倒闭。激励措施也无助于减少视错觉的发生。还应该指出的是，即使激励成功地增加了积极性，人们仍然需要运用正确的洞察力来提高他们的绩效；单纯的热情不足以做出好的决策。

3. 理由

另一个可以用来提高参与者参与的方法是，要求他们证明他们的回答是正确的。虽然这有时减少了不一致性，如框定效应（Takemura，1994；Sieck and Yates，1997），即使提供了正当理由，这种影响也常常会持续存在（Fagley and Miller，1987；Levin and Chapman，1990；Miller and Fagley，1991；Takemura，1993）。与激励措施一样，更多的参与并不能确保更好的表现；洞察力仍然是必需的。

4. 专业知识

有时有人声称，越专业的学科越有可能表现出理性的选择，因为他们对所涉及的任务有更多的相关知识和熟悉程度。这种反对意见的另一种说法是，人们从错误中吸取教训，从而变得更加专业。里斯特（List，2004）报告这一发现的一个例子是，他发现市场经验消除了禀赋效应。反对"学习效应"的问题在于，学习依赖于反馈。在现实生活中，这种反馈是有问题的，因为很多情况都是独一无二的，结果往往被推迟，而且往往受到多种因素的影响。例如，人们不会频繁地出售他们的房子，即使他们重复过这个过程，但现在的情况常常与以前大不相同。即使人们从经验中学习，也有很多证据表明，专家也会和非专家犯同样的错误。例如，医生和护士的偏好和选择违反了前两个理性标准，这涉及概率和一致性法则（Casscells，Schoenberger and Graboys，1978；Redelmeier and Shafir，1995；Redelmeier，Shafir and Aujla，2001）。金融专家倾向于做出涉及偏好逆转和框定效应的判断和选择（Benartzi and Thaler，1995；Siegel and Thaler，1997；Tversky and Kahneman，1992）。就是职业赌徒也被观察到表现出偏好逆转（Lichtenstein and Slovic，1973）。专家们似乎会受到之前讨论过的某些判断偏见的影响，比如过度自信（Faust，Hart and Guilmette，1988）和后见之明偏向（Arkes et al.，1981）。因此，这种违背行为完全不可能归因于缺乏动机或理解。

5. 认知需要

这个因素与人们在参与和喜欢思考的倾向上的不同有关。有人提出，拥有较多认知需要的人更有动力做出更好的决策，也更有可能对相关方面给予适当的考虑。确实有一些证据表明，高认知需要参与者的某些违背行为可能会减少，例如，框定效应，且在条件概率情况下改进判断，以及较少考虑无关因素，如沉没成本（Smith and Levin，1996；Stanovich and West，1999）。然而，尽管有这些结果，但没有证据表明，高认知需要参与者在涉及假设检验和囚徒困境情况的判断方面有更好的洞察力（Stanovich and West，1999）。

有一些研究结合了上述几个反对意见。例如，由普洛特（Plott，1996）提出的**发现偏好假说**（discovered preference hypothesis，DPH）指出，人们的偏好不一定会在他们的决策中被揭示出来，正如我们在第 5 章中讨论的对前景理论的批评所看到的那样。根据这个理论，偏好必须通过信息收集、深思熟虑和试错学习的过程来发现。因此，被试者必须有足够的机会和动机去发现，并且据称，缺乏这些因素的研究是不可靠的。有人认为，确保发现偏好假说（DPH）满足要求的最佳实验设计类型是**单任务个体选择**（single-task individual-choice）设计（Cubitt，Starmer and Sugden，2001）。这样的设计可以保证被试者有机会反复练习单一的任务，达到必要的学习效果，也可以保证简单和透明，这在以市场为基础的研究中是很难做到的，因为以市场为基础的研究的任务比较复杂，需要与他人互动。然而，当丘比特（Cubitt）、斯塔默和萨格登审核了涉及这种设计的 9 个不同实验的结果时，他们发现这些结果仍然违反了理性的标准，特别是关于在阿莱类型情况下一致选择的独立性公理。

总而言之，似乎可以公平地说，违反理性的行为不能作为行为中的小错误而不予考虑。这种违背行为仍然存在，即使有积极性高的专家认真考虑所涉的问题。

☐ 误解

第二个反对违背理性的理由是，研究人员之所以感知到非理性，是因为参与者对任务的理解往往与预期的不同，而且参与者认为自己的反应是合理的（Hertwig and Gigerenzer，1999；Hilton，1995；Levinson，1995；Macdonald，1986；Schwarz，1996；Slugoski and Wilson，1998）。我们将讨论这个反对意见的四个主要方面。

11

1. 连接错误

有时会有人说，被试者可能会推断研究者只给出了相关且非冗余的信息。这在与代表性直觉推断有关的任务中尤为重要，比如，之前讨论的涉及连接性状语和连接词的琳达问题。当比较陈述"琳达是一个银行出纳员"和"琳达是一个银行出纳员且是女权运动的积极分子"时，被试者可能会推断，在第一个陈述中，琳达并不是女权运动的积极分子，因此，他们会认为这个语句的可能性比第二个语句的可能性小。在更一般的情况下，被试者在看到有 A 和 B 连词的语句后，可以推断出只涉及 A 的联合语句指的是"A 而不是 B"。事实上，一些研究发现，重新措辞这个结构并给出一些逻辑线索，比如说"琳达是一个银行出纳员，而不管她是否积极参与女权运动"，确实会减少连接错误（Dulany and Hilton，1991；Politzer and Noveck，1991）。另一项研究发现，犯错误的倾向与一个人的谈话技巧有关（Slugoski and Wilson，1998）。然而，其他研究发现，连接错误在许多问题中都存在，即使重新解释连接来帮助被试者理解逻辑，大多数被试者仍然存在这种错误（Morier and Borgida，1984；Tversky and Kahneman，1983）。

2. 对基础比率依赖不足

另一种与代表性有关的错误是在可能性判断中对基础比率的信赖不足。艾滋病诊断就是一个很好的例子（Tversky and Kahneman，1982），这里的基础比率是千分之一，但人们，甚至是医学专家，都被代表性描述过度影响，即阳性检测是 95% 的准确率。这里的评论是：话语的推断同样重要。当基础比率是在代表性描述之后而不是在之前陈述时，就增加了对基础比率的依赖，提高了反应的规范性，意味着它们更接近理性模型（Krosnick，Li and Lehman，1990）。当描述被称为随机抽样和不可靠的依赖时，基础比率会大幅上调（Ginossar and Trope，1987；Schwarz et al.，1991）。此外，当基础比率在实验中发生变化时，对基础比率的依赖程度也会提高（Fischhoff，Slovic and Lichtenstein，1979）。然而，尽管表现有了这些改善，但证据表明，对基础比率的依赖程度仍然不足（Fischhoff，Slovic and Lichtenstein，1979；Schwarz et al.，1991）。

3. 框定效应

也有人声称，话语因素可能参与框定效应，如前面讨论的"亚洲病"情况。一些研究人员提出，选项 A 和 C 中的框架本应是相同的，但在某些被试者看来可能并非如此（Berkeley and Humphreys，1982；Macdonald，1986）。例如，选项 A，"确定性地挽救了 200 条生命"，可能被理解为"**至少挽救了 200 条生命**"，而选项 C，"400 人肯定会死亡"，可能被理解为"**至少有 400 人死亡**"。显然，在这个解释下，选项 A 优于选项 C，明显的偏好逆转消失了。然而，证据也表明，大多数被试者并不以这种方式来解释这些选项，事实上他们确实将这些选项解释为相同的（Stanovich and West，1998）。

4. 对概率的解释

另一个领域是对术语的不同解释，可能涉及概率论的一般概念。概率一词有三种主要的解释：

（i）古典概率是先验确定的；典型的情况包括赌局，比如掷硬币、掷骰子或从一副牌中抽一张牌。

（ii）经验概率是后验确定的；观察过去类似的情况，并使用相对频率来计算概率。

一个典型的例子是伦敦 9 月下雨的概率。

（iii）主观概率是根据直觉和经验估计的。一个例子是 A 公司下个月要提价的概率。

然而，应该强调的是，在所有三种情况下，概率的一般数学准则都是正确的，例如，任何事件的概率必须在 0 和 1 之间，0 表示不可能，1 表示肯定。

有人反对说，有些学科没有用数学术语解释概率，这导致他们犯了某些错误，比如联合谬误（Hertwig and Gigerenzer，1999）。这项研究表明，通过在所涉及的任务中添加更多的信息，可以减少这种错误。然而，其他研究表明，被试者对概率的理解与研究者并无不同，而且，即使有进一步的信息来辅助判断，联合谬误仍然存在（Tversky and Kahneman，1983；Kahneman and Tversky，1996；Stanovich and West，1998）。

还应该概括地说，我们必须小心，不要将被试者的所有误解合法化，因为这往往会回避问题。我们必须问：为什么被试者倾向于以某种方式曲解某些措辞？

□ 不恰当的检验

最后，也是最基本的，对违反理性的一类反对是基于理性经验的恰当性。沙菲尔和勒伯夫（Shafir and LeBoeuf，2002）将这些异议分为三类：计算的局限性、不恰当的问题格式和不恰当的规范。

1. 计算的局限性

一些研究人员反对说，计算能力的限制是许多违背的根源，并且用一种超出大多数人能力范围的方式来定义理性是没有用的。这确实是最容易反驳的反对意见。前面所描述的实验中涉及的大部分任务在计算上都非常简单。造成问题和错误的似乎是概念方面（Agnoli and Krantz，1989；Fong and Nisbett，1991；Frank，Gilovich and Regan，1993）。此外，当错误的来源被指出后，被试者很快就学会了避免它们（Fiedler，1988；Tversky and Kahneman，1986；Tversky and Shafir，1992）。因此，问题似乎在于所使用的直觉推断过程。

2. 不恰当的问题格式

特别是进化心理学家提出，在许多实验中使用的问题类型是许多问题的起因，且如果这些问题的性质与我们在更新世时代遇到的问题类型一致，那么错误就会消失（Cosmides and Tooby，1996；Gigerenzer，1996b）。这一点将在接下来两小节中进一步讨论；在这一阶段，我们有足够的理由指出，事实上，当问题的条款被重述为类似于我们过去的现实情况（如社会契约的强制执行）时，许多任务的通常表现，如案例 10.1 中讨论的沃森检验，会得到改善（Cosmides and Tooby，1992；Gigerenzer and Hug，1992）。然而，只有当实验中设置的问题与当前的日常问题不相似时，这个反对意见才真正奏效，而事实并非如此。大多数任务和问题并不完全是抽象的，有趣的是，尽管人们可能擅长解决与我们过去进化有关的问题，但他们几乎不擅长解决当前的问题。在这种情况下，把理性定义为与当前问题有关，而不是与我们过去的问题有关，似乎是有道理的。然而，这并不能推翻进化心理学家最重要的观点，即我们的大脑进化是为了解决过去的问题，而不是当前的问题。然而，这并不能推翻进化心理学家最重要的观点，即我们的大脑进化是为了解决过去的问题，而不是当前的问题。

11

3. 不恰当的规范

对理性违背的所有反对意见中，最根本的是强加了不恰当的理性规范标准（Binmore，1999；Gigerenzer，1996a；Gigerenzer，Hoffrage and Kleinbolting，1991；Lopes and Oden，1991；Plott，1996；Smith，1990；Wetherick，1971）。这一反对意见与第 1 章对理性的定义和讨论有关，在第 3 章关于拓展理性的章节中进一步讨论了这一问题。本质上，这个反对意见建议放松标准模型中的一些规范性规则，以容纳某些违反独立性和传递性原则的选择和行为方面。

这种方法的根本问题是，关于放松哪些原则的建议往往有些武断。此外，如果为了允许这种放松而重新定义理性，那么理性选择可能会违反单纯的概率法则，结果是理性的个人将参与到通常他们必然会输的豪赌中（Osherson，1995；Resnik，1987；Stein，1996）。

可以说，这里至少有三种方法不是任意的。第一种方法基本上限制了期望效用理论在涉及风险的情况下的应用，并排除了涉及不确定性的情况（Binmore，1999；Plott，1996）。因此，这就排除了决策者可能遇到的所有新情况，比如买房。这种做法在原则上并无不妥，但在实践中却对期望效用理论的应用造成了严重的限制。此外，它仍然可以声称，违反理性将发生，即使在更有限的情况下。

第二种方法是本章前面简要描述过的弗农·史密斯的方法（Smith，1990，1991）。斯密的观点与行为经济学之父西蒙的著作有很多共同之处（Simon，1956，1957，1959，1978）。就理性而言，两者都拒绝了标准模型的规范。史密斯声称，从长期市场效率的角度来看，判断理性的恰当标准是决策的最终结果。他还强调，短期的错误和偏见可能会在长期内通过经验和学习得到纠正。

这里最明显的问题是，就像前面提到的，短期错误和偏见通常不能通过学习来纠正。此外，市场上存在着一些明显的系统性和长期的低效率；一个显著的例子是"股权溢价之谜"，这在案例 6.1 中详细讨论过。从长期来看（1926 年以来），美国股票的年回报率比债券高出约 6%，这是一个比任何合理程度的风险规避都能解释的更大的差异。还有其他的例子，比如在一天的最后一场赛马中，把赌注压在不大可能的赌注上的倾向，这也在第 5 章中讨论过。

第三种方法是第 3 章中关于拓展理性的部分所倡导的方法。这考虑到了史密斯对经验和学习的考量、西蒙的有限理性概念，以及与经验观察相容的见解，这都与理性预期相关。因此，这种方法确实在一定程度上改变了"传统模型"的规范，但是，由于传统模型的概念不是不变的，其中的一些因素，如有限理性，已经被纳入主流模型。在有限理性的前提下，人们可能会同意吉格伦泽的结论，并提出某些直觉推断在广义上可能是理性的，即使根据新古典主义经济学模型，它们不是最佳的。公平地说，大多数人会声称大体上遵守这些拓展了的规范，尽管这些规范在实践中仍被广泛违反。

通过总结，我们可以说，总的来说，上述反对意见与琐碎化、误解和不恰当的检验有关，不能解释大量系统性的证据，这些证据记录了各种各样的对新古典主义经济学模型的理性的违背。然而，为了允许大量的违背行为而以极端的方式重新定义理性是没有意义的；相反，我们应该致力于理解它们，以便做出更好的预测。

11

11.5 福利和幸福

□ 衡量幸福

尽管幸福以及对幸福的追求是我们生活中最基本的部分，但通过研究这个概念，经济学家并不是"幸福的"。与福利的概念不同，"幸福"这个词在经济学文献中并不常见，而福利的概念却随处可见。这在一定程度上是因为福利可以用客观条件来衡量，通常用人均 GDP 来衡量。自 20 世纪 90 年代以来，经济学家和政治家都对衡量福利产生了更大的兴趣，而且随着越来越多的变量被考虑在内，在这个问题上出现了一些争议。这些变量不仅包括实际收入，还包括预期寿命、健康水平、环境质量、工作满意度和压力水平等因素。然而，当考虑到这些其他变量时，其中一些（如后两个）必须被主观地衡量，并且必须使用主观加权体系。这样做的结果是，经济学家倾向于把这些衡量标准与**主观幸福感**（subjective well-being，SWB）联系起来，而不是经济福利。然而，正是这种主观幸福感的概念与幸福相对应，并且人们关心的是最大化；人均 GDP、消费和其他经济变量只是实现这一目标的手段。

另一种常用的衡量幸福的方法是简单地问别人。也许最突出的例子就是世界价值观调查（World Values Survey）。自 1981 年以来，一个社会科学家网络一直在进行这项工作，包括近 100 个国家。研究人员从每个国家抽取了 1 000 人作为样本，要求他们在 1（不满意）到 10（满意）的范围内报告他们"最近对生活的总体满意度"。这项调查的早期发现包括所有收入国家的平均 LS 和平均购买力之间的相关性为 0.62（World Values Study Group，1994；参见 Diener，2000，p. 37）。

这些调查发现了影响 LS 报告的重要文化因素。一般来说，文化因素在两个维度上有所不同：（1）传统与世俗理性价值观的对比；（2）生存价值与自我表现价值。在传统价值观很重要的文化中（例如亚洲、非洲和美国），人们通过比较个人情况和社会规范来判断自己的 LS，比如就业和婚姻状况等，而在世俗理性文化中（例如西北欧），人们为了判断自己的幸福，会对自己的情绪进行反省。在一些重视生存价值，即物质和经济安全的文化中（例如东欧），与自我表达价值观（如民主、公民权利和环境保护）更为重要的国家相比，LS 的报告往往较低。

因为（1）幸福只能主观地衡量；（2）文化因素有重要的影响，很难在不同的国家之间进行有意义的比较。通过使用正电子发射断层扫描和功能性核磁共振成像扫描，神经科学现在开始允许我们对幸福的客观衡量进行评估，但在这方面仍有许多工作要做。即使可以实现对幸福的客观衡量，但我们已经在本章和第 3 章中看到，经济福利和幸福之间的关系是复杂和有争议的。主要的争论是关于幸福更多地取决于绝对收入水平还是相对收入。

为了解决这个问题，有必要首先说明这些变量最常用的衡量标准是实际人均 GDP 和 LS。LS 通常是用 10 个阶梯标度来测量的，而考虑到收益递减，实际人均 GDP 是在对数尺度上衡量的。有三种主要的数据形式可以用来测试这种关系的性质：（1）一国内

11

的幸福感与收入的跨人关系；（2）跨国关系；（3）幸福感增长与经济增长之间的时间序列关系。伊斯特林（Easterlin，1974，1995，2010）是第一位研究这些关系的经济学家，他得到的结论是：就（1）而言，一个国家的富人比同一国家的穷人更幸福，但就（2）和（3）而言，收入和幸福之间没有关系。这一结论被称为"伊斯特林悖论"。伊斯特林将其解释为：相对收入，而不是绝对收入，是幸福的主要决定因素。

随着时间的推移，这些结论有所淡化。1995 年，关于横截面比较的第二个结论被放弃。萨克斯、史蒂文森和沃尔弗斯［Sacks，Stevenson and Wolfers（SSW），2012］的另一项研究也反驳了这一结论。SSW 利用盖洛普世界民意调查（Gallup World Poll）在 2010 年针对 122 个国家的数据，研究了跨国关系。他们发现，收入的对数值和 LS 之间有很强的关系，收入解释了 LS 的一半以上的变化。此外，他们还发现，没有证据表明人们有满足感，因此，较富裕的国家与其他国家一样，遵循着同样的对数线性关系。他们还发现，跨国数据的关系梯度与跨个人数据的关系梯度相同，这支持了绝对收入水平在决定 LS 方面相关的论点。

这种关系在第三种比较中变得更有问题，即检查不同国家的时间序列数据。根据欧盟民意调查从 1973 年到 2009 年的调查数据（SSW），许多欧洲国家的数据符合上述前两种比较的一般模式：经济增长与较高的 LS 相关。欧洲以外似乎有两个主要的例外：日本和美国。SSW 解释说，日本的例外是由于 1958—1991 年期间用于记录 LS 的定义发生了变化；他们声称，当这些更改被允许时，数据表明，经济确实增长了 LS。

美国的情况也有问题。如果我们研究美国 1973—2004 年的数据，似乎随着时间的推移，收入的增加并没有提高幸福感，这支持了伊斯特林悖论。然而，SSW 指出，在不平等加剧方面，美国不同于欧洲国家和日本。在此期间，美国的收入不平等程度至少是欧洲的两倍。因为上述关系是基于一般社会调查数据，与此相关的是，样本中家庭的平均收入的增长比例远远低于整个人口的平均收入。因此，SSW 推测，回应调查的样本没有报告 LS 的显著增长，因为这些人没有经历实际收入的显著增长。事实上，在 1979—2010 年期间，最低 20% 的家庭的实际收入出现了下降，而接下来的两个五分之一家庭的实际收入只出现了很小的增长，年增长率分别为 0.1% 和 0.3%（Rietveld et al.，2013）。

最近的其他研究似乎并不支持伊斯特林的第三个结论。迪纳、泰和奥施（Diener，Tay and Oishi，2013）也报告说，基于 158 个国家的数据，时间序列结论在短期内是不合理的。此外，维恩霍芬和弗冈斯特（Veenhoven and Vergunst，2014）发现，从长远来看，这些结论也不合理。他们的研究涉及 67 个国家，涵盖了 199 个时间序列，跨度从 10 年到 40 年。报告显示，在这项研究中，62% 的国家的幸福感提高了，富国和穷国之间没有显著差异。

因此，上述发现似乎支持了这一假设，即一般而言，绝对收入确实决定 LS，这在政策含义方面非常重要。收入不平等加剧的证据，尤其是在美国，也很重要。这些政策的含义将在后面讨论。

□ 心理学模型

心理学家提出了几种幸福理论来解释这些实证研究结果：

（1）幸福是一种意向特征，而不是对外部事件的反应（Costa and McCrae，1984；Lykken and Tellegen，1996）。这里也有一些遗传证据，与 5－HTT 基因的影响有关（De Neve et al.，2012）。

（2）人们会适应同一事件的重复经历，因为这种经历会成为比较新经历的参照点（Brickman and Campbell，1971；Kahneman and Tversky，1979；Parducci，1995）。

（3）幸福更多地来自追求目标，而不是达到目标（Davidson，1994；Diener，2000）。

（4）人们拥有一个心理免疫系统，可以加速从负面情绪事件中恢复过来（Freud，1937；Festinger，1957；Taylor，1991；Gilbert et al.，1998；Vaillant，2000）。

（5）人的能动性和对能动性的评价之间存在着冲突（Deaton and Stone，2013）。

（6）人们通过"理解"事件来减少事件的情感力量；这也被称为**有序**（ordinization），意思是使事件变得普通、可预测和可解释（Wilson et al.，2000）。

虽然每种理论都可以解释观察到的经验数据的某些方面，但前四种理论都趋于留下了某些方面无法解释。第一种理论没有解释为什么外部事件会影响幸福感，或者为什么这种影响是短暂的。第二种理论没有解释为什么单个事件的发生会导致适应或回到最初的情绪状态。第三种理论不能解释为什么人们能从负面事件中迅速恢复，且因此是不对称的。第四种理论在另一个方向上是不对称的：它不能解释为什么人们能很快从积极事件中恢复过来。第五种理论显然是自相矛盾的。人们可能会说，为人父母是他们生活中最重要和最令人满意的事情，但也有报告说，当他们有了孩子后，LS 就会减少。这种矛盾背后的心理现象似乎是**聚焦效应**（focalism）。这意味着，当人们关注生活的某一方面时，比如为人父母或自主权，他们会对它的评价很高，但在这种环境之外，当他们不关注这方面时，他们就不会给予它很高的评价。这个问题将在下一节进一步讨论，因为它说明了追求幸福的一个问题。

第六种理论在很多方面都是最令人满意的，因为它解释了不同的发现。为了进一步理解它，需要解释自身稳态和协同稳态的概念。**自身稳态**（homeostasis）是一个众所周知的生物学原理，据此，身体的各个系统都有一个最佳的设定点，偏离这一点就会触发试图恢复它的负反馈过程。例如体温、血糖水平和电解质平衡。斯特林和艾尔（Sterling and Eyer，1988）引入了**协同稳态**（allostasis）一词，指的是一种不同类型的反馈系统，通过这种系统，变量保持在一个健康的范围内，但同时也允许根据环境要求而有所不同。心率、血压和激素水平就是这一类变量。因此，当我们运动时，心率和血压都允许上升，以优化绩效。威尔逊、吉尔伯特和森特伯（Wilson，Gilbert and Centerbar，2003）认为幸福也是这一类别中的一个变量。关于这一点，在幸福的计量经济学模型中有一些经验证据表明，它是自回归的。博坦和佩雷斯·特鲁利亚（Bottan and Perez Truglia，2011）对日本、德国、英国和瑞士四个国家的个人层面面板数据使用动态回归模型，发现在每一种情况下，滞后的幸福系数都是正的且是显著的。

威尔逊及其同事还解释了为什么协同稳态系统，就幸福而言，代表了一种功能性的适应；实际上，他们给出了三个理由。第一，他们声称，人们保持极端的情绪状态是不正常的，因为他们无法适应新的情感事件。第二，处于极端情绪状态的人往往会做出更不理性的决定，导致自我伤害的后果，正如我们已讨论过的。第三，极端的情绪状态持续一段时间会使人们生理衰弱；这类情况的一个很好的例子发生在战时，当时士兵可能长时间处于极端压力之下，导致神经衰弱、"弹震症"和创伤后应激障碍（PTSD）。

该理论还认为，排序过程是一种认知机制，以维持情感或情绪的稳定。这方面涉及**不确定性厌恶原理**（uncertainty aversion principle）——许多心理学理论中的一个基本因素。这个原理由季洛维奇（Gilovich，1991）阐述：

> 我们倾向于看到世界上的秩序、模式和意义，而我们对随机性、混乱和无意义感到不满。人类的本性憎恶缺乏可预测性和意义的缺失。

再一次，我们很容易从不确定性厌恶中看出进化的优势。它促使人们采取措施减少不确定性，试图解释和预测他们的环境，从而提高生存和繁殖的机会。减少不确定性在增加快乐和减少痛苦方面也起着很大的作用，这与标准模型的原理有关。第5章进一步讨论了不确定性厌恶原理对标准模型的影响。

这一原理的含义是非常普遍的。有人认为，宗教和艺术的主要功能是帮助人们从一个混乱的、不可预测的世界中找到意义（例如，Jobes，1974；Pfeiffer，1982；Dennett，1995；Pinker，1997）。我们现在需要更具体地考虑排序如何涉及不确定性厌恶，排序过程如何运作，最后，它对决策的影响是什么。

排序是同化、适应和"意义建构"（Wilson et al.，2001），这是一个自动发生的过程，没有任何自觉意识。随着时间的推移，痛苦的事情成为我们生活故事的一部分，使它们看起来不再那么新奇和令人惊讶。这些事件会减少我们的悲伤，因为我们很少去想它们，也因为当我们去想的时候，情绪反应不会那么强烈。在这种情况下，排序和不确定性厌恶会导致积极的享乐后果，因为痛苦会减少。类似的过程也发生在积极的效果上，但在这种情况下有一个悖论，因为享乐的后果是消极的：我们寻求能增加快乐的积极体验，但这样做却剥夺了这些体验在未来的享乐能力。这一悖论将在本节结束时就期望效用理论进行进一步讨论，但我们可以在这里举个例子来说明。我们可能有一个寻求晋升的目标，这个目标一旦实现，马上就会给我们带来强烈的满足感。随着时间的推移，我们对这件事的思考越来越少，它也就成为我们生活中可以接受的正常的一部分。甚至在事后看来，这似乎是不可避免的，这种现象被称为**事后聪明偏向**（hindsight bias）。更普遍地说，这种偏向意味着事件在回顾时比在展望时更容易预测，而且这是排序的一个重要特征，也是无意识的、自动的心理过程的结果（Pohl and Hell，1996）。然而，矛盾的是，在获得晋升后的某一段时间，我们基本上处于与晋升前相同的情绪状态，而且为了增加快乐和幸福，我们必须进入下一个阶段。当然，如果实现了这一点，同样的现象还会再次发生。我们的处境就像《爱丽丝梦游仙境》（*Alice in Wonderland*）中的红皇后，她必须跑得越来越快才能保持不动。正如马特·里德利（Matt Ridley，1993）在他的同名著作中所指出的，由于自身稳态和"军备竞赛"，这种现象在生物系统中普遍存在。

对秩序的讨论解释了为什么情绪反应往往是短暂的。但为什么我们总是倾向于低估它的影响？这种持久性偏向的一个原因是，相关的心理过程是自动的和无意识的。第二个原因是，我们可能无法从我们的经验中概括；我们可能会逐渐相信其中有一个特定的因素（我们买了一台坏电视，或者我们并没有那么生气），而不是一个普遍的过程。最后一个原因涉及**怀旧性耐久性偏向**（retrospective durability bias）现象。例如，我们可能会忘记，产品并没有像我们最初预期的那样让我们开心。前瞻性和怀旧性耐久性偏向都可能是由**聚焦效应**（focatism）引起的，也就是说，人们对相关事件想得太多，而没有考虑到许多其他可能发生或正在发生的事件的后果（Schkade and Kahneman，1998；Wilson et al.，2000）。

还有另一个实证发现需要心理学的解释。研究发现，在许多国家，幸福的年龄分布趋向于 U 形，在中年时下降。一些研究人员对这一结果持怀疑态度，因为它主要基于自我报告的问卷调查。然而，布兰法罗和奥斯瓦德（Blanchflower and Oswald，2016）最近的一项研究回避了这个问题，他们研究了 27 个欧洲国家抗抑郁药物的使用情况，将其作为衡量幸福的指标。他们发现了支持 U 形曲线的证据，即人们在接近 40 岁时使用了最多的抗抑郁药物，这可能是最不快乐的时期。对此的一种心理学解释与未满足的期望有关（Schwandt，2016），这同样与参考依赖有关。这项研究使用了德国的 LS 数据，发现年轻人系统地高估了他们成年后的幸福感，而老年人则系统地低估了他们后期的幸福感。"中年危机"发生时，人们不得不面对未满足的期望，并认识到他们长期以来的愿望永远不会得到满足。根据自身稳态理论，一旦人们接受了这一点，他们的精神状态就会恢复，事情也不会像原来担心的那么糟糕。

□ 经济学模型

直到最近，经济学家们才开始开发幸福模型。格雷厄姆和奥斯瓦德（Graham and Oswald，2010）的模型就是一个很好的例子，它阐明了多学科的统一。他们的模型基于进化生物学，并假设幸福的个体更有可能成功繁衍。不幸福的人往往压力更大，因此免疫系统易受损，也更有可能承担更大的风险，导致死亡。模型的变量和结构考虑到了心理因素，如性格特征和对过去经历的衰退记忆，但它在许多方面类似于涉及生产函数的标准经济学资本投资模型。这种情况下的资本被称为享乐资本，而不是物质资本，如果人们不投资，这种资本自然会随着时间的推移而减少。

式（11.1）中的生产函数表明，任意时间段的享乐能量（y）都是对幸福的倾向性特质（z）、享乐资本（k）以及反映享乐资本收益递减的正的但小于 1 的参数 α 的函数。变量 v_t 是对相关时期随机生活事件的影响的度量：

$$y_t = zk_t^\alpha + v_t \tag{11.1}$$

享乐能量可以用来创造幸福，也可以用来投资享乐资本：

$$y_t = h_t + i_t \tag{11.2}$$

享乐资本的存量会随着时间的推移而贬值，但可以通过投资而增加：

$$k_{t+1} = (1-\delta)k_t + i_t \tag{11.3}$$

式中，δ 为享乐资本折旧率。因此，如果人们受到一个糟糕的冲击，他们可以利用他们的享乐资本，即投资缩减，以顺利度过这一生活事件。同样，人生中一件幸运的事，比如晋升，也可能导致对享乐资本的投资。

就像其他基于进化生物学的经济模型一样，这种情况被视为一个委托-代理问题，自然是委托人，个体是代理人。这种博弈论方法的优点是：就自然而言，它包含了自然

11

选择的原则，但不允许自然完全控制人的大脑来做出一生中可能做出的每一个决定，因为这需要一个巨大的脑容量，这将会浪费宝贵的能源资源。因此，在委托-代理模型中，自然希望最大限度地提高生物适应度，即预期的幸福，并根据大脑的硬连接决定了一套决策规则或政策；更了解情况的细节的个体，然后根据这些规则就能做出一些灵活的决定。

格雷厄姆和奥斯瓦德声称，由于模型的平稳性，该模型既抓住了基本的心理特征，又成功地预测了许多实证研究中观察到的幸福的均值回归趋势。

11.6　追求幸福的问题

人们的行为方式是为了最大化他们的预期效用，这一假设是新古典主义经济学模型最基本的支柱。然而，由于已经讨论过的关于理性的各种问题，人们对这个模型的有效性产生了实质性的怀疑。即使我们将福利的标准经济度量扩展到包括幸福的享乐方面，期望效用理论作为一种规范理论仍然存在问题。斯库勒、艾瑞里和罗文斯坦（Schooler，Ariely and Loewenstein，2001）将这些问题分为三类：

（1）享乐内省的限制。

（2）享乐内省对幸福感的负面影响。

（3）追求幸福弄巧成拙的本质。

下面将依次讨论这些问题。

□ 享乐内省的限制

享乐内省（hedonic introspection）是指个体对自身幸福或效用的主观衡量。一开始似乎是不言而喻的，个人处于最佳处境来报告他们自己的幸福感，而依赖自我报告无疑是衡量幸福的最简单的方法。此外，研究表明，这些测量具有相对稳定的**有效性**（validity）和**可靠性**（reliability）质量。为了使测量具有有效性，它必须测量它应该测量的变量。吕波密斯基和莱珀（Lyubomirsky and Lepper，1999）已经表明，个人对他们总体幸福的自我报告与朋友和配偶的评估具有相当好的相关性。可靠性的质量意味着重复的测试会产生相似的结果。此外，相关性也很高。

然而，依靠自我报告来衡量幸福有各种各样的问题，其中一些已经在前面的章节中讨论过了。这里要注意的第一点是，个体连续的享乐体验和他们间歇性的反思评价（有时被称为元意识或元知觉）之间存在根本区别。因此，虽然每一个清醒的时刻都涉及一种享乐体验，被记录为本能的感觉，但我们只是间歇性地有意识地评估这些体验。我们不可能用一生的时间有意识地问自己感觉有多幸福；有时候，我们只有在事情发生后才会意识到自己在那段时间是幸福还是不幸福。

当我们间歇性地反思我们的幸福状态时，问题就在于我们如何推断它。这并不像听起来那么简单，因为它不像测量脉搏；正如我们已经看到的，这里没有单一的尺度可供我们使用，因为我们可以同时体验幸福和悲伤。这里似乎有两个主要的影响，可能直觉上并不明显。其中之一与贝姆（Bem，1972）的自我知觉理论有关，这也是我们已经讨论过的。贝姆的主要前提是：人们往往缺乏对自身内部状态的元意识，从而倾向于从自己的行为中推断出这些状态、态度和偏好。这一过程可能会有相当大的错误，比如错误的归因。人们不仅会从错误的行为中做出推论，而且会错误地归因发自内心的兴奋的来源。例如，齐尔曼（Zillman，1978）的一项研究表明，运动引起的兴奋可能被错误地归因于愤怒，达顿和阿伦（Dutton and Aron，1974）的一项研究表明，恐惧引起的兴奋可能被错误地归因于性吸引。

第二个影响我们幸福感自我报告的因素是情境背景。研究表明，人们对经历的评价很大程度上受到他们之前被问到的问题的影响。如我们所见，这种效应被称为锚定效应。例如，斯特拉克、马丁和斯特珀（Strack，Martin and Stepper，1988）的一项研究是询问大学生，他们上个月出去约会了多少次，然后问他们总体上有多幸福。其他学生被问了同样的问题，但顺序相反。对于第一组首先被问及约会的人，两个回答之间的相关性是 0.66；对于第二组首先被问及幸福的人，两者的相关性接近于零。因此，第一组幸福的反应是基于关于约会的问题，这表明学生们推断约会问题是他们幸福的线索。

与锚定问题相关的是前一节提到的聚焦效应问题。当人们被要求关注一个特定的问题时，比如生孩子，他们很可能对生活的这一方面评价很高，但有孩子的人通常报告的 LS 较低（Hansen，2011）。

总之，我们可以看到，享乐内省研究的结果在总体上对我们衡量主观幸福感的能力产生了相当大的怀疑。

□ 享乐内省对幸福感的负面影响

约翰·斯图亚特·穆勒（John Stuart Mill，1873）的一句名言是："问自己是否幸福，然后你就不再幸福了"。有各种各样的研究表明，与缺乏自省的情况相比，享乐内省减少了幸福的体验。其中一些研究涉及特定的享乐体验，一些涉及一般的幸福。

首先，有一项研究将被试者暴露在一系列不同强度、特征和持续时间的痛苦刺激下，比较那些经常进行在线评估的被试者和那些只是通过回顾来评估整个经历的被试者的报告（Ariely，1998；Ariely and Zauberman，2000）。结果是，第一组被试者对体验的各个方面都不那么敏感。另一项类似的研究早前已经讨论过了，它与自我欺骗有关，涉及对不同草莓果酱的偏好（Wilson and Schooler，1991）。这似乎表明，反思判断的要求降低了参与者评估果酱的能力，因为这削弱了他们的享乐体验。威尔逊及其同事（Wilson and colleagues，2000）在一项研究中也发现了类似的结果，该研究旨在评估与另一半关系的特征。没有时间思考的快速判断给出了更可靠的结果，其显示出"直觉"的重要性。

在此背景下，幸福感的最后一个值得一提的领域是幽默。一项研究表明，当人们被要求思考为什么他们觉得某些漫画有趣时，他们实际上觉得这些漫画并不有趣（Cupchik and Leventhal，1974）。因此，在各种各样的享乐体验中，反射会破坏享受。

人们提出了各种原因来解释上述发现。首先，专注于自我的内省会自动地将注意力从经验上转移。因此，体验的微妙特征可能会被忽视，从享乐评价中减损。第二个原因是，不断增加的反思和评价可能会导致被试者考虑到自己在某种程度上缺乏的体验特征，因此也会减少享受。

另一组研究考察了不同类型的人的总体幸福水平。总的来说，幸福的人往往不那么内省（例如，Veenhoven，1988；Lyubomirsky and Lepper，1999）。此外，不幸福的人往往更有自我意识、更爱沉思（Musson and Alloy，1988；Ingram，1990）。然而，在解释这些结果时存在一个主要问题；这些关系是相关的，没有任何因果关系。很可能不是内省造成了不幸福，而是不幸福可能引起内省。同样，幸福的人可能没有反省的动机。

因此，对于内省对幸福的影响，很难得出一个普遍的结论。事实上，戈德史密斯及其同事（Goldsmith and colleagues，2013）的最新研究报告称，每天监测幸福感可以增加自我报告的幸福感。本研究还探讨了下一个问题。

□ 追求幸福弄巧成拙的实质

一些哲学家和作家声称，追求幸福会弄巧成拙。同样，约翰·斯图亚特·穆勒（John Stuart Mill，1873，p.100）就给出了一个例子：

> 只有那些把自己的心思放在某些目标而不是自己的幸福上的人才是幸福的；对他人的幸福、对人类的进步，甚至对某种艺术或追求，不是作为一种手段，而是作为一种理想的目标。他们把目标放在别的事情上，就顺道找到了幸福。

斯库勒、艾瑞里和罗文斯坦（Schooler，Ariely and Loewenstein，2001）对追求幸福弄巧成拙的实质提出了三个原因：

1. 人们对幸福有错误的理论

特别地，这与已经讨论过的与自身稳态和协同稳态有关的现象相关。那些被增加物质财富所激励的人往往低估了由此带来的幸福感的短期性质。研究表明，这样的人往往不如那些有其他目标的人幸福，比如实现心理上的成长、拥有满意的人际关系和改善世界（Kasser and Ryan，1993，1996）。我们应该再次意识到，这些研究是相关的，并不能证明因果关系。很可能不幸福会促使人们增加物质财富，并且卡塞尔和瑞恩（Kasser and Ryan，1996）发现，经历过不幸童年的人比那些拥有正常童年的人更有可能把追求财富作为首要目标。

2. 丧失活动的内在价值

大量研究表明，当人们为了获得外部奖励（例如金钱）而进行活动时，这些活动就失去了内在的吸引力。因此，如果人们进行活动，比如去听音乐会，是以获得幸福为主要目标，相较于如果他们出于内在价值而进行同样的活动，在这个例子中也就是欣赏音乐，他们可能会获得较少的乐趣。

3. 增加对幸福感的监控

追求幸福的人很可能会更频繁地监控自己的幸福，并且我们已经发现，加强监控很可能会降低幸福感。

对追求幸福的自我挫败的本质问题进行实证调查的一种方法是检验自利和幸福之间的关系，使用自利作为追求幸福强度的代理变量。库努夫（Konow，2000）的一项研究表明，在独裁者博弈中，那些更自利的人比那些对队友更慷慨的人表现出更低的幸福感。

斯库勒、艾瑞里和罗文斯坦（Schooler，Ariely and Loewenstein，2001）使用了另一种实证方法。他们对 475 名参与者进行了广泛的研究，检查他们在 2000 年新年前夕的目标、计划和实现这些目标的情况。这项研究具有特殊的价值，因为它不是一个实验，因此，参与者的目标和计划是由自己决定的，而不是由实验者决定的。这项研究的一个主要结论是：那些制订了最雄心勃勃的计划，并把最大的精力投入庆祝活动中的人，也就是那些最关心追求幸福的人，最有可能会失望。

因此，所有关于追求幸福的研究得出的结论似乎是一个悖论：如果我们明确地追求幸福并监督结果，我们就不太可能实现我们的目标。然而，如果我们从不评估我们的体验，我们就根本不知道要追求什么样的活动，也不太可能获得幸福。这样看来，我们做了也会被诅咒，不做也会被诅咒。然而，斯库勒、艾瑞里和罗文斯坦却相当乐观。他们指出，证据表明，我们无意识的自动心理机制在追求目标和监控我们实现目标的有效性方面可能非常有效（Wegner，1994；Bargh and Chartrand，1999）。在实践中，我们可能像飞行员一样，大部分时间都能用自动驾驶仪飞行，只是偶尔需要手动控制。正如斯库勒、艾瑞里和罗文斯坦所总结的那样："挑战在于决定什么时候操控操控杆是最好的，什么时候享受这段旅程是最好的"（p. 66）。

戈德史密斯及其同事（Goldsmith and colleagues，2013）在前面提到的最新研究挑战了上述一些发现。实验对象不仅被要求监督自己的幸福程度，而且与其他实验不同的是，他们被赋予了追求自己选择的活动的自由，同时每天都被敦促尽最大努力让自己幸福起来。作者报告说，研究对象确实自我报告了更高水平的幸福。关于这项研究，还有两点值得注意。首先，它是在相当长的一段时间内进行的，被试者在几周内进行自我报告。其次，被试者更关注生活中的积极事件，并与他人进行积极互动；他们没有报告更多的消费。这一发现支持了其他研究的结论，即人们从长期经历中获得更多满足感，不是商品；事实上，杨、卡蒙和达尔（Yang，Carmon and Dhar，2012）报告称，商品消费的增加会导致幸福感的降低。戈德史密斯及其同事（Goldsmith and colleagues，2013）得出的结论是：人们可能需要一段时间的实践，以学习如何通过增加幸福在生活中的重要性来最大化幸福感，然后学习如何处理活动之间的相关权衡。

以上三个问题的意义何在？从第 3 章讨论的四个标准来看，我们可以认为自己是理性的，在坚持逻辑和概率论的态度和偏好方面是一致的，不是基于无关的因素，而且不是与已知的经验观察不相容的，但我们可能仍然没有遵循期望效用理论的规范。然而，在本节的最后还有一个重要的观点，这也是第 5 章关于前景理论的观点。规范性标准与描述性标准不同，或者不应该相同。尽管追求幸福存在各种各样的问题，但这并不意味着从预测行为的角度来看，期望效用理论必然是有缺陷的，无论是在个人层面还是在总体层面。就其政策启示而言，这可能不是一个可以遵循的好模型，但在原则上，它可能仍然是一个很好的预测实际行为的工具，这当然也是经济学家主要关心的。然而，正如我们在前几章在实际中所看到的，期望效用理论通常也不能作为一个很好的描述性模型。

11

11.7 政策启示

这个方面已经在许多章节中讨论过，与特定的行为领域有关。既然我们已经讨论了理性和幸福，就个人、企业和政府而言，总结一些最重要的启示将是有用的。

□ 个人

下面将总结四个主要的方面：（1）幸福，（2）情感与记忆，（3）决策中的跨期冲突，以及（4）博弈论。

1. 幸福

我们已经看到，幸福既难以定义，又难以衡量，如果不是不利于自己的企图的话，就要去追求。这其中涉及多方面因素，平克的"三幕悲剧"所蕴含的意义具有基础性的重要作用。从进化的角度来说，我们必须记住，我们并不是作为最大化幸福的生物进化的，而是用幸福来代表我们在任何时间点的生存和繁衍机会有多好。所以，简而言之，食物和性能令我们幸福，根据最近的一些研究逻辑是这样的。我们发现的根本问题是，这种代表机制很容易被劫持并偏离轨道。这可能是由三个主要因素造成的：（1）我们进化出来的机制可能不再适合我们目前的环境（比如让我们喜欢高脂肪和含糖的食物）；（2）有限理性（导致我们使用容易被愚弄的直觉推断法）以及下面将讨论的（3）跨期冲突。有证据表明，内向和内省的人往往比外向的人更不幸福。另一项发现是对幸福的追求可能会自我挫败的悖论，当我们没有考虑幸福时，回想起来可能是我们最幸福的时候。这两种观察结果的问题在于建立因果关系：我们之所以更幸福，是因为我们不去想幸福的事，还是因为我们真的太忙了，我们不去想幸福的事？

另一个自相矛盾的结论是：如果我们不再纯粹理性地行事，我们可能会更幸福。例如，如果我们选择忽略某些让我们焦虑的信息，或者选择不去寻找这些信息，我们可能会更幸福。当然，这种行为可能不符合我们的长期利益，比如当我们有令人担忧的医疗症状时，我们选择不去看医生。

2. 情感与记忆

这里也有一些启示。第一个启示是持久性偏向。目前经历的情感或本能状态往往会影响有关未来的决定，即使这些状态在未来不会长期存在。例如，因为我们预期耐用消费品，如电视机和家具，会给我们带来持久的快乐，我们就会购买这些商品。因此，持久性偏向表明，我们倾向于为这些商品支付太多的钱，因为由此产生的快乐不会像我们预期的那样持久。同样，消极状态也可能会影响行为，所以当我们生气的时候，我们可能会制订详细的复仇计划，当我们的愤怒平息下来后，我们才发现这只是在浪费时间。

第二个启示是，人们会低估未来情感或内心状态对未来行为的影响。因此，如果我们无法预测明天醒来的痛苦，我们也可能无法预料到需要把闹钟放在房间的另一边，以防止我们在早晨立即关掉它，然后再继续睡觉。即使我们能够预测一种本能状态的强度，比如吸烟或吃巧克力的欲望，我们可能也无法预测其对行为的影响（为了去找一家开着的商店，会开车一小时）。这一因素对了解上瘾者的复吸行为也很重要，他们在戒断一段时间后，认为他们可以沉溺于低水平的消费（酒精、毒品、赌博）而不会复吸。

第三个启示是：人们忘记了情感或本能状态对他们过去行为的影响。这可能意味着，随着时间的推移，他们发现受这种状态影响的过去行为越来越令人困惑。例如，孕妇对食物的渴望可能与她们平时的口味大不相同，几个月后，她们会发现很难理解过去对食物的渴望。人们对疼痛和恐惧的记忆也往往很糟糕，可能是因为与仅仅回忆相比，人们很难重新体验这些状态。同样，孕妇往往会忘记之前分娩的疼痛；他们一开始可能决定放弃麻醉，但当分娩开始时，他们往往会改变这个决定（Christensen-Szalanski，1984）。这一现象的一个重要政策启示是：有时用于宣传计划的恐吓战术，以阻止人们吸烟、吸毒或犯罪，往往在一段时间后证明无效，有时甚至适得其反（Finkenauer，1982；Lewis，1983）。

3. 跨期冲突

第 8 章讨论过这些冲突，当时将其作为贴现效用模型（DUM）中重要的异象。根据 DUM，偏好应当具有时间一致性，但在现实中，人们经常观察到与时间不一致的偏好，即使收益在未来的时间是固定的。继续上述食物的例子，现在我们可能决定明天在餐馆吃晚餐后不享用美味的甜点，但当甜点车来到我们餐桌旁边时，我们向诱惑屈服了。另外两个已经讨论过的有关倾向加剧了这一问题：我们常常低估未来诱惑的力量，且高估我们克服诱惑的能力。

对这种行为有许多可能的解释，并讨论了各种不同的 DUM 替代模型，但就优化他们的行为或幸福感而言，这对个人来说意味着什么呢？我们已经看到，这里的主要政策启示是：我们需要做出可信的承诺。在上面的例子中，这可能意味着在去餐厅之前，为"良好"的行为设计特定的奖励，只拿够主菜的钱，这可能意味着吃一些健康的东西，甚至穿紧身衣服，以免吃得太多。读者大概会猜我对这事是不是经验很丰富！

另一个常出现跨期冲突的领域是储蓄习惯（可以把金钱和财富看作获取食物和性的手段）。很多人在工作生涯中没有为舒适的退休生活攒够钱。为了克服这个问题，可信的保证再次变得很重要。我们看到，使用自动储蓄机制（从薪水中扣除一部分）和不能变现的储蓄账户可充当有效的约束条件，因为它们提高了取钱的成本，增加了不便。行为的这一方面也是公共政策的一个问题，这将在最后一节的政策启示中讨论。

跨期冲突发生的另一个基本领域与性行为有关。有相当高比例的人陷入他们后来感到后悔的性关系。此时保证机制再次变得重要。婚姻不属于这种机制，起码在很多现代社会是这样，目前在美国有大约 44% 的婚姻最终解体。这里关键之处在于性欲和食欲至少在一个方面相似：它们都会随着时间逐步累积，直到得到满足；之后下降到一个低水平，逐渐地再提升，如此循环往复。我们看到，就食品而言，保证常常指在诱惑立足之前满足欲望，因此最好是饭后而不是饿着肚子的时候去超市购物。应用相似的逻辑，可以设计出提前满足对性的欲望的方式。这种情况存在的主要问题是：与美食诱惑相比，性诱惑在时间点上不易预测。

4. 博弈论

在第 9 章和第 10 章中有许多例子，其中对博弈论的理解可以帮助人们做出更好的

11

决定。当我们的理解被行为和心理博弈论的结合所丰富时，尤其如此。重要的是要记住，我们在社交场合所做的许多决定都是在我们与同样的人定期重复互动的情况下做出的。这里的考虑因素不同于那些我们与可能再也不会与之互动的陌生人互动的情况。

□ 企业

上面讨论的某些行为方面也对企业有政策启示。下面讨论三个主要因素：跨期冲突、损失厌恶和博弈论。

1. 跨期冲突

如果企业知道人们在跨期偏好这方面易屈服于诱惑，就能够以多种方式利用这一点。我们提到餐馆里甜点车到处游动，就是利用了食欲因素的急迫程度。投资品和闲暇品在合同设计方面的区别很重要。企业最好对健身俱乐部会员资格等投资品收取低于边际成本的价格，对移动电话使用服务等闲暇品收取高于边际成本的价格。就储蓄和支出而言，金融机构为使其贷款更吸引人，常常以某种方式加以包装："无需现金还款""18个月的免还款期""所有债务每月低额还款"，或者设计灵活的还款方案，允许消费者在收入下降时降低还款额，收入上升时提高还款额，以达到总体平衡。其中一些措施当然会受到道德上的质疑：它们利用了人性的弱点，或许会让人在事后变得不幸。然而，这些措施确实在经常使用。

2. 损失厌恶

这是另一个重要的行为概念，特别是当与框定效应相结合时，企业可以受益。例如，我们已经看到，对企业来说，通过框定折扣或让利来降低价格可能会更好。这意味着，如果这家企业后来想要提高价格，它就可以把这一上涨定义为折扣的结束，与标准的价格上涨相比，这会造成更少的损失厌恶和不利的消费者反应。另一种潜在的提高价格和避免损失的方法是减少给定价格的报价数量。消费者不太可能注意到，如果一盒麦片的价格从 1.99 美元上涨到 2.13 美元，与在价格不变的条件下将麦片盒的容量从 375克变为 350 克，影响的是完全相同的单价重量。

3. 博弈论

从这方面可以获取很多经验，尤其是在议价和谈判方面。企业的谈判对手可能包括雇员、消费者和竞争对手。前面举过一个关于最惠顾客条款（MFCC）的例子。该条款对企业有两方面的好处：一是使顾客对价格安心，二是作为一个似是而非地向其他企业表明本企业打算继续保持高价的信号机制。合理地使用和理解信号机制对处于竞争环境和合作环境中的企业都颇为重要。再举一个例子：一家企业可能会扩大其产能，作为它打算在未来生产更多产品的信号，从而吓阻其他企业进入市场。在寡头垄断市场中，企业间的直接沟通在很多国家都意味着违法合作；例如，最近英国一些私立学校因为共享成本信息而遭到起诉，因为它们被怀疑此举会导致更高的收费。在这种情形下，企业可以有效地使用定价信号，无需任何直接沟通。很多经济学家猜测烟草和航空业正在有效地使用着类似的信号。

至于和雇员的关系，企业在决定薪酬和薪酬差别时要理解公平的概念。许多金融企业的工资非常高，企业规定严格禁止雇员向其他雇员透露个人与企业协商所得的薪酬，担心会由此引起愤怒和妒忌。前面我们看到，一名员工会因加薪 10% 而感到兴奋，但如果他知道某一位同事加薪了 20%，他的兴奋感就会消失。不仅工资水平很重要，而且工资结构也很重要。我们在第 10 章中已经看到，与信托或激励合同相比，奖金合同往往更有效率，并为双方带来更大的福利。要想在和员工协商时能获得一个满意的结果，企业需要理解社会偏好、参考点、关注点以及自我助益偏好等概念。

关于薪酬的一个更广泛的问题是：特别是在美国，高级管理人员的薪酬与较低级别工人的薪酬之间的差距日益扩大。合益咨询公司（The Hay Group，2014）报告称，这一差距在整个欧洲增长了 2.2%，但在美国增长了 10.6%。这是由全球经济实力造成的，许多较低级别的工作正在被自动化或转移到海外，而信息技术的改进提高了管理人员的生产率。其结果是：许多美国人产生了一种怨恨和疏离感，这是 2016 年大选后被广泛报道的现象。这个问题将在政府政策的背景下进一步讨论。

□ 政府

上述情况中所使用的行为概念和原则，在政府政策方面也同样适用。下面我们将从可能是最明显的例子——损失厌恶开始。

1. 损失厌恶

如果一个政府想要继续执政并留住选票，拥有一个至关重要且不断增长的经济是非常有帮助的。在经济衰退中，人们会失去工作和收入，即使是经济停滞或放缓，如果情况比人们预期的更糟，也会对选举产生不利影响。当然，许多工薪阶层的经济状况恶化，尤其是相对而言，被认为是特朗普赢得美国大选和英国 2016 年脱欧公投的罪魁祸首。自 2007 年全球金融危机威胁到许多国家以来，经济基本面的重要性对许多国家一直是至关重要的。各国政府面临着经济衰退、银行体系崩溃和创纪录的预算赤字，考虑到其中涉及的权衡问题，这使得做出政策决策极为困难。许多这样的权衡取舍在本质上是跨期的，例如现在的问题是：是否采用扩张性财政政策，以提振经济和减少就业？其代价是更高的赤字、金融市场信心丧失的风险和更严厉的削减开支的必要性。下面将进一步讨论这些跨时期冲突。

2. 跨期冲突

时间不一致的偏好对政府来说很重要，原因有很多。首先，很多人会要求政府帮助提升他们的幸福状态。政府为了自己的利益应该在多大程度上干涉个人的自由，当然是一个有争议的话题。我们不打算在这里讨论狭隘的政府与"保姆式"的国家之间的争论。然而，在一些政策领域，政府是可以帮助人们克服他们因屈服于诱惑而导致后来后悔的倾向的，这些后悔相对来说是没有争议的。一个广泛的领域涉及养老金和退休储蓄。鉴于人们的储蓄不足以享受舒适退休生活这一已得到确认的趋势，政府可以采取多种途径来减少这一问题。社会主义国家使用的一种方法是征收更高的税收，以便向每个人支付适度的政府养老金。这就产生了一个道德风险的问题，因为人们失去了储蓄的动力，完全依赖于政府提供的养老金。许多经济发达、人口老龄化的国家发现，通过这种方式筹措养老金越来越困难。一些更加以市场为导向的经济体，如英国，正试图提供激励措施，让人们自愿拿出足够的私人养老金。为了人们鼓励参与，最好将这种参与设定

11

为默认选项，而不是让人们不得不主动选择加入这样的计划。另一种鼓励为退休储蓄的方法是使用税收制度，为退休账户提供税收减免，比如美国的个人退休账户（IRAs）。

就支付养老金对政府预算的影响而言，一种可能的减轻负担的方法是让人们选择一次性领取，而不是持续领取。我们已经看到的证据表明，对于公职人员来说，这可以为国家节省一大笔钱，因为尽管隐含的贴现率很高，但人们还是倾向于选择一次性支付。当然，如果这种做法在所有政府提供的养老金中大规模实施，所涉及的储蓄必须与那些时间不一致的人以后遇到困难的可能性相平衡，这些人没有为未来做打算就把一大笔钱都浪费了。

健康保健是另一个存在跨时期冲突的政策领域。在美国，2010 年颁布了《平价医疗法案》（Affordable Care Act），也就是人们熟知的奥巴马医改（Obamacare），目的是将医疗保险覆盖到许多医疗补助计划（Medicaid）未覆盖的贫困家庭。通过将医疗保险列为法定义务，该法案成功地扩大了保险范围，但就保费而言，它让很多人付出了更大的代价。许多健康的人选择退出健康保险，因为涉及的罚款没有他们必须支付的增加的保费那么多，这造成了逆向选择，因此，健康状况较差的人必须支付比每个人都要支付的更高的保费，因此，这是一个复杂的问题，涉及很多方面，而不仅仅是短视的偏向。

政府政策的另一个重要方面是与时间不一致的偏好有关的成瘾问题。在这种情况下，"上瘾"一词的含义是广泛的，不仅包括娱乐性药物，它通常与酒精、烟草、赌博，甚至食物有关。我们已经看到，内心的影响在这里发挥了很大的作用。成瘾不仅给成瘾者本身带来了不快和痛苦，而且还带来了沉重的外部性。这些问题涉及对成瘾者家庭的影响、由此造成的犯罪的增加以及在照顾和康复方面给国家造成的额外费用。解决成瘾的原因是一项艰巨的任务。特别是它涉及一个统一的方法，包括所有的行为科学。首先，有一种社会文化的方法：例如，研究年轻人吸毒文化的成因，这种文化在英国尤为普遍。它还涉及心理学方法：研究导致特定个体容易产生不同类型上瘾的因素是很重要的。最后，它还涉及神经生理学方法：这也有助于确定哪些人最容易受到伤害，然而这也应该导致治疗和药物的发展，以对抗上瘾的影响。

第 8 章讨论的一项重要政策启示是：使成瘾性物品的生产和分销成为非法可能会适得其反。这是因为它增加了供应商的交易成本，鼓励了更大规模的交易和更多的消费。高消费税可能是抑制消费的一个更有效的方法。

上述两个问题，即保健和吸毒，都与更广泛的个人健康问题有关。正如上一章关于肥胖的案例研究中所讨论的那样，不良的生活方式以及由此造成的不良健康状况对个人和整个国家都造成了巨大的代价。此外，有大量证据表明，健康状况不佳和心理功能不佳（如焦虑、抑郁和敌意）是相互关联的。一项对美国大选中特朗普支持者的研究可能会对这种关系有所启发。使用健康指标和评估研究所汇编的县级统计数据，据报道，没有接受过大学教育的白人是特朗普的支持者，这解释了 2012—2016 年投票倾向共和党的 41％的差异（Economist，2016c）。然而，《经济学家》（Economist）报道称，根据一项包括预期寿命、肥胖、糖尿病、酗酒和缺乏锻炼的综合指数，一个更好的预测因素是健康状况不佳；这些因素解释了 43％的投票波动，其他因素保持不变。这些发现再次表明，健康状况不佳与人口因素和心理因素有关。

当然，相关性并不是因果关系的指示器，所以这并不一定意味着投票偏好取决于良好的身体健康，或者健康取决于良好的心理功能。最近的一些研究表明，这种正相关关系确实存在（Diener and Chan，2011；Boehm and Kubzansky，2012）。然而，在这种情况下，很难阐明因果关系，也许这种关系是循环的。

政府政策的教训是什么？看来，要获得权力并继续掌权，最重要的一点就是不要忽视底层工人，无论是在经济方面还是在社会方面。人们已经看到，与全球化有关的市场力量对这些工人并不友好，但是，不仅仅是美国，许多国家的政府在减轻这些市场力量的影响方面做得还不够。这导致了支持种族主义、排外和反移民政策的极端政党的崛起。改革教育政策，提供更广泛的培训和学徒计划，以及类似的以工作为基础的激励措施会有所帮助。正如我们在"助推"中看到的，人们需要指导，但也想要自主权。因此，在政策、教育、保健和就业的各个方面都需要一种微妙的平衡。

3. 博弈论

我们再次看到，博弈论是决策过程中的普遍因素。同样，行为博弈论元素的引入对政府政策也很重要。许多政策领域都可以应用博弈论，这里讨论了其中的五个，但这并不是一个详尽的清单。

（a）拍卖

政府和政府机构有时能够向企业出售在某些地区经营的业务或许可证。通常涉及大量的资金，因此，重要的是，政府要提升最高限额。筹集的金额对用于销售的方法高度敏感。英国政府在 20 世纪 80 年代和 90 年代进行的各种私有化都未能有效地做到这一点。一般的方法是邀请公众以固定价格认购股份。在某些情况下，股份超额认购甚至达到原来的四倍，这表明政府及其投资银行顾问大大低估了所售业务的市场价值。当股票在二级市场上以高于面值的价格出售时，通常在最初发行的几天内，巨额利润都被投机者所获，政府的利益受到损害。

另一种选择是将拍卖业务提供给出价最高的投标者或竞拍者。拍卖成功的一个例子是 1994 年美国联邦通信委员会（FCC）出售无线电通信许可证。联邦通信委员会采纳了博弈论专家，尤其是宾默尔的建议，为拍卖组织制定规则。这些都是复杂的，遵循着同步的、多轮的形式。最终结果是：在为期 5 天的 46 轮竞标后，10 张全国范围内的许可证以总计超过 6 亿美元的价格售出。这一数字是媒体上最高估计数字的 10 倍多。

（b）国际贸易

政府常常需要进行双边或多边贸易协定谈判，也常常单方面设置进口关税和出口补贴，以及其他隐蔽的贸易壁垒。甚至也会采取某些损害本国利益的政策，如实施自愿出口限制。所有这些措施产生的效果通常与人们的直觉不符：关税和补贴通常会损害实施国的整体福利，自愿出口限制却能提升福利（起码与其他相近的替代政策相比）。详细研究这些政策措施的效果不是本节的目的，通常确定政策时存在的主要问题是缺少博弈理论分析：其他政府和其他企业可能会如何反应？

这种失败在实施贸易制裁方面尤其明显。我们看到，如果对贫穷的独裁国家实施贸易制裁，会产生适得其反的后果，造成制裁国民众不必要的生活困难，并巩固了其制裁对象的政权。这又是一个缺少三思的问题。

（c）环境保护

这本质上是公地的悲剧问题的一个方面，公地的悲剧正日益影响整个世界经济。过度捕捞就是一个典型的例子。然而，环境保护，与减少温室气体和全球变暖有关，已经成为一个主要的问题，有人会说这是世界经济的主要问题。这不仅仅是因为目前的温室气体排放趋势可能会带来灾难性的后果，还因为在应对这种情况时存在巨大的政治问题。这些问题主要与所涉及的时间和空间方面有关。从时间上看，因为有很长的时间滞后，可以持续几十年，经济主体当前的行为对他们的福利没有显著的影响。空间方面加剧了这一问题，由于风和洋流的作用，一个区域的污染往往会成为其相邻区域的问题。各国政府，即使它们关心环境问题，也渴望确保它们的国家不会因保护成本而负担过重，而其他国家则可能会"搭便车"。但是，与其他公共品博弈不同的是，由于在行为监督和执行惩罚方面存在问题，很难保证合作。

(d) 反恐

另一个重要的国际问题涉及所谓的"反恐战争"。在过去的 10 年里，许多西方政府为了打击恐怖主义，在许多方面减少了自由。这样做的成本不仅包括自由减少，还增加了个人和公司的交易成本（例如，通过机场安检），当然还有管理成本。这样做的好处不仅包括减少了恐怖主义活动，还包括提高了人们的安全感。有证据表明，反恐支出和恐怖活动之间存在非线性关系，具有递减的回报（Arin et al., 2011），至少在英国是这样。然而，反恐开支是否减少了恐怖分子的努力，还是仅仅使这些努力更容易被发现，仍然是一个悬而未决的问题。

(e) 调解

交易的僵局往往是由自私的偏向和多个焦点造成的。然而，我们已经看到，解决这些问题的一种方式是有某种形式的调解，可以让谈判各方的弱势地位能被解释清楚。政府或其机构可以在劳资关系特别是雇佣纠纷中担任独立仲裁者。这类机构的一个例子就是咨询机构——英国调解和仲裁机构（ACAS）。有一些证据表明，该组织的存在有助于减少过去 20 年劳资纠纷的数量和时间。

因此，我们可以看到，在某些情况下，政府扮演的是一个参与者，试图与其他参与者合作或竞争。在其他情况下，政府可能扮演调解人的角色，这就像"编舞者"的角色，试图就其他参与者的福利而言，达到一个优于其他结果的相关均衡。

11.8　行为经济学的未来方向

在整本书中有各种各样的迹象，无论是研究领域还是研究类型，都是推动学科前进所必需的。在这个阶段适当讨论的话题是：决策的直觉推断（方法）；社会偏好的形成；学习过程；心理表征理论；情感在决策中的作用；以及神经生物学的作用。

☐ 决策的直觉推断

我们已经看到，特别是在前面的章节中，人们经常使用直觉推断或简化规则，当他们做决定时，我们已经看到，其根本原因是有限理性的存在。这些直觉推断策略种类繁多，包括代表性直觉推断、易得性直觉推断、$1/n$ 原则、模糊痕迹理论和程序化方法。

这里不打算回顾所有讨论过的直觉推断方法及其缺点。然而，有一个直觉推断法领域至今还没有被讨论过。这与基于案例的决策方法有关。而新古典主义经济学模型则是检验未来的结果及其相关的概率，基于案例的方法是基于评估当前情况与过去各种决策情况的相似度，评估这些过去情况中特定行动的平均结果，并通过之前的情况与当前情况的相似度对其进行加权（Gilboa and Schmeidler，1995，2001）。因此，这种方法是基于一种常见的观察法，即我们都在某种程度上利用过去的经历来指导未来的体验。然而，判断相似性的相关标准的选择，以及使用这些标准的评估，显然涉及直觉推断过程。举个例子能最好地说明这一点。假设我们有一份新工作，正在考虑要不要接受。在过去的一些场合中，我们可能遇到过类似的情况。哪些结果是重要的？这些可能包括工资，或相对于参照群体的工资；工作时间；旅行时间；工作条件；老板的类型；工作环境质量等等。如果我们仅仅根据过去的薪水来选择一份工作，而这又被证明是一段糟糕的经历，那么我们可能会在当前的决定中低估这一工资标准。

☐ 社会偏好的形成

我们已经在第 10 章回顾了各种包含社会偏好的模型，并且还发现，这些可以更好地解释现实生活和实验研究中的行为，而不同于标准模型中过于简单的"纯粹"利己主义模型。然而，这需要对其潜在的心理学以及社会规范的发展进行更多的研究。例如，了解消极和积极相互作用的相对重要性，以及这两种相互作用与不平等厌恶的相对重要性，将是有用的。意图的重要性也需要进一步研究，这意味着要考虑到放弃的收益。这些可以通过实验心理学的各种方法进行研究，并将结果纳入修正的社会偏好模型。这些可以在不断改进和加深理解的过程中通过进一步的博弈论实验来测试。我们也看到，社会规范的发展是一个复杂的现象，依赖于"团队推理"的过程，但这一领域还需要进一步研究，特别是要理解为什么不同社会群体之间的社会规范会随着时间的推移而变化。这种对社会偏好的加深理解可能对公共政策有重大好处，这将在稍后讨论。

☐ 学习过程

这些过程已在第 9 章中讨论过。与社会偏好模型（以及许多其他经济模型）一样，就拟合优度和预测而言，考虑到人们在学习过程中似乎使用的所有信息元素，更好的模型可能会更加复杂。再一次，放弃的回报，无论是自己的还是其他参与者的，在提高我们的理解能力方面都很重要。学习策略和过程，如随机化，是另一个需要进一步研究的领域。这方面的研究对均衡分析也有重要的启示。大多数传统和非传统方法在分析中都假定某种均衡，但是，如果学习需要很长时间，那么非均衡类型的分析可能更合适。更广泛的实验情境也有助于理解。大多数用于测试学习的博弈论模型都以一种高度程式化的方式涉及竞争或竞争情况。如果我们想更好地理解孩子们是如何学习语言的，可能需要不同类型的实验，比如，孩子的学习和成人的学习有什么不同。这最后一个方面将在最后一个方向——神经生物学中得到进一步的考虑。

☐ 心理表征理论

这是心理学中一个相对较新的领域，涉及人们如何构建心理模型或对情境的感知，

11

特别是博弈情境中的元素。用凯莫勒（Camerer，2003，p. 475）的话来说：

> 心理表征理论将对社会情境的原始描述映射到理论界所研究的各种熟悉的博弈中以及人们用来决定选择什么的规则中。

这一理论目前还不完善，但它与前面讨论过的同样新兴的基于案例的决策领域有某些共同的元素。

通过凯莫勒（Camerer，2003）的一个例子，可以说明在这一领域正在发展的理论的相关性和重要性。他的一个学生被试者在参加了一次猎鹿博弈的实验后评论道："我真不敢相信你们还在研究囚徒困境！"这两款博弈的混淆很有趣。就不会导致帕累托占优结果而言，两者共同的因素是：理性可以导致低效率。然而，"自负的，好战的"学生忽略了在猎鹿博弈（这不同于囚徒困境）中，存在两个纳什均衡，其中一个是帕累托占优均衡，而在囚徒困境（不像猎鹿博弈）中只存在一个单一的占优策略均衡。他的困惑导致他在每一轮博弈中都背叛，这在囚徒困境中是一个理性的解决方案，但在猎鹿博弈中却不是。该学生在任何博弈情境中都没有完成一项基本的任务：检查收益，看是否存在劣策略。这两种类型的博弈在这一任务上的表现是不同的。

目前还没有足够的证据来得出任何关于上述类型的混淆或其他类型的心理表征错误的普遍结论。当这些博弈呈现在更现实的情境中而不是抽象的情境中时，观察被试者是否会犯同样的错误将会很有趣。进化心理学的一个预测是，在类似于现实生活的情况下，误差将大幅减少，就像沃森测试的变化一样。对于任何有进取心的读者来说，这将是一个很好的博士论文主题！

☐ 情感在决策中的作用

第 3 章和第 8 章讨论了这个问题，涉及偏好，特别是时间不一致的偏好。我们在第 4 章中也看到，情感也可能在决定我们的信念以及我们如何根据新信息更新信念方面发挥作用。因此，情感的作用是一个与前面讨论过的更一般的决策直觉推断领域有关的话题，它也与接下来将要讨论的神经生物学的作用相关。至于情感对决策的影响是有利还是有害的问题，证据是喜忧参半的。传统上，至少从笛卡儿时代开始，理性，在没有情感的意义上，一直被认为是最佳的。然而，自 20 世纪 80 年代末以来，经济学的各类研究人员，特别是弗兰克（Frank，1985）和赫什莱佛（Hirshleifer，1987）提出，情感是一种进化适应，并起着重要的有益作用，因为它们是可信的承诺。这一理论也得到了神经生物学证据的支持，特别是达马希欧（Damasio，1994）的研究。这个问题在本章末尾的第一个案例研究中，在病人遭受脑损伤的背景下，将被更详细地讨论。

☐ 神经生物学的作用

没有提及神经生物学的作用，任何关于行为经济学未来发展方向的讨论都是不完整的。这方面在书中很多地方都提到过，在心理核算、跨期选择和社会偏好的背景下，神经科学证据的重要性一直在被讨论。许多社会科学家担心神经生物学对他们学科的侵蚀，因此对还原论的议程持怀疑态度。然而，正如在第 1 章中明确指出的，最近有许多技术发展，特别是在脑扫描和成像技术方面，如 PET、fMRI、脑电图（EEG）和局部脑血流（rCBF）。这些可以为行为经济学中感兴趣的各种主题提供相当多的线索，尤其与决策的直觉推断、学习过程和情感的作用相关。我们发现，不同类型的思考或心理过程在大脑的不同部位进行，这表明了大脑结构或解剖学的重要性。我们还发现，不同的化学物质和激素对行为有显著的影响，当然，酒精对行为和决策的影响已经众所周知几千年了。在发达国家，现在正在服用常规处方药（如百忧解和哌甲酯）来改善精神性能的人口比例在过去 20 年里大幅增加。事实上，这已成为一个重要的公共政策问题，因为最近有证据表明，这类药物会产生长期的有害影响。因此，人们越来越认识到脑生理学的重要性。

另一个有争议的领域，与自由意志的性质有关，涉及遗传因素的作用。这个领域正在进行的研究是不断地寻找基因组成和行为之间的联系。例子包括各种犯罪行为的倾向；成瘾行为的倾向；寻求刺激的倾向；某些疾病的倾向；各种个性特征和障碍，如自闭症；当然还有智力。反还原论者的游说团体认为这种对基因解释的倾向是令人厌恶的，或者是政治上不正确的，他们把这些发现贴上"基因决定论"的标签，但毫无疑问，这种趋势正在积聚科学上的动量。和进化心理学一样，人们不得不反驳那些"偷换概念"的指控。"基因决定论"的标签就是这样一个偷换概念，因为它暗示了一种极端的观点，认为行为完全由遗传因素控制，不受环境的影响（这忽略了遗传和环境之间的相互作用，比如在子宫里的发育）。科学发现通常暗示的是，遗传因素有一个易受影响的因素，使某些行为效应更有可能发生。

应　用

❖案例11.1　　　　　　　　大脑损伤对决策的影响

　　以下故事可以叫作"奇怪的菲尼亚斯·盖奇病例"。时为 1848 年，25 岁的盖奇是一名建筑工头，在佛蒙特州参与修建铁路。修建过程中，为了将路基修建得更直更平，传统手段是利用炸药进行爆破，再清理碎石。盖奇是这项工作的能手，老板都描述说他是工人中"效率最高、最有能力"的那个人。然而，在填充炸药包时发生了事故，随之而来的爆炸导致用于填充炸药包的铁棍不偏不倚地飞起来穿透了盖奇的头部。铁棍从他的左侧脸颊穿入，刺穿颅骨底部，又从其大脑上部横切过去，从脑后穿出。铁棍长度刚过一米，直径刚过三公分，重约六公斤。铁棍呈锥形，尖部先刺入头部，否则事情可能是另一种结果了。

　　没有必要详述血淋淋的细节，但为了理解其蕴含的意义，对事件进行某些描述还是必要的。首先，盖奇不仅在事故中幸免于难，而且康复得相当不错，外部容貌几乎恢复到原来的样子。事实上，事故后的几分钟内，他还在讲话，后又乘坐了牛车去约一千米外的医院接受治疗，他还能自己从车上下来，几乎没用身边人帮忙。此后，还能"非常理性地"向医生解释事故的性质和情况。盖奇两周之内就被宣布治愈。据医生所说，盖奇的身体已完全恢复。他有触感，听觉和视觉都没有问题，"肢体和语言能力"都没有瘫痪。他的左眼失明，但右眼视力完全没有问题。他的步伐稳健，双手也能灵巧地使用，没有观察到语言障碍的现象。

然而，盖奇的不幸经历只是刚刚开始。医生这样说：这么说吧，他的"智力能力 (intellectual faculty) 和动物习性间的均衡或平衡受到了损伤。现在的他

> 断断续续地无礼，有时还说些他以前不习惯说的粗话，对他的同伴没有表现出丝毫的尊重，当约束或劝告与他的愿望相冲突时，他缺乏耐心，有时固执己见，而且，他还反复无常，优柔寡断，为将来的行动制订了许多计划，这些计划刚安排好就被放弃了……智力和表现像一个孩子，而他又有强壮男人的兽性。

上述描述表明盖奇的性格出现了戏剧性的变化。事故之前，人们都说他"性情温和""相当具有活力"。他拥有"相当平衡的心态，认识他的人都觉得他是个精明、聪明的生意人，充满活力并且执行所有的行动计划都会持之以恒"。总之，如他的朋友和熟人所说："盖奇已经不是盖奇了。"发生事故后，由于他的这些变化，他的老板不愿意让他回到工作岗位上，他不停地更换工作，无法像以前一样保持一份有稳定报酬的工作。在发作过多次癫痫后，他于 38 岁那年去世。

之所以讲述这个悲惨的故事，是因为它阐明了至关重要的一点。用达马希欧 (Damasio, 1994) 的话来说，有

> 某些系统存在于人类大脑中更多地是专注于推理，尤其是在推理的个人和社会维度方面。

发掘出盖奇的尸体后，达马希欧利用最新的神经成像技术检查了其颅骨，从而可以就其大脑受损程度做出肯定结论。损伤集中在前额叶外皮，这块区域主要在腹内侧区。据达马希欧的说法，这一损伤"损害了他计划未来、根据此前所学的社会规则指导自己的行为、决定最终对他将是最有益生存的轨迹的能力"。

人们只能从单一的医学案例研究中得出有限的结论。显然，大脑的各个特定部分都具有专门的功能且可以独立于其他部分行使功能，但更详细的结论只有通过研究其他相似案例才有可能得到。达马希欧是一名神经病学教授，并且还进行了临床实践，这为其接触此类病例提供了理想的条件。他描述了现代一位相近的病例，他称作"埃利奥特"，这名病人在接受脑肿瘤切除外科手术时遭受了相似的损伤。损伤部分同样集中于前额叶外皮的腹内侧区域，与盖奇的主要不同在于，他的受伤部位在右侧。与盖奇一样，埃利奥特的身体功能没有受到影响，他的大部分智力——包括语言和记忆力——也没有受到影响。智商测试结果显示，埃利奥特的智商没受到任何损害，处于出众行列。他显得很有魅力，学识丰富，具有幽默感。然而，术后他的性格和判断力受到了严重的影响。他变得容易分心，对琐碎小事和无关工作的细节非常关注，无法维持正常进度、安排时间或制订未来计划。他丢掉了自己的工作，找到工作后又丢掉，如此反复。一些例如外出是否带伞等简单的基本决定，都得花费很长时间——他要冗长地权衡所有的支持因素和反对因素。他持续不断地做出糟糕的商务、财务及个人决策，事实证明，他也不能从之前的错误中吸取教训。最重要的是，从达马希欧的诊断角度来看，埃利奥特的情绪相当平静，他用一种扭曲和超然的语调描述了他失落

的荣耀和灾难性的个人经历。

正是这最后一个特点为达马希欧提供了发展新理论的材料，他称之为**"躯体标记假说"**（somatic marker hypothesis）。这一理论的基本观点是说情感对我们做出好的决定是必要的，不仅是在社会环境中，在任何现实背景中都是如此。躯体标记如同一种用于决策的直觉推断法，使我们能够将可能策略的最初巨大范围缩小。没有这种直觉推断法，我们就会像埃利奥特一样浪费大量时间评价本不值得考虑的行为方式。例如，当我们面临着是否接受在另一个国家的全新且高薪的工作决策时，不能离开自己亲友的情感马上阻止了我们。这种情感标识防止我们考虑评估所有与决策有关的其他因素，这样我们可以立即做出拒绝这份工作的决定。

这个假说与笛卡儿的信条形成了直接的对比，笛卡儿认为，如果我们要做出最好的决定，我们仅需要单独使用理性，而不是情感。因此，达马希欧的书名为《笛卡儿的错误》（Descartes' Error）。

问题

1. 盖奇和埃利奥特的病例告诉了我们关于理性的哪些性质？
2. 案例研究揭示了大脑和理智间的什么关系？
3. 行为经济学寻求一个健全的心理基础；那么神经科学又有什么意义呢？

❖案例 11.2　　　　　　　战争的生物经济学起因

本案例的题目来自赫什莱佛（Hirshleifer，1998）的一篇文章。他的文章与本书论述的许多概念都有关，尽管我几乎没有提及战争。这里加入对战争的研究，是为了表明行为经济学的工具有能力分析的现象范围很广。因此，我们将看到讨价还价、博弈论、自我助益偏好和焦点、社会偏好、互惠和进化心理学的相关性。

赫什莱佛这样描述生物经济学的前提条件：

> 我们的偏好之所以进化是为了在更广的意义上服务于经济职能：这些偏好能被选中是因为其提升了我们在资源稀缺和充满竞争的世界中的生存机会。

非人类的动物和人类最基本的驱动因素都与食物和性有关。动物间的冲突多发生在个体之间，与上述目的直接相关。当雄性动物争夺领地时，领地代表了食物资源，并且拥有领地的雄性也常常能够吸引雌性动物。领地往往代表获得雌性的更多机会。黑猩猩是已知的最出众的群斗非人类动物（尽管海豚也会这么做），并且黑猩猩对其他领地进行突袭的目的常常是为了获得接近雌性的机会。

据称，人类是唯一进行有组织战争的物种，这似乎令人生疑。然而，在人类原始部落之间的战争中，战争的目标通常又是食物和性。夏侬（Chagnon，1983）经过对尚武的雅努马莫部落*的研究，得出结论：获取女性是战争的原始动机。他还提及在战争中杀死更多敌人的雅努马莫男人通常子嗣更多。基利（Keeley，1996）提出，战争往往由多重因素引发，并且推测，在美洲印第安社会的战争中，获取物质（土地、战

---

*　委内瑞拉的一原始部落。——译者注

利品、猎物和奴隶）的起因占到 70%，女人占到 58%。

人类历史的大部分时间似乎说明了上述原因的正确性。对成吉思汗来说，比起获得物质资源而言，他更关心获得更多女人。据推测每 20 个亚洲人中就有 1 个具有他的血统，这可以看作对他非凡成功的赞赏。在许多古代战争中，被征服的男性普遍被屠杀，而女性则成为奴隶/妾/妻子。

食物和性曾经是主导因素，但如今战争爆发的原因何在？战争代表谈判过程最终破裂。某个个人或群体意图得到另一个个人或群体拥有的东西（食物或性），但双方无法就交易条件达成一致。当然，进入僵局时，一方可以仅仅不满地走开，这也常常发生在动物世界：动物在对峙时后撤。那么动物和人类为什么会争斗呢？在肢体冲突发生前，双方都必定评估冲突的收益大于成本。如果只有一方认为收益大于成本，而另一方不这么认为，那么这一方就会让步——冲突得以避免。动物避免高成本冲突的一种方式是首先亮出武器，目的在于增加双方关于对手强弱的信息，尽管它们未必会意识到这个目的。如果双方信息都是完全的，并能够准确地对其编码，那么冲突就不会发生。冲突常常发生在双方旗鼓相当的时候，以及以潜在的高成本获取高额赌注是说得过去的时候。

因此，显然与人类战争爆发相关的一个因素是过度自信或自我助益偏好——尽管在这种情况下，它不一定是完全对己有利的，因为战争爆发会导致代价高昂的失败或死亡。很多战争爆发和失败，或是因为低估了对手的实力，或是因为低估了战争所耗资源的成本。这种指责对二战时的德国和日本当然适宜。

历史上，很多战争发生在有亲缘关系的群体之间，当今的部落战争仍是如此。随着文明规模的扩大，往往是由于工业化生产和生产力提高带来的规模回报，亲属关系被大大稀释，相关的从属概念变得重要。许多社会科学家已经注意到，即使分配给不同的群体是完全随意的，但联系关系很快就形成了（Sherif and Sherif, 1964）。将被试者分为"犯人"和"守卫"的多项试验产生了可怕的结果——"守卫"渐渐把犯人当作劣等人惩罚和羞辱。人类心理构成的一个重要组成部分是"我们与他们"的心理，就是由亲属关系进化而来的。

从属关系可通过多种纽带产生，班级、兴趣、年龄或处所等是常见的几种。国籍、种族和宗教对构建强有力的纽带——强大到足以导致杀人或被杀——尤其重要。戴蒙德（Diamond, 1997）认为大规模好战群体形成的关键因素一直是宗教。他把宗教定义为一种意识形态，操纵成员在内部和平和顺从，而在对外战争中要有舍身的勇气。值得一提的是，在具有强大从属关系的社会中，成员常常使用"哥哥"或"姐姐"等亲缘词汇来指称其他成员，群体的领导人被称为"父亲"或"母亲"。

随着附属关系变得日益重要以及亲缘关系日渐式微，食物和性的问题渐渐淡化为背景。物质战争仍然重要，尽管常以抽象的方式被提起。例如，1914 年德国将其战争目的表述为要找到自己"在阳光下的位置"。20 世纪 30 年代的战争运动与一个类似的概念有关，即生活空间，但此时，人们感到强烈的侵害，尤其是在种族仇恨方面。随着食物和性的重要性不再那么明显，主宰、威望和荣誉等概念似乎取代了它们的位置。

特别是在 20 世纪，似乎战争不再与生物动机相关。历史学家费格森（Ferguson，1998）称，第一次世界大战中普通人参战的主要动机是他们将战争看作一项运动、一项娱乐。确实，在狩猎过程中会有一种原始的、发自内心的刺激，这种刺激常常被士兵们在那个时代的作品所唤起。然而，考虑到大规模屠杀、骇人听闻的条件和毫无意义的战斗，这很可能是少数人的观点。格雷夫斯（Graves）、萨森（Sassoon）和欧文（Owen）等作家和诗人当然更受后者的影响。

弗格森在《战争的欢乐？》（*The Joy of War*）第 12 章中进一步认为：

> 今日，新达尔文基因决定论或许比弗洛伊德的混杂了精神分析和显得业余的人类学的学说在科学上更受人尊敬，但后者似乎更能解释数百万男人甘愿花四年半的时间杀戮或被杀戮。（无疑难以看出这么多还没结婚，也还未生儿育女的男人的死亡，有可能符合道金斯"自利基因"的利益。）

费格森的文章显示其错误理解了"基因决定论"和"自利基因"的作用。前面的章节解释过，基因并不是像费格森说的那样以目的论的方式发挥作用，而是以一种纯机械的方式。我们已经看到，这就是为什么人们如此容易被愚弄或劫持，以遵从于非理性和自我毁灭的目的的主要原因。

另外，赫什莱佛（Hirshleifer，1998）声称，性在战争中变得不那么重要的一个主要因素是，战争领导人拥有比以前更多的内部机会；他们没有必要为了获得女人而侵犯其他国家。或许这就是克林顿总统没有发动战争的原因。

问题

1. 解释费格森论点中的基本瑕疵："当然，很难看出，这么多还没结婚也还未生儿育女的男人的死亡，有可能符合道金斯'自利基因'的利益。"

2. 解释为什么自我助益偏好是导致战争爆发的重要因素。

3. 随着时间的推移，战争的目标发生了怎样的变化？

❖ 案例 11.3　　　　　　让孩子们吃蔬菜

在许多高收入国家，肥胖和心脏病、糖尿病等与健康有关的问题正在增加。此外，这些问题的发生率在学龄儿童中似乎增长最快。这在生产力下降和保健费用增加方面，国家经济的代价是巨大的。健康专家们一致认为罪魁祸首是饮食不良和缺乏锻炼。这一问题似乎在低收入家庭中最为严重，要么是因为缺乏相关知识，要么是因为人们认为购买水果和蔬菜等健康食品的成本太高。

在贾斯特和普赖斯（Just and Price，2013）的一项研究中，为了检验激励对水果和蔬菜消费的影响，进行了一些实验。

研究目标

其中涉及三个主要目标：

(1) 检验和比较不同类型激励的效果。

(2) 检验并比较不同的父母收入对儿童的影响。

11

（3）检查激励计划的成本–收益。

实验设计

这些实验包括在 15 所不同的学校（在第一个实验中）提供各种不同的激励，以观察在学校午餐中对水果和蔬菜的消费会有什么反应。在这些学校中，有 77% 的学生因为父母收入低而获得免费或减价午餐，而在其他学校这一比例只有 17%。因此，可以看到父母的收入如何影响消费增长。采用了三种不同的激励类型：现金奖励（每天 5 美分和 25 美分）；现金和奖品；以及即时奖励和延迟奖励。这使得研究人员可以使用六种不同的处理方法：（1）大额即时现金奖励，（2）大量延迟的现金奖励，（3）直接奖品，（4）延迟奖品，（5）即时给予小额现金奖励，以及（6）没有激励（作为对照）。每种情况的延迟都是奖励在月底收到。

奖品是抽奖，奖品的总价值等于当天吃水果或蔬菜的孩子的数量乘以 25 美分。许多奖项都与一些活跃的娱乐活动有关，比如晃板（rip-sticks）、网球拍、足球和泳镜。

处理日发生在横跨 2～3 周的 5 个午餐时段。在每个处理日，早上的公告中都会有一条信息，告诉学生当天吃一份水果或蔬菜可以获得奖励。奖品会展示在收集数据的地方，所有学生都可以看到。

结果

（1）总体而言，儿童食用至少一份水果和蔬菜的比例从实验前的 33% 基线增加到 60%（增加了 80%）。产生最大增长的激励是更多的即时现金奖励，其比例增加到 71%，而同样数量的延迟现金奖励，其比例增加到 63%。令人惊讶的是，延迟奖增加的比例（达到 60%）超过了直接奖励（53%）。研究人员提出，这种差异可以用这样一个事实来解释：当奖励被推迟时，展示的是五天内的所有奖品，而不是只有一天的奖品。

（2）实验显示，收入最高家庭的孩子的学校和收入最低家庭的孩子的学校在效果上存在实质性差异。对于最富有的孩子来说，消费增长仅为 18%，而对于最贫穷的孩子，消费增长为 38%。

（3）与其他旨在增加水果和蔬菜消费的计划相比，该计划被认为是非常划算的。主要方面是，就扔进垃圾桶的物品而言，与基线情况相比，浪费减少了 43%。管理成本，包括奖励成本和分配奖励的劳动力成本，也较低。

该项研究还得到了另外两个发现：

（1）没有证据表明激励计划减少了那些通常每天吃一份以上的儿童的食物摄入量。研究人员最初担心这个项目可能会创造一个每天只吃一份水果/蔬菜的社会规范，但事实并非如此。

（2）在第二个实验中，又有 8 所学校参与，为了检验这一计划的长期影响，对激励计划的后续影响进行了监测。尽管在项目结束后的两周内，儿童食用水果和蔬菜的比例仍然高于原来的水平，但在接下来的两周（激励项目结束后的 2～4 周），水果和蔬菜的摄入量恢复到项目开始前的基线水平。

问题

1. 行为经济学的哪些方面与本研究相关？

2. 解释低收入和高收入家庭儿童行为差异的意义。

3. 评价激励计划的长期效果。

4. 除了研究中使用的激励措施，你认为还有什么其他激励措施可能会有效地增加孩子们的水果和蔬菜摄入量呢？

图书在版编目（CIP）数据

行为经济学：第三版／（美）尼克·威尔金森，
（美）马赛厄斯·克勒斯著；贺京同译 . --北京：中国
人民大学出版社，2024.6
（经济科学译丛）
书名原文：An Introduction to Behavioral
Economics（Third Edition）
ISBN 978-7-300-32813-3

Ⅰ.①行⋯　Ⅱ.①尼⋯　②马⋯　③贺⋯　Ⅲ.①行为经
济学　Ⅳ.①F069.9

中国国家版本馆 CIP 数据核字（2024）第 104213 号

“十三五”国家重点出版物出版规划项目
经济科学译丛

行为经济学（第三版）
尼克·威尔金森
马赛厄斯·克勒斯　　著
贺京同　译
Xingwei Jingjixue

出版发行	中国人民大学出版社		
社　址	北京中关村大街 31 号	**邮政编码**	100080
电　话	010 - 62511242（总编室）		010 - 62511770（质管部）
	010 - 82501766（邮购部）		010 - 62514148（门市部）
	010 - 62515195（发行公司）		010 - 62515275（盗版举报）
网　址	http：//www.crup.com.cn		
经　销	新华书店		
印　刷	涿州市星河印刷有限公司		
开　本	787 mm×1092 mm　1/16	**版　次**	2024 年 6 月第 1 版
印　张	32.25 插页 2	**印　次**	2024 年 6 月第 1 次印刷
字　数	754 000	**定　价**	109.00 元

中国人民大学出版社经济类引进版教材推荐

经济科学译丛

20世纪90年代中期，中国人民大学出版社推出了"经济科学译丛"系列丛书，引领了国内经济学汉译名著的第二次浪潮。"经济科学译丛"出版了上百种经济学教材，克鲁格曼《国际经济学》、曼昆《宏观经济学》、平狄克《微观经济学》、博迪《金融学》、米什金《货币金融学》等顶尖经济学教材的出版深受国内经济学专家和读者好评，已经成为中国经济学专业学生的必读教材。想要了解更多图书信息，可扫描下方二维码。

经济科学译丛书目

金融学译丛

21世纪初，中国人民大学出版社推出了"金融学译丛"系列丛书，引进金融体系相对完善的国家最权威、最具代表性的金融学著作，将实践证明最有效的金融理论和实用操作方法介绍给中国的广大读者，帮助中国金融界相关人士更好、更快地了解西方金融学的最新动态，寻求建立并完善中国金融体系的新思路，促进具有中国特色的现代金融体系的建立和完善。想要了解更多图书信息，可扫描下方二维码。

金融学译丛书目

双语教学用书

为适应培养国际化复合型人才的需求，中国人民大学出版社联合众多国际知名出版公司，打造了"高等学校经济类双语教学用书"系列丛书，该系列丛书聘请国内著名经济学家、学者及一线授课教师进行审核，努力做到把国外真正高水平的适合国内实际教学需求的优秀原版图书引进来，供国内读者参考、研究和学习。想要了解更多图书信息，可扫描下方二维码。

高等学校经济类双语教学用书书目